정민 鄭珉

한양대학교 국어국문학과 교수. 조선 지성사의 전방위 분야를 탐사하여 한문학 문헌에 담긴 깊은 사유와 성찰을 우리 사회에 전해온 인문학자이자 고전학자. 저서로 연암 박지원의 산문을 살핀《비슷한 것은 가짜다》《오늘 아침, 나는 책을 읽었다》, 18세기 조선 지식인과 문헌을 파고든《호저집》《고전, 발견의 기쁨》《열여덟 살 이덕무》《잊혀진 실학자 이덕리와 동다기》《미쳐야 미친다》, 한시의 아름다움을 탐구한《우리 한시 삼백수》《한시 미학 산책》등이 있다. 청언소품집인《점검》《습정》《석복》《조심》《일침》, 조선 후기 차 문화사를 총정리한《한국의 다서》《새로 쓰는 조선의 차 문화》, 산문집《체수유병집-글밭의 이삭줍기》《사람을 읽고 책과 만나다》, 어린이를 위한 한시 입문서《정민 선생님이 들려주는 한시 이야기》등 다수의 책을 지었다.

조선에 서학 열풍을 불러온 천주교 수양서《칠극》을 번역해 제25회 한국가톨릭학술상 번역상을 받았고, 서학 연구의 연장선으로 초기 교회사를 집대성한《서학, 조선을 관통하다》를 저술해 제5회 롯데출판문화대상 대상을 받았다.《서양 선비, 우정을 논하다》《역주 눌암기략》《역주 송담유록》등 서학 관련 주요 문헌을 역주해 펴냈다.

오랜 시간 다산 정약용을 연구해《파란》《다산과 강진 용혈》《다산 증언첩》《삶을 바꾼 만남》《다산의 재발견》《다산어록청상》《다산선생 지식경영법》등 역사적·문화적·개인적 맥락에서 다산의 복잡다단한 면모를 되살려왔다.《다산의 일기장》은 다산의 천주교 신앙 문제에 관한 논란을 그가 직접 남긴 일기〈금정일록〉〈죽란일기〉〈규영일기〉〈함주일록〉을 통해 정면돌파한다. 일기 4종은 1795년 주문모 신부 실포 사건에 연루된 다산이 충청도 금정찰방으로 좌천된 후부터 1797년 황해도 곡산부사로 취임하기 직전까지를 배경으로 한다. 이 책은 일기 본문과《다산시문집》에 실린 편지·시문,《정조실록》《일성록》《승정원일기》와 각종 상소문 및 척사 기록 등을 종합 검토함으로써 역사적 사실과 일기 속 정황을 교차 검증하고, 일기의 이면에 숨은 다산의 의도와 속내를 실증적으로 파헤친다. 다산 자신의 목소리로 그의 시대를 더 깊이, 더 정직하게 들여다볼 수 있는 책이다.

다산의 일기장

다산의 일기장

1판 1쇄 발행 2024. 12. 9.
1판 2쇄 발행 2024. 12. 10.

지은이 정민

발행인 박강휘
편집 이한경 **디자인** 윤석진 **마케팅** 김새로미 **홍보** 강원모
발행처 김영사
등록 1979년 5월 17일(제406-2003-036호)
주소 경기도 파주시 문발로 197(문발동) 우편번호 10881
전화 마케팅부 031) 955-3100, 편집부 031) 955-3200 | **팩스** 031) 955-3111

저작권자 ⓒ 정민, 2024
이 책은 저작권법에 의해 보호를 받는 저작물이므로
저자와 출판사의 허락 없이 내용의 일부를 인용하거나 발췌하는 것을 금합니다.

값은 뒤표지에 있습니다.
ISBN 979-11-94330-53-0 93910

홈페이지 www.gimmyoung.com   블로그 blog.naver.com/gybook
인스타그램 instagram.com/gimmyoung   이메일 bestbook@gimmyoung.com

좋은 독자가 좋은 책을 만듭니다.
김영사는 독자 여러분의 의견에 항상 귀 기울이고 있습니다.

茶山의 日記帳

백문백답으로 읽는 인간 다산과 천주교에 얽힌 속내

정
민
── 엮고 씀

다산의 일기장

김영사

이 책은 다산茶山 정약용丁若鏞(1762~1836)이 남긴 4종 일기장을 주석과 함께 우리말로 옮긴 뒤 관련 자료를 첨부해 정리한 내용이다. 이와 함께 '백문백답百問百答'으로 일기의 행간과 맥락을 꼼꼼하게 살폈다. 다산이 남긴 4종 일기는 〈금정일록金井日錄〉, 〈죽란일기竹欄日記〉, 〈규영일기奎瀛日記〉, 〈함주일록含珠日錄〉이다. 문집에는 모두 누락되고 없다. 문집에 만년에 배를 타고 한강의 근원을 찾아 답사한 노정을 적은 〈산행일기汕行日記〉가 실려 있지만, 앞의 일기들과는 결이 전혀 달라 이 책에서는 다루지 않는다.

〈금정일록〉은 다산이 33세 나던 1795년 5월 조정이 주문모周文謨 신부 검거에 실패하면서, 이 일과 관련되어 다산이 금정찰방으로 좌천되었던 5개월간의 기록이다. 네 편의 일기 중 분량이 가장 많다. 〈죽란일기〉는 독립된 한 편이 아니라 〈금정일록〉 끝에 부록으로 덧붙인 것으로, 1796년 금정에서 상경한 뒤 실직 상태에 있던 명례방 시절의 일기다. 또 같은 해 11월 규영부 교서관으로 복귀했을 당시의 짤막한 기록인 〈규영일기〉, 뒤이어 이듬해인 1797년 6월 회심의 〈변방소辨謗疏〉 제출 이후 끝내 비난 여론을 잠재우지 못해 외직인 곡산부사로 밀려나기 직전까지 쓴 〈함주일록〉이 따로 있다. 이가환, 이승훈, 정약용을 천주교와 관련된 사학삼흉邪學三凶으로 지목해 조정의 처벌 논의와 상소 공방이 격렬하고 뜨거웠던 시기의 기록들이다.

따라서 이 4종 일기는 모두 다산의 천주교 신앙 문제와 떼려야 뗄 수 없는 연관이 있다. 당시에는 피차 건곤일척의 승부였기에 말 한 마디에 가문의 명운과 죽고 사는 문제가 걸려 있었다. 때문에 이 시절 다산의 일기에는, 볼테르가 1761년 리스본 종교재판소에서 예수회 신부 말라그리다를 포함해 약 40명을 처형했다는 소식을 접하고 그 이면에 깔린 '복잡한 정치적 조작'을 감지해낸 것과 같은, 세밀한 독법이 필요하다. 일기 속의 무심해 보이는 기사 하나하나에 모두 숨은 행간이 있다는 뜻이다.

일기임에도 다산은 좀체 감정을 드러내지 않는다. 개인적 소회나 사람에 대한 평가를 피력하지도 않았다. 객관적 사실 기술만 있고, '그래서 어떻다' 식의 언급이 하나도 없다. 자칫 건조해 보이는 이 같은 서술 속에 전략적 배치와 정치적인 의도를 교직해놓은, 고도로 계산된 글쓰기였다. 어느 것 하나 허투루 한 말이 없고, 어느 날 받은 편지한 통, 지나가듯 무심하게 언급한 조정 소식 한 가지도 배경을 살펴보면 다 맥락이 있고 감춰둔 행간이 깊어, 읽는 내내 깜짝깜짝 놀라곤 했다.

결과적으로 그는 글에서 굳이 개인감정을 드러내지 않으면서도 자기가 하고 싶은 말은 다 하는 성과를 거뒀다. 반대로 읽는 이의 입장에서는 아는 만큼만 행간이 보이는 독서여서 글쓴이의 속마음에 가닿기가 쉽지 않았다. 이 때문에 일기를 읽는 내내 한 시대를 온전히 이해하고 한 인간의 내면을 깊이 살피는 일이 참으로 쉽지 않음을 절감했다. 마치 곳곳에 비밀 기관을 매설하고 암기暗器를 감춰둔 캄캄한 지하 갱도를 통과하는 기분이었다.

다산이 말을 아껴 감춰둔 행간을 읽어내야 비로소 그 시대가 보인다. 이는 남의 치부를 드러내려는 관음증의 욕망과는 무관하다. 다산의 일기는 읽을수록 면밀하게 설계된 의도가 엿보인다. 예민한 대목은 말을 얼버무렸고, 어떤 때는 말할 만한 내용조차 입을 닫아 침묵했다. 〈함주일록〉에서는 평소 그답지 않게 자기 글에 대한 자화자찬이 민망할 정도다. 대체 왜 들어갔는지 종잡을 수 없는 내용들은 성동격서聲東擊西격으로 끼어든 의미를 읽어내야 한다.

어떤 대목은 《다산시문집》에 실린 다른 글과 엮어 보아야 비로소 의미가 드러난다. 이 책에서 일기의 중간중간에 문집에서 찾아낸 관련 시문을 날짜 배치에 따라 나란히 첨부해 제시한 뜻이 여기에 있다. 《다산시문집》에는 5개월밖에 안 되는 짧은 금정 시절에 쓴 편지가 18년 강진 생활 중에 쓴 편지보다 훨씬 많이 수록되었다. 다산의 생애에서 5개월의 금정 시절은 다른 어느 시기보다도 밀도와 긴장이 높았던 농축된 시간이었다.

한편으로 이렇게 살피고 나니, 이때 쓴 다산의 〈변방소〉, 〈도산사숙록陶山私淑錄〉, 〈서암강학기西巖講學記〉 등의 글을 전처럼 순수하게 읽을 수가 없었다. 이 글 속에도 복잡한 정략적 계산이 담겨 있기 때문이다. 이 글들은 다산이 정조에게 제출한 반성문에 가깝다. 만일의 사태에 대비해 자신의 보호 장치를 마련해두려 한 다급한 속내마저 읽힌다. 당시 다산은 그처럼 절박했고 아슬아슬했다. 이를 두고 누구도 그를 비난할 수가 없다. 책 뒤에 부록으로 〈변방소〉와 〈도산사숙록〉 전문을 우리말로 새로 옮겨 함께 실었고, 글의 행간은 백문백답 속에서 같이 살폈다.

이 일기는 김영호 선생이 50년 전인 1974년에 펴낸 《여유당전서 보유》 제2책 속에 수록함으로써 세상에 처음 알려졌다. 현재 이 4종 일기 원본의 소재와 소장자, 소장 내력 등에 대해서는, 수록 당사자가 기록을 남기지 않아 알기 어렵다. 일기가 다산의 기록임은 분명하나, 친필은 아니다. 대신 다산 저술의 필사에 나타나는 일반적인 특성이 일정 부분 반영되어 있다. 자료를 처음 소개한 김영호 선생은 해제에서 "일기로는 한두 가지가 더 있는 것으로 알고 있으나, 아무리 노력해도 이번에는 포함시킬 수가 없었다"고 했다. 이 4종의 일기 말고도 한두 종이 더 남아 있다는 뜻이다. 다산은 이런 성격의 비망록을 생애에 걸쳐 꾸준히 남겼으리라 짐작한다.

이 일기를 학술적으로 꼼꼼하게 검토한 연구는 김영호 교수의 자료 소개 이후 지난 반세기 동안 거의 이루어지지 않았다.[1] 현재 일기의 전체 원문이 다산학술재단에 의해 한국고전번역원 DB에 수록되었는데도 그렇다. 내용 자체가 건조하고, 특별한 주제로 귀결시키기 힘든 글이어서 그랬을 것이다. 무엇보다 일기 속에 담긴 다산의 의도를 읽지 못한 탓이 크고, 그것이 그동안 우리가 알고 있던 다산과 다른 지점을 보여주고 있기 때문이기도 하다.

4종 일기의 본문은 지난 2017년 제자들과의 독회에서 함께 읽었다. 그 뒤 다산의 젊은 날과 천주교의 관계를 추적한《파란》(천년의상상, 2019) 2책을 펴내면서 일기의 문맥을 꼼꼼히 살펴볼 기회를 가졌다. 하지만 당시는 필요한 정보를 끌어오기도 바빠 일기 자체에는 집중하지 못했다. 이후《서학, 조선을 관통하다》(김영사, 2022)를 집필하면서 앞서 놓친 일기의 맥락이 더 분명하게 손에 잡혔고, 일기 자체를 통째로 깊이 있게 소개할 필요를 느꼈다.

이에 묵혀둔 번역 초고를 꺼내 전면적으로 검토하고, 관련 자료를 뒤져 상세한 주석을 추가했다. 이해를 돕기 위해《다산시문집》중 일기 작성 당시에 지은 시문들을 날짜에 맞게 배열해서 일기 사이에 끼워넣었다. 당시의 정황이나 관련 정보는 주석을 통해 자세한 설명을 추가했다.

이 작업을 마친 뒤 원래는 앞쪽에 충실한 해제를 얹어 책을 마무리 지으려 했는데, 중간에 생각을 바꿨다. 아무리 생각해도 해제만으로 다산의 속마음을 충분히 전달할 방법이 없었다. 그래서 일기를 따라가며 100개의 질문을 만들어, 여기에 100개의 대답을 단 '백문백답'을 작성했다. 고전 문체 중 답객난答客難이라는 문제가 있다. 손님의 논난에 주인이 답변하는 형식을 빌려 쟁점을 소화해나가는 방식의 글쓰기인데, 이번 백문백답은 이 형식을 빌려왔다. 결과적으로 전체 분량이 처음 일기를 번역한 원고에서 여섯 배가량 늘어났다.

막상 실제 글쓰기의 과정은 답답하고 진척이 더뎠다. 일기의 한 대목은 시문집과 실록,《일성록》,《승정원일기》, 각종 상소문 및 척사 기록의 행간과 그물처럼 촘촘하게 얽혀 있어, 하나를 건드리는 순간 여러 자료가 연쇄적으로 맞물려 출렁였다. 어렵게 한 대목을 쓰고 나면 다음 대목 처리는 전혀 새로운 문제였다. 갑갑증에 기가 넘어가 벌떡 일어나 연구실을 왔다갔다 하거나 교정을 한 바퀴 돌아야 했다. 생각이 꽉 막혀 며칠씩 딴짓만 하다가 갑자기 생각의 물꼬가 터지기도 했고, 쓰다가 막힌 글이 밤새 도돌이표로 내 꿈속으로 쫓아오곤 했다.

나는 그간 다산과 천주교의 관계를 탐색하면서 국학계와 교회사 연구계 양쪽 모두에서 적잖은 의심의 눈길을 받았다. 무슨 의도로 자꾸 다산을 천주교와 엮으려 드느냐는 것이었다. 할 말이 많지만 지금은 참겠다. 이 작업은 다산이 천주교 신자냐 아니냐, 그가 배교했느냐 다시 천주교로 돌아왔느냐의 문제에 초점이 맞춰져 있지 않다. 이는 따로 깊이 있게 다뤄야 할 문제다.

다산은 젊은 날뿐 아니라 생애를 통틀어 천주교 문제를 배제하고는 그 정체성을 올바로 파악할 수 없다. 따라서 이 문제는 정면돌파해야 한다는 것이 작업에 임한 필자의 기본 입장이다. 미리 정해둔 의도가 있을 수 없고, 있을 리 없다. 팩트로 제시해도 사람들은 통념으로 굳어진 허상에만 신뢰를 보낸다. 나는 그동안 그런 허상들과 줄곧 싸워왔다. 앞에서의 싸늘한 눈빛과 뒤에서 떠드는 이야기에는 개의치 않겠다. 내가 가닿고 싶은 지점은 진실일 뿐이기 때문이다.

다산의 완결성과 순정성에 바치는 경배는 지금까지의 학술적 성과만으로도 충분하다. 다산이 모든 면에서 위대하다고 외치는 작업은 그동안 너나없이 많이 해왔다. 더 이상 무결점의 위인전은 필요치 않다. 이제는 다산과 그의 시대를 더욱 객관적이고 인간적으로 대면할 때가 되었다. 나는 그와 그의 시대를 육성으로 만나고 싶다. 봉폐된 한 시대와 뜨거운 질문으로 맞섰던 한 위대한 영혼의 내면을 훑고 지나간 진실과 만나기 위해, 나는 오늘도 다산 관련 기록의 행간을 서성거린다.

처음 일기 원문을 함께 읽은 제자는 김영은, 손균익, 유재형, 강진선, 민선홍 등 5인이다. 이름을 적어 그들과의 시간을 기억하고자 한다. 하루빨리 다산의 그늘에서 벗어나 연암의 광야로 달려가고 싶은데, 그게 뜻대로 잘 되지 않는다.

2024년 11월
행당서실에서, 정민

죽란일기

규영일기

함주일록

부록

| 일러두기 |

- 김영호 편,《여유당전서보유》(1974, 경인문화사) 전5책 중 제2책에 수록된
  다산의 4종 일기를 순서대로 번역했다.
- 일기 본문 사이에 추가한 [부록]은, 일기의 맥락을 이해할 수 있도록《다산
  시문집》속의 여러 관련 시문을 참고자료로 제시한 것이다.
- 권말에 부록으로 〈변방소〉와 〈도산사숙록〉 전문을 번역과 함께 수록했다.
- 백문백답에 인용된 글 가운데 권말 부록에 수록된 글은 따로 출처와 원문
  을 제시하지 않았다.
- 백문백답에서는 전체의 흐름 이해를 위해 일기에서 생략된 부분을 일부 보
  충해서 정리했다.

백문백답을 열며

　이 책은 젊은 날 다산이 쓴 4종 일기를 꼼꼼히 읽어 행간을 살핀 내용이다. 백문백답은 자료의 맥락을 세밀하게 살피기 위해 일기를 읽다가 그때그때 떠오른 의문을 내게 질문하고, 스스로 그 답을 찾아간 과정이다. 언뜻 보아 좀체 맥락을 알기 힘든 일기 본문과 관련 자료의 이면을 알아채기란 그리 쉬운 일이 아니다.

　제기된 모든 질문에 대한 답이 다 마무리될 때 이 책이 끝난다. 그제야 우리는 일기와 문집 속 글들에 대한 심층 이해에 도달할 수 있다. 피상적 지식이나 희망사항이 늘 진실과 일치하지는 않는다. 감춰진 진실이 드러난다 해서 다산의 인격이 훼손된다는 생각도 바르지 않다. 개인이 시대의 모순 사이에 끼여 있을 때 그 셈법은 그리 단순치 않다. 부정합의 파열음은 다산의 인격 차원을 넘어 그 시대가 강요한 충돌에서 나온 것이다. 수면 위로 드러난 것은 빙산의 일각이다. 거대한 진실은 수면 아래 심층부에 숨어 있다. 자! 이제부터 100개의 질문과 100개의 답변으로 다산의 4종 일기 속으로 걸어들어가보자.

001 다산의 4종 일기, 어떤 글인가?

다산의 4종 일기는 문집에는 빠졌고, 1974년 김영호 교수가 엮어 펴낸 《여유당전서보유與猶堂全書補遺》 제2책에 나란히 실려 있다. 일기는 1795~1797년의 일을 담고 있다. 각 일기별 작성 시기는 다음과 같다.

1) 금정일록金井日錄: 1795년 7월 26일~12월 25일
2) 죽란일기竹欄日記: 1796년 1월 17일~3월 30일
3) 규영일기奎瀛日記: 1796년 11월 16일~11월 17일
4) 함주일록含珠日錄: 1797년 6월 20일~윤6월 6일

〈금정일록〉은 5개월, 〈죽란일기〉는 2개월 13일, 〈규영일기〉는 2일, 〈함주일록〉은 16일간의 일기다. 일기의 분량은 〈금정일록〉이 가장 많다. 시기적으로는 1795년 7월 금정찰방 부임으로부터 1797년 윤6월 초 곡산부사 부임 직전까지 근 2년간이다. 다산이 33~35세에 해당하는 시기다.

일기 원본의 소장처와 소장자에 대해서는 편자인 김영호 교수가 따로 밝히지 않아 알 수가 없다. 〈죽란일기〉는 〈금정일록〉의 부록으로 합철되어 있다. 〈규영일기〉와 〈함주일록〉은 별도의 책이다. 모두 붓으로 쓴 필사본이다. 원본의 상태를 보지 못해 단정키 어려우나, 〈함주일록〉의 뒷부분 등 다산의 친필이 아닌 것이 많다. 나머지 부분에 다

산 특유의 필치가 간혹 보이지만 제자가 정리한 것일 수 있다. 다만 〈규영일기〉 끝에 다산 친필의 추기追記가 있어, 정리 과정에 대한 단서를 얻을 수 있다.

〈금정일록〉과 〈죽란일기〉는 합쳐서 19장 37면이고, 한 면은 10행 22자씩 써서 〈금정일록〉이 6,248자, 〈죽란일기〉는 890자 분량이다. 〈규영일기〉는 3장 5면이고, 한 면에 10행 20자씩 써서 734자다. 〈함주일록〉은 13장 25면이고, 한 면에 10행 20자씩 써서 4,426자 분량이다.

〈함주일록〉의 첫 장에 '권지일卷之一'이라고 쓴 것에서 이어지는 내용이 더 있었으리라는 추정이 가능하다. 내용이 더 있었다면 〈금정일록〉처럼 곡산에 부임한 뒤 임지에서 쓴 일기였을 것이다. 있다면 언젠가 이들 자료 또한 공개될 것을 기대한다. 다산의 일기는 책에 수록된 4종 외에 한두 종이 더 있을 가능성이 크다. 다산이 평소의 일과를 일기로 메모하는 습관이 있었음을 보여준다.

다산의 일기는 내밀한 술회나 심경 고백이 거의 없고 건조한 문체로 사실만 나열한다. 필요한 정보를 기록으로 남겨 훗날의 증빙으로 삼기 위한 비망록의 성격이 강하다.

다산에게 일기 쓰기는 다분히 정치적인 행위였다. 동선에 따른 정황과 만난 사람과의 대화, 서로 오간 문서를 기록으로 남기는 과정을 통해 자신의 행동에 정당성을 부여하는 동시에 훗날의 증언으로 남기려는 의도적 배치가 감지된다. 다산이 하고 싶었던 말은 오히려 중간중간에 인용된 상대의 편지나 시문 속에 담겨 있는 경우가 많아, 행간을 잘 살펴야 맥락이 드러난다.

002 4종 일기의 작성 시기와 정리 시점은 언제였나?

4종의 일기는 그때그때 쓴 일기였을까? 아니면 훗날 다시 옮겨쓴 것일까? 날마다 쓴 일기라면 상황과 기분에 따른 필체의 변화가 있게 마련이다. 현재 남은 4종 일기는 애초의 일기 초고를 체제에 맞춰 다시 정리한 것이다. 같은 일기에서 〈함주일록〉처럼 앞뒤로 필체가 바뀌는 경우는 두 사람이 역할을 분담해서 베꼈기 때문일 것이다. 또 〈규영일기〉 끝에 다산의 친필로 추가된 한 단락처럼 나중에 누락 내용을 추기한 것도 있다.

다산은 원래 일기의 초고를 책자 형태로 베끼면서 참고할 만한 자료를 추가해서 실었다. 당일 받은 편지나 유람 당시 주고받은 시문 등이 여기에 해당한다. 〈금정일록〉과 〈규영일기〉에서는 《승정원일기》에 수록된 임금의 전교를 같은 날짜의 일기에 그대로 옮겨적기도 했다. 이는 다산이 당시의 간단한 메모를 바탕으로 시일이 지난 뒤에 관련 자료까지 참고해 일기를 정리했다는 뜻이다.

글을 쓰면서 표현이나 호칭을 다듬은 흔적도 보인다. 예를 들어, 자형인 이승훈은 다산이 금정찰방으로 내려갈 때 함께 예산으로 귀양 갔다. 다산은 문집 중 개인적으로 얽힌 글에서는 이승훈의 이름을 직접 호명한 적이 한 번도 없다. 시문 속에서 그는 늘 '이형李兄'으로만 불렸다. 《다산시문집》과 일기 속의 '이형'은 예외 없이 이승훈을 가리킨다. 《다산시문집》 DB에서 '이형'이라고 쳐서 얻은 검색 결과는 모두 이승훈이라는 뜻이다. 다산이 이승훈을 '이형'이라 한 것은 1801년 이승훈이 대역부도로 사형당했기 때문이다. 일기를 쓸 당시에는 당연히 이 같은 검열이 불필요했는데도 '이형'이라고 표기한 것은, 이들 일기가 이승훈 사후, 즉 1801년이 지난 시점에 최종 필사 및 정리되었음을 의미한다.

추후 편집의 증거는 이것 말고도 더 있다. 〈죽란일기〉 끝에 수록한 〈일찍 일어나 감회를 읊다〔早起感懷〕〉에는 '금정에서 돌아온 뒤〔金井歸後〕'라는 풀이가 붙어 있다. 사실 이 작품은 서울에서가 아니라 금정찰방으로 있던 1795년 11월 말경 〈도산사숙록〉 작성에 한창 재미를 붙이던 시점에 지은 것이다. 《다산시문집》 권2에는 원래 제목이 '도산 퇴계 선생의 유서를 읽다〔讀退陶遺書〕'로 나온다. 작성 시기와 제목을 고쳐 일기 끝에 수록한 것에서 일기의 주제를 퇴계를 향한 존모尊慕로 수렴코자 한 다산의 의도가 드러난다. 이 또한 일종의 추후 편집의 흔적이다.

003 다산의 일기를 어떻게 읽을까?

다산은 왜 이 기록들을 남겼을까? 이 일기는 무슨 이유로 문집에서 전부 빠졌나? 일기에 어떤 구체적인 의도를 담았던가? 그의 의도는 어떻게 읽을 수 있나? 다산의 4종 일기는 우리가 일반적으로 기대하는 글쓴이의 내밀한 독백과는 상당한 거리가 있다. 다산은 일기에서 감정을 드러내지 않은 채 팩트만 제시한다. 다산의 의도는 팩트를 선별하고 배열하는 시선을 통해서만 포착된다. 막상 적어둔 사실이 별 맥락 없어 보이는 경우도 있어 혼란스럽다.

하지만 막상 하나하나 행간을 따져보면 다 이유가 있고, 허튼 내용이 없다. 불쑥 끼어든 엉뚱한 에피소드도 그냥 쓴 것이 아니다. 다산이 일기 속에서 하고 있는 말과 하고 싶었던 말 사이에는 일정한 거리가 있다. 액면 그대로 읽으면 의도에서 멀어지므로 세심한 독법이 요구된다. 일기에는 전체의 의도가 있고, 선택된 각각의 에피소드가 그 의도를 뒷받침한다. 등장하는 많은 인물도 그날 어쩌다 만난 사람이 아니다. 인용한 글도 다 뜻이 있다. 의도 안에 수렴될 수 있는 사람과 공간과 사건만 선별해 무심한 듯 기록했다. 하나하나는 따로 놀지만, 전체 구성으로 보면 의도된 배치다.

해석의 방법은 다양하다. 다산의 일기는 일기만으로는 맥락을 알 수 없다. 먼저 문집에 흩어진 시문을 일기 속 인물과 사건 위에 교직해야 의미가 드러난다. 역사 속 사실과 사건을 겹쳐 보면 맥락이 한층 분명해진다. 이 시기의 일기는 평생 다산을 옥죄었던 천주교의 그늘에서 결코 자유로울 수 없다. 일기 속의 다산은 평소 우리가 알던 다산과 사뭇 다르다. 때로 그답지 않게 의욕에 넘쳐 덤벙대고, 민망하리만치 자기 자랑이 늘어지기도 한다. 그런 내용을 여과 없이 다 남겨둔 것을 보면 역시 일기는 일기다.

일기에 등장하는 인물은 일일이 족보까지 찾아 뒤져보아야 그다음 연결 고리가 나온다. 이 사람과 저 사람은 얼핏 보아 아무 관련이 없어 보이지만 실은 그렇지 않다. 이름이 이름을 불러내서 그들끼리 네트워크를 만든다. 처음엔 하나도 안 보이다가, 나중에는 모를 것이 없게 된다. 그만큼 치밀하게 교직된 정치적인 텍스트가 바로 다산의 4종 일기다.

〈금정일록〉에서 다산이 예산까지 조문을 위해 찾아간 한강동의 한산이씨들은 주문모 신부를 밀고한 한영익韓永益과 얽혀 있고, 다산의 사촌과도 사돈으로 엮이면서, 자꾸 동심원을 그리며 관계망이 퍼져나간다. 서울서 금정으로 우연히 그때그때 도착한 편지나 시는 모두 나름의 행간이 있다. 그런데 일기를 쓴 이가 그것을 언표화하지 않았기 때문에 그 의미를 읽어내는 것은 오로지 독자의 몫이다. 〈죽란일기〉에 뜬금없이 끼어든 김종수의 금강산 여행이나 경군京軍 조직에 관한 이야기가 뚱딴지같아 보여도 당시 일촉즉발 정국의 숨 가쁜 수싸움이 깔려 있다. 어려운 국면마다 자기 편을 들어준 이유를 캐묻는 다산 앞에서 생색도 못 내고 헛기침만 하는 심환지의 모습도 인상적이다.

일기 속의 다산은 때로 자기모순적이고 부정합적이다. 읽는 동안 곳곳에서 그의 속내와 겉으로 한 말이 따로 논다는 생각을 했다. 가령 일기에서 그가 어떤 말을 꺼낼 때 전에 그가 했던 다른 말이 목에 컥 걸린다. 초기 교회 10인의 가성직假聖職 신부 중 한 사람으로 주문모 신부를 피신시킨 당사자였던 다산이 백성들을 상대로 천당·지옥의 허구성을 설파하고 제사를 권면하는 모습에서 특히 그런 느낌이 들었다. 그처럼 지성으로 천주학을 공부하던 정미반회丁未泮會 시절과, 제사와 관련된 문제가 출제되었다고 이승훈과 나란히 월과月課에 백지 답안지를 제출하던 다산의 모습과 겹쳐진다. 그는 그때 조금의 거리낌 없이 당당했을까?

사실을 비틀어 자신을 변호하는 〈변방소〉의 몇 대목도 눈에 거슬렸다. 이렇게 미온적인 태도로 어떻게 천주교 문제를 해결할 수 있느냐며 상관인 홍주목사에게 으름장을 놓는 장면은 특히나 더 그랬다. 자기 속내를 감추고 이도명에게 훈계조로 충고하는 대목은 내가 이도명의 입장이 되어 듣더라도 기분 나빴을 것 같다.

이렇듯 다산의 일기 속에는 그의 입에서 나와서는 안 될 것 같은 기호들이 여기저기서 웅성거린다. 나는 이것이 이 일기가 결국 시문집에 들어가지 못한 이유라고 생각한다. 그도 자신의 자가당착과 이율배반이 얼마간 부끄러웠을 것이다. 천주교 문제와 연관되는 순간 다산은 모순적인 캐릭터로 변한다. 생각을 바꾸지 않고도 말을 바꿀 수 있었다. 천주교와 관련된 다산의 말과 행동에는 모순적 양가감정이 병존한다. 그는 신앙을 버렸지만 완전히 떠나지 못했고, 임금을 사랑했지만 천주도 사랑했다. 해배 후 그가 지은 권철신, 이가환, 이기양, 오석충, 정약전 등 5인의 묘지명에서는 그들이 실제로는 천주교 신자가 아니었음을 입증하기 위해 사실을 왜곡하거나 가짜 정보를 섞기도 했다. 이 부분에 대해서는 따로 살필 기회를 갖겠다.

이는 다산의 모순을 넘어 그 시대의 모순이었다. 그는 살아남기 위해 거짓을 고했고, 한때 스스로도 그 거짓을 진실로 믿어버렸던 것 같다. 일종의 자기최면 상태에 빠진 것이다. 천주교 문제에 관한 한 다산에게서 수미관통, 초지일관을 기대할 수 없다. 그는 모순의 시대에 모순의 갈등 속을 살다가 간 인물이다. 그래서 우리는 그의 행보를 통해 역설적으로 그의 시대를 더 깊이, 더 정직하게 들여다볼 수가 있다.

004 젊은 날의 다산은 어땠나?

30대 초반 채제공을 도와 남인의 핵심 참모로 활동할 당시 다산의 모습은 오늘날 우리가 아는 다산과는 사뭇 결이 다른 느낌을 준다. 그는 공서파攻西派의 집중 공격과 견제를 버티면서 정조와 채제공을 도와 혼란스러운 정국을 헤쳐나가야 했다. 그 와중에 각종 음해와 모략에 휩쓸렸다. 당시 다산은 채제공의 핵심 참모요 돌격대장이었다. 음해의 대부분은 그의 천주교 신앙과 관련된 것이었고, 정파의 핵심 이익을 놓치지 않기 위한 모색과도 관계가 깊었다.

이때 다산은 천주와 정조라는 두 하늘을 가슴에 품고 있었고, 둘은 공존할 수 없었다. 어느 하나를 명백하게 포기하지 않은 채 공존할 수 없는 두 하늘을 품으려니 신념과 행동 사이에서 여러 불일치가 발생했다. 당시 남인 내부의 시각에서 다산을 살펴본 이재기李在璣의 《눌암기략訥菴記略》과 강세정姜世靖의 《송담유록松潭遺錄》에 언뜻언뜻 비치는 다산의 모습은 그래서 더 낯설다. 본격적인 일기 읽기에 앞서 그 몇 장면을 먼저 살펴 당시 다산이 놓였던 처지와 행동 성향까지 함께 가늠해보자.

1793년 겨울 다산은 처삼촌인 홍수보洪秀輔와 사촌 처남 홍인호洪仁浩를 공격하는 통문을 작성하려고 자기 집에서 여러 사람과 함께 모여 글을 구상하고 있었다. 이날 사정을 전혀 몰랐던 홍수보가 지나던 길에 다산의 집에 불쑥 들렀다. 당시 사랑방에 가득하던 사람들이 뜻밖의 상황에 대경실색했다. 다산은 급히 홍수보를 내실로 모셨고, 그 사이에 다른 사람들은 그 당사자를 탄핵하는 통문을 탈고했다.[1]

《송담유록》에서도 "이가환과 정약용이, 홍인호 대감이 엄한 하교를 받고 홍낙안이 쓴 글을 바쳤다는 소식을 듣고는, 이때를 틈타서 얽어넣을 수 있겠다고 여겼다. 모여 의논하여 홍인호를 함께 엮어서 해치고자, 홍낙안을 공격하는 통문을 지으면서 홍인호 부자도 엮어서 날조하였다. 종이 가득 늘어놓아 온갖 방법으로 꾸짖고 욕하니, 아는 이들은 곱절이나 두려워 겁을 내고, 심지어 가까운 인척이나 친척조차도 감히 찾아가지 못하였다"라고 썼다.[2] 정치적 입장 차에 따라 처삼촌 부자를 성토하는 통문 작성을 직접 주도한 셈인데, 이런 풍경은 다산이 얼마나 정치적 책략에 능했던가를 잘 보여준다.

또 1795년 겨울 막 금정역에서 상경한 다산과 이가환에 대해 부정적 여론이 들끓자 채제공이 이들과 손절할 결심을 하고 죄를 청하는 차자箚子를 올리려 한 적이 있었다. 이 소식을 들은 다산은 아들 채홍원을 찾아가서 "대감께서 우리 세 사람을 죽이려 하시는데, 세 사람이 죽으면 자네만 편안할 수 있겠는가? 자네는 사람을 물에 빠뜨릴 때 빠지는 사람이 반드시 손으로 끌어당겨 함께 들어간다는 말을 들어보지 못했던가?"라며 협박했다. 결국 채제공은 다산의 위협에 굴복해 그 차자를 끝내 올리지 못했다.[3]

이 밖에도《눌암기략》에서는 다산과 이승훈 등이 자신들을 타깃으로 배척 상소를 올리려고 하는 성균관 유생들을 개별적으로 으르고 위협해 무력화시키는 동시에, 채제공의 뜻을 움직이려고 말을 부풀리거나 없는 일을 꾸며 사달을 만드는 장면이 자주 목격된다.

근래 서울에 사는 선배와 백성 중에는 사학을 배우는 사람이 없는 듯하나, 사학을 두둔하는 풍조는 신유년 이전보다 심한 점이 있다. 이가환과 정약용이 독한 심보를 부리던 때에는 반드시 정론과 다투어 이겨 선한 부류를 해치려고 거짓말을 만들고 비방을 조작해서 못하는 짓이 없었다. 이것이 대체 무슨 심보이며, 또 무슨 의도란 말인가? 어리석고 또 현혹되었다고 말할 수 있다.[4]

물론 이는 척사의 입장에서 의도를 가지고 한 비방이다. 하지만 채제공을 옹위하는 정파적 입장과 천주교 문제가 맞물린 상황에서, 때로는 채제공에게 은근히 압박을 가하는 동시에 반대파에 대해서는 가차 없이 보복하면서 자신의 신념과 가치를 지켜가려 한 책사 다산의 모습과 만날 수 있다.

조금 뒷날의 일이기는 하지만 특별히 1799년 여름 다산과 대단히 가까웠던 이익운李益運이 영춘헌迎春軒에 입시해 정조를 만났을 때 정조와 나눈 다음 대화 또한 인상적이다.

상께서 말씀하셨다.

"정약용이 경의 단점을 많이 말해 내게 들리게끔 한다. 어떤 이는 그 사람이 믿을 만하지 않다고 하고, 어떤 이는 권위가 채제공보다 열 배나 된다고 하며, 어떤 이는 남인 쪽에 보탬이 없다고 한다. 이석李晳 또한 경의 일에 대해 자꾸 드러내어 지적하는 것이 서인들보다 심하니, 내가 그 까닭을 알지 못하겠다. 경이 이들에게 거슬림을 입은 것은 어찌하여 그런 것인가?"

신이 대답하였다.

"약용은 신이 이조참판으로 있을 때 그 형 정약현을 위하여 여러 번 첫 벼슬을 구하였지만 신이 한 번도 물망에 올리지 않자 과연 크게 원망을 품었습니다. 금년 정초 이후 한 번도 서로 찾지 않았습니다."[5]

뒤에서 자세히 살피겠지만, 다산은 이정운·이익운 형제와 대단히 친밀한 사이였고, 특히 이익운과는 좋은 관계를 유지했었다. '다산과 이벽의 동생 이석 등이 왜 그대를 계속 비방하느냐'는 물음에 이익운은 다산이 큰형에게 음직으로 벼슬 내려줄 것을 청탁했는데, 자신이 들어주지 않자 유감을 품어서 그렇다고 대답했다. 이어지는 글에서 이익운은, 이석의 경우 그의 형 이격이 혼사를 청했을 때 그가 무관인 데다 사람됨을 좋지 않게 여겨 거절한 일 때문에 그런 모양이라고 대답했다.

정조가 이에 두 사람의 말을 듣고 괴이하다고 의심했는데 말을 듣고 보니 까닭을 알겠다고 말했다. 이익운과 다산이 훗날 틀어진 것은 채제공과 얽힌 문제로 정파적 입장이 갈린 때문이었겠지만, 정조 또한 다산의 이 같은 모나고 강파른 성향을 어느 정도는 인지하고 있었다는 뜻이기도 하다.

이 같은 다산의 각진 성격은, 뒤에서 살펴보겠지만 금정찰방 시절 이도명 등과의 설전에서나 윤취협에게 보낸 편지 등에서도 여실하게 드러난다.

다산의 일기장

金井日錄

금정일록

005 〈금정일록〉의 기사와 동선은 어떻게 짜였나?

　〈금정일록金井日錄〉은 1795년 7월부터 12월까지 5개월간의 비교적 긴 기간에 걸친 내용을 담고 있다. 날짜에 따라 주요 내용을 간추리면 다음과 같다.

날짜	내용
1795년 7월 26~29일	서울서 금정역까지의 노정기와 금정찰방으로 내려오게 된 과정 설명.
8월 4~7일	관찰사·목사에게 올린 도착 보고와 답장, 이삼환·이인섭 등과의 서신 왕래.
8월 12~14일	수영으로 가서 수군절도사 유심원과 만나고, 진사 신종수 등과 함께 영보정 인근을 유람하고 뱃놀이한 뒤에 금정역으로 돌아옴.
8월 17일	천주교인 김복성 체포와 이익운이 부쳐온 시.
8월 22~30일	예산 한강동과 천방산 일대에서 이도명 등을 만나고, 장천에서 이삼환 방문, 홍주에서 용봉사 들러 홍주목사 유의와 회동, 다시 한강동에서 신종수와 회동, 천주교인 김복성과 네 명의 다짐장 받음.
9월 3~5일	신종수와 오서산 유람 후 천정암 유숙, 인근 유람.

날짜	내용
9월 13~17일	부여현감 한백원과 만나 조룡대 등 백제 유적 유람. 북계로 윤취협 방문. 공주로 가서 관찰사 유강과 만나고, 오국진·권기 등과 공북루에 오름. 정산현감 채윤전과 만나고 돌아옴.
9월 19~24일	성주산의 일로 순영에 보고. 이유수와 장령 이일운이 내려오고, 관찰사의 답장 도착. 이존창 체포 문제로 긴박한 상황이었음이 짐작됨.
10월 1일	이존창 체포 후 신문이 있었고, 이후 윤규범·이익운·권엄·이규진 등이 이와 관련된 편지를 보내옴.
10월 9~11일	이기경이 자식 혼사에 돈을 보내라는 편지를 보내오고, 다산이 격노해 거부하는 답장을 보냄. 한치응이 시를 보내옴.
10월 24일~11월 5일	예산 이승훈에게 들러 이삼환과 만난 뒤 봉곡사로 이동. 이도명이 강학회 참석을 거부하며 편지를 보내고, 다산이 답장하면서 격돌. 오국진·권기와 만나 공주 창곡의 실정을 고발하는 장시 지음. 27일 이삼환이 봉곡사에 도착한 후 서암에서의 강학이 열흘간 계속됨.
11월 6~13일	윤규범의 시와 이광교의 편지를 받음.
11월 19~27일	〈도산사숙록〉 집필 시작, 윤취협·이승훈과 서신 왕래.
12월 1~6일	강학회에 대한 뒷말을 두고 이삼환과 서신 왕래, 윤필병 편지 받음, 역촌 부로에게 잔치 열어줌.
12월 10일	이가환과 서신 왕래, 허적의 관작 회복 소식에 시를 지음, 이승훈·유강과 세모 인사 편지.
12월 20~25일	포폄제목을 확인. 이정운의 화답시 도착. 내직으로 옮기라는 명 듣고 당일 금정역 출발해 상경, 명례방 집 안착.
12월 26~30일	이삼환·이승훈에게 안부 편지 보내고, 이정운에게 이존창의 일을 보고하는 문제로 편지 보냄.

다산은 천주교 교세가 유난히 극성을 부리는 금정역에 임금의 뜻에 따라 배치되었다. 이곳에서 다산이 천주교도 검거에 큰 공을 세우게 해서 중앙으로 복귀시키려는 것이 정조의 큰 그림이었다. 여기에

더해 서학을 버리고 유학의 정론으로 복귀했다는 대외적 메시지를 행동과 언어로 가시화하라는 왕의 주문이 따로 있었던 것으로 보인다.

다산은 금정 시절 그 지역 천주교도의 중간 리더인 김복성 등을 체포하고, 지도자 이존창을 직접 검거하는 등 천주교 탄압에 앞장섰고, 이도명 등 지역 선비들의 강한 반발과 충돌을 감수하면서까지 서암 강학 모임을 추진했다. 또 〈도산사숙록〉을 통해 퇴계에 대한 존모를 드러내 보임으로써 정학正學 회귀를 천명하는 등 안팎으로 줄곧 서학 관련 혐의 세탁에 온통 힘을 쏟았다. 이존창 검거와 뒤처리가 마무리되고, 강학회와 〈도산사숙록〉을 마친 뒤, 포폄제목襃貶題目에서 비교적 높은 평가까지 받자, 정조는 기다렸다는 듯이 다산을 즉각 서울로 불러올렸다.

006 주문모 신부 실포 사건과 〈금정일록〉은 어떤 관계가 있나?

《사암선생연보俟菴先生年譜》 1795년 7월 26일 기사에는 "이때 임금께서 바야흐로 공을 크게 쓰시려 했다"고 썼다. 실제로 1795년 정월 사간에 임명된 다산은 며칠 만에 동부승지로 발탁되고, 정조의 화성 행차를 모시기 위해 바로 병조참의에 제수되었다. 승승장구 득의의 시절이었다. 이때 마침 주문모 신부 사건이 터졌다. 1795년 5월 11일의 일이었다. 뒤이어 윤유일·최인길·지황 세 사람이 붙잡혀와서 이튿날 새벽에 매 맞아 죽었다. 이후 박장설의 상소가 올라오면서 구설이 걷잡을 수 없이 커지자, 정조가 어쩔 수 없이 이가환과 정약용을 지방으로 좌천시키는 결정을 내렸다는 내용이 나온다. 다산의 금정찰 방 좌천 이유를 주문모 신부 사건의 여파로 본 것이다. 다산은 주문모 신부의 실포失捕와 무슨 관련이 있었을까?

다산은 〈자찬묘지명〉에서 이렇게 썼다.

4월에 소주蘇州 사람 주문모가 변복하고 몰래 들어와 북산 아래에 숨어서 서교西敎를 널리 폈다. 진사 한영익이 이를 알고 이석에게 고하였는데, 나 또한 이를 들었다. 이석이 채제공에게 고하니, 공은 비밀리에 임금께 보고하고, 포도대장 조규진趙圭鎭에게 명하여 이들을 잡아오게 하였다.[1]

다산은 '나 또한 이를 들었다(鏞亦聞之)'고 해, 한영익이 이석에게 밀고하는 자리에 자신도 함께 있었다고 분명하게 말했다. 이석은 다산의 큰형 정약현의 처남이자, 이벽李檗(1754~1785)의 아우였다. 당시 그는 국왕의 친위 조직인 별군직別軍職에 속해 있었다. 하지만 조규진이 장교와 포졸을 보내 천주당을 급습했을 때, 신부는 미리 알고 달아나버린 뒤였다. 극비리에 전광석화처럼 진행된 검거 작전이 그 짧은 순간에 누군가에 의해 새나갔던 것이다. 한영익의 고발 현장에 이석과 함께 있었던 사람은 다산뿐이었다. 말이 새나갈 곳은 다산밖에 없었다. 다산은 이 일에 대해 끝까지 함구했다.

사건의 진상은 전혀 엉뚱하게도 두 해 뒤인 1797년 8월 15일에 북경의 고베아 주교가 사천성 대리감목 디디에 주교에게 라틴어로 써서 보낸 연례 사목 보고를 통해 드러났다. 고베아 주교의 보고는 주문모 신부가 사건 발생 2년 만에 천신만고 끝에 북경에 보낸 조선 교회 사목 보고에 기초한 것이었다. 해당 대목은 이렇다.

　이 일이 터진 것은 1795년 6월 27일(음력 5월 11일)이었습니다. 그 사람(한영익)이 조선 대신들에게 밀고하는 자리에 어떤 무관 한 사람이 같이 있었는데, 그 사람은 한때 천주교 신자였다가 배교를 한 사람이었습니다. 하지만 그 무관은 배교의 죄를 진심으로 뉘우치고는 신부님께 고해성사를 볼 수 있는 날이 오기만을 애타게 기다리고 있었습니다. 그런데 다른 천주교 신자들은 이 무관에게 신부님이 오셨다는 사실을 전혀 알려주지 않았습니다. 그것은 혹시라도 그 사람이 그런 사실을 누설하지 않을까 두려워하였기 때문이었습니다. 그런데 그 무관은 앞에서 이야기한 또 다른 배교자가 고발하는 모든 사실을 듣고는, 곧장 신부님이 머물고 계신다고 일러준 집으로 달려갔습니다. 그러고는 신부님이 고발당하였기 때문에 신부님과 천주교회에 위험이 닥쳤다는 것을 알려주었습니다. 그는 신부님에게 한시라도 빨리 그 집을 떠나는 것이 좋겠다고 말하고 나서 자기가 신부님을 다른 곳으로 모시고 가겠다고 나섰습니다.[2]

　이 무관이 누구인가? 이때 다산은 우부승지로 있다가 체직되어, 오위五衛의 무관직인 부사직副司直 신분으로 규장각에서 《화성정리통고華城整理通考》를 교서하고 있었다. 다산은 〈자찬묘지명〉에서 자기 입으로 그 자리에 입회했었노라고 했고, 당시 무관직에 있었다. 이전에 천주교 신자였다가 배교한 사람이라는 사실도 정확하게 다산을 가리킨다. 한영익의 밀고는 실로 임금까지 경악시킨 경천동지할 내용이어서 그저 일반 무관이 우연히 동석해 들을 수 있는 사안이 아니었다. 이벽의 동생인 이석은 다산과도 평소 친분이 도타웠다. 무관직에 적을 걸고 있던 다산이 역시 무관이었던 이석과 함께 밀고 자리에 입회할 수 있었던 것은 너무도 자연스럽다.

한 가지 따져야 할 일이 있다. 당시 다산이 무관직에 있었다 하더라도, 실제 교서관의 일을 하고 있었던 다산이 과연 무관 복장이었을까? 그해 3월 다산이 병조에 입직했을 때 융복戎服 즉 무관 복장을 마련하지 않고 있다가 엄한 견책을 받은 일이 있었다. 그 직후인 5월 11일이어서 다산이 이때 무관 복장을 하고 있었을 개연성이 높다.

여기서 한 가지 의문이 든다. 이석이 채제공에게 직보하고 임금을 거쳐 다시 채제공과 포도대장 조규진에게 긴급 체포 명령이 하달되는 지극히 짧은 시간에 신부가 누군가의 도움을 받아 극적으로 달아났다면, 누가 봐도 정약용이 의심을 받아 마땅한 상황이었다. 그런데 어째서 당시에 이 같은 말이 나오지 않았을까?

사실 윤유일과 최인길, 지황 세 사람이 체포된 이튿날 새벽에 고문으로 죽은 것은 입을 막은 것에 가까웠고, 이들이 죽은 이유는 철저히 비밀에 부쳐졌다. 특별히 중국인 주문모 신부 체포와 관련된 사안은 임금과 채제공, 조규진, 이석, 그리고 우연찮게 밀고 현장에 입회했던 정약용 등 몇 사람을 빼고는 아무도 모르는 상황이었다. 근 두 달 뒤인 7월 7일에 올라온 행부사직行副司直 박장설의 상소에서조차 이들 세 사람의 죽음을 엉뚱한 맥락에서 헛짚고 있었음에서도 이때까지 정보 통제가 매우 엄격하게 이루어졌음이 확인된다.

한편 이기경은 《벽위편闢衛編》에 묘한 말을 남겼다.

중국 사람을 놓친 뒤로 왕은 약용이 반드시 그의 종적을 알 것이라고 생각하여 약용으로 하여금 붙잡아들이게 하였으나, 중국 사람을 데려온 것이 본래 그들의 소행이었으므로 결국 사실대로 고하지 않았다. 무오년(1798)과 기미년(1799)에 사학을 다스린 것도 대개 이 중국 사람을 잡

기 위한 것이었다.[3]

이 말은 정조가 적어도 다산이 여전히 천주교 조직과 긴밀하게 연결되어 주문모 신부를 피신시킨 유력한 용의자임을 익히 알고 있었다는 뜻이다. 하지만 중국인 신부의 잠입과 체포는 자칫 청나라와의 외교적 문제로 비화될 수 있는 지극히 예민한 사안이었다. 국가가 사안의 실체를 극구 감추던 상황이었으므로, 이 문제는 더 이상 확대되지 않고 조용히 수면 아래로 가라앉았다.

이후 구체적인 내용을 모르던 박장설 등에 의해 논란이 확산되자, 정조는 문체와 글씨체를 핑계 대며 다산을 금정찰방으로 내려보내 꼬리 자르기를 시도했던 것인데, 이는 꼬인 상황을 돌파하는 동시에 다산 등을 보호하기 위한 방편적 성격이 더 강했다.

다른 또 한 가지의 문제는, 위험을 무릅쓰고 신부를 피신시키기까지 했던 다산이 금정에 내려간 뒤 다시 천주교 탄압에 앞장선 사실이다. 이곳에서 그는 김복성 등 천주교 핵심 신자를 검거하고, 나아가 이 지역의 최고 지도자였던 이존창까지 붙잡아들이는 성과를 거뒀다. 이를 또 한 번의 배교 행위로 본다면, 주문모 신부의 피신을 도운 종전 다산의 행동과는 이율배반의 연속이다. 당시 다산은 임금 정조가 자신에게 베풀어준 은혜의 크기를 너무도 잘 알았다. 이렇게 해서라도 자신을 사학의 굴레에서 벗겨주려는 임금의 마음을 당시로서는 받지 않을 수 없었을 것이다. 또 막상 이존창과 김복성 등의 검거도 따지고 보면 결과적으로 그다지 큰 성과로 보기는 힘들었다. 이에 대해서는 뒤에 따로 말하겠다.

007 다산과 한영익은 어떤 관계였을까?

일기와 직접 관련은 없지만, 주문모 신부를 밀고한 진사 한영익이 다산과 남다른 인연으로 이어져 있었던 사실은 따로 살펴볼 필요가 있다. 한영익이 막바로 이석을 찾아간 것으로 보아, 한영익과 이석 사이에는 우리가 잘 모르는 연결 고리가 있었을 것이다.

《눌암기략》에 1783년 즈음 채제공이 거의 죽음 직전까지 몰려 재앙의 기색이 하늘을 덮었는데도 태연했는데, 그것은 이석이 장용영壯勇營에 있으면서 정조의 밀지를 자주 와서 전해 임금의 뜻을 알고 있었기 때문이라고 한 대목이 나온다.⁴ 이석은 정조의 깊은 신임을 받고 있었고, 채제공과도 대단히 가까웠다. 남인이었던 한영익이 굳이 같은 남인인 이석에게 주문모 신부의 입국 사실을 알려 채제공을 거쳐 정조에게 직보하는 경로를 탔다. 한영익 또한 이 같은 계통을 잘 이해하고 있었다는 의미다.

한영익의 서매庶妹는 당시 신부를 모시고 미사를 드릴 수 있었던 극소수의 신자 그룹에 속한 독실한 천주교인이었다. 한영익 자신도 한때 천주교 신앙을 받아들였다가 1791년 진산 사건 이후로 신앙에서 멀어진 상태였다. 한영익이 1787년 정미반회 사건을 즈음해 신앙을 받아들였다면, 그는 애초에 다산을 통해 입교했을 가능성이 매우 높다.

그런데 천만뜻밖에도 몇 해 뒤 한영익의 서매가 다산의 서제 정약횡丁若鐄과 혼약을 맺는다. 주문모 신부 실포 사건 당시 창과 방패로 역할이 엇갈렸던 두 사람이 서너 해 뒤에 사돈을 맺게 된 것이다. 여기에도 분명히 겉으로 잘 드러나지 않은 다른 내막이 있다.

다산은 〈자찬묘지명〉에서 1799년의 사건을 설명하는 중에 서얼 조화진趙華鎭의 상변上變 소식에 대해 적었다. 상소에서 조화진은, "이가환과 정약용 등이 몰래 서교를 주장하여 불궤不軌를 꾀하는데, 한영익이 그의 심복입니다"라고 했다. 정조는 이 글을 당사자인 이가환에게 직접 보여주면서 말했다. "한영익은 북산北山의 일을 고발한 자인데, 어떻게 심복이 될 수 있는가?" 북산의 일은 주문모 신부를 고발한 일을 말한다. 신부를 고발했던 자가 어떻게 천주교 세력의 심복이 될 수 있느냐며, 무고 단정의 근거로 제시한 것이다.[5]

다산은 이를 말한 뒤, 조화진이 한영익을 물고 들어간 이유를, "조화진이 일찍이 한영익에게 구혼했는데, 한영익이 듣지 않고 그의 누이동생을 약용의 서제 약횡에게 시집 보냈다. 이 때문에 한영익을 죽이기를 꾀하면서 약용에게 미친 것이었다"라고 썼다.[6]

1795년 한영익이 주문모 신부를 밀고했을 때 다산은 이에 대응해 신부를 구했다. 그런데 몇 해 뒤에 한영익의 서매와 다산의 서제 정약횡이 결혼해 두 집안은 사돈을 맺었다. 서로 어긋났다가 다시 하나가 된 셈인데, 이것을 어떻게 해석해야 하나?

표면적으로야 다산이 금정찰방으로 내려가 천주교 탄압에 앞장섰으니 신부를 밀고한 한영익과 어긋날 이유가 없다. 문제는 조화진의 고발에서, 한영익이 이번에는 이가환과 정약용의 심복이 되어서 천주교를 주장한다고 한 데 있다. 그렇다면 그사이에 다산과 한영익 모두 다시 천주교로 선회했다는 이야기가 되므로, 정조는 신부를 고발한 당사자가 천주교 신자가 되었다는 것이 말도 안 된다며 무고로 단정해버렸다.

그래도 찜찜하다. 두 집안이 혼사를 맺었다면 이전부터 집안 간의 인연이 있었다는 뜻이고, 다산과 한영익은 이전부터 서로 익히 알고 지낸 사이일 가능성이 높다. 이 때문에 다산이 한영익의 밀고 현장에 입회할 수 있었을 것이다. 뒤에 나오지만, 한영익은 다산이 금정찰방으로 좌천된 뒤 서암강학회를 성사시키려고 한강동까지 찾아가서 만난 이광교와 처남매부 간이기도 했다.

1799년 당시에는 여러 정황상 이가환과 다산이 신앙 활동을 했다고는 보기 어렵다. 한영익과 다산은 집안끼리 사돈을 맺었으니, 이때 상당한 밀착 관계에 있었던 사실 자체를 무고라고 할 수도 없다. 남는 문제는 이들의 밀착 관계가 서학에 대한 배척과 경사傾斜 중 어느 쪽이냐일 뿐이다. 서학과 관련된 다산의 처신은 일관성이 없어, 이때 일에 대한 더 깊은 검토가 요구되지만, 남은 자료가 없어서 더 이상의 추정이나 단정은 어렵다. 하여튼 이 문제는 꼬리에 꼬리를 무는 많은 궁금증을 자아낸다. 이 글에서는 다산과 한영익의 관계가 알려진 것보다 밀접하고, 잘 드러나지 않은 행간이 적지 않다는 점을 확인하는 데서 멈추겠다.

1795년 7월 26일

지엄한 교지를 받고 금정찰방金井察訪에 제수되었다.[7] 오후 3시쯤 출발해서, 가는 길에 우상右相 채제공蔡濟恭[8]에게 들러 절을 올렸다. 청파靑坡에 이르러 이 판서이가환李家煥[9]와 만나 작별하였다. 20리를 가서 승방점僧房店[10]에서 묵었다.

廿六日, 被嚴旨, 除金井察訪. 申時發行, 歷拜右相. 至靑坡, 遇李判書家煥叙別. 行二十里, 宿僧房店.

이에 앞서, 박장설朴長卨이 상소를 올려[11] 금태錦台[12] 이가환을 논척하였다. 아울러 둘째 형님 정약전丁若銓[13]의 대책이 오행五行을 가지고 사행四行으로 만들었음을 논하였다.[14] 성상께서 친히 《임헌공령臨軒功令》[15]을 살펴보시고는 박장설이 모함하여 날조한 정황을 알게 되셨다. 하교하심이 분명하여 열 줄의 글이 몹시 정성스러웠다.[16] 그리고 나서 성균관 유생이 올린 글에서 형제가 나란히 이가환에게 배운 제자라 한 것에 미쳐서는, 임금께서 비답을 내리셔서 그 말이 공정치 않음을 꾸짖으셨다. 그 후에 이 같은 명이 있었으니, 그 한 차례 은혜를 보이고 한 차례 위엄을 나타내신 것이 지극한 가르침이 아님이 없었다.[17]

先是, 朴長卨疏斥錦台. 竝論仲氏對策, 以五行爲四行. 聖上親覽臨軒功令, 知其誣捏狀. 下敎昭析, 十行勤諄. 旣而泮儒封章, 竝及兄弟爲錦台傳法沙門, 聖明下批, 責其不公. 旣而有是命, 其一恩一威, 罔非至敎也.

이날, 이가환을 충주목사에 보임하고, 이형李兄[18]은 예산으로 유배 보내시고는 다음과 같이 전교하였다.

"아직 결정되지 않은 사안은 바로 정약용의 일이다. 그가 만약 성인聖人을 비방하는 글을 눈으로 보지 않고, 경전에 어긋나는 말을 귀로 듣지 않았다고 한다면, 죄 없는 그의 형이 어찌 상소문에 이름이 올랐겠는가?[19] 그가 문장을 하고자 했다면 육경六經과 양한兩漢이라는 절로 좋은 밭이 있거늘, 어이 굳이 기이함에 힘쓰고 새로움만 추구하다가 제 몸과 이름을 낭패케 한 뒤에야 그만두기에 이르렀으니, 대체 무슨 취미란 말인가? 그 종적이 따로 드러난 것이 없다고 말하지 말라. 이 같은 구설을 얻은 것이 바로 그의 잘못이다.

是日, 錦台補忠州牧使, 李兄謫禮山, 傳曰: "未決之案, 卽丁鏞事也. 渠若目不見非聖之書, 耳不聞悖經之說, 無罪渠兄, 何登公車? 渠欲爲文章則六經兩漢, 自有好田地, 何必務奇求新, 至於狼狽身名而後已者, 抑何嗜慾乎? 莫云蹤跡之別無綻見, 得此梁楚, 卽渠斷案.

그가 글자를 쓴 획을 살펴보니, 여태도 내가 타이른 가르침을 따르지 아니하고 비스듬하게 기울여 쓰는 글씨체를 변함없이 고치지 않았다.[20] 이 같은 사람은 처분을 엄히 내려, 설령 이미 선善을 향하고 있다 해도 더더욱 선을 향하게끔 해야 한다. 또 혹 긴가민가할 때는 이로 인해 스스로 몸을 빼내야만 그가 옥玉을 이루게 될 것이니, 전 승지 정약용을 금정찰방에 제수한다.

觀於渠之書字之畫, 尙不遵行飭敎, 斜倚之體, 依舊不改. 此等之人, 嚴賜處分, 設已向善, 益令向善. 又或然疑, 因此自拔, 在渠無非玉成,

다산의 일기장

前承旨丁鏞, 金井察訪除授.

　　지금 찰방을 맡고 있는 자는 경직으로 교체하도록 하라. 무
슨 낯으로 조정에서 하직 인사를 하겠는가? 이 시각 안으로 당
장 길에 올라 목숨을 구해 한강을 넘어갈 방도를 찾도록 하
라."[21] 경기도 감영의 장교가 와서 말하였다. "당장 이 시각 안에 강을 건너게 한
뒤 경과를 글로 보고하라는 명이 있었습니다." 마침내 압송하여 강가에 이르렀다.

　　時任察訪, 遆付京職. 何顔辭朝? 當刻內登程, 俾圖生蹤江漢之方."

畿營將校來, 言: "當刻內使之越江後, 形止狀聞事, 有命." 遂押至江頭.

[부록] 엄중한 분부로 내보내 금정도 찰방에 보임하시므로, 오후 늦게 동작나루를 건너며 짓다〔有嚴旨出補金井道察訪, 晚渡銅雀津作〕
_ 건륭 을묘년(1795) 7월 26일〔乾隆乙卯七月卄六〕

해 지는 동작나루 물결 무늬 뒤채이고	銅津斜日浪花翻
배 꼬리의 종남산은 내가 사는 집이로다.	船尾終南是故園
버들 드리운 교외 다리 소나기가 내리더니	垂柳野橋猶白雨
안개 옅은 성궐엔 황혼이 가까웠네.	澹煙城闕近黃昏
금마문金馬門의 대조待詔[22]는 좋은 계책 아니거니	金門待詔非長策
물가 역참 황량한 곳 던져짐도 성은일세.	水驛投荒也聖恩
듣자니 호서 사람 못 깨닫고 미혹되니	聞說西人迷不悟
이번 걸음 회양으로 나감과 비슷하다.[23]	此行還似出淮藩

008 박장설의 상소는 왜 문제가 되었나?

1795년 7월 7일에 박장설은 상소를 올려 이가환을 직격했다. 결국 박장설의 이 상소 파동으로 환기된 여론 때문에 이가환, 이승훈, 정약용 세 사람이 집중포화를 맞았다.

7월 말 세 사람을 좌천 또는 유배 보내는 결정을 내리기에 앞서 정조가 연신筵臣에게 했다는 말은 이렇다. "아무개와 아무개 등 몇 사람은 바야흐로 크게 쓸 참이었다. 박장설의 상소 이후로 구설이 몹시 많으니, 만들어 이루는 방법[作成之方]을 생각해보지 않을 수가 없겠다. 한차례 가벼운 견책으로 각자 자취를 세우고 뜻을 밝히게 해서 사람들의 말을 막는 것을 그만둘 수 없겠다."[24]

정조는 자신이 세 사람을 장차 크게 쓰려 했는데, 박장설의 상소로 구설이 너무 많아져서 뜻대로 하기가 어렵게 되었으므로, '작성지방作成之方' 즉 이들을 제대로 된 인재로 만들 방안을 준비하지 않으면 안 되겠다고 말했다. 그 방안이 박견薄譴 즉 경미한 견책이었고, 그것은 바로 충청도 지역으로의 좌천과 유배였다. 정조는 견책의 목적이 '입적소지立跡昭志'에 있음을 분명히 했다. 그것은 자신이 천주교와 관련되지 않았음을 자취로 입증하고 뜻으로 분명하게 밝히라는 것이었다. 그러니까 이때 정조가 세 사람에게 행한 견책은 구설의 확산을 막고, 그들이 작성 즉 제자리를 찾아 나라에 유위한 인재가 되도록 이끌려는 고육책이었던 셈이다.

실제로 다산이 금정찰방으로 내려가서 행한 모든 일은 '입적소지'

를 통해 구설을 잠재우는 데 초점이 맞춰져 있었다. 이존창을 검거하고, 지역 천주교 조직을 무너뜨린 것이 입적이라면, 서암강학회로 성호의 유저遺著를 정리하고 〈도산사숙록〉을 써서 퇴계 존모의 뜻을 밝힌 것은 소지에 해당한다.

그렇다면 당시 박장설의 상소가 어째서 이토록 큰 파장을 불러왔을까? 여기서 잠깐 그 경과와 내용을 살펴볼 필요가 있다. 일기의 전체 배경을 이해하는 데 중요한 지점이어서 특히 그렇다. 앞서 1795년 5월 11일 저녁, 윤유일·최인길·지황 세 사람이 붙들려와서 12시간 만인 이튿날 새벽 고문 끝에 죽었다. 하지만 이 사실은 《조선왕조실록》과 《승정원일기》 어디에도 흔적조차 남지 않았다. 이것은 심문이 아닌 살해에 가까웠다. 중국인 신부의 잠입 사실이 외부에 알려지는 것을 원천 봉쇄하려 한 것이었다. 그리고 엄폐의 시도는 일단 성공했다. 신속한 뒤처리와 철저한 입단속의 결과였다. 더욱이 당시는 국가적으로 한 달여 뒤인 6월 18일에 열릴 정조의 모친 혜경궁 홍씨의 회갑잔치 준비가 한창인 시점이었다. 국가적 큰 경사를 앞두고 서학 문제로 피바람을 불러 재를 뿌릴 수는 없었다. 더욱이 당사자인 중국인 신부는 종적조차 묘연한 상태였다.

세 사람이 비명에 죽고 50여 일이 지난 7월 4일에 마침내 대사헌 권유權裕가 의혹투성이인 3인의 죽음에 대한 진상조사를 요청하는 상소문을 올렸다. 혜경궁의 생일잔치도 이미 끝난 시점이었다. 권유는 좌의정 채제공이 분명히 무언가를 숨기고 있다고 확신했다. 권유는 상소문에서 포도대장이 사학을 믿는 세 사람을 타살했고, 그는 채제공의 지휘를 받았는데, 한밤중에 아무도 모르게 서둘러 죽여 마치 단서가 탄로 날까 봐 입을 막고 자취를 지우려는 것처럼 했으니, 이런 법이 어디 있느냐고 포문을 열었다.

정조는 뜨끔해서 권유의 상소문에 은연중 채제공을 겨냥한 뜻이 있다고 나무라며, 법에 따라 처단해 서학을 믿는 다른 자들을 징계하고 경계토록 하는 것 외에 다른 엄폐 시도가 있을 수 없다고 말허리를 잘랐다. 권유가 상소문을 올릴 때 알면서도 일부러 말꼬리를 흐린 것이 아니었다. 세 사람의 죽음이 주문모 신부 문제와 연관되어 있음을 당시 누구도 몰랐다는 뜻이다.

박장설은 문제의 상소를 권유의 상소가 나온 지 사흘 뒤인 7월 7일에 올렸다. 그는 이 상소문에서 천주학의 배후로 이가환을 저격하고, 그 증거로 다산의 형 정약전의 답안지를 들었다. 상소의 내용으로 보아 박장설 또한 사건의 내막을 모르기는 마찬가지였다. 정조는 박장설이 윤유일 등 3인의 죽음 배후로 이가환을 표적 삼은 것을 보고, 박장설이 주문모 관련 상황을 전혀 모르는 것을 알았다. 여기에 엉뚱하게 정약전의 답안지까지 물고 들어가자 분노의 수위가 한층 높아졌다. 박장설은 노론 벽파 김종수의 일계였다.

박장설이 상소문에서 자신을 '기려지신羈旅之臣'이라 표현한 것이 정조의 노여움을 더 부추겼다. 이는 '타향을 전전하며 떠도는 신하'라는 의미였다. 정조는 대로해 나라의 기강을 탓하면서 그 말대로 해주라고 명했다. 박장설은 이 일로, 처음 두만강까지 갔다가 도착 즉시 동래로 내려오게 한 뒤, 다시 제주도로 보내고, 뒤이어 압록강까지 끌어올리는 최악의 유배형에 처해졌다.

당시 이 문제로 정작 과녁이 되었어야 마땅한 인물은 이가환이 아닌, 주문모 신부의 피신을 직접 도운 다산이었다. 3인의 죽음을 거론함으로써 서학 문제를 공론화할 목적에서 던진 노론 벽파의 회심의 카드는 자신들의 무지와 허점만 노출시키는 결과를 낳았다. 논의의 확산을 꺼린 임금은 7월 11일 전국에 사학을 금지하는 공문을 내려보내는 것을 허락했다. 다만 이를 틈타 사사로운 원한을 풀려고 남을 무고하거나, 뇌물이나 연줄로 무고한 백성을 망측한 죄에 빠뜨리는 경우는 엄히 다스리겠다는 단서를 붙였다.

이후 이가환의 처벌 논의는 다소 수그러드는 기미를 보였다. 그러다가 7월 24일에 성균관 유생 박영원朴盈源 등이 이가환을 배척하는 상소를 다시 올리면서 꺼져가던 불씨를 살렸다. 앞서 세 사람만 죽이고 교활한 괴수가 그대로 있으니 분개한다는 내용이었다. 이 일로 다시 상소가 꼬리를 물며 시끄러운 공방이 끊이지 않자, 결국 정조는 이가환·정약용·이승훈 세 사람을 견책하는 모양새를 취함으로써 더 이상 논란이 확산되는 것을 차단하려 했다.

009 다산은 왜 하필 금정으로 좌천되었을까?

박장설 상소 사건으로 촉발된, 이가환·정약용·이승훈을 표적으로 한 이른바 사학삼흉邪學三凶 축출은 이가환을 충주목사로, 정약용을 금정찰방으로 좌천하고, 당시 벼슬이 없던 이승훈은 금정에서 그다지 멀지 않은 예산에 유배 보내는 것으로 마무리되었다. 먼 섬도 아니고, 남해안 바닷가나 함경도 오지도 아닌 충청도로 이 셋을 보낸 것은 사실 이들의 좌천과 유배가 일종의 여론 무마용이었다는 의미다.

또 한 가지, 충주와 금정과 예산은 당시 천주교 교세가 가장 강한 지역이라는 공통점이 있었다. 충주에는 이기연을 필두로 한 양반 중심의 교회가 이미 단단한 기반 조직을 갖추고 있었고, 예산은 '충청도의 교주'로 일컫는 이존창의 활동 본거지였다. 금정역 또한 역졸을 중심으로 교회 조직이 종횡으로 얽혀 있는 지역이었다. 금정역은 인근 청양 다락골 줄무덤성지 등 이후로도 병인박해 때까지 수많은 순교자를 배출한 천주교 신앙의 주요 못자리 중 한 곳이었다. 정조는 천주교가 가장 치성熾盛한 지역을 찍어 이들을 분산 배치함으로써, 이들이 각 지역의 천주교 조직을 와해시키는 데 일정한 역할을 하게 해 정적들의 표적에서 벗어나게 해주려는 계획이었다.

특별히 다산을 금정찰방으로 보낸 것에서는 채제공의 보이지 않는 배려가 느껴진다. 이 지역은 남인 공서파의 한 축을 이루는 성호우파의 본거지이기도 했다. 인근에는 또 좌의정 채제공의 일족들이 살고 있었고, 심지어 채제공 자신이 나고 자란 곳이기도 했다. 다산이 금정역에 도착한 지 일주일 뒤인 8월 5일에 어자곡의 채준공과 앞마을의 채홍선이 다산을 일부러 찾아온 데서 알 수 있다. 채준공은 채제공의 사촌이고, 채홍선은 칠촌 조카였다. 금정 시절 일기에는 이들 외에도 정산현감 채윤전과 채윤공 등 평강채씨들이 다산의 우호적 조력자로 자주 등장한다.

다른 조건도 있었다. 성호星湖 이익李瀷의 종손從孫인 이삼환李森煥은 1786년 〈양학변洋學辨〉을 지어 서학에 대해 공개적인 반대를 표명한 인물이고, 이가환과는 사촌간이었다. 다산을 이곳으로 내려보낸 정조와 채제공의 속뜻은, 이곳에서 천주교도 검거에 공을 세우고 성호우파 남인들을 우호적 세력으로 만들어 자신에게 씌워진 천주교의 굴레를 완전히 벗어버리고 올라오라는 것이었다. 다산도 누구보다 이 사실을 잘 알고 있었다. 금정은 이처럼 다산이 전향과 환골탈태를 준비하는 공간이었다.

당시 다산은 자신의 금정 체류가 그다지 오랠 것으로 생각지는 않았던 듯하다. 다산이 처음 금정에 내려올 때, 벗인 홍시보洪時溥도 경상도 황산찰방에 제수되어 함께 서울을 떠났다. 하지만 홍시보는 당일에 바로 명이 취소되어 지평持平 벼슬로 전보되었다. 다산이 홍시보의 안부편지에 답신한 〈박여 홍시보에게 답함〔答洪博如〕〉에서 "찰방에 은혜롭게 보임되어 나란히 부임하게 됨이 진실로 또한 기이하였더니, 즉시 파직되어 돌아옴을 입게 되어 감읍스럽기 짝이 없을 것으로 여겨집니다"라고 쓴 데서 알 수 있다.[25] 다산은 금정에 내려가 천주교 조직 검거에 성과만 내면 바로 서울로 복귀할 수 있다고 믿었다. 금정 도착 직후 다산이 조바심을 비치며 천주교인 검거를 서두른 이유다. 다산은 자신의 금정 체류가 5개월이나 끌게 될 줄은 생각지 못했을 것이다.

010 정조가 제시한 다산 좌천의 이유는?

정조는 이가환의 좌천과 이승훈의 유배를 먼저 결정하고 나서, 다산의 좌천지를 정했다. 다산이 7월 26일 일기에 인용한 정조의 전교는 《승정원일기》 같은 날짜에 똑같이 기재되어 있다. 글에서 정조가 꼽은 다산의 좌천 이유가 다소 엉뚱하다. 정조는 이가환과 이승훈을 이미 처벌했으니 다산의 문제만 남았다면서, 성인을 비방하는 글을 읽고 경전에 어긋나는 말을 귀로 들어, 결국 그의 형까지 상소문에 이름이 오르게 만든 것이 다산의 죄라면 죄라고 지목했다. '성인을 비방

하는 글과 경전에 어긋나는 말'은 당연히 천주교 관련 서적을 염두에
둔 표현이었다.

이어지는 글에서 정조는 다시 다산의 죄를 꼽으면서, 문장을 함에
기이함에 힘쓰고 새로움을 추구하다가 구설을 얻은 것과, 비스듬하게
기울여 쓰는 글씨체를 고치라고 명했음에도 왕명을 따르지 않아 괘씸
하다는 이유를 추가했다. 결국 정조는 다산이 서학을 믿지는 않았지만
그 책을 가까이했고, 그 까닭이 문장에 대한 '무기구신務奇求新'의 욕심
때문이었다고 두둔한 셈이다. '읽으라는 성현의 글은 안 읽고 신기함
만 추구해서 결국 박장설의 상소를 불렀다. 드러난 종적은 없지만 쓸
데없는 비방을 자초한 죄를 이제 묻겠다. 게다가 글씨체를 고치라는
말조차 듣지 않으니 더 괘씸하다.' 많은 계산이 들어간 표현이었다.

임금은 또 말했다. "이미 선을 향하고 있다 해도 더더욱 선을 향하
게끔 해야 한다. 또 혹 긴가민가할 때는 이로 인해 스스로 몸을 빼내
야만 그가 옥을 이루게 될 것이다." 이 말뜻은 이렇다. '다산은 이미 충
분히 반성하고 있다. 하지만 구설이 끊이지 않으니 일단 그에게 몸을
빼서 벗어나 있게 하겠다.'

정조는 다그치듯 다산을 몰아세웠으나, 실상 문체와 서체를 가지
고 현직 관리의 직급을 3품에서 6품으로 세 단계나 낮춰서 지방 말단
관리로 보낸 것은 말이 되지 않는다. 그러니까 정조는 여론을 잠재우
기 위해 그를 잠시 지방으로 보내겠지만 너희가 요구한 사학죄인으로
그를 내치지는 않겠다는 뜻을 분명하게 보여준 것이다.

다산은 1797년에 발표한 〈변방소〉에서 이때 일을 이렇게 적었다.
〈변방소〉는 원문과 번역을 책 뒤에 부록으로 수록했으므로 이하의 인
용에서 따로 원문 주석을 달지 않는다.

다산의 일기장

신이 비방을 입음이 바야흐로 험악한 지경이 임박했건만 임금께서는 문득 문장에 대해 논하셨고, 신이 죄를 지음은 시공總功 즉 가까운 친족마저 꾸짖고 비난하는데도 임금께서는 글씨체에 미치기에 이르렀으니, 무엇 때문에 신을 아끼시어 은혜로운 생각이 여기에 이르셨는지요? 신의 형이 잘못 다른 사람의 말을 입기에 이른 것은 실로 대책 때문인데, 앞서 이미 열 줄의 윤음綸音으로 밝게 풀어 시원하게 벽파하셨고, 또 신을 나무라는 교서에서는 특별히 '죄 없는 그의 형'이라고 말씀해주셨습니다. 이는 전하의 한 말씀으로 신의 형제를 살리신 것입니다. 이에 신과 신의 형은 손을 꼭 잡고 소리 내어 울면서 보답할 방법을 알지 못하였나이다.

하지만 이때 정조는 아직도 화가 덜 풀렸다는 듯이 다산에게 조정에 하직 인사를 할 필요도 없으니 오늘 중으로 당장 한강을 건너라고 명했다. 정조는 이렇게 특정인을 보호하기 위해 일부러 그에게 불같이 화를 내면서 반대쪽의 비난을 먼저 차단하는 방식으로 문제의 핵심을 비껴가는 전략을 즐겨 쓰곤 했다. 다산에 대한 처분 또한 상대의 의표를 찌른 기습적인 선제 조처였다. 다산은 이때 자신이 주문모 신부를 구해준 사실이 탄로 날까 봐 전전긍긍하던 처지였다. 그는 〈금정일록〉 첫날의 기록인 1795년 7월 26일자 기사에 《승정원일기》에 실린, 묘한 논법으로 된 임금의 전교를 인용해 자신의 좌천 이유를 자세하게 기록해두었다.

7월 27일

낮에는 수원부에서 쉬고, 저녁에 진위현振威縣²⁶에서 잤다.
廿七日, 午歇水原府, 夕宿振威縣.

상정橡亭수원부에서 북쪽으로 5리에 있다에 이르러 수원유수 조심
태趙心泰²⁷와 만나 이야기를 나누었다.

조신태가 말했다.

"어리석은 백성을 깨우칠 때는 마땅히 강희제康熙帝의 《대
의각미록大義覺迷錄》²⁸처럼 해야지, 굳이 형벌로 죽일 것까지는
없네."

내가 말했다.

"《대의각미록》은 옹정제雍正帝가 흉변으로 무고한 것을 바
로잡은 책입니다."

조심태가 말했다.

"홍산鴻山과 성주산聖住山, 그리고 청양靑陽의 경계가 닿는
곳의 깊은 언덕과 가파른 고개에는 떳집을 얽고 몰래 숨어 사
는 자가 많다고 합디다.²⁹ 영공은 살펴보시구려."

내가 말했다.

"그러겠습니다."

到橡亭在水原府北五里, 遇留守趙心泰叙話. 趙曰: "曉喻愚氓, 當如康
熙之大義覺迷, 不必用刑戮也." 余曰: "大義覺迷錄是雍正辨凶誣之書
也." 趙曰: "鴻山聖住山與靑陽接界處, 深厓峻嶺, 多有結艸菴隱伏者
云. 令公其察之." 余曰: "諾."

[부록] 화성에 도착해서 삼가 봄날 임금을 모시고 왔던 일을 떠올리며 구슬퍼서 짓다(行次華城, 恭憶春日陪扈之事悵然有作)

장안문 바깥쪽에 용 깃발을 세워놓고	長安門外建龍旂
호위병과 시종 신하 비단옷을 다 입었지.	衛士從臣盡錦衣
다섯 장교 군사 끌며 악어 북을 울리었고	五校勒軍鼉鼓動
두 줄로 길을 열며 봉황 피리 날렸다네.	兩行清道鳳笙飛
자궁慈宮의 푸른 술로 은혜에 흠씬 젖고	慈宮綠醞沾恩遍
군주郡主의 붉은 가마 능 절하고 돌아갔네.	郡主紅轎拜寢歸
이 땅을 지난 것이 어제 일만 같건만	此地經過如昨日
어교御橋의 수양버들 여태도 하늘댄다.	御橋楊柳尙依依

011 수원유수 조심태가 다산에게 한 이야기의 의미는?

조심태는 최근 수원화성박물관과 숙명여대박물관에 소장된, 정조가 조심태에게 보낸 어찰 34통이 공개돼, 당시 조심태가 다산이 설계한 수원 화성 건설의 총책임자였고, 어영대장과 훈련대장 등을 역임한 정조의 최측근 중 한 사람이었음이 확인되었다.[30] 다산과의 친분도 이 같은 인연이 작용했다.

수원에 들른 다산과 만난 조심태는 뜻밖에도 금정에 내려가서 어리석은 백성을 깨우칠 때 형벌로 죽이지 말 것을 권유했다. 그러면서 청나라 옹정제가 펴낸《대의각미록》을 예로 들었다. 1728년에 증정曾 靜의 반역 모의 사건이 발각되었을 때, 옹정제는 증정이 여유량呂留 良의 불온한 사상에 물들어 속았을 뿐이고, 미혹을 깨달은 뒤에는 크 게 뉘우쳤으니 그를 용서한다고 하면서 직접《대의각미록》을 저술해 포용의 태도를 보였다. 금정역의 찰방이 되어 내려가는 다산에게 조 심태는 왜 이런 걸맞지 않은 주문을 했을까? 당시 다산에게 주어진 역 할이 따로 있었음을 그가 알고 있었다는 뜻이다. 실제로 충주목사로 부임해간 이가환의 경우, 천주교 신자들을 잡아들여 주리형으로 고문 한 최초의 선례를 남기기도 했다.

그런데 일기를 보면 이때 건넨 다산의 대답이 조금 묘하다. 다산은 조심태에게 저도 모르게 "《대의각미록》은 옹정제가 흉변으로 무고한 것을 바로잡은 책입니다"라고 불쑥 대답한 것이다. 조심태는 다산에 게《대의각미록》에서 옹정제가 그랬던 것처럼 포용으로 백성들을 끌 어안으라고 주문했는데, 이를 들은 다산은 초점을 바꿔 흉변의 무고 를 바로잡은 것이 그 책의 본질이라고 대답한 것이다. 질문과 대답이 엇박자로 놓였다. 두 사람이 문제를 보는 시점이 달랐기 때문이다.

다산의 이 답변은 흉변, 즉 서학과 관련된 논란이 사실 아닌 무고 에 지나지 않았고, 임금은 그것이 무고임을 알아 가벼운 처분을 내린 것이라고 말한 셈이다. 결과적으로 이때 다산은 조심태가 꺼낸 '대의 각미록'의 말꼬리를 잡아 자신의 좌천이 무고로 인한 것임을 밝히면 서, 형벌 아닌 포용으로 백성을 깨우치라는 조심태의 주문에는 직접 적인 대응을 하지 않았다.

다산은 이때 왕명으로 당일에 동작나루를 건너면서 쓴 시에 "듣자 니 호서 사람 못 깨닫고 미혹되니, 이번 걸음 회양으로 나감과 비슷하 다"라고 하며, 한 무제 때 급암이 회양태수로 내려가 그곳 백성들의 여러 문제를 해결했듯이 자신도 서학에 깊이 빠진 호서 사람들의 문제를 바로잡아 공을 세우고 돌아오리라는 각오를 다지고 있던 터였다.

조심태는 다시 "홍산과 성주산, 그리고 청양의 경계가 닿는 곳의 깊은 언덕과 가파른 고개에는 떳집을 얽고 몰래 숨어 사는 자가 많다"며, 특별히 이들을 잘 감시할 것을 재차 당부했다. 홍산은 오늘날 충청남도 부여군 홍산면 일대이고, 성주산은 충청남도 보령시 미산면과 성주면에 겹쳐 있는 산 이름이다. 여기에 청양을 더한 세 지역은 다산이 부임한 금정역을 둘러싼 삼각 꼭지점에 해당하는 지역이었다.

금정찰방인 다산의 주된 업무는 국가 원역院驛 시설과 그곳의 마필을 관리하며, 나랏일로 왕래하는 관리들의 숙식 편의를 제공하는 소임이었다. 하지만 정작 당시 다산의 역할이 금정역 인근 천주교 조직의 감시와 검거였음을 조심태는 분명하게 인지하고 있었던 셈이다. 실제로 이 지역의 깊은 언덕과 가파른 고개에는 떳집을 얽고 숨어 사는 천주교인들이 집단을 이뤄 생활하는 경우가 많았다.

조심태가 다산에게 건넨 이 같은 당부는 당연히 정조와의 교감 없이는 할 수 없는 말이었다. 조심태는 1785년에 충청도 병마절도사를 지냈고, 1789년에 수원부사를 거쳐 이후 포도대장과 어영대장을 지내고, 정조의 특별한 당부로 수원유수로 내려와 화성 건설을 진두지휘하고 있던 정조의 최측근이었다. 그는 내려가는 길에 자신에게 들른 다산에게 이 같은 조언을 건네며 금정역에 내려가는 다산이 그곳에서 힘써야 할 일을 넌지시 짚어주었다. 당시 조심태는 55세로 33세였던 다산보다 22세 위였다.

7월 28일

40리를 가 평택현平澤縣에서 쉬고, 50리를 가 곡교曲橋 ³¹아산과 신창의 경계에서 묵었다.

廿八日, 行四十里, 歇平澤縣, 行五十里, 宿曲橋牙山新昌之界.

[부록] 평택현에 이르러〔次平澤縣〕

올해엔 바닷가에 비의 혜택 인색하여	今年海壖慳雨澤
곳곳의 무논마다 메밀꽃만 하얗다네.	水田處處蕎花白
좋은 곡식 같지 않고 들풀과 비슷하니	不似嘉穀似野草
처량타 지는 해에 메밀 대궁 붉구나.	凄涼落日群腓赤
간혹 심은 늦은 모는 겨우 몇 치 푸르니	或種晚秧靑數寸
저처럼 큰 메밀을 심지 않음 후회하네.	悔不種蕎如彼碩
메밀 거둬 장에 가서 볍쌀과 바꿀진대	蕎成走市換稻米
가을 와도 고을 환곡 어이 충당 못하겠나.	秋來豈不充縣糴

갈원葛院에 이르러 이형李兄을 만나 함께 잤다.

到葛院, 遇李兄同宿.

다산의 일기장

012 다산은 왜 이승훈을 '이형'이라고 불렀을까?

조심태와 만난 이튿날, 진위현의 속원屬院으로 지금의 경기도 평택 지역에 있었던 갈원에서 이승훈과 만나 함께 잠을 잤다. 두 사람은 이때 밤새도록 무슨 얘기를 나눴을까? 아마도 정조의 이 같은 기대에 어떻게 부응할지에 대한 논의였을 것이다.

다산은 이승훈을 지칭할 때, 앞서 잠깐 언급했듯 예외 없이 '이형'으로 불렀다. 〈금정일록〉에만 '이형'이란 표현이 모두 8회 나온다. 다산이 이승훈의 이름을 드러내지 않은 것은 1801년 그가 대역부도의 죄를 입어 죽었기 때문이다. 일종의 자기검열을 한 것이다. 이가환에 대해 이름으로 적지 않고 '이장李丈' 또는 '이태李台'라고 한 것도 같은 이유다.

이승훈은 다산의 손위 누이와 결혼했다. 말하자면 둘은 처남매부 사이였다. 이승훈은 1783년 동지사 서장관으로 떠나는 아버지 이동욱李東郁을 따라 북경에 들어가서 조선인 최초로 세례를 받고 수십 종의 교리 서적과 십자고상十字苦像·묵주默珠·상본像本 등을 가지고 귀국한 당사자였다. 이벽, 이가환, 정약전·정약종·정약용 형제에게 세례를 준 것도 바로 그였다.

당시 이승훈은 예산 유배지의 거처에 머물렀는데, 다산은 이곳을 말할 때면 '감사坎舍'라는 우회적 표현을 썼다. 유배객인 이승훈이 구덩이에 처박힌 듯이 지내는 집이란 의미였다. 이승훈의 호는 '만천蔓川'이었다. 서울 집이 서소문 인근 만천 즉 덩굴내 근처에 있었기 때문에 얻은 호였다. 하지만 다산은 문집에 실린, 그에게 보낸 여섯 통의 편지에서 그의 이름을 밝히지 않았을 뿐 아니라, 호도 만천이 아닌 '만계蔓溪'로 바꿔 불렀다.

사실 다산과 이승훈·이치훈 형제는 애증이 엇갈리는 사이였다. 뒤에 1801년 신유박해 당시, 국문장에서 절체절명의 순간에 만난 두 사람은 살기 위해 서로를 비방하며 돌아올 수 없는 강을 건너고 만다. 하지만 금정 시절 두 사람 사이에 오간 편지에는 그런 기색이 조금도 없다. 서로 존중하면서도 살가운 처남매부 사이의 관계가 잘 드러난다. 이에 대해서는 뒤에서 따로 더 살피겠다.

7월 29일

40리를 가 신례원新禮院 [32] 예산 땅이다에서 쉬었다. 50리를 가 광시역光時驛 [33] 대흥 땅에서 다시 쉬었다. 20리를 가 금정金井 우관郵館 [34]에 당도하여 오죽헌梧竹軒에서 자리에 올랐다.

廿九日, 行四十里, 歇新禮院禮山地段. 行五十里, 再歇光時驛大興地. 行二十里, 抵金井郵館, 上官于梧竹軒.

전전前前 찰방 정윤태丁允泰 [35]는 사람됨이 청렴하고 공평하여 몹시 아낄 만했다.

前察訪丁允泰, 爲人廉平, 甚可愛也.

[부록] 오죽헌기梧竹軒記

오죽헌은 금정역 찰방이 지내는 곳이다. 뜰 앞에 벽오동碧梧桐이 한 그루, 참대〔苦竹〕 몇 떨기가 있어서 이것이 오죽헌이 된 이유이다. 찰방은 7품직品職이다. [36] 을묘년(1795, 정조 19) 가을에 나는 승지로 있다가 금정찰방으로 좌천되었다. 조정의 진신대부搢紳大夫 가운데 글을 보내 위로하는 사람이 많았다.

梧竹軒者, 金井驛察訪之所處也. 庭前有碧梧一株苦竹數叢, 此其所以爲梧竹軒也. 察訪七品職也. 乙卯秋, 余以承旨貶補金井. 朝之薦紳大夫, 多貽書以慰之者.

하지만 찰방의 직분에는 즐거워할 만한 것이 세 가지 있다. 나갈 때 빠른 말을 타는 것이 첫 번째 즐거움이요, 무릇 속해 있는 역驛이

있는 곳으로 혹 산수 구경을 가면 가는 곳마다 양식이 마련되어 있
는 것이 두 번째 즐거움이다. 평소에 일이 늘 적어서 일체의 쌀이나
소금, 옥사와 소송, 문서 작성 등의 번거로움이 전혀 없는 것이 세
번째 즐거움이다. 이 고장의 사우士友들로 이곳에 와본 사람은 혹
이것을 가지고 축하하지만, 나는 그렇지 않다고 하였다. 저 진신대
부들이 위로하는 것과 이 고장의 사우들이 축하하는 것은 모두 나
의 뜻이 아니다. 대저 관직은 갑작스레 승진하면 쉬 고꾸라지고, 총
애가 늘 융숭하면 쉬 쇠하게 된다. 내가 3품에서 7품으로 옮긴 것은
복이라 슬퍼할 것이 못 된다.

　然察訪之職, 有可樂者三. 出而乘快馬, 一樂也, 凡屬驛所在之地, 或
游歷山水, 所至有糧糧, 二樂也. 居恒少事, 一切米鹽獄訟簿牒之煩無
有焉, 三樂也. 鄉中士友之來見者, 或以此賀之, 余曰否否. 彼薦紳先生
之慰之者, 與鄉中士友之賀之者, 均之非吾意也. 夫官驟陞則易顚, 寵
恒隆則易衰. 余之由三品而遷七品, 福也不足戚也.

　찰방의 직책은 괴로움을 살피고 병폐를 찾는 것이다. 말의 검고 누
런 빛깔이 좋지 않으면 죄이고, 역부驛夫의 노역勞役이 고르지 않아
서 원망하게 만들면 죄이다. 나랏일을 맡은 신하가 법을 넘어 제멋
대로 굴면서 사람과 말을 고달프게 하는데도 근거에 바탕하여 따질
수 없다면 죄이다. 이 찰방이란 직분은 괴로우니, 기뻐할 만한 것이
못 된다.

　察訪之職, 所以察其苦, 而訪其瘼也. 馬玄黃不臧則罪也, 驛夫勞役不
均, 使有怨咨則罪也. 奉使之臣, 越法濫調, 以罷敝人馬, 而不能據例爭
執則罪也. 是察訪之職, 苦也不足悅也.

이 세 가지 즐거움을 누리면서 이 세 가지 괴로움을 알지 못한다면, 장차 붙잡혀 유배 가는 것을 면치 못할 것이니, 어찌 감히 7품직을 바라겠는가? 내가 이미 이것으로 스스로 힘써온지라, 마침내 글로 지어 벽에다 이를 써서 뒤에 오는 사람에게 알리노라.

享是三樂, 而不知是三苦, 則將編配之不免, 安敢望七品職哉? 余旣以是自勵, 遂爲文書之壁, 以告後來者.

[부록] 금정역에 이르러〔到金井驛〕

_ 역은 홍주에서 남쪽으로 40리 지점에 있다〔驛在洪州南四十里〕

오서산烏棲山[37] 산빛이 말 울음 앞에 있어	烏棲山色馬嘶前
땅의 도수 별자리가 둘 다 모두 아득하다.	地紀星躔兩杳然
관가 건물 쓸쓸히 바닷가에 임해 있고	官閣蕭條臨海上
왕성은 아스라이 구름 가 저편일세.	王城迢遞隔雲邊
외려 남은 대나무는 꽃밭을 이웃했고	猶殘竹樹隣花塢
예전 두른 울타리가 채마밭을 지키누나.	舊揷樊籬護菜田
밤 되면 피리 소리 뉘 함께 들으련고	到夜笛聲誰共聽
주렴 가득 은하수가 환하여 잠 못 드네.	滿簾河漢耿無眠

[부록] 금정의 옛일을 회상하며〔金井懷古〕

_ 금정은 청양현의 북쪽에 있는데, 곧 백제의 왕이 마셨던 우물이다〔金井在靑陽縣北, 即百濟御井也〕[38]

그 옛날 옥 샘물을 왕궁에 올릴 적엔	當年玉溜進王宮
백마강은 깊었고 패왕霸王 기상 웅장했지.	白馬江深伯氣雄
말 탄 장수 먼지 날려 수군 조련 아득했고	一騎飛塵調水遠
백관들은 술잔 들어 하사주를 함께했네.	百官揚觶賜沾同

옛 우물 돌 무지개 녹고 이끼만 푸르른데 　　　　虹銷古甃莓苔綠
비에 씻긴 마른 우물 담쟁이만 붉구나. 　　　　雨洗荒甃薜荔紅
자온대自溫臺 아랫길로 고개를 돌려 보니 　　　　回首自溫臺下路
저문 안개 속에서 녹로轆轤 소리 끊겼구려. 　　　　轆轤聲斷暮煙中

**[부록] 역참 누각 앞에 네 종류의 식물이 있기에 장난삼아 절구로
짓다**〔驛樓前有植物四種, 戲爲絶句〕

작은 뜨락 그늘에 구부정 기이한 나무 　　　　徂徠奇種小庭陰
푸른 갈기 붉은 몸통 갠 대낮에 무성하다. 　　　　翠鬣紅身晴晝深
묻노라 역사驛舍 안에 뿌리를 의탁하고 　　　　問汝託根傳舍裏
예로부터 몇 사람의 마음을 얻었던고. 　　　　古來能得幾人心

백월루白月樓[39] 서쪽 가에 벽오동 한 그루가 　　　　月樓西畔碧梧桐
늙은 잎 마른 가지 안개비에 서 있구나. 　　　　老葉枯柯煙雨中
푸른 봉황 오지 않고 가을빛 늦었어도 　　　　靑鳳不來秋色晚
이 마음은 다만 오직 순임금과 통하리라.[40] 　　　　此心唯與有虞通

바람 먹은 참대가 조그만 소릴 내니 　　　　苦竹含風作小聲
남쪽 온 뒤 이 녀석이 마음 가장 기쁘게 해. 　　　　南來此子最怡情
오만한 뼈 서리 눈을 견뎌낸다 말하면서 　　　　旣云傲骨凌霜雪
어이하여 강북 땅엔 하나도 나지 않나. 　　　　江北何無一个生

집 앞에 한 그루 배롱나무 서 있으니 　　　　堂前一樹紫薇花
적막히 그윽한 빛 야인野人 집과 비슷하다. 　　　　寂寞幽光似野家
반 시들고 반은 피어 100일에 이어지니 　　　　半悴半榮延百日
100개의 줄기에서 100가지 생겨나네. 　　　　百條仍有百杈枒

013 당시 금정역의 건물 구성과 환경은 어땠나?

다산이 좌천되어 내려간 금정역은 어디에 있었을까? 금정역은 원래 충남 청양군 남양면 금정리에 있었으나, 1614년(광해 6)에 인근의 용곡역龍谷驛과 통합되면서 그리로 이전했는데, 이름은 그대로 가져다 썼다. 1795년 다산이 근무했던 금정역은 당시에는 홍주목洪州牧에 속했고, 오늘날 행정구역으로는 청양군 화성면 용당리(예전 용곡)에 있다. 현재 용당리 마을 입구에 '금정도찰방 다산 정약용 선생 사적비'가 서 있다. 그 옆에 예전 이곳에서 금정찰방을 지낸 이들의 선정비 셋이 나란히 섰다. 마을에서는 금정역의 옛 자취를 달리 찾을 수가 없다. 역사驛舍가 있었을 법한 마을 입구 집의 담장 벽화 속에만 달랑 흔적이 남았다.

《여지도서輿地圖書》'금정역' 조에 따르면, 이곳에는 음관蔭官으로 6품직의 찰방 1인을 두고, 소속된 아전이 121명, 남자 종 175명과 여자 종 21명을 거느린 상당한 규모의 원역院驛이었다.⁴¹ 말은 상등마 2필, 중등마 4필, 하등마 5필 등 모두 11필을 보유하고 있었다. 이들이 하는 일은 나랏일로 오가는 관원에게 숙식의 편의를 제공하고, 마필 및 부대 인원을 지원하는 것이었다. 11필에 불과한 마필을 관리하는 인원치고는 소속된 사람이 매우 많았던 것으로 보아, 다른 여러 부가적 업무가 있었을 것이다.

오늘날 금정역의 자취는 찾아볼 수 없지만, 다산의 기록을 조합해 보면 대체적인 그림이 그려진다. 소속 아전과 종의 수가 상당했으니,

금정역이 있던 용곡리 마을 입구의 다산 비석(위)과 역이 있던 자리의 민가 벽에 그려진 말 그림(아래).

이들이 거주하던 생활 공간은 상당한 규모였을 것이다. 이들은 역 인근 마을에서 가족과 함께 생활하며 생업에 종사하다가 필요에 따라 차출되는 느슨한 방식으로 소속되어 있었던 듯하다.

먼저 공적 공간을 살펴보면, 금정역 역사 건물로 찰방이 업무를 보는 오죽헌梧竹軒이 있었다. 건물 앞에 벽오동 한 그루가 서 있고 그 둘레에 참대가 자라고 있어, 이 같은 이름을 얻었다. 다산의 〈오죽헌기〉에 자세한 설명이 나온다. 오죽헌 둘레로는 공무로 오가는 손님들이 묵는 객관과 마필을 관리하는 공간이 따로 있었다.

또 손님 접대나 유상遊賞 공간으로 '백월루白月樓'라는 이름의 누각이 서 있었다. 11월 5일 일기에 수록된, 벗 윤규범이 다산에게 보낸 시의 서문에 "70일간 서울의 심부름꾼은 금정역 앞으로 가는 인편이 드물었고, 천 리 먼 호산湖山에서 사람은 백월루 위에 있다네"라 한 대목이 보인다. '금정역으로 가는 인편이 없어 소식이 늦었고, 그렇지만 아득히 떨어진 그곳 백월루 위에서 서울 쪽을 바라보고 있었을 너를 그리워했노라'라는 얘기다.

백월루의 존재는 다산의 시 〈역참 누각 앞에 네 종류의 식물이 있기에 장난삼아 절구로 짓다〉의 제2수 제1구에서 "백월루 서쪽 가에 벽오동 한 그루가, 늙은 잎 마른 가지 안개비에 서 있구나"라 한 데서도 확인된다. 제3수의 제1구에는 '고죽함풍苦竹含風', 곧 '바람 머금은 참대'도 나온다. 이 벽오동과 참대가 바로 오죽헌의 이름을 낳게 한 주인공이다. 다산이 〈이숙 채홍원에게 드림(與蔡邇叔)〉에서 "새벽에 일어나 맨머리로 높은 누각 위에 앉아서 오색 붓을 써 고서 몇 장에 평을 답니다"라고 한 대목의 '높은 누각'도 바로 백월루였다.

위 누각 앞 네 종류 식물을 노래한 시 제1수 제1~2구에서 읊은, 그다지 넓지 않은 마당 북쪽에 구불구불 기이하게 생긴 '취렵홍신翠鬣紅

身', 즉 푸른 갈기에 붉은 몸통을 한 것은 소나무를 가리킨다. 또 제4수 제1구에서 읊었듯이, 오죽헌 앞에는 '일수자미화一樹紫薇花', 즉 한 그루 배롱나무가 서 있어 조촐한 풍광을 도왔다.

처음 이곳에 도착해서 지은 〈금정역에 이르러〉에는 관가 건물이 쓸쓸하게 덩그러니 놓였고, 꽃밭 곁에는 몇 그루 남지 않은 참대가 자라며, 한눈에도 해묵은 울타리가 채마밭을 둘러친 을씨년스러운 모습을 그려놓았다. 훗날 혹 금정역을 복원할 경우 이 글에서의 정리를 참고할 수 있을 것이다.

014 당시 다산에게 주어진 금정찰방의 역할은?

다산은 〈오죽헌기〉에서 금정찰방의 세 가지 즐거움과 세 가지 괴로움에 대해 열거했다. 즐거움으로는, 첫째 나갈 때 빠른 말을 골라 탈 수 있고, 둘째 속역屬驛이나 산수 유람을 갈 때 따로 양식을 마련할 필요가 없으며, 셋째 옥사나 소송 또는 문서 작성의 번거로움이 없는 점을 꼽았다. 반대로 세 가지 괴로움은, 첫째 마필 관리의 어려움, 둘째 역부의 노역 안배상 공평성, 셋째는 나랏일로 역에 들르는 관리가 넘치는 요구를 할 때 근거를 갖춰 따져야 하는 고충이다. 다산은 앞쪽의 세 가지 즐거움만 누리려 들면서 이런 세 가지 괴로움을 제대로 살피지 않으면 나라의 죄인이 됨을 면치 못한다며, 이 뜻을 담아 자신 이후로 부임하는 금정찰방을 위한 당부로 남겨두었다.

하지만 금정 도착 직후 충청도관찰사 유강에게 보낸 편지에서 다산은, 자신의 금정찰방 직분이 표면상 역할에 불과하고 실제로는 이 지역 천주교도의 검거에 주된 임무가 있음을 분명히 했다. 다음에 볼 편지에서 다산은 천주교 신자들이 그림자를 감춘 채 동에 번쩍 서에 번쩍 비밀스러운 행실이 워낙 많다면서, 강변에서 바라뵈는 박 넝쿨 얽힌 울타리와 오두막집 속에 몰래 숨어 엎디어 새처럼 모여서 쥐처럼 손을 모으니 무슨 수로 적발할 수 있겠느냐고 물었다. 글에서 '조취서공鳥聚鼠拱' 즉 새처럼 머리를 맞대고 모여서 쥐처럼 두 손을 맞잡는다고 한 것은, 이들이 무리지어 모여 두 손을 모아 기도하는 모습을 지칭한 것이다.

또 8월 4일 홍주목사 유의에게 보낸 편지에서 "찰방이란 망아지를 치는 직분인지라, 풍속을 교화하고 권면하여 바로잡는 책임은 제 소관이 아닙니다"라고 한 데서도 임금이 내린 분부의 알맹이가 짐작된다.

8월 4일

충청도관찰사 유강柳爛[42]의 답서를 받았다.

初四日, 得巡相柳爛答書.

내가 부임하고 나서 바로 관찰사(巡使)에게 편지를 보내 백
성을 감화시키는 방법[43]에 대해 의논하였다.

余旣上官, 卽貽書巡使, 議所以戢民之方.

[부록] 관찰사 유강에게 보냄(與柳觀察爛)[44]

제가 외람되이 자격이 없는데도 임금의 은혜를 입어, 일깨워 독려
하심은 부지런하였고, 견책하여 벌을 내리심은 너무 관대하였습니
다. 제 생각에 이미 저보邸報를 통해 그 대강을 들으셨을 테니, 감읍
함을 어찌 말로 다 하겠습니까? 저를 이 고장으로 보내신 것 또한
성상의 뜻이 있으실 것입니다.

鏞猥以無似, 蒙被恩造, 誨責旣勤, 譴罰太寬. 想已因邸報, 而得領其
梗槪也, 感泣何言? 投之此方, 殆亦聖意之有在.

하지만 우승郵丞 즉 찰방 벼슬이란 본래 뜨내기 관리이다 보니 풍
교風敎로 백성을 권장하고 징계하는 책임이 없습니다. 어리석은 백
성들이 또 모두 그림자를 감추고 동에 번쩍 서에 번쩍 속이고 숨기
는 행실이 많습니다. 말을 타고 강변을 달리다 보면 박 넝쿨 얹힌 울
타리와 오두막집들이 이따금 마을을 이룬 것이 보일 뿐입니다. 저들
이 그 속에 몰래 숨어 엎디어 새처럼 모여서 쥐처럼 손을 모으는 것

을 무슨 수로 적발하겠습니까?

然郵丞本是客官, 無風教勸懲之責. 蚩氓又皆匿影, 多閃忽詭祕之行.
走馬湖邊, 但見匏籬蔀屋, 往往成村. 彼潛伏其中, 鳥聚而鼠拱者, 安得
以摘發哉?

마땅히 즉시 달려가서 찾아뵙고 가르침을 들어야 할 것이나, 빨리
가려다가 문득 병을 얻은지라, 관찰사께서 수영水營에 오시는 날까
지 기다립니다. 먼저 이 편지를 여쭈오니 삼가 지도하여주십시오.
이만 줄입니다.

宜卽馳進以聽面教, 而馳頓得病, 留俟巡到水營之日. 先此書稟, 恭候
指導. 不備.

그 답장[45]은 이러하였다.
其答曰:

"은대銀臺의 옛 신선을 백루白樓의 영승丞으로 삼으시
니,[46] 임금께서 마음 두신 곳을 우러러 가늠할 만합니다. 견책
하지 아니하시고 영예롭게 하신 감화가 더더욱 마땅히 어떠한
지요? 말씀하신 일은 감영에 온 뒤로 한시도 감히 해이하지 않
고 여러 차례 탐문코자 하였으나, 이를 붙잡기가 어렵더군요.
과연 말씀하신 것과 같습니다. 명백하게 증거를 잡지 않고서
그저 지목함이 있는 곳이나 의심스러운 비방이 모인 곳을 인하
여 적발하려 든다면, 지금같이 서로 밀치고 공격하는 세상에서
잘못 죄에 얽어넣는 근심과 맞닥뜨리기 쉬울 것입니다. 이는
평생 공변되고자 하는 마음을 저버리는 것일 뿐 아니라 위로

임금을 저버리는 일이니, 마땅히 또 어떻겠습니까?

　"以銀臺舊仙, 作白樓令丞, 聖念所在, 可以仰料. 匪譴伊榮之感, 尤當如何? 敎事到營以後, 不敢一時弛念, 欲探者屢, 而斯得之難. 果如所敎. 如無明白執贓處, 而只因指目所在, 疑謗所聚, 欲爲摘發, 則如今傾軋之世, 易致枉罹之患. 非但負平生爲公之心, 其上負聖明, 又當如何?

　　하지만 만약 진짜로 적발할 경우 매섭게 징벌하는 도리가 진실로 평범해서는 안 될 것입니다. 이 경우 가볍게 할지 무겁게 할지나 느슨하게 하고 꼼꼼하게 함은 내 헤아림에 달린 것이니, 어찌 그다지 어려움이 있겠습니까? 만약 재물을 탐하는 자를 도둑이라 하고, 색을 좋아하는 자를 음탕하다 하여 오로지 여기에만 주안을 두어 적발하려 한다면 또한 잘못이 아니겠습니까? 평소의 뜻으로 정한 바가 있으면 가벼이 바꾸거나 생경하게 하려 들지 않을 것입니다. 십분 살펴서 삼가는 도리는 이렇게 하지 않을 수가 없습니다. 그대는 이미 범에게 다친 사람이라 분하고 미워하는 마음이 틀림없이 다른 사람보다 백배는 더할 터이나, 이에 있어 더욱 마땅히 자세하게 살펴야 할 것입니다. 이만 줄입니다."

　　然而若有眞的見發, 則其懲礪之道, 固不可尋常. 此則輕重闊狹, 在我諒處, 有何甚難? 若如貪財者之爲盜, 好色者之爲淫, 專主於此, 而欲爲摘發, 則不亦謬乎? 素志有定, 不欲輕易生梗. 十分審愼之道, 不得不然. 令則旣傷虎者, 其憤嫉之意, 必百倍他人, 而於此尤宜詳審也. 不備."

[부록] 홍주목사 유의柳誼[47]께 드림[與柳洪州][48]

　병조兵曹의 관료가 된 뒤 좋은 인연이 다하지 않았는데, 벼슬 한 자리를 얻어 또 어진 풍도의 100리 안쪽에 부치게 되니, 제 마음에 위로가 됨이 마치 기댈 바가 있는 듯합니다. 제가 엄하신 분부를 입은 것은, 생각건대 저보를 통해 아셨으리라 생각됩니다. 기이한 위험에 걸렸으나 건져서 빼내주심이 두루 이르매 입은 은혜가 망극합니다. 옥玉이 될 것을 기약하심은 곁에서 보는 이들 또한 감탄할 것으로 여겨집니다.

騎曹忝僚之後, 好緣未盡, 歷落一官, 又寄於仁風百里之內, 鄙懷慰仰, 如有所倚. 鏞所被嚴旨, 想因邸報而知之矣. 遭罹奇險, 而拯拔備至, 恩造罔極. 期以玉成, 想旁觀亦爲之感歎也.

경내에 들어온 지 며칠 만에 이미 어진 명성이 자자하고 노랫소리가 길에서 들려, 백성들이 한나라 때 선정으로 이름 높은 소신신김信臣과 두시杜詩[49]처럼 여긴다고 하더군요. 다만 유독 백성을 인도하여 그치게 하는 한 가지 일에 있어서만은 어째서 이제껏 묵혀두고 계시는지요? 제 생각에 집사執事께서 백성을 안정시켜야지 소요하게 해서는 안 된다고 여기셔서 잠시 따뜻하게 적셔 머금어 기르시려는 것이라 여겨집니다. 하지만 법으로 금함이 너무 풀어지고 넓어져서 약으로도 구할 수 없는 지경에 이르게 된다면 또한 조정의 명령을 선양하는 도리에 흠결이 있지 않을는지요?

入境數日, 已聞仁聲入人, 謠誦載路, 民之視之, 有如召杜. 奚獨於牖戢一事, 姑洟涊至今耶? 意執事以爲民可使靜, 而不可使擾之, 姑爲是煦濡涵育者. 然禁網弛闊, 至於不可救藥, 則不亦有缺於對揚朝令之道乎?

찰방이란 망아지를 치는 직분인지라, 풍속을 교화하고 권면하여 바로잡는 책임은 제 소관이 아닙니다. 이에 정령政令의 끝에 스스로를 기대어 힘을 보탤까 합니다. 그래서 감히 품의하는 바가 있으니 회답하여주시면 감사하겠습니다.

郵官攻駒之職也, 其于風敎勸懲之責, 客也. 玆欲自附於政令之末, 而 助之力也. 故敢有所稟議, 幸賜回敎.

015 관찰사 유강에게 보낸 편지 속 '즙민지방'은 무슨 뜻인가?

다산은 〈금정일록〉에서 '즙민지방戢民之方'이라는 표현을 두 차례 썼다. 8월 4일자 일기의 "내가 부임하고 나서 바로 관찰사에게 편지를 보내 백성을 감화시키는 방법〔戢民之方〕에 대해 의논하였다"와, 8월 13일에 "관찰사가 수영으로 들어가므로, 내가 명령을 연장함을 얻어 마침내 백성을 감화시키는 방법〔戢民之方〕에 대해 의논하였다"라고 한 것이다.

'즙戢'은 수렴收斂하여 멈추게 한다는 뜻이다. 그러니까 '즙민지방' 은 백성을 감화시켜 그들의 서학 신앙을 멈추게 하는 방법이란 뜻이 다. 실제로는 천주교도들을 검거해서 이단에 물든 것을 그치게 하는 방법이라는 의미로 썼다. 다산은 문면에 천주교란 표현을 굳이 드러 내고 싶지 않았기 때문에 항상 이렇게 돌려서 말했다.

다산은 금정역에 도착한 이튿날 바로 관찰사 유강에게 편지를 썼 다. 일기에는 다산이 유강에게 보낸 편지는 나오지 않고 유강의 답장만 실렸다. 당시 보낸 다산의 편지는 《다산시문집》 권18에 실린 〈관찰사 유강에게 보냄〉이다. 다산은 부임 인사를 겸한 편지에서 관대한 견책을 입고 이 고장에 오게 된 것이 성상의 뜻이었다고 하고, 찰방의 직임이 백성을 교화하고 징계하는 책임은 없지만, 성상의 뜻을 실행에 옮기려 하는데, 어떻게 이 일에 착수할지 모르겠다며 자문을 청했다. "삼가 지도하여주십시오." 다산의 편지는 이렇게 끝난다. 즉, 이 편지는 검거 방법을 알려주면 그 매뉴얼에 따라 검거 작업을 시작하겠다는 활동 개시 보고였다.

편지에 대한 관찰사 유강의 답장은 그 내용이 조금 뜻밖이다. 의욕에 넘치는 다산에 비해 관찰사의 태도는 온건했다. '이들을 잡으려면 비방의 의도로 낸 신고나 고발을 통한 탐문에 의존해서는 어림도 없다. 무엇보다 명백한 증거가 우선이다. 그런데 그게 말처럼 쉽지가 않다. 정말 그들을 적발하려면 매섭게 징벌해야 한다. 하지만 증오나 비방의 의도로 모함하는 등 여러 변수를 깊이 고려하지 않을 경우, 자칫 무고한 백성이 엉뚱한 피해를 보게 된다. 그러니 무작정 서두르는 것이 능사가 아니다.' 앞서 《대의각미록》을 말하며 포용으로 교화할 것을 주문했던 조심태의 충고와 결이 같다.

유강은 편지의 끝을 "그대는 이미 범에게 다친 사람이라 분하고 미워하는 마음이 틀림없이 다른 사람보다 백배는 더할 터이나, 이에 있어 더욱 마땅히 자세하게 살펴야 할 것입니다"로 맺었다. 유강은 다산에게 천주교를 미워하는 마음과 이를 검거하겠다는 의지가 강하겠지만, 서두르기만 해서 될 일이 아니니 침착하게 살펴 명백한 증거 찾는 일을 우선하라고 충고했다. 검거 의욕을 앞세워 일을 서두르던 다산의 조바심을 오히려 가만히 눌러준 것이다.

016 다산이 홍주목사 유의에게 보낸 편지의 의미는?

당시 금정역은 홍주목 관할이었다. 다산은 직속상관인 홍주목사에게도 부임 보고를 겸해 편지를 썼다. 〈홍주목사 유의께 드림〉이 《다산시문집》 권18에 남아 있다. 유의는 1795년 3월 22일 홍주목사로 부임해 넉 달이 조금 지난 시점이었다.

편지를 보면 이때 다산은 확실히 평소 그답지 않게 조급해하고 있었다. 하루라도 빨리 보란 듯이 숙제를 마치고 원래 자리로 복귀하고 싶었기 때문이었다. 앞서 충청도관찰사 유강은 다산에게 천주교도 검거가 그렇게 쉬운 문제가 아니니 덮어놓고 의욕만 앞세워서는 안 된다고 조언했는데, 다산은 홍주목사 유의에게 보낸 편지에서도 과도한 의욕을 내비쳤다.

편지의 서두에서 다산은 유의의 선정善政을 기리는 백성들의 칭송이 자자하더라고 치켜세운 뒤 "유독 백성을 인도하여 그치게 하는(牖戢) 한 가지 일에 있어서만은 어째서 이제껏 묵혀두고 계시는지요?"라며 질책했다. 여기서 '유즙牖戢'이라는 표현이 나오는데, 이 또한 앞서 살핀 '즙민지방'의 의미와 같다. 백성을 바른길로 인도해 잘못된 일을 그만두게 한다는 의미다. 천주교 신앙을 그만두게 한다는 뜻으로, 굳이 서학이라는 표현을 드러내지 않으려고 이렇게 돌려서 말했다. '유즙'은 1795년 12월 채제공에게 보낸 다산의 편지에 한 차례 더 보인다.

위 편지에서 다산은 홍주목사 유의에게 안정도 좋고 백성을 머금어 기르려는 마음도 좋지만, 이렇게 천주교도 검거 문제를 느슨하게 처리하면 언제 가시적 성과를 거둘 수 있겠느냐고 힐난조로 말했다. 다산이 상관인 홍주목사에게 천주교도 검거나 백성 교화에 힘을 쏟지 않아 성과를 내지 못한 것에 대해 은근히 나무라는 태도를 보인 것은 의외다. 유의는 나이로 보더라도 다산보다 30세나 위였다. 그럼에도 다산은 이제부터는 자신이 나서서 앞장서고자 하니 회답을 달라고 요청했다. 금정찰방의 직임이 망아지를 돌보는 직분이지만, 풍속을 교화하고 권면해 백성을 제자리로 돌아가게 하는 일에 자신도 힘을 보태겠다고 했다.

이렇게 부임하자마자 충청도관찰사 유강과 홍주목사 유의에게 보낸 편지에서 보이는 다산은 의욕에 넘쳐 지나치게 서두르기만 했다. 앞서 조심태의 충고 또한 그 같은 다산의 태도를 보고 결을 누리려 했던 것일 터다. 편지 속의 '풍속 교화'란 당연히 천주교도의 처리에 관한 것이었다. 다산에게 맡긴 금정찰방의 직임은 겉으로 보이기 위함이었고, 다산에게 맡겨진 실제 임무는 천주교도를 검거하고 회유해서 양민으로 돌아가게 하는 일이었음이 다시금 확인된다. 정조는 다산에게 이 거북한 임무를 맡기고, 그가 이를 잘 수행케 함으로써 다시 중앙으로 불러들일 명분을 삼고자 했다. 그리고 다산은 하루라도 빨리 숙제를 마쳐 임금 곁으로 돌아가고픈 열망이 강했다.

8월 5일

어자곡漁子谷[50]에 사는 채준공蔡俊恭[51] 군과 앞마을[52]에 사는 벗 채홍선蔡弘選[53]이 내방하였다.

初五日, 漁子谷蔡君俊恭及前村蔡友弘選來訪.

[부록] 이숙邇叔 채홍원蔡弘遠에게 답함〔答蔡邇叔〕[54]

이곳에 와서야 금정이 채씨蔡氏의 집성촌인 줄 알았습니다. 구봉九峯이라는 이름이 우연한 것이 아니더군요.[55] 오형吾兄께서 아이 적에 낚시하며 놀던 장소를 모두 또렷하게 가리킬 수가 있어서 이 때문에 서글픔을 견딜 수가 없습니다. 어곡漁谷은 그윽하면서도 탁 트였고 깊지만 궁벽하지는 않으니, 참으로 좋은 집터입니다. 서둘러 두 이랑의 밭을 사두려 하니, 소동파가 〈연강첩장도烟江疊嶂圖〉를 본 것과 한가지입니다.[56] 지금 세상의 일은 자주 듣고 싶지 않습니다. 저들이 지껄이는 대로 놓아두면 지쳐서 그만두겠지요.

到此, 方識金井是蔡氏村. 九峯之名, 已不偶然. 而吾兄童穉釣游之所, 皆歷歷有指點, 爲之怊悵, 不可堪也. 漁谷窈而敞, 深而不僻, 眞是好家居. 徑欲置二頃田, 如蘇子瞻見烟江疊嶂圖一般耳. 時事不欲頻聞, 任他啁啾, 倦斯已之矣.

〈목재木齋 이삼환李森煥[57] 선생께 올리는 글〔上木齋書〕〉[58]은 본집에 보인다.

上木齋書, 見本集.

[부록] 목재 이삼환 선생께 올리는 글〔上木齋書〕

연전에 어르신이 서울에 오셨을 때는 매번 경황이 없어서 한 번도 가슴속에 쌓인 것을 한바탕 기울여 땅을 등에 지고 바다를 머금은 듯한 대군자大君子의 품은 뜻을 끌어 펴지 못한 것을 늘 유감으로 여겨왔습니다. 이번에 벼슬살이 온 곳이 마침 이 고장인 데다 계신 집과의 거리가 몇 마장밖에 되지 않아 비로소 댁으로 찾아뵙고 끊임없는 가르침을 들을 수 있게 되었으니, 진실로 평소의 생각을 달래고 채우기에 충분합니다.

年前杖屨之至京也, 每匆遽, 未嘗一傾胷中之蘊, 以引發大君子地負海涵之藏, 常以爲恨. 今者旅宦適在此方, 其距仁里不過數舍, 始可以得造門屛, 以聽不倦之誨, 素懷良足慰滿.

근래의 일은 생각건대 이미 그 대강을 들으셨을 겝니다. 눈에 가득한 긴 창과 짧은 창이 온통 소릉少陵 이가환의 몸뚱이 위로 몰려들어, 마침내 물결을 돌리고 시내를 막아세울 재주를 지닌 인사를 저와 같이 고꾸라뜨리려고만 드니, 참으로 통탄스럽고 애석합니다. 비록 그러나 임금의 전교가 두터우시어 장횡거張橫渠의 무리로 허락하기에 이르렀고,[59] 설령 지금 세상에서 장횡거 같은 자를 얻는다고 해도 이를 모범으로 삼을 것이니 이 또한 충분하다고 하셨습니다.

近日事, 想已畧聞其梗槪. 滿目戈鋋, 都湊少陵身上, 畢竟使回瀾障川之手, 顚倒如彼, 殊可歎惜. 雖然聖敎隆重, 至許以橫渠之徒, 使斯世得如橫渠者, 而爲之模楷, 斯亦足矣.

다만 우리의 당黨은 쇠퇴하여 흩어져서 10여 년 전의 광경이 다시는 없습니다. 진실로 대단한 문장과 훌륭한 학자가 굳세게 사문斯

文의 무거운 책임을 자임하여, 주변 사람의 시비를 돌아보지 않고 자기의 이해를 헤아리지 않으면서, 용감하게 곧장 앞으로 나아가 흥기시킬 방책을 다한다면, 그래도 어찌 능히 쇠약한 무리의 나머지에서 고무시켜 극복하는 공로를 세울 수 있지 않겠습니까?

第吾黨衰遲散落, 無復十數年前光景. 苟非鴻工鉅儒, 毅然自任以斯文之重, 不顧旁人是非, 不計自己利害, 勇往直前, 以盡興起之方, 則尙安能鼓舞於委靡之餘, 得以樹克復之勳乎?

우리 성호 이익 선생께서는 하늘이 내신 호걸스러운 인재로, 도가 없어지고 가르침이 해이해진 뒤에 태어나 회재晦齋 이언적李彦迪과 퇴계退溪 이황李滉 선생에게서 사숙私淑함을 얻어, 심성心性의 학문으로 날줄을 삼고, 경제의 사업으로 씨줄을 삼아, 수백여 편의 책을 저술하여 후학에게 아름다운 은혜를 베풀었습니다. 한집안에서 전해 받은 제자와 문하의 뛰어난 제자들이 대개 빼어나 빛나지 않음이 없어 지난 자취를 잇고 앞길을 열었으며, 또 뒤이어 나온 소년 중에 아무아무와 같은 여러 벗이 성대하게 일어나 환하게 빛나서 볼 만하였습니다.

惟我星湖夫子, 以天挺英豪之才, 生於道喪教弛之後, 得以私淑於晦退, 經之以心性之學, 緯之以經濟之業, 著書累百餘編, 以嘉惠後學. 其同堂適傳及門高弟, 蓋莫不彬彬郁郁, 繼往開來. 而又其後進少年如某某諸友, 蔚然興起, 煥然可觀.

지난 무술년(1778)과 기해년(1779) 사이에는 서울의 내로라하는 선비들이 공손히 추창하고 길게 읍하며 위의를 가다듬어 엄숙하게 삼대三代의 기상이 있었으니, 이것이 누구의 힘이었습니까?[60] 모두 성호께서 터전을 열고 문호를 세워 사도斯道를 중흥시켜 만세토록 뽑히지 않을 사업을 세우셨기 때문입니다. 앞뒤로 임금의 전교가 은 근하면서도 간절하여 정학正學을 높여서 이단을 물리치는 근본으로 삼으셨으니, 진실로 문왕文王을 기다려 일으킨 것이 있었습니다. 그 러니 장차 분연히 뿌리가 없고 근원이 없는 땅에서 스스로 일어나, 하물며 성호의 문하에 노닐고 성호의 풍모를 들은 자이겠습니까?

往在戊戌己亥之間, 京洛游談之士, 恭趨長揖, 攝以威儀, 儼然有三代 氣象, 是誰之力? 皆星翁爲之拓基址立門戶, 以中興斯道, 而樹萬世不 拔之業也. 前後聖敎, 勤勤懇懇, 以崇正學, 爲闢異端之本, 苟有待文王 而興者. 將奮然自作於無根沒源之地, 而況游星翁之門, 而聞星翁之風 者哉?

일찍이 이형과 더불어 말이 이 일에 미쳤으나, 세상의 도리가 치우 쳐 기울고, 표방하여 내세움은 온통 위험하며, 벼슬길은 기구하기가 산길과 다르지 않고 보니, 차라리 욕됨 속에 묻혀 지내며 안으로 집 안에서의 행실을 닦을망정, 동지들을 이끌고서 드러내놓고 세상의 이목이 모두 올려다보는 자로 스스로를 드러내려 하지는 않겠다고 하였으니 그 뜻이 진실로 또한 슬플 뿐입니다. 지금은 그렇지도 못 해 가만히 자취를 숨기고서 그 의리를 스스로 바로잡으려 해도 그 때마다 사단이 벌어져 문득 더럽혀 욕보이려고만 드는지라, 명철보 신明哲保身의 뜻을 어찌해야 얻을 수 있을지 모르겠습니다.

嘗與李兄, 語及此事, 而世道偏陂, 標榜都危, 皇路崎嶇, 不異山蹊. 寧汩沒浼涊, 內修房闥之行, 而不欲倡率同志, 皦然自表於萬目之所共 瞻者, 顧其志良亦戚耳. 今也不然, 闇然韜晦, 自靖其義, 則每有事端, 輒欲浼辱, 明哲保身之義, 未知何如而爲得也.

지금 서울의 선비 중에는 또한 사윤士潤 심유沈浟 [61]와 이수耳叟 황덕길黃德吉 [62] 등 여러 분이 수립함이 있어, 모두 우뚝이 뛰어납니다. 문하께서도 진실로 한세상의 잣대로 다른 사람의 선두가 되시기에 마땅합니다. 겸양으로 자신을 낮춰 여러 사람의 바람을 저버려서는 안 될 것입니다. 어떠신지요?

今洛中士友, 亦有沈士潤黃耳叟諸公樹立, 皆卓然不羣. 如門下, 誠宜表準一世, 以爲人先. 不應謙讓卑牧, 以孤衆人之望也. 如何如何?

싱호 신생의 문집을 징리하는 작입은 그사이에 이형과 상의해보셨는지요? 이는 결국은 상경한 뒤의 일이어서 잠시 평소에 생각했던 바를 감히 다 말씀드리지는 않겠습니다. 혹 근처의 조용한 절 가운데에서 모이기로 약속한다면 더욱 머물면서 모시고 기뻐하기에 충분할 것입니다. 조카인 우성虞成 이재위李載威 [63]가 박식하고 식견이 넓어 더불어 짝할 만한 사람이 없다는 것을 익히 알고 있사오니 그도 함께 합석시킨다면 더욱 일이 원만하게 될 것입니다.

星翁文集之役, 間與李兄相議否? 此終是上京後事, 姑不敢罄暴平日之所商量也. 或約會於近地蕭寺之中, 則尤足淹留而陪歡也. 令姪虞成, 夙知其博識廣聞, 無與爲匹, 得與之合席, 則益是圓滿事也.

이삼환의 답서[64]는 이렇다.

木齋答書曰:

"늙은이의 마음속에 그대를 둔 지가 오래입니다. 용모와 목소리, 낯빛과 언사를 가만히 살펴보고 이미 그 통하여 밝고 빼어나 우뚝함을 알았으니, 더불어 도에 들어갈 만하다고 하겠습

다산의 일기장

니다. 감탄하고 기뻐하며 어찌 하루라도 잊겠습니까? 뜻밖에
은혜롭게 보임되어 온 곳이 마침 이곳과 가까운 땅이고 보니
연락하기가 너무 가까워 곧 만나볼 기약이 있겠습니다그려.

"老僕心中有足下久矣. 微察於容聲色辭, 而已知其通明俊偉, 謂可與
入道. 欽歎悅服, 何日忘之? 意外恩補, 適在近壤, 聲塵密邇, 良覿有期.

이번에 수백 언에 달하는 긴 편지를 받아 보니 문사가 바르
고 의리가 분명하며 글이 순탄하고 이치가 막힘이 없어, 펼쳐
읽은 뒤로는 고맙고 다행스러움을 어찌 그칠 수 있겠습니까?
제현諸賢은 약관 때부터 이미 사학斯學에 뜻을 두어 견해의 높
은 조예와 실천의 도탑고 성실함이 마음에 성대하였습니다. 하
지만 과거와 벼슬길에 뜻을 빼앗겨, 속된 일에 몸이 얽매이다
보니 중간에 그만두는 것을 면치 못하였습니다.

兹蒙辱惠長牘, 縷百言, 辭正而義明, 文順而理暢, 展讀以還, 感幸
何已? 諸賢粵自弱冠, 已志于斯學, 見解之超詣, 操履之敦實, 彬□□
中.[65] 因科宦奪志, 俗累絆身, 未免間輟.

만약 이번 모임을 통해 처음 먹었던 마음을 더욱 떨쳐 용맹
하게 실지의 공부를 하여, 충신忠信과 독경篤敬을 바탕으로 삼
고, 계신戒愼과 근각謹慤을 문경門徑으로 삼으며, 육경과 성현
의 가르침을 근본으로 삼고, 붕우와 강학하는 공부로 보태어서
힘써 향상하고 게으르지 않게 힘을 쏟는다면, 거룩한 조정에서
사람으로 태어난 보람을 저버리지 않을 수 있고, 나의 종조從祖
되시는 성호 선생의 끊어지지 않은 도맥道脉이 이에 힘입어 의
탁함이 있을 것이니, 어찌 다행이 아니겠습니까? 다만 보내주

신 편지와 시는 칭찬이 실정보다 지나쳐서 내가 감히 받들어 감당할 바가 아닙니다.

若因此會, 益勵始心, 猛下實工, 以忠信篤敬爲根基, 戒愼謹愨爲門徑, 本之以六經聖賢之訓, 輔之以朋友講貫之工, 勉勉向上, 不解用力, 則庶可以不負聖朝作人之功化, 而我從祖星湖夫子不絶之道脉, 賴有以託, 豈不幸哉? 但惠書及詩, 稱謂過情, 非愚之所敢承當也.

예전 율곡 이이 선생께서 도산 이황 선생을 찾아뵙고 시를 올려 말하기를, '시내는 수사洙泗에서 나뉘고, 묏부리는 무이산武夷山이 우뚝하구나'라 하고, 또 말하기를 '품은 생각 구름 걷고 달이 열리듯, 담소는 미친 물결 그치게 하네'라 하였다지요. 노선생께서 화답하는 시에서 이르시기를, '실정 넘는 시어詩語일랑 모름지기 깎아내고, 노력으로 공부하여 각자 서로 일신하세'라 하였으니, 이것이야말로 오늘날 우리가 마땅히 함께 힘써야 할 바가 아니겠습니까?[66] 이만 줄입니다."

昔栗谷往謁陶山, 獻詩曰, '溪分洙泗派, 峰秀武夷山.' 又曰, '襟懷開霽月, 談笑止狂瀾.' 老先生和章云, '過情詩語須刪去, 努力工夫各自親.' 此非今日吾輩之所當共勉者耶? 不備."

[부록] 복암 이기양李基讓 공에게 드림〔與茯菴李公基讓〕[67]

이미 집에 입주하셨다는 소식을 들으니 마음에 큰 위로가 됩니다. 냄비와 솥, 책상과 선반, 깔개나 자리 등 꼭 필요해 없을 수 없는 물건들은 또한 무슨 수로 마련하시렵니까? 이 때문에 안타깝습니다.

承已入宅, 慰意良深. 鍋鐺机閣薦藉之屬, 凡係切須之不可闕者, 亦何由措辦耶? 爲之憫然.

목재 선생께서 어제 또 성으로 들어가셨다더군요. 질서疾書를 교정하는 작업은 지금에 와서 생각지 않을 수가 없습니다. 모름지기 한 경서를 나눠 가져가서 여러 벗에게 떼어주어, 날짜를 정해 베끼기를 마치게 하고, 여러 가지 의심나거나 모르는 데가 있을 경우 편지를 보내 목재 선생께 질문한다면 작업을 마칠 날이 있을 것입니다. 진실로 한 장소에 단체로 모여서 면전에서 평하고 교정하려 한다면, 진실로 바다에 먼지만 풀풀 날리게 될까 걱정입니다.

木翁昨又入城云. 疾書校正之役, 不可不及今商度. 須分取一經, 派授諸益, 令其刻日竣寫, 諸有疑晦, 馳書質問於木翁, 庶有汗靑之日. 苟欲團聚一處, 面前評訂, 誠恐海塵已揚耳.

017 채씨 집성촌과 다산 주변 채씨의 그림자를 어찌 볼까?

다산이 금정에 도착한 뒤 처음 그를 찾아온 손님은 어자곡의 채준공과 앞마을의 채홍선이었다. 두 사람은 어째서 금정찰방으로 내려온 다산을 며칠 만에 직접 찾아왔을까? 채준공은 채제공의 사촌 동생으로, 채제공과는 한마을에서 나고 자란 사이였다. 채준공의 부친 채응팔蔡應八이 채제공의 숙부다. 어자곡은 홍주 화성면化城面 어재동漁在洞으로, 금정역 바로 인근에 자리한 채씨 집성촌이었다. 또 채홍선은 채제공의 칠촌 조카로, 그의 부친 채지공蔡趾恭이 채제공과는 육촌 종

채제공의 영정을 모신 상의사(尙義祠)(위)는 충청남도 청양군 화성면 구재리 무한로 226에 있고, 채제공 생가터는 화성면 구재리 어재울길 94-3에 있다. 생가 바로 앞에 채제공 생가의 우물(아래)을 복원해두 었다.

형제간이었다. 그는 금정역 바로 앞마을에 살고 있었다.

금정역 인근에 채씨 집성촌이 두 곳 있었고, 그중 어자곡은 채제공과 그의 아들 채홍원이 나고 자란 곳이었다.[68] 다산은 금정 도착 후 채제공의 아들 채홍원에게 편지를 보냈다. 〈이숙 채홍원에게 답함〉에서 다산은 "이곳에 와서야 금정이 채씨의 집성촌임을 알았습니다. 구봉이라는 이름이 우연한 것이 아니더군요. 오형께서 아이 적에 낚시하며 놀던 장소를 모두 또렷하게 가리킬 수가 있어서 이 때문에 서글픔을 견딜 수가 없습니다. 어곡은 그윽하면서도 탁 트였고, 깊지만 궁벽하지는 않으니, 참으로 좋은 집터입니다"라고 썼다.

채제공은 다산을 특별히 자신이 나고 자란 고향집 인근의 금정역으로 보냈고, 집안에 기별해 다산을 찾아가 위로해주라고 당부까지 했던 듯하다. 채홍선의 형 채홍규蔡弘逵도 다산과 왕래했고, 형제는 다산이 금정을 떠나던 날 급히 마련한 전별연까지 자리를 같이했다.

이들 외에도 다산의 금정 시절에는 채씨들의 그림자가 자주 어른거린다. 9월 17일 일기에 나오는 정산현감 채윤전과, 10월 1일자에 보이는 백총 채윤공 등이 그렇다. 특히 채윤공은 젊어서 채제공을 따라 내원內院에서 열린 상화연賞花宴에 참석했다가 왕명으로 이름을 예공叡恭에서 윤공으로 바꾼 인연이 있는 인물이었다. 채윤공은 채제공과는 육촌간인데, 이때 그는 채제공의 모종의 전갈을 들고 서울에서 금정까지 다산을 찾아왔던 듯하다.

또 다산이 금정을 떠난 직후 채홍규에게 보낸 〈이순 채홍규에게 줌〔與蔡而順〕〉에서 "때때로 꿈속에서도 생각하며 어찌 염계濂溪와 어곡의 사이를 왕래하지 않을 수 있겠습니까? 백훈伯勳 채면공蔡勉恭과 백순伯淳 채희공蔡熙恭도 모두 잘 있는지요?"라고 했는데, 염계는 채홍규·채홍선 형제가 살던 마을을 가리키고, 어곡은 채준공이 살던 어자곡을 말한다. 채면공과 채희공 또한 이 두 마을에 살던 채씨 일가였고, 다산이 여러 차례 이곳을 찾았을 때 만난 인물로 보인다.

다산은 금정 시절 내내 인근 채씨들과 빈번하게 왕래했고, 이들을 통해 현지에서 필요한 여러 도움을 받았다. 정조와 채제공의 다산을 향한 보이지 않는 배려의 손길이 작동하고 있었음을 짐작할 수 있다.

018 8월 5일 다산이 이삼환과 주고받은 편지의 내용은?

8월 5일 다산은 이삼환의 답장을 받았다. 다산은 7월 29일 금정역에 도착한 뒤 8월 초에 바로 이삼환에게 편지를 보냈던 듯하고, 이삼환의 답장이 이때 도착한 것이다. 이삼환은 이광휴李廣休의 아들로 자가 자목子木, 호를 목재木齋라 썼는데 뒤에 이병휴李秉休에게 출계했다. 1729년 안산 첨성리에서 태어났는데, 성호 이익이 그의 종조부로, 어려서 안산에 거주하며 이익에게 직접 배웠다. 1763년 이병휴의 양자로 입적되면서 충청도 예산 장천으로 내려와 성호의 학통을 계승했다.

1786년 천주교 문제가 커지자 이삼환은 〈양학변洋學辨〉을 지어 천주교의 위험성을 지적하며 반대의 뜻을 명확하게 밝혔다. 1791년 충청도관찰사 박종악朴宗岳이 정조에게 올린 보고를 모은 《수기隨記》에는, 이삼환이 중심을 잘 잡고 있어서 인근 마을이 온통 천주교에 휩쓸려도 그가 사는 마을만은 천주교도가 한 명도 없다는 내용이 포함되어 있다.[69] 그는 이 지역에서 반서학의 상징적인 존재였다. 다산이 도착하

이삼환 초상화. 이가환과 이기양이 찬을 쓴 것이 눈길을 끈다. 오늘날
성호 이익의 초상화는 이 이삼환의 초상화를 바탕으로 후대에 그린 것
이다. 성호박물관 소장.

자마자 이삼환과 접촉을 시도한 것은 성호학파의 적통을 이은 그의 학
문적 위상과 반서학 노선 때문이었다. 당시 다산은 자형인 이승훈과 상
의해서 이삼환을 좌장으로 성호가 남긴 저술 정리 사업을 진행함으로
써 정조가 요구했던 '입적소지'의 숙제를 실행에 옮기려 했던 듯하다.

　이삼환에게 보낸 편지에서 다산은, 이삼환과 같은 항렬로 사촌간
인 이가환을 둘러싼 논란에 대해 말하고, 성호학의 부흥을 통해 정학
을 높여 이단을 물리치라는 정조의 당부를 실행하자는 뜻을 전했다.
이어 다산은 이삼환에게 성호 선생 문집 정리 사업에 대해 그간 이승
훈과 상의해보았느냐고 물었다. 앞서 7월 28일 이승훈과 하룻밤을 같

이 자면서 이 문제에 대한 상의가 있었음을 짐작게 하는 대목이다. 이승훈의 유배지가 예산이었고, 이삼환의 집이 근처인지라 두 사람은 왕래하기가 쉬웠다.

편지 끝에 다산은 "결국은 상경한 뒤의 일이어서 잠시 평소에 생각했던 바를 감히 다 말씀드리지는 않겠습니다"라고 했다. 처음에는 다산이 성호 유저 정리 작업을 서울로 돌아간 뒤 장기적으로 진행할 사업으로 생각했다는 뜻으로, 그만큼 빠른 석방을 기대했다는 의미이기도 하다. 다산이 평소에 생각했던 내용은 8월 7일경 이기양에게 보낸 〈복암 이기양 공에게 드림〉에 적혀 있다. 다산은 처음에는 함께 모여 성호의 유저를 편집하는 것은 비효율적이고, 각자 역할을 분담해 개별 작업을 진행한 뒤 서면 질의 방식으로 대답을 들어 정리하려는 생각이었다. 어쩔 수 없다면 근처 조용한 절에서 회동하는 것이 좋겠다는 뜻을 밝혔다.

8월 5일에 도착한 이삼환의 답장은 다산의 적극적인 제안에 대해 똑 부러지는 대답 없이 대충 얼버무린 실망스러운 내용이었다. 요컨대 '모임을 가져 성호 선생의 도맥을 잇는 것은 기쁜 일이다. 하지만 당신이 나에 대해 칭찬한 내용은 실정보다 지나치니 감당하기 어렵다'는 것이 전부였다. 이삼환의 입장에서 보면, 자신이 하려 해도 엄두조차 못 내던 일을 다산이 나서서 함께 작업하자 하니 굳이 마다할 이유는 없었다. 하지만 이 작업을 서두르는 주체가 다산과 이승훈인 것이 마음에 걸렸던 듯하다. 이삼환이 답장에서 원론적인 동의만 표시하고 똑 부러진 대답을 내놓지 못한 이유다. 무엇보다 성호 저술 정리 작업이 다산과 이승훈의 주도로 이뤄질 경우, 다른 구설을 야기할 염려가 컸다. 당시 인근에 다산과 이승훈에 대해 반감을 품은 젊은 축이 적지 않았기 때문이다.

8월 7일

나주목사를 지낸 이인섭李寅燮[70] 어른께서 보낸, 학문에 대해 논한 편지를 받았다. 편지는 이렇다.

初七日, 得李羅州寅燮丈論學書. 書曰:

"이번에 견책을 행하심은 진실로 성상께서 옥으로 만드시려는 지극한 뜻에서 나온 것이니, 이를 위해 감축드리네. 지금을 위한 계책으로는 정주程朱의 글을 부지런히 읽는 것만 함이 없을 것일세. 하지만 단지 앞선 허물을 덮고 새로 들은 것을 드러내려고 억지로 읽기만 하고 깊이 믿을 수 없다면 설령 천 번을 넘게 읽어 자기 말처럼 외운다 해도 반드시 실효가 없을 것이네.

"今者行遣, 寔出聖上玉成[71]之至意, 爲之感祝. 爲今之計, 莫如勤讀程朱書. 然只以蓋覆前愆, 彰著新聞, 强而讀之, 不能深信, 則設令讀過千遍, 如誦己言, 必無實效.

밝은 창가에서 옷깃을 여미고 그 책을 높이 들고서 혹 내 마음에 의심이 나거나 무슨 말인지 몰라 석연치 않은 곳이 있다면, 반드시 이렇게 말해야 할 것일세. '퇴계 선생은 동방의 대현이시다. 일생 동안 주자의 글을 높이고 믿어서 한 글자도 어긋남이 없었다. 근세의 유자들이 비록 그 잘못을 지적한 바가 있다 해도, 그들의 학문이 반드시 퇴계에는 미치지 못한다. 어찌 이들의 말을 믿고 퇴계를 믿지 않을 수 있겠는가? 사람이 퇴계와 같다면 충분하고, 공부도 퇴계와 같이 해야 옳을 것이다.'[72]

晴牕斂袵, 尊閣其書, 或於吾心有疑晦不釋然處, 必曰: '退陶, 東方大賢也. 一生尊信朱書, 無一字之違貳. 近世儒者雖有所瑕摘, 其學必不及於退陶. 何可信此而不信退陶乎? 作人如退陶, 足矣. 爲學如退陶, 可矣.'

한결같은 마음으로 애를 써서 정주의 가르침에 합치되기를 구하기에 힘쓰고, 갑작스레 별도의 견해를 내어서는 안 될 것일세. 오래도록 이와 같이 한다면, 해묵은 의심이 점차 없어져서 새로운 효과가 절로 드러나 빠르게 아름다운 경계로 들어가 저도 모르는 사이에 마음이 넓어지고 몸이 편안해지며 손발이 춤을 추게 될 것이네.

一念孜孜, 務求合於程朱之訓, 勿遽生別見. 如是久久, 舊疑漸袪, 而新效自著, 駸駸然入乎佳境, 不覺心體之廣胖, 而手足之蹈舞矣.

또 주자의 글에는 옛사람이 임금을 바르게 하고 백성을 편안하게 하려는 고심과 뜨거운 정성이 드러나 있다네. 그리고 그가 동한東漢의 순숙荀淑과 진식陳寔을 논한 대목[73]은 특히나 우뚝하고 정대하며 명백하고 절실하여 오로지 천리天理의 공변됨에서 나와, 한 터럭의 사사로운 뜻도 섞이지 않았네. 이는 족히 후세의 아첨하고 사사로움에 치우쳐서 모든 것을 자기의 공명으로 취하고, 임금을 어지럽히고 나라를 그르치는 자들로 하여금 얼굴을 붉히게 할 것이네.

且於朱書, 有以見古人格君安民之苦心血誠. 而其論東漢荀陳處, 尤磊落正大, 明白浹切, 純出於天理之公, 而不雜以一毫私意. 足令後世依阿偏私, 取一切自己之功名, 而迷君誤國者, 有所靦顔.

이 같은 곳을 잘 읽어서 얻음이 있다면 훗날 나왔을 때 이것으로 임금을 섬기고 이것으로 몸가짐을 삼을 것이니, 그 보람이 어찌 작다고 할 수 있겠는가? 내가 그대의 집안과는 다만 세분世分이 깊을 뿐 아니라, 근자에는 혼인의 연고로 여러 가지 일이 얽힌지라[74] 감히 이렇게 자세히 쓰네. 실로 정성스러운 마음에서 나온 것이니 늙은이의 진부한 이야기라 하여 소홀히 여기지 말고, 오직 때때로 스스로를 아껴 맹렬히 실다운 공부를 해나가기를 바라겠네. 이만 줄이오."

於此等處善讀而有得焉, 卽他日出來, 以此事君, 以此持身, 其效豈云小補哉? 愚於令家, 非但世分之深, 近以婚姻之故, 休戚相關, 敢此縷縷. 實出衷赤, 幸勿以老生常談而忽之, 唯希以時自愛, 猛下實工. 不宣."

[부록] 나주 이인섭에게 답함(答李羅州寅燮)[75]

보내주신 편지에서 '이렇듯 새롭고 기이함에 힘쓰는 병통은 능히 정주를 독실히 믿지 않기 때문이다'라고 하셨더군요. 이는 온 세상이 바야흐로 남몰래 얘기하면서도 곧장 말하려 들지는 않는 것입니다. 이처럼 숨김없는 가르침을 받고 보니, 그 실정이 그런지 그렇지 않은지를 떠나 이미 감격하여 새김이 마음에 있음을 이기지 못하겠습니다.

來教云: '這務新奇之病, 由不能篤信程朱.' 此擧世之方且竊議, 而不肯直說者也. 蒙此無隱之敎, 卽毋論其情實之然不然, 已不勝感鏤在中矣.

비록 그렇기는 해도 약용이 어찌 감히 정주를 독실히 믿지 않겠습니까? 다만 심성이기心性理氣의 주장에 대해 어둡다 보니 일찍이 뜻을 두지 않았을 뿐입니다. 그러나 그사이에 과강課講[76]하는 일로 경전 중 훈고訓詁의 사이에 잠심하여 단서를 찾아 공부하다 보니, 또한 천지의 거대함과 일월의 밝음을 가만히 살펴볼 수가 있었습니다. 그 의리의 정밀하고 미묘함을 털끝처럼 갈라 분석함에 이르러서는 진실로 마음으로 기뻐하고 성심으로 탄복하여 손이 춤추고 발이 덩실거림을 막을 수 없었으니, 어찌 터럭만큼이라도 마음에 의심의 싹이 있었겠습니까?

雖然, 鏞何敢不篤信程朱耶? 但於心性理氣之說, 昧昧然未嘗意留. 然間以課講之故, 得潛心紬繹於經傳訓詁之間, 亦可以竊觀夫天地之大日月之明. 而至其義理精微之毫分縷析者, 誠不禁心悅而誠服, 手舞而足蹈, 寧有一毫然疑之萌於心者乎?

예전 어렸을 때는 실제로 얄팍한 식견으로 혹 명말 제유諸儒가 자구字句 사이에서 밝혀낸 것을 얻고는 뽐내며 홀로 기뻐하였습니다. 하지만 식견과 취향이 점차 자라 섭렵함이 조금 넓어지자, 이러한 생각은 나날이 사라져버렸습니다. 그제야 능히 본원을 거슬러올라가 탐구하는 즈음에 확실하여 의심이 없을 수 있었지요. 그러니 뽐내면서 혼자 기뻐했던 것은 모두 본 것이 적다 보니 괴이함이 많아서, 일찍이 능히 대궐 담장 안으로 한 걸음 들어가 종묘와 백관의 성대함[77]을 엿보지 못한 데 말미암은 것이었습니다.

往在幼眇時, 果以謏淺之見, 或得明末諸儒抉摘字句之間者, 沾沾然自喜. 而及其識趣漸長, 涉獵稍廣, 則此個意思, 日以消落. 而始能確然無疑於溯本探源之際. 卽其沾沾然自喜者, 皆由於少見多怪, 而曾不能入宮牆一步, 而窺宗廟百官之盛者也.

세상에서는 모기령毛奇齡이 주자의 학설을 비난하며 배척한 것이 말은 비록 어그러졌지만 이치는 간혹 분명하다고들 합니다. 약용 또한 일찍이 비교해보고 비추어 살펴보았습니다. 대개 그의 학술은 오로지 한나라 유자의 참위설讖緯說의 나머지를 답습하였고, 가짜 책의 황당하고 괴이한 이야기를 잡다하게 끌어온 것입니다. 사람들이 그가 고증하여 근거로 제시한 것이 넓은 것을 보고는 놀라 겁먹고 간담을 잃어서 그렇게 말했던 것입니다. 세세하게 조사하여 빗질해보면 구멍을 뚫은 것이 서로 어긋나는 데다 부스럼과 사마귀가 너무 많습니다. 예를 들어 '총광寵光'을 '용광龍光'이라고 풀이한 것은 《좌전左傳》을 읽지 않았기 때문이고, 〈백주柏舟〉에서 여자를 남자로 만들었다고 기롱한 것은《공자가어孔子家語》를 보지 않았기 때문입니다.[78] 하물며 그가 지은 〈만수전曼殊傳〉과 〈연상사連廂詞〉 등의 작품[79]은 광대나 천한 아랫것들과 차이가 없어 크게 유자儒者의 기상은 아니었습니다. 그의 종증조從曾祖가 바로 왕양명王陽明과 친한 문도여서, 그 심법心法을 전수받아 이렇게 바름을 미워하는 논의를 하였던 것입니다.

世稱毛奇齡詆斥朱子之說, 語雖乖悖, 理或明的. 鏞亦嘗比觀而照勘矣. 蓋其學術專襲於漢儒讖緯之餘, 而雜引其贗書荒怪之談. 人見其考據之博, 驚怯喪膽而云然也. 細細查櫛, 則枘鑿相戾, 瘡疣百出. 如寵光之解以龍光, 未讀左傳者也, 柏舟之譏以雌雄, 未見家語者也. 況其曼殊傳連廂詞等作, 無異倡優下賤, 大非儒者氣象. 而其從曾祖卽王陽明之親徒, 故傳其心法, 而爲此醜正之論也.

이 사실을 안 뒤로는 주자가 천지의 사시四時가 됨을 더욱 믿어, 아득히 왕개미가 나무를 흔들려는 것을 돌아보며 비웃게 되었습니다.[80] 임금을 바르게 하고 백성을 편안케 하려는 고심苦心과 혈성血誠에 이르러서는 또한 약용이 일찍이 되풀이하여 영탄함을 그만둘 수 없었던 것인데, 이제 문하門下께서 말씀해주시니 한층 분명하게 마음으로 깨닫게 되었습니다.

知此而後, 益信朱子爲天地四時, 而藐然顧笑於蚍蜉之撼樹也. 至於格君安民之苦心血誠, 亦鏞之所嘗反覆詠歎而不能已者, 今門下言之, 益不勝犁然而會心也.

[부록] 광주목사 성정진成鼎鎭에게 줌〔與成光州鼎鎭〕[81]

_ 금정에 있을 때〔在金井〕

근자에 들으니 호남에서 신동煽動이 자못 심하다더군요. 이를 진정시키는 책임은 집사께 달렸고, 깨우쳐 인도하는 처방은 원발元發 성영우成永愚[82]와 관계됩니다. 대저 그런 뒤라야 호남 지방으로 하여금 잘못에 연루됨에 이르지 않을 수 있을 것입니다. 여기 진사 조익현에게 가는 편지는 바로 전해주면 좋겠습니다. 그 편지 중에도 요긴한 문자를 담고 있으니, 조공曹公에게 한번 보여달라고 해도 무방합니다.

近聞湖南鼓煽頗甚. 其鎭定之責在執事, 其曉譬之方係元發. 夫然後始可使湖南一方, 不至詿誤也. 此去曹進士書, 幸卽傳致之. 其書中亦帶著要緊文字, 使曹公一番投示, 無妨也.

[부록] 진사 조익현曹翊鉉에게 줌〔與曹進士〕[83]

_ 조익현이니 화순 사람이다〔翊鉉和順人〕

약용은 나라의 은혜를 입고 충청도로 피신함을 얻어 깊이 틀어박혀 지내면서 졸렬함을 기르고, 스스로 몸과 마음을 점검하면서 옛사람이 함양하던 방법을 구하였습니다. 혹 비슷하거나 방불함을 얻으면 또한 기쁘게 바깥을 사모함을 잊기에 충분한지라, 가만히 편리하다고 생각하였습니다.

鏽蒙被國恩, 得避身湖海之上, 深居養拙, 自就心身上點撿, 求古人涵
養之法. 或得其疑似髣髴, 亦足以欣然忘外慕, 私計竊以爲便耳.

이곳에서는 서울 소식이 전혀 들어오지 않다 보니, 이른바 귀머거
리 역승驛丞일 뿐입니다. 다만 이 고장의 선비로 서울에서 돌아온
자가 있는데, 그가 전하기를, 광주에서 유생 몇이 성균관에 글을 보
내, 여러 사람의 경중輕重과 심천深淺을 주욱 열거하였는데, 모두들
바른말이라면서 의심하지 않는다더군요.[84] 정말 이런 일이 있었습
니까? 저들이 진실로 군자다운 선비입니까? 취향과 기미가 본래 서
로 맞지 않을 경우 월越나라 사람이 활을 당기는 것〔關弓〕[85]이라 족
히 슬퍼할 일도 못 됩니다.

在此, 凡京華消息都不入耳, 所謂今丞之聾耳. 第鄕中儒士有自京還
者, 傳光州有儒生數人, 移書太學, 其臚列諸人輕重深淺, 皆質言不疑
云. 未知果有是否? 彼固君子儒耶? 抑聲氣之本不相入也, 則越人之關
弓, 爲不足悲也.

아! 이단異端이란 것은 천하의 나쁜 이름입니다. 말하기는 비록 쉽
지만 이를 받는 쪽은 어찌 괴롭지 않겠습니까? 주자는 육구연陸九
淵이 선학禪學이 된다고 배척했으나, 또한 반드시 아호鵝湖에서 강
학하면서[86] 그 모습을 살피고 그의 말을 들으며 마음속에 지닌 것을
검토하고 그가 온축한 것을 찾아냈습니다. 함께 얘기하고 더불어 시
를 짓고 함께 기거한 뒤에야 과연 의심 없이 선학임을 알았습니다.
그와 더불어 주고받은 편지가 몇천 몇만 자에 이르렀고, 그가 한 것
이 천성天性을 내버려두고 정신을 희롱하며 옛것을 버리고 제멋대

로 하는 죄임을 파악한 뒤에야 그가 정말로 틀림없는 선학임을 알았던 것입니다.

嗟乎! 異端者, 天下之惡名也. 言之雖容易, 受之寧不苦乎? 朱子斥陸九淵爲禪學, 然亦必講學鵝湖, 觀其貌, 聽其言, 考其所存, 探其所蘊. 與之談, 與之詩, 與之起居而後, 知其果禪無疑也. 與之往復書牘, 至累千萬言, 執其所爲, 任天性, 弄精神, 紬古肆己之罪, 然後知其果禪無疑也.

이제 이들 몇 사람은 하늘 가 땅의 한 귀퉁이 밖에서 나고 자라 얼굴 생김새도 보지 못하고 말을 듣지도 못했으며, 그 논저를 살펴보지도 않고, 그 행위를 관찰하지도 않은 채 그저 소인배의 말만 듣고 갑작스레 천하의 나쁜 이름을 가지고 멋대로 맑은 세상의 의관을 쓴 무리에게 더하는 것은 또한 너무 경솔한 것이 아닌지요?

今數人者, 生長於天涯地角之外, 不見面貌, 不聞語言, 不考其所論著, 不觀其所行爲, 徒聽細人之言, 遽以天下之惡名, 任加於淸世衣冠之倫者, 無亦太輕遽耶?

선비라는 이름은 지극히 깨끗하고 지극히 우아한 것인데, 그 말과 행위에 조금도 머뭇대지 않고 다만 거짓말을 일으키고 비방을 만들어내어 남을 물어뜯는 자의 말만 믿고 또 들으려 하니, 어찌 이다지도 스스로를 아끼지 않는단 말입니까?

士之爲名, 至潔至雅, 而其言論行爲, 不少留難, 唯興訛造誹, 欲噬齧者之言, 是信是聽, 何其不自惜耶?

019 이인섭이 다산에게 편지를 보낸 이유는?

　〈금정일록〉 8월 7일자 일기에는 나주목사를 지낸 이인섭이 다산에게 보낸 편지를 실었다. 이인섭은 1792년 6월 9일에 음직으로 나주목사에 부임해 1793년 4월 28일 조시순趙時淳과 교체되었으므로, 편지를 보낼 당시에는 나주목사가 아니었으나 전임지의 명칭으로 부르는 관례에 따랐다. 이인섭은 다산의 부친 정재원과 가깝게 지낸 벗이었다. 그리고 다산의 서모庶母 김씨가 낳은 3녀 1남 중 둘째 딸이 이인섭의 서자 이중식李重植과 결혼해서 다산의 집안과 사돈을 맺은 사이이기도 했다.

　《다산시문집》에는 15세 때인 1777년에 지은 〈담양에 도착하여 도호부사 이인섭 어른을 모시고 술을 마시며〔次潭陽陪李都護寅燮丈飮〕〉가 남아 있고, 《경세유표》 등에서도 그의 선치善治에 대한 언급을 남긴 바 있는, 다산이 평소 존경하던 인물이었다.

　편지에서 이인섭은 견책을 받아 금정찰방으로 내려가게 된 것을 감축한다며 말문을 열었다. 임금이 그대를 내치지 않고 옥玉으로 만드시려는 뜻이 담긴 것이기에 그렇다고 썼다. 이인섭은 다산에게 금정에 내려가서 정주의 글을 부지런히 읽을 것을 주문했다. 지난 허물을 덮으려고 시늉만으로 읽어서는 안 되고, 퇴계 선생을 거울로 비춰서 퇴계가 공부하듯이 공부해야 한다고 충고했다. '정주의 가르침과 하나가 되기에 힘쓸 뿐 별도의 견해를 내면 안 된다. 이것이 오래되면 해묵은 의심이 저절로 사라진다. 주자의 글에 담긴, 임금을 바르게 하고 백성을 편안하게 하려는 고심과 정성을 늘 마음에 새겨라. 좌천을 기회로 스스로를 아껴 맹렬히 실다운 공부에 매진해라.' 이것이 편지에서 이인섭이 다산에게 건넨 당부의 요지였다.

눈길을 끄는 것은 '창저신문彰著新聞'과 '거생별견遽生別見'을 반복해서 경계한 점이다. 새로 들은 사실을 드러내려 하거나 별도의 자기 견해를 갑작스레 내는 행동을 조심하라고 다산에게 되풀이해 주문했다. 목소리를 낮추고 경전에만 침잠하라는 이인섭의 주문은, 서학뿐 아니라, 1784년 여름 정조가 《중용》에 대한 70조목의 문제를 내고 답안을 요구했을 때, 다른 제생이 짜맞춘 듯 퇴계의 사단이발四端理發을 정론으로 내세웠음에도 다산만 율곡의 기발설氣發說을 옹호하는 답안을 제출해 물의가 일었던 일 등을 염두에 둔 충고였다.

편지 중에 "근세의 유자들이 비록 그 잘못을 지적한 바가 있다 해도, 그들의 학문이 반드시 퇴계에는 미치지 못한다. 어찌 이들의 말을 믿고 퇴계를 믿지 않을 수 있겠는가? 사람이 퇴계와 같다면 충분하고, 공부도 퇴계와 같이 해야 옳을 것이다"라고 한 대목에 특히 눈길이 간다.

이 편지에 대한 다산의 답장이 《다산시문집》에 남아 있다. 권19의 〈나주 이인섭에게 답함〉이 그것이다. 정주를 독실히 믿지 않아 새롭고 기이함에 힘쓰는 병통이 있다는 지적에 감사의 뜻을 표하면서, 자신이 젊어서 명말 제유의 글을 보고 한때 신기한 것을 따랐지만 지금은 그렇지 않다고 했다. 그 같은 시도를 왕개미가 고목을 흔들려 하는 것에 견주면서 자신을 한껏 낮췄다.

요컨대 이인섭은 편지에서 다산에게 금정에서 생활하는 동안 정학에 매진해 그 안에서 순수한 기쁨을 찾아 유학의 본원으로 돌아옴으로써 그를 옥으로 만들려는 왕의 기대에 부응하라고 촉구했던 셈이다. 8월 7일에 이인섭의 이 편지를 받은 다산이 11월 19일부터 〈도산사숙록〉 집필에 들어간 것은 전적으로 이인섭의 이 충고를 받아들인 행동이었다고 필자는 생각한다. 〈도산사숙록〉은 이인섭과 정조에게 바치는 방학숙제 같은 것이었다.

020 당시 호남에서 벌어진 선동의 내막과 내용은?

한편 금정 시절 초기 다산이 보낸 〈광주목사 성정진에게 줌〉과 〈진사 조익현에게 줌〉 등 두 통의 편지가 《다산시문집》에 실려 있다. 편지 속 다산의 어조는 상당히 격앙된 상태다. 성정진은 당시 광주목사로 재직 중이었고, 나중에 승지를 거쳐 대사간에 오른 인물이다.

편지에서 당시 호남의 광주 쪽에서 선동이 일어나 시끄럽다는데, 이들을 서둘러 진정시키고 깨우쳐 인도하는 것이 성정진·성영우 부자의 손에 달렸다고 말했다. 다산의 어조는 으름장에 더 가까웠다. 두 사람 모두 서학을 극렬하게 배척하는 입장에 있었다. 당시 다산은 진사 조익현에게 가는 편지를 함께 보내며 그에게 전달해줄 것을 부탁했고, 이 편지를 함께 봐도 좋다고까지 했다. 다산이 편지를 함께 부침으로써 이를 통해 선동을 잠재우는 여론 확산 효과를 노렸음을 알 수 있다.

다산이 자신보다 24세나 위인 광주목사 성정진에게 보낸 편지는 어조가 가파르고 앙칼져서 차라리 경고에 가깝다. 성정진이 현재의 상황을 진정시키고 그 아들 성영우를 깨우쳐 인도하지 않으면 나중에 불미스러운 일에 연루될 것이라고까지 했다. 이 말은 유언비어로 선동한 주체가 이들 부자라고 못 박은 것과 같다. 그러면서 자세한 내용은 조익현에게 주는 편지에 썼으니 살펴보라고 했다. 수틀리는 것은 참지 못하고 직격하던 젊은 날 다산의 직선적인 성정을 볼 수 있는 글이다.

조익현은 다산 집안과 각별히 가깝게 지낸 사이였다. 1777년 화순현감으로 부임한 부친을 따라 다산 삼형제가 화순에 내려가 머물 당시, 화순 관아의 금소당琴嘯堂으로 찾아온 그와 함께 시를 지으며 노닐었고, 그의 계정溪亭을 방문했으며, 다산 사형제와 함께 무등산을 등반하기도 했다. 그때 다산은 15세의 소년이었다.

다산이 조익현에게 보낸 편지를 보면, 광주에서의 선동 내용이 대체로 드러난다. 광주의 유생 몇 사람이 성균관에 통문을 돌려 여러 사람의 경중과 심천을 열거하며 이단으로 내몰았다는 것이다. 여러 사람이란 권일신, 홍낙민, 이기양, 이가환과 이승훈, 그리고 다산 형제를 가리키고, 이단이라 함은 이들이 천주학을 믿어 이단에 빠져서, 누가 교주가 되고, 누가 어디서 어떤 일을 했는지를 거론하면서 싸잡아 비난한다는 내용이었다.

다산은 주자가 아호에서 육상산과 회동해 함께 기거하며 시를 짓고 지켜보고, 또 편지를 길게 주고받은 뒤에야 최종적으로 그가 이단이 분명하다는 판단을 내렸는데, 광주의 유생들이 만나본 적도 없고 그 글을 읽어보지도 못하고 행동조차 직접 보지 않은 상태에서, 소인배의 전언만 듣고 함부로 남에 대해 이단이라 매도하는 것이 가당키나 하냐며 분개했다. 이 말을 조익현에게 한 것은, 조익현의 자제들이 통문과 관련되어 있었기 때문이었을 것이다. 다산의 입장에서는 금정찰방으로 내려와 왕명을 받들기 위해 한창 애쓰고 있는 즈음에 여기에 재를 뿌리는 이 같은 일을 미연에 차단하지 않으면 안 된다는 절박함이 있었을 것이다.

이 통문은 《동린록東麟錄》 제24책에 실린 〈호남유생저도내통문湖南儒生抵道內通文〉을 가리킨다. 조금 길지만 당시 다산을 특별히 격분케 한 대목을 일부 옮기면 다음과 같다.

괴수인 이가환이 아직도 머리를 보전하고 있으니 사술邪術이 종식되지 않는 것은 진실로 그 형세라 하겠습니다. 이 때문에 권일신이 상유上游(한강 상류)에서 서교를 행하자 충주의 사족들이 쓰러지듯 모두 따랐고, 홍낙민과 이기양은 내포에서 서교를 행해 호우湖右의 사족들이 바람에 쏠리듯이 복종하여 익혔습니다. 이존창 같은 자는 홍낙민과 이기양의 문도로, 마을 이름을 감추어 고치고, 인척들을 모아다가 가르쳤습니다. 신해년(1791)에 형벌로 신문당한 뒤에는 다른 고을로 옮겨가 살면서 사는 곳에 마을을 이루어, 교리를 베풀고 무리 모으기를 한결같이 전날과 같이 하여, 근방의 여러 고을이 문득 금수禽獸의 세상이 되고 말았습니다.

고을 목사가 형벌을 엄히 하여도 버티며 승복하지 않고, 이웃에서 통렬하게 배척하고 원수처럼 미워해도, 입만 열면 이 판서李判書(이가환)니, 홍 정언洪正言(홍낙민)이니, 이 문의李文義(이기양)니를 일컬으며 지방 고을의 정초庭招에 여러 번 나왔습니다. 그들이 높여 받들며 기쁘게 복종하는 것을 이로 미루어 알 수 있습니다. 먼저 그 근본을 살펴보면, 첫째도 이가환이요 둘째도 이가환이라, 오히려 지금에 거짓으로 멈춘 것이 어찌 나라에 법이 있는 것이겠습니까?

이제 이에 이가환을 물리쳐 충주목사에 보임하고 정약용을 밖으로 내보낸 것은 비록 엄한 견책이기는 하나, 다만 저 마을의 어리석고 천한 자들은 그들이 한 자의 인끈을 차고 큰 관아에 앉아 편안하게 백성에게 임하매 절로 평범한 사람과 같은지라, 반드시 장차 '죄준 것이 아니고 그를 영예롭게 하심이다'라고 할 것입니다. 그러니 뉘우쳐 두려워할 까닭이 전혀 없고, 남몰래 스스로 전습傳襲함이 앞서보다 더 심해질 것입니다. 애통하지 않을 수 있으며 두려워하지 않을 수 있겠습니까?[87]

당시 천주교의 핵심 인물과 지역 교회 지도자들의 실명을 드러내놓고 거명했고 그 설명도 대단히 구체적이었다. 《수기》나 《송담유록》, 《눌임기략》 등의 내용과 견줘보더라도, 글에서 말한 내용은 대부분 사실이었다. 이 같은 통문이 퍼져나가 공론화될 경우, 당시 다산이 금정에서 준비하고 있던 계획에 당장 심각한 차질이 불가피했다. 더욱이 통문에서 특정한 지역이 대부분 금정 인근인 점이 특히 다산의 심기를 건드렸다.

기록에 통문 작성자의 이름이 나오지는 않지만, 다산의 편지 문맥으로 보아 성정진의 아들 성영우 등이 주도했던 것으로 보인다. 다산과 이가환 등이 여러모로 궁지에 몰려 있었던 정황을 보다 분명하게 보여주는 기록이다. 특히 통문에 담겨 있는 지역별 천주교 조직의 동태와 주요 인물들의 동선이 실상에 대한 구체적 파악 없이는 말하기힘들 만큼 정곡을 찌르고 있었고, 충청도관찰사 박종악이 1791년에 정조에게 올린 보고 내용과도 일치하는 상당한 고급 정보였다. 특별히 당시 고향인 여사울을 떠나 성주산 일원으로 근거지를 옮겨 포교에 열중하던 이존창의 근황까지 훤히 꿰고 있었던 점은, 이존창을 검거하기 위해 물밑 작업을 하고 있던 다산에게 큰 위기의식을 불러일으켰을 것이다.

또 한 가지 흥미로운 사실은, 통문 중간에 나오는 '이존창이 마을 이름을 감추어 고쳤다'는 언급이다. 당시 이존창이 살던 마을은 천안 '호동狐洞' 즉 '여수골(여우골, 여사울)'이었는데, 예수를 가리키는 야소耶蘇를 당시 '여수'로 읽었으므로 이를 '야소동耶蘇洞' 즉 '예수골'로 바꿔 읽었다는 뜻이다. 여사울을 야소동으로 표기한 것은 강세정의 《송담유록》에 구체적 용례가 등장한다.[88] 위 통문에서 이 같은 사실까지 적시한 것은 조금 놀랍다.

8월 12일

아침에 출발하여 수영으로 갔다. 20리를 가서 석문石門에 이르러 진사 신종수申宗洙[89]를 찾아갔으나 만나지 못했다. 10리를 가서 용추龍湫를 지나고, 20리를 가서 수영에 닿았다.

十二日, 朝發水營之行. 行二十里, 至石門, 訪申進士宗洙, 不遇. 行十里, 過龍湫. 行二十里, 抵水營.

수군절도사 유심원柳心源[90] 공과 더불어 영보정永保亭[91]에 올라 호수와 산의 빼어남을 함께 감상하였다.

與水軍節度使柳心源登永保亭, 共覽湖山之勝.

[부록] 영보정에서 잔치하며 노닌 기문〔永保亭宴游記〕

세상에서 호우湖右 누정의 빼어남을 논하는 자들은 반드시 영보정을 으뜸으로 꼽는다. 예전 내가 해미海美로 귀양 갔을 때,[92] 일찍이 생각만 있었지 가보지는 못하였다. 을묘년(1795) 가을에 비로소 금정으로부터 이 정자에 오를 수가 있었으니, 어찌 정자에 인연이 있어서가 아니겠는가? 나는 바야흐로 기이한 것을 좋아하다가 내침을 당하였다. 그러나 천하의 사물은 기이하지 않고는 드러날 수가 없는 법이니, 영보정을 보면 그러한 줄을 알게 된다.

世之論湖右亭樓之勝者, 必以永保亭爲冠冕. 昔余謫海美, 嘗有意而未至焉. 乙卯秋, 始從金井, 獲登斯亭, 豈於亭有分哉? 余方以好奇遭貶. 然凡天下之物, 不奇不能顯, 觀乎永保之亭, 知其然也.

산 중에 평평한 육지에 있는 것은 뾰족 솟아 깎아지른 듯하지 않으면 능히 이름이 날 수가 없다. 다만 갑작스레 섬처럼 물속으로 들어가면, 비록 작은 언덕처럼 솟아 있더라도 또한 기이한 법이다. 물이 강하江河로 말미암아 바다까지 도달하는 것은 형세이니, 비록 깊은 물이 넘실대더라도 일컬을 만한 것은 못 된다. 오직 바다로부터 갑작스레 산으로 들어가 호수가 된다면 물결이 일어나는 흥취를 기대하지는 못하더라도 그것이 기이함은 알게 된다.

山之在平陸者, 非尖削峻截, 不能爲名. 唯突然入水如島, 則雖培塿之隆, 亦奇也. 水之由江河, 而達于海, 勢也. 雖泓渟演漾, 不足稱. 唯自海突然入山爲湖, 則不待波瀾之興, 而知其奇也.

고마姑麻[93] 지역의 산은 서쪽으로 수십 리를 내달아 꿈틀꿈틀 바다 가운데로 다다르는데, 마치 학이 목을 빼어 물을 마시는 것과 같다. 이것이 이른바 산이 갑작스레 물로 들어가 섬처럼 되었다는 것이다. 고마 지역의 호수가 동쪽으로 수십 리 모여들어 여러 산을 에워싼 것이 마치 용이 고개를 쳐들고 구슬을 희롱하는 듯하다. 이것이 이른바 물이 갑작스레 산으로 들어가 호수가 되었다는 것이다. 영보정은 이 산에 근거하여 이 물을 앞에 두어 이것으로 이 일대의 으뜸이 된다. 그럴진대 앞서 말한바 '사물은 기이하지 않고는 드러날 수가 없다'는 것이 아니겠는가.

姑麻之山, 西馳數十里, 蜿蜒赴海中, 如鶴之引頸而飮水. 此所謂山之突然入水而如島者也. 姑麻之湖, 東匯數十里, 環以諸山, 若龍之矯首而戲珠. 此所謂水突然入山而爲湖者也. 永保之亭, 據是山而臨是水, 以之爲一路之冠冕. 則曩所謂物不奇, 不能顯者, 非邪.

이때 절도사 유심원 공이 나를 위해 술을 마련하였고, 태학생인 신종수 공은 시인으로, 마침 중추의 달밤을 만나 고마호에 배를 띄웠다가 돌아 한산사寒山寺 아래에 배를 대었다. 다시 노래하는 자와 퉁소 부는 자가 있어 함께 절의 누대에 올라 그들로 하여금 여러 가지 음악을 펼치게 하였다.

時節度使柳公心源, 爲余具酒醴, 而太學生申公宗洙, 詩人也, 値中秋月夜, 汎舟姑麻之湖, 轉泊寒山寺下. 復有歌者簫者, 與登寺樓, 令作流商刻羽之音.

나는 귀양 온 길손인지라, 근심스레 하늘 한 모서리의 미인美人을 바라는 생각이 있었으므로, 아울러 이를 써서 영보정의 기문으로 삼는다.

余遷客也, 愀然有望美人天一方之思, 竝書此, 以爲永保亭記.

[부록] 영보정에 올라〔登永保亭〕

성 위의 붉은 누각 강해江海의 옆에 있어	城上朱樓積水邊
주렴 가득 가을빛이 쓸쓸히 말쑥하다.	一簾秋色澹蕭然
보름달에 조수 물결 빈 골짝에 달려오고	潮携滿月趨空壑
찬 구름에 잠긴 섬은 먼 하늘에 떨어지네.	島綴寒雲落遠天
이함李菡[94]의 옛집에는 스님이 혼자 살고	李菡舊居僧獨住
박은朴誾의 멋진 시구[95] 기생이 전하누나.	朴誾佳句妓猶傳
만 리의 안개 물결 어디로 향해 가나	煙波萬里將何適
백사장의 장삿배를 한가로이 바라보네.	閒看沙汀估客船

[부록] 정자 앞에서 달밤에 배 띄우고〔亭前汎月〕

바다 어귀 서편 보니 물 난 자취 고른데	海門西望水痕平
백사장 끝 찬 안개가 일자로 비껴 있네.	沙尾寒煙一字橫
배를 타고 한없이 떠나가고 싶구나	正欲乘舟無限去
까닭 모를 시름이 해 곁에서 생겨난다.	暗愁還向日邊生
부드럽게 노를 저어 잔잔한 물 건너가	數聲柔櫓度安流
밤중에야 해묵은 한산사에 배를 댔지.	夜泊寒山古寺頭
누각 올라 수조가水調歌 [96]를 부르지는 마소서	莫上危樓歌水調
한양서 귀양 온 이 근심을 못 이기리.	洌陽遷客不勝愁

[부록] 금정역으로 돌아가려 하면서 절도사 유심원 공을 남겨두고 작별하다(將還驛舍, 留別柳節度心源)

멋진 정자 풍악 소리 뽐내지 마옵소서	名亭絲管莫相誇
역참 누대 바라보니 내 집과 비슷하네.	却望郵樓似我家
맑은 밤 배를 띄워 바다 달빛 수창타가	清夜汎舟酬海月
석양 무렵 뿔피리 불며 꽃핀 시내 건너누나.	夕陽吹角度溪花

021 석문 진사 신종수와의 교유는?

신종수는 자가 여로汝魯로 본관은 고령이다. 1771년 식년시에 생원으로 급제했으며, 충남 보령 석문에 살았다. 다산은 1795년 8월 12일에 신종수의 집을 찾았지만 그가 외출한 바람에 만나지 못했다. 두 사람은 이날 밤 수군절도사 유심원이 마련해준 잔치에 뒤늦게 합류해 인사를 나눈 뒤 고마호姑麻湖에 배를 띄워 노닐며 풍류를 즐겼다.

다산은 시문집에 이때의 유람에 대해 자세한 기록을 남겼다. 〈영보정에서 잔치하며 노닌 기문〉을 비롯해 시도 여러 편이다. 시 〈영보정에서 진사 신종수를 만나〉에서는 유관儒冠을 쓴 채 이렇다 할 벼슬도 못해보고 머리만 하얗게 센 그를, 진晉나라 사람으로 젊어 재명才名이 있어 태위 유량庾亮의 종사관이 되었다가, 뒤에 정서대장군 환온桓溫의 찬군參軍이 되어 풍류와 문장으로 아낌을 받은 맹가孟嘉에 견줬다. 아마도 그가 수군절도사 유심원의 문객으로 가깝게 지내는 모습을 보고 이렇게 말한 듯하다.

이후 신종수의 이름은 8월 28일 일기의 한강동으로 다산을 찾아온 기사에 다시 나온다. 신종수는 당시 다산이 힘써 추진하고 있던 서암 강학 모임 주선을 위해 음으로 힘을 보태고 있었다. 지역의 원로인 그가 이도명 등의 반발에 막혀 난감해하던 다산을 측면 지원하기 위해 한강동을 찾았던 것으로 보인다.

9월 3일에 다산은 신종수와 함께 오서산 유람에 나서 천정암天井菴에서 하룻밤을 묵었다. 이때의 유람은 〈유오서산기遊烏棲山記〉에 자세하다. 《다산시문집》에는 이때 지은 다산의 시가 여러 편 수록되어 있다. 그중 〈절에서 밤중에 석문 신 진사와 함께 지은 연구〔寺夜同石門申進士聯句〕〉는 두 사람이 릴레이식으로 지은 연작으로, 두 사람의 매끄러운 호흡이 인상적이다. 처음에 두 사람은 각자 두 구절씩 주거니 받거니 하며 시상을 이어가다가, 중간에 다산이 술에 취해 먼저 잠들자 이후로는 신종수가 14구를 혼자서 짓고, 뒤늦게 술에서 깬 다산이 이를 이어 다시 18구를 잇댐으로써 마무리했다. 또 일기에는 이례적으로 신종수의 시를 무려 8수나 인용했다. 그에 대한 다산의 특별한 신뢰를 알 수 있다.

신종수와 주고받은 시를 보면, 골치 아픈 금정에서의 일상에서 그와 함께한 유람과 시문 창작의 시간이 다산에게 큰 위로가 되었음을 알 수 있다. 서울에서 쫓겨내려온 다산과, 뛰어난 능력을 지녔음에도 불우를 떨치지 못한 신종수는 동병상련의 느낌으로 서로에게 깊이 이끌렸던 듯하다.

당시 용봉사와 천정암 등의 유람은, 뒤에서 다시 살펴보겠지만, 단순한 유람을 위해서가 아니라 강학회 장소 물색을 위한 사전 답사의 성격이 더 강했다. 얼마 후 이도명과 심각한 갈등을 빚었을 때도 신종수가 중간에서 중재 역할을 했던 듯하나, 더 이상의 자세한 내용은 남은 기록이 없어 알 수가 없다.

8월 13일

관찰사가 수영으로 들어가므로, 내가 명령을 연장함을 얻어 마침내 백성들을 감화시키는 방법에 대해 의논하였다.

十三日, 巡使入水營, 余得延命, 遂議戢民之方.

밤에 진사 신종수와 함께 달빛에 배를 띄워 한산사에 이르렀다. 이때 지은 여러 편의 시가 본집에 나온다.

夜, 與申進士宗洙汎月至寒山寺. 諸詩見本集.

[부록] 영보정에서 진사 신종수를 만나〔永保亭遇申進士宗洙〕

낮은 벼슬 소요함도 괜찮다마다	薄宦消遙好
이름난 정자 만나게 됨 기이하도다.	名亭邂逅奇
왕찬王粲의 〈등루부登樓賦〉를 못 지었는데[97]	未成王粲賦
그 먼저 맹가孟嘉[98]와 알게 되었네.	先與孟嘉知
필마로 물가에서 날은 저물고	匹馬滄洲暮
유관儒冠으로 흰 머리만 서글프고나.	儒冠白髮悲
바라건대 사백詞伯의 뒤를 따라서	庶從詞伯後
지은 시 절동浙東 땅에 가득 채우리.[99]	題滿浙東詩

8월 14일

돌아오는 길을 나섰다. 1리를 가서 조곡鳥谷[100]에 사는 친척 남씨의 집을 방문했다. 40리를 가서 우관으로 돌아왔다.

十四日, 還發. 行一里, 訪鳥谷南戚. 行四十里, 還郵館.

순영巡營에서 9월 탄신일 전문箋文[101]의 제술관으로 나를 차출하여 임명하였다. 보장報狀[102]에 말하였다.

"찰방은 이미 죄명으로 외직에 보임되었으니 전문을 제술하는 소임은 받들어 감당하기 어려운 점이 있습니다. 다른 사람으로 바꿔서 뽑기를 청합니다."

제제題하였다.

"죄명은 죄명이고 제술은 제술이니, 이번에는 속히 지어 보내는 것이 마땅하다."

巡營以余差九月誕日箋文製述官, 報狀云: "察訪旣以罪名補外, 則箋文製述之任, 有難承當, 乞得移差." 題曰 "罪名自罪名, 製述自製述, 斯速製送宜當."

8월 17일

김복성金福成[103]을 잡아다가 초사招詞하여 다짐을 받았다.
十七日, 執金福成, 招詞侤音.

참판 이익운李益運[104]이 나에게 시를 부쳤는데, 시는 이렇다.[105]
李參判益運寄余詩曰:

금강 물에 먼 산이 깃발처럼 늘어서고	錦水遙山列似旂
어둑어둑 지는 해는 나그네 옷 비추겠지.	荒荒落日照征衣
자모삼천慈母三遷 가르침과 그 은혜 한가지요[106]	恩同慈母三遷教
갈바람에 날리는 잎 이내 몸을 쫓는구나.	身逐秋風一葉飛
바닷가 국화꽃은 손님 맞아 웃건만	海上黃花迎客笑
서리 앞 흰 기러기 편지 물고 돌아가네.	霜前白雁有書歸
운대雲臺의 좋은 만남 정취 잇기 어려워서	雲臺雅集難成趣
하늘가 그리움에 생각만 하릴없네.	天末懷人思正依

022 다산이 검거한 천주교인 김복성의 실체는?

다산은 8월 17일 일기에 천주교도 김복성을 붙잡아 자백을 받았다고 썼다.《사암선생연보》에도 이런 내용이 보인다.

공이 이미 금정에서 지낼 때, 역속驛屬들이 서교를 익히는 자가 많았다. 공이 임금의 뜻으로 인하여 그 우두머리를 불러다가 조정의 금령禁令으로 일깨우며 제사를 권면하였다. 사림士林이 이를 듣고는 고쳐 보는 보람이 있다고들 하였다.[107]

기사의 내용을 간추리면 이렇다. '당시 금정 역졸 중에 천주교 신자가 많았다. 정약용은 그들 중 우두머리를 불러다가 조정의 금지령에 대해 알려주고 제사를 지낼 것을 권면했다. 그랬더니 그것을 보고 사림에서 정약용이 많이 달라졌다고 말했다'는 것이다.

이때 다산이 붙잡아들인 금정역 신자 조직의 우두머리가 바로 김복성이었다. 김복성에 대한 다른 기록은 없을까? 찾아보니 그의 이름은 이보다 네 해 앞선 1791년 12월 11일 충청도관찰사 박종악이 정조에게 보낸 보고서에 처음 나온다. 당시는 진산 사건 이후 충청도 지역 천주교회 조직의 일제 검거를 위한 노력이 집중되던 시기였다.《수기》1791년 12월 11일자 보고서 별지에는 면천, 충주, 보령, 청주, 청양, 홍주, 예산, 덕산, 천안, 직산 순으로 지역별로 검거한 천주교회 리더들의 이름과 처리 결과를 보고한 내용이 있다. 그중 홍주 항목의 기록은 이렇다.

홍주의 이태선李太先, 김봉안金奉安, 김시돌金時乭, 김복성金福成, 김복수金福水, 황덕봉黃德奉, 황덕금黃德今은 방책方冊을 거두어 모아 불태웠다고 합니다. 관청에서 적발하였다가 다짐을 받고 풀어주었습니다. 강치량姜致良, 이만득李晩得, 이사춘李思春, 신일관申一寬, 신순돌申順

쇠, 신일봉申一奉, 신명준申命俊, 신오장申五長, 신대귀申大貴, 이판봉李
判奉, 김득강金得江, 강부언姜夫言, 백사남白士男, 김득봉金得奉, 김순
적金順赤, 김명복金命卜은 언문으로 된 방책을 지니고 자수하였으므로
모두 불태우고 공초를 받고 풀어주었습니다. 홍주에서 추후에 보고한
글에 따르면, 몇 명인지 알 수 없는 사람들이 자수해 방책을 바쳤는데
60여 권이나 되었기에 즉시 불태웠다고 합니다.[108]

김복성은 1791년 12월 홍주에서 검거된 적발 신자 7인 중 네 번째
에 이름이 올라 있다. 이 밖에도 자수 신자 16명의 명단이 더 나온다.
1795년 다산에게 붙잡혀오기 네 해 전부터 이미 그는 이 지역 교계에
서 지도자급 인물이었다.
김복성의 이름은 박종악이 올린 1792년 1월 3일의 보고에 한 번
더 등장한다.

홍낙민은 지난달 10일 예산에 도착하여 고을 원을 만나보고 관아에서
묵었습니다. 11일, 예산 호동에 도착하여 그의 노비 박공공朴公公의 집
에 묵었습니다. 15일, 다시 홍주 화성면 방축동防築洞의 묘노墓奴 최대
양崔大陽의 집으로 갔다가 성묘한 뒤, 홍주 흥구향면興口香面 월내동月
乃洞의 산지기 김복성의 집에 묵었습니다.[109]

여기에서 김복성이 홍주군 흥구향면 월내동에 살고 있던 홍낙민
집안의 산지기였음이 새롭게 밝혀진다. 금정찰방이었던 다산이 그를
붙잡아온 것으로 보아 그 또한 금정역에 소속되어 있던 역속이었을
것이다. 그는 4년 전 이미 배교를 다짐하고 풀려났는데, 그사이에 또
신앙 활동을 하다가 다시 자수했다. '흥구향면'은 일제강점기까지도

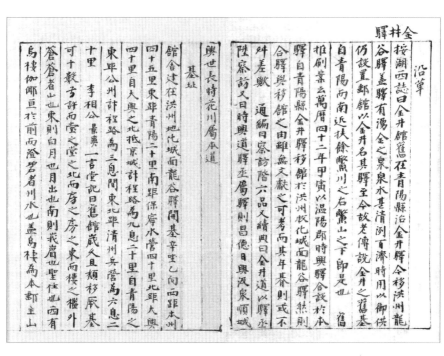

금정역에 관한 내용이 나오는 《호서읍지》 중 금정역 조목.

사용되던 지명이다. 1871년에 펴낸 《호서읍지湖西邑志》에는 홍구향면
에 속한 동네 이름이 나온다. 그 첫머리에 '월내동리月內洞里'와 '신촌
리新村里'가 있다.[110] 또 다산이 어자곡漁子谷이라 적은 '어재동漁在洞'
도 보인다.

월내동은 오늘날 '다락골'로 불리는 충청남도 청양군 화성면 농암
리農岩里에 위치한 동네 이름이었다. 당시는 청양군이 아닌 홍주군
홍구향면 월내동리였다. 청양 다락골 줄무덤성지가 있는 마을이다.
'월내月乃' 또는 '월내月內'는 우리말 '다래'의 이두식 표기로, '달내'
를 연음해 '다래'로 읽었다. 사람 이름에도 비슷한 예가 있는데, 강완
숙의 집에 살다 신유박해 때 검거되어 울산으로 유배 간 동녀童女

'김월임金月任'을 '김달님'으로 읽는 경우가 그렇다. 다래는 원래 말 안장 아래 양쪽으로 길게 드리워 진흙이나 물이 튀는 것을 막아주는 장니障泥의 우리말 표현이다. '타래'로도 읽었는데, 이 경우는 실타래의 뜻이다. '고다리〔古月乃〕'의 용례로 보아 '다리'로도 읽었음을 알 수 있다.

이곳을 '다래골'로 표기한 것은 달레의 《한국천주교회사》에 처음 보인다.[111] 유영근兪榮根 요한 신부는 《경향잡지》 1949년 4월호의 〈최 도마 신부 전기(1)〉에 쓴 다락골 답사기에서 다락골의 지명을 이렇게 풀이했다.

> 다래골은 다락골〔樓洞〕의 와전이다. 다래골을 찾기 전에는 산 과실로 다래나무가 많아 다래골이 되었으리라 생각하였더니, 실은 동리를 에워 싼 산 모습이 누각樓閣의 기둥과 같다 하여 다락골이라 한다. 다래골은 동쪽이 좀 터져서 입구가 되었으나 역시 매봉재〔鷹峰峙〕가 막았고, 서편 은 불당굴〔佛堂岩〕이고, 남쪽은 화랑배〔花郎岩〕, 북쪽은 자사배〔子思岩〕 가 솟았다.[112]

1950년대 초 오기선 신부의 증언에 따르면 다래골을 '누동樓洞'으로 표기해, 이것이 오늘날 '다락골'로 정착되었다고 보는 설명도 있다.[113] '월내'는 '다리', '다래', '다락'으로 분화되는데, 선후를 갈라 말하기가 어렵다. '월내月內'는 '달안'이고 이것이 '다락'으로 넘어간다. '월내月乃'는 '달내'니 '달래'와 연결된다. 달레가 《한국천주교회사》에서 '다래'로 표기한 것이 이 표기를 충실하게 반영한다. '누동'은 '달래골'로 지명이 정착된 뒤에 한자로 옮겨적은 표기다.

정리하면 이렇다. 월내동은 다래골, 다리골 등으로 불리다가 지금에는 다락골로 정착되었다. 말다래처럼 양쪽으로 드리운 산 모양을 딴 것인지, 누다락처럼 높이 솟은 모양의 형용인지 분명치 않다. 전국에 다락골이라는 지명이 워낙 많은 것을 보면 평지에 불쑥 솟아오른 지형적 특징을 따서 붙인 이름으로 보아 무리가 없다.

다산이 붙잡아온 김복성은 홍주 흥구향면 월내동, 즉 다래골의 홍낙민 집안 산지기였다. 다래골 즉 다락골은 오늘날 금정역이 있던 용곡리龍谷里에서 차량으로 이동하면 8분, 거리로는 7.8킬로미터 떨어진 곳에 있다. 1791년 홍낙민이 그 지역 각처의 천주교인들을 순방하면서 김복성의 집에서 하룻밤을 잤고, 1795년 금정역 역속의 천주교 조직을 검거하면서 김복성을 가장 먼저 붙잡아들인 것을 보면, 김복성은 당시 금정역 인근 천주교도 중 지도자급에 속하는 인물이었음이 분명하다.

023 김복성과 금정 역졸들의 천주교 조직은 어떻게 구성되었나?

1795년 7월 29일 금정에 도착한 다산은 18일 만에 천주교 지도자 김복성을 바로 체포해들였다. 그사이에 이미 지역의 천주교 조직에 대한 파악을 마쳤다는 뜻이다. 적극적인 검거 의지와 정보력이 빛을 발한 결과였다. 앞서 본 박종악의 1791년 12월 11일 기록에 관청에서 적발한 지도자급 인물로 이태선, 김봉안, 김시돌, 김복성, 김복수, 황덕봉, 황덕금 등 7인의 명단이 나온다. 이 중 김복성과 김복수, 황덕봉과 황덕금은 형제로 보인다. 천주교인들은 속성상 가족과 혈연 단위의 신앙생활이 일반적이었다.

한편《정조실록》을 검색해보니, 김복성의 아우로 보이는 김복수가 1790년 6월 24일 70세 이상의 경외 조관朝官으로 자급資級을 올려준 25,810명의 명단에 이태선, 김봉안과 함께 이름을 올린 것을 확인할 수 있었다. 이들은 모두 금정역 등에 소속된 이역吏役이었고, 당시 70세를 넘긴 노인이었다.

이때 박종악은 붙잡혀온 이들에게 다짐장을 받고는 곧바로 석방했다. 동시에 이들이 지녔던 서하서는 거둬 모아 소각했다. 또 언문 서학 책을 들고 자수한 일반 신자로 강치량, 이만득, 이사춘, 신일관, 신순돌, 신일봉, 신명준, 신오장, 신대귀, 이판봉, 김득강, 강부언, 백사남, 김득봉, 김순적, 김명복 등 16인의 명단이 따로 실렸다. 이 중 특별히 신申씨가 여섯 명이나 되는 것이 눈에 띈다.

이 같은 구체적인 명단과 수는 같은 보고서의 다른 지역과 견줘보더라도 훨씬 많다. 홍주 지역, 그중에서도 금정역 인근의 교세가 충청도 전체로 보더라도 압도적이었다는 뜻이다. 당시 이 지역 신앙 공동체의 신앙생활 모습 또한 인상적이다.《수기》 1792년 1월 3일자 별지의 한 단락이다.

대저 이 술법을 하는 자는 서로 교중交中이라 부르며 노비와 주인 간에 존비의 구분도 없고 멀고 가까운 사람 사이에 친소의 구별도 없습니다. 남자만 그런 것이 아닙니다. 양반가의 규수는 언문으로 풀이하여 읽고, 상천常賤의 어리석은 부녀자는 입으로 전해 외웁니다. 늙고 젊거나 어른과 아이를 가리지 않고 일단 이 술법에 빠지면 미혹되지 않는 자가 없습니다. 시험 삼아 양반가의 규수로 말하자면, 가령 길 가는 사람이

제 입으로 그 학문을 하는 자라고 말하면 그의 성명과 거주지를 묻지 않고 그가 양반인지 상한常漢인지 따지지 않고 모두 안방에서 만나보기를 허락하며 중요한 손님처럼 공경하고 가까운 친척처럼 아낍니다. 거처와 음식도 달건 쓰건 함께하는데, 떠날 때는 반드시 노자를 줍니다.[114]

초기 교회 신앙 공동체의 모습이 잘 담겨 있는 기록이다. 또 같은 글에서, 홍낙민이 지역을 돌 때 "가는 곳마다 인근 사람들 중 이 술법을 하는 자가 잠깐 사이에 일제히 모여 마당을 메웠는데 몇 명이나 되는지 알 수 없을 정도입니다"라고 한 대목에서는, 마을 단위의 교회가 탄탄한 조직을 구성해 비상연락망까지 가동하고 있었음을 보여준다. 그리고 다음 대목이 이어진다.

홍낙민은 홍주 월잉동에 도착하여 그가 언문으로 번역한 방서를 찾아 모아 불태웠는데, 그 수가 거의 짚단 한 묶음 정도나 되었습니다. 하지만 그 밖의 다른 곳에 가서는 별달리 불태운 일이 없다고 합니다.

여기의 월잉동月仍洞은 바로 앞에 나온 월내동月乃洞의 오기인 듯하다. 김복성이 지도자로 있던 다래골에서 거둬 태운 한글 번역본 서학서가 거의 짚단 한 묶음 정도였다고 한 것은, 홍주의 여러 지역 중에서도 이곳의 교세가 가장 강했고, 중심 교우층이 양반이 아닌 여성과 평민으로 이루어진 공동체였음을 알려준다. 일반적으로 오늘날 다락골성지의 소개 글을 보면, 1791년 이후로 이곳에 복음이 전파되었다고 설명하고 있으나 이는 월내동이 다락골의 한자식 표기임을 모르는 데서 비롯된 잘못이다. 이곳은 박종악이 1791년 천주교도들을 검거할 당시, 이미 짚단 한 묶음 분량의 서학서가 나왔을 정도로 교회의 기간 조직이 단단한 뿌리를 깊이 내리고 있던 지역이었다.

한편 〈금정일록〉 1795년 8월 30일 기사에 다시 김복성이 다산에게 4인을 더 데려와 추가로 다짐받는 내용이 나온다. 다산을 위해 목표 이상의 성과를 채워주려는 듯한 인상마저 풍긴다. 이 중 이수곤李壽崑이 자신은 억울하다는 뜻으로 원정原情했다. 다시 찾아보니 이수곤이라는 이름 또한 1796년 10월 24일자 《일성록》 기사 중 정조가 온양행궁에 행행幸行했을 당시의 노고를 위로한 포상자 명단에 한 차례 등장한다. 기록 속 그의 신분은 금정 역리驛吏였고, 이때 이미 67세의 고령이었다. 그가 이듬해 국가에서 내리는 포상자 명단에 든 것을 보면, 이때 이수곤의 원정이 그대로 받아들여졌던 듯하다.

다산은 금정역에 부임한 지 18일 만에 천주교도 중 금정역 인근의 지도자 김복성을 붙잡아와서 단번에 자백을 받아냈다. 다시 13일 뒤에는 그 김복성이 네 명의 천주교도를 더 데리고 와서 이들을 배교시키는 성과를 거뒀다. 관찰사 유강이 그렇게 탐문하고도 여의치 않았던 일을 다산은 한 달도 안 돼 깔끔하게 처리해버린 것이다.

하지만 1795년 당시 금정역과 그 인근의 교회 조직은 1791년 박종악의 보고에서 확인되듯, 김복성과 그가 데려온 네 사람의 검거만으로 와해될 정도로 허술한 조직이 아니었다. 당시 석방될 때 배교를 하겠다던 다짐도 상황 모면을 위한 방편일 뿐이었다. 그러나 다산은 검거된 김복성 등 5인을 투옥하지 않고, 박종악이 그랬던 것처럼 배교의 다짐을 쓰게 한 뒤 바로 훈방했다.

《눌암기략》에 실린 다음 대목은 그래서 더 우리의 눈길을 끈다.

신해년(1791, 정조 15) 이후 사옥邪獄을 다스리는 자가 철저하게 회개하여 새사람이 되었다고 공사供辭를 진술하면 모두 놓아보내주었다. 권일신 부자와 최필공의 무리 같은 자들이 이들이었다. 이들은 마음과 입을 다르게 써서 눈앞의 화를 면하기만 도모하였으니, 그들이 말한 마음을 속이고 하늘을 속이는 짓이라는 주장과 어찌 이다지도 다르단 말인가? 듣자니 그들은 오늘 예수에 대해 꾸짖고 욕을 하더라도 다음 날 불가에서 참회하는 것처럼 세례를 받고 경문을 외우면 또한 천당에 높이 올라갈 수 있다고 한다.[115]

당시 교회 지도부에서 입으로 하는 배교를 일종의 교회를 지키는 방편으로 활용하고 있었다는 뜻이다.

어쨌거나 다산이 김복성 등을 잡아들인 일사천리의 검거 과정은 왠지 석연치가 않다. 교회 조직의 피해를 최소화하면서 4년 전 박종악에 의해 이미 노출되었던 김복성을 내세워 검거와 교화의 모양새만 갖추려 한 느낌마저 든다. 더욱이 체포나 검거 이전 다산과 김복성 사이에 교회 조직의 피해를 최소화하기 위한 모종의 약속이 전제되었다면, 위 인용문에서 보듯 서로에게 손해 될 것이 하나도 없는 거래였다. 다산은 붙잡아온 그들을 타일러 훈방해 교화의 명분을 얻고, 김복성은 이에 화답하듯 네 사람을 더 데려와 감화의 모양새를 취함으로써 사면을 얻고 감시망에서 벗어나는 효과를 얻었을 테니 말이다. 당시 이존창을 비롯해 이 지역 천주교 지도자들에게서 이 같은 방편적 배교는 교회를 지키기 위해 전략적으로 행해지던 모면 수단이기도 했다.

024 다산이 당시 금정에서
천주교 신자들을 대상으로 행한 일은?

다산은 금정에서 천주교 신자들을 대상으로 어떤 일을 했을까? 두 해 뒤인 1797년에 발표한 다산의 〈변방소〉에 그에 대한 설명이 비교적 자세하다. 해당 부분을 인용한다.

하물며 부임했던 곳은 바로 사설邪說에 연루된 고장으로, 어리석은 백성으로 미혹되어 돌아올 줄 모르는 자의 무리가 실로 많았습니다. 이 때문에 신은 관찰사에게 나아가 의논하여, 뒤져서 잡아낼 방법을 강구해서 그들이 숨어 있는 곳을 적발하였고, 화복禍福의 의리로 일깨워 그들이 의심하고 겁내는 것을 깨우쳐주었습니다. 사학을 배척하는 계제 즉 푸닥거리를 베풀고, 그들에게 제사 지내기를 권면하였으며, 사학의 가르침을 지키는 여자를 붙잡아서 혼인을 시켰습니다. 다시금 한 고장의 착한 선비를 구하여 서로 질의하고 논란하여 성현의 글을 강론하게 하였습니다. 그러고 나서 생각해보니, 신이 행한 것이 또한 진전이 있는지라 스스로 다행스럽고 스스로 기뻐하니, 이것은 누가 내려준 것입니까?

행동별로 분절해서 살펴보겠다. 첫째, 다산은 관찰사와 의논해서 천주교도를 검거할 방법을 강구해서 그들의 은신처를 적발, 검거했다. 부임 직후 관찰사 유강에게 보낸 편지에서 말한 "몰래 숨어 엎디어 새처럼 모여서 쥐처럼 손을 모으는" 무리들을 찾아내 검거했다는 뜻이다. 8월 17일에 검거한 김복성과 8월 30일에 김복성이 이끌고 온 네 사람을 가리킨다. 앞서 말한 '즙민지방'을 실행에 옮긴 것이다.

둘째, 그들이 배교할 경우 받게 될 것으로 믿어 겁내는 지옥의 징벌과 천국에 대한 주장의 허구성을 화복의 의리로 일깨워서 깨우쳐주었다. 안정복은 〈천학문답天學問答〉에서 이렇게 썼다.

예수가 세상을 구원하는 것은 전적으로 후세에 관한 것이다. 천당과 지옥의 설을 통하여 이를 권면하고 징계하지만, 성인이 도리를 행하는 것은 전적으로 현세에 관한 것으로, 덕을 밝히고 백성을 새롭게 하는 것을 통하여 교화를 펼쳐나간다. 그러니 그 공사公私의 차이가 자연히 같을 수가 없다. 설사 그들이 말하는 것처럼 실제로 천당과 지옥이 있다고 하더라도, 사람이 현세에 살면서 선을 행하고 악을 제거하여 행실이 온전하고 덕이 갖추어진다면 틀림없이 천당으로 갈 것이며, 선을 버리고 악을 행하여 행실이 옳지 못하고 덕이 없다면 틀림없이 지옥으로 갈 것이다. 그러니 사람이 현세에 사는 동안에 열심히 선을 실천하여 하늘이 내려준 나의 참된 천성을 저버리지 않는다면 그뿐이지, 어찌 털끝만큼인들 후세의 복을 바라는 마음을 가질 필요가 있겠는가?[116]

천주교 교리에 대해 익히 알았던 다산은 이에 대한 반대 논리 또한 두루 꿰고 있었으므로, 위 안정복의 논리처럼 그들을 설득할 논거 또한 잘 알고 있었을 것이다.

셋째, 사학을 배척하는 액막이의 의미로 계제禊祭를 열고, 나아가 천주교도들에게 조상에 대한 제사를 다시 지내게끔 했다. 계제란 옛사람이 상서롭지 않은 일을 제거하기 위해 올리던 제사로, 봄가을에 물가에서 거행하던 마을 제사의 일종이다. 음력 3월 상사일上巳日과 7월 14일에 행했는데, 다산 또한 마을 주민을 모아 푸닥거리하듯이 동제洞祭를 지내고 음식을 나누게 하면서, 이 기회에 서학을 믿지 않도록 훈화하고 조상 제사의 중요성을 강조했던 것으로 보인다. 이는 앞서 본 《사암선생연보》에서 말한, 임금의 뜻으로 우두머리를 불러 조정의 금령을 알려주고 제사를 권면하였다는 내용과 일치한다.

넷째, 사학의 가르침을 지키는 여자를 붙잡아서 혼인을 시켰다. 당시 이미 천주교의 가르침을 지키기 위해 결혼을 거부하고 동정童貞의 몸으로 신앙생활을 택하는 여성이 적지 않았다. 안정복의 〈천학문답〉에도 서학이 동정의 몸을 귀하게 여기고 《칠극七克》에 금혼禁婚에 관한 말이 있다고 지적한 대목이 보인다. 조선에서 천주교도 사이에 동정녀 열풍이 분 것은 주문모 신부가 강완숙의 집에 정착한 1795년 말 이후의 일로 알려져 있지만, 금정 지역에서는 결혼이 신앙생활을 유지하는 데 큰 장애가 될 수 있다는 생각이 이미 퍼져 있었다.[117] 이는 그만큼 신앙이 그들의 삶에서 절대적인 위치를 차지하고 있었다는 뜻이기도 하다. 다만, 다산이 어떤 식으로든 그녀들을 설득해서 혼인을 시켰던 듯하나 그 수가 얼마나 되는지, 과정이 어떠했는지에 대해서는 남은 자료가 없어 파악하기 어렵다.

다섯째, 그 지역의 선비들을 규합해서 서로 질의하고 논란하여 성현의 글을 강론하게 했다. 이는 봉곡사에서 이삼환을 좌장으로 열흘간 열린 서암강학회를 두고 한 말이다. 이에 대해서는 나중에 상세히 살펴보겠다.

다산의 이 같은 천주교도 관련 교화 활동은 10월 초 성주산에 숨어 활동하던 교주 이존창을 검거함으로써 화룡점정을 찍었다. 이로써 정조가 다산을 금정찰방으로 내려보낸 첫 번째 미션이 완성된 셈이다. 하지만 그러고 나서도 다산의 상경은 바로 이뤄지지 않았다. 다산의 활약에도 불구하고 주변 여론이 계속 악화 일로에 있었기 때문이다.

025 이익운은 8월 17일에 왜 다산에게 시를 보냈을까?

8월 17일 일기에 참판 이익운이 다산에게 보낸 시가 실려 있다. 이익운은 채제공의 문인으로, 1782년 채제공의 원통함을 변론하다가 파직당한 일이 있다. 1801년 경기도관찰사로 있을 당시 열심한 천주교 신자였던 아들 이명호가 배교를 끝내 거부하자, 독약을 먹여 죽게 만든 일로 물의가 끊이지 않았다. 정약용과는 각별한 사이였다.

한 해 전인 1794년 9월 5일, 이익운은 승지로 낙점되었으나 응하지 않다가 임금의 노여움을 사서 흑산도 유배의 명을 받았다. 이때 다산이 의리를 지켜 빗속에 동작나루까지 나가 그의 유배 길을 전송한 일이 있다. 이익운은 당시 유배지인 흑산도에 도착하기도 전에 풀려서 곧바로 복귀했다.

이듬해 다산이 금정찰방으로 내려오게 되자, 이번에는 이익운이 다산을 전별했다. 이익운은 시의 제3구에서 정조가 다산을 금정으로 내려보낸 일을 '자모삼천', 즉 '맹모삼천'의 가르침에 견줘서 말했다. 좋은 환경에서 자식을 교육시키려고 맹자의 모친이 세 번이나 이사했던 것처럼, 다산의 금정 좌천을, 아끼는 신하가 지난날의 잘못을 버리고 거듭나게 해주기 위해 임금이 새로운 환경으로 보내는 은혜라고 본 것이다. 다산은 이 표현이 인상적이었던 듯, 1803년 강진 유배지에서 금정 시절에 지은 시를 묶어 책자로 만들면서 시집의 제목을 '삼천첩三遷帖'이라고 붙이기도 했다.[118] 7~8구에서는 지난날 삼각산 백운대白雲臺 꼭대기에서 함께 유람하던 시간을 추억한 뒤, 그리운 마음을 부쳤다.

　사실 이익운의 이 시는 앞서 7월 27일 다산이 금정으로 내려오는 길에 〈화성에 도착해서 삼가 봄날 임금을 모시고 왔던 일을 떠올리며 구슬퍼서 짓다〉라는 시의 운자를 그대로 차운해서 지은 것이다. 지난 봄날 화성 행차 당시의 성대한 광경을 잊지 못해 그리는 뜻을 담았다. 다산은 화성에서 이 시를 지어 이익운에게 작별의 뜻과 함께 아쉬운 마음을 담아 보냈고, 이익운은 20일 뒤인 이날 앞서 받은 다산의 시에 차운해 위로의 뜻을 건넨 것이다. 함께 부쳤을 편지에 대해서는 아무 언급이 없는 것을 보면, 일기에 싣기에는 곤란한 내밀한 당부가 담겨 있었을 것이다.

8월 22일

아침에 출발하여 40리를 가서 대홍군에서 쉬었다. 31리를 가서 예산현에 닿았다.

廿二日, 朝發. 行四十里, 歇大興郡. 行三一里, 抵禮山縣.

8월 23일

한강동寒岡洞[119]에 가서 이수정李秀廷[120] 공의 궤연几筵에 곡을 하고, 고아 이정명李鼎溟[121]을 조문하였다. 또 천방산千方山[122] 처사 이도명李道溟[123]과 진사 이수발李秀發[124], 벗 이광교李廣教[125]를 방문하였다.[126] 돌아와 예산에서 잤다.

廿三日, 往寒岡洞, 哭李丈秀廷几筵, 唁其孤鼎溟. 又訪天方山處士李道溟, 及李進士秀發李友廣教, 還宿禮山.

이도명은 젊어서 과거시험에 전념하였으나 여러 차례 응시해서 급제하지 못하자 성리학에 뜻을 두었다. 삼베옷에 대나무 갓끈[竹纓][127]을 매고 문을 나와 정중하게 손님을 맞았다.

내가 말했다.

"살펴보니 좌우左右께서는 독선獨善으로 스스로를 닦을 뿐, 바깥일로 성취하는 보람에 대해서는 뜻을 두지 않으시는군요. 호우湖右의 명가에 또한 어찌 선을 즐거워하고 배움에 향해 가는 선비가 없겠습니까? 좌우께선 어찌 선왕의 도를 강습하고 성인의 학문을 열어 성물成物의 공을 다하여서 도문학道問學[128]의 일단이 끊어짐에 이르지 않도록 하지 않으시는지요?"

이도명이 말했다.

"내가 진실로 공소空疎하여 아는 것이 없소이다. 스스로를 닦기에도 겨를이 없거늘 어찌 능히 성물을 하겠소?"

方山少業功令, 屢擧不中, 留意性理之學. 麻衣竹纓, 出門肅客而入. 余曰: "竊左右獨善自修, 而於成物之功未嘗留意. 湖右名家, 亦豈無樂

130 　　　　　 다산의 일기장

善向學之士乎? 左右何不講習先王之道, 啓開聖人之學, 以盡成物之
功, 而使道問學一段, 不至刊落耶?"方山曰:"吾誠空疎, 未有聞識. 方
自修之不暇, 奚能成物哉?"

[부록] 방산의 일인逸人 이도명에게 들렀다가〔過方山李逸人道溟〕

천방산 아래쪽에 작은 집 말쑥한데	千方山下小堂淸
어여쁜 자연이라 세상 정리 멀어지네.	窈窕林泉遠世情
약초밭과 꽃밭에서 관물觀物에 뜻을 두고	藥塢花棚觀物志
엷은 구름 갠 날에 책 읽는 소리 나네.	澹雲晴日讀書聲
당시 사람 서치徐穉 이름 들어보지 못했거늘	時人未及聞徐穉
자사刺史가 어이 진작 동생董生을 천거하리.[129]	刺史何曾薦董生
영달 어이 벼슬길을 통해서만 되겠는가	可但窮通由仕宦
예로부터 소보巢父 허유許由[130] 또한 이름 전해지네.	古來巢許亦傳名

[부록] 문달 이광교가 작별하고 떠났다가 비를 만나 다시 오다〔李聞達別去, 遇雨再至〕[131]

떠돌이로 가을 나기 괴롭다가도	旅泊經秋苦
외론 거처 손님 보면 기뻐 즐겁다.	孤居見客欣
다행히 산길이 미끄러워서	幸因山路滑
역루驛樓로 다시 와서 술에 취하네.	重到驛樓醺
대나무 빛 빼곡히 눈에 보이고	竹色深深見
차 향기 은은히 풍겨오누나.	茶香細細聞
바다 하늘 기러기 이르고 보니	海天鴻雁至
나 또한 무리 떠남 생각하노라.	吾亦思離群

026 다산이 한강동과 천방산의 한산이씨 일문을 방문한 목적은?

8월 17일에 김복성을 잡아 문초해서 단번에 서학 조직 검거에 개가를 올린 다산은, 8월 23일 예산으로 건너가 천방산 아래 한산이씨 집성촌인 한강동과 예산군 대지동면大枝洞面 방산리方山里를 잇달아 방문해 다음 행보를 준비했다. 명목은 지난해 세상을 뜬 한강동의 이수정을 조문하기 위한 걸음이었지만, 속내는 조금 복잡했다.

한강동은 예산현 대지동면 방산리 인근에 있던 지명인 듯하나, 고지도나 읍지에서는 확인되지 않는다. 다만 다산이 10월 26일 일기에서 "한곡閑谷에 이르러 이광교를 찾아갔다. 10리를 가서 소송령을 넘었다. 10리를 가서 온양 봉곡사에서 묵었다"라고 한 것을 통해 볼 때, 한강동은 한곡의 다른 이름인 듯하다. 온양 쪽으로 넘어가는 소송령 고개에서 10리 못 미친 곳에 있었다. 11월에 서암강학회가 열린 봉곡사와는 20리 떨어진 곳이었다. 소송령은 조선 초기 이숙함李淑諴이 남긴 시 〈소송령의 찬 파도소리(松嶺寒濤)〉에서 "온정溫井의 서편 머리 조그만 고개 하나, 성근 솔 띄엄 서서 구름 위를 쓰는구나(溫井西頭一嶺小, 疎松離立拂雲表)"라 한 바로 그곳이다.

다산이 이광교의 숙부 이경명李景溟을 애도하며 쓴 만시 〈만이승지輓李承旨〉의 5구와 6구에도 "한강寒岡의 나무 늙고 서루는 썰렁하네, 경수鏡水엔 꽃 시들고 무사舞榭는 평지 됐네(寒岡樹老書樓冷, 鏡水花殘舞榭平)"라고 애도한 내용이 보인다. 이 시를 통해 이수정과 이정명의 집뿐 아니라, 서학 문제로 다산 등을 비판했던 이경명의 집도 한강동에 있었음을 알 수 있다.

　다산은 한강동에 먼저 들러 이수정의 궤연에 곡을 하고, 상주인 셋째 아들 이정명을 조문했다. 위로 두 아들은 이미 세상을 뜬 뒤였기 때문이다. 다산이 이수정과 생전에 어떤 교분이 있었는지는 알려지지 않았다. 이수정의 집안은 이 일대 한산이씨 문중의 종가였다.

　이때 다산의 주된 방문 목적은 인근 방산리에 살고 있던 한산이씨, 그중에서도 처사 이도명과의 회동에 있었던 것으로 보인다. 이웃에 살던 그의 삼촌 이수발, 그리고 그의 오촌 조카 이광교의 집도 함께 찾았다. 이도명은 호가 방산方山, 자는 위도偉度 또는 위도偉圖로 썼던 산림학자로, 부친 이수걸李秀傑이 이광교의 조부인 이수일李秀逸의 아우이자 이수발의 형이었다. 다산은 〈자찬묘지명〉에서 이도명을 '뜻 있는 선비'라고 말하기도 했다.

　다산과 이광교의 인연은 조금 묘한 점이 있다. 이광교의 부친은 이도명의 사촌 형인 이우명李宇溟이다. 이우명의 사위가 주문모 신부를 고발했던 진사 한영익인 점이 특별히 눈길을 끈다. 그러니까 이광교와 한영익은 처남매부 사이였다. 한영익은 본관이 청주淸州고, 자가 시중時重이었다. 1795년 2월 말에 치러진 식년시에서 진사로 급제했다. 그가 주문모 신부를 고변한 것은 급제 후 석 달이 채 못 된 시점이었다. 당시 한영익은 급제한 자신감을 바탕으로 성균관에서 자신의 존재감을 확실하게 드러내고 싶었던 듯하다. 어쨌거나 이때 다산은 한영익의 밀고로 인한 여파로 금정찰방에 쫓겨와서 굳이 한영익의 처가를 방문한 셈이었다. 우연으로 보기 어렵다.

　이곳의 한산이씨 집안과 다산 집안의 인연은 여기서 그치지 않는다. 이우명의 아우 이경명의 사위가 바로 정약련丁若鍊이었다. 그는 다산의 숙부 정재운丁載運의 장남으로, 다산의 사촌 동생이다. 다산이 당시 방산리의 한산이씨 일문을 찾은 것은 이처럼 집안 사이에 얽힌 복잡한 인연이 작용한 결과였다.

이때 다산의 주된 방문 목적은 이삼환을 좌장으로 모시고 산사 공간을 빌려 성호 선생의 유저 정리 사업을 진행하기 위한 사전 정지整地 작업에 있었다. 앞서 다산이 금정 도착 직후 이삼환에게 보낸 편지에서 재촉했던 성호 선생 문집 정리 사업 진행을 위한 준비이기도 했다. 무엇보다 이삼환의 신뢰가 깊고 지역 사림의 중망重望을 받고 있던 이도명의 합류 여부가 이 작업의 성패를 결정짓는 큰 변곡점이 될 터였다. 8월 23일 일기에 적힌 두 사람의 대화로 보아, 다산의 방문 전에 이미 두 사람 사이에 간접적인 의사 타진과 이도명의 분명한 거부 의사 표시가 있었음을 알 수 있다. 다산은 이때 한 번 더 직접 대면해 그의 참여를 적극 설득하러 갔던 것으로 보인다.

다산의 일기장

40리를 가서 장천長川[132]에 이르러 목재 이삼환 선생을 찾아
뵈었다.[133] 40리를 가서 용봉사龍鳳寺[134]에 들렀다. 10리를 가서
저녁에 홍주에서 묵으며 목사 유의를 만나보았다.

廿四日, 行四十里, 到長川, 謁木齋先生李森煥. 行四十里, 歷入龍鳳
寺. 行十里, 夕宿洪州, 見牧使柳誼.

내가 목재에게 고하였다.

"성호 선생의 문집과 경설經說을 교정하여 차례 매기는 일
을 차일피일 끌다가 이제껏 미치지 못하였습니다. 어르신께서
춘추가 높으시니 진실로 걱정스럽습니다."

목재가 구슬피 근심스러운 얼굴로 말했다.

"참으로 그렇네. 참으로 그렇다네. 문집과 시집은 이제 특별
히 힘쓸 곳이 없네.《사설僿說》은 여태 정본이 없네만 또한 얼
마간 바로잡은 곳이 있는지라 크게 어지러운 데 이르지는 않았
네. 다만《질서疾書》한 부만큼은 너무도 뒤죽박죽이어서 내가
죽은 뒤에는 다시 그 속사정을 알 사람이 없다네. 이제 와서 수
정하는 일을 진실로 더는 늦출 수가 없네."

余告木齋曰: "星湖先生文集及經說, 校正編次之役, 荏苒遷就, 至
今未遑. 丈人春秋晼晚, 誠可懼也." 木齋悽然戚容曰: "誠然, 誠然. 文
集詩集, 今無大段費力處. 僿說尙無正本, 亦有些釐正處, 然不至大胡
亂. 唯疾書一部, 大端錯落, 吾死之後, 無復知其裡面者. 及今修正, 誠
不可緩也."

[부록] 목재 이삼환 선생께 받들어 보이다〔奉示木齋李先生森煥〕

직하稷下[135]에 남은 경전 반 넘어 없어지니	稷下殘經半有無
우리 스승 실추된 맥 그 누가 부지할꼬.	吾師墜脈竟誰扶
짙은 구름 달 가려도 장경성長庚星은 반짝이고	頑雲蝕月長庚晥
놀란 물결 하늘 쳐도 지주砥柱는 외롭다네.[136]	駭浪掀天砥柱孤
순씨荀氏의 한집안에 잘난 선비 많았거니	荀氏一門多俊士
관녕管寧은 중년에 농부 일을 했었다네.[137]	管寧中歲作農夫
동산 언덕 빼곡히 푸른 솔 늙어가니	園丘鬱鬱蒼松老
누굴 시켜 이 기치를 그림으로 그려보나.	誰遣幽居入畵圖

[부록] 용봉사에 들러〔過龍鳳寺〕

_ 홍주에서 북쪽으로 10리 지점에 있다〔在洪州北十里〕

서해에 이름난 산은 적어도	西海寡名山
두텁고 기름진 땅 널려 있다네.	墳衍厚肌肉
뜻밖에 허물 벗어 환골탈태해	不圖蛻化骨
머리 빗고 몸 씻고서 평지 나섰지.	梳洗出平陸
뭇 봉우리 우뚝이 솟아 일어나	群巒起岌嶬
교묘하게 투박함을 흩어버렸네.	刻削散大朴
가녀려 녹아 없어질 것 같은데	廉纖欲銷滅
높이 솟고 게다가 빽빽도 하다.	巑岏復森束
깜짝 놀란 기러기가 고개 들었나	驚鴻矯自擧
별난 귀신 숨어서 엎드린 듯해.	奇鬼伺還伏
아첨하는 신하가 아양을 떨고	佞臣獻側媚
약삭빠른 여자가 독을 품은 듯.	儇女含慍毒
만든 것 참으로 희한도 해서	制造信崎崛

갖은 행태 휘둥그레 눈 놀래킨다.	百態紛駭矚
하인이 날 향해 전해주는 말	僕夫向余言
골짝 안에 절집이 하나 있다고.	蘭若在中谷
말 내려 가벼운 지팡이 드니	下馬理輕策
어이 다시 붉은 옥을 생각하리오.	豈復念緋玉
긴 그늘 곧장 언덕 내려가려니	脩陰下曾皁
비단 바위 시내 굽이 널려 있구나.	錦石委潤曲
높은 바위 가벼운 서리 지나자	巖峭經微霜
담쟁이가 푸른 대에 섞이어 있네.	紅薜間翠竹
절집 다락 나뭇가지 끝에 보이자	禪樓出樹杪
춥다가 어느새 눈에 반갑다.	滄涼便悅目
노승은 황폐하다 사절하면서	老僧辭荒廢
며칠 재워 접대함은 할 수 없다고.	未足待信宿
깨진 홈통 물방울이 남아 있는데	破筧餘點滴
낡은 전각 단청조차 흐릿하구나.	古殿暗丹綠
절간으로 달아남은 좋아 않으니	旣不愛禪逃
어이 굳이 중의 죽을 따라 마실까.	詎必隨僧粥
돌이켜 남고자南皐子[138]를 떠올려보매	却憶南皐子
화산華山[139] 폭포 어울려 구경할 적에	與觀華山瀑
백운대白雲臺[140] 꼭대기를 방랑하면서	放浪白雲巓
숲나무 떨릴 만큼 노래 불렀지.	吟嘯震林木
성대한 일 덧없음 탄식하나니	盛事足歎詫
고개 숙여 움츠림을 상심해보네.	俯念傷局促
볼품없이 나그네로 떠도는 신세	棲棲作客旅
고독함 물어봐줄 사람도 없네.	無人問幽獨

그래서 마음으로 깨달은 이만 　　　　　　　　所以靈悟人

겨우 능히 영예 치욕 같게 본다네. 　　　　　　　纔能齊寵辱

027 다산은 홍주목사 유의와 만나
무슨 이야기를 나눴나?

앞서 살폈듯, 다산은 부임 직후에 홍주목사 유의에게 힐난조의 편지를 보냈다. 하지만 다산은 이 편지에 대해 아무런 답장을 받지 못했다. 유의는 그렇게 만만한 인물이 아니었다. 기다리다 못한 다산이 20여 일 뒤인 8월 24일에 직접 홍주목까지 찾아갔다.

이때의 상황은 일기에는 없고 《목민심서》 '율기律己' 제4조 〈병객屛客〉 조에 자세히 나온다. 다산은 유의와 만나자마자 왜 지난번 자신이 보낸 편지에 아무 답장이 없었느냐며 따지고 들었다. 그러자 유의는 태연한 표정으로 벼슬살이할 때는 사적인 편지를 열어보지 않는다고 대답하며, 겉봉조차 뜯지 않은 편지가 수북이 쌓인 상자를 꺼내오게 해서 보여주었다. 이에 다산이 자기 편지는 공사公事였다며 볼멘소리를 하자, 그렇다면 어째서 공문으로 보내지 않았느냐는 대답이 돌아왔다. 비밀스러운 내용이라 그랬다고 하니, 유의는 눈썹 하나 까딱하지 않은 채, 그렇다면 비밀 공문이라고 썼어야 한다고 맞받았다. 이때 유의의 거침없이 당당한 태도가 다산에게 깊은 인상을 남겼다.[141]

이후 저작인 《목민심서》에서 유의의 이름을 검색해보면, 다산은 유의가 홍주목사로 있으면서 베푼 선정의 내용과 목민관으로서 존경할 만한 처신을 무려 여덟 대목에 걸쳐 서로 다른 내용으로 인용하고 있다. 그것도 자신이 직접 목격했노라는 말을 빼먹지 않으면서. 그중 《목민심서》 '부임赴任' 제2조 〈치장治裝〉에서는 이렇게 썼다.

참판 유의는 홍주목사로 있을 때, 찢어진 갓과 굵은 삼베 도포에 간장 빛깔의 낡은 띠를 두르고 느릿느릿한 말을 탔으며, 이부자리는 남루하여 요도 베개도 없었다. 이렇게 하여 위엄이 서자, 가벼운 형벌조차 쓰지 않았는데도 간활奸猾한 무리가 두려워하는 것을 내가 직접 보았다.[142]

또 '이전吏典' 제1조 〈속리束吏〉의 기록은 이렇다.

참판 유의가 언젠가 홍주목사가 되었다. 홍주 아전들의 간활한 버릇은 충청도 지방에서 제일갔다. 그러나 공이 청렴과 검소로 몸을 지키고 성심으로 백성을 사랑하자 아전들이 모두 기뻐하였으며, 형벌을 쓰지 않았지만 조금도 잘못을 범하지 않았으니, 나는 이를 통해 자기 처신을 올바르게 하는 것이 아전을 단속하는 기본임을 알았다.[143]

또 '율기' 제4조 〈병객〉에는 존문尊問에 관한 설명이 나온다. 존문은 신임 수령이 오면 지방의 토호土豪와 간민奸民이 조정의 고관과 결탁해 자신들을 잘 봐주도록 부탁하는 관행을 말한다. 유의는 홍주목사에 부임해 존문의 부탁은 하나도 들어주지 않았다. 다산이 너무 융통성 없이 고지식한 것 아니냐고 되물었을 때, 유의의 대답은 이랬다.

주상께서 이미 홍주 백성을 목신牧臣인 내게 부탁하여 그들을 보존하

고 비호하도록 하셨으니, 조정에 있는 고관들의 부탁이 중하다 하더라
도 어찌 이보다 중할 수야 있겠소. 만일 내가 한 사람만을 붙잡고 존문
하면서 치우치게 두호하면, 이는 임금의 명령을 어기고 한 사람의 사사
로운 명령을 받드는 것이니, 어찌 그렇게 한단 말인가?¹⁴⁴

이 말을 들은 다산은 유의의 대답에 깊이 감복하여 한 마디도 더하
지 못했다. 다산은 유의에게서 이상적인 목민관의 표상을 보았고, 그
에 대해 진심으로 승복해 존경의 마음을 거듭 표현했다. 이 시점에 다
산은 김복성의 검거를 속전속결로 이미 마친 상태였다. 은근히 과시
도 할 겸 찾아간 홍주목사 유의와의 만남에서 다산은 그에게 압도당
해 입도 떼지 못했다.

8월 28일

석문 사는 진사 신종수가 한강동에 왔고, 이광교 또한 왔다.
방산 이도명의 편지를 받았다.

廿八日, 石門申進士宗洙至寒岡, 李廣教亦至. 得方山書.

이도명의 편지는 이렇다.

方山書曰:

"저는 젊어서부터 노둔하고 어리석어 애초에 스승과 벗의
인도함 없이 무리를 쫓아 따라다니며 헛되이 세월을 보냈습니
다. 쇠약하여 머리털이 희어진 나이가 되어서야 비로소 먼지
앉고 좀먹은 책 가운데에서 느낌이 일어나, 그 깊이 흠모함과
지극히 아껴 즐거워함이 말로는 형용할 수 없는 것이 있었습니
다. 타고난 떳떳한 윤리를 다하는 것은 밖에서는 구할 수가 없
는지라, 실로 이것으로 끝마치려는 바람이 있습니다.[145] 다만
뜻과 생각이 노쇠한 데다 정신은 무너져서[146] 부지런히 힘써
공부를 할 수가 없군요. 스스로 몸과 마음을 돌이켜보니 어느
것 하나 경지에 이른 것이 없는지라, 매양 일생을 헛되이 보낼
까 봐 마음속으로 두려워하였습니다.

"道溟自少魯莽, 初無師友之導, 隨行逐隊, 虛度光陰. 及至衰白之年,
始乃感發於塵編蠹簡之中, 欣慕之深, 愛樂之至, 有非言說可形容者. 儘
乎秉彛之天, 不可外求, 實有以是終焉之願. 第志慮衰晚, 精神頹敝, 不
能刻勵做工. 自反心身, 無一的見到處, 每以枉過了一生, 恐懼于中.

이번에 그대가 동량의 자질과 훌륭한 재능으로 사문斯文에 마음을 두고서 스스로를 지나치게 깎고 덜어내어, 나처럼 배우기를 원하면서도 능히 하지 못하는 자를 곡진히 돌아보니, 그대는 어찌 옆에 있는 사람들의 비난과 비웃음을 깨닫지 못하고서 이 같은 거동이 있는 것입니까?"[147]

今者足下乃以棟梁之具, 黼黻之才, 留心斯文, 過自貶損, 致繾眷於如愚之願學而未能者, 豈足下眞不覺旁人之非笑, 而有此擧乎?"

[부록] 방산 이도명에게 답함〔答方山李道溟〕[148]

약용은 20대 초반부터 이미 인생이 세간에서 본래 행해야 할 법칙이 있어서, 마땅히 독실하고 부지런히 행해야 한다는 것을 알아서, 목마른 자가 물 마시고 배고픈 자가 밥 먹으며 겨울에는 갖옷 입고 여름에는 갈포葛布를 입듯이 하였습니다. 예전 유년 시절에도 일찍이 검속함에 유의하지 않은 것은 아니지만, 뜻을 세움이 굳세지 못하고 사사로운 욕심을 억제하지 못해, 나약하고 게으르기가 마치 흙이 땅에 놓인 듯이 하였습니다. 큰 바탕이 서지 않고 신의가 미덥지 못해 몸과 이름에 낭패를 봄이 마치 양의 뿔이 울타리에 걸린 것 같았으므로, 스스로를 돌아보며 구슬피 탄식하였지만 어찌 탄식함이 미치겠습니까? 이것이 바로 세상에서 나를 헐뜯고 비방하는 까닭이나, 진실로 반드시 그 실정을 얻었던 것은 아니었습니다. 그러나 중년에 길을 잃어 명적冥擿[149]이 기구하였으니 잘못한 점이 없다고 말할 수는 없겠습니다.

鏞自弱冠之初, 已知人生世間, 本有當行之則, 當惶惶焉孜孜焉, 如渴飲而饑食, 冬裘而夏葛者. 往在幼年, 未嘗不留意檢攝, 而立志不固, 私慾未制, 洟涊懈怠, 如土委地. 大本不立, 信義未孚, 狼狽身名, 如羊觸藩, 自顧悼歎, 何嗟及矣? 卽世之所以訾毁我者, 固未必得其情實. 然中年失路, 冥擿崎嶇, 不可謂無其失也.

대저 학문은 진실로 본분 안쪽의 일입니다. 만약 그 방법을 얻지 못해 터럭만 한 기미의 사이에서 한번 작은 오류가 있게 될 경우, 그 폐단은 마침내 물이 하늘까지 넘치고 못이 불에 타는 재앙에 이르게 될 것입니다. 도리어 세속을 따라 취해 나아가 마침내 혼미한 자가 아무 폐단이 없게 됨만 같지 못할 것입니다. 이는 진실로 두려워서 마음이 서늘해집니다.

大抵學問, 固是本分內事. 若不得其方, 而一有差謬於毫髮幾微之際, 則其敝畢竟至於滔天烈澤之禍. 而反不如循俗取進, 終於昏昧者之爲無弊. 斯固懍然以寒心者也.

대저 성인이신 공자께서는 70 제자의 독실한 믿음이 있었기에, 그 규구승묵規矩繩墨의 법도를 마디마디 본받았던 것이니, 어찌 터럭 하나도 어그러짐이 있었겠습니까? 하지만 자유子游와 자하子夏가 몇 차례 전하고, 권모權謀를 부리고 속임수를 행하는 무리가 간혹 문하에 자취를 붙이자, 이에 그 위태로움을 알 만하였습니다. 약용은 바야흐로 부지런히 배움을 청하기에도 겨를이 없거늘, 어찌 감히 망령되이 심오한 것의 너머를 의논하여 성인의 선택을 함부로 말해, 혹 흡수하는 도량에 개괄함이 있었겠습니까?

夫以孔子之聖, 而有七十子之篤信, 則其規矩繩墨之寸寸倣傚, 寧有一毫差錯? 而游夏數傳, 權謀機詐之徒, 乃或接跡於門墻, 斯可以知其危矣. 鏞方且拳拳請學之不暇, 尙安敢妄議於閫奧之外, 而狂言聖擇, 或者有槩於翕受之量乎?

지금에 정학正學이 쇠미하여지고 속된 논의가 드세다 보니, 정 주程朱의 남은 맥과 회재晦齋 이언적李彦迪과 퇴계退溪 이황李滉의 끊어진 맥을 아득히 과왜瓜哇와 불제佛齊[150]의 너머에다 부칩니다. 이 같은 때에 그대 같은 사람이 또 그 몸만 홀로 선하게 하고자 하 니, 사문斯文의 큰일을 마침내 누가 걸머진단 말입니까? 또 존덕 성尊德性과 도문학道問學은 어느 한쪽을 폐해서는 안 됩니다. 육상 산陸象山은 평생 존덕성 한 가지 일에만 힘을 쏟았는데, 고정부자考 亭夫子 즉 주자께서 큰 안목으로 그 심술心術의 은미함을 비추어 논 파하시고는 곧장 총령葱嶺의 기미[151]라고 말씀하셨으니, 이는 대단 히 두려워할 만한 것입니다. 가만히 바라건대, 그대가 본말本末의 전체를 깊이 살펴 용맹하게 성물成物의 절실함을 행하신다면 우리 무리의 복이 될 것입니다. 보내신 편지에 명명덕明明德에 대해 말씀 하신 한 구절은 매우 좋습니다. 그러나 치국治國·평천하平天下 두 장을 모두 효孝·제弟·자慈의 설로 제기했으니, 그렇다면 명명덕 한 구절은 실로 또 온갖 행실이 말미암아 나오는 바이겠지요. 이 또한 알아두지 않으면 안 됩니다.

方今正學衰熄, 俗論膠固, 程朱遺脈, 晦退墜緖, 漠然付之於瓜哇佛齊 之外. 于斯時也, 如足下者, 又欲獨善其身, 斯文大事, 竟誰擔負? 且尊 德性道問學, 不可偏廢. 陸象山平生勉勉於尊德性一事, 而以考亭夫子 大眼目, 照破其心術之微, 則直謂之葱嶺氣味. 此尤可畏之甚者. 竊願 足下深察乎本末之全, 而勇作於成物之切, 則吾黨之福也. 示踰明明德 一節甚善. 然治國平天下二章, 皆以孝弟慈說起, 則明明德一句, 實又 百行之所由出. 此又不可不知也.

[부록] 진사 신종수가 와서〔申進士宗洙至〕

갈바람에 작은 비 불어오더니	秋風吹小雨
누런 잎 산촌에 떨어지누나.	黃葉下山村
막막해 도성을 생각하면서	漭宕懷城闕
쓸쓸히 술잔을 기울여본다.	蕭條有酒樽
바닷가라 친한 사귐 중하거니와	親交窮海重
문채로운 노인이 남아 있었네.	文采老人存
알겠네 소 염통 구워먹음이	也識牛心炙
부추 심은 텃밭보다 더 나은 줄을.[152]	猶賢種韭園
우거진 숲 가을은 아직 멀었고	林密秋猶淺
산 높아 날은 쉬 저무는구나.	峯攢日易昏
골짝 구름 바다 빛과 이어져 있고	峽雲連海色
역참 나무 서리 흔적 띠고 있구나.	驛樹帶霜痕
쫓겨난 몸 어이해 시절 논하리	放逐安時論
여유롭게 임금 은혜 생각한다네.	優游念主恩
석문은 그런대로 안온하여서	石門頗穩藉
누워보매 공의 높음 알고 남겠네.	偃臥識公尊

028 다산과 방산 이도명의 갈등과 충돌 내막은?

이도명은 지역에서 명망이 높은 선비였다. 젊어서는 몇 차례 과거에 응시했으나 이후 과거를 포기하고 학문에 몰두했다. 다산이 한강 동으로 그를 찾아가서 문을 두드리자 삼베옷에 대나무를 짧게 잘라 갓끈을 꿴 그가 예를 갖춰 다산을 맞았다. 산림처사의 맑은 기운이 확 끼쳐왔다. 하지만 이도명의 표정에는 싸늘한 기색이 있었다. 몇 차례 말을 섞자 두 사람의 생각 차는 확연하게 드러났다. 나이는 다산이 22세나 아래였지만, 다산은 3품까지 올랐고 임금을 측근에서 모시던 중앙의 관료였으며, 이도명은 시골에 묻혀 공부만 하던 서생이었다.

8월 23일 일기에서 다산은 이도명과 오간 한 차례의 문답을 짤막하게 기록했다. 다산은 독선獨善도 좋지만 개물성무開物成務의 공부에 뜻을 두어, 도문학이 끊어지지 않도록 하는 일에 관심을 두어야 하지 않느냐고 따졌다. 어째서 성호의 유저를 정리하는 작업에 동참하려 하지 않느냐고 말한 것이다. 방문에 앞서 다산이 이도명의 참여를 제안했고, 이도명이 이를 거절했음이 드러난다. 이도명의 대답은 간결했다. "내가 진실로 공소하여 아는 것이 없소이다. 스스로를 닦기에도 겨를이 없거늘 어찌 능히 성물을 하겠소?" 다산의 힐난에 이도명은 '내 앞가림도 못하는 처지에 그만한 깜냥이 안 되니, 다른 데 가서 알아보라'고 냉소적으로 대답했던 셈이다.

다산이 이날의 일기에서 자신의 긴 질문에 이도명의 단답형 짧은 대답만으로 대화 내용을 마감한 것은, 이날의 만남이 이도명의 단호한 태도로 인해 결렬되었음을 의미한다. 그럼에도 다산은 이날 만남을 가진 뒤 〈방산의 일인 이도명에게 들렀다가〉라는 시 한 수를 남겨 그에 대해 예의를 표하는 것을 잊지 않았다. 천방산 아래 말쑥한 작은 집에서 약초밭과 꽃밭을 가꾸며 독서로 보내는 그의 일상을 적고, 그를 고대의 은자 허유와 소보에 견준 내용이다.

다산이 특별히 이도명을 염두에 둔 것은 그가 이삼환의 신뢰를 받

이도명이 이삼환에게 보낸 시고. 단정한 글씨와 시의 내용이 이삼환에 대한 이도명의 존모와 그의 성품을 보여준다. 성호박물관 소장.

고 있었기 때문일 것이다. 이도명이 참여 의사를 표명할 경우 전체 모임의 모양새가 대번에 갖춰질 터였다. 반대로 그가 끝까지 합류를 거부했을 때는 자칫 뒷말만 무성한 반쪽짜리 모임으로 전락할 우려가 있었다. 이도명과 이삼환의 특별한 관계는 이도명이 이삼환에게 보낸 친필 시고를 통해서도 엿볼 수 있다. 현재 안산 성호박물관에 소장된 이 시고에는 이도명이 이삼환에게 올린 시 8수가 실려 있다.[153] 그중 첫 수는 이렇다.

패랭이를 머리 쓰고 나무 깎아 갓끈 달고	頭戴平涼削木纓
지팡이에 짚신 신자 속인들이 놀라누나.	携筇躡屩俗人驚
티끌 세상 기운 어이 일찍이 집착하랴	何曾主着煙埃氣
벽라薜蘿 달빛 바위 구름 이렇듯이 해맑다네.	蘿月巖雲一段清

'갓 대신 패랭이를 쓰고, 갓끈은 대나무를 깎아서 그 사이로 줄을 꿰어 달았다. 여기에 짚신 신고 지팡이를 짚자 사람들이 그 기괴한 행색에 놀란다. 하지만 티끌 세상의 시선 따위는 내게 아무것도 아니다. 자연 속의 내 정신은 해맑고도 투명하다.' 이도명은 스스로 이 같은 자부를 가졌고, 평소 이삼환과도 학문적 왕래가 빈번한 사람이었다.

8월 23일 서로 날선 한 차례의 문답으로 평행선을 달린 두 사람의 2차전은 닷새 뒤인 8월 28일 이도명이 다산에게 편지를 보내오면서 다시 불붙었다. 다산은 24일 이삼환에게 들렀다가 홍주목사 유의와 만나 며칠 더 묵었다. 28일 회정回程 길에 다산이 힌강동에 다시 들렀을 때, 소식을 들은 석문 진사 신종수와 방산리 이광교가 다산을 찾아왔다. 이때 이광교가 이도명의 편지를 건넸다. 바로 이웃 동네인데 찾아오지 않고 편지로 전달한 것은, 만나기는 싫고 할 말은 해야겠다는 의사 표시였다.

이도명은 편지에서 자신이 젊어 과거 공부로 헛된 시간을 쏟다가 늙어서야 공부에 뜻을 두었으나 이룬 것이 없어 부끄럽다며, 온건한 뜻으로 말문을 열었다. 그러나 이렇게 한 자락을 깔고 나서 바로 칼을 스르렁 뽑았다. "그대는 어찌 옆에 있는 사람들의 비난과 비웃음을 깨닫지 못하고서 이 같은 거동이 있는 것입니까?" 말투는 점잖았지만 이도명의 말은 앙칼지고 매서웠다. 23일 얼떨결에 자신보다 스물두 살이나 어린 다산에게 훈계 아닌 훈계를 듣고 분했던 마음이 한꺼번에 터져나왔다. 거칠게 말하면 이런 말이나 같았다. '네가 지금 남에게 훈계할 처지인가? 곁에서 너에게 손가락질하고 비웃는 소리가 들리지 않는가? 네 앞가림이나 잘해라. 아무 일에나 나대지 말고. 이렇게 한다고 너를 향한 비난이 사라질 것 같은가? 나는 너 같은 인간과는 어떤 일도 함께 할 수 없다.'

묘한 것은, 이도명의 이 편지가 상당 부분 퇴계가 제자들에게 준 편지글을 조금씩 짜깁기해서 쓴 글이라는 점이다. 퇴계의 편지 속 몇 문장을 하나하나 쪼개서 이어붙이거나, 퇴계가 즐겨 쓰는 표현을 한 구절씩 따왔다. 이도명이 이 같은 글쓰기 방식을 통해 특별히 어떤 의미를 전달하려 했는지는 아직 잘 판단하지 못하겠다.

이도명의 날선 편지를 받은 다산은 바로 반격에 나섰다. 젊은 날의 다산은 이런 일에 결코 그냥 넘어가는 법이 없었다. 다산은 〈방산 이도명에게 답함〉을 보내 자신의 입장을 한 번 더 밝혔다. 세상에서 자신을 두고 비방이 난무하나, 사실에 바탕을 둔 것이 아님을 서두에서 말했다. 그러면서 다시 한번 '개물성무'의 중요성을 강조했다. 이 말은 공영달孔穎達이 "능히 만물의 뜻을 열어 통하게 하여 천하의 사무를 성취하는 것〔能開通萬物之志, 成就天下之務〕"이라고 풀이한 데서 알 수 있듯, 이치를 살펴 실용의 영역으로 확장하는 공부를 뜻했다. 다산은 독선을 중시하는 존덕성尊德性의 공부에만 힘쓰지 말고, 실행에 옮기는 도문학의 공부를 더해 체용상보體用相補의 조화를 이뤄야 한다고 말하면서, 이도명이 도문학 공부를 소홀히 하면서 혼자만의 세계에 갇혀 있는 답답함을 안타까워했다.

이렇듯 다산과 이도명은 두 차례에 걸쳐 날선 공방을 주고받았다. 이 일은 당시 성호 유저 정리를 일종의 전향 선언의 상징적 행동으로 갈음하려 했던 다산의 행보에 대해, 이도명으로 대표되는 지역 사림 일부에서 강력한 반발과 거부가 있었음을 보여준다. 이로 인해 다산의 강학 모임을 주선하려 했던 계획은 처음부터 조금씩 어긋나기 시작했다. 두 사람의 다툼은 이후 10월 26일의 일기에서 다산의 답장에 이도명이 다시 답장하면서 3차전으로 넘어갔다. 이에 대해서는 뒤에 따로 살펴보겠다.

8월 30일

김복성이 또 네 사람을 이끌고서 왔기에 함께 다짐을 받았다. 이수곤李壽崐[154]은 원정原情하였다.

三十日, 金福星又率四人而至, 幷受侤音. 李壽崐原情.

석문 사는 진사 신종수의 〈차운하여 목재에게 부치다[次韻寄木齋]〉[155]는 이렇다.

石門申進士宗洙次韻寄木齋詩曰:

짧은 단장 긴 지팡이 지금도 있을는지	短策脩筇今在無
훤칠한 마른 뼈를 여태도 받쳐주리.	崚嶒瘦骨尙支扶
매번 이별 상심하나 소식은 끊어지고	每傷離別雙魚斷
삶과 죽음 몇 번 겪고 한 마리 학 외로워라.	幾閱存亡一鶴孤
논의는 바른 맥을 북돋우기 충분하고	論議庶將培正脈
풍채는 둔한 이를 일으킬 수 있겠구나.	風標遮莫起頑夫
숲 언덕 둘레에 건복巾服이 엄연하니	儼然巾服林阿畔
눈같이 흰 수염 눈썹 그림인 듯하도다.	雪白鬚眉當畫圖

그가 쓴 〈방산의 위도 이도명에게 부치다[寄方山李偉圖]〉라는 시는 이렇다.

其寄方山李偉圖詩曰:

물 흐르는 천방산에 작은 집 해맑은데	流水方山小屋淸

다산의 일기장

기거는 도서圖書의 정 다하지 못한다네.   起居不盡圖書情

그윽한 꽃 뜻을 품어 송이송이 향기 뿜고   房房吐欲幽花意

가는 새의 울음소리 부리마다 다투누나.   喙喙交爭細鳥聲

예순 해 이래로 한없는 일들 속에   六十年來無限事

삼천 가닥 흰머리의 다 늙은 선생일세.   三千髮後老先生

북쪽 산 한번 비에 봄 고사리 자라나니   北崦一雨春薇長

성세聖世의 이 거처가 좋은가 안 좋은가.   聖世端居名不名

9월 3일

느지막이 일어났다. 하늘빛을 보니 몹시 맑았다. 석문의 신장申丈[156]과 함께 오서산을 유람했다. 낮에 출발하여 20리를 가서 성당촌聖當村에 도착했다. 말을 버리고 지팡이를 짚고서 천정암天井菴에 이르러 묵었다.

初三日, 晚起. 見天色澄明. 與石門申丈共作烏棲山之遊. 午發, 行二十里, 到聖當村. 舍馬策杖, 到天井菴宿.

[부록] 유오서산기遊烏棲山記

내가 부여에서 돌아온 지 며칠 만에 진사 신종수가 내게 들러 오서산의 빼어남에 대해 말해주고는, 또 이렇게 말했다.

"지금 서리 잎이 한창 고운데, 하루이틀만 지나면 시들 것이오."

내가 막 밥을 먹고 있다가, 말에 안장을 얹고 밥상을 물릴 것을 재촉한 뒤에 마침내 신공申公과 함께 오서산 아래에 이르렀다. 모두 말에서 내려 지팡이를 짚고서 가파른 산길을 지나 덤불 숲을 헤치고서 꼭대기에 이르니 몇 칸의 절집이 있었다. 한 걸사乞士 즉 승려가 머물며 이곳을 지키고 있었다.

余自扶餘, 還之數日, 申進士宗洙過余, 言烏棲之勝. 且曰: "今霜葉正妍, 過一兩日衰矣." 余方飯, 則趣鞴馬徹食, 遂與申公, 至烏棲之下. 皆下馬執筇杖, 歷巉岏披蒙茸, 至上頭, 有僧院數間. 止一乞士守之.

물어보니 그가 말했다.

"지난해에 범이 중들을 해쳐서 중들이 모두 떠났습니다."

내가 말했다.

"그대는 범이 두렵지 않은가?"

그가 말했다.

"지난번 범이 그 새끼 세 마리와 함께 와서 새끼에게 나무에 매달리게 하고는 어미가 장난을 치고 있기에, 내가 그 새끼를 칭찬했더니 범이 기뻐하며 갔습니다. 그래서 무섭지 않습니다."

詢之, 曰: "前年虎害僧, 僧盡去." 曰: "汝不怕虎乎?" 曰: "曩者虎與其三子至, 令子攀木, 而母戲之. 吾譽其子, 虎悅而去. 是以無恐也."

이날 해가 지는 것을 보고, 이튿날 장차 정상에 오르려 하니, 신공은 범 때문에 사양하였다. 승려가 말했다.

"저와 함께 가시면 해로움이 없을 겁니다."

마침내 그와 함께 가서 정상에 오르니, 시력이 미치는 곳은 대개 아무 걸리는 것이 없었다. 다시 절로 돌아와 조금 쉬다가 장차 산을 내려오려는데, 승려가 말했다.

"모름지기 저와 함께 가셔야 합니다. 어제는 어쩌다 범을 만나지 않았을 뿐입니다."

산기슭에 이르렀을 때 어떤 물건이 솔숲 속에서 부스럭대며 소리를 냈다. 승려가 껄껄 웃고는 소리를 낮춰 말했다.

"너는 가도 된다. 내가 이제 따라서 가마."

신공은 그 꼬리를 보았다 하나, 나는 미처 보지 못했다.

是日觀日入, 厥明將登絶頂, 申公以虎辭. 乞士曰: "與我去無害." 遂與之偕, 登其頂, 眼力所及, 蓋無所障矣. 還至院少歇, 將下山, 乞士曰: "須與我偕矣. 昨日偶然不値虎耳." 旣至麓, 有物從松林中樸簌作聲. 乞士則笑呵呵, 緩其聲曰: "爾可去矣. 吾今從其逝也." 申公見其尾, 余未之見.

돌아와서 생각해보니 내가 이인異人을 만난 셈이었다. 그는 외롭게 홀로 높은 산과 깊은 골짜기 가운데 살면서 옮겨가지 않았다. 갑작스레 맹수와 만나도 두려워하지 않았고, 게다가 그를 위해 타일러서 보내기까지 하였으니, 그 속에 도술을 지닌 자가 아니라면 능히 그렇게 했겠는가? 어찌 태백산 호승胡僧처럼 그 자취를 감추고 그 재주를 숨긴 채 이곳에 사는 자가 아닌 줄 알겠는가?[157] 모두 알 수가 없는 노릇이다. 마침내 기록한다.

歸而思之, 吾遇異人矣. 彼其孑然處高山深谷之中而不遷. 猝然遇猛獸而不懼, 且爲之儆戒以遣之者, 非其中有道術挾持者, 能然乎哉? 安知非如太白胡僧之類, 藏其蹤韜其光而處于是者哉? 皆不可知也. 遂爲記.

[부록] 천정암에 올라가〔登天井菴〕

_ 오서산에 있다〔在烏樓山〕

기운 절벽 넝쿨 잡고 건너와서는	側壁挒蘿度
빽빽한 숲 범과 함께 지나왔다네.	穹林伴虎行
암자가 꼭대기에 자리 잡아서	招提當絶頂
올라보매 아득한 정 달래주누나.	登歷慰遐情
구름바다 등주登州 내주萊州 저자 같은데	雲海登萊市
황량한 백제 시절 성이로구나.	荒山百濟城
힘겹게 먼 데를 바라보는 건	艱難有遠眺
눈 속 티끌 깨끗이 하려 함일세.	只爲眼塵清

[부록] 지는 해를 바라보며〔觀日入〕

흐릿한 구리 바라〔銅鉦〕 해문海門에 걸려 있어	翳翳銅鉦挂海門
구름 끝에 한 덩어리 흔적만 가물가물.	雲端明滅一團痕

노을빛은 드넓은 황금물결 맷돌 같고 霞光倒碾金波閣

산 그림자 어두운 너른 들을 거둬가네. 山影平收鉅野昏

그 누가 왕래케 해 낮과 밤을 만드는고 誰遣往來爲晝夜

문득 능히 이 건곤을 열었다간 닫는구나. 頓能開闔此乾坤

해 지는 곳 바로 저기 연제燕齊의 지경[158]인데 桑楡却在燕齊境

환상 세계 동서 방향 자세히 논하고파. 幻界東西欲細論

[부록] 오서산 꼭대기에 올라서서〔登烏棲山絶頂〕

푸른 하늘 우뚝 솟아 바위로 대臺 쌓으니 碧落岩嶢石作臺

만 리의 넓은 산하 빼곡히 서려 있네. 山河萬里鬱盤回

금강[159]의 가을빛은 구름으로 끊기었고 錦川秋色橫雲斷

오월吳粤[160] 땅의 하늘빛이 바다를 건너온다. 吳粤天光過海來

공자 뗏목 타려 함은 진실로 까닭 있고[161] 魯聖乘桴良有以

문주왕文周王[162]이 나라 옮김 또한 아득하도다. 周王遷國亦悠哉

　백제 문주왕이 처음으로 도읍을 웅천熊川으로 옮겼다. 百濟文周王始徒熊川

북쪽 보니 서울은 그 어디쯤이던가 神京北望知何處

아득한 안개 노을 기러기 울음 애달프다. 煙靄蒼蒼數雁哀

[부록] 산중에서 지은 절구〔山中絶句〕

바다하늘 서리 기운 산문山門으로 들어오니 海天霜氣入山門

자줏빛 붉은 비단 어우러져 번화롭다. 紫錦紅羅點綴繁

백운대 꼭대기만 좋다고 말을 마오 莫說白雲臺上好

풍광 다만 고향집이 가까울 뿐이라네. 風光秪是近鄕園

고마姑麻에 해가 지자 저녁 조수 밀려들고 姑麻日落暮潮來

갈바람에 부들 돛이 짝지어 돌아온다.	蒲帆秋風兩兩廻
너희는 한양성 아래에서 왔을 테니	爾自漢陽城下發
국화가 몇 가지나 피었는지 보았는가.	菊花能見幾枝開

백마강 물줄기는 하늘 가에 비껴 있고	白馬江流天畔横
옛 나라 부여 땅엔 저녁연기 깔렸구나.	扶餘故國暮煙平
눈 들어 1천여 리 산하를 보노라니	山河擧目千餘里
비바람 삼한 땅의 작은 전쟁터였다네.	風雨三韓小戰爭

[부록] 절에서 밤중에 석문 신 진사와 함께 지은 연구[163]〔寺夜同石門申進士聯句〕

아득히 높이 솟은 천정사天井寺 절집	岧嶢天井寺
예로부터 호서 땅에 알려졌다네.	湖右舊聞名 石門
지세는 큰 바다를 앞에 두어서	地紀窮溟渤
구름 뿌리 높은 하늘 닿아 있다네.	雲根切太淸 金井
안개 노을 끝까지 바라보지만	煙霞空決眥
잔나비와 학만이 소리 남기네.	猿鶴但遺聲 石門
절집에 깃들이니 다만 고요해	蘭若棲仍寂
나무꾼 다니는 길 절로 얽혔네.	樵蘇路自縈 金井
호서 우승郵丞 쫓겨옴 서글프더니	湖郵憐放逐
석문 집서 맞이하니 반갑기만 해.	石戶款逢迎 石門
나라 떠난 왕찬王粲 신세 슬퍼하다가	去國悲王粲
재주 품은 예형禰衡[164]을 만나보았네.	懷才見禰衡 金井
개암과 씀바귀로 저녁을 먹고	榛苓當晏暮
지팡이 나막신에 고생하였지.	筇屐費經營 石門

시냇길 가면서 얘기 나누고	澗路行相語
구름 숲 평지처럼 밟고 왔다네.	雲林踏欲平 金井
깨끗한 서리는 벌써 내렸고	肅澄霜旣降
트인 하늘 비가 막 맑게 개었지.	空豁雨新晴 石門
아마득히 쌓인 돌길 따라올라와	迴絕攀重磴
희미한 깊은 물을 얻어보았네.	微明得一泓 金井
보현보살 1천 불이 머무시는 곳	普賢千佛地
오랜 세월 구한九韓 땅의 성이었었지.	浩劫九韓城 石門
돌 부딪쳐 옷 찢어짐 깜짝 놀라니	石觸驚衣破
숲 바람에 범 소린가 물어보았지.	林飇問虎行 金井
나는 듯 욕심스레 혼자 가다가	飄颻貪獨往
굽은 길 앞길을 잘못 가기도.	曲折誤前程 石門
완세玩世함은 장저長沮 걸닉桀溺 부끄러워도[165]	玩世羞沮溺
길 막히자 완적阮籍 상심 떠올린다네.[166]	傷窮憶步兵 金井
칡덩굴 잡고서 올라오다가	夤緣操葛藟
하찮은 다람쥐들 만나보았지.	細瑣遇鼯鼪 石門
바위 굽이 붉은 나무 뚫린 사이로	巖曲穿紅樹
구름 끝서 푸른 기와 눈에 보이네.	雲端見翠甍 金井
숲 바람에 풍경 소리 들려오는 듯	林風聞落磬
바다 해 달린 징과 같이 겁나네.	海日怯懸鉦
비탈 골짝 지나느라 피곤하다가	疲倦經厓壑
올라보니 기둥들 툭 트였구나.	登臨敞棟楹
높은 거처 넓은 하늘 잇닿아 있어	高居連浩渺
전체가 푸른 바다 굽어보누나.	全面俯滄瀛
하늘과 땅 큰 줄을 이제 믿으니	方信乾坤大

몸뚱이 하찮음을 비로소 아네.	旋知體殼輕
지경 봉함 원래는 백제 땅이라	封疆元百濟
섬에는 예전에 전횡田橫[167] 살았네.	島嶼舊田橫
헛된 세상 뜬 벌레처럼 슬프고	幻劫悲浮蜎
장한 계획 고래조차 당길 듯해라.	雄圖想掣鯨
더위잡아 푸른 산 끝에 오르자	攀登窮翠巘
단숨에 요경瑤京에 가까워진 듯.	呼吸近瑤京 石門
새 더불어 빠르게 허공 스치니	與鳥摩空快
개구리가 경칩 놀라 나온 듯해라.	如蟲出蟄驚
산자락 예맥 땅에 연이어 있고	山肢連濊貊
바닷길 오랑캐 땅 저 끝이로다.	海脊極蠻荊
움츠림 평지 티끌 부끄러워서	局趣羞坳芥
날려 떠져 부평초를 노래한다네.	飄零詠澤蘅
이곳에서 장한 경관 어긋난다면	於玆違壯觀
아마도 평생을 그르칠걸세.	無乃枉平生
외눈도 문지르면 크게 보이고	隻眼揩能大
깊은 생각 헤쳐보면 더 커진다네.	幽懷拓更宏
글솜씨 굳이 좋을 필요 없으니	不須工翰墨
아울러 벼슬길도 사양할 만해.	兼可謝簪纓
덧없기 용연향龍涎香[168]이 스러짐 같아	幻滅龍涎氣
개미굴의 영화[169]도 잠깐이라네.	須臾蟻穴榮
기회 맞춤 모두 다 꿈속이거니	機宜都夢境
현달해도 어리석은 백성이라네.	賢達亦愚氓
천하를 오히려 작게 여기신	天下猶然小
공자의 심정을 깊이 알겠네.[170]	深惟魯叟情 金井

'임풍林風'의 구절 이후부터 내가 취해 잠드는 바람에 신장이 혼자 애썼 기 때문에 '여조 與鳥'의 구절 아래부터는 내가 또 빚을 갚았다.

自林風以後, 因余醉眠, 申丈獨勞, 故自與鳥以下, 余又償逋.

[부록] 9월 3일 신 진사와 함께 오서산에 놀러 가다가 화창에 들러서 짓다〔九月三日同申進士游烏棲山, 過花廠作〕

하늘은 해맑아 툭 트였는데	玉宇澄寥廓
쓸쓸타 만 리의 가을이로다.	蕭蕭萬里秋
특별히 서울 땅 그리웁기에	殊因京國戀
돌려서 해산海山으로 유람 왔다네.	轉作海山游
마음 머니 회포도 고상해지고	心遠懷高妙
몸 가벼워 가고 머묾 한결 쉽구나.	身輕易去留
서리 온 뒤 시내 꽃구경을 하니	溪花霜後見
깊은 시름 흩기에 충분하도다.	已足散幽憂

신장이 지은 〈화창을 지나며〔過花廠〕〉 시는 이렇다.

申丈過花廠詩曰:

말 안장 얹고서 금정 떠나니	鞍馬出金井
시내 꽃은 늦가을에 하늘거리네.	川華動晚秋
찬바람에 바위엔 국화 피었고	凄風巖菊散
아침 해에 들판 벼를 수확하누나.	旭日野禾收
아득한 구름 끝의 절집을 찾아	邈矣雲端寺
유유히 우리들 노니는구려.	悠哉吾輩遊
울창한 골짝 어귀 들어서려니	蒼蒼入洞口

콸콸 맑은 물소리가 들려오누나.　　　　　活活聞淸流

그의 〈절에 이르러(到寺)〉 시는 이렇다.
其到寺詩曰:

바닷가 산의 절집 찾아가려고　　　　　爲訪海山寺
갈바람에 필마 타고 길을 가누나.　　　　秋風匹馬行
어느새 들판을 다 지나오니　　　　　　已看平陸盡
골짝 어귀 해맑아 먼저 기쁘다.　　　　先喜洞門淸
그윽한 못 그림자 텅 비었는데　　　　　幽眇空潭影
흩날려 세상 정은 멀기도 하다.　　　　飄飄遠世情
멀리서 떨어지는 해를 보다가　　　　　迥臨觀落日
뜬 인생 깨달아 홀로 웃노라.　　　　　孤笑覺浮生

그의 〈일몰을 바라보며(觀日入)〉 시는 이렇다.
其觀日入詩曰:

장대 하나 남은 해는 황금 동이 엎어진 듯　一竿斜日倒金盆
구름 기운 자욱하고 바다 기운 어둑하다.　雲氣蒼蒼海氣昏
저물어도 삼극의 바름이야 그대로니　　　嚮晦何妨三極正
빛을 이어 원래부터 온갖 신령 내닫누나.　承光元有百靈奔
반산半山의 남은 빛이 높은 절에 환한데　半山餘照明高寺
인간 세상 첫 등불에 마을 먼 줄 깨닫누나.　下界初燈覺遠村
무단히 오고감은 예부터의 일이거니　　　往復無端終古事
희화羲和 수레171 평안하게 아침 해를 또 띄우리.

그의 〈절에서 묵으며(宿寺)〉 시는 이렇다.

其宿寺詩曰:

달구경 하잔 약속 어긋났더니	已違看月約
어쩌다 묵은 구름 마음 이뤘네.	偶遂宿雲心
긴 밤 절집은 고요도 하고	遙夜上方靜
모두 잠든 하계는 깊기도 하다.	羣眠下界深
돌샘물 흐르다 방울이 듣고	石泉流復滴
숲속 잎 떨어지며 노래하누나.	林葉墜還吟
오도카니 부들자리 위에 앉으니	兀兀坐蒲上
티끌 밖 흉금이 아득도 하다.	迢迢塵外襟

029 오서산 일원의 유람 목적은 무엇이었나?

8월 30일 일기에는 김복성이 다시 천주교도 네 사람을 이끌고 다산을 찾아와 자수했고, 이들에게도 다짐장을 받아두었다고 기록했다. 그러고 나서 갑자기 석문 진사 신종수가 이삼환과 이도명에게 보낸 시를 각각 한 수씩 인용했다. 맥락 없이 툭 튀어나온 느낌의 이 같은 인용에서 교착 상태에 빠진 강학회 성사를 위해 신종수가 중간 역할을 하느라 분주했던 정황이 짐작된다. 신종수는 다산을 위해, 강학회 추진을 망설이는 이삼환을 설득하는 한편, 모임 자체를 극력 반대하는 이도명에게도 시를 보내 달래려 한 것으로 보인다. 이때 두 사람에게 시와 함께 편지도 보냈을 터인데, 관련 내용은 보이지 않는다.

사흘 뒤인 9월 3일 신종수는 다산과 함께 오서산으로 단풍 구경을 떠났다. 다산은 따로 남긴 〈유오서산기〉에서 신종수가 오서산의 단풍이 한창 볼만한데, 하루이틀만 지나면 시들고 말 것이라고 해서 떠난 유람인 듯 썼다. 사실은 단풍 구경을 핑계해 강학회 장소를 물색하기 위한 사전 답사 성격에 더 가까웠다. 곧이어 살펴보겠지만, 오서산 유람 직후 이삼환에게 보낸 다산의 편지에 관련 내용이 나온다.

9월 3일 정오쯤 금정역을 출발한 다산은 20리를 가 성당촌에 도착해서 도보로 오서산 정상 근처 천정암까지 올랐다. 길이 몹시 가팔랐고, 암자는 고작 몇 칸으로 옹색했다. 걸사가 혼자 암자를 지키고 있었다. 출발도 늦었고 가파른 산길을 걸어 오르느라 지친 두 사람은 미리 준비해간 술과 음식을 먹으며 이날 천정암에서 묵었다.

다산은 〈유오서산기〉에서, 이때 만난 천정암의 걸사에 특별히 눈길을 주었다. 걸사는 비구比丘의 별칭으로, 퇴락한 천정암에는 승려 한 사람만 남아 있었다. 지난해 호환虎患으로 다른 승려들은 다 떠났는데, 자신만은 세 마리 새끼 범을 칭찬하자 어미 범이 기뻐하며 떠난 후로 범이 무섭지 않다고 대답했다. 다산은 그를 이백의 〈태백산의 호승에게 주는 노래(太白贈胡僧歌)〉의 병서幷序에 등장하는, 태백산에서 풀옷을 입고 살며 서로 싸우는 범 두 마리를 갈라놓고, 다투는 연못 용을 갈라놓는 이적을 행한 '태백 호승'에다 견줬다. 혹 그가 자취를 감추고 재주를 숨긴 이인이 아니겠느냐며 여운을 남겼다.

이튿날 두 사람은 마침내 오서산 정상에 올랐다. 승려가 길을 안내했다. 범이 무서워 절정까지 올라가기를 꺼리는 신종수를 설득하고 승려를 앞세워서 꼭대기에 다다른 세 사람은, 내려오는 길에 산기슭에서 부스럭대는 소리를 들었는데, 이 또한 승려가 달래서 무사히 벗어날 수 있었다. 다산은 이때의 여정을 〈유오서산기〉 외에도 여러 수의 시로 남겨 문집에 따로 실었고, 신종수가 지은 시도 8수나 일기에 남겨두었다. 모처럼의 유람으로 심신의 피로를 씻어낸 상쾌함이 글에 묻어 있다.

　9월 3~5일 진사 신종수와 함께한 오서산 유람과 천정암 답사는 마음을 상쾌하게 해주었고, 기이한 만남도 가져다주었지만, 원래의 목적 중 하나였던 강학회 장소를 물색하는 일은 실패하고 말았다.

9월 4일

신장과 함께 오서산 정상에 올랐다. 저녁에 돌아와 절에서 잤다.

初四日, 與申丈登烏棲絶頂, 夕還宿寺.

신장이 지은 〈정상에 올라〔登絶頂〕〉 시는 이렇다.

申丈登絶頂詩曰:

중봉中峰의 오석烏石은 기세가 우뚝한데	中峰烏石勢崔嵬
가을날 올라보니 사방이 툭 트였다.	秋日登臨四望開
흰빛 펼친 강물 빛은 금마錦馬[172]로 이어지고	白練江光連錦馬
푸른 하늘 용의 기운 등주登州 내주萊州[173] 어둑하다.	
	靑天龍氣暗登萊
쓸쓸한 비해裨海에 건곤은 아주 작고	蕭條裨海乾坤小
덧없는 뜬 인생은 세월만 재촉하네.	荏苒浮生歲月催
만 리 뽕밭 티끌 됨은 잠깐 사이 일이거늘	萬里桑塵彈指事
그대 집안 선학仙鶴은 어느 때나 돌아오리.	君家仙鶴幾時廻

그의 〈붉은 나무를 읊다〔詠紅樹〕〉 시는 이렇다.

其詠紅樹詩曰:

천림千林의 붉은 나무 하나의 산문 되니	千林紅樹一山門
푸른 이내 환히 비춰 어둡지가 않구나.	輝映蒼嵐也不昏

다산의 일기장

바람 서리 흔들려 떨어지는 날에는   可是風霜搖落日
번화함이 급고원給孤園¹⁷⁴을 오히려 기뻐하리. 繁華猶說給孤園

그의 〈돛단배를 읊다〔詠風帆〕〉 시는 이렇다.
其詠風帆詩曰:

빈 하늘 잎은 지고 기러기 떼 슬프니   天空木落數鴻哀
가을빛 변함없이 만 리 길을 찾아왔네.   秋色依然萬里來
구름바다 아득하고 요초瑤艸는 저무는데   雲海茫茫瑤艸暮
봉래산 어디인지 알지를 못하겠네.   不知何處是蓬萊

그의 〈부여를 바라보며〔望扶餘〕〉 시는 이렇다.
其望扶餘詩曰:

삼국의 그 어느 해 용과 범이 다퉜던가   三國何年龍虎爭
사는 승려 예전 산성 설명하여주는구나.   居僧解說舊山城
이제 다만 무너진 성 타는 연기 푸른 것은   秖今敗堞燒烟碧
골짝 풍속 가을밭에 화전 갈기 때문일세.   峽俗秋田事火耕

9월 5일

아침 일찍 출발하여 산을 내려와 용연龍淵 위에 이르러서 말을 탔다. 석문에 도착해서 신장과 작별하고 역참의 관사로 돌아왔다.

初五日, 早發下山, 到龍淵上騎馬. 到石門與申丈別, 還郵軒.

[부록] 용연에서 낮에 쉬어가며〔龍淵午憩〕

너럭바위 발 뻗고서 한번 길게 읊조리니	盤陀箕踞一長吟
푸른 절벽 대낮인데 그늘져 어둡구나.	翠壁蒼厓晝日陰
산이 골짝 어귀 안고 자물쇠를 잠근지라	山抱洞門嚴鎖鑰
시내는 돌 틈 뚫고 옥구슬을 토해낸다.	溪穿石罅吐璆琳
흰 구름 속 몇 집에선 닭과 개의 울음소리	白雲鷄犬數家響
붉은 나무 누대는 한밤중의 마음일세.	紅樹樓臺三夜心
못 아래 검은 용이 능히 비를 부른대서	潭底黑龍能喚雨
해마다 향불 피워 깊은 숲에 제사하네.	每年香火祭穹林

[부록] 저녁에 산속 누각에 앉아〔山樓夕坐〕

산속 누각 피리 멎고 저녁 까마귀 지나가니	山樓角歇度昏鴉
뜨락에 홀로 서서 이슬꽃을 바라본다.	獨立庭心見露華
바람 속 성근 대숲 달빛 엇겨 부서지고	風裏疏篁交碎月
비 온 뒤 시든 국화 기운 채로 꽃 피웠네.	雨餘殘菊臥開花
사당에 떡 올리는 서울을 생각다가	香糕薦廟思京國
막걸리로 이웃 청함 시골집이 부럽구나.	濁酒招隣羨野家

전엔 내가 한양성에 거주하고 있었건만 　　　我昔漢陽城裏住

어인 일로 하늘 끝에 이르렀나 모르겠네. 　　　不知何事到天涯

순영에서 나를 충주 도회都會[175]의 시험관으로 차출하므로, 병든 형편을 알려 면해주기를 청하였다.

巡營以余差忠州都會試官, 報病狀求免.

목재가 답서에서 말하였다.

"일깨워주는 뜻이 정중하여 사문斯文의 한 가지 일에 진실로 독실함이 이와 같구려. 그 이하로는 잘 알겠소. 이는 사문師門의 한 가지 큰일이니 얼마나 기쁘고 다행스럽소. 다만 정신이 어둡고 어지러워 보내온 내용을 잘 알 수가 없으니, 안타깝구려!"[176]

木齋答書曰:"教意鄭重, 斯文一事, 誠篤如此. 已下其了. 此師門一大事, 何等欣幸. 但精神昏蒙, 不能了悟來教, 可歎!"

[부록] 목재 이삼환 선생께 올리는 글〔上木齋書〕[177]

일전 계시는 곳으로 나아가 덕스러운 모습을 우러러뵈었는데, 일깨워주시는 말씀이 따스하고 정성스러워 감동하여 분발하기에 충분한지라, 돌아와서도 마음에서 놓을 수가 없었습니다.

日者得造門屛, 仰瞻德容, 誨言溫諄, 有足感發, 歸而未釋于懷也.

다만 예산 편[178]에 삼가 들으니, 병환이 여태도 회복되지 않으셨다더군요. 이는 필시 노인의 원기가 젊은이만 못하고, 올린 음식이 모두 성글고 거칠었기 때문이었을 겝니다. 그저 인삼 몇 돈만 드시면 절로 효험이 있으실 것입니다. 만약 구할 수 있는 것이라면 우승의 급여가 비록 가난하다 해도 어른께 근심을 드림은 없을 것입니다.

第因禮山伏聞, 愼節尙未瘳復. 此必老人元氣, 終遜少壯, 而所供皆疏糲故也. 唯服人蔘數錢, 自當有效. 如可求者, 郵俸雖貧, 無貽長者憂也.

그날은 용봉사에 들러 노닐고, 일전에는 또 오서산 꼭대기에 올랐다가 천정암에서 묵고 돌아왔는데, 이는 가을 경치를 감상하려는 뜻은 아니었습니다.[179] 하지만 용봉사는 황량하고 누추해서 머물러 있기가 어렵겠고, 천정암은 너무 높아서 올라가기가 어렵습니다. 다만 내원內院의 사찰 한 곳이 그나마 편안히 기댈 만합니다. 이곳과의 거리는 20리이고, 계신 곳에서는 60리입니다.

其日歷游龍鳳寺, 日前又上烏棲絶頂, 宿天井菴而還, 此非賞秋之意也. 然龍鳳荒陋, 不堪住接, 天井絶高, 艱於登陟. 唯內院一刹, 差似穩藉. 距此二十里, 距仁里六十里.

모름지기 건강을 회복하신 뒤에 우성 이재위 등 여러 사람과 더불어《가례질서家禮疾書》[180]와 그밖에 글씨 쓰는 일에 요긴한 사람을 데리고 막바로 절로 가셔서 승려를 보내 알려주시는 것이 어떻겠습니까? 종이와 먹, 양식에 드는 비용은 마땅히 제가 마련해서 준비하겠습니다.[181]

須於康復之後, 與虞成諸人, 携家禮疾書及他要緊書役, 直到蘭若, 送僧相報如何? 卽紙墨糧餱之費, 當卽辦備也.

030 다산과 이삼환이 주고받은
두 번째 편지의 행간은?

2박 3일간의 오서산 유람을 마치고 금정역으로 돌아오자마자 다산은 이삼환에게 편지를 보냈다. 앞서 8월 24일 이삼환과 만난 뒤 홍주 용봉사에 들렀던 일과 9월 3~4일 천정암에 묵은 일에 대해 보고했다.

《다산시문집》 권2에 실린 다산의 〈용봉사에 들러〉라는 작품에 용봉사를 찾아가는 길과 장소 설명이 나오는데, 그중 "노승은 황폐하다 사절하면서, 며칠 재워 접대함은 할 수 없다고"라 한 대목이 있는 것으로 보아, 애초에 이곳을 강학 장소로 섭외하는 일은 옹색한 환경에다 그마저도 노승의 거절로 실패했음을 알 수 있다.

이후 오서산에 올라 천정암까지 답사를 마친 다산은 이삼환에게 중간 경과보고를 겸해 9월 5일 당일로 편지를 보냈다. 다산은 여러 차례 재촉해도 이삼환이 딱히 움직이려 들지 않자 마음이 조급해졌다. 용봉사와 천정암을 답사한 경과를 적고, 내원의 사찰 한 곳을 후보지로 물색했음을 보고했다. 혹 비용 걱정이 있다면 강학회를 위해 드는 비용 일체도 자신이 부담하겠다는 뜻까지 밝혔다. 이삼환은 다산의 등쌀에 떠밀려서라도 이 작업을 진행하지 않을 수 없는 처지가 되었다.

다산의 이 편지에 대한 이삼환의 답장은 9월 5일 일기에 실려 있다. 다산의 편지를 받은 당일 심부름 인편에 바로 답장하느라 그랬겠지만, 편지는 내용이 짧아도 너무 짧았다. '사문師門의 일에 관심을 가져주니 고맙기는 하다. 그런데 지금 하는 말이 무슨 내용인지 당최 모르겠다.' 강한 거절의 뜻이 읽힌다. '내가 강학회를 허락한 적이 없는

데 왜 네가 멋대로 장소를 결정하고, 방법을 일러주며, 경비까지 대겠다는 것인가? 태도가 너무 과하지 않은가?' 답장에서 이삼환이 무슨 말인지 모르겠다고 말한 것은 이런 뜻에 가까웠다.

이삼환은 이때 다산의 우격다짐 격의 일 추진을 마뜩잖게 여겼다. 안 그래도 이도명 등의 반대가 만만치 않았고, 이삼환 자신도 이 일이 다산과 이승훈에게 면죄부를 주기 위한 겉치레적 행사가 되어 자칫 본질이 왜곡될 것을 염려했을 것이다. 이삼환의 싸늘한 답장으로 다산이 서두르던 강학회 추진은 난관에 부딪혔다. 다시 처음부터 물밑 작업과 설득을 계속해야만 했디.

9월 13일

순영에 가려고 아침 일찍 출발했다. 20리를 가서 청양현靑陽
縣을 지나고 10리를 가서 옛 금정 땅을 지났다. 20리를 가서 사
향령麝香嶺을 넘고 계전점雞田店[182]에서 쉬었다. 20리를 가서 백
마강을 건너 부여현扶餘縣에서 묵었다. 현감 한백원韓百源[183]과
함께 이야기를 나누었다.

十三日, 將往巡營, 早發. 行二十里, 過靑陽縣, 行十里, 過古金井.
行二十里, 踰麝香嶺, 歇雞田店. 行二十里, 渡白馬江, 宿扶餘縣. 與主
倅韓百源話.

이튿날 북계北溪[184]로 진사 윤취협尹就協[185] 어른을 찾아가
이야기를 나누었다. 돌아오는 길에 대당평백제탑大唐平百濟
塔[186]에 들렀는데, 비문이 떨어져나가 읽을 수 없는 글자가 많
았다. 홍 생원을 방문하였다. 저물녘에 고을 현감과 함께 정
씨鄭氏 형제[187]를 찾아가 배를 띄워 조룡대釣龍臺에 이르고, 돌
아오는 길에 고란사皐蘭寺[188]에 들러 옛터로 올라가서 보았다.
물길을 따라 자온대自溫臺[189] 아래 이르러 청풍정淸風亭에 올랐
다. 규암規巖 위에 앉아서 술을 마시고, 달빛을 타고 다시 배를
띄워 강물을 거슬러올라가 부산浮山 아래 이르러 달빛을 감상
하였다. 다시 강동에 배를 대고 관청에서 잤다.

厥明日, 訪北溪尹進士就協丈, 叙話. 還過大唐平百濟塔, 碑文落剝,
多不可讀. 訪洪生員. 晚與主倅偕訪鄭氏兄弟, 泛舟至釣龍臺, 還過皐
蘭寺, 登覽古址. 順流至自溫臺下, 登淸風亭. 坐規巖上飮酒, 乘月還

汎, 泝流江中, 至浮山下賞月. 還泊江東, 宿官閣.

[부록] 북계로 진사 윤취협을 방문하다〔訪北溪尹進士就協〕[190]

울타리 황량하게 늦가을 빛을 띠고	籬落荒寒帶晩秋
북계로 흐르는 물 누렁소가 마시누나.	北溪流水飮黃牛
인간 세상 부귀야 홍안紅顏에게 돌아가고	人間富貴歸紅臉
천하의 어진 호걸 온통 흰머리일세.	海內賢豪盡白頭
궁하여 저서著書 않고 자취 달게 감추고서	窮不著書甘晦跡
가난해도 술 즐기며 근심 달램 사랑하네.	貧猶縱酒愛寬憂
해진 갖옷 거친 음식 대수롭지 않게 보며	敝裘疏糲渾餘事
증손자가 무릎 위서 노는 모습 보시누나.	閒看曾孫繞膝遊

[부록] 소정방의 평백제탑을 읽고〔讀蘇定方平百濟塔〕

흐릿하기 벌레 먹은 잎사귀 같고	漫漫蟲蝕葉
어지럽긴 새가 나무 쪼아놓은 듯.	鬆鬆雀啄木
어쩌다 네댓 글자 이어진 곳은	時連四五字
문장 이치 대단히 찬란도 하다.	詞理差炳煜
제후 법도 놓친 적 여러 번이나	侯度數曠闕
무열武烈은 신속함을 뽐내었었지.	武烈夸迅速
천년 세월 하많은 비바람 맞아	千年多風雨
글자가 떨어져서 읽을 수 없네.	剝落不可讀
글 지은 이 누구인가 하수량賀遂良이니	作者賀遂良
기이한 글 남은 향기 그대로일세.	奇文有遺馥
회소懷素라면 글씨에 능했겠지만	懷素總能書
권씨權氏 성이어선지 획이 굵다네.[191]	姓權故多肉

개선 노래 강 고을에 떠들썩하니   凱歌震水鄕

당시에 일만 사람 엎드렸다네.   當時萬人伏

구름 돛대 푸른 바다 돌아갈 적엔   雲帆歸滄海

의기가 온 땅에 가득했도다.   意氣彌平陸

이겨도 한때의 기쁨이었고   勝亦一時欣

진다 한들 한때의 욕됨이라네.   敗亦一時辱

이제 다만 들밭의 한가운데서   只今野田中

나무꾼과 목동 놓아 배회한다네.   躑躅放樵牧

[부록] 정씨의 정자에 들러〔過鄭氏亭子〕

강물빛 속에 비친 조그만 누각   小閣江光內

말쑥해 온갖 근심 흩어버리네.   蕭然散百憂

꽃 길러 계절의 차례를 알고   養花知節序

곡식 쌓아 세금 내려 준비한다네.   積粟待徵求

글은 사농司農으로부터 전수받았고[192]   書自司農授

농사는 곡구谷口를 따르려 했지.[193]   耕從谷口謀

집안이 모두 다 평온하여서   室家都穩藉

일 없이 맑은 가을 지나 보내네.   無事度淸秋

[부록] 부여에서 옛일을 생각하며〔扶餘懷古〕

1천 척의 누선樓船이 바다 어귀 들어서자   千舳樓船入海門

육궁六宮의 꾸민 여인 모두 눈물 자욱일세.   六宮珠翠盡啼痕

미인들 물에 지자[194] 풍류도 다하였고   靑蛾落水風流歇

백마가 못 잠기매[195] 안개 기운 어두웠네.   白馬沈淵霧氣昏

그때의 공훈이 새긴 돌에 남았어도   異代勳名餘勒石

이제껏 유로遺老들은 항복 깃발 곡한다네. 　　至今遺老哭降旛

처량타 반월성 어귀로 가는 길엔 　　　　　凄涼半月城頭路

벼와 기장 들쭉날쭉 다만 몇 개 마을일세. 　　禾黍高低只數村

　　부여 반월성 북쪽에 낙화암이 있다. 　　　扶餘半月城北, 有落花岩

부소산의 궁궐은 우뚝이 울창하고 　　　　　蘇山宮闕鬱嵯峨

궁녀는 꽃 같으니 즐거움 어쩌하리. 　　　　宮女如花奈樂何

　　부소산은 부여의 서쪽에 있다. 　　　　　扶蘇山在扶餘西

십제十濟의 신부神符는 개로에서 끝이 나고 　十濟神符終蓋鹵

삼한의 제왕 기운 신라로 모였구나. 　　　　三韓王氣聚新羅

　　백제 시조 온조왕溫祚王이 열 명의 신하와 함께 큰 강을 건너서 왔으므로, 이
　　름을 십제十濟라고 하였는데, 나중에 백제로 고쳤다. ○백제가 처음에는 위
　　례慰禮에 도읍을 정하였고 남경과 북경 두 서울이 있어 개로왕에 이르렀다.

　　百濟始祖溫祚王, 與十臣濟河而來, 號曰十濟, 後改百濟. ○百濟始都慰禮, 有南北
　　二京, 至蓋鹵王.

철옹성이 강 언덕에 가로걸린 것만 보고 　惟看鐵甕橫江岸

구름 돛대 바다 물결 건너옴은 안 믿었지. 　不信雲帆度海波

남은 잔 잡아들고 계백階伯에게 올리려도 　欲把殘杯酌階伯

안개비 거친 사당 넝쿨만 어두워라. 　　　荒祠煙雨暗藤蘿

　　의자왕義慈王이 황음하자 성충成忠과 계백 두 사람이 간하였다.

　　　　　　　　　　　　　　　義慈王荒淫, 成忠階伯二人諫之

풀 나무 가운데에 관청 건물 쓸쓸한데 　　官閣蕭條草樹中

야인들이 전하기는 의자왕의 궁이라고. 　　野人傳是義慈宮

서리 내려 닫은 정원 무잎만 새파랗고 　　輕霜廢苑蕪菁綠

맑은 날 거친 담장 담쟁이만 빨갛다네. 　　澹日荒墻薜荔紅

북부의 몇 고을이 복신福信을 기억할까 　　北部幾州懷福信

어지런 산 부여풍扶餘豊은 찾을 곳이 없구나.　　亂山無處覓扶豊

백제가 망하고 나서 종실 복신이 옛 왕자 부여풍을 맞아들여 왕으로 세우

고 유인궤劉仁軌를 막자 서북의 여러 부족이 모두 호응하였다. 그 뒤 부

여풍이 복신을 죽이고 몸을 빼어 달아났으나 간 곳을 알지 못한다.

百濟旣破, 宗室福信迎古王子扶餘豊, 立之, 以拒劉仁軌, 西北諸部皆應之. 其後扶

餘豊殺福信, 脫身走, 不知所往.

오함사烏含寺는 어느새 전 왕조의 절간 되니　　烏含已作前朝寺

저녁 바람 향해서 나그네 말 슬피 운다.　　　　客馬悲鳴向晚風

의자왕 때 붉은 말이 북악北嶽의 오함사로 들어가 절간을 울며 돌다가 며

칠 만에 죽었다.　　　　　　義慈王時騂馬, 入北嶽烏含寺, 鳴匝佛宇, 數日死

[부록] 조룡대釣龍臺

조룡대서 용 낚은 일 황탄하고 괴이한데　　　龍臺釣龍事荒怪

최북崔北[196]의 그림에서 내가 처음 보았었네.　　我初見之崔北畫

용맹한 한 장수 모양이 사나운데　　　　　　有一猛將貌猙獰

성난 수염 창과 같고 눈꼬리는 찢어졌네.　　怒髯如戟目裂眥

꿈틀꿈틀 쇠줄을 오른팔에 감았으니　　　　鐵索蜿蜒繞右肘

백마가 피 흘리며 용 아가리 걸렸구나.　　白馬流血龍口罥

용 아가리 크게 벌려 용의 목은 움츠리고　　龍口哆張龍頸蹙

갈기로 수면 치자 사방 물결 튕기누나.　　鬐鬣擊水波四洒

갑옷 빛 번쩍여서 금 비늘에 비치고　　　　甲光炫燿照金鱗

검은 구름 하늘 가득 우주마저 비좁아라.　　黑雲滿天天宇隘

말하기는 당나라 때 소정방이란 장수　　　道是大唐蘇定方

부소산서 용을 잡아 군사 건넨 것이라고.　　屠龍渡師扶山砦

부소산 아래에는 강물이 흐르는데　　　　扶山之下江水流

물거품 뜬 것 같은 주먹 바위 하나 있지.　　蓋有拳石如浮漚

당시에 1천 척 배 남쪽 기슭 대니　　當時千艘泊南岸

어떤 길을 따라서 서북쪽에 이르렀나.　　如何路由西北陬

용이 이미 구름 불어 신통함을 드러내곤　　龍旣噓雲顯靈詭

어이 또 미련하게 낚싯바늘 삼켰던고.　　詎又冥頑仰吞釣

바위 표면 움푹 패어 발꿈치가 파묻히니　　石面谽谺深沒趾

신발 자국 여태껏 남아 있는 것이라나.　　好說靴痕至今留

5천 년에 책 실린 것 황당하고 성그니　　載籍荒疏五千歲

상자 아이, 말의 알이 모두 다 황당히다.[197]　　壺孩馬卵都謬悠

착해도 칭찬 없고 악해도 탈 없으니　　爲善無芳惡無臭

소인은 난폭하고 군자는 근심하네.　　小人恣睢君子愁

[부록] 조룡대기 釣龍臺記

예전 내가 서울서 노닐 때, 인가의 벽 위에서 그림을 보았다. 한 용맹한 장수가 황금 투구에 철갑옷을 입고서 팔뚝에 무쇠 끈 한 가닥을 감은 채 물속 바위 위에 서서 용을 낚는데, 용은 아가리를 벌리고 고개를 쳐든 채 발로 바위를 꽉 잡고 끌려가려 하지 않으니, 둘이 서로 힘을 떨쳐 혈전을 벌이는 그림이었다.

昔余游京師, 見人家壁上, 畫一梟將, 金盔鐵甲, 臂纏鐵索一條, 立水中巖石之上以釣龍. 龍張口昂首, 足據石不肯上, 兩相奮力以血戰者.

내가 말했다.

"저게 무얼 그린 것이오?"

대답하였다.

"예전 소정방이 백제를 정벌할 때, 백마강에 이르자 신룡神龍이 큰 안개와 괴이한 바람을 일으켜 배를 탄 군사가 건널 수가 없었답니다. 이에 소정방이 크게 노하여 백마를 미끼로 그 용을 낚아서 죽였다지요. 그런 뒤에는 안개가 걷히고 바람이 잦아들어 군사가 건널 수 있었답니다. 이것이 그 그림입니다."

내가 말했다.

"그 말이 참 이상도 하다."

曰: "彼何狀也?" 曰: "昔蘇定方伐百濟, 至白馬江, 有神龍作大霧怪風, 舟師不能渡. 於是定方大怒, 以白馬爲餌, 釣其龍而殲之. 然後霧卷風息, 師得濟焉. 此其圖也." 余曰: "異哉之言也."

올해 봄 내가 금정에 있을 때 원례元禮 한백원이 부여현감으로 있으면서 여러 번 편지를 보내 나더러 백제의 고적을 구경할 것을 권하였다. 마침 9월 보름에 고란사 아래에 배를 띄우고, 이른바 조룡대라는 곳에 올라 바라보았다.

今年秋, 余在金井時, 韓元禮知扶餘縣, 屢貽書勸余觀百濟古跡. 遂以九月之望, 汎舟皐蘭寺下, 登所謂釣龍臺而觀焉.

아! 우리나라 사람이 황당함을 좋아함이 어찌 이처럼 심하단 말인가? 조룡대는 백마강의 남쪽에 있다. 진실로 소정방이 조룡대로 올랐다면 군사가 이미 건넌 것이다. 또 어찌 눈을 부릅떠서 힘을 쏟아 용을 낚는단 말인가? 조룡대는 백제성의 북쪽에 있다. 진실로 소정방이 조룡대에 올랐다면 성은 이미 함락된 셈이다. 배를 탄 군사가 바다 어귀로 들어와 성 남쪽에 이르러서 마땅히 바로 육지에 내렸으리니, 어이하여 근원까지 수십여 리를 거슬러올라가 조룡대 아래에 이른단 말인가?

嗟乎! 東人之好荒唐, 何若是之甚也? 臺在白馬江之南, 苟定方得登此臺, 則師已濟矣. 又安用瞋目努力以釣龍哉? 臺在百濟城之北, 苟定方得登此臺, 則城已陷矣. 舟師入海口抵城南, 卽當下陸, 何爲溯流窮源數十餘里, 至此臺之下哉?

신라 시조의 탄생은 한나라 선제宣帝 때에 해당한다. 하지만 기록된 옛 유적은 모두 황당하고 불경스럽다. 백제가 망한 것은 당나라 고종高宗 때이다. 그런데도 용을 낚은 이야기는 이처럼 앞뒤가 안 맞으니, 하물며 한나라와 당나라보다 앞선 깃임에랴! 우리나라의 일은 고려시대 위로는 모두 물어볼 수가 없다.

新羅始祖之生, 當漢宣之時. 而所記古蹟, 皆鴻荒不經. 百濟之亡, 當高宗之時. 而釣龍之說, 謬悠如此. 況前乎漢唐哉! 東國之事, 由高麗以上, 皆不可問也.

[부록] 부여현감 원례 한백원과 함께 고란사 밑에서부터 배를 타고 자온대까지 이르니, 배 안에서 장난삼아 읊어 원례에게 보이다〔同扶餘縣監韓元禮百源, 自皐蘭寺下, 汎舟至自溫臺, 舟中戲吟示元禮〕

물 가운데 풍악 소리 맑고도 빼어나니	歌簫清絕水中央
당나라 적 용양장군龍驤將軍 그 옛날의 전쟁터라.	唐代龍驤舊戰場
만약에 자온대를 적벽에다 두었다면	若把溫臺當赤壁
마침 내가 소동파를 비웃어주었으리.**198**	會敎丁子笑蘇郞

[부록] 자온대 아래에서 달밤에 배 띄우고〔自溫臺下汎月〕

강 달빛 해맑기 이와 같건만	江月清如此
인간 세상 그 누가 함께 보겠나.	人間誰與看

푸른 하늘 모습은 곱기도 해서	碧天容宛轉
가을 물이 난간에 함께한다네.	秋水共闌干
오늘 밤 시원스레 툭 트인 마음	廓落成今夜
떠돌이로 잠시 기쁨 누려보세나.	飄零得暫歡
소리 내며 돌아가는 바다 기러기	一聲歸海雁
어인 일로 구름 끝을 건너가는가.	何事度雲端

031 북계 진사 윤취협을 찾은 목적은 무엇이고, 한백원과 함께한 백제 유적 여행은 어땠나?

9월 13일 공주에 있는 순영으로 가려고 금정역을 출발한 다산은 청양현을 지나 고금정古金井, 즉 원래 금정역이 있던 곳을 거쳐, 사향 령을 넘고 계전점에서 쉬었다. 그러고는 다시 20리를 더 가서 백마강 을 건너 부여현에서 묵었다. 당시 부여현감 한백원은 죽란시사竹欄詩 社의 일원으로 활동한 다산의 벗이었다.

9월 14일에는 부여 북계로 진사 윤취협을 찾아갔다. 북계는 정확 한 위치를 알기 어렵다. 전날 백마강을 건넜으니 되건넜을 리는 없고 부여현 객사에서 묵은 이튿날 아침 그의 집을 찾아갔다가 돌아오는 길에 평백제탑에 들렀다고 한 것으로 보아, 북계는 객사에서 서북 방 면 몽도면蒙道面 쪽인 듯하나 분명치 않다.

당시 윤취협은 68세의 고령이었다. 다산이 그를 찾아간 것은, 그 집안의 자제에게 강학회에 동참할 것을 설득하기 위해서였던 것으로 보인다. 일기에 자세한 내용을 따로 밝히지 않은 것을 보면, 이날의 방문이 다산의 뜻대로 되지 않았던 듯하다.

《다산시문집》 권2에 이때 지은 시 한 수가 남아 있다. 〈북계로 진사 윤취협을 방문하다〉가 그것이다. 시에는 가난한 그의 살림과 온통 백발인 그의 모습, 해진 갖옷과 거친 음식을 감내하는 삶을 담담하게 그렸다. 증손자가 무릎 위에서 논다고 한 것이 인상적이다. 윤취협과 그의 손자 윤기환에 얽힌 이야기는 뒤쪽 문답 [050]과 [051]에서 다시 상세하게 살피겠다.

북계에서 돌아오는 길에 정림사지 5층석탑으로 알려진 대당평백제탑을 구경했고, 중간에 다시 이름이 알려지지 않은 홍 생원에게도 들렀는데, 이 또한 강학회에 동참할 것을 설득하기 위해서였을 것이다.

9월 14일 저녁 다산은 부여현감 한백원과 함께 이름을 알 수 없는 정씨 형제를 찾아갔고, 이후 조룡대와 고란사를 들러, 자온대를 거쳐서 청풍정에 올랐다. 규암에서 다시 밤중까지 술 마시며 노닐다가 달빛을 안고 관아로 돌아와서 잠을 청했다.

다산은 이때 여러 편의 시문을 지었다. 〈소정방의 평백제탑을 읽고〉, 〈부여에서 옛일을 생각하며〉, 〈조룡대〉 등 여러 편의 시와 산문 〈조룡대기〉를 따로 남겼다. 조룡대 전설에 대해 합리적 추론으로 그 허구성을 갈파하는가 하면, 옛 역사의 현장에서 느낀 울적한 심사를 함께 토로하기도 했다.

오랜만에 서울 시절의 벗 한백원과 함께한 자리여서 그랬는지 몰라도 모처럼 글재주를 뽐내며 시와 술과 풍류가 어우러진 흐뭇한 하루를 보냈다. 김복성 검거 이후 이존창의 체포 문제를 상의하기 위해 충청도관찰사 유강을 만나러 가는 길에도, 다산은 윤취협과 홍 생원,

정씨 형제 등에게 들러 강학회 참여를 권유하며 바쁜 일정을 소화했던 것으로 보인다. 이때 부여현감 한백원과 함께한 풍류로운 하루 유람은 답답하던 다산의 흉금을 시원스럽게 해주었을 것이다. 다만 이때 찾았던 사람들의 이름을 서암강학회 모임에서 찾을 수 없는 것으로 보아, 이날의 설득은 모두 실패로 돌아갔음을 알 수 있다.

9월 15일

공주에 이르러 관찰사 유강을 뵈었다.

十五日, 到公州, 見觀察使柳焵.

그다음 날, 공주에 머물렀다. 밤에 심유沈游[199]·오국진吳國鎭[200]·권기權蘷[201]와 함께 이야기를 나누고 동지同知 이이환李彛煥[202]과 더불어 공북루拱北樓[203]에 올라 술을 마셨다.

厥明日, 留公州. 夜與沈游吳國鎭權蘷話, 與李同知彛煥, 登拱北樓, 飮酒.

[부록] 공주 공북루에 올라〔登公州拱北樓〕

이괄李适[204]의 흉한 칼끝 서울을 핍박하매	李适凶鋒逼上京
허둥지둥 임금 수레 외론 성에 머물렀지.	蒼黃警蹕駐孤城
강토는 북쪽으로 넓은 웅진熊津 다가서고	輿圖北蹙熊津闊
반역 기운 서편에서 학령鶴嶺 넘어오는구나.	叛氣西來鶴嶺平
임금께서 사직을 우습게 봄 아니었고	不是君王輕社稷
당시에 역적 놈이 위세가 있어서라.	當時賊豎有威名
이제껏 장막 궁전 군사 위로하던 곳에	至今帳殿勞師地
빼곡한 두 나무만 나그네 정 흔드누나.	雙樹蕭森動客情

[부록] 벗 오국진에게 주다〔贈吳友國鎭〕

금강의 물결 위로 우수수 잎이 질 때	蕭蕭木葉錦江波
객관에서 만나니 그대를 어찌하리.	逆旅相逢奈爾何

공주 객사에서 서로 만났다.	時於公州邸舍相逢

풍진 세상 지나느라 붉은 얼굴 시들었고　　　風塵歷落朱顏滅
천지를 배회함에 백안白眼 대함 많았으리.　　天地徘徊白眼多
100년 조야朝野에선 정해진 의론 없어　　　　朝野百年無定論
바다와 산 천 리 길에 슬픈 노래 있다네.　　海山千里有悲歌
옛 가문의 문채가 그대에게만 남았으니　　故家文采唯君在
객지의 밤 답답함을 함께 술로 푸세나.　　客夜牢騷許共酡

[부록] 벗 권기에게 주다〔贈權友夔〕

하계霞溪의 문장은 옥당의 신선인데[205]　　霞溪文藻玉堂仙
향기 멎고 소리 끊겨 100년이 지났구려.　薰歇聲沈且百年
용미석龍尾石이 참으로 중국 옥새 되었더니　龍尾眞成中國璽
봉황 깃털 이제는 옛집 담요 잃었구려.[206]　鳳毛今失舊家氈
산중에 지금껏 양웅揚雄의 집 남았건만　　山間尙有揚雄宅
성곽 밖엔 양계揚季의 밭조차 아예 없네.[207]　郭外仍無季子田
호해湖海에서 서로 만나 감개함이 많아서　湖海相逢多感慨
주막집 등불 아래 마주 눈물 흘리누나.　一燈茅店對潸然

[부록] 요신堯臣 권기에게 답함〔答權堯臣夔〕

　지난번 보내온 편지는 통상의 안부를 묻는 것이 아니어서 실로 깊이 감격하였습니다. 보낸 편지에서 친구 사이 의리의 구분을 깊이 분석하였으니, 이는 사군자士君子라면 마땅히 무엇보다 먼저 강론하여 연마해야 할 지점입니다. 그렇지 않은 사람은 그 나아가 향하고 좋아하여 즐거워하는 것이 혹 바름을 얻을 수가 없고, 지조를 지키는 데에도 또한 큰 해로움이 있으니, 서둘러 살피지 않을 수가 없습니다.

向來惠書, 非照例寒暄之問, 感戢良深. 示喩交際, 深析義利之分, 此
士君子所當首先講劘處. 不然者, 其趨向好樂, 或不能得其正, 而其于
操履上, 亦有大害, 不可不亟察之也.

하물며 근일에 혹 이상한 모양의 의론이 있어, 무릇 전부터 알고
지내던 여러 사람이 잠간이라도 재상의 반열에 속하게 되면, 문득
부귀한 가문이라고 지목하여, 부끄러워하며 서로 왕래하려 들지 않
습니다. 이는 그 마음이 우아하거나 깨끗해서 그런 것이 아니고, 대
개 간사한 사람의 뜻을 남몰래 받아 그런 것입니다. 우리는 모두 빈
한하고 담박하고 성글고 거치니, 지위가 비록 삼공三公과 소부少傅
같은 중신重臣에 이른다 해도 단지 하나의 늙은 조대措大일 뿐입니
다. 진실로 그 문장과 언론이 모범으로 삼을 만하다면 어찌하여 서
로 미치지 않겠습니까? 또한 그 사람이 어떠한지를 살필 뿐입니다.

況近日或有異樣議論, 凡屬知舊諸人之稍登宰列者, 輒指爲富貴門
庭, 恥不肯過從. 此其心非雅潔而然, 蓋有陰受憸人之旨者也. 吾儕皆
寒澹疎荒, 雖位至公孤, 特一老措大耳. 苟其文章言論, 有可模範, 如之
何其不相及也? 亦觀其人之如何爾.

보내온 편지에서 의리義利 두 글자를 가지고 무게를 달아 쪼개어
분석한 것은 진실로 요점을 얻었습니다. 그대는 다시금 힘써 나아가
야 할 것이 있습니다. 대개 재기가 뛰어나나 함축이 적고, 경계는 분
명해도 포용함이 적으며, 일을 함에 용감하고 날카롭지만 인내심이
부족합니다. 이 세 가지는 형이 기질의 병이 있어 그런 것입니다. 그
아래 단락의 세 가지 부족한 것은 또한 약용 자신에 대한 말이기도

합니다. 이제부터는 서로 본받고 경계하여 힘껏 변화할 방법에 힘써 보탬이 있기를 바랍니다.

來敎以義利二字, 秤量劈破, 誠得其要矣. 吾兄復有勉進者. 蓋才氣發越而少涵蓄, 經界分明而少包容, 作事勇銳而少忍耐. 此三者, 兄之氣質之病有然也. 其下段三少, 亦鏞之自道者. 從玆以往, 互規胥誡, 力務變化之方, 庶乎其有益也.

근래 또 한 종류의 의논하는 자들이 여러 가지 책을 널리 보다 점차 박잡해지는 병통이 있을 경우 기이한 것을 좋아하고 새로운 것을 숭상하는 병통에 빠지기 쉽다고 생각하는데, 이는 전혀 그렇지가 않습니다. 패관소품이나 이단과 잡학의 책은 모두 물리칠 만한 것이나, 우리 유가의 바른 경전의 문자로 예를 들어 구경九經을 풀이한 책이나 역대의 사책史策 같은 것이야 어찌 폐하겠습니까? 일찍이 당로자當路者의 자제를 살펴보니, 그 해박하고 우아하며 널리 통함이 우리에게 견줄 바가 아님이 많았으니, 홀로 고루하다면 장차 어디에 베푼단 말입니까? 다행히 그대가 본원을 함양하여, 그 남는 힘을 가지고 경사經史의 공부에 나아감에 힘써서, 서로를 아끼는 기대에 부응하여주셨으면 합니다.

近又一種議者, 以爲博覽羣書, 漸有駁雜之病, 易陷於好奇尙新之病, 此殆不然耳. 稗官小品異端雜學之書, 皆在可黜, 而吾儒家正經文字, 如九經箋釋及歷代史策, 如之何其廢之? 嘗觀當路子弟, 其博雅該洽, 多非吾輩之比, 獨自孤陋, 將安施哉? 幸吾兄涵養本源, 以其餘力, 務進經史之工, 以副相愛之望.

032 공주에서 만난 오국진과 권기는 어떤 사람인가?

벗과 함께한 하루의 유람으로 회포를 푼 다산은 9월 15일 공주에 도착해서 충청도관찰사 유강을 만났다. 임박한 이존창의 검거를 위한 모종의 논의가 있었을 것이다. 이튿날은 공주에 머물며 공주 객관에서 밤에 심유, 오국진, 권기 등과 대화했다. 역시 성호 질서 정리를 위한 강학회에 동참해줄 것을 설득하는 내용이었겠다.

세 사람은 모두 30대 초반으로 다산보다 한두 살 어렸다. 다산은 이미 문과에 급제해 임금의 최측근에서 동부승지의 벼슬까지 지냈던 터라, 진사시조차 통과하지 못한 처지의 유생 신분과는 절로 현격한 차이가 있었다. 오국진은 숙종 때 우의정을 지낸 오시수吳始壽의 현손이었고, 권기 또한 대제학을 지낸 권유權愈의 현손으로, 모두 남인의 뼈대 있는 집안 자손들이었다.

이날 만난 세 사람 중 심유는 강학회 참여를 거절한 듯하고, 오국진과 권기는 참여를 약속했다. 특히 오국진은 다산과 가장 가까웠던 오석충吳錫忠의 종손從孫이었다. 오시수는 1680년 경신대출척庚申大黜陟 당시 영의정 허적許積의 서자 허견許堅이 종실인 복창군, 복선군, 복평군 삼형제와 역모를 꾸미다 적발되어 사사賜死될 때 허적과 허견 부자를 엄호했고, 현종 승하 후 청나라의 조제사弔祭使가 왔을 때 원접사遠接使가 되어 숙종에게 허위 보고를 한 죄로 사사된 인물이다. 1784년 8월 9일 증손자 오석충의 탄원으로 정조 때 복관되었다. 오국진은 오석충과 다산의 긴밀한 관계를 봐서라도 다산의 요청을 거절할 수 없었을 것이다.

권기는 4대조 권유가 예조판서와 대제학을 지낸 남인 명문이었고, 증조부 권영權韺이 오시수 집안으로 이조판서를 지낸 오시복吳始復의 사위였다. 권기는 또 서암강학회에 참석했던 진주강씨 집안 강이인姜履寅과 강이중姜履中의 종형제인 강이덕姜履德의 딸을 둘째 부인으로 맞이한 인연이 있었다.

이날 밤 다산은 〈벗 오국진에게 주다〉와 〈벗 권기에게 주다〉 등 시를 한 수씩 지어주어 남다른 감회를 전했다. 오국진에게는 선대의 일로 낙척落拓의 세월을 견뎌온 데 대한 위로를 먼저 건넸다. 권기에게는 선대 권유가 옥당의 신선으로 불리며 이름 높던 시절을 떠올린 뒤, 영락하여 궁핍한 그의 경제를 슬퍼하고 "호해에서 서로 만나 감개함이 많아서, 주막집 등불 아래 마주 눈물 흘리누나"라는 구절로 시상을 마무리 지었다.

다산과 두 사람은 이후 흉금을 털어놓는 친밀한 사이가 되었다. 두 사람이 함께 금정역으로 다산을 찾아와 시문으로 창수했고, 공주 창곡倉穀 관리의 난맥상을 고발해 다산으로 하여금 장편의 시를 짓게 하기도 했다. 권기에게 보낸 〈요신 권기에게 답함〉이라는 편지도 한 통 남아 있다. 편지에서 다산은 권기가 오래도록 이어진 불우로 기질이 날카롭고 포용이 적은 점을 지적했다. 다산에게 보낸 권기의 편지가 남아 있지 않아서 자세한 내용을 알기 어렵지만, 위 편지의 이어지는 대목에서, 기이한 것을 좋아하고 새로운 것을 숭상하는 호기상신好奇尙新의 병통에 대해 말한 내용을 보면, 둘 사이에 서학과 관련된 토론도 있었음을 짐작할 수 있다.

9월 17일

새벽에 출발하여 금강을 건넜다. 50리를 가서 정산현定山
縣에서 쉬다가 고을 현감 채윤전蔡潤銓[208]을 보았다. 20리를 가
서 큰 고개를 넘고, 20리를 가서 청양현을 지났다. 20리를 지나
금정역으로 돌아왔다.

十七日, 曉發, 渡錦江. 行五十里, 歇定山縣, 見主倅蔡潤銓. 行二十
里, 踰大峙. 行二十里, 過靑陽縣. 行二十里, 還驛.

목재의 답시[209]는 이렇다.

木齋答詩曰:

지금 세상 영웅호걸 간간이 없지 않아	當世英豪間不無
사문斯文의 바른 맥을 붙듦을 기대하네.	斯文正脈待持扶
평지를 보더라도 층층 파도 급하거니	卽看平地層濤急
어두운 길 외로운 등불 하나 의지하네.	賴有昏衢一燭孤
하늘하늘 낚싯대로 고기 낚는 벗 따르고	裊裊漁竿隨釣侶
내달리는 말 타고서 농부를 찾아간다.	翩翩駬騎訪田夫
인문이 한데 모여 다시 밝음 펼치니	人文會見重宣朗
한 이치 차고 기움 하도河圖[210]로 징험하네.	一理盈虛驗馬圖

9월 19일

성주산의 일로 순영에 보고하였다.

十九日, 以聖住山事, 論報巡營.

033 '성주산의 일'은 무엇을 말하나?

'성주산의 일〔聖住山事〕'이란 표현이 9월 19일, 9월 24일 일기에 두 차례 등장한다. 성주산은 충남 보령시 미산면과 성주면에 걸쳐 있는 산으로, 당시 천주교의 교주 이존창 등이 숨어서 포교 활동을 하던 곳이다. 앞서 수원유수 조심태가 금정으로 내려오는 다산을 만나 특별히 주목하라고 지목했던 곳이기도 하다. 다산은 9월 19일에 '성주산의 일'로 순영에 보고서를 올렸다. 여기서 '성주산의 일'이란 이 지역 천주교 지도자인 이존창의 검거와 관련된 일을 가리킨다. 그간의 탐문으로 이존창의 위치를 알아냈다는 보고와 일의 진행 경과 및 체포 계획을 설명한 내용이었을 것이다.

실제로 1795년 9월, 1791년 이후 4년째 잠적 중이던 이존창을 검거한 당사자가 정약용이라는 사실은 그간 교회사 연구에서 전혀 언급되지 않았다. 선명하게 이름이 명시된 기록이 없는 데다 다산의 일기에서마저 이존창의 이름은 언급조차 하지 않은 채 그저 '성주산의 일'이라는 식으로 모호하게 뭉뚱그려 말했기 때문이다.

다산은 천주교와 관련된 일을 언급할 때는 늘 이렇게 오리무중의 화법을 썼다. 주문모 실포 사건에 연루되어 금정까지 내려온 다산으로서는 이를 단번에 만회할 만한 결정적인 반전용 카드가 필요했고, 그것이 바로 이존창 검거였다. 다산이 그를 붙잡기만 한다면, 천주교와 관련한 자신의 혐의를 벗는 데 도움이 될 뿐 아니라, 임금은 이를 명분 삼아 그의 유배 아닌 유배를 끝낼 것이었다.

다산이 어떻게 해서 이존창의 근거지와 선이 닿았는지는 알기 어렵다. 다산이 앞서 김복성 외 네 사람의 금정 인근 천주교 지도부를 검거해 다짐을 받는 성과를 거뒀지만, 몇 해째 종적이 묘연한 이존창을 검거해야만 임금이 다산을 금정으로 내려보낸 명분이 설 것이었다. 한편, 앞서 수원유수 조심태가 다산을 만나자마자 홍산과 성주산, 청양 경계 등 세 곳을 찍어 지목한 것에서, 당시 이 지역 천주교도의 동향에 대한 중앙의 감찰이 지속적으로 이뤄져왔음도 알 수 있다.

이존창은 누구인가? 그는 권철신, 권일신, 이기양 등과 사제師弟 관계로 이어져 교회 창립기에 입교해서, 가성직 제도 당시에 이미 다산과 함께 10인의 신부로 활동한 교계 핵심 인물이었다. 그는 내포 지역에서 교회 확장에 전념하다가, 진산 사건이 일어난 1791년 11월에 충청도관찰사 박종악에 의해 체포되었다. 이때 그는 배교를 선언하고 바른길로 돌아오겠다는 다짐장을 제출한 뒤 석방되었다. 교회 유지를 위한 형식적인 배교 후 1791년 12월 30일 홍산으로 이주했다.

다블뤼 주교가 서울과 경기, 충청도와 전라도에서 체포된 수많은 순교자가 모두 내포 지역 교회와 연관이 있고, 1850년대 조선 천주교 신자의 대부분은 이존창이 초기에 입교시킨 사람들의 후손이라고 썼을

정도로, 이존창은 초기 교회에서 중추적 역할을 담당한 거물이었다.[211]

이존창과 주문모 신부의 겹치는 동선도 추적이 필요하다. 1794년 연말에 입국해서 1795년 1월 4일 한양에 도착한 주문모 신부는 그해 부활절까지 조선말을 배우고 성사를 주면서 바쁘게 지냈다. 1795년 4월에 이존창은 계동 최인길의 집으로 찾아가서 주문모 신부를 만나, 함께 지방 교회 순회에 나섰다. 먼저 양근 윤유일의 집에 들렀고, 이후 고산의 이존창과 전주 유관검의 집을 거쳐 상경했다. 주 신부의 지방 순회는 이존창과 유관검이 보호와 안내를 맡았다.

상경 직후인 5월 11일에 한영익의 고발로 윤유일 등 세 사람이 하루 만에 죽고, 주문모 신부는 다산의 도움을 받아 극적으로 창동 강완숙의 집으로 피신할 수 있었다. 다산이 이존창 체포에 관한 비밀 보고서를 충청도관찰사에게 올리고 있을 때, 신부는 교회 조직의 도움을 받아 충청도 연산連山 땅 이보현李步玄의 집에 은신해 있었다. 당시 관변 기록에서 주문모의 존재는 철저하게 함구되었다. 이존창은 이때 부여 홍산과 가까운 보령 성주산 인근에 숨어 지냈던 것으로 보인다.

이존창이 숨어 있던 홍산과 주문모 신부가 피신한 연산은 하루면 닿을 수 있는 거리였으므로, 신부의 피신지와 동향은 당시 교회의 위계상 이존창에 의해 관리되고 있었을 가능성이 높다. 주문모 신부의 충청도 지역 피신은 포도청에서도 어느 정도 짐작이 있었을 법하다. 이 같은 상황에서 이존창의 검거야말로 주문모 신부 체포에 결정적인 방아쇠가 될 것이 분명했다.

다산은 이존창의 소재에 대한 정보를 김복성을 통해 들었을 것으로 보인다. 이후 9월 말까지 다산과 이존창 사이에는 근 한 달간 자수를 권유하는 이면 접촉과 이후의 신변 보장에 대한 설득이 이뤄졌을 것으로 추정한다.

9월 24일

주신周臣 이유수李儒修[212]가 찾아왔다.

廿四日, 李周臣來訪.

이튿날 장령 이일운李日運[213]이 찾아왔다.

厥明日, 李掌令日運來訪.

관찰사의 답서는 이렇다.

巡使答書曰:

"죄인을 붙들어오는 일을 날마다 몹시 기다리고 있습니다.[214] 날짜를 헤아려보니 오늘이면 너무 늦은데도 여태껏 형체와 그림자조차 없으니, 혹 낌새를 알아 미리 피한 것인가 싶습니다. 혹 깊은 산골 궁벽한 골짜기여서 몸을 감추기가 너무 쉽다 보니 이처럼 늦어지는 것인가요? 몹시 의아하고 답답합니다. 잡아온 뒤의 일은 마땅히 그대에게 들어보고 나서 상의하여 처리할 테니, 염려하지 마십시오. 성주산의 일은 이미 비관秘關을 발송하였습니다."[215]

"罪人捉來事, 方逐日苦待. 而計其日子, 今日則太晚, 姑無形影, 似或知機預避. 或絶峽窮谷, 藏身甚易, 如是遲延耶? 極可訝鬱. 捉來後事, 當與聞於兄而相議處之, 勿慮也. 聖住山事, 已發秘關耳."

034 장령 이유수와 이일운의 잇단 방문과 관찰사가 보낸 답서의 내용은?

9월 19일 다산의 보고가 올라가자 상황이 긴박하게 전개되었다. 닷새 뒤인 9월 24일에 갑자기 이유수가 금정으로 내려와 다산을 찾았다. 당시 그는 감찰 업무를 담당한 사헌부장령의 직임을 맡고 있었다. 안부차 들른 것이 아니라, 9월 19일 다산의 보고에 대한 후속 조처를 처리하기 위해서였을 것이다. 이유수는 다산과 함께 초계문신에 올랐고, 죽란시사 활동을 함께 했을 뿐 아니라, 1801년 다산이 강진으로 유배 간 뒤에도 끝까지 의리를 지킨 절친한 벗이었다. 다산은 그가 세상을 떴을 때 장문의 〈사헌부장령금리이주신묘지명司憲府掌令錦里李周臣墓誌銘〉을 짓기까지 했다.

이튿날인 9월 25일에는 장령 이일운까지 다산을 찾아왔다. 이일운의 손에는 9월 19일 다산의 보고에 대한 충청도관찰사 유강의 답신이 들려 있었다. 중앙 부서의 감찰관 2인이 함께 내려와 한 사람은 막바로 금정으로 오고, 다른 한 사람은 충청도 감영에 들러 경과보고를 받은 뒤 이튿날 합류한 것으로 볼 수 있다. 상황이 상당히 긴박하게 돌아가고 있었다. 대체 무슨 일로 이런 소동이 벌어졌을까?

이일운이 건네준 관찰사 유강의 답신에는 짧지만 여러 생각을 하게 만드는 내용이 담겨 있다. 분절해서 살펴보자.

첫째, 9월 19일 보고에서 다산은 19일 당일 또는 20일이면 이존창을 충분히 체포할 수 있다고 확정적으로 보고했던 듯하다. 그간의 과정을 설명하면서 체포가 임박했음을 알리고, 후속 절차에 대한 조처를 부탁했을 것이다.

둘째, 그럼에도 다산의 생각과 달리 이존창의 체포는 여러 날째 이 뤄지지 않았고, 관찰사는 체포가 이렇듯 늦어지는 이유를 다산에게 다시 물었다. 낌새를 알고 달아난 것이 아니냐, 혹 계획이 새어나간 것 은 아니냐며 답답하고 초조한 심정을 말했다.

셋째, 이 대목이 특별히 눈길을 끄는데, 관찰사가 다산에게 이존창 을 잡아온 뒤 뒤처리를 다산과 상의해서 처리하겠고 임의로 하지는 않 을 테니 아무 염려 말라고 했다는 사실이다. 이 말은 9월 19일의 보고 에서 다산이 이존창 체포 후의 처리를 자신과 반드시 상의해줄 것을 단서로 달았다는 뜻이다. 이에 관찰사는 혹 그 부분이 미심쩍어 주저 하는 것이라면 염려할 것 없다고 다시 한번 다짐을 주었다. 체포해서 넘기면 그것으로 끝날 일에 다산은 이존창 체포 후의 처리에 자신의 의사가 반영되어야 한다는 조건을 굳이 내걸었다. 이를 통해 다산과 이존창 사이에 이면 접촉이 있었고, 체포 후 처리에 대해서도 다산이 관찰사에게 모종의 부탁까지 했음이 드러난다. 다산의 이존창 체포 계 획이 그냥 무작정 급습하려 한 것이 아니었고, 사전 조율에 의한 것이 었을 가능성이 높다는 뜻이다. 동시에 당시 체포가 늦어진 것은 이 같 은 사전 조율 내용에 의견 차이가 발생했기 때문이었을 수 있다.

넷째, 관찰사는 다산의 보고를 믿고 중앙에 비관 즉 비밀 공문까지 발송한 상태였다. 다산의 사전 보고에서 확신에 찬 정황 보고가 없었 다면, 아직 체포도 하지 않은 죄인을 체포 예정이라고 비밀 공문으로 보낼 수는 없었을 것이다. 이에 따라 중앙에서 급파된 이일운을 수석 으로 이유수까지 두 사람의 사헌부장령이 도착한 상태였다. 두 사람 의 급파 이유는 이존창 체포 후 정보를 차단한 상태에서 즉각 중앙으 로 호송해올리는 문제와 관련이 있었을 것이다. 어쩌면 당시 이존창이 주문모 신부의 소재 파악에 키를 쥐고 있다는 판단이 있었을지도 모르겠다. 관찰사는 다산의 장담을 믿고 비밀 공문까지 발송해 중앙 부서에서 감찰관까지 내려왔는데, 왜 일에 진척이 없느냐며 다산을 다그치고 있었다.

단순한 한 장의 보고에 이렇게 다들 호들갑을 떤 것을 보면, 그 이면에 우리가 잘 모르는 큰 그림이 들어 있었다는 추정이 가능하다. 필자는 이 대목에서 당시 내포 지역의 천주교회 조직과 다산 사이에 모종의 묵계가 있었을 가능성을 상정해본다. 다산이 전광석화와 같이 이뤄진 김복성의 검거에 이어 최고 지도자인 이존창까지 체포하는 데 나섰고 이 과정에 김복성과 이존창이 협조한 것은, 주문모 신부 실포 이후 불어닥친 검거 선풍에서 천주교회의 조직을 살리고, 당시 충남 연산 이보현의 집에 피신해 있던 주문모 신부를 지켜내기 위한 고육책이었을 가능성이 있다는 뜻이다.

다산과 김복성, 이존창 사이에는 지금 우리가 잘 알 수 없는 다짐이나 언약이 있었고, 그 약속은 관찰사 유강이 잡아온 뒤의 일은 그대와 상의한 뒤에 처결하겠다고 한 언급으로 짐작할 수 있을 뿐이다. 김복성이 이존창의 은신처를 아무 약조 없이 다산에게 덥석 알려주지는 못했을 것이다. 설령 알려주었다 해도 달아날 마음만 있었다면 이존창은 다산을 얼마든지 따돌릴 수 있었다. 김복성 문초와 이존창 검거 사이에는 한 달 이상의 간극이 있었다. 이 시간적 거리는 중재와 설득에 적지 않은 진통이 있었다는 뜻이고, 다산이 장담했던 날짜에 이존창이 잡히지 않은 것도 그 같은 사정을 보여준다.

사실 다산과 이존창은 1785년 명례방 추조적발 이전부터 익히 아는 사이였다. 두 사람은 초기 교단의 가성직 신부 10인에 함께 포함되어 있었다. 권일신의 갑작스러운 사망과 이승훈의 배교 이후 이존창의 천주교계 내부에서의 영향력은 절대적이었다. 그런 그가 다산의 손에 순순히 잡혀 감영에 갇히려 한 것은 다소 의외다. 1791년 박종악이 그랬듯 배교의 서약만으로 석방해주겠다는 이면 약속 같은 것이 있었기 때문이었을 것이다. 또 한 가지, 당시 조선 교회로서는 주문모 신부의 종적을 캐는 추적의 눈길에서 관심을 딴 데로 돌려놓아야 할 필요도 절박했으리라고 본다.

한편, 공개적인 배교 상태에 있었고, 천주교도 검거의 특명을 띠고 금정찰방으로 내려온 다산이 이존창과 접촉할 수 있었다면, 이것은 다산이 주문모 신부의 피신에 결정적인 도움을 주었디는 사실을 이미 알고 있었기 때문이었을 것이다. 이존창의 검거는 말이 체포지 실제로는 자수에 가까웠고, 다산에게 천주교회 책임자급을 검거하게 하여 힘을 실어줌으로써, 관심을 주문모 신부에게서 다른 데로 돌리려는 천주교회 내부의 필요성이 맞아떨어진 일종의 거래가 아니었을까 한다.

10월 1일

백총伯總 채윤공蔡倫恭[216]이 서울로 돌아갔다. 동지 이이환이 죄수가 공초 바친 것[217]을 부쳐서 보여주었다. 이서彝叙 윤규범尹奎範이 내게 시를 부쳐 말했다.

初一日, 蔡伯總還京, 李同知寄示囚供. 尹彝叙寄余詩曰:

이슬 지자 어이 이리 쌀쌀하던고	零露何凄其
뜬구름 한 조각 옮기어가네.	流雲一片移
목숨 있는 것들은 모두 나그네	有生俱是客
어데서건 헤어지지 않음이 없네.	無處不相離
꿈 깨도 잔월殘月은 아직 남았고	夢斷留殘月
술 깨자 새벽바람 일어나누나.	酒醒生曉颷
우수수 오동잎 땅에 떨어져	颷颷梧葉下
외론 봉새 가지에서 편치 않으리.	孤鳳未安枝

참판 이익운의 편지는 이렇다.

李參判益運書曰:

"그대들이 서울을 떠난 뒤에도 기괴한 이야기가 변함없이 시끄럽구려. 하지만 성명聖明하신 임금께서 위에 계시어 철저히 환하게 밝혀주시니 오직 마땅히 믿어 두려움이 없을 뿐일세. 뜻밖의 돌아다니는 이야기쯤이야 무엇을 근심하고 무엇을 두려워하겠는가? 명승이 눈앞에 있어 내 생각에 시주머니(奚

囊)가 날마다 가득해지겠구려. 하지만 처량하고 비장한 말은 삼가서 하지 않는 것이 어떻겠소? 이는 평탄하고 험난함을 똑같게 보고, 궁함 속에 있을 때 더욱 굳세어지는 도리가 아닐 것이오. 또한 남에게 속이 좁음을 보이는 경계를 범하는 것이니, 함께 살피기 바라오."

"令輩去國之後, 奇怪之說, 依舊喧豗. 而聖明在上, 到底昭晰, 唯當恃而無恐而已. 情外捃摭, 何憂何懼? 名勝旣在眼前, 奚囊想益日富, 而愼勿爲悽惋悲壯之語, 如何? 此非視同夷險處窮益堅之道, 亦犯視人不廣之戒, 幷諒之."

판서 권엄權襐[218]의 편지는 이렇다.

權判書襐書曰:

"우리 몇 사람이 누군들 임금의 은혜로 다시 만들어진 물건이 아니겠는가? 이제 그대가 입은 바는 이 얼마나 담금질하여 털어버리게 하려는 성대한 은혜란 말인가? 족히 사람으로 하여금 대신 눈물을 흘리게 하는구려."

"吾輩幾人, 孰非恩天再造中物? 而今令所被, 此何等陶鎔拂拭之盛渥也? 足令人代涕."

진사 이규진李奎鎭[219]의 편지는 이렇다.

李進士奎鎭書曰:

"지난번 조목으로 나눠 상소할 때 아우 또한 외람되이 소색疏色[220]을 맡았습니다. 그 뒤로 일종의 괴이한 무리들이 우익羽翼으로 지목하여 차마 들을 수 없는 추악한 욕을 받기까지 했으니, 그 심함을 말로 할 수 없습니다. 모르겠거니와 어떤 나쁜 기운이 이 같은 무리들을 길러낸단 말입니까? 세도世道를 위해 분개합니다."

"頃於分疏時, 弟亦忝當疏色矣. 其後一種怪派, 目之以羽翼, 至加以不忍聞之醜辱, 不勝藉甚. 不知何等乖氣亭毒出此輩人耶? 爲世道慨然也."

035 이존창의 검거는 언제 어떻게 이루어졌나?

다산은 일기에서 내내 천주교와 관련된 내용은 돌려말하거나 아예 입을 다무는 등 극도로 말을 아꼈다. 이존창의 실명은 단 한 차례도 등장하지 않는다. 그냥 '성주산의 일'이라고만 했다.

이존창 검거는 9월 24일 이후 바로 이루어졌을까? 그랬다면 그 시점은 언제였나? 일기에는 이후 성주산의 일에 대한 언급이 더 이상 나오지 않는다. 다만 10월 1일 일기에 갑자기 "백총 채윤공이 서울로 돌아갔다. 동지 이이환이 죄수가 공초 바친 것을 부쳐서 보여주었다"라는 기사가 등장한다.

채윤공은 왔다는 기록은 없고 서울로 돌아갔다고만 한 것으로 보아, 9월 24일경 이일운 등과 함께 내려왔다가 이때까지 머물며 상황을 살펴보고 있었던 듯하다. 그는 채제공과 육촌간으로, 이곳까지 내려온 것은 이존창 검거와 관련해 채제공의 비밀스러운 전갈을 전하고, 또 현지 상황을 채제공에게 사적으로 보고하기 위해서였을 것으로 추정된다.

앞서 9월 15일 다산이 공주로 갔을 때 공북루에 함께 올랐던 이이환이 10월 1일에 죄수가 공초 바친 것을 부쳐 보내왔다. 이는 앞서 관찰사가 다산에게 한 약조를 실행에 옮긴 것이지, 이이환이 개인적 친분으로 보내온 것은 아니었다. 그사이에 이존창은 성주산에서 체포되어 공주 감영으로 이송되었고, 공초까지 받은 상태였다. 10월 1일에 이미 공초를 베껴 금정역에 도착했다면, 28일 또는 29일에는 심문이 이뤄졌을 테니, 처음 성주산에서 체포해 공주까지 압송하는 하루를 빼고 나면, 이존창은 26일 또는 27일 다산에게 검거되었어야 한다.

그의 검거 과정에 대해서는 구체적으로 남은 기록이 따로 없다. 다만 1795년 연말 서울로 돌아간 다산이 새로 충청도관찰사로 부임하게 된 이정운李鼎運에게 보낸 〈오사 이정운께 답함(答五沙)〉에 가늠할 수 있는 내용이 잠깐 보인다.

하물며 그는 이름을 바꾸고 자취를 숨겨서 이웃 지경에 숨어 지내던 자에 지나지 않음이겠습니까? 이미 그 거처를 알아내어, 문득 장교 하나와 병졸 하나로 묶어 오기를 마치 물동이 안에서 자라를 붙잡듯이 하였습니다.

당시 이존창은 이름을 바꾼 채 성주산에 숨어 지내고 있었다. 다산은 그의 은신처를 미리 알아내, 장교 하나와 병졸 하나를 데리고 가서 그를 붙잡아왔다. 단 두 사람만 대동하고 가서 아무 저항 없이 그를

다산의 일기장

붙잡아온 것은 이미 잡는 쪽과 잡히는 쪽 사이에 사전 교감이 있었다는 의미다. 다산은 그것을 물동이 안에 있는 자라를 붙잡아온 것이나 다름없었다고 했다. 붙잡혀온 이존창은 바로 공주 감영으로 압송되었고, 이존창은 이전에도 이미 박종악 등에게 몇 차례 체포와 석방을 되풀이해온 터였기 때문에, 그에게 이 같은 공초는 새삼스러운 일도 아니었다.

다산이 이존창을 체포한 당사자임은 1795년 12월 24일 정조가 중희당重熙堂에서 이정운과 만나 나눈《일성록》의 대화를 통해서도 확인된다. 정조는 이날 충청도관찰사로 떠나는 이정운을 따로 불렀다. "충청도에 사학이 근래 들어 자못 극성스럽다. 듣자니 정약용이 견책을 받아 보임된 뜻을 잘 알아, 사학의 우두머리를 감영의 옥에 가두었다고 알려왔다. 경이 감영에 도착한 뒤에 엄하게 조사하여 매섭게 징계함이 좋겠다." 또 1797년 2월 23일《일성록》에도 "재작년에 이존창이 금정찰방의 염찰廉察에 걸려, 관찰사에게 말해 감영의 감옥에 붙잡아 가두었다"라고 썼다.[221]

---

036 윤규범의 시와 이익운의 편지에는 어떤 행간이 있나?

이날 일기에는 벗 윤규범이 부친 시와 참판 이익운, 판서 권엄, 진사 이규진의 편지가 나란히 실려 있다. 서울서 내려오는 인편에 함께 부쳐 이날 같이 도착한 것이다. 이때 왜 한꺼번에 여러 통의 편지가

도착했을까?

먼저 윤규범이다. 그는 진산 사건으로 처형된 윤지충尹持忠(1759~1791)과 사촌간으로, 다산과는 외가 쪽으로 육촌이었다. 원래 이름은 지범持範이었지만 진산 사건 이후 '지持' 자 항렬을 모두 '규奎'로 바꿨다. 《다산시문집》에는 그에게 보낸 시가 40여 편이나 수록되어 있고, 편지도 다섯 통 실려 있다. 다산보다는 열 살이 많은 선배였다. 다산은 윤규범을 선배로 각별하게 대우했고, 현재 따로 전하지 않는 그의 시문집을 옮겨써서 책자로 묶어두기까지 했다.[222]

윤규범의 시는 가을 새벽에 문득 다산을 향한 그리운 생각을 담은 내용이다. 7~8구에서 "우수수 오동잎 땅에 떨어져, 외론 봉새 가지에서 편치 않으리"라고 해, 가을이 깊어가는데도 아직 상경하지 못하고 있는 다산의 처지를 연민했다.

이익운이 보낸 편지는, 다산 등이 서울을 떠난 뒤에도 기괴한 유언비어가 끊임없이 떠돌았지만 임금께서 철저히 환하게 밝혀주고 계시니 떠돌아다니는 풍문 따위는 아무 근심 하지 말라고 하면서, 다만 처량하고 비장한 말은 삼가라는 당부를 남겼다. 아마도 서울 가는 인편을 통해 건네진 다산의 시편에 처량하고 비장한 기색이 어린 것을 보고, 남에게 원망을 품고 있는 듯한 인상을 줘서는 안 된다며, 군자라면 잘나갈 때나 역경에 처했을 때나 한결같아야 마땅하고, 시련 속에서 더욱 굳셈을 보여야 한다고 충고한 것이다.

예를 들어, 다산이 지은 〈금정역에 이르러〉에서 "밤 되면 피리 소리 뉘 함께 들으려고, 주렴 가득 은하수가 환하여 잠 못 드네"라 한 것이나, 〈용봉사에 들러〉에서 "볼품없이 나그네로 떠도는 신세, 고독함 물어봐줄 사람도 없네"라 한 것, 또 〈진사 신종수가 와서〉에서 "막막해 도성을 생각하면서, 쓸쓸히 술잔을 기울여본다"라고 한 예, 또 〈저

다산의 일기장

녁에 산속 누각에 앉아)의 "전엔 내가 한양성에 거주하고 있었건만, 어인 일로 하늘 끝에 이르렀나 모르겠네" 같은 구절들을 마음에 두고 한 말이었을 것이다.

판서 권엄은, 다산이 지금 힘들지만 이것이 모두 시련으로 담금질해 지난 허물을 털어버리게 하려는 임금의 성대한 은혜가 아님이 없으니 감격스럽다고 하는 짧은 한 줄을 적어 보냈다. 힘내라는 격려 편지였다. 권엄은 이벽의 장인이기도 했다. 그는 반서학 입장이 확고한 인물이었는데, 이때 다산에게 편지를 보낸 것은 포용의 뜻을 보인 것이라 말할 수 있다.

진사 이규진은 성균관에서 분소分疏 즉 항목을 조목조목 구분해 올리는 상소에서, 자신이 소색의 소임을 맡았고, 이 때문에 괴이한 무리들이 자신을 우익으로 지목해 말할 수 없는 욕을 들어 지극히 분개한다는 내용이었다. 앞뒤 내용이 잘려나가서 분명한 맥락은 알기 어렵다. 당시 성균관 유생 중 일부가 다산 등을 두둔하는 내용의 상소를 조목조목 개진해서 올렸고, 이 일로 공서파에게 신서파의 우익이란 비방을 심하게 받았음을 전한 것이다. 푸념의 의미보다는 이런 욕을 받으면서까지 그대를 위해 노력하고 있으니 기운을 내라는 취지로 보낸 편지였다.

다산은 이날 일기에 한 사람의 시와 세 사람의 편지를 소개해, 이존창 문제를 해결한 속 시원함과, 자신의 편을 들어주는 사람들의 마음을 나란히 수록함으로써 홀가분한 마음을 표현했다. 어쨌거나 천주교도 검거에 공을 세워 천주교 관련 혐의를 벗으라는 정조의 당부를 다산은 김복성 검거와 이존창 체포로 완수했다.

이기경李基慶[223]의 편지를 받았다. 편지는 이러하였다.

初九日, 得李基慶書. 書曰:

"아교칠을 한 동이[224] 속에서 나와, 앉아서 말의 검고 누런 빛깔[225]을 살펴보니 생각이 조금 씩씩해지던가요? 가을이 장차 다해가니 집에 있는 사람도 오히려 쓸쓸함을 못 견디겠거든, 이러한 때 그대의 기거는 어떠한지요? 들으니 목재 이삼환, 방산 이도명 등과 더불어 이따금 서로 왕래한다니 얼마간 쓸쓸함과 외로움을 풀 수 있겠습니다그려.

"出自膠漆盆中, 坐閱驪黃色相, 意思差强否? 秋序將窮, 家居者尙不堪寥落, 此時令起居何似? 聞與木齋方山時相過從, 少可紓其幽獨矣.

나는 예전같이 지내고 있습니다. 그대가 서울에 있을 때 편지 한 글자 주고받지 않고 남쪽으로 내려가고도 문안 한 번 묻지 않던 사람이 갑자기 이런 편지를 보내니 통상의 정리를 벗어난 듯싶습니다. 내가 일찍이 '평소엔 향조차 안 사르더니, 근심 오자 부처 다리 끌어안누나'[226]라는 열 글자의 시를 읽었는데, 이제 이를 쓰고 있는 셈입니다.

弟依舊狀耳. 令之在京, 不通一字, 南下不致一問者, 忽然有此書, 似若常情之外. 而弟嘗讀, '常時不燒香, 憂來抱佛脚.' 十字詩, 今焉用之.

아이의 혼사가 바로 10월 26일에 있습니다. 관혼례와 신행

때 쓸 비용을 다 합쳐보니 아무리 박하게 하고 또 박하게 한다 해도 100금이 아니고는 손쓸 수가 없겠더군요. 우리 집은 올해 유독 흉년이 들어, 그대가 알다시피 웬만한 빚낼 길은 이미 5~6년 이래로 죄 막혀버렸습니다. 이에 어쩔 수 없이 힘든 형편의 찰방에게 아쉬운 소리를 하게 되었습니다. 모든 것은 그대가 가만히 떠올려볼 수 있을 테니 어이 굳이 많은 말을 하겠습니까? 비록 26일의 혼례에는 미치지 못하더라도 신행이 그 뒤에 있을 것입니다. 하물며 흉년의 살림이고 보니 반드시 아도물阿覩物(돈)을 싫게 볼 이치는 없겠지요.

兒子婚事, 定在十月廿六. 計加冠婚禮新行時所用, 雖薄之又薄, 非百金無以措手. 弟莊之今年獨凶, 想令所目擊, 如干債路已塞於五六年來. 玆不得不向殘郵發寒乞聲. 都在令默想, 何必多言? 雖不及於廿六禮, 行在其後, 況荒歲生活, 必無厭看阿覩物之理矣.

편지를 저인邸人[227] 편에 부치니, 대개 여러 사람의 이목을 번거롭게 하고 싶지 않아서입니다. 이만 줄입니다. 을묘년 9월 28일."

書付邸人, 蓋不欲煩諸耳目矣. 不宣. 乙卯九月廿八日."

[부록] 이기경에게 답함(答李基慶)

보내온 글을 받고 놀라 엎어짐을 이기지 못하였습니다. 우리 두 사람은 정분情分이 극진하다고 말할 수는 없지만, 원망할 만한 것도 없지요. 그런데 갑작스레 편지를 보내 대략 조금의 껄끄러움도 없는 듯이 구니, 내가 비록 그 뜻을 받아들인다 해도 남들이 장차 무어라 하겠습니까? 그대 또한 스스로 평상의 정리를 벗어난 듯하다고 여겼던 것은 대개 지나치게 갑작스러움을 의심해서였을 것입니다.

得來書, 不勝驚倒. 吾兩人者, 未可謂盡分, 然無可怨也. 然遽有書牘, 略無芥蔕, 我雖領意, 人將謂何? 即足下亦自以爲似若常情之外者, 蓋疑其太無漸也.

대저 일이 일상적 정리의 밖에서 나온 것은 폐단이 없을 수가 없는 법입니다. 그대는 지난 여러 해 이래로 일이 일상적 정리의 밖에서 나온 것이 한두 번이 아니었지요. 그대는 스스로를 너무 대단하게 보고, 헤아림이 지나치게 깊다 보니, 무릇 얼마간의 사물과 만나면 능히 손길에 따라 순순하게 할 수가 없었던 것입니다. 온갖 문제가 모두 이로 인해 생겨났습니다. 알지 못하는 자는 특별히 그렇게 만드는 것이 있는가 의심하겠지만, 나는 홀로 그 병통의 뿌리를 깊이 알고 있습니다. 이 때문에 매번 순백純白 권영석權永錫과 계화季華 정탁鄭濯의 무리[228]를 대하면 문득 "아무개 벗은 마음에 병이 있는데, 다른 사람은 알지 못한다"라고 말했던 것입니다.

夫事之出於常情之外者, 不能無蔕. 足下自向年以來, 事之出於常情之外者, 不一二也. 足下自視太大, 量度太深, 凡遇多少事物, 不能隨手順下. 所以百般瘡疣, 都由此發. 不知者, 疑其有別樣成府, 而鏞獨深知其病根. 故每對純百季華之輩, 輒云: "某友有心疾, 他人不知也."

이제 편지를 보내 서로 문안하는 것이 좋은 뜻이 아닌 것은 아니나, 또한 마땅히 얼마간의 이야기가 있어야겠지요. 그런데도 쏙 빼놓고 전혀 점검함이 없더군요. 그대는 능히 노부老夫의 가슴속에는 본래 한 가지 일도 없어, 오동나무의 달빛과 버드나무에 부는 바람처럼 맑고 텅 비어 시원스럽다고 자처할 수 있겠지만, 또 이것을 가

다산의 일기장

지고 약용에게 기대했단 말입니까? 약용은 비루하고 인색해서 능히 이런 경지에는 이를 수가 없군요. 아마도 그대 또한 온전히 그렇지는 않을 것입니다. 대저 이미 능히 이처럼 할 수 없다면 스스로 마땅히 얼마간의 이야기가 있었어야 했겠지요.

今致書相問, 未嘗非好意也, 亦宜有多少話說, 而脫然刊落, 都無點檢. 足下能自處以老夫胸中本無一事, 梧月楊風, 淸虛洒落, 而又以是待之於鏞耶? 鏞則鄙吝, 不能到此. 而竊恐足下, 亦全未全未也. 夫旣不能如此, 則自宜有多少話說.

또 그대는 나에 대해 실제로 곡절이 없습니다. 그러나 이제 만약 순순하게 조화롭게 지내면서 예전처럼 따르며 어울린다면, 온 세상이 원망을 감추고서 벗으로 지낸다고 떠들어대며 말하겠지요. 내가 실제로 원망이 없더라도 남들은 끝내 믿지 않을 것입니다. 그대와 내가 함께 시정에서 붙었다 떨어졌다 함같이 한다는 기롱과 형편에 따라 함께하고 등 돌린다는 비방을 면치 못할 것입니다. 그대의 생각이 여기에는 미치지 못했습니까?

且足下於我, 實無曲折. 然今若順然調和, 依然追逐, 則一世譁然, 將謂匿怨而友之. 我實無怨, 人竟不信. 足下與我, 俱不免市井離合之譏, 陰陽面背之謗. 足下慮未及此耶?

그대와 나는 똑같이 뉘우침이 있어야 할 사람입니다. 도연명陶淵明이 〈귀거래사歸去來辭〉에서 "지난 일 바로잡지 못함 깨닫고, 장래의 일 따를 수 있음 알겠네"라 한 것은 참 훌륭한 말입니다. 예전에는 나 또한 한 소년이었고 그대 또한 한 소년이었기에, 혈기가 안정되지 않아서 수족을 함부로 움직였던 것이었지요. 당시의 일이야 어찌 족히 쫓아가 따질 수가 있겠습니까?

足下與我, 均是有悔者也. 善乎元亮之詞, 曰: "悟已往之不諫, 知來者
之可追." 向者我亦一少年, 人亦一少年, 血氣未定, 手足妄動. 當時之
事, 何足追理?

가슴속에 우거진 덤불을 걷어내고 눈앞의 광경을 살펴보아, 다급
하게 성현의 경전 공부에 종사하여, 기쁘게 순박한 영역으로 되돌리
는 데에 몸을 둔다면, 마음의 경계가 날로 안온해지고 복록이 나날
이 도탑게 되어, 마땅히 절로 기쁘게 순조로이 다스러질 때가 있을
것입니다. 여기에서 나오지 아니하고 마음만 믿고서 곧장 이루려 들
면, 말을 해도 백성들이 믿지 않을 것이고, 행하더라도 사물이 순조
롭지 않아서, 마침내 침 뱉으며 욕하고 비웃으며 손가락질당하는 욕
됨을 면치 못할 것입니다. 그대는 삼가고 삼가십시오. 또 혹 머뭇머
뭇 그대로 나아가 따라서 의심하고 차례로 놀란다면 오늘 이전의
마음마저도 반드시 보전하기가 어려울 테니, 두렵지 않겠습니까?

剗却胸中蓁翳, 照管眼前光景, 汲汲從事於聖經賢傳之業, 熙熙致身
於回淳反朴之域, 則心界日以安穩, 福祿日以敦厚, 自當有怡然理順時
也. 不出於此, 而信心直遂, 則言而民莫之信, 行而物莫之順, 終不免乎
唾罵嗤點之辱. 足下愼之愼之. 又或茌苒征邁, 胥疑迭驚, 則今日以前
之心, 亦難必保, 可不懼哉?

아들의 삼가례三加禮가 임박했다니 진실로 기쁘고 즐거워할 만합
니다. 무릇 예禮란 마땅히 형편에 걸맞게 해야 마땅하고, 절로 성호
옹께서 남기신 예식禮式이 있으니, 어찌 군색한 지경에 이르기야 하
겠습니까?

令胤三加在邇, 良足嘉悅. 凡禮宜稱有無, 自有星翁遺式, 何至窘匱乃
爾耶?

[부록] 이기경에게 답함(答李基慶)[229]

구하는 바를 먼저 베풀 수 없다 하여 끊어버려 서로 만나보지 않
는 것은 고집입니다. 주신 글을 받아보니 회포를 서술함이 은근하고
도 진지한지라 마음에 위로됨이 실로 깊습니다. 호서에 우승으로 있
을 때 오간 편지는 구설이 있는 것이 당연하니, 약용도 괴이하지 않
습니다. 하지만 대저 오래도록 좋아하던 처지여서 밀쳐내어 배척하
지도 못하는지라, 속 좁은 세속에서 정돈해 처리하기가 지극히 어려
우니 어찌한단 말입니까? 이제 시원스레 멀리로 가게 되었습니다.
듣자니 산골 고을이라 하므로 몇 해 휴식을 얻는다면 성령性靈을 잘
기르기에 충분할 겁니다.

所求不能先施, 截然不相見, 固也. 承拜手牘, 敍懷勤摯, 慰意良深. 湖郵
時往復, 宜乎有脣舌, 鏞所不怪. 而大抵宿昔之好, 排遣不得, 迫隘之俗,
擺理極艱, 奈何? 方浩然遠適. 聞是峽邑, 得數年休息, 足以頤養性靈也.

---

037 이기경은 왜 난데없이 다산에게 편지를 보냈을까?

이날 10월 9일에 다산은 이기경이 보낸 뜻밖의 편지 한 통을 받았

다. 이기경은 성균관 시절부터 다산과 절친한 사이였다. 다산이 한강 변 이기경의 집을 찾아가서 여러 날 머물며 함께 공부를 하기도 했다. 이기경은 젊어 한때 다산을 따라 서학서를 읽은 적도 있었으나, 이후 서학의 위험성을 감지하고 공서攻西의 노선을 분명히 하면서 길이 갈렸다.

1787년 성균관 어귀에서 다산과 이승훈이 강이원 등과 함께 과거 시험 준비를 한다면서 서학서를 공부하다 그를 찾아온 이기경에게 들켜 문제가 커졌다. 이때 이기경은 친구인 다산을 보호해주기 위해 홍낙안의 종용에도 불구하고 적극 가담하지 않았다. 당시 다산은 이기경에게 편지를 보내 강력한 경고를 날린 바 있다. 이로 인해 봉합되었던 서학 문제가 1791년 진산 사건 전개 과정에서 다시 불거져, 이기경이 끌려가 당시 일을 진술할 때도 그는 다산을 보호하는 입장에 섰다.

《사암선생연보》에는 다음과 같은 내용이 보인다. 이기경이 진술을 마친 뒤 다산에게 편지를 보내, 자신의 대답 내용을 전달하고 여기에 발맞춰 대응하라고 귀띔해주었다. 이에 다산이 이승훈의 동생 이치훈에게 반회泮會에서 서학서 본 일을 사실대로 대답하자고 하자, 이치훈이 펄쩍 뛰면서 오히려 이기경이 무고했다며 딱 잡아뗐다. 결국 자신들은 무죄로 석방되었다. 후의를 베푼 이기경은 격분해 자신의 입장을 변호하려고 상중에 상소문을 올렸다가 정조의 노여움을 입어 함경도로 유배 갔다.[230] 이때 이기경은 다산과 이승훈 형제를 위해주려다 도리어 뒤통수를 세게 맞고, 상복을 입은 채로 모친의 빈소를 지키지 못하고 귀양 가 돌이킬 수 없는 불효를 저질렀다. 이후 다산과는 함께 한 하늘을 이고 살 수 없는 원수가 되었던 것이다.

다산은 이 일이 두고두고 마음에 걸려 이승훈 형제와 다퉜고, 이승훈의 부인인 친누이와도 서먹한 관계가 되었을 정도였다. 다산은 이

다산의 일기장

따금 이기경의 집을 찾아가 어린 아들을 보살펴주고 모친의 1주기 때는 10냥의 거금을 부조하기까지 했다.

이기경은 3년 만인 1794년 1월에야 석방됐는데, 이 또한 다산이 승지 이익운을 찾아가 설득한 결과였다. 하지만 상중에 빈소도 지키지 못했던 이기경의 원한은 깊고도 깊었다. 다산은 도움을 주려고 건넨 말을 역이용해서 결과적으로 자신을 함정에 빠뜨렸을 뿐 아니라, 상복을 입고 유배를 떠나는 불효를 저지르게 한 장본인이었다.

1795년 2월 이기경은 사헌부지평으로 복귀했다. 다산이 금정찰방으로 떠나고 사흘 뒤인 7월 29일에는 정6품의 간관諫官인 정언正言으로 승진했다. 인생길의 엇갈림이 참 묘했다. 이로써 칼자루는 다시 이기경의 손에 들어왔다.

이기경은 편지의 서두에서 "아교칠을 한 동이 속에서 나와, 앉아서 말의 검고 누런(驪黃) 빛깔을 살펴보니 생각이 조금 씩씩해지던가요?"라고 물었다. '아교칠을 한 동이'는 《주자어류朱子語類》의 〈진군거陳君舉〉에서 "진동보陳同父는 이욕利慾의 아교와 칠이 엉긴 단지 속에 있다(同父在利欲膠漆盆中)"라고 한 말에서 끌어왔다. 아교칠을 한 동이 안에 파리가 들어가면 금방 날개가 들러붙어 죽는다. 여황驪黃은 검은 말과 누런 말이다. 말 감별은 빛깔과 암수를 가지고 한다. 명리의 각축장인 서울에서 벗어나 금정찰방으로 내려가 말이나 기르고 있으니 소감이 어떠냐고 넌지시 비꼬았다.

편지는 9월 28일에 발송한 것이었다. 이삼환·이도명과 더불어 왕래하며 지낸다는 이야기를 듣고 있다고 써서, 서울에서 이미 다산의 동태를 손금 보듯 파악하고 있음을 서늘하게 경고했다. '네가 요즘 그쪽에 붙어 살길을 도모해보려는 모양인데, 그래봤자 내 손바닥 안에 있다'는 암시이기도 했다. 다산의 동향은 사소한 일까지 이들 내부에서 공유되고 있었다. 섬찟한 일이었다.

이어 다산이 금정으로 내려간 뒤 안부 한 번 없다가 편지를 보내게 된 사연으로 넘어갔다. 그는 자식 혼사에 들어가는 비용 일체를 적대적 위치에 있던 다산에게 금정역까지 편지를 보내 통째로 요구해왔다. 100냥은 당시 엔간한 집 한 채 값에 해당하는 거금이었다. 5~6년 이래로 빚낼 길이 죄 막혀버렸다는 말 속에 다산에 대한 유감의 뜻이 깔려 있다. '너 때문에 우리 집안이 이 지경이 났으니, 이번에 네가 나를 도와야 내 마음이 풀리겠다'고 말한 것이나 같다. 말이 간청이지 협박이나 다름없었다. 대놓고 말은 안 했지만, '네 목숨이 내 손에 달렸으니 네가 살려면 나의 이 정도 부탁쯤은 들어줘야 한다'는 뉘앙스였다.

반대급부는 무엇이었을까? 다산에 대한 더 이상의 공격을 멈추고, 그의 좌천을 끝내며, 나아가 이 돈으로 해묵은 원한을 빚갚음하겠다는 뜻이었다. 준비하는 데 시간이 걸릴 테니, 결혼식이 끝난 뒤에 보내줘도 괜찮다는 말까지 덧붙였다. 편지에서 이기경은 노골적으로 다산의 조건 없는 투항과 굴욕적 거래를 요구했다.

다산은 이기경의 이 야비한 편지를 군이 일기에 전문을 모두 옮겨적었다. 명백한 협박과 회유의 증거를 기록으로 남겨두겠다는 뜻이었다.

038 다산의 답장은 왜 그토록 격렬했나?

다산은 이기경의 편지를 받고 격분했다. 애초에 다산이 이 같은 거래에 응할 성정도 아니었다. 《다산시문집》에 실린 답장에서 다산은 "보내온 글을 받고 놀라 엎어짐을 이기지 못하였다"로 시작해서, '네가 편지에서 평상의 정리를 넘어섰다고 말한 것은 너 또한 네 요구가 터무니없다는 것을 알고 있기 때문이 아니냐'며 포문을 열었다.

이어지는 단락에서 '지난 여러 해 이래의 일'이란 바로 진산 사건과 관련해서 이기경이 귀양 갔던 일을 가리킨다. 자신에 대한 과도한 평가, 아무 일도 아닌 일을 크게 만드는 부족한 판단이 일을 그렇게 만든 것이지, 다른 사람 때문에 그렇게 되었다고 생각하는 것은 대단히 잘못된 것이라는 말이었다. 다시 말해 '당시 너의 유배는 원칙적으로 네 탓이니, 나의 책임으로 몰아가려는 것은 옳은 태도가 아니'라고 말한 것이다. 그런데 이 같은 앞뒤 사정을 돌아보아 스스로를 점검하지 않고, 모든 문제를 남의 탓으로만 돌려 이처럼 협박 아닌 협박을 아무렇지도 않게 하면서 마치 무슨 큰 혜택이라도 베푸는 듯이 구니 가당키나 한 일이냐고 맞받았다.

그러면서 덧붙인 말의 뜻은 이렇다. '이제 내가 너의 말에 따라 재물을 바쳐 마치 아무 일도 없던 것처럼 허물없이 지낸다면, 그것은 시정잡배들이 한때의 이익에 따라 붙었다 떨어졌다 하는 것과 무엇이 다르겠는가? 이 같은 기롱과 비방을 나더러 받아 견디라는 말인가?'

이어지는 글에서 다산은 "예전에는 나 또한 한 소년이었고 그대 또한 한 소년이었기에, 혈기가 안정되지 않아서 수족을 함부로 움직였던 것이었지요. 당시의 일이야 어찌 족히 쫓아가 따질 수가 있겠습니까?"라고 했다. 당시 당신의 잘못도 있었고, 나의 잘못도 없지 않았지만, 이제 와서 그 잘잘못을 따지는 것이 무슨 의미가 있겠느냐고 되물은 것이다. '그러니 가슴속의 우거진 덤불을 걷어내고 성현의 경전 공부에 힘써서 마음을 순박한 영역으로 되돌릴 때만이 마음이 안온해지고 복록이 도탑게 될 터인데, 마음만 믿고 제멋대로 굴면 지금만도 못한 상태가 되고 말 것이니 크게 두려운 일이 아닐 수 없다. 아들의 결혼을 축하하겠지만, 예禮는 형편에 맞게 하는 것이니, 남에게 돈을 구해 치르려 말고, 성호 선생이 남긴 예식禮式에 따라 검소하게 치르는 것이 좋겠다'는 말로 편지를 마무리했다.

이렇게 해서 이기경이 다산을 향해 뽑아든 칼은 그저 허공을 가르고 말았다. 다산을 향한 이기경의 원한은 뿌리가 깊었고, 다시 한 차례 편지를 주고받으면서 두 사람은 한 번 더 건널 수 없는 강을 건너고 말았다.

이때 두 사람 사이에 오간 편지는 서울 쪽에 소문이 퍼져나가 무성한 뒷말을 낳았던 듯하다. 다산이 한양에 올라온 뒤, 1797년 곡산부사로 다시 떠나기 직전 이기경에게 보낸 편지 한 통이 《다산시문집》에 남아 있다.

"구하는 바를 먼저 베풀 수 없다 하여 끊어버려 서로 만나보지 않는 것은 고집입니다"라고 한 첫 문장은 금정 시절 이기경의 요구를 거절한 후 이기경이 분노해 다산을 상대하지 않았던 사정을 짐작게 한다. 또 호서에 있을 때 오간 편지로 구설이 있었음을 말했다. 하지만 '우리는 오래도록 서로 좋아하던 처지인데 마냥 배척할 수만도 없고, 없던 일로 할 수도 없어 안타깝다'는 뜻을 피력한 뒤, 이제 '내가 곡산부사로 떠나게 되어 눈앞에서 사라지게 되었으니 네 속이 후련할 듯하다. 핑곗김에 나도 마음공부를 더 하겠노라'고 답장한 내용이다. 이때도 분명치는 않지만, 다산이 금정찰방에 이어 곡산부사로 외직에 나가게 되자 이기경이 이를 은근히 비꼬며 고소해하는 편지를 보냈던 듯하다.

10월 11일

혜보後甫 한치응韓致應231이 시를 부쳐왔다. 시는 이렇다.
十一日, 得韓後甫寄詩. 詩曰:

강 구름 돌아보니 길 위 먼지 아득한데　　　江雲回首杳行塵
금정역 오동나무 보슬비 오는 새벽.　　　　金井梧桐小雨晨
단문端門232에서 당안黨案이 이뤄졌다 말하더니

　　　　　　　　　　　　　　　　　　　　已道端門成黨案
호해湖海로 사신詞臣이 나감을 다시 보네.　更看湖海出詞臣
야윈 말은 초교蕉橋 어귀 진작부터 기다리고　贏驂早候蕉橋口
행차 깃발 노량나루 돌아서 따라온다.　　　征旆旋從鷺渚津
듣자니 덕성德星이 남두南斗에 모였다니233　聞說德星南斗聚
중원中原의 인사들이 기뻐 수레 붙잡겠네.　中原人士喜攀輪
　중원은 충주이니 소릉이 이때 충주목사가 되었다.

　　　　　　　　　　　　中原忠州也, 少陵時爲忠州牧使

또 말했다.
又曰:

객관의 외론 등불 생각만 서글퍼서　　　客館孤燈思黯然
두셋의 벗들이 죽란竹欄 곁에 모였다네.　兩三朋輩竹欄邊
한마음 변함없이 나라 생각하건만　　　一心未化猶思國
백 사람 입 막 떠들면 하늘조차 이기리라.　百口同咻可勝天

말 머리의 여러 산 저문 날을 당하였고　　　馬首羣山當落日

역 앞의 고목은 찬 연기를 마주했네.　　　　驛前古木對寒烟

남고南臯[234]에게 시료詩料로 삼게 하기 딱 좋으니

　　　　　　　　　　　　　　　　　却使南臯詩料好

우통郵筒에 일과日課 삼아 시편이 오고가네.　郵筒日課往還篇

[부록] 목재 이삼환 선생께 올리는 글〔上木齋書〕[235]

성연聖淵의 이장李丈[236]께서 직접 전해준 편지에서 1천 마디의 말로 일깨워 열어주시니 감격하여 마음속에 새겼습니다. 마땅히 즉시 답장을 드렸어야 하나, 처음에는 순영에 일이 있어 왕복하며 수응酬應하다 보니 다른 데 미칠 겨를이 없었습니다. 근래 들어 또 원근의 손님들이 날마다 북적거리는 통에 하루에도 수십 번씩 음식을 갖춰 대접하느라 여관 주인이 되고 말아, 점검할 겨를이 없었습니다. 이제껏 아득하게 서로 잊은 지경에 놓아두고 말았으니, 정분에 어긋남이 적지 않습니다. 송구하기 짝이 없습니다.

聖淵李丈, 袖傳下書, 誨迪千言, 感鏤在中. 宜卽修復, 而始緣巡營有事, 往復酬應, 無暇及他. 比又遠近客子, 逐日棼擾, 供具日數十, 作一逆旅主人, 未遑點檢. 至今曠然置之相忘之域, 虧分不小, 悚仄萬萬.

책을 교정하는 일이 이처럼 늦어만 지니 이를 장차 어찌합니까? 절집에서 모이는 것은 제 생각에 일을 너무 크게 벌이는 것을 염려하시는 듯하니, 진실로 그렇기는 합니다. 다만 사람의 정리가 기꺼이 일어나 즐겁게 나아가기로는 호젓한 절만 한 곳이 없습니다. 처음 내원으로 약속했을 때는 원하여 따르는 사람이 아주 많았는데, 집으로 와서 일하자고 하자 문득 망설이며 거절하더군요. 대개 학문상의 참된 맛이 고기가 입을 즐겁게 함만은 같지 않아서겠지요. 절에서 지내면서 학업에 힘쓰는 것이 전부터 습관이 되고, 책상자를 지고서 스승을 따름은 도리어 생소하고 껄끄러워서일 겁니다.

校書之役, 若是遷就, 此將奈何? 僧寮之會, 想以張大爲念, 良然良然. 第人情之欣聳樂赴, 莫如蕭寺. 始內院之約, 願從者極多, 而至於造門相役, 輒有推阻. 蓋於學問上眞味, 未及如芻豢之悅口. 而棲寺攻業, 自來慣習, 負笈從師, 反若生澁.

이 일을 과연 어렵다고 여기시면 중간에 계획하고 염려한 것이 모두 쓸데없는 생각이 되고 말 것이니 장차 어떠하겠습니까? 근래 들자니 내원의 승려들이 모두 옴을 앓는다고 하므로 이곳에서 지내는 것은 논할 수가 없겠습니다. 들으니 예산의 석암사石菴寺는 거주하는 승려가 30여 인이고 방이 두 개 있는데, 모두 깨끗하고 정갈하며 넓다는군요. 이곳과의 거리가 비록 조금 멀지만, 두세 명의 사우士友에게는 심지어 더 가깝습니다. 게다가 이형(이승훈)에게는 그다지 가까운 곳이 아니나, 계시는 곳과의 거리는 또한 50리에 지나지 않습니다. 다행히 더 생각해보시고 합의가 된다면, 이달 24~25일 사이에 날짜를 약속해 알려주시는 것이 어떻겠습니까?

此事若果持難, 卽中間計慮, 都歸閒商, 將如何爲之也? 近聞內院之僧, 皆患疥瘡, 居接非可論. 聞禮山石菴寺, 居僧三十餘人, 有二房, 皆蕭灑精敞. 距此雖稍遠, 其於數三士友, 甚是便近. 且於李兄匪所至近, 而距仁里亦不過五十里. 幸加商量, 如果合意, 以今廿四五間, 約日下示如何?

노인께서 추위 속에 바삐 오가는 것이 비록 걱정스러우나, 이는 사문의 큰일입니다. 이렇게 하지 않고는 떨쳐 펴서 성취할 수가 없습니다. 깊이 생각하여 용감하게 결단하셔서 구구한 바람에 부응하여 주십시오.

老人當寒棲屑雖可悶, 玆是斯文大事. 不如是, 無以振發成就也. 深思勇決, 以副區區之望.

039 다산이 이삼환에게 보낸 편지의 맥락은?

9월 5일 이삼환의 싸늘한 거절 편지가 도착한 뒤, 다산은 강학회 추진을 잠시 접었던 것으로 보인다. 《다산시문집》 권19에 실린 〈목재 이삼환 선생께 올리는 글〉 제3신을 통해 그간의 경과를 짐작해볼 수 있다.

먼저 9월 5일의 짧은 답장 이후 마음이 불편했던 이삼환이 다산에게 다시 장문의 편지를 보냈다. 제3신은 이에 대한 답신이다. 편지의 서두에서 다산은 오서산 인근 성연리聖淵里에 살던 이장李丈을 통해 1천 마디에 이르는 이삼환의 편지를 받고 감격해 마음에 새겼다고 말문을 열었다. 이삼환의 편지 내용은 자세치 않다. 다산의 노력에 고마움을 표하면서 달래는 내용을 담았을 것이다. 다산은 시큰둥한 상태로 이 편지에 한 달가량 답장을 미루다가 10월 중순경 이 답장을 썼다. 그사이에 예산에 유배 가 있던 자형 이승훈을 통해 이삼환을 설득하는 노력이 어느 정도 성과를 거뒀기 때문이었다.

다산이 편지에서 "절집에서 모이는 것은 일을 너무 크게 벌이는 것을 염려하시는 듯하다"고 한 것으로 보아, 이삼환이 절에서 모여 세상의 이목을 집중시키지 말고 차라리 장천리 자기 집에 모여서 진행하자고 고쳐 제안한 사실이 확인된다.

하지만 다산은 이미 내원에서의 회동을 전제로 동참 의사를 밝힌 선비들에게 공지를 마친 상태였고, 성사 직전 이삼환의 앞선 편지로 인해 회동이 무산되었던 것이었다. 이삼환은 어떻게든 강학회 주도권이 다산에게 넘어가는 모양새를 만들지 않으려 애쓴 듯하다. 여기에는 당연히 이도명 등 측근 인사들의 종용이 작용했을 것이다. 게다가 제반 비용까지 다산이 다 내겠다며 의욕을 보이고 나선 상황이었다.

다산의 편지를 보면 9월 5일부터 10월 중순까지의 상황 변화에 이승훈의 역할이 있었음을 알 수 있다. 그는 자신의 유배지 인근에 있던 이삼환의 집을 직접 찾아가서 여러모로 계속 설득했던 듯하다. 이승훈은 이가환의 조카이기도 해서, 이삼환으로서는 다산을 대하는 것과는 입장이 사뭇 달랐다. 게다가 양부인 이병휴는 물론 자신도 엄두를 내지 못해 손을 못 대던 스승의 유저를 정리하는 작업이니 마냥 거절만 할 수도 없는 형편이었다.

계속된 이승훈의 설득에 이삼환은 마지못해, 강학 모임을 갖더라도 절에서는 못하겠고 차라리 자기 집에서 하자는 역제안을 내밀었고, 이에 다산은 다시 편지에서 참석자들이 원치 않음을 말해 사찰에서의 강학을 그대로 밀고나갔던 것이다. 다만 그사이에 강학 장소로 섭외해둔 내원에 옴이 퍼져서 지낼 수 없게 되었으므로, 예산의 석암사로 장소를 바꿔서 진행하자고 수정해 제안했다. 석암사는 봉곡사의 다른 이름이었다.

이어지는 대목에서 '이형'은 말할 것도 없이 이승훈이다. 그간 다산을 대신해서 이승훈의 물밑 작업이 있었다. 8월 초 금정 도착 직후에 다산이 이삼환에게 보낸 제1신에서 이승훈과 성호의 학문을 계승할 방도에 대해 상의한 일을 적은 바 있고, 또 "성호 선생의 문집을 정리하는 작업은 그사이에 이형과 상의해보셨는지요?"라고 한 대목도 보인다. 처음부터 이 일은 다산과 이승훈이 함께 계획하고 추진한 일이었다.

강학 장소를 내원에서 봉곡사로 변경할 경우 이삼환의 집과는 50리 거리이고, 이승훈의 경우는 내원에서 할 경우보다 한층 더 거리가 멀어졌다. 이 말은 이승훈도 서암강학회 모임에 함께 참석했다는 뜻이다. 그런데 막상 기록에는 이승훈의 이름이 온전히 말소되고 없다. 이 문제는 뒤에서 따로 살피겠다. 다산은 생각해서 주변과 합의를 보고, 깊이 생각해 용감하게 결단해서 구구한 바람에 부응해달라고 다시 한 번 더 간청했다. 이렇게 해서 강학회 모임이 극적으로 성사되었다.

그 결과 10월 24일 다산은 금정역을 출발해서 예산의 감사坎舍에 도착해, 25일까지 이삼환·이승훈과 모임에 대한 최종 조율을 마쳤다. 진행 방식과 우선적으로 정리할 책자 선정, 그리고 역할 분담에 관한 논의가 있었을 것이다. 감사는 어디일까? 이승훈의 예산 유배지 처소를 가리킨다. '감사'라는 표현은 〈서암강학기〉 서문에 다시 한 번 더 나온다.

감坎은 구덩이고, 감지坎止는 물이 구덩이를 만나 멈춘 것을 뜻한다. 《주역》 〈간괘艮卦〉와 〈습감괘習坎卦〉에 설명이 나온다. 흘러가던 물이 구덩이를 만나면 꼼짝없이 그 자리에 멈춘다. 가득 채워 넘쳐흐를 때까지 기다리는 수밖에, 발버둥을 쳐봐야 소용이 없다. 신흠申欽(1566~1628)이 1613년 계축옥사로 쫓겨나 가현산歌絃山에 머물 때 거처에 붙인 〈감지와명坎止窩銘〉에서 "구덩이에 빠지고야 멈췄으니 행함이 부끄럽지만, 마음만은 형통하여 평소와 다름없네. 그칠 곳에 그쳐서 낙천지명樂天知命 군자 되리"라고 한 그 뜻과 같다.

10월 24일

아침 일찍 출발해서 예산의 감사坎舍에 도착했다. 목재 이삼
환 선생이 먼저 이미 와 계셨다. 이튿날, 예산에 머물면서 목재
를 모시고 학문을 논하였다.[237]

廿四日, 早發, 至禮山坎舍. 木齋李先生先已來臨. 厥明日, 留禮山,
陪木齋論學.

10월 26일

한곡閑谷에 이르러 이광교를 찾아갔다. 10리를 가서 소송
령疎松嶺을 넘었다. 10리를 가서 온양 봉곡사鳳谷寺에서 묵었다.

廿六日, 至閑谷, 訪李文達. 行十里, 踰疎松嶺. 行十里, 宿溫陽之鳳
谷寺.

천방산의 위도 이도명이 내 편지에 답장하여 이렇게 말했다.

方山李偉圖答我書曰:

"고금의 사람 중에 조정에서 벼슬 살던 이가 한 번 국문을
나서게 되면, 언행에 풍수灃水의 난초와 원수沅水의 백지白芷[238]
같은 생각이 있더라도 근심하며 답답해하는 태도를 금하지 못
합니다. 이제 그대가 사물을 보며 회포를 풀이한 작품에는 조
금도 은미한 기색이 보이지를 않는군요. 그리고 일깨워주신 글
속에서 끊임없이 그치지 않은 것은 오로지 내게 있는 것을 힘
쓰게 하지 않음이 없군요. 장차 이것으로 성상께서 옥으로 만
드시려는 지극한 뜻에 우러러 보답하려 하시니, 이는 옛사람에
게서 구한다 해도 겨룰 만한 이가 드물다 할 만합니다. 감탄하
고 감탄합니다! 다만 그대가 나를 나무란 것은 크게 정리에 닿
지 않으니, 그대가 무슨 소문을 들었는지는 모르겠으나 이처럼
뜬금없는 말을 편단 말입니까?

"古今人仕宦于朝者, 一出國門, 則擧有灃蘭沅芷之思, 而不禁憂愁
鬱悒之態. 今足下於覽物遣懷之章, 少無幾微色發見. 而誨帖中娓娓不

已者, 無非專用力於在我者. 將以仰酬聖上玉成之至意, 則此可謂求諸古人, 鮮有其匹者, 感歎感歎! 但足下之所以責我者, 太不近情, 未知足下聞何所聞, 而發此迳庭之說乎?

　　군자는 한마디 말로 지혜롭게 되고, 한마디 말로 지혜롭지 않게 되는 법이라, 사람들이 그대를 두고 말이 있을까 염려됩니다. 그대가 기왕의 허물을 스스로 감춘 채, 저쪽에서 나와 이쪽으로 들어간 분간을 구차하게 미봉하여, 한갓 삿됨을 물리치고 정학을 붙들어세우는 뜻을 품은 것으로 모호하게 행동하고 애매하게 넘기면서, 풍파를 부추기는 세상에 처하려 한다면 많은 초나라 사람이 떠들어대어 창랑滄浪을 스스로 취하게 될 것이니, 어찌 온전함을 구하려다 얻은 비난이라고 핑계 댈 수 있겠습니까? 그대가 무리에서 벗어나 세상에 우뚝한 재주를 가지고 명목 속으로 섞여든 것은, 오히려 마치 모래가 풍랑 사이에 뒤섞임과 같습니다. 이 어찌 한갓 그대의 원통하고 답답함뿐이겠습니까? 또한 동시대 뜻있는 인사들이 함께 개탄하는 바입니다.

　　君子一言以爲智, 一言以爲不智, 恐人之有議於足下也. 足下於旣往過自韜晦, 未能白出彼入此之分, 苟且彌縫, 徒懷其闢邪扶正之志, 含糊做去, 晻昧度了, 以處於助浪推波之世, 則衆楚之咻, 滄浪自取. 豈可全諉之於求全之毁也哉? 以足下出流超世之才器, 渾入於名目中, 猶若沙滾於風浪之際. 此豈徒足下之寃悶哉? 抑亦幷世有志之士所共慨歎者也.

　　대저 장횡거 같은 대현도 일찍이 깊이 빠져드는 근심을 면치 못하였고,[239] 주자와 같은 적전嫡傳조차도 처음에는 마치 들락거리는 뜻이 있는 듯이 하였습니다. 대개 남보다 빼어난 자질과 두루 통하고 밝은 식견으로 이치를 정미하게 살피고 궁구하고 격물함을 지나치게 하면서도 오히려 마치 대군의 유격기병이 먼 데까지 나갔다가 미처 돌아오지 못한 것처럼 하였습니다. 그럴진대 이 두 분이 초년에는 능히 흘러넘침이 없지 않았지만, 정밀하게 생각하고 힘써 실천함에 미쳐서는 한 번 변하여서 도에 이르게 되었으니, 어찌 광명하여 시원스럽지 않겠습니까?

夫以橫渠之大賢, 而早未免浸淫之患, 考亭之適傳, 而始若有出入之意者. 蓋其超越之資, 通明之識, 觀理精微, 過於窮格, 猶若大軍遊騎, 出太遠而未及歸. 則二子初年不能無汎濫, 及其精思力踐, 一變至道, 則豈不光明洒落哉?

이로 말미암아 보건대 무릇 오늘날의 선비가 처음에 비록 불경스러운 병통이 없었더라도, 온전히 외물에 유혹된 바가 되어, 마침내 자포자기의 상태에 안주하게 되면 이제 비록 우쭐대며 스스로 기뻐하더라도 마침내 하류로 돌아가고 말아, 말할 만한 것이 없게 됩니다. 설령 괴이한 것에 처음 미혹되었던 탄식이 있었더라도, 능히 본래 지닌 성품을 되찾아 자강불식하여 점차 고명한 영역에 이른다면, 이는 비유컨대 주옥이 진흙 속에서 더럽혀졌더라도 씻고 닦으면 신명에게도 바칠 수 있는 것과 같다 하겠습니다. 이것으로 저것과 견준다면 누가 낫고 누가 못하겠습니까? 이제 그대는 도리어 자기처럼 하지 않는다고 탄식하니, 어찌 된 셈입니까?"

由是觀之, 凡今之士, 始雖無不經之病, 而全爲外物之所誘, 終安暴

다산의 일기장

棄之科, 則今雖沾沾自喜, 終歸於下流而無足道也. 設有隱怪始迷之歎, 而能反本有之性, 自强不息, 漸致高明之域, 則譬若珠玉之汚於泥土者, 濯之拭之, 可薦神明也. 以此較彼, 孰優孰劣? 今足下乃有反不如之歎, 何哉?"

[부록] 방산 이도명에게 답함〔答方山〕[240]

산은 깊고 날은 짧은데 교서校書 일의 기한이 지난지라, 돌아가는 말이 바빠 능히 들러 대문을 두드릴 수가 없어, 오래도록 마음에 맺힌 것이 더욱 깊었더랬습니다. 지난번 군실 이정명이 직접 전해준 편지에 깊이 위로가 되었습니다. 학문이 세상에서 증오하는 바가 된 지 오래되었습니다. 조용히 지내면서 깊이 생각할 때는 양심이 조금 드러나다가도, 남과 마주하거나 사물과 접하기에 이르러서는 문득 아첨하기를 구하고 용납되기만을 취하려 하여, 농부를 만나면 농사를 이야기하고 장사꾼을 만나면 장사를 이야기하면서 대부분 자신을 버리고 사물을 따름을 면치 못하니, 진실로 평생의 고질입니다. 이제 그대의 말은 모두 뜻이 크고 시원스러워서 1만 명의 사내가 빼앗기 어려운 기상이 있습니다. 이것이면 뭇 싹을 고무시키고 여러 시든 잎을 소생시키기에 충분하니 다행이 아니겠는지요. 이하 존덕성에 대한 설은 산삭刪削하였다.

山深日短, 校役過期, 歸騎恩恩, 不能歷叩門屛, 久而耿結彌深. 向者君實袖傳下札, 深以爲慰. 學問之爲世所憎惡久矣. 端居深念, 良心微見, 及至對人接物, 輒欲求媚取容, 遇農說農, 遇賈說賈, 率未免棄己而殉物, 誠平生痼疾. 今足下之言, 皆磊落軒昂, 有萬夫難奪之氣. 斯足以鼓羣萌而蘇衆萎, 不其幸歟. 以下尊德性說刪.

다만 주신 글에는 잘라내고 말하지 않은 곳이 있더군요. 대개 근일의 박잡駁雜한 병통은 바로 저 스스로 어긋나고 저 스스로 잡스러워진 것일 뿐입니다. 이상하군요! 일종의 풍기風氣가 휩쓸 듯 땅에 퍼져 동서남북이 온통 투합하니, 또한 어찌 일찍이 연유가 있어서 그런 것이겠습니까? 도道의 언덕은 하늘에 닿아 있고, 단계에는 차등이 있고 보니, 혹 내 견해가 도달하지 못한 곳이 있을 경우, 또한 마땅히 이를 뚫고, 이를 우러를 뿐입니다. 농부가 어찌 강아지풀을 위해 씨 뿌리기를 그만두겠습니까?

但來教煞有說不去處. 蓋近日駁雜之病, 卽其自駁而自雜耳. 異哉! 一種風氣, 靡然布地, 東西南北, 混然投合, 亦何嘗有由而然耶? 道岸極天, 梯級有差, 或我有見未到處, 亦當鑽之仰之焉已矣. 農夫豈爲稂莠, 廢其播種哉?

다만 후세의 학자들은 어쩌다 언론이나 견해가 우연히 맞지 않음을 인하여, 처음에는 서로 강론하다가 끝내 사이가 벌어지는 경우가 몹시 많습니다. 그대의 말은 실로 사람으로 하여금 돌아보게끔 합니다. 하지만 후생말학後生末學이 도리를 살핌이 분명치 않고, 선을 택하는 것이 정밀하지 못하니, 다만 마땅히 잘 이끌고 붙들어서 모두 대중지정大中至正의 경계로 돌아가게 해야지, 고개를 젓고 눈을 감아, 사람을 거부하면서 홀로 선할 것을 생각해서는 안 될 것입니다. 군자는 모든 사람과 화합하되 부화뇌동附和雷同하지는 않으니, 어찌 먼저 한계를 두어서 사물과 나로 하여금 서로 견주어보게 할 수 있겠습니까? 애모愛慕함이 지극한지라 문득 어리석은 정성을 드렸지만, 참람하고 망령됨이 많았습니다.

但後世學者, 或因言論見解之偶有不合, 始相講確, 終或携貳者, 甚

多. 足下之言, 實令人拳拳也. 然後生末學, 見道不明, 擇善不精, 但當
提撕誘掖, 咸歸於大中至正之域, 不宜掉頭閉眼, 拒人而思獨善也. 君
子和而不同, 豈可先設畦畛, 使物我互見哉? 愛慕之極, 輒貢愚誠, 僭
妄多矣.

[부록] 겨울에 오국진과 권기 두 벗이 역사에 들렀는데, 이때 마침
첫눈이 크게 내려 숲과 언덕이 모두 한 빛깔이었다. 이에 구양수의
취성당聚星堂 고사[241]를 서술하여 시로 짓고 회포를 달랬다. 옥玉·
염鹽·은銀·화花 등의 글자는 쓰지 못하게 했다〔冬日吳權二友過驛
舍, 時初雪大至, 林阿一色. 玆述歐陽公聚星堂故事, 賦詩遣懷. 禁用玉鹽銀
花字〕[242]

밤 들자 바람 위세 잠잠하기에	入夜風威靜
산루山樓에서 먼 다듬이 소리를 듣네.	山樓聽遠砧
답답한 맘 옅은 추위 더하여지니	牢騷增薄冷
가만히 궁한 그늘 붙들렸구나.	湛寂滯窮陰
맑은 달 소나무 끝 깃들더니만	澹月棲松頂
산들바람 대나무를 흔들어댄다.	微飆撼竹心
뒤엉켜 느닷없이 빛깔이 변해	鬱紆俄變色
조금씩 아득해져 찾기 어렵네.	醞釀杳難尋
이상하게 뜨락이 환해지더니	漸怪階庭晃
시내 골짝 푹 잠겨 깜짝 놀랐지.	翻驚礀壑沈
소리치며 서둘러 문을 여는데	叫奇催拓戶
자다 깨서 비녀조차 꽂지 못했지.	眠起尙遺簪
어둡게 은하수는 사라져버려	黯慘星河沒
텅 빈 속 나무들 빼곡도 하다.	虛明樹木森

난로에 처음 내온 술을 덥혀도	爐溫初命酒
현緒이 얼어 거문고는 타지 못하네.	絃凍未調琴
옷 젖어 흐린 자국 눈에 보이고	細點看衣濕
사각사각 나뭇잎 소리 들리네.	輕籟聽葉吟
초가지붕 흰 비단 덮어놓았나	屋茅疑被縞
울 국화 묻힌 황금 애석하여라.	墻菊惜埋金
험한 바위 모두 범이 걸터앉은 듯	危石皆蹲虎
묘한 가지 새를 아로새긴 것 같네.	奇柯總鏤禽
누대 빛은 강물에 접해 있는 듯	樓光如近水
하늘빛 아스라이 산을 떠났지.	天色迥離岑
들보리 새싹을 잘 간직하였고	野麥藏苗穩
동백은 꽃망울을 잔뜩 맺었네.	山茶結蕾深
풍류도 드높구나 역사驛舍 안에서	風流高驛舍
선비들 한데 모여 술잔 따른다.	杯酌聚儒林
겨울잠은 거북이의 지혜 따르고	凍蟄依龜智
물결쳐서 개미 침노 면하였다네.	波漂免蟻侵
쓸쓸히 〈양보음梁甫吟〉[243] 읊조려봄은	蕭條梁甫詠
세모에 지음知音이 있어서일세.	歲暮有知音

[부록] 맹화 오국진과 요신 권기가 공주 창곡의 잘못된 정사 때문에 백성이 살 수가 없다고 극구 말하므로, 그 말을 적어 장편 30운을 짓다(孟華吳國珍 卽吳權二友 盛言公州倉穀爲弊政, 民不聊生. 試述其言, 爲長篇三十韻)

창고 곳간 차곡차곡 쌓아놓으니	壘壘倉廒積
선왕 본래 농사일 중히 여겼네.	先王本厚農

깊은 꾀 홍수 가뭄 쓰기도 하고	深謀資水旱
외적 침입 울타리를 대비함일세.	外侮備垣墉
《주례周禮》에선 흉년 역병 슬퍼하였고	周禮哀荒札
당요唐堯는 백성 화목[244] 바랐었다네.	堯黎望協雍
성조聖朝라 세금 거둠 너그러우니	聖朝寬賦斂
맑은 세상 기근 흉년 드물었다네.	清世罕饑凶
조정 책략 산골 마을 더욱 두터워	廟略敦巖邑
마을로 보내려 높은 산 넘네.	村輸陟峻峯
탐관오리 자기의 잇속 챙기려	貪夫要自利
간교하게 구멍 팜을 용납한다네.	奸竇得相容
모든 물 미려尾閭로 새어나가니[245]	萬水歸閭洩
천금이 용광로로 들어가는 듯.	千金入冶鎔
관가 도량度量 됫박을 넘치게 받고[246]	庭量須溢斛
주방 양식 좋은 쌀만 바치게 하네.	廚餉勑精舂
독책하니 어이 기한 넘길까 보냐	督責寧踰限
운반할 때 번번이 품삯을 사네.	調移每雇傭
몸은 낟알 나르는 개미와 같고	身如輸粒蟻
마음은 속이 발린 벌과 같구나.	心似割脾蜂
온 집에 뒤주가 텅 비었건만	盡室方懸磬
양식 지고 저마다 서둘러 가네.	贏糧各趁鐘
아전 꾀는 처소 따라 꼼꼼하지만	吏謀隨處密
백성 풍속 예로부터 공손하다네.	氓俗古來恭
참새와 쥐 어이 이리 힘이 세던가	雀鼠何其壯
기러기와 고기 다만 뻐끔댄다네.	鴻魚秪自喁
칼 있어야 능히 뼈를 깎아내지만	有刀能刮骨

가슴 적셔줄 만한 술도 없구나.	無酒可澆胸
검사하여 적발함은 그저 거짓말	檢發徒虛語
달아나 마침내 멀리 떠나네.	流亡遂遠蹤
한나라 땐 진대振貸247조차 아예 없었고	漢廷無賑貸
당唐의 세금 조調와 용庸248이 중복되었지.	唐稅疊調庸
체포한다 이웃 마을 소란 나더니	逮捕騷隣里
체납 징수 먼 친척에 미치는구나.	徵逋及遠宗
영기令旗가 펄럭이면 깜짝 놀라서	令旗驚獵獵

후서에서는 최근 몇 해 이래로 매번 군대 식량을 독책할 때 감사가 영기를 군졸에게 주어 백성들 사는 마을을 위협하였으므로, 마을이 난리를 만난 것 같았다고 한다.

湖西自數年來, 每督軍餉時, 監司輒以令旗與軍卒, 以嚇民村, 民村如逢亂離云

둥둥둥 새고賽鼓249 소리 울리지 않네.	賽鼓闃鼕鼕
비장이 저 혼자 취함 아니라	裨將非專輒
감사도 제 몫이 정해져 있네.	監司乃自封
남은 것은 키 작은 송아지 하나	所餘唯短犢
위로하여주는 건 귀뚜라미뿐.	相弔有寒蛩
초가집엔 여우와 토끼뿐인데	白屋狐兼兎
붉은 대문 말은 마치 용과 같다네.	朱門馬似龍
시골 양식 해 넘길 것도 없는데	村糧無卒歲
관가 창고 겨울 지남 문제가 없지.	官廩利經冬
궁한 마을 바람 서리 엄중하건만	窮蔀風霜重
귀한 음식 물과 뭍서 바쳐올린다.	珍盤水陸供
추유樞楡는 직접 읊기 쉽지 않으니250	樞楡難自詠
허리띠 저고리 깃 뉘 꿰매주리.251	褸襋且誰縫

막힌 우물 새벽 얼음 쌓이어 있고　　　　　　　　　　廢井堆晨凍

황량한 밭 늦은 줄풀 뒤덮였구나.　　　　　　　　　　荒田被晚葑

> '봉葑'[252]은 거성去聲이니 줄풀의 뿌리이다. 하지만 진이도陳履道의 시
> 에서 "호수의 밭 없어진 뒤 이미 봉이 돋아났다"고 한 것이나, 육유陸游
> 의 시에서 "물 지자 못에는 봉이 돋았네"라 한 것은 모두 평성平聲으로
> 압운하였다.
>
> 葑, 去聲, 菰根也. 然陳履道詩曰: "湖田廢後已生葑", 陸游詩曰: "水落澤生葑", 皆
> 押平聲.

듣자니 영천潁川 도적[253] 불어난다니　　　　　　　　漸聞增潁盜

오랑캐의 봉화 경보 무에 다르랴.　　　　　　　　　　奚異警胡烽

호문豪門에서 칠조개漆彫開[254]는 보지 못했고　　　　未見豪門漆

다만 사관 붉은 붓대[255] 들어보았네.　　　　　　　　徒聞史管彤

대궐 문은 엄하게 범이 지켜서　　　　　　　　　　　九門嚴虎守

두 소매 다만 그저 눈물 적실 뿐.　　　　　　　　　　雙袖但龍鍾

정협鄭俠[256]을 그 누가 이을 것인가　　　　　　　　鄭俠嗟誰繼

주휘朱暉[257]를 못 만남이 애석도 하다.　　　　　　　朱暉惜未逢

그리워라 봄날 보습 손질할 적에　　　　　　　　　　懷哉理春耟

기름진 비 하늘에 자욱했었네.　　　　　　　　　　　膏雨上天濃

040 공주 창곡 관리의 난맥상을 고발한
장시의 내용은?

《다산시문집》 권2에는 오국진과 권기가 다산을 찾아와 대화하던 중 공주 감영의 창곡倉穀 행정 난맥상을 전해주었고, 이에 다산이 고발 형식으로 쓴 30운 60구의 장시가 남아 있다. 시의 제목은 '맹화 오국진과 요신 권기가 공주 창곡의 잘못된 정사 때문에 백성이 살 수가 없다고 극구 말하므로, 그 말을 적어 장편 30운을 짓다'이다.

두 사람이 금정역으로 다산을 찾아온 시점은 연대순으로 정리한 《다산시문집》의 편차로 보아 10월 24일 즈음이었던 것으로 보인다. 두 사람은 다산과 함께 봉곡사로 이동하기 위해 들렀을 것이다. 오국진과 권기는 공주의 창곡 관리 난맥상을 다산에게 자세히 말하면서 이로 인한 백성들의 곤고함을 하소연했다.

다산은 시의 서두에서 국가가 창곡을 두어 관리하는 이유를 설명했다. 원래의 취지대로 홍수와 가뭄, 외적의 침입, 흉년과 역병에 대비해 마련해둔 창곡 제도가 잇속을 챙기려는 탐관오리의 농간에 따라 줄줄 새나가 백성들의 삶이 외려 고달파지는 원인이 되고 말았다. 그 방법으로 관가의 도량형을 부당하게 적용하거나, 납곡을 정미精米로 하고, 운반비마저 백성들에게 품삯을 넘긴다. 여기에 아전의 횡포까지 곁들여지면 마침내 달아나 멀리 떠나는 것 외에 다른 방법이 없다. 세금에 세금을 얹어 중복 징세를 마다 않고, 세금을 거둘 때는 마치 군사 작전을 수행하듯 군졸들이 감사의 명에 따라 영기를 들고 나타나 마을을 동시에 쑥대밭으로 만들어버린다.

이렇게 수탈해간 곡식은 아래로 비장에서부터 위로 감사에 이르기까지 할당된 몫이 정해져 있어 창곡으로 들어가는 대신 흔적도 없이 사라져버린다. 그 결과 백성들의 초가집은 여우와 토끼의 굴로 변하고, 못 쓰게 된 우물에는 새벽 얼음이 쌓이며, 황량한 밭은 잡초로 뒤덮이고 말았다. 여기에 도적떼마저 횡행하니 전쟁 상황과도 같은 참혹함이 남았다. 이에 다산은 고대의 어진 관리 정협과 주휘를 소환해 암담한 현실을 통탄했다.

실제로 이해에 호서 지역의 가뭄 재해가 혹심했고, 그중에서도 연해沿海 13개 읍의 상황은 심각한 지경에 이르러 가을 서리가 내린 뒤에도 결실이 아예 없는 지경에 이르렀다.《정조실록》1795년 10월 4일자에 실린, 부사직 김정국金鼎國이 올린 상소에 당시의 정황이 생생하게 묘사되어 있다. 특별히 아전들의 횡포로 인한 폐단이 가장 컸는데, 관장들 또한 이들에게 상납을 받아 이를 묵인하는 통에 백성들의 곤고함이 극에 이른 상황이었다.

당시 공주목사는 관찰사가 목사를 겸직하는 겸목제兼牧制를 시행해 이때는 충청도관찰사였던 유강이 겸하고 있었다. 앞서 살핀 여러 기록으로 볼 때 다산과 유강의 관계는 그다지 나쁘지 않았다. 하지만 관찰사가 아전의 횡포와 고을 현감이 이들을 비호해 수탈의 결과를 공유하는 문제를 바로잡지 못한 것은 문제라고 보았다.

다산의 시를 통한 고발이 유효했던지, 같은 해 12월 16일《정조실록》기사에는 충청도의 비정을 적발하러 내려간 문비랑文備郞 정관휘鄭觀輝가, 비인庇仁과 남포藍浦의 정리곡整理穀과 구호전을 나눠줄 때 각종 비리가 자행되었고, 이에 대해 충청도관찰사가 자세히 조사하기는커녕 어물쩍 넘겨버리려고 변명만 늘어놓았다고 정식으로 고발했다. 이후 12월 20일과 22일 등의《승정원일기》에도 후속 기사가 이어진다. 결국 이 일로 유강은 충청도관찰사에서 파직되고 말았다.

다산은 오국진과 권기의 원망을 듣고 그 구체적 실상을 사관史官의 붓을 들어 생생하게 고발하는 시를 남겼다. 이 같은 고발이 직접적인 계기가 되었는지는 분명하게 확인되지 않는다. 다만 다산의 이 장시는 충청도 창곡 관리의 실태를 생생하게 고발했고, 이 같은 공론화의 결과로 중앙의 감찰이 내려와 실상을 파악한 후 적극적인 구호 조치와 전격적인 파직 처리가 이루어진 것을 보면, 다산의 시는 소기의 목적을 훌륭하게 달성한 셈이다. 다산이 자신의 문집에 전후 맥락을 설명해가며 이 시를 수록한 것도 이 때문이었다. 당시 다산은 그들의 처지에 공감하면서, 그럼에도 자신이 추진한 강학회 참여를 위해 자신을 찾아준 두 사람에 대한 고마움을 피력하려는 뜻도 있었다.

041 강학회 직전에 이도명은 왜 다산에게 편지를 보냈나?

10월 26일 다산은 다시 한곡, 즉 한강동으로 이광교를 찾아가 마지막으로 참여를 독려한 뒤, 사전 준비를 위해 먼저 봉곡사로 이동했다. 이 소식을 들은 이도명이 다산이 자신의 충고를 무시하고 끝내 일을 벌인 데 분개해 앞서 받은 다산의 편지에 답장하는 편지를 보내왔다. 편지에서 이도명은 분노를 조금도 감추지 않고 직설적 화법으로 다산을 성토했다.

조금 장황해도 이 편지는 찬찬히 뜯어읽어볼 필요가 있다. 비록 말을 점잖게 빙빙 돌렸지만, 편지의 첫 단락 내용을 풀이하면 이렇다. '조정에서 벼슬 살다 귀양 오면 근신하며 반성하는 태도를 보이는 것이 상식인데, 그대가 여기 와서 쓴 글이나 시를 보면 그런 기색이 조금도 없다. 반성은커녕 오히려 남에게 주제넘은 충고나 하고 있다. 이런 행동으로 임금의 지극한 뜻에 보답하겠다고 하니 참 우스운 일이 아닌가? 더구나 그대가 나를 비판한 내용이 뜬금없고 터무니가 없으니, 어떻게 이럴 수가 있는가?'

감정이 가팔라지자 다음 단락에서 이도명의 언사는 점점 더 날이 섰다. '그대의 이렇듯 안하무인격 태도는 여러 구설을 낳을 뿐이다. 서학으로 인해 지은 허물이 있는데, 거짓으로 이를 감추고 구차하게 미봉해서, 성호 선생의 유저 정리를 핑계로 강학회를 성사시켜 이단을 물리치고 정학으로 돌아왔다는 명분을 얻고 싶은 모양인데, 어림도 없다. 오히려 허물을 감추려다 비난만 사게 될 것이다.' 이도명의 말뜻이 이랬다.

이어지는 마지막 단락에서는 처음에 바른 학문을 하다가 외물에 유혹되어 자포자기에 이른 경우와, 애초에는 괴이한 것에 미혹되었더라도 본래의 바른 성정을 되찾아 고명한 영역에 이른 상황을 대비한 후, 후자가 아닌 전자를 택해 하류下流가 되려 하면서, 왜 자기를 따라오지 않느냐고 탄식하느냐며 힐난했다.

이도명의 편지에는 자신의 지속적인 반대에도 불구하고 마침내 강학회가 열리게 된 데 대한 깊은 분노가 깔려 있다. 이 글에 대한 다산의 답장이 《다산시문집》 권19에 실려 있다. 어쨌거나 둘의 싸움은 강학회를 성사시킨 다산의 승리로 끝난 상태였기에, 서암강학회가 끝난 뒤 금정에 돌아와서 보낸 답장에서 다산은 이도명에게 정면으로 반박하는 대신 말끝을 약간 숙였다.

그 내용을 간추리면 이렇다. '그대의 글에 담긴 뜻이 크고 시원스러워서 대단한 기상을 느꼈다. 하지만 농부가 어찌 강아지풀이 무서워 씨 뿌리기를 그만둘 수 있겠는가? 견해가 맞지 않아 끝내 사이가 벌어지는 일이 많더라도, 잘 이끌어 대중지정의 경계로 돌아가게 함이 옳지, 고개를 젓고 눈을 감아서 남을 적대시하며 혼자만 선하겠다고 하는 것이 옳은 태도인가? 내가 그대를 존중하여 여러 번 정성을 쏟았지만 이렇게 외면을 받고 말았으니, 그것을 유감스럽게 생각한다.'

두 사람은 끝내 화합하지 못했다. 이도명은 자신들을 이용하려는 듯한 다산의 태도가 불쾌했다. 다산은 그의 끝내 편협한 태도가 못마땅했다. 이도명은 10월 27일에 이삼환을 좌장으로 남인 학자들이 봉곡사에 모인 강학회에 끝내 모습을 드러내지 않았다.

다산의 일기장

10월 27일

목재께서 오셨다. 이광교 등 여러 벗 열한 명이 차례로 와서
모였다. 여러 벗의 성명과 강론한 여러 주장은 〈서암강학기西巖
講學記〉에 자세하므로 여기에는 적지 않는다.[258]

廿七日, 木齋來臨. 李文達等諸友十一人, 次第來會. 諸友姓名及講
論諸說, 竝詳西巖講學記, 玆不錄.

[부록] 서암강학기西巖講學記[259]

건륭乾隆 말년 을묘년 10월 24일에 내가 금정에서 예산의 감사로
나아가니, 목재 이삼환 선생이 이미 오셔서 모였다.

乾隆末年乙卯十月廿有四日, 余自金井赴禮山坎舍, 木齋李先生先已
來會.

26일 한곡에 이르러 문달 이광교를 방문하였다. 10리를 가서 소송
령을 넘었다. 또 10리를 가니 바로 온양 서암의 봉곡사였다. 이튿날
목재 선생께서 오셨다. 이에 가까운 고을의 여러 사우士友가 차례로
와서 모여 사문師門께서 남기신 책을 교정하였다. 먼저 《가례질서》
를 가져다가 범례를 만들었다.

廿六日, 至閑谷, 訪李文達. 行十里踰疎松嶺. 又十里, 卽溫陽西巖之
鳳谷寺. 厥明日, 木翁來臨. 於是近邑諸士友, 次第來會, 校師門遺書.
先取家禮疾書, 發凡起例.

○ 봉곡鳳谷은 온양의 서쪽에 있다. 그 남쪽은 광덕산이고, 서쪽은

천방산이다. 높은 묏부리와 첩첩의 봉우리, 깊은 숲과 끊어진 골짜기가 그윽하여 기뻐할 만하였다. 이때 이른 눈이 한 자 남짓 쌓여 있었다.

○ 鳳谷在溫陽之西. 其南廣德山, 其西千方山. 崇巒疊嶂, 穹林絶壑, 幽窈可喜. 時早雪盈尺.

매일 새벽 일어나 여러 벗과 함께 시냇물로 나아가, 얼음을 깨고 샘물을 움켜 세수하고 양치하였다. 저녁에는 여러 벗과 더불어 함께 산비탈에 올라 소요하며 멀리 바라보곤 했는데, 안개와 구름이 뒤섞여서 산 기운이 더욱 아름다웠다.

每晨興, 與諸友就澗水, 敲氷掬泉, 以盥以漱. 及夕與諸友同登山阿, 逍遙眺望, 煙雲錯雜, 山氣益佳.

낮에는 여러 벗과 함께 《가례질서》를 손보아 베꼈고, 목재께서 손수 교정하셨다. 밤에는 여러 벗과 강학하면서 도리를 논하였다. 혹 목재께서 질문하시면 여러 사람이 대답하였고, 혹은 여러 사람이 질문하고 목재가 변론하기도 했다. 이렇게 한 것이 열흘이었으니 몹시 즐거운 일이었다. 목재 및 여러 사람의 문답은 다음에 대략 보인다.

晝則與諸友繕寫疾書, 而木齋手自校訂. 夜則與諸友講學論道, 或木齋發問而諸人答對, 或諸人質問而木齋辨論. 如是者十日, 甚樂事也. 木齋及諸人問答, 略見下.

이삼환李森煥(1729~1813): 자字는 자목子木, 기유생, 여흥인驪興人.
이광교李廣敎(1756~1828): 자는 문달文達, 병자생, 한산인韓山人. 고 승지 수일秀逸의 손자.

이재위李載威(1757~?): 자는 우성虞成, 정축생, 여흥인. 고 제학 하진夏鎭의 현손玄孫.

박효긍朴孝兢(1757~?)[260]: 자는 사옥嗣玉, 정축생, 밀양인密陽人.

강이인姜履寅(1759~?)[261]: 자는 사빈士賓, 기묘생, 진주인晉州人. 고 참판 세구世龜의 현손.

이유석李儒錫(1760~?)[262]: 자는 여앙汝昻, 경진생, 함평인咸平人. 헌납 일운日運의 아들.

심로沈潞(1761~?)[263]: 자는 중심仲深, 신사생, 청송인靑松人. 고 이조판서 액諮의 현손.

정약용丁若鏞(1762~1836): 자는 미용美庸, 임오생, 압해인押海人.

오국진吳國鎭(1763~?): 자는 맹화孟華, 계미생, 동복인同福人. 고 우의정 시수始壽의 현손.

강이중姜履中(1765~?)[264]: 자는 용민用民, 을유생, 진주인. 강이인의 육촌 아우.

권기權夔(1765~?): 자는 요신堯臣, 을유생, 안동인安東人. 고 대제학 유愈의 현손.

강이오姜履五(1765~?)[265]: 자는 백휘伯徽, 을유생, 진주인. 전 교리 침忱의 종자從子.

이명환李鳴煥(1773~?)[266]: 자는 패겸佩謙, 계사생, 여흥인. 목재의 아우.

李森煥: 字子木, 己酉生, 驪興人.

李廣敎: 字文達, 丙子生, 韓山人. 故承旨秀逸孫.

李載威: 字虞成, 丁丑生, 驪興人. 故提學夏鎭玄孫.

朴孝兢: 字嗣玉, 丁丑生, 密陽人.

姜履寅: 字士賓, 己卯生, 晉州人. 故參判世龜玄孫.

李儒錫: 字汝昻, 庚辰生, 咸平人. 獻納日運子.

沈澇: 字仲深, 辛巳生, 靑松人. 故吏判潞玄孫.

丁若鏞: 字美庸, 壬午生, 押海人.

吳國鎭: 字孟華, 癸未生, 同福人. 故右相始壽玄孫.

姜履中: 字用民, 乙酉生, 晉州人. 履寅再從弟.

權夔: 字堯臣, 乙酉生, 安東人. 故大提學愈玄孫.

姜履五: 字伯徽, 乙酉生, 晉州人. 前校理忱從子.

李鳴煥: 字佩謙, 癸巳生, 驪興人. 木齋弟.

[부록] 11월 1일 서암 봉곡사온양 땅에서 목재 이삼환 선생을 모시고 성옹星翁께서 남기신 책을 교정하였다. 이때 이웃 고을의 사우士友 중에 모인 자가 많았는데, 저마다 시를 한 편씩 지었다. 모인 사람은 문달 **이광교**승지 이수일의 손자, **우성 이재위**홍문관제학 이하진의 현손, **사옥 박효긍**교리 박효성의 아우, **사빈 강이인**삼휴당 강세구의 현손, **여앙 이유석**승지 이일운의 아들, **중심 심로**이조판서 심액의 현손, **맹화 오국진**우의정 오시수의 현손, **용민 강이중**강이인의 재종제, **요신 권기**대제학 권유의 현손, **백휘 강이오**교리 강침의 종자, **패겸 이명환**목재 이삼환의 아우 **등이었다**〔十一月一日, 於西巖鳳谷寺溫陽地, 陪木齋李先生, 校星翁遺書. 時隣郡士友多會者, 各賦詩一篇. 會者, 李廣敎文達承旨秀逸孫, 李載威虞成弘文提學夏鎭玄孫, 朴孝兢嗣玉校理孝成弟, 姜履寅士賓三休堂世龜玄孫, 李儒錫汝昂承旨日運子, 沈潞仲深吏曹判書潞玄孫, 吳國鎭孟華右議政始壽玄孫, 姜履中用民履寅再從弟, 權夔堯臣大提學愈玄孫, 姜履五伯徽校理忱從子, 李鳴煥佩謙木齋弟〕

아름답고 빛나도다 성호星湖 선생님	郁郁星湖子
성명誠明하심 환한 글에 드러났다네.	誠明著炳文
아마득히 드넓음 근심할 적에	瀰漫愁曠際

꼼꼼하게 잘게 갈라 보여주시네.	芒忽見纖分
못난 나 태어남이 늦었음에도	眇末吾生晚
아득히 큰 도를 들어보았지.	微茫大道聞
요행히 그 은택에 젖었다 하나	幸能沾膏澤
애석하게 별 구름은 보지 못했네.	惜未覯星雲
보장寶藏에 남은 향기 가득하여서	寶藏饒遺馥
어진 은혜 불태워짐 실로 구했네.	仁恩實救焚
모범 되는 한 분의 노선생[267] 남아	典刑餘一老
나이와 덕 무리 중에 우뚝도 하다.	齒德逈千群
도 없어짐 노년에 탄식하다가	道喪窮年歎
벗이 오매 늙마에 기뻐하시네.	朋來暮境欣
책을 교정하면서 답답함 푸니	校書酬耿結
상자 지고 고생해도 기쁘다마다.	負笈喜辛勤
알지 못해 길 더듬음 편안해하다	猶有安冥擿
부질없이 노경에 이르렀다네.	徒然到白紛
훌륭한 벗들이여 힘을 내시게	勖哉良友輩
이곳에서 아침저녁 보내보세나.	於此送朝曛

[부록] 봉곡교서기鳳谷校書記[268] _ 이삼환

아! 나의 종조從祖이신 성호 선생께서 80년간 도학을 강론하시어, 저서가 집에 가득하다. 천인성명天人性命의 분별과 바름을 붙들고 삿됨을 물리치는 말씀, 인의예지로 극기복례하라는 가르침은 고명하면서도 드넓어서 땅을 지고 바다를 머금었다. 또 육경과 사서,《심경心經》,《근사록近思錄》,《소학小學》,《가례家禮》등의 책에 대해 모두 질서疾書로 저술하여 엮은 것이 있어서, 고금의 여러 성현의 은미

한 말과 깊은 뜻으로 하여금 찬연하게 다시 빛나게 하여 터럭만큼의
유감이 없게 하였으니, 성대하고도 위대해서 높이지 않을 수가 없다.

嗚乎! 我從祖星湖先生, 八十年講道, 著書滿家. 天人性命之辨, 扶正
闢邪之辭, 仁禮克復之訓, 高明廣博, 地負海涵. 又於六經四子心經近
思錄小學家禮等書, 具有疾書著編, 使古今群聖賢之微言奧旨, 燦然復
明, 無毫髮憾, 優優大哉, 不可尙已.

다만 그 엮어서 묶은 책자가 너무 많아서 여태껏 능히 탈고하지
못하였는데, 대개 당시에 문하에 있던 훌륭한 여러 제자는 이미 모
두 세상을 떴고, 후배와 천학淺學은 마침내 능히 그 책임을 맡을 사
람이 없었다. 나의 벗 정미용丁美庸 군이 마침 은대銀臺로부터 나와
금정역승金井驛丞에 보임되자, 개연히 닦아 정리하는 것을 자기의
책임으로 여겨, 편지를 보내 말하였다.

"선생께서 남긴 글로 하여금 지금까지 파묻혀 전함이 없게 한 것은
후학의 허물이다. 시작이 있지 않고서야 어찌 이룸에 도달하겠는가?"

마침내 온양의 봉곡사에서 모이기로 약속하였다. 이때 원근의 사
우들이 소문을 듣고서 모인 자가 또한 많았다. 처음 《가례질서》로
시작해서 교감하여 차례 매기고, 문란한 것은 바로잡으며, 자획이
잘못된 것은 고쳤다. 범례를 만들어서 강목을 들어 펴자 한 부의 완
성된 책을 이루었다. 그 나머지 전서는 이듬해에 작업을 마치기로
기약하였으니, 몹시 성대한 일이었다.

第其編帙浩繁, 未克脫藁, 蓋當時及門高足諸公, 已盡凋喪, 後輩淺
學, 卒無能任其責者. 吾友丁君美庸, 適自銀臺, 出補金井驛丞, 慨然以
修整爲己任, 以書來曰: "使先生遺文, 尙至今泯焉無傳, 後學之咎也.
不有作始, 曷底於成?" 遂約會溫陽之鳳谷寺, 時遠近士友之聞風, 會者

亦衆. 始自家禮疾書, 讎校次序之, 紊亂者正之, 字畫之訛誤者改之. 發
凡起例, 綱擧目張, 成一部完書. 他餘全書, 期以明歲卒業, 甚盛擧也.

아! 하늘이 사문斯文을 없어지지 않게 하여 선생의 학문이 뒷세상
에 크게 밝아지게 한다면, 어찌 오늘의 작업이 출발이 되지 않을 줄
알겠는가? 내가 이에 미용에게 그 일을 서술하도록 부탁하고, 또 각
자 10운의 술회시를 짓게 하여 뒷날의 징표로 삼게 하였다. 함께 모
인 사람은 아무와 아무이니 모두 12명이다.

嗚乎! 天未喪斯文, 使先生之學, 他日大明于世, 安知今日之役, 不爲
之兆也? 余於是屬美庸敍其事, 又各賦述懷十韻, 作來後徵信. 同會者
某某, 共十二人.

[부록] 봉곡사에서 뜻을 적은 시의 서문〔鳳谷寺述志詩序〕[269]

우리 성호께서 지은 책이 수백 편쯤 된다. 돌아보건대 후학의 정성
이 얕아서 교감하여 책자를 이루지 못하였다. 을묘년에 내가 금정으
로 귀양 와서, 비로소 목재 이삼환 선생과 더불어 이 작업에 대해 편
지로 상의하였다. 마침 한두 사우가 찾아왔다가 함께 의논하는 것을
듣더니, 모두 기꺼이 협조하기로 하였다. 이에 10월 25일에 온양의
봉곡사에 모여, 먼저 《가례질서》를 가져다가 범례를 만들고, 목재가
손수 교정하였다. 나와 여러 벗은 붓을 잡고 베껴써서 며칠 만에 작
업을 마쳤다.

我星湖夫子所著書, 可累百餘篇. 顧後學誠淺, 未及校勘成帙. 歲乙卯
余謫金井, 始與木齋先生書議茲役, 而適一二士友見過, 得聞其所與議
者, 皆樂爲之協助. 乃以十月廿五, 會于溫陽之鳳谷寺, 先取家禮疾書,
發凡起例, 木齋手自校訂. 余與諸友, 操觚管翻寫, 積數日工告訖.

가만히 생각건대 우리 성호 선생이 남긴 책은 땅을 지고 바다를 품으니, 이는 다만 큰 솥의 한 점 고기일 뿐이다. 하지만 천하의 정밀한 의리와 큰 법도는 예서禮書로 법도를 정하고, 예가禮家의 큰 강령과 세부 조목은 실로 주자가 절충하였다. 그럴진대 우리 벗들은 여기에서 또한 성호 선생의 문으로 말미암아 주자의 방으로 들어갈 수 있을 것이다. 어찌 책을 모조리 보기를 기다리겠는가?

竊惟我星翁遺書, 地負海涵, 玆特大鼎之一臠耳. 然天下之精義大經, 必節文於禮書, 而禮家之宏綱細目, 實折衷於朱子. 則吾友於此, 亦可以由星翁之門而入朱子之室矣. 奚待簡篇之罄閱哉?

크게 두려운 것은 우리가 모두 글을 짓고 암기해 외우는 학업을 하는 점이다. 산문山門에서 한번 흩어져 각자 그 집으로 돌아가 아득히 서로를 잊는 지경에 들고 말 것이다. 다시금 경박하고 약삭빠르며 행실이 없는 사람이나, 비루하여 생각 많은 부류가 있어, 혹 잔단 기예와 말단의 재주를 가져다가 효과가 빠르다고 꾀거나, 혹 선가禪家의 맛이나 도가道家의 기운을 가리켜 참된 길이라 여겨, 여기에 가로막혀 흔들려서 스스로 해이해지거나, 현혹되어 문득 돌아보게 됨을 면치 못한다면, 식견과 취향이 거칠어질 뿐 아니라, 도리어 진취함에 방해가 될 것이다. 반드시 장차 본원이 혼탁하여져서 점차 밝게 열림을 잃고 말아, 끝내는 유용한 학문이 됨을 얻지 못해, 더불어 요순堯舜의 경지에 들어가기가 어렵게 되고 말리라. 어찌 족히 주자의 무리가 되고 성호 선생의 후학이 되기에 족하겠는가?

所大懼者, 吾輩皆詞章記誦之業也. 山門一散, 各歸其家, 漠然付之相忘之域. 而復有輕儇無行之子, 鄙俚多心之類, 或取小藝末技, 誘以急效, 或將禪味道氣, 指爲眞路, 未免沮撓而自懈, 眩惑而却顧, 則不惟識

趣鹵莽, 反妨進取. 必將本源混濁, 漸失開朗, 終不得爲有用之學, 而難
與入於堯舜之域矣. 豈足爲朱子之徒而星翁之後哉?

글을 쓰는 여가에 서로 더불어 이처럼 경계하고 마침내 그 뜻을
말하고 그 일을 글로 지어 저마다 다음과 같이 시를 지었다.

筆墨有暇, 相與警戒如此, 遂言其志賦其事, 各爲詩如左.

[부록] 사빈 강이인에게 주다〔贈姜士賓〕

_ 초 4일에 산을 내려가며 시를 지어 벗들과 작별하였다〔初四日將下山, 作詩
留別諸友〕

기쁘다 좋은 명성 멀리 전하니	豈弟流徽遠
궁한 살림 세업世業이 맑기도 하다.	窮畸世業清
참됨 지켜 말세 풍속 뛰어넘으니	葆眞超末俗
전일한 기운이 아이와 같네.	專氣若柔嬰
검루黔婁[270]의 지조를 힘써 지켜도	勉守黔婁志
정헐鄭歇[271]의 이름을 사양치 마오.	休辭鄭歇名
인간 세상 가시밭길 무성한지라	人間荊棘茂
세모에 한차례 마음 상하네.	歲暮一傷情

[부록] 중심 심로에게 주다〔贈沈仲深〕

찬 날씨에 짧아진 해를 따라서	寒天隨短景
구름 속 높은 산을 간신히 넘어.	雲巘歷艱辛
나중 와도 문사文詞가 묵직하여서	末至文詞重
여러 사람 기색이 새로워지네.	群居氣色新
옷자락 걷어듦은 평소 태도라[272]	摳衣良有素

잠깐 만에 또 서로 친하여졌지.　　　　　　傾蓋且相親

용문의 교유[273]를 의탁했으니　　　　　　已託龍門好

풍도에서 티끌 끊기 힘쓰시게나.　　　　　風標勉絶塵

[부록] 여앙 이유석에게 주다(贈李汝昻)

호해湖海의 뜬구름 아득히 멀고　　　　　湖海浮雲逈

바위 언덕 언 눈이 깊이 쌓였네.　　　　　巖阿凍雪深

멀리서 어진 이를 따라서 오니　　　　　遠隨賢者至

고인의 마음 아니 저버렸다네.　　　　　不負古人心

절집에서 선비 아집雅集 이루어지매　　　僧院成儒雅

우관郵官으로 사림에 의탁하였지.　　　　郵官託士林

좋은 이웃 언제나 곁에 있어서　　　　　德隣常近住

찾아볼 수 있음이 부러웁구려.　　　　　羨爾有參尋

[부록] 패겸 이명환에게 주다(贈李佩謙)

넓은 하늘 부여함이 공평하건만　　　　　蕩蕩洪勻賦

인재 냄만 어찌 홀로 치우친 겐지.　　　　生才奈獨偏

등림鄧林[274]엔 새싹이 이미 돋았고　　　鄧林芽已茁

단혈丹穴[275] 봉황 깃털이 모두 곱다네.　丹穴毳皆鮮

삼창三倉[276]의 구별쯤은 진작 알았고　　早識三倉辨

차차로 사고四庫[277]를 살펴보겠네.　　　行窺四庫全

장부는 모름지기 활달해야지　　　　　　丈夫須豁達

까칠함을 어질다곤 하지 못하리.　　　　狷介未爲賢

[부록] 용민 강이중에게 주다(贈姜用民)

객지에서 새로 사귄 벗이 많은데	客土多新契
명문에서 뛰어난 자태 얻었네.	名門得俊姿
공명이야 훗날 절로 두터우리니	功名他自厚
시례詩禮가 옛 정승에 합당하도다.	詩禮故相宜
떠돌며 무리 따라 종사하면서	放浪隨群從
스승께 나아감이 공손도 하다.	勤恭就老師
그대 도량 넓음을 기뻐하지만	喜君襟袍闊
애오라지 위엄을 갖추시게나.	聊以攝威儀

[부록] 백휘 강이오에게 주다(贈姜伯徽)

햇살 비친 노을의 깨끗함이요	映日霞標粲
바람 맞은 옥수玉樹의 해맑음일세.	臨風玉樹淸
화기 속에 촌철寸鐵이 남아 있어서	雍容留寸鐵
단아함 영걸 중에 빼어나다네.	端雅拔群英
책만 보는 버릇을 조금 줄이고	且減看書癖
술 마신단 이름은 전하지 마소.	休傳飮酒名
만약에 악전偓佺²⁷⁸과 만나게 되면	偓佺如可遇
흉금 열어 장생술을 물어보시게.	敷衽問長生

[부록] 분매를 두고 읊어 대릉의 네 원로²⁷⁹에게 부치다(詠盆梅寄大陵四老)

겹방석 제아무리 따뜻하대도	縱許重茵煥
엷은 추위 얇은 장막 스며들겠지.	輕寒透薄帷
번다한 가지 모두 꽃피었건만	繁條俱已發
가장 높은 가지만 남겨뒀다네.	留得最高枝

042 서암강학회의 일정과 일과는 어땠고, 분위기는 어떠했나?

서암강학회 모임은 정확하게 어느 기간에 이루어졌을까? 기록에 따라 다소 차이가 난다. 〈금정일록〉으로 보면, 다산이 강학회를 위해 금정역을 출발한 것은 10월 24일이었다. 이후 25일까지 예산 이승훈의 거처에 머물며 이삼환과 함께 일정과 방식, 자업 범례 등에 대해 논의해서 재가를 받았다. 26일에 한강동에 들러 이광교의 참석을 한 번 더 독려했고, 당일 소송령을 넘어 온양 봉곡사로 들어왔다.

25일에 헤어진 이삼환은 이틀을 쉬고 27일에 봉곡사로 합류했고, 참석을 약속했던 11명도 앞서거니 뒤서거니 도착했다. 다산 혼자 하루 먼저 들어온 것은 미리 현장을 점검하기 위해서였을 것이다.

당시 봉곡사에는 철 이른 눈이 내려 한 자나 쌓여 있었다. 눈 쌓인 조촐한 겨울 숲의 풍광은 아름다웠다. 새벽에는 냇가에서 얼음을 깨고 샘물을 떠서 양치하고 세수했다. 작업을 마친 저녁에는 산에 올라 산책했다. 다산은 어린 시절 화순 동림사에서 두 형과 함께 공부하며 났던 겨울을 떠올렸을 것이다.

성호의 저서는 하나도 정리되지 않은 난필의 초고 상태였다. 애초에 그렇게 많은 분량이 아니었으므로 이삼환을 제외한 12명이 분량을 나눠 같은 크기의 원고지에 베껴쓰는 것은 그다지 많은 시간이 들지 않았고, 불과 며칠 만에 전체 필사가 마무리되었다. 베껴쓴 원고를 보고 이삼환이 그때그때 확인해서 오자나 빠진 부분을 바로잡았다. 여럿이 한꺼번에 달려들자 작업 속도가 눈부셨다.

〈서암강학기〉가 쓰여진 봉곡사 전경. 오른쪽 건물이 강학을 했던 장소다.

이때 정리한 책이 하필《가례질서》였던 것도 음미할 만하다. 가례家禮는 관혼상제에 관한 예법을 다뤘고, 그중에서도 제례祭禮의 비중이 가장 컸다. 제사를 거부하는 천주교도라면 이런 작업에 나설 까닭이 없었다. 자신의 혐의를 벗기에는 가장 적절한 텍스트였다.

질서疾書란 '책을 읽다가 떠오른 생각을 재빠르게 적은 메모'라는 뜻이다. 성호의 질서 연작은 그때그때의 메모를 산만하게 묶어둔 난고亂藁여서 전작全作의 체계를 갖추지 못한 상태였다. 작업의 범례를 정하고 일의 역할을 분담해 전체 작업을 진행하는 것은 다산이 맡았다. 정조의《중용》강의와《시경》강의 등에 참여하면서 이 같은 작업의 경험이 풍부했고, 무엇보다 문과에 급제한 사람은 좌중에 다산밖에 없었다. 공부의 수준이 이미 달랐다.

이렇게 해서 며칠 만에 어지러운 원고 뭉텅이에 지나지 않았던《가

레질서》가 수미를 갖춘 저작으로 면모를 일신했다. 30년 묵은 체증이 내려가는 쾌거였다. 이런 방식으로 나머지 질서도 차츰 정리할 수 있다는 자신감을 얻은 것이 더 중요했다.

저녁식사 후 산책을 마친 뒤에는 고즈넉한 산사가 문득 열띤 토론장으로 변했다. 각자 질문을 하면 이삼환이 대답했다. 곁에서 다산은 일찍이 정조도 인정했던 그 유명한 속필速筆로 문답의 내용을 기록으로 담아냈다. 다른 참석자들은 이전에 한 번도 해본 적 없는 신선한 경험이었다. 이들은 모두 성호의 저작을 새롭게 탄생시켰다는 뿌듯함과 자부심에 들떠서 산을 내려왔다.

다산은 강학회가 열흘간 계속되었다고 했는데, 자신이 먼저 산사에 들어온 10월 26일부터 하산한 11월 5일까지를 날짜로 꼽으면 딱 열흘이 된다.

---

043 서암강학회의 참석자는 누구며, 어떤 성격의 모임이었나?

〈서암강학기〉에 제시한 강학회 참석자 명단을 보면, 이삼환을 좌장으로 모두 13명이 참여한 것으로 나온다. 명단과 인적 사항을 정리하면 다음과 같다.

나이는 좌장인 이삼환이 66세로 가장 많았고, 나머지 11명은 모두 30대였다. 이병휴의 늦둥이 아들로 이삼환의 동생인 이명환이 22세로 가장 어렸다. 성호 집안에서는 이삼환·이재위·이명환 등 세 사람

이름	생몰	본관	나이	집안	과거	거주지
이삼환	1729~1813	여흥	66	이익의 종손從孫, 이병휴의 양자		예산 장천리
이광교	1756~1828	한산	39	승지 이수일의 손자		예산 한강동
이재위	1757~?	여흥	38	제학 이하진의 현손, 이철환의 아들		예산 장천리
박효긍	1757~?	밀양	38	박장온의 아들	1801년 진사	덕산
강이인	1759~?	진주	36	참판 강세구의 현손		온양
이유석	1760~?	함평	35	장령 이일운의 아들	1795년 생원	서산
심로	1761~?	청송	34	이조판서 심액의 현손	1790년 진사	예산
정약용	1762~1836	압해	33	정재원의 아들	1783년 생원, 1789년 문과	홍주 금정역
오국진	1763~?	동복	32	우의정 오시수의 현손		공주
강이중	1765~?	진주	30	강이인의 재종제		온양
권기	1765~?	안동	30	대제학 권유의 현손		공주
강이오	1765~?	진주	30	교리 강침의 종자從子, 강이인의 재종제		온양
이명환	1773~?	여흥	22	이병휴의 아들, 이삼환의 아우	1798년 생원	예산 장천리

이 함께했고, 강이인·강이중·강이오 등 온양의 진주강씨 집안에서
세 사람이 동참한 것이 눈에 띈다.《남보南譜》로 살펴보면, 세 사람은
서로 십촌 이내로 예산 인근의 강씨 집성촌에서 함께 살았던 것으로
보인다.

오국진과 권기는 공주 공북루에서 다산과 처음 만난 이후 왕래가 빈번했다. 예산의 한산이씨들은 다산이 그토록 노력을 기울였음에도 불구하고, 진사 한영익의 처남인 이광교만 참여했다. 청송심씨 집안에서는 심로가 참여했는데, 그는 1790년 진사에 급제했고 당시 예산에 거주하고 있었다. 9월 15일 공주에서 다산과 만난 심유와는 십촌간이었다. 박효긍은 덕산에 살고 있었고, 1801년 뒤늦게 진사시에 급제했다. 이유석은 9월 24일에 관찰사의 편지를 들고 다산을 찾아왔던 사헌부 장령 이일운의 아들로, 그는 이해에 식년시에 응시해 막 생원에 적을 올린 상태였다.

당시 다산의 나이는 33세로, 참석자 중 중간에 해당했다. 참석자의 평균 나이는 이삼환을 포함할 경우 35.6세이고, 이삼환을 제외하면 33세로 낮아진다. 모두 예산, 덕산, 공주, 홍주, 서산 지역에 사는 남인 명가의 자제들이었다. 당시 이유석과 심로가 진사시와 생원시에 급제했고, 문과에 급제한 사람은 다산이 유일했다.

한편《다산시문집》권2에는 11월 1일 봉곡사의 모임을 설명한 장시를 남겼고, 11월 4일 하산할 때는 강이인·심로·이유석·이명환·강이중·강오 등 여섯 명에게 각각 증시贈詩를 따로 써주며 작별 인사를 대신했다. 이들 한시에는 강학 기간 지켜본 각 개인의 성품과 역량, 그리고 당부의 말이 적혀 있다.

강이인에게는 궁한 처지에도 지조를 지켜 전일한 기운으로 공부에 몰입하는 그를 칭찬하면서, 경제적 어려움을 연민하는 마음을 담았다. 심로에게는 처음부터 참석하지 못하고 뒤늦게 합류한 사연과, 묵직한 문사의 역량으로 분위기를 바꿔준 그의 등장을 말했다. 그는 적극적이고 친화력 있는 태도로 금세 허물없는 사이가 되었다. 이유석은 3구에서 "멀리서 어진 이를 따라서 오니"라고 한 것으로 보아, 9월 25일 다산을 찾아온 부친 이일운과 함께 내려왔다가, 모임 소식을 듣고 합류한 것으로 보인다.

가장 연소자였던 이명환은 나이에 비해 숙성했지만 숫기가 없어 사람들과 잘 어울리지 못했던 듯, 다산은 그에게 활달해야지 까칠해서는 안 된다는 충고를 남겼다. 강이중에게는 4대조인 강세구의 명성에 걸맞은 재주를 지녔다고 칭찬하고, 사람됨이 시원스러워 거침이 없지만, 자칫 위엄 없이 가볍게 보여서는 안 된다고 지적했다. 강이오는 단아한 선비였던 모양으로, 온화한 성품 속에 강인함이 있었고, 책에 깊이 빠져 있지만 술도 꽤나 즐겼던 듯, 이를 경계할 것을 주문했다.

044 〈서암강학기〉는 어떤 내용이고, 왜 썼나?

〈서암강학기〉는 《다산시문집》 권21에 수록된 글이다. 강학회 당시의 전후 사실을 기록으로 남긴 것인데, 다산이 예의 그 속필로 바쁘게 오간 대화를 녹취록 수준으로 정리해 당시의 상황을 짐작할 수 있게 해준다. 〈서암강학기〉를 목차로 정리하면 다음과 같다.

[0] 서序: 도착 노정과 작업 소개.

[1] 공간 설명과 참석자 명단 및 인적사항 소개.

[2] 목재 이삼환과의 일문일답1: 각자 학술, 특히 예학과 관련된 내용으로 한 가지씩 질문하고, 목재가 이에 대해 답변한 문답록.

[3] 참석자의 각오와 뜻을 적은 술지시述志詩 소개: 5언 20구의 한시를 같은 운자로 차운해 각자 지은 시 13수.

[4] 이삼환의 〈봉곡교서기鳳谷校書記〉: 교서 작업의 의의와 진행 경과 설명.

[5] 이삼환의 훈계와 일문일답2: 선비의 몸가짐에 대한 훈계와 공부법에 대한 문답록.

[6] 모임 해산과 다산이 작별 선물로 각자에게 지어준 증시. 시는 문집에 수록됨.

[7] 12월 7일에 이삼환이 다산에게 보낸 편지, 다산과 목재 사이에 오간 예학 문답 토론.

[8] 12월 28일에 이삼환이 다산에게 보낸 편지, 2차 예학 문답 토론.

전체 내용은 위와 같이 8단락으로 크게 분절할 수 있다. 실제 이 모임의 주된 작업은 초고 상태로 남겨져 있던 《가례질서》 초고를 교정해 정본화하는 작업이었다. 막상 〈서암강학기〉에는 이 책의 원고 상태와 교정 과정, 작업상의 문제점, 범례 작성 경과와 필요성 등 주 작업에 대한 내용이 하나도 없는 것이 의아하다. 이 글의 초점은 교정 자체가 아니라 그곳에서 이루어진 강학에 관한 내용을 간추리기만 했다.

[2]와 [5], [7]의 분량이 전체 글의 대부분을 차지한다. [2]와 [5]는 참석자와 이삼환이 주고받은 학술적 대화를 문답으로 조리를 갖춰서 적은 것이다. 특히 [2]는 참석자 전원이 한 가지씩 질문하고 이삼환이 대답했다. 질문 자체는 연결되지 않아 체계를 잡을 수 있는 내용이 아니다. 오국진이 복건幅巾의 제도를 묻고, 권기가 조부 생존 시 조모가 돌아가셨을 경우 장자長子가 어떤 복을 입어야 하는지를 물었으며, 이를 이어 다산이 개장改葬한 뒤 복을 벗는 시점에 대해 질문하고,

다른 사람이 거상居喪 때 입는 심의深衣의 제도나 상관喪冠의 모양에 대해 잇달아 질문하는 식이다. 《가례질서》를 정리하다가 평소 상례에 대해 궁금했던 점을 질문한 것으로, 다산의 민첩한 메모와 정리 솜씨에 감탄할 수는 있어도 특별한 내용은 아니다.

[5]의 경우 [2]와 구분한 이유가 분명치 않다. [2]에 이어 이삼환과 참석자 사이의 문답을 기록했다. 다만 여기에는 선비의 몸가짐, 공부법에 대한 논의가 많다. [2]가 전체 참석자의 질문을 한 차례씩 모두 포함한 데 비해, [5]에서는 5인의 문답만 실었다. [2]가 가례와 관련 있는 질문이었다면 [5]는 그 밖의 논의인 점이 다르다. 일종의 보유補遺 느낌이다.

가장 많은 분량을 차지한 것은 단연 [7]이다. [7]은 강학회 당시의 문답이 아니라, 다산이 산사에서 질문한 문목問目에 대해 이삼환이 그 자리에서 대답하지 못했거나 답변이 흡족하지 못했던 부분을 귀가 후에 상량商量해 답변한 내용이다. 이삼환은 다산에게 두 차례 편지를 보냈다. 12월 7일에 보낸 편지에서 다섯 가지 문목에 대해 답변했고, 이어 다산이 반론과 함께 다시 문목을 세워 답장하자, 12월 28일 이삼환이 서울로 답장을 보내, 열한 가지 질문에 대해 답했다. 12월 7일 편지에 대한 다산의 답신 내용은 《다산시문집》 권19에 수록된 〈목재 이삼환 선생께 올리는 글〉 제5신에 보인다.

말하자면 [7]은 다산과 이삼환의 토론만으로 구성되었다. 다산의 예각적인 질문에 이삼환은 상당히 난감해했고, 진땀을 흘렸던 듯하다. 당시 현장에서의 답변이 마뜩잖아 성에 차지 않았던 이삼환이 귀가 후 다시 정리한 답변서를 보냈다. 다산이 당시의 문답을 모두 〈서암강학기〉에 포함하려 했고, 이 경우 자신의 부실한 답변이 기록으로 남는 것을 원치 않았기 때문이다. 중간중간 다산은 자신의 예봉을 드러냈고, 이삼환의 답변에 대해 '의심스럽다'며 동의하지 않는 뜻을 남겨두기도 했다.

[3]에서 13인의 술지시를 제시한 것은 정채로운 부분이다. 당시 이들이 서암에서 강학할 때의 심회와 각오가 선명하게 드러나 있다. 다산은 이 시만 따로 모아 별도의 소책자로 만들어 각자 나눠가졌던 듯, 《다산시문집》 권13에 〈봉곡사에서 뜻을 적은 시의 서문〉을 따로 남겼다.

[4]에서 이삼환은 〈봉곡교서기〉를 별도의 글로 남겼다. 글의 내용은 성호 선생이 남긴 유저가 방대한 편질編帙 상태 그대로 방치되어 탈고를 못하고 있었는데, 마침 정약용이 금정으로 내려오면서 강한 추진력으로 일을 성사시켜 마침내 교서 작업이 이루어질 수 있었다며, 모든 공을 다산에게 돌렸다. 다산이 '개연히 이 서적의 수정修整을 자신의 임무로 삼았다'고 하고, 끝에는 "내가 이에 미용에게 그 일을 서술하도록 부탁하고, 또 각자 10운의 술회시를 짓게 하여 뒷날의 징표로 삼게 하였다"라고 해 전체 작업의 주선과 주관이 다산의 주도 아래 이뤄졌음을 분명한 기록으로 인증했다. 어쩌면 다산에게 슬쩍 미루고 자신은 뒤로 빠지려는 의미도 있었을 것이다.

---

045 이승훈은 어째서 〈서암강학기〉 참석자 명단에서 누락되었을까?

한편 〈서암강학기〉에는 실제로 참석한 것이 분명한 이승훈의 이름

이 빠져 있다. 애초에 작성한 〈서암강학기〉에는 당연히 그의 이름이 포함되었을 것이나, 그가 훗날 대역부도로 죽었으므로 검열해 이름을 삭제한 것이다.

다산은 7월 28일 금정으로 내려가는 길에 갈원에서 이승훈과 만나 하룻밤을 같이 잤다. 강학회 논의는 이날 처음 시작되었던 것으로 보인다. 8월 초에 다산이 이삼환에게 보낸 편지에는 "성호 선생의 문집을 정리하는 작업은 그사이에 이형과 상의해보셨는지요? 이는 결국은 상경한 뒤의 일이어서 잠시 평소에 생각했던 바를 감히 다 말씀드리지는 않겠습니다. 혹 근처의 조용한 절 가운데에서 모이기로 약속한다면 더욱 머물면서 모시고 기뻐하기에 충분할 것입니다"라고 한 대목이 나온다. 강학회 일로 이승훈이 이삼환과 논의를 진행해왔음을 보여준다.

또 10월 중순경에 이삼환에게 보낸 편지에서도 장소를 내원에서 석암사로 변경하는 문제를 상의하면서, "이형에게는 그다지 가까운 곳이 아니나, 계시는 곳과의 거리는 또한 50리에 지나지 않습니다. 다행히 더 생각해보시고 합의가 된다면, 이달 24~25일 사이에 날짜를 약속해 알려주시는 것이 어떻겠습니까?"라고 해, 장소 결정과 진행상의 실무적 문제 또한 이승훈이 이삼환과 긴밀하게 논의하고 있었음이 드러난다.

11월 하순경 이삼환에게 보낸 편지에 이승훈이 봉곡사 모임에 대해 뒷말이 무성한 것을 언급한 사실이 나오고, 비슷한 시기인 11월 27일에 다산이 이승훈에게 보낸 편지에서 봉곡사 모임 참석을 두고 "약용이 간 것은 모두 충분히 헤아린 것이니 후회하지 않습니다. 이제 비록 무쇠바퀴가 정수리 위로 굴러간대도 터럭 하나 움직이지 않을 뿐입니다"라고 쓴 내용도 보인다.

이 같은 왕복 편지로 보아 이승훈은 이삼환을 좌장으로 모시고 다산과 함께 봉곡사 강학 모임을 주도한 주축이었다. 그가 준비 과정에만 참여하고 실제 강학 모임에는 불참했을 가능성은 거의 없다. 하지만 뒤에 천주교 문제로 처형되면서, 원래 그의 이름이 포함되었던 〈서암강학기〉에서 그와 관련된 일체의 기록이 말소된 것으로 본다. 일기에만 그 흔적이 어렴풋하지만 분명하게 남았다.

11월 5일

목재 이삼환이 하산하자 여러 벗이 따라가고 나 또한 하산
하였다. 이날 요신 권기의 집에서 묵었다.

十一月, 初五日, 木齋下山, 諸友隨之, 余亦下山. 是日宿權堯臣家.

이튿날, 우헌郵軒 [280] 으로 돌아오니, 남고 윤규범이 내게 부
쳐보낸 시의 서문에 이렇게 말했다.

厥明日, 還郵軒. 南皐寄我詩序曰:

"정미용은 품성이 벽인璧人 [281] 을 뛰어넘고, 재주가 동작銅
雀 [282] 보다 높다. 경전을 궁구하려는 평소의 뜻은 만종萬種의 녹
으로도 옮길 수 있는 것이 아니요, 도를 위해 죽으려는 초심은
삼군三軍이라 한들 어찌 빼앗을 수 있겠는가? [283] 다만 글자를
아는 것이 우환이 되어, 마침내 재주가 많다고 의심을 받아 형
산의 옥돌에서 흠집을 찾고, 터럭을 불어 잘못을 찾아내려는
입이 석 자나 되고, [284] 물거울에서 티끌을 찾고, 흠결을 후벼파
려는 손톱이 수도 없었다.

"丁美庸, 品踰璧人, 才高銅雀. 窮經素志, 非萬鍾之可移. 殉道初
心, 豈三軍之可奪? 秖緣識字爲患, 終以多才見疑, 索瑕荆珉, 吹毛之
喙三尺, 尋塵水鏡, 剔垢之爪百端.

황금이 든 주머니가 이미 돌아왔다면, 직불의直不疑를 어찌
허물하겠는가? [285] 옥석을 분간함 없이 공야장을 오히려 가두어

둔 셈이다.[286] 인생의 이별이 견디기 어렵지만, 남북으로 갈린 길을 어찌하겠는가? 70일간 서울의 심부름꾼은 금정역 앞으로 가는 인편이 드물었고, 천 리 먼 호산湖山에서 사람은 백월루 위에 있다네. 하물며 나는 그대와 더불어 정은 소식蘇軾과 소철蘇轍 같았고 우의는 관중管仲과 포숙鮑叔보다 무거웠다.

金橐已還, 直不疑之何咎? 玉石無辨, 公冶長之猶囚. 不堪人生之別離, 無奈岐路之南北? 七旬京洛使稀金井驛前, 千里湖山, 人在白月樓上. 況與子情均軾轍, 誼重管鮑.

사문斯文으로 노닐 적에 마침 그대가 와서, 이릉二陵 골짝 어귀에서 지극히 즐겁게 노닐었고, 삼각산 꼭대기에서 아득히 눈길을 주었었다. 시를 읊조릴 제면 꽃과 버들이 피기를 재촉하였고, 취하도록 마실 때엔 달빛과 별빛이 밝게 빛났었네. 내가 부족하지만 나이가 어쩌다 조금 위이다 보니 봉황새와 난새의 위의를 굽혀 좋은 벗으로 대우해주었으니, 눈에서 오래 보이지 않는다 해도 어찌 마음으로 잊기가 어렵지 않으랴? 이별의 꿈만 하릴없이 둥글어, 한갓 들보 가득한 달빛에 놀라고, 헤어진 넋은 흩어지지 않아 수레를 뒤쫓는 먼지가 되고 싶다네."

游戲斯文, 適來夫子, 極娛遊於二陵洞口, 窮睇眄於三角峰頭. 吟哦則花柳催開, 醉飲則月星明漑. 以我犬馬之齒, 偶然差先, 屈其鳳鸞之儀, 待以良友. 何目中久不見也, 而心上殆難忘乎? 別夢空圓, 徒驚滿樑之月. 離魂不散, 願作逐車之塵."

시는 이렇다.

詩曰:

미용이 남쪽으로 좌천된 뒤로	鏞也南遷去
하늘에 바다무늬 빙빙 도누나.	天廻海上文
동정호는 봄 맞아 잔물결 일고	洞庭春細浪
형산에 여름 되니 기이한 구름.	衡岳夏奇雲
산속이라 언제나 동무가 없어	山裏常無伴
마음속엔 오로지 그대만 있네.	心中獨有君
어이해야 달 밝은 밤을 맞아서	何當明月夜
술잔 잡고 맑은 향기 젖어볼거나.	把酒挹淸芬

[부록] 계수 이익운에게 답함(答李季受) [287]

약용은 습성이 조급한지라 함양에는 소질이 없으니 주자가 일컬은바 태양증太陽症입니다. [288] 눌러두는 것이 가장 어려워서, 눌러두려 힘을 쓰면 도리어 번울증이 되고 맙니다. 이것이 혹 처음에는 꽉 막혀 답답함을 면할 수 없더라도, 오래 두고 애를 쓰면 점차 마땅히 순조롭게 다스려질는지요. 근일에 목옹木翁을 모시고 눈 속에 온양 서암사에 이르렀고, 다시 4~5명의 사림士林이 와서 모여, 마침내 성호 옹의 유서를 교정하고 돌아온 것이 겨우 며칠째입니다. 새해가 오기까지 독서하며 날을 보내고자 하나, 다만 손님이 날마다 미어터져서 마치 저잣거리 가운데 나앉은 것 같으니 쉽지 않을까 걱정됩니다.

鏞習性躁急, 涵養無素, 朱夫子所稱太陽症. 最難按住, 用力按住, 轉成蟠鬱. 此或初頭扞格, 所不能免, 久久用工, 漸當理順耶. 近日陪木翁, 雪中至溫陽之西巖寺, 復有四五士林來會, 遂校星翁遺書, 還纔數日耳. 歲前欲讀書遣日, 但賓客逐日塡咽, 如坐市中, 恐未易也.

11월 13일

문달 이광교의 편지를 받았다. 편지는 이렇다.

十三日, 得李文達書. 書曰:

"그대가 빛깔을 연마하고 색깔을 씻어내어 바깥으로 절로 드러나자, 성상께서는 상서로운 훌륭한 선비로 보시고, 우리는 이름난 신하요 보필할 만한 인재로 추대하였습니다. 경전에서 믿을 만한 것은 환히 통하여 꿰뚫어 알아 거의 남김이 없었고, 초목조수의 이름과 음양율려陰陽律呂의 제도에 이르러서도 그 이치를 깊이 궁구하고 그 부류를 많이 알지 않음이 없었습니다. 그대가 말한 '한 가지라도 모르면 유자의 수치다'[289]라 한 것이 바로 이것이라 하겠습니다.

"足下磨光濯色, 自著於外. 聖上視之以吉祥善士, 吾黨推之以名臣碩輔. 經而可信者, 洞徹貫識, 殆無遺焉. 以至於卅木鳥獸之名, 陰陽律呂之制, 莫不深究厥理, 多識其類. 此足下所云'一物不知, 儒者之恥'者, 是已.

그대는 문채를 품고 바탕을 안아 나아가고 물러남에 구차하지 않았으니, 조정에 있을 적에는 상서로운 기린이나 봉황처럼 그 위의가 완연하였고, 바깥에 있을 때에는 금마문과 옥당을 담담하게 마치 잊어버린 듯이 하였습니다. 소동파가 귀양 가 있던 혜주惠州는 실로 하늘 위에 있는 것이 아니었지요. 매번 옛날에 덕을 이룬 어진 이들을 살펴보면 대부분 모두 근심과 환난 중에 이루곤 하였습니다. 과연 장래에 잘하는 것이 오늘 기약한 바와 같음을 얻을 수 있게 하려면 마땅히 얼마간 실지實地의 위에 발을 딛고 선 사람이 되어야 할 것입니다."

足下懷文抱質, 進退不苟, 在朝則祥麟瑞鳳, 宛如爲儀, 處外則金馬玉堂, 淡若相忘. 坡翁惠州, 實不在天上也. 每觀古之成德之賢, 率皆憂患中做了. 果使將來之好做, 得如今日之所期, 則當作脚踏實地上幾分人耳."

[부록] 문달 이광교에게 답함(答李文達)[290]

쌓인 눈이 녹지 않아 모든 산이 휑한 데다, 여럿이 지내며 웃고 떠들던 나머지라 더욱 서글퍼서 견딜 수가 없었습니다. 뜻밖에 써보낸 편지를 얻어 조곤조곤한 말이 이어지니, 마치 다시금 무릎을 맞댄 것만 같아서 위로됨이 깊었습니다. 다만 주신 글 가운데 칭찬하여 허락함이 실정보다 지나침이 지극히 많아, 앞쪽의 100여 마디는 글자마다 실지를 잃어, 이를 읽고는 몹시 불만스러웠습니다.

疊雪未融, 萬山遼落, 羣居譁笑之餘, 益愴恨不自堪. 意外得手書, 纚纚語相續, 如更促漆, 慰沃深矣. 第來教中稱許極多過情, 上段百有餘言, 字字失實, 讀之殊觖望.

예전 10년 전에 서울의 여러 벗과 함께 학문을 강론하고 도에 대해 논할 적에, 갑이 입에 가득 찬양을 하면, 을은 몸을 받들어 겸손하고, 을이 곱절이나 더 칭송하면 갑은 말을 바로 받아 겸양하곤 하였습니다. 마침내 여러 해 뒤에는 나란히 득실의 장場을 내달리느라 끝내 능히 우뚝하게 수립한 것이 없었으니, 이는 깊이 경계로 삼을 만한 것입니다. 지난번 산사에 있을 때 목재 이삼환 선생께서 누누이 당부하신 것이 바로 이 같은 습속을 덜어내기에 힘쓰라는 것이 었는데, 오형吾兄께서 큰 가르침을 잘못 범할 줄은 생각지도 못하였습니다.

昔在十年前, 與京裏諸友, 講學論道, 甲者滿口贊揚, 乙者奉身逡巡, 乙者加倍誦祝, 甲者應聲謙讓. 終之數年之後, 竝走得失之場, 卒無能卓然樹立者, 玆深可戒者. 向在山寺, 木翁縷縷叮囑, 卽勉去此習, 不意吾兄誤犯大誡.

대저 벗에게서 귀하게 어기는 바는 서로 공정히여 힘쓰게 히는 유익함이 있기 때문입니다. 그 어둡고 게으른 것을 경계하기를 마땅히 돌뺄로 뼈에 침을 놓듯이 하고, 그 허물과 악을 바로잡음은 마치 금비金箆로 눈을 긁어내는 것같이 해야 합니다. 저가 설령 대단한 재주와 큰 덕이 있더라도 내가 어찌 저를 향해 말을 하겠습니까? 하물며 세속의 비루한 무리에게 나아가 지나치게 칭찬과 기림을 더할 경우, 이는 장차 남에게서 비웃음을 당하게 되니, 주는 자나 받는 자가 그 죄과가 거의 같습니다.

大抵所貴乎朋友者, 以有切偲磨濯之益也. 箴其昏惰, 當如石觜砭骨, 規其過惡, 當如金箆刮目. 彼設有長才大德, 我何爲向彼道哉? 矧或就流俗鄙俚之徒, 過加褒譽, 是將見笑於人, 而與者受者, 殆同其律耳.

대저 한편의 사람은 100년간 궁하게 살다 보니 서적은 흩어져버렸고, 젊었을 때의 목표는 과거科擧의 학문을 넘지 못합니다. 그래서 책상머리에서 몇 권의 희귀한 책을 보기만 하면 문득 색은행괴索隱行怪로 지목하면서 시끄럽게 떠들어대어, 헛이름이나 원통한 비방이 모두 여기에서 일어납니다. 당로자當路者의 자제는 비록 과

시科詩와 과표科表에는 얼마간 숙련되지 못함이 있더라도, 혹 곁에서 그들이 담론하는 것을 들어보면 모두 해박하고 우아하면서도 넉넉하니, 이편 사람의 기미가 전혀 아닙니다. 평소에 어렵게 배워 얻은 것은 온통 요동의 흰 돼지여서 부끄럽기 짝이 없는데도, 이편의 벗들은 걸핏하면 아무개가 해박하다고 일컫곤 하니, 아! 아무개가 어찌 일찍이 그렇겠습니까?

大抵一邊人, 百年窮居, 書籍散止, 少時準的, 不越乎科擧之學. 故纔見案頭有數卷稀書, 輒指爲隱怪, 嘩然喧哄. 虛名冤謗, 俱由此起. 當路子弟, 雖於科詩科表, 有些未練, 或從旁聽其談論, 皆博雅該洽, 大非此邊人氣味. 平日之艱難學得, 都是遼東白豕, 慚愧無地, 乃此邊朋儕, 動相稱道曰某也該博, 嗟乎! 某也何嘗然乎?

지금 바른 학문은 쇠하여 시들하고 속된 논의는 단단하고 굳세지만, 그래도 퇴계 선생의 뒤에 다시금 성호 선생이 있음에 힘입어, 우리가 남은 책과 자투리 글 가운데에서 사숙하여, 또한 그 문로를 얻기에 충분하게 하였습니다. 대개 성호 선생의 학문은 일생토록 주자를 높여서 믿었으므로 여러 경전에 대한 질서疾書가 모두 주자의 전주傳註로 나아가 발휘하여 밝히고 편 것입니다. 또《심경질서》와 《근사록질서》,《소학질서》,《가례질서》 등은 오로지 스승의 학설을 공부하여 과거의 가르침을 이은 것이니, 저술이 비록 많아도 모두 한가지 근본으로 돌아갑니다. 후세의 학자들이 드넓기만 하고 간략하지 못한 것과는 같지가 않습니다.

今正學衰熄, 俗論膠固, 尙賴退陶之後, 復有星翁, 使吾輩私淑於殘編斷簡之中, 亦足以得其門路. 蓋星翁之學, 一生尊信朱子, 故諸經疾書, 皆就朱子傳註, 發揮而闡揚之. 又如心經近思錄小學家禮等疾書, 專治師說, 以繼往訓, 著述雖多, 都歸一本. 非如後世學者, 博而不約.

대개 문호가 지극히 바르고 법도가 대단히 엄하며, 가는 길이 몹시 가깝고, 경지가 너무나 깊어서, 어리석은 지아비와 지어미도 말미암아 따를 수가 있으니, 또한 후생말학이 능히 그 가장자리를 엿볼 수 있는 바가 아닙니다. 이 때문에 근래에는 비록 나이가 많은 큰 학자도 몸을 돌려 사모하지 않음이 없어, 이를 받들어 일대종사一代宗師라 하니, 그 성대함이 훌륭합니다.

蓋門戶極正, 而繩墨極嚴, 蹊徑極邇, 而閫奧極深, 愚夫愚婦, 可以率由, 而亦非後生末學所能窺其涯岸者. 故近日雖高年宿德, 無不歸身嚮慕, 奉之爲一代宗師, 偉其盛矣.

금번 보내온 편지에서 "품절品節을 도야해 읊조리며 궁달窮達을 다르게 보지 않겠다"고 말한 것은 얼마나 도리를 앎이 분명하고, 학술을 가림이 정밀합니까? 우리는 이에 있어 정의情誼가 동문과 같으니 무릇 허물이 있다면 마땅히 바로잡아 경계하게끔 하는 것이 마땅하지, 말로 꾸미거나 높여 기려, 한때에 기쁨을 취하는 것은 마땅치 않을 뿐입니다.

今來教所云: '陶詠品節, 窮達不貳'者, 是何等見道之明, 而擇術之精也? 吾輩於此, 誼是同門, 凡有過差, 宜相規警, 不宜飾辭崇譽, 以取悅於一時而已也.

046 이광교가 보내온 편지와 다산의 답장은 무슨 이야기를 담았나?

11월 5일 강학회를 마치고 봉곡사를 내려온 뒤, 참석자들은 각자 집으로 돌아갔다. 8일 뒤 이광교가 다산에게 한 통의 편지를 보내왔다. 이광교는 이도명의 격렬한 반대를 무릅쓰고 강학회에 참석해 그나마 다산의 체면을 살려준 사람이었다. 나이도 다산보다 여섯 살 많았다.

이광교의 편지는 강학회가 진행되는 내내 가까이에서 다산을 지켜본 소감을 쓴 내용이었다. 앞뒤의 문장은 잘라내고, 이광교가 다산에 대해 논한 중간의 두 단락만 남겨두었다.

강학회에서 다산은 한마디로 펄펄 날았다. 작업의 핵심 가치를 놓치지 않고, 구성원 하나하나의 역량을 최대치로 끌어올려 모두를 반짝이게 했다. 특유의 속필로 작성한 메모들은 당시의 현장을 실시간으로 봉인해서 기록화했다. 이런 솜씨는 참여한 어떤 사람도 처음 보는 광경이었고, 그 자체로 볼만한 구경거리였다. 시골에서 자기만의 세계에 갇혀 있던 이들에게 다산의 이 같은 모습은 실로 군계일학 그 자체였다.

이광교의 편지에는 이를 곁에서 지켜본 감탄이 숨김없이 묻어났다. "한 가지라도 모르면 유자의 수치다." 한나라 양웅揚雄이 《법언法言》에서 한 말을 인용해, 전방위적 식견으로 참석자를 놀라게 한 젊은 다산의 학문에 대해 찬탄의 뜻을 표했다. 또 "소동파가 귀양 가 있던 혜주는 실로 하늘 위에 있는 것이 아니었지요"라고 했는데, 이는 다산의 모습이 마치 소동파의 혜주 시절을 보는 것 같다는 의미로 한 말이다.

소동파는 귀양지인 혜주에서 갖은 굴욕을 당하면서도 꺾이지 않는 정신으로 도연명의 정신을 그리워하며 〈화도시和陶詩〉 연작을 지으면서 그 고고한 인품과 굳은 절조를 사모하는 마음을 부쳤다. 다산은 이도명 등의 비방과 공격에도 불구하고 성호 선생의 유저를 정리하는 사업을 밀어붙여 이번 강학 모임에서 큰 성과를 이뤘다. 그러니 '나는 그대가 예전 소동파가 간난의 시절을 견뎌내 큰 사업을 이뤘던 것처럼, 그대가 장차의 큰 성취를 위해 이번에 우리가 함께 기약했던 그 마음을 잊지 않고 실행에 옮기는 멋진 사람이 되어주기를 바란다'는 덕담이었다.

다만 마지막에 "과연 장래에 잘하는 것이 오늘 기약한 바와 같음을 얻을 수 있게 하려면 마땅히 얼마간 실지의 위에 발을 딛고 선 사람이 되어야 할 것입니다"라고 한 문장에 약간의 여운이 남는다. 장래에도 잘하려면 말로만 다짐해서는 안 되고 실지에 발을 딛고 서서 실행에 옮기라고 주문한 것이 강학회를 둘러싼 여러 구설을 다분히 염두에 둔 발언일 수 있어서다. 아울러 성호의 아직 정리되지 않은 유저 정리 사업에 지속적으로 관심을 가져달라는 당부이기도 했다.

어쨌거나 서암에서의 강학 모임은 예상외의 성과를 거뒀고, 이삼환을 비롯해 이광교 등 참석자들을 한층 고무시켰으며, 그간의 우려 또한 불식할 수 있었다. 다산은 이처럼 이광교의 편지 한 단락을 절록해 실어둠으로써 강학회에 대한 현지 반응의 증언으로 남겼다.

11월 19일

《퇴계집》을 얻었다. 날마다 한 편씩 읽고 문득 메모를 남겼다. 적어둔 여러 편의 글은 모두 〈도산사숙록陶山私淑錄〉[291]에 자세하므로 여기서는 적지 않는다.

十九日, 得退溪集, 每讀一編, 輒有箚錄. 其箚錄諸文, 竝詳陶山私淑錄, 兹不錄.

[부록] 역루는 사방이 모두 산이다. 그 남쪽에 구봉산이 있는데 가장 높다. 바로 앞에서 꽉 막고 있어서 처음 왔을 때는 견디기가 어려워 장난으로 절구를 지어 함께하던 손님에게 보여주었다〔驛樓四面皆山也. 其南有九峯山最高. 當前擁塞, 始來時頗不堪, 戲作絕句, 示伴客云〕

겹겹의 산 에워싸 시름진 낯 다가드니	重巒匝帀逼愁顏
답답하여 언제나 동이 안에 앉은 듯해.	鬱鬱常如坐甕間
어이해야 번쾌樊噲[292]처럼 용맹한 자 얻어서	安得猛如樊噲者
군홧발로 구봉산을 걷어차 엎어볼까.	靴尖踢倒九峯山

[부록] 근래엔 고요함을 익힌 지 점차 오래되다 보니 날마다 산기운이 점점 아름다움을 느꼈다. 이따금 이 시를 외우다가 부끄러움을 못 이겨 마침내 절구 2수를 다시 지어서 구봉산에 사죄하였다〔近日習靜漸久, 每日夕覺山氣益佳. 時誦此詩, 不勝愧怍, 遂更作二絕句, 以謝九峯山云〕

| 아침마다 상쾌하여 얼굴 펴기 충분해 | 朝朝爽氣足怡顏 |
| 번화한 도회지에 있는 것보다 낫네. | 勝在芬華市陌間 |

어이해야 원량元亮[293] 같은 담박한 사람 얻어	安得澹如元亮者
유유히 구봉산을 앉아서 마주할꼬.	悠然坐對九峯山
너른 마음 얼굴 펴지 못할 곳이 없거니	寬懷無處不開顏
넓은 바다 높은 하늘 또한 이곳임에랴.	海闊天空亦此間
만물은 절로 나서 또한 자재롭거늘	萬物自生還自在
한림은 군산君山 어이 깎아내려 했던고.[294]	翰林何必剗君山

[부록] 의고擬古 2수

서해에는 서왕모의 반도蟠桃[295]기 있고	西海有蟠桃
동해엔 신선 먹는 화조火棗[296]가 있지.	東海有火棗
먹으면 허물 벗어 변화하여서	食之得蛻化
영원히 늙지도 않는다 하네.	永世不得老
뭇사람 앞다퉈 기뻐 사모해	衆人爭欣慕
바람 품고 먼 길을 떠나가누나.	望望出遠道
나 홀로 내 집을 굳게 지키며	我獨守我家
처자와 장차 함께 지내려 하네.	且與妻子好
산 밭엔 누런 기장 파종을 하고	山田種黃粱
무논엔 붉은 벼 모종을 하리.	水田種紅稻
부지런히 그 싹의 김을 맨다면	勤力芸其苗
가뭄이나 장마가 상관없으리.	不問燠與潦
바라건대 가을의 추수 때 되면	庶幾望有秋
내 목숨 보전하게 할 수 있겠네.	使我性命保

화려하게 비단옷 차려입고서	燁然衣錦衣
말 타고 큰 거리를 치닫는구나.	乘馬馳雲衢

말 내려 대궐 문을 들어가더니	下馬入君門
조심조심 대궐 뜨락 빨리 걷누나.	冉冉庭中趨
어이 한번 통쾌한 뜻 없으랴만은	豈不一快意
어떤 이는 후환이 있기도 하지.	或者有後虞
우선은 잠깐 동안 물러나서는	不如且暫退
졸렬 길러 어리석음 지킴만 못해.	養拙守其愚
편안하고 고요하게 꾀함도 없고	寧靜無所營
담박하게 바라는 바 아예 없다네.	澹泊無所須
세상길 비록 좁고 답답하지만	世途雖局促
썩은 선비 하나야 용납하겠지.	庶容一腐儒
만약 다시 서로 용서하지 않아도	若復不相恕
운명이니 그 또한 즐길 수밖에.	命也亦樂夫

[부록] 문달 이광교에게 답함〔答李文達〕[297]

아우님의 병세가 줄어들지 않는다니 몹시 걱정이 됩니다. 산승山僧이라고 해서 의학의 이치에 정통한 것은 아니겠지만, 또 요행히 혹 기이한 효험이 있을까 하여 이처럼 부지런히 애를 쓰셨으니, 우애가 도타운 줄을 알겠습니다. 할 수 있는 것을 다 해보려는 뜻에 감탄하여 열복悅服함을 금할 수 없습니다. 석창포를 휴류암鵂鶹巖에 가서 캐오게 하였더니, 한 짐을 채우기도 전에 이미 그곳에 있는 것이 다 없어졌다고 하는군요.

賢弟病狀無減, 極爲之懸念. 山僧未必精通醫理, 而又僥倖其或有奇驗, 有此辛勤, 可見友愛之篤. 靡不用極之意, 感歎悅服, 不能已也. 石菖蒲令就鵂鶹巖挑採, 茲未滿一擔, 然已竭其所有云耳.

말씀하신 뜻은 잘 알았습니다. 그만둘 수 없는 일이라면 어찌 좋아하지 않는 자가 혹 헐뜯는다고 해서 하지 않을 수 있겠습니까? 대저 습속이 나날이 땅에 떨어져서 걸핏하면 물고 뜯으려고만 드니 문을 닫아걸고서 자취를 숨죽인 채 실지의 공부를 실천함에 힘쓰는 것만 못합니다.

示意謹悉. 事之不可已者, 豈爲不相悅者, 或有訾謷, 而不得爲耶? 大抵習俗日下, 動欲噬嚙, 莫如杜門息跡, 勉勉於實地上踐履也.

[부록] 북계 진사 윤취협에게 드림〔與北溪尹進士就協〕[298]

세상에는 진실로 선善을 즐거워하는 군자가 있습니다. 그러나 그 폐단은 간혹 옛것을 물리치고 새것에만 힘을 써서, 경전을 천착하되 명물名物과 훈고訓詁의 사이에 얽매이거나, 간혹 지혜를 버리고 용납되기만을 구해, 잠언箴言이나 그림을 걸어두고 기거起居와 읍양揖讓의 예절로 겉만 꾸미는 데 있습니다. 저쪽은 망령되이 세상에 얽매이고, 이쪽은 비루하여 자신을 속이는 것이니, 두 가지 모두 실천은 아닙니다. 이보다 밑도는 자들은 그저 명리名利의 마당이나 소굴일 뿐이니, 비록 뜻이 있는 자가 있다 한들 장차 누가 그들과 함께 돌아가겠습니까?

世固有樂善之君子. 然其敝也, 或紬古務新, 穿經鑿典, 繳繞於名物訓詁之間, 或棄智取容, 揭箴挂圖, 矯飾於起居揖讓之節. 彼妄而嬰世, 此鄙而欺己, 二者均之非實踐. 下此者, 惟名場利窟, 雖有有志者, 將誰與歸?

지난번 예산에 이르렀더니 마침 목재 이공께서 두세 명의 사우를 데리고 산사에서 사문師門의 유서를 교정하고 계시기에, 저 또한 가서 함께하였습니다.[299] 이때 이른 눈이 내려서 서남쪽의 봉우리들이 빼곡히 빼어나면서도 존엄하더군요. 아침저녁으로 올려다보는데 생각이 갑자기 북계北溪 위로 달려가곤 하였습니다. 옛사람이 "매미 소리를 듣고서 높은 풍도를 그리워한다"[300]라고 한 것이 또한 이런 종류가 아니겠는지요?

向到禮山, 適木齋李公, 攜數三士友, 在山寺校師門遺書, 鏞亦往從焉. 時值早雪, 西南峰巒, 森秀尊嚴. 日夕瞻眺, 意想忽忽走北溪上去. 古人之聽蟬懷高風, 無亦類是耶?

좌명左明[301]이라는 자는 어떤 사람인지 모르겠으나 저가 헐뜯고 비방하기를 괴롭게 한다고 하니, 진실로 그 낯가죽을 한번 보아 기이한 볼거리를 넓히고 싶군요. 듣자니 석문에 올 약속이 있다던데, 그로 하여금 잠깐 역루에 들르게 하더라도 괜찮겠습니다. 우리는 지위가 비록 공고公孤[302]에 이른다 하더라도 또한 포의布衣의 부류일 뿐입니다.

左明者, 不知何許人, 苦彼毀謗, 誠欲一見其面皮, 以博異觀. 聞有約到石門, 令暫過驛樓無妨. 吾輩雖位至公孤, 亦布衣者流耳.

[부록] 인백仁伯 강이원姜履元에게 보냄〔與姜仁伯履元〕[303]

여기 와서 한 글자의 편지도 얻지 못했으니 또한 거침이 없어 쉬 서로 잊으신 것은 아닌가요? 아니면 약용이 남쪽에서 맛난 음식을 배불리 먹을 테니 궁하지 않을 것으로 여겨 안부를 묻지 않으시는 것입니까? 약용의 평생 소원은 산수에서 노닐면서 또 어질고 호걸 스러운 장자長者와 더불어 물외物外에서 노닐며 읊조리는 것입니다. 남쪽으로 오매 실로 평소에 구하던 뜻에 맞아서 은총을 내리심이 아님이 없습니다. 역루에 일이 없어 이따금 한두 사우와 더불어 웃고 이야기하며 날을 보냅니다.

此來不得一字書, 無亦疎坦之易於相忘耶? 抑鏞之得飽南烹, 不足爲
阨窮, 而不相問耶? 鏞生平所願, 卽徜徉山水, 而又得與賢豪長者, 游吟
物外. 南來良愜素求, 罔非寵賜也. 驛樓無事, 時與一二士友, 談諧遣日.

지난번 이른바 윤기환尹箕煥이라는 자가 행한 바는 이미 자세히
들었습니다. 또 그 실정을 능히 살펴보니, 진실로 놀랄 만하였으나
곧이어 불쌍하게 여겨지더군요. 대개 들어보니, 윤기환이 그날 술을
마셔 크게 취해 남에게 모욕과 배척함을 당하자 분이 한꺼번에 일
어나, 점점 서로 간에 갈수록 격렬해져서 마침내 크게 주먹질하고
소리치며 하늘도 두려워 않고 땅도 무서워 않은 채 이러한 말을 마
구 떠들어대기에 이르렀다더군요.

曩所謂尹箕煥者所爲, 旣得其詳. 而又能察其情實, 誠可愕, 繼之以矜
愍也. 蓋聞箕煥當日飮酒大醉, 被人侮斥, 忿懷焱發, 轉相層激, 遂至於
大拍胡叫, 不畏天不怕地, 致發這般口氣.

약용은 술 취한 자와 화난 자의 정리에 대해 아주 잘 압니다. 대개
술 취한 자와 화난 자는 바야흐로 술기운이 위로 솟고 분노의 불이
타오를 때 어떤 물건이 닿기만 하면 난동을 부리고 때려부수며 전
혀 분수가 없습니다. 자기가 능히 자신을 주장할 수 없다 보니, 마음
은 어둠에 빠지고, 온몸은 제멋대로 굴어, 무릇 다른 사람의 언어에
대해 그 시비곡직을 헤아려보지도 않은 채, 오직 한결같이 반대로
하기만을 위주로 합니다. 그래서 저가 희다고 하면 나는 검다고 하
고, 저가 동쪽이라 하면 나는 서쪽이라 하여, 오직 상대의 예봉을 꺾
는 것만 시급히 여기고 힘을 쏟습니다. 비유컨대 쌍으로 날던 나비

다산의 일기장

가 갑자기 높이 날기를 다투어 서로를 뛰어넘으려다가 회오리바람에 반공중까지 이르는 격이니, 이것이 술 취하고 화난 자의 정리입니다.

鏞於醉者忿者之情, 知之良熟. 蓋醉者忿者, 方其麴熱上沸, 怒火旁熾也, 有物觸之, 則亂動決裂, 全無分數. 自己不能主張自己, 天君昏墊, 百體肆行, 凡于他人言語, 未及商量其是非曲直, 唯一反之爲主. 故彼曰白我曰黑, 彼曰東我曰西, 唯折彼之鋒, 是急是力. 譬如雙飛蝴蝶, 忽然爭上, 互相超越, 飆至半空, 此醉者忿者之情也.

바야흐로 윤기환이 아무개 벗과 더불어 따질 적에, 아무개 벗이 다행히 먼저 이길 곳을 차지했고, 윤기환은 불행히도 이길 곳을 먼저 차지하지 못하고 보니, 단지 한결같이 아무개 벗의 말에 반대하기에만 힘을 써서, 본래의 시비를 돌아보지 않고, 훗날의 이해는 따지지 않아, 상황에 따라 격렬해져서 분이 나면 날수록 점점 더 사나워져서, 태산이 앞을 막아섰는데 눈을 부릅뜨고도 보이지 않는 형국이었습니다. 바야흐로 이때에는 무릇 아무개 벗이 편들고 높이는 바에 대해 윤기환은 장차 낮춰보고 낮게 볼 뿐이었습니다. 비유하자면 성난 범과 지친 곰이 나무를 보면 나무를 물어뜯고 돌을 얻으면 돌을 깨무는 것과 같아서 귀로 듣고 입에 문 것을 마구 치대어 돌아보거나 두려워함 없는 것과 같았습니다. 때마침 이를 당한 것이 다만 아무개와 아무개 같은 제공諸公이었을 뿐입니다. 안자顔子·맹자孟子·이윤伊尹·여상呂尙을 만났더라도 또한 때리며 욕했을 것이니, 이때의 이러한 형세는 참으로 상상하기에 충분합니다. 천자天子가 오라고 불러도 마땅히 배(船)에 오르지 않고 공자孔子와 도척盜跖도 모두 티끌이 되었을 것이니, 어찌 구구區區한 사론士論이 능히 두렵게 할 바였겠습니까?

方箕煥之與某友詰也, 幸而某友先據勝地, 不幸而箕煥不先據勝地.
唯一反某友之言爲務, 不顧本來是非, 不計日後利害, 隨現隨激, 愈發
愈猛, 泰山當前, 瞋目不見. 方其時也, 凡某友所右與其所尊, 箕煥將左
之卑之焉已矣. 譬如怒虎困熊, 得木噬木, 得石噬石, 耳之所觸, 舌之所
掀, 勃鬱澎湃, 靡所顧畏. 適其所値, 唯某某諸公耳. 卽遇顔孟伊呂, 亦
打亦罵, 此時此勢, 眞足想像. 天子呼來, 當不上船, 孔某盜跖, 俱成塵
埃, 豈區區士論所能怵哉?

약용 또한 서울에 있을 적에 대략의 줄거리를 듣고는 곧장 어떤
망령된 사내로 여겼을 뿐입니다. 이 지방에 오고 나서 향당鄕黨과
고장에서의 행실을 찬찬히 살펴보니, 문장과 식견이 우아하고 풍부
하여 훌륭한 선비로 일컬어져, 태산교악泰山喬嶽을 존경하고 사모
하며 의리의 포폄에 삼엄함이 언제나 남보다 앞서서 부족함이 없는
사람이었습니다. 이 때문에 이 고장의 사람들이 그를 사랑하고 아낌
이 한 입에서 나온 듯하였습니다. 이제 한때 술주정한 실수를 가지
고 움직일 수 없는 안건으로 삼아 그 평생을 단정한다면 또한 공평
하게 포용하는 도리에 손상됨이 있지 않겠습니까?

鏞亦在京時, 略聞梗槪, 直以爲何許妄男子耳. 及到此方, 徐察其鄕黨
州閭之行, 則文識雅贍, 號稱佳士, 而其尊慕于泰山喬嶽, 森嚴于義理
袞鉞, 常爲人先, 未有歉者. 故此鄕之人, 憐之惜之, 如出一口. 今以一
時使酒之失, 而作爲鐵案, 斷其平生, 則無亦有傷於平恕之道耶?

윤기환이 비록 과거에 나아감에 힘을 쏟았지만, 돌아와서는 문을
닫아걸고 자취를 감춰 교유를 그만두고 스스로를 다스렸으므로, 약

용 또한 여태 얼굴을 알지 못합니다. 하지만 그 실정을 알고 보니 억울함이 없지 않은지라, 그를 위해 사우의 사이에다 그 마음을 한차례 드러내 보이고자 합니다. 그러나 약용은 지금 비방과 헐뜯음이 세상에 가득하니, 《시경》에서 이른바 "내 몸도 못 살핀다"[304]는 것입니다. 사람을 향해 입을 열 경우 틀림없이 윤기환의 허물만 더하게 될 것입니다. 가만히 생각건대 오형께서는 안목이 조금 넓으시니, 반드시 능히 생각을 돌려서 천천히 살피실 것입니다. 만약 분명하게 마음에 와닿는 것이 있다면 친지에게 전하여 고해 다시 말하지 못하게 하십시오.

箕煥雖黽勉赴擧, 及其還也, 杜門劃跡, 息交自靖, 鏞亦尙不識面. 然得其情實, 不無抑鬱, 欲爲之一暴其心於士友之間. 而鏞今謗毀盈世, 詩所謂我躬不閱者, 向人開口, 必添箕煥之累. 而竊想吾兄眼孔稍豁, 必能轉想而徐究之也. 如其有犁然而會心者, 轉告親知, 勿復云云.

윤기환은 일찍 고아가 된 데다 형제도 없어 단지 칠순의 늙은 조부만 있으니, 또한 인가의 '먹지 못하는 큰 과일'[305]이라 하겠습니다. 꽃다운 나이에 벼슬에 올라 잠깐 떨쳐 펴려다가 불행하게 한 잔 술로 그르친 바가 되어, 장차 오랜 벗들이 모두 버리는 바가 되었으니, 또한 슬프지 않겠습니까? 형 또한 술 마시기를 즐기고 이기기를 좋아하며, 또 기이한 이야기 하기를 잘하니, 훗날 혹시 불행히도 이같은 과실이 있게 되면 그제야 윤기환을 생각하게 될 것입니다.

箕煥早孤終鮮, 只有七耋老祖父, 亦人家不食之碩也. 英年策名, 稍欲振發, 而不幸爲一杯酒所誤, 將爲知舊所共棄, 不亦悲哉? 兄亦嗜飮好勝, 又或善爲異談, 他日或不幸有此等過失, 始當思念箕煥也.

[부록] 만계蔓溪 이승훈李承薰에게 보냄[與蔓溪] [306]

_ 을묘년(1795) 11월 27일[乙卯十一月廿七日]

편지가 와서 세밑의 서글픈 마음에 위로가 됩니다. 약용의 병은 본래 깊은 원인이 없습니다. 지난 16일에 눈빛과 달빛이 온통 희고 하늘이 너무도 맑기에, 밤중에 두 손님과 함께 앞 시내로 걸어나가 시를 읊조리며 산보하고, 돌을 던져 물결을 희롱하다가 닭이 울고 나서야 돌아왔습니다. 그런데 왼쪽 겨드랑이에 담핵痰核 즉 멍울이 갑자기 솟는 것을 느꼈습니다. 근래에 또 문을 닫고 조리하자 점차 저절로 풀어지는군요.

書來, 怡慰歲暮惝恨. 鏞病本無深祟. 曩在旣望, 雪月皓白, 碧落澄澈, 夜與二客, 步出前川, 咏詩散步, 戲波弄石, 鷄鳴而還. 覺左掖痰核猝高, 近又閉門調理, 漸自解耳.

광주光州의 일은 울며 짖어대는 자의 부류이니, 시끄럽게 떠들 것도 없습니다. 하물며 사주한 것이 분명한지라 저들의 죄만 더하기에 충분합니다. 우리는 다만 마땅히 편안함으로 수고로움을 기다려야 할 것입니다. [307] 그래서 약용은 가형家兄에게 부탁하여, 삼가 잡다한 말로 서로에게 보이지 말고, 서울의 심부름꾼이 혹 오더라도 다만 날씨와 안부를 묻는 외에는 모두 맑은 이야기나 고상한 농담만 하라고 하였습니다.

光州事, 玆是鳴吠者流, 不足呶呶. 況指嗾瞭然, 適足增渠罪孼. 吾輩但當以逸待勞. 故鏞則託家兄, 愼勿以雜言相示, 斯京使或至, 惟寒暄安否之外, 皆淸談雅謔而已.

자화子和 이치훈李致薰 [308] 은 너무 성실한 나머지 찾아다니는 것이 부지런한 데다, 알아낸 것을 알려주는 것 또한 상세하지만, 유익함은 없고 한갓 사람의 마음을 어지럽게 할 뿐입니다. 온양의 여론 또한 놀라거나 괴이하달 것이 못 됩니다. 무릇 헐뜯어 비방하는 것은 흔히 자기의 선동으로부터 나오는 법입니다. 어쩌다 겉모습이 험하고 불량스러운 사람이 입에서 나오는 대로 유언비어를 지어내더라도, 그 또한 얼마 못 가 잊어버리고 말 것입니다. 이에 내가 이 말을 듣고 남과 마주하여 따져서 다툰다면 한 사람이 두 사람에게 전하고, 두 사람이 백 사람 천 사람에게 전하게 될 것이니 어리석지 않겠습니까?

子和太誠實, 採訪旣勤, 報知亦詳, 無益徒亂人心爾. 溫陽物論, 亦不足驚怪. 凡毁謗多自己煽動. 偶有膚險不良之人, 順口作蜚語, 渠亦俄而忘之矣. 乃我聞之, 對人辨訟, 一傳兩, 兩傳百千, 不其愚乎?

옛날에 어떤 사람이 뜻밖의 큰 망치 소리를 듣고 깜짝 놀라 병이 되었답니다. 아무것도 아닌 소리조차 모두 꺼려, 약조차 보탬이 되지 않았다지요. 한 의원이 병든 사람으로 하여금 자리에서 벗어나게 하고는 불시에 큰 망치 소리를 내니, 한 번 더 깜짝 놀랐는데, 연거푸 백번 천번 소리를 내자 병이 그만 나았답니다. 이제 다시 한차례 모이기를 꾀하여 시골 사람의 병을 치료해주고 싶지만 나약해서 떨칠 수가 없으니 깊이 안타까워할 만합니다.

古有人聞意外大槌聲, 驚而成疾. 樸樕之聲皆忌, 藥不能力. 有醫焉令病人座外, 不時作大槌聲, 更一喫驚, 連作百千聲, 病則良愈. 今欲更圖一會, 以療鄕人之病, 而懦不能振, 深可恨也.

한 끼 밥에 살찌고 한 끼 밥에 마른다면 사람들이 천하게 여깁니다. 사군자士君子가 서로 모여 강학하다가 우연히 한 미치광이나 교활한 사내가 말을 꾸며 비방하고 헐뜯는다 하여, 마음이 무너지기를 땅이 꺼질 듯이 한다면, 어찌 진보하여 그릇을 이루기를 바라겠습니까?

一飯而肥, 一飯而瘠, 則人賤之. 士君子相聚講學, 乃偶一癲狂憸夫, 飾辭詆毀, 而崩墜心胆, 如土委地, 尙何望於進步成器耶?

　　무릇 일에는 스스로 반성하여 허물을 자신에게 돌리는 사람이 있고, 뜻을 다잡아서 굽히지 않는 사람이 있습니다. 비록 약용이 떠나온 곳을 가지고 말하더라도, 찰방이라는 직책은 본래 각 역참을 돌아다니며 그 고충을 살피고 그 폐단을 찾는 것이다 보니, 무릇 속해 있는 역참이 있는 곳이면 모두 마땅히 가보아야 합니다. 감사監司가 지방관으로 이르렀다면 그 순찰을 그만두겠습니까?

凡事有自反而引咎者, 有秉志而不屈者. 雖以鏞之離次言之, 察訪之職, 本使之徇行各驛, 察其苦而訪其瘼, 卽凡屬驛之所在. 監司以外補至, 則顧廢其巡察耶?

　　약용이 간 것은 모두 충분히 헤아린 것이니 후회하지 않습니다. 이제 비록 무쇠바퀴가 정수리 위로 굴러간대도 터럭 하나 움직이지 않을 뿐입니다. 게다가 여러 벗이 이 일에서 또한 종전에 우리를 헐뜯고 비방한 것에 이 같은 종류가 많음을 알 수 있을 것이라, 이 마음이 장차 벗들에게 이해를 받게 될 터이니 어찌 다행이 아니겠습니까? 서울 안의 제공이 바야흐로 펄쩍 뛰고 기뻐하며 서로 축하하고 있을 텐데, 절대로 이러한 괴이한 말이 한강을 건너가지 않게 하는 것이 어떻겠습니까? 비록 집안 사이의 편지라도 굳이 언급하지 않아야 합니다.

鏞之往也, 竝皆爛熟商量, 勿之有悔. 今雖鈇鑕輪轉於頂上, 也不動一髮 耳. 且諸友於此, 亦可以知吾輩從前毀謗多此類, 卽此心將見諒於朋友 矣, 豈非幸歟? 京裡諸公, 方聳喜相賀, 切勿以此等怪語渡洌水如何? 雖家間書札, 不必提及也.

047 〈도산사숙록〉은 어떤 글이고, 왜 썼나?

11월 19일 일기에서 다산은 이웃에서 《퇴계집》 일부를 얻어, 그중 퇴계가 제자와 후학에게 준 편지글에 대해 날마다 자신이 메모를 남 긴 〈도산사숙록〉 집필에 들어간 사실을 밝혔다. 앞서 이광교가 편지 끝에서 "마땅히 얼마간 실지의 위에 발을 딛고 선 사람이 되어야 할 것"이라고 한 당부를 마치 당장 실천에 옮기려 한 느낌이 들 정도로, 13일의 일기와 바로 다음 19일 기사는 맞닿아 있다.

〈도산사숙록〉 정리는 천주교도 검거와 봉곡사 강학회에 이어 금정 에서 다산이 수행해야 할 세 번째 숙제였다. 앞서 금정 도착 직후인 8월 7일에 이인섭에게 받은 편지에서, 정주의 글을 부지런히 읽고 깊 이 믿어 그 가르침에 합치되기를 구하되, 그 모범을 퇴계에게서 찾으 라는 주문을 실행에 옮긴 것이기도 했다. 당시 이인섭은 편지에서 "사 람이 퇴계와 같다면 충분하고, 공부도 퇴계와 같이 해야 옳을 것이다" 라고 하고는, "늙은이의 진부한 이야기라 하여 소홀히 여기지 말고,

오직 때때로 스스로를 아껴 맹렬히 실다운 공부를 해나가기를 바란 다"라고 썼다. 이 말대로 다산이 '맹하실공猛下實工', 즉 맹렬하게 실다 운 공부를 한다면, 퇴계를 읽는 것 외에 다른 귀결처가 없었다. 이인섭 은 정주의 가르침에 합치되기만을 구하고, 갑작스레 별도의 견해를 내지도 말라는 주문까지 덧붙였다. 다산의 〈도산사숙록〉은 이인섭이 제시한 당부를 조금의 어김 없이 그대로 실행에 옮긴 작업이었다.

　다산은 〈도산사숙록〉 서문에서 1795년 겨울 이웃 사람에게 《퇴계 집》 반부半部를 얻어, 매일 새벽 세수하고 나서 퇴계의 편지 한 통을 읽은 뒤, 아침 조회를 마치고 정오 무렵에 아침에 읽은 편지에 대한 자신의 생각과, 편지 속 내용에 대한 성찰을 담아 정리해나갔다고 적 었다. 〈도산사숙록〉은 모두 33항목으로 구성되어 있다. 인용된 것은 《퇴계집》 권9에서 권15 사이에 수록된 편지들이다. 《퇴계집》이 모두 49책 분량이므로, 앞서 다산이 '반부'라고 한 것은 앞쪽의 절반 정도 라는 의미로 보인다.

　《퇴계집》 권9에 실린 27통 중 7차, 권10의 13통 중 9차, 권11의 17통 중 2차, 권12의 26통 중 9차, 권13은 인용이 없고, 권14는 15통 중 5차, 권15는 55통 중 1차에 걸쳐 인용했다. 퇴계의 편지를 읽되 자 신의 몸가짐이나 공부하는 태도에 비춰 본받을 만한 내용을 간추려 반성의 자료로 삼고자 했기 때문에, 아무 편지나 무작위 또는 순서대 로 읽어나간 것이 아니라, 책을 펼쳐 읽다가 생각거리가 잡히면 그것 을 불가에서 하듯 화두로 들고 오전 내내 궁리해 정오 무렵에 그 생각 을 정리한 것이다. 그 생각이란 것은 일종의 자기고백이나 반성으로 수렴되는 내용이어서, 퇴계의 언행을 거울로 삼아, 별도의 자기 견해 를 내는 대신 단지 성찰만을 담고자 했다.

　다산의 말대로 날마다 한 편씩 독후감을 써내려갔던 듯, 첫 항목을

11월 21일에 쓰고, 12월 1일에 정확하게 열 번째 항목을 집필했다. 하지만 33항목을 하루에 하나씩 썼다면 12월 24일에 마쳤어야 하는데, 이임 명령이 12월 22일에 내려왔으니, 다산의 말 그대로 단 하루도 거르지 않고, 때로는 하루에 두 항목씩 써가며 이 작업을 성실하게 수행했음을 알 수 있다.

다산은 글을 써나가면서 이 작업에 점점 더 진지하게 몰입했던 듯하다. 12월에 이익운에게 보낸 〈계수 이익운에게 답함〉 중 다음 대목을 통해 알 수 있다.

약용이 근래 퇴계 이 선생의 유집遺集을 얻은지라 잠심하여 단서를 찾아 궁구해보니, 그 깊이와 너비가 진실로 후생이나 말류가 감히 엿보아 헤아릴 수 있는 것이 아니었습니다. 그런데 참 이상도 하지요! 정신이 펴지고 기운이 느긋해지며 뜻이 차분해지고 염려가 가라앉아, 피와 살과 근육이 모두 안정되어 차분해져서, 이전의 조급하고 사납고 울끈불끈하는 기운이 점점 가라앉는 것을 느낍니다. 한 부의 해묵은 책자가 과연 이 사람의 병증에 꼭 맞는 약이 아닐는지요?

퇴계의 편지를 한 통 한 통 읽어나갈수록 정신이 펴지고 기운이 가라앉으며 생각이 차분해지고 근심도 사라져서, 날뛰던 기운이 가라앉아 자신의 조급증을 치료해주더라고 썼다.

〈도산사숙록〉이 자발적으로 쓴 반성문은 아니었다. 금정으로 내려오면서 의도적으로 진행된, 면죄부를 얻기 위한 계획의 일부였다. 결과적으로 이 작업은 진지한 학문적 성찰에 다산의 훌륭한 글솜씨가 얹혀 훌륭한 한 부의 저술이 되었지만, 애초의 의도 자체가 순수하지는 않았다.

048 〈도산사숙록〉에서 다산은 자신에 대해 어떻게 반성했나?

〈도산사숙록〉에서 다산은 퇴계의 편지 중 어떤 대목에 눈길을 주었고, 무슨 얘기를 하고 있을까? 반성의 내용에는 어떤 것이 담겼나? 33편의 글을 읽다 보면 가장 많은 것이 학문과 삶의 자세에 관한 언급이다. 곳곳의 발화 속에 스스로에 대한 반성과 뉘우침의 심회를 드러냈고, 동시에 자신이 세상을 향해 하고 싶었던 말을 담았다. 학술적 영역의 전문적 분석은 이 글에서 다룰 수 있는 것이 아니어서, 앞선 연구에 미룬다.309

〈도산사숙록〉에 담긴 다산의 자기반성과 점검을 살펴보자. 먼저 [25]에서 다산은 이렇게 썼다. 원문과 번역 전체를 책 뒤에 부록으로 수록했으므로 원문 주석은 생략하겠다.

우리는 허물이 있는 자이니, 마땅히 힘써야 할 급무는 오직 '허물을 고친다(改過)'는 두 글자뿐이다. 세상을 오만히 보고 사물을 능멸하는 것이 한 가지 허물이고, 기예를 자랑하고 능력을 뽐내는 것이 한 가지 허물이다. 영화를 탐내고 이익을 사모하는 것이 한 가지 허물이고, 은혜를 품고 원한을 생각하는 것이 한 가지 허물이다. 같으면 무리 짓고 다르면 공격하는 것이 한 가지 허물이고, 잡서雜書 보기를 좋아하는 것이 한 가지 허물이며, 새로운 견해 내기에 힘쓰는 것이 한 가지 허물이다. 갖가지 병통이 이루 셀 수조차 없어도 마땅한 약제가 하나 있으니 '개改'라는 글자가 이것일 뿐이다. 진실로 이를 고친다면 우리 퇴계 옹께서 또한 장차 "아무개는 허물이 없는 사람이다"라고 하실 것이다.

다산은 글에서 모두 일곱 가지 허물을 꼽았다. 저만 잘난 줄 알아 남을 우습게 보는 태도, 제 알량한 재주를 믿고 날뛰는 것, 은혜와 원한을 갚고야 말겠다는 생각, 패거리 지어 몰려다니는 습관, 무엇보다 읽어서는 안 될 잡서에 빠지거나, 남을 이기려고 새로운 견해를 내미는 버릇 등을 당장 고쳐야만 할 나쁜 습관으로 나열했다. 이것은 자기 자신을 향한 반성이기도 했다.

나열된 허물 중 잡서 보기를 좋아하고 새로운 견해 내기에 힘쓴다고 한 것에 특히 눈길이 간다. 〈금정일록〉 8월 7일자 일기에 실린 이인섭의 편지에서 '창저신문彰著新聞'과 '거생별견遽生別見'을 반복해서 경계한 내용과 맞물려서, 이제 자신 또한 이 같은 지난 허물을 고치려 하니, 퇴계가 그랬던 것처럼 고치려는 그 의지를 보고 '아무개는 허물이 없는 사람'이라고 받아들여달라는 의미에 가깝다.

[14]에서는 이렇게 반성했다.

내가 평생에 큰 병통이 있다. 무릇 생각하는 바가 있을 경우 글로 쓰지 않을 수 없고, 글로 쓰면 남에게 보여주지 않을 수가 없다. 바야흐로 뜻이 이르면 붓을 당겨 종이를 펴서 잠시의 시각도 머뭇거리지 않는다. 쓰고 나서는 스스로 아끼고 기뻐하여, 조금이라도 문자를 아는 사람과 만나면 내 주장이 온전한지 치우쳐 있는지, 그 사람이 친한지 소원한지를 따져볼 겨를도 없이, 급하게 전해 보이려 한다. …… 이렇게 해서야 어찌 능히 성령을 함양하고 몸과 이름을 보전할 수 있겠는가? 근래 들어 차츰 점검해보니, 모두 '가볍고 얕다〔輕淺〕'는 두 글자가 빌미가 된 것이었다.

생각을 글로 써서 주장의 치우침을 생각지 않고 바로 남에게 보여주는 '경천輕淺'의 병통이 자신의 큰 문제임을 반성했다. [31]에서도 다산은 "나는 품성이 조급해서 궁리를 함에 있어 본래 오래 견딜 수가 없다. 혹 한 가지 일이나 이치에 대해 궁리하다가 때로 꽉 막혀서 통하지 않을 때는 문득 심사가 번다하고 다급해지고 정신이 거칠어져 미혹됨을 느껴서, 절반쯤 하다가 그만둠을 면치 못하였다. 독서에서 특히 이러한 병통이 있었다"고 했다.

봉곡사에서 돌아온 후 11월 10일경에 이익운에게 보낸 〈계수 이익운에게 답함〉에서도 같은 취지의 말을 남겼다. "악용은 습성이 조급한지라 함양에는 소질이 없으니 주자가 일컬은바 태양증입니다." 주자가 여백공에게 답한 편지에서, "남에게 조그만 실수가 있는 것을 보면 참고서 말하려고 하지 않다가, 부득이해서 말하면 입에서 나오자마자 반드시 일을 손상하고야 마니, 이 또한 태양증의 증거입니다"라고 한 말을 받아 자신이 머금어 함축하지 못하고 언행을 가볍게 해서 많은 비방과 재앙을 자초한 지난날을 반성했다.

다산은 퇴계의 입을 빌려 자신의 속말을 건네기도 했다. [30]에서 다산은 퇴계가 율곡에게 보낸 편지의 다음 대목을 인용했다.

그대는 허물을 고치는 데 용감하고 도道를 향함을 다급하게 합니다. …… 그대가 석씨釋氏의 글을 읽고 자못 그 독에 맞았다 하기에 마음으로 애석하게 여긴 것이 오래입니다. 일전 내게 와서 보았을 때 사실을 감추지 않고 그 잘못을 능히 말하였고, 이제 두 통 편지의 뜻을 보니 또한 이와 같으므로, 내가 그대가 더불어 도에 나아갈 수 있을 만함을 알겠습니다.

다산은 "이 편지는 전편의 한 글자 한 구절이 모두 그저 지나칠 수가 없다"고 하여 33편 중 가장 짧은 평설을 남겼다. 굳이 자신의 설명을 보태지 않겠다는 뜻이다. 퇴계의 위 편지는 율곡이 젊어 한때 불교에 깊이 빠졌다가 유학으로 돌아왔고, 퇴계와 만났을 때 이 잘못을 감추지 않고 말한 것을 높이 평가한 내용이다. 율곡의 '석씨' 자리에 다산의 '서학'을 놓으면, 세상을 향해 자신이 한때 서학의 독을 맞았지만 지금은 잘못임을 알고 있으니, 더불어 도에 나아가겠다는 다짐으로 읽기에 충분하다.

또 [18]에서는 퇴계가 이담에게 보낸 답장의 한 단락을 인용하고 나서 다산은 이렇게 자신의 소회를 밝혔다. "대개 헛된 이름이라는 것은 비방이 말미암아 일어나는 곳이고 재앙이 말미암아 이루어지는 곳이다. 나는 평생 총명이 부족한데도, 알지 못하는 자들은 간혹 기억력이 뛰어나다고 여긴다. 매번 이 말을 들을 때마다 나도 몰래 진땀이 나고 송구스럽다"고 하여 헛된 이름이 불러온 비방과 재앙의 무서움을 자신 또한 이번 참에 실감했음을 토로했다.

[26]에서 퇴계가 "아! 저 남의 어버이를 욕하는 자는, 입을 벗어난 나쁜 말이 막 남의 어버이에 더해지자마자 귀에 들어오는 추한 말이 이미 자신의 어버이에게 미칩니다. 입으로 말해서는 안 되고, 귀로는 차마 듣지 못하니, 몸이 떨리고 마음이 아프며, 하늘이 놀라고 귀신이 의론하기 때문입니다"라고 한 대목을 두고는 "그 윤리를 손상시키고 이치에 어긋나며, 어짊을 상하게 하고 의로움을 해치는 죄는 선생의 말씀 속에 자세하다. 유생이 벗을 모아 학업을 닦을 때, 멋대로 농지거리나 하며 하루를 마치면 마침내 과정을 잃게 된다. 혹 집안이 부족한 자가 있어 그 실제를 범할 경우 농담으로 한 것이 진담이 되어 마침내 원수가 되어 틈이 생긴다. …… 말을 낼 때는 삼가지 않아서는 안 된

다"고 해, 당시 자신을 둘러싼 지역 유생들의 행태를 은연중 비판하기
도 했다.

[27]에서도 "표방함을 잘 세워서 함정과 매설된 것을 살피지 않거
나, 끼리끼리 패거리 지어 다른 것을 공격해서 뭇 소인의 증오를 쌓다
가는 마침내 그 몸에 재앙이 미침을 면치 못하게 된다"는 언급을 남
겨, 그의 〈도산사숙록〉이 사실은 당시 자신을 향한 각종 비난에 대한
일종의 응답이기도 함을 내비쳤다.

다산은 이렇게 〈도산사숙록〉으로 퇴계를 존모하는 마음을 지속적
으로 피력하면서 자신을 돌아보는 33편의 반성문을 작성했다. 다산은
퇴계의 편지 한 통 한 통을 곱씹으면서 자신의 삶을 겸허히, 때로는
아프게 점검했다. 다산이 읽고자 했던 것은 퇴계의 학문이 아니라, 삶
과 인간을 바라보는 태도 그 자체였다. 그러면서도 다산은 당시 자신
에게 쏟아지던 각종 비난에 대한 대응을 사숙록 곳곳에 전략적으로
배치하는 것도 잊지 않았다.

049 존덕성 도문학 공부에 관한 논의가
왜 자꾸 나올까?

앞서 살핀 문답 [027]에서, 다산이 이도명에게 존덕성尊德性의 독
선獨善 공부에만 힘쓰지 말고 도문학道問學의 실행 공부에도 관심을
두라고 주문한 이후, 일기와 그 밖의 관련 기록에서 존덕성과 도문학
에 대한 논의가 반복적으로 등장하는 것이 눈길을 끈다.

이 두 개념은《중용》에 나온다. 도문학은 학문을 익히는 것이고, 존덕성은 인격적 수양에 힘쓰는 것이니, 도문학 공부는 지知에, 존덕성 공부는 행行에 해당하는 개념이다. 명대明代의 왕양명王陽明이 정좌靜坐해 수양할 것을 주장하면서부터 존덕성 공부를 더 중시하게 되었으나, 다산은 시종일관 도문학 공부를 결코 소홀히 해서는 안 된다는 입장이었다. 이는 〈도산사숙록〉에서도 반복된다. [21]에서 퇴계는 김굉필에 대해 언급하면서 "선생의 덕행이 비록 높긴 하나 논저論著에는 미치지 못해 후세가 좇아서 살펴볼 수가 없습니다"라고 지적했는데, 이를 두고 다산은 이런 풀이를 붙였다.

선생께서 한훤당 김굉필의 학문에 대해 높여 사모함을 지극히 하였으나, 도문학의 방면에서 미진한 바가 있었으므로 늘 비평하는 말이 있었다.

김굉필이 수행과 실천에 힘쓰고 저술로 남긴 것이 많지 않아 도문학의 방면에서 미진했음을 지적한 내용이다. 앞서 이도명과 오간 문답에서의 논의를 퇴계의 입을 빌려 다시 환기시켰다. [33]에도 허엽에게 보낸 편지에서 퇴계가 이색과 정몽주, 김굉필, 조광조 등에 대해 논하면서 부족한 지점도 감추지 않고 지적했다면서, 이것은 지극히 공정하고 바른 마음에서 나온 것이니, 사사로이 좋아한다 하여 덮어가려주지 않았음을 언급했다.

이 같은 다산의 생각은 〈서암강학기〉에 실린 오국진과 이삼환의 문답에서도 한 차례 더 강조되었다.

오국진이 물었다.

"후세에 도문학에 문득 폐단이 많으니 존덕성에 나아감에 더욱 힘쓰는 것이 어떨는지요?"

목재가 말했다.

"퇴계 선생께서 일찍이 '한훤당 김굉필의 학문은 실천하는 것은 비록 독실하였지만 도문학 공부에 있어서는 지극히 하지 않았던 듯하다'고 하셨다. 대저 한훤당의 어짊으로도 퇴계께서 요구하심이 이와 같았다. 그렇다면 또한 어찌 실천에 옮김을 가지고 자처하여 도문학 방면에 대해 그저 지나칠 수 있겠는가? 다만 재기가 뛰어난 사람은 도문학에 가탁하여 천착하는 지혜를 제멋대로 하고, 학식과 지취志趣가 거친 사람은 존덕성을 핑계 대면시 그 혼틱한 병통에 인주한다. 만약 능히 그 부족한 바를 따라 각자 노력한다면 빈빈함에 가까워질 것이다."310

오국진은 다산과 방향을 반대로 해서, 도문학 공부를 앞세워 존덕성 공부를 소홀히 하는 폐단에 대해 질문했고, 이삼환은 똑같이 퇴계의 김굉필에 대한 평가를 예로 들며 도문학 공부를 소홀히 해서는 안된다는 뜻을 피력했다. 다만 재기가 뛰어난 사람이 도문학에 가탁해 제멋대로 천착하거나, 식견이 조잡한 사람이 존덕성을 핑계 대고 문제를 개선하려는 노력을 하지 않는 것은 둘 다 문제라 해 양자간의 균형을 특별히 중시했다.

또 〈도산사숙록〉 [22]에서, 퇴계가 조광조의 행장에 대한 유희춘의 질문에 답한 글에서 "오늘날을 통해 그 남은 실마리를 찾고자 하나, 거의 단적으로 근거를 삼을 만한 사실이 없습니다. 예로부터 성현이 능히 후세의 모범이 될 수 있었던 까닭은 오로지 입언立言하여 후세에 남긴 데 힘입은 것입니다"라 한 것을 두고, 다산은 다음과 같은 풀이를 달았다.

밭두둑 사이에 궁하게 사는 선비로, 나아가 세상에 능히 쓰이지 못하고 물러나 능히 사우師友나 제자와 더불어 선왕의 도리를 강론하여 밝힐 수가 없을 경우, 설사 후세가 살펴 서술할 바가 있다 하더라도, 그 고루함을 편안히 여기고, 그 오만함을 장점으로 알아, 남과 더불어 서로 접하는 것을 두려워하여 거짓 겸손으로 이를 꾸며, 길게 읍하고 바르게 무릎을 꿇고, 방자하게 존덕성으로 자처하는 자는 주자나 퇴계의 가법家法과는 다름이 있을까 걱정스럽다.

이 같은 글은 명백히 이도명을 염두에 두고 쓴 것이다. 존덕성-도문학 논쟁은 다산이 이도명을 강학회에 끌어들이려고 그의 태도를 비판하면서 처음 제기되었다. 지행知行의 양면 공부에서 이도명이 행行을 강조하고 다산이 지知 또한 중요함을 거듭 천명하는 과정에서 쟁점화되었지만, 둘은 끝까지 수평선을 달려 만나지 못했다. 그럼에도 다산은 〈도산사숙록〉과 〈서암강학기〉에 이 화제를 반복적으로 배치함으로써 앞선 이도명과의 논쟁점을 계속 담론화하려는 노력을 놓지 않았다. 그것은 자신이 당시 추진한 서암에서의 강학이야말로 도문학 공부의 핵심 가치를 지키는 일이었음을 대내외에 천명하고 싶어서였다.

050 다산은 왜 11월 윤취협에게 편지를 보냈고, 편지의 좌명은 누구인가?

《다산시문집》 권19에 11월 27일 다산이 이승훈에게 보낸 〈만계 이승훈에게 보냄〉이라는 편지가 실려 있다. 편지의 앞뒤를 읽어보면, 당시 경향 간에 온양 봉곡사의 강학 모임에 대한 악의적이고 부정적인 여론이 확산되고 있었고, 비방 목적의 선동과 유언비어가 난무해 이승훈의 동생 이치훈의 귀에까지 들어갔던 모양이다. 이에 놀란 이치훈이 이승훈에게 다시 편지를 보내는 등 상황이 계속 꼬여가고 있었다.

한편, 앞서 문답 [031]에서 잠깐 살폈듯이, 9월 13일에 다산은 공주로 관찰사 유강을 만나러 가는 길에 부여에 들러 벗인 부여현감 한백원과 백제 유적을 돌아보며 유람했고, 이튿날 북계에 사는 진사 윤취협을 방문했다. 《다산시문집》 권19에 11월 다산이 다시 윤취협에게 보낸 묘한 내용의 편지 한 통이 남아 있다. 〈북계 진사 윤취협에게 드림〉이 그것이다. 편지는 앞뒤로 문안 내용은 잘라내고 본문만 남겨 놓았다.

편지는 당시 지식인 두 부류의 폐단을 지적하는 것으로 말문을 열었다. 첫째는 출고무신絀古務新, 즉 옛것을 물리치고 새것에 힘을 쏟되 청나라의 고증학자들처럼 명물훈고名物訓詁에 천착하는 부류이고, 둘째는 거처에 잠언이나 〈태극도설〉 같은 것을 걸어둔 채 기거읍양起居揖讓의 범절로 고상한 체 꾸미는 부류다. 앞서 이도명과의 설전에서도 나온 표현이다. 이 두 부류에도 들지 못하는 자는 상대조차 할 가치가 없다고 했다.

쓰다 달다 말없이 이 한 단락을 던지고 나서 다산은 대뜸 지난번 예산에 들렀다가 이삼환이 두세 사람과 함께 산사에서 성호의 유저를 교정하고 있는 것을 보고 자기도 동참했고, 그때 산사에서 부여 쪽을 바라보다가 북계로 마음이 달려갔다고 말했다. 글 속에 주자가 여백공에게 보낸 답서에서 따온 "매미 소리를 듣고서 높은 풍도를 그리워

한다"는 대목이 있다. 이 내용은 〈도산사숙록〉에서도 볼 수 있다.

다산은 윤취협에게 보낸 편지에서 자신의 주도로 이루어진 교정 작업을, 사실을 왜곡해 마치 우연히 동참한 것처럼 썼고, 참석 인원도 두세 사람으로 줄여서 말했다. 그리고 나서 문제의 대목이 나온다. "좌명이라는 자는 어떤 사람인지 모르겠으나 저가 헐뜯고 비방하기를 괴롭게 한다고 하니, 진실로 그 낯가죽을 한번 보아 기이한 볼거리를 넓히고 싶군요." 당시 좌명이라는 사람이 다산을 서암강학회 일로 격렬하게 비방하며 다녔던 모양이다. '면피面皮' 즉 낯가죽이라는 거친 표현까지 쓴 것으로 보아 다산이 이 일로 상당히 격분한 상태였음을 알 수 있다. 다산은 좌명이 석문에 방문할 예정이라는 소식을 진사 신종수에게 전해들었다. 이에 좌명이 석문에 올 때 금정역에 들러서 자신과 계급장을 떼고 한번 토론해보는 것이 어떻겠는가 하며 그에게 그렇게 전해달라는 부탁을 했다.

다산이 좌명에 관한 일을 윤취협에게 전달해달라고 부탁한 것에서 두 사람이 가까운 사이였음을 알 수 있다. 막상 족보로 직접 확인해보니, 뜻밖에도 좌명은 다름 아닌 윤취협의 손자 윤기환의 자였다. 그는 1789년 식년시에 장원으로 진사에 급제한 수재로, 지역에서 명망이 자자했다. 앞서 다산이 윤취협의 집에 갔다가 지은 시에서 "증손자가 무릎 위서 노는 모습 보시누나"에 나오는 '무릎 위 증손'은 바로 윤기환의 어린 아들이었을 것이다. 당시 윤기환은 32세였다.

다산은 편지에서 좌명이 누군지 모르는 듯이 썼지만, 굳이 윤취협에게 편지를 보내 전달을 부탁한 것으로 보아 윤기환이 윤취협의 손자임을 몰랐을 리 없다. 일종의 강력한 경고를 조부를 통해 전달함으로써 집안 단속을 요구한 것에 가깝다. 앞서 9월 14일에 다산이 윤취협을 찾은 것이 손자인 윤기환의 강학 참여 독려차 갔던 것임도 드러난다.

한편, 다산의 이 편지는 앞서 이승훈에게 보낸 편지와 함께, 서암강학회가 끝나고 한참 지난 뒤에도 이 일을 두고 지역 사림 간에 뒷말이 무성히 돌았던 사정을 짐작게 한다. 그것은 아마도 이도명 등을 발신지로 해서 다산과 이승훈의 행보를 못마땅하게 보고 있던 반서학 계열의 물론物論이었을 것이고, 여기에 윤취협의 손자 윤기환까지 가세해서 일이 점점 커지려 하자, 다산이 여기에 제동을 걸 필요를 느꼈던 것으로 보인다.

비난은 다산에게 한정되지 않고, 강학회에 참석했던 이광교 등에게까지 확산되었다. 다산이 12월 초에 쓴 〈문달 이광교에게 답함〉에도 이 같은 사정을 보여주는 내용이 들어 있다. 애초에 이광교는 오촌 당숙 이도명의 강력한 반대에도 불구하고 다산과의 인연 때문에 강학회에 참석했던 터였는데, 귀가 후에도 뒷말이 무성했다. 또한 성호 유저를 정리하는 후속 작업에도 참여하지 못하게 하는 움직임으로 이어지자, 이광교가 다산에게 편지를 보내 하소연했고, 다산이 여기에 호응해 답장했던 사정을 알겠다. 앞서 다산이 윤취협에게 요청한 윤기환과의 금정역에서의 '맞짱 토론'은 결국 성사되지 않았다.

---

051 강이원에게 보낸, 윤기환에 대한 다산의 청탁 편지는 어떤 맥락에서 나왔나?

좌명 윤기환과 관련된 내용이 실린 다산의 편지 한 통이 더 남아

있다. 《다산시문집》 권19에 실려 있는 〈인백 강이원에게 보냄〉이 그
것이다. 그런데 그 내용이 다소 의아하다.

강이원은 본관이 진주, 자는 인백仁伯이다. 1787년 반촌 김석태의
집에서 이승훈·정약용과 함께 서학을 공부하다가 이기경에게 발각되
자, 사람들에게 서학 서적과 공부 절차에 대해 이야기해서, 이른바 정
미반회 사건이 일어나게 한 당사자의 한 사람이었다. 그는 또 서암강
학회에 참석한 강이오·강이중·강이인과도 한집안으로, 같은 돌림자
를 썼다.

강이원에 대한 당시의 시선은 썩 곱지 않았다. 이재기는 《눌암기
략》에서 강이원에 대해 이렇게 썼다.

강이원은 얼마간 재간은 있고 말하기를 좋아했다. 채홍원에게 아첨하
여 붙어 한 세상에 명성을 얻었으므로 기세가 당당하였다. 하지만 사람
됨이 음험하고 사나웠다. 게다가 술주정을 부려대서 가까이할 수가 없
었다. 당시에 재상댁 귀한 손님이라 일컬은 자 중에 벼슬아치로는 이익
운을 꼽고, 벼슬하지 않은 선비로는 강이원이 있다고 하였으니, 지극히
가소롭다.[311]

다산이 강이원에게 보낸 편지의 첫 단락에는 금정에 내려온 뒤 안
부 한번 묻지 않은 강이원에 대해 얼마간 비꼬는 뜻이 담겨 있다. 그
러고는 바로 윤기환의 언행에 대한 논의로 직진했다.

윤기환이 예전 술에 몹시 취한 상태에서 남에게 모욕과 배척을 당
하자 광분해서 입에 담을 수 없는 폭언을 마구 퍼부어댔고, 다산의 표
현에 따르면 "성난 범과 지친 곰이 나무를 보면 나무를 물어뜯고 돌을
얻으면 돌을 깨무는 것"처럼 해서 동석했던 몇 사람이 윤기환에게 큰

봉변을 당한 일이 있었다. 이 일로 윤기환은 더 이상 얼굴을 들고 서울 생활을 유지할 수 없을 정도의 상태에 놓이고 말았다. 윤기환의 술주정 사건은 실제 다산이 금정찰방으로 내려오기 전에 발생한 일이었다.

당시 윤기환의 일은 이재기의 《눌암기략》에 보인다. 윤기환이 성균관에서 취중에 이인행李仁行과 유회문柳晦文 등을 크게 꾸짖었다. 그들이 비루한 행실로 날마다 재상의 문을 들락거리는데, 우리가 채제공이 없다고 남인이 못 되겠느냐고 야단치며 행패를 부린 것이었다. 당시 강이원이 무리를 모아 통문을 내 그를 성토하려 하자, 윤기환이 관까지 벗고 싹싹 빌며 사죄해 사람들의 웃음거리가 되었던 일이었다.[312]

다산도 이 일을 들어 알고 있었는데, 막상 금정에 내려온 뒤 살펴보니 윤기환은 문장과 식견이 높고 행실도 도타워 이 고장 사람들이 한결같이 사랑하고 아끼는 사람이었다. 식년시에 장원으로 뽑혀 진사에 올랐으리만큼 실력도 있었다. 다만 서울에서의 한 차례 주정과 행패로 인해 그는 거의 매장되다시피 해서 낙향해 있은 지가 이미 6년째였다.

그런데 이어지는 다산의 편지는 문맥이 이상하다. "윤기환은 일찍 고아가 된 데다 형제도 없어 단지 칠순의 늙은 조부만 있으니, 또한 인가의 먹지 못하는 큰 과일이라 하겠습니다. 꽃다운 나이에 벼슬에 올라 잠깐 떨쳐 펴려다가 불행하게 한 잔 술로 그르친 바가 되어, 장차 오랜 벗들이 모두 버리는 바가 되었으니, 또한 슬프지 않겠습니까?"라고 했다. 이 편지의 내용은 바로 앞 항목에서 다룬, 다산이 윤취협에게 보낸 편지에서 윤기환의 '낯가죽' 운운하던 태도와는 180도 달라진 우호적 평가여서 당혹스러울 정도다.

윤기환은 자신도 풍문만 듣고는 미친놈이라고 생각했는데, 막상 이곳에 내려와서 보니 그는 모든 이에게 칭찬받는 뜻 높은 선비였다. 그런데도 한 번의 술주정으로 버린 사람이 되어 아무것도 할 수 없게 되었으니, 애석하지 않으냐? 그러니 기회가 되면 남들이 그를 비방하더라도 이를 막아달라고 강이원에게 부탁했다. 윤기환의 일을 부탁한 대상이 굳이 강이원이었던 것은, 당시 윤기환을 성토하는 통문을 주관한 당사자였기 때문이다. 다산은 강이원과 껄끄러운 사이였음에도 불구하고 이때 윤기환을 위해 그에게 편지를 썼던 셈이다.

편지 속 '칠순의 늙은 조부'가 바로 윤취협이다. 그러니까 이 편지는 윤취협의 부탁으로 다산이 강이원에게 윤기환에 대한 더 이상의 비방을 막아 그의 상경을 도와달라고 요청한 사정을 보여준다. 앞서 그렇게 격분했던 윤기환에 대해 다산은 어째서 이렇게 극적으로 태도를 전환했을까?

두 가지 가능성을 상정해볼 수 있다. 우선 다산이 9월 14일 처음 북계로 윤취협을 방문했을 때 손자인 윤기환에 대한 부탁을 받고 이 편지를 썼을 가능성이다. 그렇다면 당시 다산은 서암강학회에 윤기환이 참여하는 조건을 걸어 윤취협에게 다짐을 받고 강이원에게 이런 청을 넣었을 것이다. 그럼에도 이후 윤기환이 강학회에 참여하지 않았을 뿐 아니라, 다산 자신을 지속적으로 격렬하게 헐뜯고 비방했으므로 격분해 그 낯가죽을 한번 보고 싶다고 말한 것이 된다.

다른 한 가지 가능성은, 다산이 11월 초 윤취협에게 보낸 편지 이후 다산과 윤기환 사이에 극적인 화해가 이뤄져서, 다산이 그간의 오해를 풀었다는 뜻으로 강이원에게 그의 출로를 열어줄 것을 부탁한 것으로 볼 수도 있다. 하지만 강이원에게 보낸 편지의 서두에서 다산은 윤기환과 만난 적이 없다고 썼고 앞뒤 맥락을 살펴보더라도 필자는 전자의 독법이 더 진실에 가까울 것으로 생각한다. 당시 다산에게 강학회 개설은 그만큼 절박하고 시급한 사안이었고, 그 자리에 진사시에 장원으로 급제했던 윤기환이 참석할 경우 그만큼 여론 환기 효과가 커졌을 것이기 때문이다.

052 강학회 이후 지은 시의 분위기는 어땠나?

이존창 검거에 이어 서암강학회까지 마무리 짓자 구설과 물론이 끊이지 않고 여론이 들끓었음에도 다산은 개운한 느낌이 들었던 모양이다. 《다산시문집》 권2에 수록된 이 시기 시들에 그 상쾌한 마음이 비친다.

이 중 첫 수는 제목이 '분매를 두고 읊어 대릉의 네 원로에게 부치다'인 절구다. 대릉大陵은 돈의문 안쪽 정릉貞陵을 가리키는데, 판서 이정운과 그 아우 이익운, 참판 윤필병과 판서 채홍리가 이곳에 거주했으므로 '대릉사로大陵四老'라고 불렀다. '겹방석 깔고 잘 지내고 있지만 장막이 얇아 이따금 스며드는 추위까지 막기는 어렵다. 방 안 탁자 위에 올려둔 분매는 가지마다 이미 꽃을 활짝 피웠다. 다만 가장 높은 가지가 꽃이 아직 피지 않았다'는 것이 시 속의 진술이다. 추위 속에 꽃을 피우듯 해야 할 일을 다 했으니, 이제 남은 것은 가장 높은 가지, 즉 대릉사로의 결단만 남았다는 의미다. 이곳에서 해야 할 숙제를 다 끝냈는데 왜 빨리 불러올려주지 않느냐는 가벼운 푸념으로 읽을 수 있다. 일종의 임무 완료 보고 같은 의미로 보낸 시에 가깝다.

이후 다산은 막바로 세 번째 미션인 〈도산사숙록〉 정리에 돌입했다. 이때 쓴 시가 〈도산 퇴계 선생의 유서를 읽다가[讀退陶遺書]〉다. 다산은 이 시에 퇴계의 가르침을 따르기 위해 날마다 그의 편지를 한 통씩 새겨읽다가 든 느낌을 적었다. 이 작품에 대해서는 뒤에 따로 살펴보겠다.

처음 금정역에 도착했을 때 다산은 역루의 사방이 산으로 둘러막혀, 숨이 막힐 듯 기운을 옥죄는 느낌이 들었다. 역루 앞의 구봉산이 찍어누를 듯 서울 쪽을 딱 가로막고 있어서 답답함을 가중시켰다. 다산은 《혼돈록餛飩錄》에서 "좌천되어 이곳에 온 뒤로 유독 황혼 무렵의 시각이 가장 괴로웠다"라고 쓰기까지 했다.[313]

위 시에 이어지는 〈역루는 사방이 모두 산이다. 그 남쪽에 구봉산이 있는데 가장 높다. 바로 앞에서 꽉 막고 있어서 처음 왔을 때는 견디기가 어려워 장난으로 절구를 지어 함께하던 손님에게 보여주었다〉를 보면, 겹겹의 산이 사람을 옥죄어 마치 동이 안에 앉은 것처럼 사람을 갑갑하게 했다. 오죽했으면 다산은 항우의 수하에 있던 번쾌樊噲 같은 장수를 얻어 그의 구둣발 끝으로 그 구봉산을 냅다 걷어차 평지로 만들어버리고 싶다고 썼다.

그러다가 퇴계의 글을 읽기 시작하면서 찾아온 내면의 변화를 이렇게 다시 썼다. 시 제목이 이렇다. '근래엔 고요함을 익힌 지 점차 오래되다 보니 날마다 산기운이 점점 아름다움을 느꼈다. 이따금 이 시를 외우다가 부끄러움을 못 이겨 마침내 절구 2수를 다시 지어서 구봉산에 사죄하였다'. 그러니까 앞의 시에서 번쾌의 발로 걷어차버리고 싶을 만큼 갑갑증을 주던 구봉산이 퇴계와 만나면서 결이 달라졌다는 이야기다.

구봉산은 이제 유연히 앉아서 감상할 대상으로 바뀌었고, 아침마

금정역이 있던 위치에서 바라본 구봉산의 모습.

다 맞는 상쾌한 기운은 얼굴 표정을 밝게 펴주었다. 품은 마음 넉넉해서 활짝 웃지 않을 때가 없었다. 답답한 동이 속 같다던 곳을 두고 '넓은 바다 높은 하늘〔海闊天空〕'이라 말하는 천연덕스러움에 웃음이 난다.

또 〈의고〉 2수 중 제2수 후반부에서는 '잠퇴수우暫退守愚'의 다짐과 함께 '영정담박寧靜澹泊'을 말하면서 '낙천지명樂天知命'까지 언급했다. 이에 이르러 다산의 심정은 겉보기에 평정의 단계로 접어든 듯하다. 언어가 한결 부드럽고 말에 여유가 묻어난다.

다산은 이제 자신의 해배와 서울로의 귀환을 완전한 확신을 가지고 기다리는 중이었다. 이렇듯 시에 사람의 그때그때 처한 환경과 정서가 거울처럼 비쳐 보이는 것이 신기하다.

다산의 일기장

053 11월 27일에 이승훈에게 보낸 편지의 의미는?

그럼에도 마음을 일렁이게 하는 일은 계속 일어났다. 다산과 이승훈은 금정 시절 편지를 자주 주고받았다. 1795년 11월 27일에 다산이 이승훈에게 보낸 〈만계 이승훈에게 보냄〉 제1신에 '온양의 여론(溫陽物論)'이라는 표현이 나온다. 이는 온양 봉곡사에서 진행된 교정 작업에 대한 비방을 가리킨다. 이승훈의 동생 이치훈은 여전히 이곳저곳을 들쑤석거리며 정보를 염탐해서 시시각각으로 유배지의 형 이승훈에게 전달해오고 있었다. 이승훈이 아우가 보내온 소식에 걱정이 되어 다산에게 전달하자, 다산은 비방에 대처하는 방법은 무대응이 답이라고 대답했다. 해배 후에 이승훈에게 쓴 편지에서도 "아울러 놀란 물결과 날리는 모래가 여태도 가라앉지 않아, 여러 가지 마음을 어지럽히고 눈썹을 찌푸리게 하는 이야기가 이따금 귀에 들어오곤 합니다"라고 한 것을 보면, 당시 다산과 이승훈의 행보를 두고 남인 내부에서 비난 여론이 높았던 사정이 한 번 더 가늠된다.

다산이 진행 경비를 자기가 모두 부담하면서까지 성호 저술 교정 작업을 주도했음에도, 오히려 그 때문에 흉흉한 비방이 그치지 않고 일어났다. 그것은 교정 작업의 본래 의도가 순수하지 않고, 자신의 면죄부를 받기 위해 성호의 저술을 이용한 것이며, 이삼환 등이 이를 알면서도 부화뇌동해서 다산에게 놀아났다는, 남인 내부의 끊이지 않는 구설과 음해에 따른 것이었다.

1791년 진산 사건 당시 이승훈 형제와 다산은 일 처리 방식을 두고 번번이 크고 작은 갈등을 빚곤 했다. 하지만 함께 유배지에 내려와 주고받은 편지로 볼 때, 둘의 관계는 이때까지는 전혀 나쁘지 않았다. 다산은 전면에 나서서 작업의 진행을 진두지휘했고, 이승훈은 이면에서 이삼환과 조율하는 일을 맡아 역할을 분담했다.

054 이치훈은 어떤 사람이었나?

여기서 잠깐 이승훈의 동생 이치훈에 대해 짚고 넘어가야겠다. 그에 대한 여러 기록은 한결같이 부정적인 여론뿐이다. 강세정은 《송담유록》에서 "신해년(1791) 이후 홍낙민과 이치훈은 가장 교활하고 간악했다. 그래서 화심禍心으로 협잡한다는 명목을 가지고 척사하는 사람을 가리켜 배척하였다. 하지만 정학正學을 논하는 사람은 적고, 사학을 하는 자는 많다 보니, 이른바 전부터 알았던 사람들은 그 기염을 두려워하여 비방과 헐뜯음이 한꺼번에 일어났다"[314]라고 지목하면서 "척사를 가지고 공격할 수는 없었으므로, 남에게 무고한 죄를 얽어 날조하려고 하였다"[315]라고 했다. 문제가 생기면 번번이 사특한 계교를 내서 남을 사주해 사태를 뒤엎곤 했다는 것이다.

이재기도 《눌암기략》에서 이치훈에 대해 이렇게 썼다.

이치훈은 이승훈의 아우였다. 어려서부터 제법 기지가 있고 영민해서 상대의 눈치를 잘 살폈다. 포의 신분으로 이석에게 찰싹 붙어서, 찾아가 외간의 일을 알려주곤 했다. 밀지密旨를 받아 그 아비가 있던 영월의 임소까지 달려가서 횡성의 옥사를 조사해 다스리기도 했다. 평택 유생의 상소문이 나왔을 때 아버지 이동욱은 의주에 있었고 이승훈은 평택에 있었던지라, 혼자 직접 아래위로 알선해서 단 하루 사이에 화를 돌려 복으로 만들었다. 이로부터 한 세상을 교만하게 횡행하며 어떤 일이든 어려워함이 없었으므로 보는 자들이 모두 똑바로 쳐다보지 못했다. 이때 이치훈은 새벽에 나가서 저녁에 들어오니, 새로 의주에서 보내온 푸른 나귀가 며칠 못 가서 죽었다고 하였다.[316]

글에서 이치훈은 책략과 권모술수의 화신인 양 묘사되고 있다. 이재기는 또 다산과 이치훈을 비교한 언급을 남겼는데, 흥미롭다.

정약용과 이치훈은 비록 사학을 두호한 죄가 있었지만 본래는 사적邪賊으로 다스린 것은 아니었다. 정약용은 국청에 들어와서 여러 사적이 했던 여러 가지 흉악한 행적을 자세하게 진술하였다. 혹 사람을 물리쳐 줄 것을 청하고는 기찰하여 체포하고 붙잡아 조사하는 방법을 일러주기도 했다. 자신의 두 형을 언급할 때면 반드시 고개를 푹 숙이며 눈물을 흘렸다. 위관이 이 때문에 낯빛이 흔들렸다. 이치훈은 말을 이랬다저랬다 하며 스스로 자기가 척사한 일을 해명하려고 하면서 제 형이 숨긴 것을 많이 폭로하였으니, 국문에 참여한 여러 사람이 그를 마치 개돼지처럼 보았다. 이 때문에 정약용과 이치훈이 받은 형벌의 경중이 현격하게 달랐다고 한다.[317]

여기에 더해 그나마 사이가 좋았던 이승훈과 정약용의 관계마저 1801년 2월 국청에서 결정적으로 틀어졌다. 이승훈은 예전에 그랬던 것처럼 변명하며 발뺌하다가 명백한 증거를 들이대면 말을 슬쩍 바꿨다. 유리하다 싶으면 없는 말을 지어내 다른 사람을 끌어들였다. 그 끝에 다산은 이승훈을 원수로 여긴다는 말을 하기에 이르렀고, 이승훈 또한 다산을 원수로 보겠다고 함으로써 두 사람은 건널 수 없는 강을 건너고 말았다.

11월 27일에 보내온 이승훈의 편지에서 동생 이치훈이 전한 소식을 알려주자, 다산은 막바로 이치훈의 이 같은 태도는 오히려 문제를 키울 뿐이니 절대로 이 같은 풍문이 한강을 건너가게 해서는 안 되며, 그러자면 집안 사이의 편지라도 언급하지 말아야 함을 당부했다. 편지 끝 대목에서 다산은 "서울 안의 제공이 바야흐로 펄쩍 뛰고 기뻐하며 서로 축하하고 있다"고 해, 자신들의 복귀가 임박했음을 분명히 인식하고 있음을 말했다.

다산의 일기장

12월 1일

목재 이삼환의 답장을 받았다. 편지는 이렇다.

初一日, 得木齋答書. 書曰:

"옛사람이 문중자文中子 왕통王通[318]에게 비방을 멈추게 하는 방법을 물었더니, 그 대답이 '변명하지 말라'였다더군요.[319] 이는 단지 비방을 그치게 할 뿐 아니라, 또한 우리가 본바탕을 함양하는 공부에 있어서도 마땅히 힘을 얻는 데 유익할 것이니, 어찌 생각하시는지 모르겠소.

"昔人問文中子以止謗之術, 答云, '無辯'. 此不但止謗, 亦於吾本源涵養之工, 當益得力, 未知如何.

옛사람의 시[320]에는 이렇게 말하였소.

古人詩曰:

어리석고 탁한 이 성내는 것은	愚濁生嗔怒
이치가 통하지 않아서라네.	皆因理不通
마음에 이는 불길 보태지 말라	休添心上火
귓가에 바람만 일으킨다네.	只作耳邊風
길고 짧음 저마다 있는 법이요	長短家家有
더위 추위 어디든 한가지일세.	炎凉處處同
옳고 그름 실상이 없는 법이라	是非無實相
따져본들 모두 다 헛것인 것을.	相究摠成空

내가 평생 이 시를 몹시 좋아하였는데, 이제 그대를 위해 이를 외워 보이오. 그대가 내게 전부터 익숙지 않은 것은 아니나 근래 열흘간 함께 지내면서 더더욱 감탄하고 열복하는 바가 있었소. 내가 본 바로 밝게 빛나고 시원스러워 한 점의 머뭇대거나 구차한 뜻이 없었소. 비록 자기가 빠뜨려서 실수해도 반드시 있는 것은 있다 하고 없는 것은 없다 하며 그 잘못한 것과 그 잘못을 고친 것을 반드시 남들에게 모두 알게 하고자 하였소. 또 그 마음이 툭 트였고 뜻을 함께 구제함에 두어, 남과 교유함을 마음으로 친함에 두고, 겉으로만 공경함이 없었소. 한 가지라도 좋은 점이 있으면 반드시 서로 권면하였고, 한 가지라도 잘못된 것이 있으면 반드시 서로 경계로 삼았소. 이는 마땅히 옛사람에게서나 구할 수 있으니, 지금 세상에서 어찌 흔히 볼 수 있는 것이겠소?

余平生酷好此詩, 今爲足下誦之. 僕於足下, 前非不熟, 近因經旬盍簪, 尤有所感歎悅服者. 以吾所見, 光明磊落, 無一點回互苟且之意. 雖自己闕失, 必有曰有, 無曰無, 其過其更, 必欲使人皆知之. 且其心地恢廓, 志存兼濟, 與人交置心親而無貌敬. 有一善, 必相勸勉, 有一失, 必相箴警. 此當於古人求之, 今世何可多見也?

다만 풍성豐城의 보검[321]은 괴이한 광채가 지나치게 드러나고, 지양地釀의 훌륭한 술은 짙은 향기가 먼저 퍼지는 법이오. 매번 송곳 끝이 비어져나오는 듯한 기운이 많고, 끝내 함축하는 뜻은 적으니, 이것이 백옥의 조그만 흠이 되지 않을 수 없소. 주자가 진동보陳同父에게 답장한 편지에서, '예로부터 영웅은 전전긍긍하고 깊은 물가에 임한 듯 살얼음을 밟는 듯한 가운데

　다산의 일기장

서 나오지 않음이 없었다'고 하였는데, 감히 이 말을 드리겠소. 산음山陰 땅 눈 속의 배[322]는 진실로 기쁘게 바라는 바이니, 삼가 마땅히 술상을 내려놓고서 기다리겠소. 이만 줄이오."

但豊城之劔, 光怪太露, 地釀之酤, 芳烈先洩. 每多穎脫之氣, 終少含蓄之意, 此未必不爲白玉之微瑕矣. 朱子答陳同父書曰: '從古英雄, 莫不從戰戰兢兢, 臨深履薄中出來.' 敢以此獻焉. 山陰雪棹, 誠爲欣企, 謹當下榻而俟之矣. 不宣."

[부록] 목재 이삼환 선생께 올리는 글〔上木齋書〕[323]

저번에 《가례질서》를 교정하기 위해 가졌던 모임을 돌아와 생각해보니, 정말로 성대하였습니다! 돌아와서는 질병이 몸을 휘감아 지금까지 한동안 문안을 드리지 못하였으니, 용서받을 수 없는 죄를 지었습니다.

向來校書之會, 歸而思之, 何其盛也! 歸而疾病纏綿, 至今闊然不一請起居, 罪不容赦矣.

제가 훌륭한 가르침을 받고부터 반평생 얽혀 있는 일들이 모두 저의 심신과는 관련이 없음을 깨닫게 되었습니다. 이에 진실로 기질의 병통을 제거하기에 힘쓰고 마음의 수양을 도모하기에 힘쓰고자 하였습니다. 하지만 성격이 본래 조급하고 습관 또한 비루하고 어그러져서 사람을 대하고 사물을 접할 때 본색本色이 자주 드러나곤 하니, 비록 이를 감추고자 하나 또한 본래 쉽지 않은 일입니다.

鏞自承良誨, 覺半生繳繞, 都與自己心身無涉. 誠欲務去氣質之病, 力圖本源之養. 而性本躁暴, 習又鄙悖, 待人接物之際, 本色頻綻, 雖欲厭然而揜之, 亦自不易也.

어제 이형(이승훈)이 알려온 일로 한바탕 웃었습니다. 나를 좋아하지 않는 자들까지 칭찬하고 감탄하게 만든 뒤에야 비로소 천하의 온갖 일을 조치한다면, 세상이 다하도록 손가락 하나도 움직일 수가 없을 것입니다. 저들이 아무리 유언비어를 꾸며 협박하더라도 크게 염려할 것이 못 되는데, 하물며 전하는 소문이 대부분 이치에 가깝지 않은 경우이겠습니까? 실제로 그 유언비어를 전하는 자가 바로 날조한 자입니다.[326] 서서히 스스로 일어났다가 저절로 없어질 것이니, 마음에 두고 걱정할 필요가 없습니다. 아마도 모임에 참여하지 못한 자들이 이런 말을 선동하는 듯힌데, 요컨대 스스로 지혜로워야 할 뿐입니다.

昨李兄有所報, 爲之一笑. 凡天下萬事, 欲使不悅我者, 純然贊歎而後, 方始擧措, 則是畢世而不能動一指也. 彼雖蜚言虛喝, 不足深慮, 況所傳聞, 多不近理? 其實傳之者卽造之者. 徐當自起而自滅, 不足挂在心頭也. 恐其不赴者扇是語, 要自智耳.

참판 윤필병尹弼秉[325]의 답장은 이렇다.

尹參判弼秉答書曰:

"구양수가 쓴 저양십번지滁陽十番紙가 낙양에 이르자[326] 사람들이 모두 부러워하며 보았으나, 당간의唐諫議는 편지 한 통조차 서울에 이르지 못하였으니,[327] 저 또한 때가 그랬고, 이 또한 때가 그랬던 것일세. 이제 글씨와 편지가 나 사는 곳에 이르고, 훌륭한 작품까지 함께 왔는데 자득하는 뜻이 있으니, 영공이 어려움에 잘 대처하고 있음을 볼 수 있었다네."

"歐九滁陽十番紙到洛陽, 人皆豔觀, 唐諫議一書不至京師, 彼亦時

也, 此亦時也. 今之筆翰, 至及幽居, 而副以瓊琚, 翰墨詩畫, 有自得之
意, 可見令善處坎也."

055 이삼환의 다산에 대한 평가는 어땠나?

봉곡사에서 열린 열흘간의 성호 학술 세미나는 큰 성과를 남기고
마무리되었다. 이삼환은 작업 과정에서 다산이 보여준 놀라운 추진력
과 전체를 장악하고 부분을 놓치지 않는 안목에 진심으로 감탄했다.
11월 말에 다산은 이삼환에게 강학 모임을 돌아보고 또 당시 구설이
만만찮았던 뒷이야기에 대해 짧게 말했다.

이 편지를 받고 이삼환이 다시 다산에게 답장을 보내왔다. 열흘간
강학회를 진행하면서 곁에서 다산을 지켜본 소감이 담겼다. '머뭇대
거나 구차함이 없었다. 실수가 있으면 깨끗이 공개적으로 인정한다.
마음에 걸림이 없어 겉꾸밈이 없었다. 장점은 권면하고 단점은 경계
해 서로 발전하는 토대로 삼는 태도를 지녔다. 그러니 참 대단하다.'
다산에 대한 이삼환의 평가가 이러했다.

"매번 송곳 끝이 비어져나오는 듯한 기운이 많고, 끝내 함축하는
뜻은 적으니, 이것이 백옥의 조그만 흠이 되지 않을 수 없소." 33세 젊
은 다산이 훤히 드러나는 문장이다. 고전 수사법에 억양법抑揚法이란
것이 있다. 상대를 칭찬하거나 낮추기 위해 앞에서 먼저 낮추거나 높

이는 수사법이다. 앞서 다산을 먼저 추켜세워 칭찬한 뒤, 이를 이어 넌지시 다산의 태도를 나무랐다. 자루에 든 송곳 끝이 비어져나오듯, 함축해 머금는 뜻이 적고 바로바로 말을 해야 직성이 풀리는 태도가 있다고 지적했다. 말하지 않아도 될 것을 번번이 굳이 말해 상대를 꺾고 자신을 드러내려는 경향이 있다고 충고한 내용이다.

다산은 보석처럼 반짝였지만, 불쑥불쑥 예각을 드러냈다. 잠깐 머금었으면 싶은 대목에서도 자기 생각과 조금만 다르면 멈추지 않고 막바로 튀어나왔다. 이삼환은 다산에게 함축 공부에 더 힘을 써서 살얼음을 걷듯 더 지중할 것을 충고했다. 이삼환의 다산 평에는 원로다운 혜안이 엿보인다. 그는 그 열흘로 누구보다 정확하게 다산을 꿰뚫어보았다.

강학회에 참석한 인원 중에 다산을 능가할 사람은 아무도 없었다. 사실 다산에게는 성호 이익의 학문도 크게 성에 차지 않았다. 그러니 이삼환에 대해서는 말할 것도 없었다. 다산은 1811년 겨울 강진 유배지에서 흑산도의 둘째 형 정약전에게 보낸 〈둘째 형님에게(上仲氏)〉에서 성호의 저술에 대해 이렇게 말했다.

《성호사설》은 지금의 소견으로 마음대로 간추려 뽑게 한다면《서경》의 〈무성武成〉과 똑같을까 걱정입니다. 한 면당 10행 20자로 쓸 경우 7~8책을 넘기지 않고 알맞게 마칠 수 있을 듯합니다. 질서 또한 틀림없이 그럴 것입니다. 예전《주역사전周易四箋》을 엮을 당시《주역질서》를 가져다 보니 또한 마지못해 채록한 것이 많더군요. 만약 간추려서 적을 경우 서너 장을 간신히 얻을 만합니다. 다른 경전에 관한 질서는 틀림없이 이보다 열 배쯤 될 겁니다. 다만《예식禮式》의 경우 너무 간소한 데서 잃었을 뿐 아니라, 지금 풍속에도 어긋나고 옛 예법에서도 근거를 찾

다산의 일기장

을 수 없는 것이 이루 셀 수가 없습니다. 만약 이 책을 널리 퍼뜨려 식자의 안목 속에 들어가게 한다면 대단히 미안한 노릇일 터인데, 이 일을 장차 어찌합니까?[328]

대단히 놀라운 혹평이다. 중간에 《서경》의 〈무성〉 편과 똑같을까 봐 걱정이라는 말은, 《맹자》 〈진심〉 장에서 "나는 〈무성〉 편에서 두세 가지 정도만 신빙성이 있다고 본다"고 한 것을 두고 한 말이다. 말하자면 《성호사설》에 실린 글 중 열에 두셋 정도만 건질 수 있다고 본 것이다. 또 다른 글에서는 책 한 권에서 서너 장쯤 겨우 건질 수 있겠다고도 했고, 아예 통째로 폐기해야 한다고 말하기까지 했다.

이렇듯 성호의 학문에 대한 다산의 실제 평가는 그다지 높지 않았다. 성호는 남인들에게 태산교악이었지만, 다산의 눈에는 체계가 잡히지 않은 산만한 성호의 저술이 성에 차지 않았던 것이다. 그럼에도 다산은 머뭇거리는 이삼환을 재촉하고, 빈정대고 거부하는 내포 지역 남인들을 어르고 달래, 일체 비용을 직접 부담하면서까지 서암강학회를 밀어붙여 성사시켰다.

문답 과정에서도 다산은 자루에 든 송곳처럼 자신의 예봉을 드러내 보였다. 실제로 다산의 경전 이해는 성호 우파의 보수적 관점과는 상당한 거리가 있었다. 중간에 오국진이 성호의 《사칠신편四七新編》에 대해 물으며 퇴계의 본뜻을 질문했다. 이에 이삼환이 성호의 사단칠정론은 퇴계를 바탕으로 했고, 율곡 이이의 기발설氣發說은 채택하지 않았다며 퇴계에 기우는 뜻으로 답변했다.

그러자 다산이 이삼환의 대답에 수긍하지 않고 끼어들었다. 예전 정조에게 올린 《중용강의》에 대한 답변에서 펼쳤던 대로, 율곡의 관점에 기우는 자신의 뜻을 과감하게 개진했다. 핵심은 퇴계와 율곡이 말한 이기理氣의 개념이 서로 같지 않은데 이것을 뒤섞어 혼동한 결과 개념 적용에 편차가 발생했다는 것이었다. 그러니 이것은 각자의 이론이 있는 것이지, 누가 맞고 누가 틀리냐의 문제가 아니지 않느냐고 따졌다. 정연한 다산의 논리 앞에 이삼환은 제대로 된 반박을 내놓지 못했다.

다산은 금정역으로 돌아온 뒤 이삼환에게 자신이 품었던 미진한 질문을 목록화해서 두 차례나 질문지를 더 보냈다. 수십 항목에 걸친 질문에 대해 이삼환도 작심하고 꼼꼼한 대답을 적어 보냈다. 이 내용 또한 〈서암강학기〉에 빠짐없이 남아 있다. 12월 7일에 이삼환이 보낸 편지의 한 구절이 〈서암강학기〉에 인용되어 있는데, "산사에서의 문답은 그대가 비록 부지런히 물었으나 내 대답은 경솔한 망론妄論이었네. 그래서 남에게 드러내 보이고 싶지 않았네만, 다시 생각해보니, 남에게 그 잘못된 점을 지적받는 것이 내게도 마땅히 보탬이 되겠기에, 대략 써서 보내네"라고 했다. 겸사로 한 말이지만 당시 이삼환은 다산과의 문답 과정에서 자신의 충분치 않은 역량이 드러날까 봐 기록으로 남기는 것을 꺼린 속마음이 드러난다. 실제로 다산과 이삼환 사이에 강학회를 마친 뒤 오간 이 문답이 〈서암강학기〉 전체 분량의 절반을 차지한다.

056 이삼환이 '지방지술'을 특별히 말한 이유는?

이삼환은 편지의 서두를, 옛사람이 비방을 멈추게 하는 방법을 물었더니 문중자 왕통이 '변명하지 말라'고 대답했다는 말로 시작한다. 《격몽요결擊蒙要訣》〈접인장接人章〉에 실린, 널리 알려진 이야기다. 서두에서 대뜸 이 말을 꺼낸 것은 다산의 이에 관한 질문이 있었다는 뜻이다. '지방지술止謗之術', 즉 비방을 멈추게 하는 방법을 '무변無辯'으로 뚝 잘라 대답했다.

이어 송나라 왕안석王安石이 "더없이 큰 재앙이 잠깐 참지 못한 것에서 일어난다. 말 한 마디, 행동 하나를 조금 참지 않으면 마침내 여러 해 동안 발 디딜 곳이 안정되지 않을 것이다"라고 한 뒤 썼다는 시 한 수를 소개했다. 이삼환의 뜻은 이러했다. '바보들은 제 말이 통하지 않으면 자꾸 성내고 분노해 저 스스로 마음에 불을 지른다. 시비에 실상은 없다. 저마다 믿고 싶은 대로 믿을 뿐이다. 그러니 거기다 대고 자기 잘못이 아니라고 변명하는 것은 아무 효과가 없고, 오히려 의심을 부채질할 뿐이다. 잘잘못을 가리려고 따지거나 변명할수록 비방의 소리는 점점 커져갈 것이다.'

이삼환이 강학회를 마친 뒤 다산에게 보낸 편지의 서두에 불쑥 이 말을 꺼낸 것은, 어쩌면 강학회 후 걷잡을 수 없이 퍼져간 각종 오해와 의심에 대해 다산이 공격적으로 변명하며 이를 차단하려 하는 것이 오히려 문제를 키울 수 있다는 염려 때문이었을 수도 있다.

이와 동시에 이 편지는 1797년 6월 20일에 다산이 발표한 〈비방에 대해 변명하며 동부승지를 사직하는 상소문[辨謗辭同副承旨疏]〉과도 무관치 않다고 필자는 생각한다. '자명소自明疏' 또는 '변방소辨謗疏'라는 이름으로 더 잘 알려진 이 글이 사실은 다산이 금정에 내려가기 전에 이미 초를 잡아둔 것으로 보이기 때문이다. 당시 충주목사로 좌천되어 간 이가환이 〈자명소〉를 올렸을 때, 다산도 같이 올릴 작정으로 준비했던 듯하다. 하지만 당시 다산은 〈변방소〉를 올릴 타이밍을 놓처 글을 묵혀두게 되었다. 이때 다산이 〈변방소〉의 초고를 이삼환에게 보여주며 의견을 구하자, 이삼환은 '무변' 즉 변명하지 않는 것이 비방을 그치게 하는 가장 좋은 방법이라고 대답해준 것으로 보인다.

1797년 6월 21일 다산이 기어이 〈변방소〉를 올린 뒤 우의정 이병모를 만났을 때, "대감께서 평소 점검하여 감별함이 분명한 것으로 조정에서 유명하시니, 소인이 올린 상소가 갑작스럽게 지은 것이 아닌 줄은 살펴보고 아셨을 것입니다. 상소문의 초고를 완성한 것이 이미 오래고 보니, 서로 아끼는 친한 벗 중에 읽어본 사람이 절로 많습니다"라고 한 것을 뵈도 알 수 있다. 〈변방소〉에 대해서는 뒤에서 다시 자세하게 살펴보겠다.

다산의 일기장

12월 6일

역촌의 부로父老에게 유시하였다.

"내 5대조 되시는 참의공參議公³²⁹께서 금정에 부임하신 것이 강희 병진년(1676)이니, 지금에 120년이 된다. 내가 또 이어서 이르러 이제 어느새 섣달이 되니, 한 달이 못 되어 병진년(1796)이 될 터이니, 또한 기이하지 아니한가?"

初六日, 諭驛村父老: "我五代祖參議公之蒞任金井, 在康熙丙辰, 而于今百二十年. 不肖又繼至, 今已日維臘矣, 不月而將丙辰矣, 不亦異哉?"

내가 쫓겨나 내려오고부터 이곳 우승의 급여를 가지고는 조상께 올리는 제사의 비용으로 쓰려 하지 않았다. 이에 이르러 특별히 예외를 두어 참의공의 사당과 묘에 정초에 올릴 제사 물품을 모두 마련해서 보냈다. 이에 역촌의 부로 중 나이가 60세 이상으로 모두 몇 명의 사람을 불러서 뜰로 나오게 하여 술과 안주를 갖추어 잔치를 열고 그 까닭을 유시하고는, 그들로 하여금 손을 씻고 앞으로 나오게 하여 늘어놓은 제사 물품을 봉하게 하였다. 부로들이 모두 기뻐하고 감탄하며 드물고 기이한 일로 여겼다.

余自謫宦以來, 不欲以郵俸供祖禰祭祀之用. 至是特寬之, 乃參議公祠與墓, 元朝祭品, 皆辦輸之. 於是招驛村父老, 年六十以上, 總若干人, 進之庭, 具酒肴宴之, 諭以故, 令盥手進前, 封所陳祭品. 父老皆歡欣感歎, 以爲稀奇事.

내가 말해주었다.

"너희는 나이가 겨우 60~70이라 예전 병진년과의 거리가 겨우 절반쯤 된다. 그 당시의 풍도와 선정善政은 모두 아마득하여 그 방불함을 얻지 못하니, 어린아이와 무엇이 다르겠는가? 하지만 너희의 조부와 아비는 모두 당시에 그 앞에서 종종걸음으로 심부름을 하던 자들이다. 그럴진대 너희가 비록 몸소 이 일을 보지는 못했어도, 오히려 옛날과의 거리가 그다지 멀지는 않다 하겠다. 너희는 모두 두 번씩이나 병진년을 만난 사람들이다. 그래서 너희의 손으로 우리 집안의 병진년 정초의 제사 물품을 바치게 하였으니, 또한 기이하다 하겠다!"

여러 부로가 모두 응답하고 감탄하며 물러났다.

余語之曰: "爾等年董六七十, 距舊丙辰纔半之. 當日之流風善政, 皆漠然無得其髣髴者, 卽孩提何別焉? 然乃祖乃父, 皆當日之趨走奉役於前者也. 則爾等雖未及躬睹是事, 猶之爲去古未遠也. 爾等皆再見丙辰者也. 乃以爾等之手, 供我家丙辰元朝之祭品, 亦云奇矣!" 諸父老皆應聲, 咨嗟而退.

057 다산은 왜 역촌 부로들에게 잔치를 베풀었나?

한양 복귀의 분위기가 무르익어 금정 체류가 해를 넘기지 않을 공

다산의 일기장

산이 커졌다. 12월 6일 다산은 문득 역말에 속한 부로 중 60세를 넘긴 몇 사람을 불러 작은 잔치를 열었다. 명목은 다산의 5대조 정시윤丁時潤이 1676년 금정찰방으로 내려온 적이 있는데, 해가 바뀌면 다시 병진년을 맞아 120년이 되므로, 자신이 이곳에서 같은 간지에 머문 기이한 인연을 기념한다는 것이었다. 아직 해가 바뀌지 않았는데 잔치를 앞당긴 것은 당시 다산이 새해를 서울서 맞게 될 것으로 생각했다는 뜻이다. 즉, 얼마 남지 않은 이임에 앞서 작별연을 앞당겨 행한 느낌이 든다.

다산은 일기에서, 자신이 금정에 내려온 뒤 자신의 급여를 조상 제사 비용에는 일절 쓰지 않았지만, 이때만은 예외로 해서 정시윤의 사당과 정초 제사 물품을 자신의 급여로 마련해서 보냈다고 썼다. 제사 비용에 쓰지 않은 것은 이곳으로 좌천된 사실 자체를 조상에게 면목 없는 일로 여겼다는 의미고, 천주교가 조상 제사를 거부하는 것을 다분히 염두에 둔 발언이었다. 예외를 두어 제사 물품을 자신이 마련했다 함은 이제 자신에게 주어진 미션을 모두 수행해 조상 앞에 떳떳해졌다는 뜻이 담겨 있다.

다산은 부로들을 불러놓고, 이들이 생애에 두 번 병진년을 만난 사람들이고, 비록 5대조를 직접 모셨던 것은 아니나, 그들의 조부와 아비가 당시 5대조의 수발을 든 인연이 있고, 자신의 금정 시절을 함께한 인연을 귀하게 여겨서라고 했다. 일기에서 "너희의 손으로 우리 집안의 병진년 정초의 제사 물품을 바치게 하였다"고 쓴 것은 이들이 모두 60세를 넘겨 병진년을 두 차례 겪었으므로 그 상징성을 기려 이들 손으로 직접 제사 물품을 마련케 했다는 의미였다. 특별히 제사와 관련된 활동으로 마무리 지은 것도 천주교와의 관련을 의식한 의도적 행동이었다.

다산은 평소에도 일상의 절차나 행동에서 이 같은 의미 부여를 즐겨 했다. 무심한 행위에도 상징적 의미를 얹어서 특별하게 만드는 것을 좋아했다. 심지어 책의 목차 구성에서도 이 같은 의미 부여와 체제의 일관성을 중시했다. 때로 이 때문에 일부 억지스러운 상황이 생기더라도 전체적인 모양새를 우선시했다.

다산의 복귀는 이제 시간문제였고, 본인도 이 점을 확신하고 있었다. 이날의 잔치는 다산이 개운하게 금정 시절을 마무리하고 떠나기 전에 치른 일종의 절차요 의식이었던 셈이다.

12월 10일

소릉 이가환의 답서를 받았다. 이때 충주에 있었다. 편지는 이렇다.

初十日, 得少陵答書. 時在忠州. 書曰:

"산 밖이 시끌시끌하니 생각건대 반드시 참소하는 말이 더욱 기이하지 싶네.[330] 하지만 애초에 귀에 들이지 않고 보니, 또한 몹시 맑고도 초탈하여 기뻐할 만하다네. 자옹子翁 허복許濮 집안의 일[331]은 단지 곁에서 보며 감읍할 뿐 아니라, 거룩한 덕이 하늘과 같고, 거룩한 지감知鑑은 해와 같아서 실로 아름다운 천명의 일단을 길이 이어가게 하시니, 국가를 위해 기뻐 잠을 이룰 수가 없구려. 선비가 빙함氷銜[332]으로 일어나니, 어찌 잣나무가 기뻐하지 않겠는가?[333] 하지만 독랄한 예봉銳鋒이 반드시 장차 옮겨가 향하리니 그를 위해 깊이 염려하는 바이오."

"山外囂囂, 想必蓁斐愈奇, 而初不入耳, 亦殊淸脫可喜. 子翁家事, 非但傍觀感泣, 聖德如天, 聖鑒如日, 實爲迓續休命之一端, 爲國家喜不能寐. 士興氷卿, 寧不柏悅? 而毒鋒必將移向, 爲渠深慮."

[부록] 소릉 이가환께 올림〔上李少陵〕[334]

_ 을묘년 가을, 나는 금정에 있고 이장李丈은 충주에 있었다〔乙卯秋, 余在金井, 李丈在忠州〕.

산속 우역郵驛이 적막하여 속된 물건이 아예 없고 보니, 듣고 보는 것이 조금씩 깨끗해집니다. 일전에 들으니, 겨울에 우레가 친 것을 가지고 경계할 것을 아뢴 자가 있었는데, 두 사람을 외직에 보낸 것을 가지고 말하였다고 하더군요.[335] 생각건대 이러한 버러지같이 천한 것들이 요행히 선배와 어른의 뒤를 따르다가 위로 천문天文을 움직임을 가지고 스스로를 외람되이 본 셈입니다. 또 듣자니 북인들은 금정찰방이 호서에 도착해서 입지를 얻게 되면 즉시 대낮에 승천할 것이라고 즐겨 말한다고 합니다.[336] 그들이 평생 우러러 사모하면서 마치 신선 속의 사람처럼 볼 것을 미루어 알 만합니다. 이 이야기를 듣고부터 문득 이 몸이 훨훨 날아 신선으로 변화하는 느낌이 있음을 느꼈습니다.

山郵寂寞, 都無俗物, 耳目稍能乾淨. 日前聞以冬雷有陳戒者, 以兩外補應之云. 顧此螻蟻賤品, 幸隨先輩長者後, 得以上動天文, 自視猥越. 又聞北人好說, 金井丞到湖西得立地, 立刻白日昇天云. 其平生慕仰, 視若神仙中人, 可推而知. 自聞此說, 便覺此身飄飄有羽化之意耳.

또 난보爛報에서 자옹 허복 집안의 일을 보니, 정말 큰 다행이라 여겨집니다. 다만 제帝 자와 호虎 자도 분간하지 못한 채,[337] 앞뒤 순서도 뒤섞으면서 조정의 큰일을 의논하려 드니 또한 안타깝지 않겠습니까?[338] 근일에 조지朝紙에 나온 것을 하나도 듣지 못하다가, 어쩌다 한두 가지를 얻고 보니 이미 이와 같더군요.

又見爛報子翁家事, 萬萬感幸. 但帝虎不辨, 杜度互錯, 而欲議朝廷大事, 不亦悶然? 近日凡朝紙所出, 一不及聞, 偶得一二, 已如此矣.

[부록] 묵재默齋 상국 허적許積[339]의 관작이 회복되었다는 소식을 듣고〔聞默齋許相國積, 復其官爵〕

대궐에서 붉은 윤음綸音[340] 내려주시니	魏闕丹綸降
정승의 자주 조서[341] 새로움구나.	台垣紫誥新
은혜로운 그 말씀 천고에 없어	恩言千古逈

억울함을 하루아침 풀어주셨네.	幽枉一朝伸
흰 해가 빛과 기운 펼쳐 보이고	白日舒光氣
황천에선 귀신이 눈물 흘리리.	黃泉泣鬼神
당일의 그 일을 돌이켜보면	緬懷當日事
지금 사람 말하기는 어려웁다네.	難語此時人
만백성이 조정을 우러러보니	萬姓瞻宗國
세 조정을 섬긴 노신老臣 남아 있었지.	三朝有老臣
안위는 터럭 하나쯤으로 보고	安危爭一髮
위엄과 중망이 천근 무게라.	威望抵千勻
눈물 뿌려 유조遺詔를 끌어당겨서	灑涕攀遺詔
군사 펴서 대궐을 숙위宿衛하였네.	陳兵宿禁闉
임금 말씀 귓가에 쟁쟁하여서	玉音猶在耳
붉은 정성 마침내 한 몸 잊었지.	丹悃遂忘身
주공周公인 양 어린 아들 보살피셨고342	元聖惟沖子
이오夷吾처럼 가까운 친족 되었네.343	夷吾作懿親
수레 얻음 선왕의 뜻 이은 것이니344	得輿元繼述
권력 잡음 사실은 관례였다네.	顓柄實因循
불행히도 왕돈王敦에 가깝고 보니345	不幸王敦近
석작石碏 결백 밝히기는 어려웠었지.346	難明石碏純
증자曾子 어미 사랑이야 없지 않지만347	非無曾母愛
누가 송조宋朝 어질다 칭찬하리오.348	誰贊宋朝仁
지하에서 선왕을 만나뵙고는	地下先王見
인간 세상 착한 부류 사라졌다고.	人間善類湮
도깨비 밤비 속에 떠들어대고	魍魎喧夜雨
독수리는 가을 하늘 멋대로 나네.	鵰鶚恣秋旻

단서丹書³⁴⁹ 글자 어느새 흘러가버려   倐忽丹書字

푸른 바다 먼지만 풀풀 날리네.   繽粉碧海塵

장한 사내 팔뚝 먼저 끊은 거라고   壯夫先斷腕

세속에선 도리어 입을 놀린다.   流俗轉青脣

    약천藥泉 남남 상국이 말하기를 "미수眉叟 허목許穆이 허적을 공격한 것
    은 곧 장사가 자기 팔을 끊는 방법³⁵⁰이다"라 하였다.

                           藥泉南相國曰: "眉叟攻許積, 是壯士斷腕法

명성은 적막하게 사라져버려   寂寞薰聲歇

아득히 사적마저 묵혀졌다네.   蒼茫事跡陳

백년에 철안鐵案³⁵¹만 남아 있어서   百年留鐵案

천겁에 풍륜風輪만 살펴보았지.³⁵²   千劫閱風輪

큰집에는 여태 홀笏을 간직했건만   魏第猶藏笏

오아敖兒는 오래도록 빈곤하다네.³⁵³   敖兒久負薪

엎어진 동이 어이 볕을 받으랴   覆盆寧受照

마른 나무 어이 봄을 바라겠는가.   枯木未希春

해와 달 황도黃道에 위치해 있고   日月當黃道

바람 우레 대궐을 놀래키었네.   風雷警紫宸

아침엔 혈서가 간절하였고   血書朝懇懇

저녁엔 큰 은혜 한이 없었지.   恩綍暮諄諄

드문 대우 역사책에 빛이 나리니   曠數光編簡

애영哀榮³⁵⁴에 진신搢紳들 깜짝 놀라리.   哀榮聳搢紳

임금 결단 독단으로 내리셨으니   乾剛施獨斷

간지 겹쳐 만나게 됨 감격스럽다.³⁵⁵   年紀感重臻

    을묘년(1675)은 곧 숙종 원년이다.   乙卯卽肅宗元年

이날에 황천皇天이 안정이 되니   是日皇天定

당시에 가뭄이 자주 들었지.　　　　　　　　當時旱歲頻

봄 화기 대궐에서 펼치어짐에　　　　　　　陽和宣紫洞

은택이 무덤까지 통하였구나.　　　　　　　膏澤徹玄窀

공훈 품계 예전처럼 모두 회복돼　　　　　　勳秩都依舊

하물며 품격이 어제 일 같네.　　　　　　　風期況隔晨

금번의 을묘년이 없었더라면　　　　　　　若無今乙卯

훗날의 경신년을 차마 대할까?[356]　　　　忍對後庚申

세교世交에 남은 우의 남아 있으니　　　　世好存遺誼

재주와 꾀 빼어남을 경앙한다네.　　　　　才猷景絶倫

역참 정자 외로운 등불 아래서　　　　　　驛亭孤燭底

붓 잡자 눈물이 수건 적시네.　　　　　　　搦管涕沾巾

[부록] 번암 채제공 상공에 올리는 글〔上樊巖蔡相公濟恭書〕[357]
_ 을묘년 겨울, 금정에 있을 때〔乙卯冬, 在金井〕

이곳에 와서 한 차례도 안부를 여쭙지 못했사오나, 어찌 하루라도
마음에서 잊었겠습니까? 기대어 그리는 마음은 지극해도 문득 편지
를 앞에 두면 서글퍼져서 그랬을 뿐입니다. 남쪽에 눈이 더욱 많이
내려 구봉산이 높고도 위엄이 있습니다. 썰렁하니 예전 낚시질하며
노니시던 장소에 대해 떠올려 바라보며 애오라지 세모의 정을 달래
봅니다. 인편에게 삼가 들으니 몸이 편찮으시다던데, 그사이에 이미
건강을 회복하셨겠지요?

此來闋然不一請起居, 豈伊一日而忘于懷耶? 殆依戀之極, 輒臨書愴
恨而然耳. 南雪更厚, 九峯尊嚴. 冷落想望於舊日釣遊之所, 聊以慰歲
暮也. 便中伏聞, 勻體有損節, 間已康復否?

약용은 겨울 들어 괴롭게 질병이 많은 데다, 또 산에 오르거나 물가에 임하여 시를 읊조리거나 독서를 하지 못해 진실로 처음 먹은 뜻이 어그러지고 말았습니다. 백성을 이끌어 그만두게 하는 정사政事는 가만히 사정을 헤아려서 경술년(1790)과 신해년(1791)의 사이로 살펴보매 열에 여덟아홉은 제거되었습니다. 그중 혹 미혹되어 돌아올 줄 모르는 한두 사람이 또 몰래 숨어서 출몰하지만 붙잡을 길이 없군요. 지난번에는 관찰사와 더불어 기찰하여 붙잡는 것을 삼가고, 가볍게 풀어줌이 없도록 의론하였을 뿐입니다. 이숙 채홍원 영감이 딸을 낳은 것은 그래도 다행이지만, 말에서 떨어졌다니 탄식할 만합니다.

鏞入冬來, 苦饒疾病, 又無以登山臨水, 詠詩讀書, 良違初意也. 牖戢之政, 默察事情, 視庚戌辛亥間, 殆十去八九. 其或一二迷不知反者, 又隱匿出沒, 無以執. 頃與巡使議譏得之餉, 無得輕釋耳. 邇令生女猶幸, 墜馬可歎.

[부록] 이날은 바람이 따스하고 날이 화창하여 늦게 한 손님과 더불어 말을 타고 금계를 건너가, 서남쪽 여러 봉우리가 눈 속에 말쑥한 것을 바라보며 서로를 돌아보면서 몹시 즐거워하였다. 어곡에 이르러 채일인蔡逸人[358]을 방문한 뒤 돌아왔다[是日風日暄暢, 晚與一客, 騎馬度錦溪, 望西南諸峯雪中森秀, 相顧甚樂也. 至漁谷, 訪蔡逸人而還]

_ 12월 18일

시냇물 해맑은데 잔물결 일어나니	溪水粼粼起細波
따순 바람 갠 해가 화창한 봄 비슷하다.	惠風晴日似春和
흡사 땅속 새싹이 움직임 알 듯하니	恰知地底萌芽動
마음 속 인仁의 단서 견줘 누가 더 많을꼬.	腔內仁端較孰多

[부록] 만계 이승훈에게 보냄〔與蔓溪〕 [359]

얼음 언 언덕과 눈 쌓인 골짝에서 갑자기 따스한 바람과 갠 해를 보니 다시 하나의 광경입니다. 이러한 때 하고 싶은 말은 우러러 사모하는 마음의 지극함을 이기지 못하겠다는 것입니다.

氷厓雪谷, 忽見惠風晴日, 更一光景. 此時願言, 不勝瞻慕之至.

약용은 궁벽한 곳에서 자신을 돌이켜보며, 마음 편히 기운을 가라 앉히기에 힘써 혹 얼마간 효험을 보았고, 또한 밖에서 오는 괴로움을 말끔히 잊기에 족하였습니다. 이제 와서 문득 공정工程이 미숙하여 번잡한 장소 속에 들어가면 덩달아 흩어져 없어질까 걱정입니다.

鏞僻處反求, 務安心下氣, 或見些微效驗, 亦足以充然忘外來之苦. 到今却恐工程未熟, 投之熱鬧場裡, 隨卽散亡也.

우리가 이 일에 대해 부지런히 앞으로 향하는 것을 틀림없이 세속에서는 남몰래 헐뜯고 가만히 비웃는 자들이 있을 것입니다. 하지만 진실로 나의 양심이 참으로 느낌이 일어나 일으키는 것이 있다면, 세상에서 사랑하고 미워하고, 헐뜯고 칭찬하는 것쯤은 모두 따질 겨를이 없을 뿐입니다.

吾輩于此事, 孳孳向前, 必有流俗中竊訕而暗笑者. 然苟吾之良心, 眞有感發興起者, 顧世之愛惡訾譽, 都不暇計較耳.

[부록] 관찰사 유강에게 보냄〔與柳觀察〕 [360]

한 해가 저물어가매 눈 속의 바위산이 썰렁하기만 합니다. 이때에 우러러 사모함이 더욱 깊건만 병으로 몸져누워 인사를 제대로 할 수 없다 보니 단지 슬픈 마음만 더할 뿐입니다. 지난번 보내주신 편지 중에 그간의 곡절에 대해 틀림없이 들어서 알 것이라고 하신 말씀이 있었으나, 약용은 이미 귀머거리 역승驛丞이 된지라 까마득히 알지 못하였습니다. 과연 어떤 연유로 지금까지 용서받을 수 있었는지요? 근래 듣자니 서울에서의 물의가 모두 즉각 장계狀啓로 보고하지 않음을 가지고 대단히 의혹스러워한다고 하던데, 생각해보심이 어떠신지요?

歲華遒暮, 雪中巖巒冷落. 此時慕用益深, 顧病廢不能修起居, 只增悵黯之懷耳. 頃日下書中, 有其間委折令必聞知之教, 而鏞已作今丞之聾, 漠然不知. 果緣何至今假貸耶? 近聞京洛物議, 皆以不卽狀聞, 大段致惑云, 商量如何?

[부록] 계수 이익운에게 답함(答李季受)[361]

약용이 근래 퇴계 이 선생의 유집遺集을 얻은지라 잠심하여 단서를 찾아 궁구해보니, 그 깊이와 너비가 진실로 후생이나 말류가 감히 엿보아 헤아릴 수 있는 것이 아니었습니다. 그런데 참 이상도 하지요! 정신이 펴지고 기운이 느긋해지며 뜻이 차분해지고 염려가 가라앉아, 피와 살과 근육이 모두 안정되어 차분해져서, 이전의 조급하고 사납고 울끈불끈하는 기운이 점점 가라앉는 것을 느낍니다. 한 부의 해묵은 책자가 과연 이 사람의 병증에 꼭 맞는 약이 아닐는지요?

鏞近得退陶李先生遺集, 潛心紬繹, 其閫奧涯涘, 固非後生末流所敢窺測. 而異哉! 神氣舒泰, 志慮恬降, 覺血肉筋脈, 都安靜帖息, 從前躁暴發越之氣, 漸漸下去. 無乃一部陳編, 是果此人對病之藥耶?

보내주신 글의 지극한 뜻은 우러러 잘 알겠습니다. 하지만 지금은 이미 때가 지나 가볍게 행동코자 하지 않는다면, 장차 무슨 면목으로 꼬리를 흔들면서 가련한 태도를 지어, 하고자 하지 않는 바를 억지로 하게끔 하겠는지요? 설령 저들이 불쌍히 여겨서 허락하더라도 홀로 마음에 부끄럽지 않겠습니까? 게다가 관찰사 또한 기댈 곳이 약해 뿌리가 외로우니, 감히 이렇게 때를 거스르는 일을 하겠습니까? 저가 비록 듣지는 않더라도 결코 감히 남몰래 빙자하여 임금의 뜻이라고 주장하지는 못할 것입니다. 어떠신지요?

來教仰領至意. 然今已過時, 不欲輕擧, 則將以何面目搖尾作可憐態, 強其所不欲乎? 縱彼憐而許之, 獨不愧於心乎? 且巡相亦弱植孤根, 敢爲此忤時之事乎? 彼雖不聽, 決不敢隱然憑藉, 以張聖旨也. 如何如何?

살아 돌아가는 것이 이를지 더딜지의 문제는 다만 우리 전하의 처분을 들을 뿐이니, 삼가 지나치게 홀로 불안해하며, 혹 구름과 비로 조화를 부리는 하늘에 도움을 받으려 해서는 안 됩니다. 공들께서 비록 저를 아끼시더라도 결단코 우리 전하께서 저를 돌아보시고 저를 회복시키려는 마음에는 만에 하나도 미치지 못할 것입니다. 오직 삼가 하늘의 운수와 조화를 기다릴 뿐입니다.

至於生還早晚, 唯一聽我聖明處分, 愼勿過自憧憧, 或欲贊助於雲雨造化之天也. 公等雖愛我, 決不及我聖明顧我復我之念萬分之一. 唯恭俟上天之運化而已.

058 이가환과 주고받은 편지의 맥락은?

〈도산사숙록〉 정리에 몰두하던 다산에게 12월 10일 충주의 이가환
이 편지를 보내왔다. '답서'라고 한 것은 다산이 앞서 편지를 보냈다는
뜻인데, 다산이 보낸 〈소릉 이가환께 올림〉은 《다산시문집》 권18에 실
려 있다. 일기에는 자신이 이가환에게 편지 보낸 일은 적지 않고, 답장
에 대해서만 썼다. 두 사람의 서신 왕래는 워낙 지켜보는 눈이 많아 삼
가야 할 일이었는데, 이때 서로 편지가 오간 것을 보면 중요한 일을 마
무리 짓고 정국에 불어닥치는 변화의 조짐을 낙관적으로 바라보고 있
었다는 뜻이다.

다산이 앞서 이가환에게 보낸 편지의 서두는 "일전에 들으니, 겨울
에 우레가 친 것을 가지고 경계할 것을 아뢴 자가 있었는데, 두 사람
을 외직에 보낸 것을 가지고 말하였다고 하더군요"로 시작된다. 뭔가
곡절이 있다. 찾아보니, 이해 초겨울인 10월 2일과 10월 17일의 《정
조실록》 기사 중 정조가 뇌이雷異의 변고로 구언求言한 내용이 나온
다. 겨울에 우레가 치면 신하들에게 구언하는 것은 오랜 관례였다.

임금의 구언 요청에 따라 여러 사람이 그때마다 진면陳勉 또는 진
계陳戒의 뜻을 담아 상소를 올렸다. 특히 10월 17일에 올라온 상소는
닷새 전에 단행한 허적의 복관을 두고 들끓은 노론의 격렬한 반대로
도배되다시피 했다.

다산이 이가환에게 보낸 편지에서 말한 내용은 이 상소 중에서 자
신들을 저격한 내용과 관련이 있다. 당시 두 차례에 걸친 구언 요청에

따라 신하들이 올린 상소 중에 천주교와 관련된 내용은 10월 3일 대사
간 한용구韓用龜, 10월 6일 장악원정 조진정趙鎭鼎, 그리고 같은 날 정
언 이안묵李安默의 글에 나온다. 이 셋 가운데 다산이 위 편지에서 거
론한 것은 이안묵의 상소였다. 이안묵은 다산이 훗날 강진으로 귀양
갔을 때 강진현감을 자청해 내려가서 다산을 끝까지 죽이려 했던 인물
이다. 그가 1795년 10월 6일에 올린 상소문의 한 대목을 인용한다.

> 신이 근래에 들으니, 도성 안에 그 무리들이 불어나서 한 무리의 사
> 족士族들만 그런 것이 아니라 민간의 일반 백성들까지도 유혹을 받아
> 들어간 자가 많으며, 심지어 가족을 거느리고 가서 믿느라 자기 집을 비
> 워둔 자가 곳곳에 있다고 합니다. 신이 또 남쪽에서 온 사람에게 들으
> 니, 호서와 호남 두 도의 사이에는 그 학설이 더욱 성행하여 수백 집이
> 나 모여 사는 큰 촌락이 온통 다 빠져서 한 덩어리가 되기도 하였다고
> 합니다. 아, 이것이 무슨 모습이며, 이것이 무슨 변고입니까? 근래 올린
> 장주章奏에서 이 문제를 언급한 것이 한두 번이 아니었으나, 나라에서
> 는 한결같이 우물쭈물 세월만 보내고 다스릴 방도를 생각하지 않았습니
> 다. 한두 사람을 외직外職에 보임補任하거나 투비投畀한 경우도 있었으
> 나, 그들을 반드시 사악한 학설이 성행하는 지역에 두었으니, 이것이 참
> 으로 이른바 섶을 안고 들어가서 불을 끈다는 것입니다. 그러니 칼날을
> 밟고서도 즐거운 일처럼 여기고 형구刑具를 차고서도 축복받은 땅처럼
> 여기는 저들이 어찌 이러한 처분을 보고 징계하려고 하겠습니까?[362]

서학이 유독 호서와 호남 지역에 창궐하는 사실을 환기한 뒤, 이가
환과 다산과 이승훈을 안 그래도 사설이 성행하는 지역으로 보낸 것
은 섶을 진 채 불을 끄라고 한 격이어서 그 기세를 더하게 할 수는 있

어도 끌 수는 없을 것이라고 지적했다. 이런 미지근한 처분을 보고 서학을 믿는 자들이 어떻게 주저하거나 두려워하겠느냐고 극언하기까지 했다. 다산이 지적한 이안묵의 해당 표현은 《승정원일기》 1795년 7월 25일자 기사에 나온 것을 이안묵이 그대로 끌어다 쓴 것이었다.

정조는 이안묵의 이 같은 상소를 읽고 내린 비답에서 "정말 악착스럽고 잔인한 일로서 너의 혓바닥이 가랫날 같기만 한데 인인仁人 군자君子라면 거들떠보려고도 하지 않을 것이다"라고 하고 "묵은 혐의와 개인적인 감정을 끼고서 때를 틈타 돌멩이를 던지며 못할 짓 없이 재주를 부리고 있단 말인가?"라면서, 대간의 직책을 빼앗고 귀양 보내게 했다. 임금이 일껏 구언해놓고 상언上言한 내용에 이토록 격분한 것은 지극히 예외적인 일이었다.

이때의 상소에서 조진정은 "저 이가환과 정약용의 무리들은 요망한 서적을 몰래 구입하고 남몰래 서로 전수하여 기어이 태평하고 밝은 세상의 교화를 더럽히고 온 세상 사람들의 마음을 빠져들게 하려고 하였습니다"라고 했고, 한용구는 10월 3일 올린 상소에서 사악한 학설을 물리치지 않아 화란의 근원이 종식되지 않음을 지적하며 이렇게 말했다.

이자들도 윤지충일 뿐이며 권일신일 뿐입니다. 그러니 사람이 사람 같지 않고 자식이 자식 같지 않은 자를 서울에서 함께 살게 할 수 있겠습니까? …… 대신이 지난번에 올린 차자 내용 중 '중국 사람이라고 거짓 핑계를 대었다[假稱華人]'라고 한 말을 보니, 그보다도 더욱 매우 두렵고 놀랍습니다. 어리석은 백성을 현혹하는 것도 부족하여 중국 사람이라고 거짓 핑계를 대기까지 하였으니, 그 단서와 맥락으로 볼 때 반드시 그들의 무리가 많을 것입니다.

주문모 신부를 보호하려고 최인길이 가짜로 중국인 행세를 했던 이야기를 썼다. 당시 사건의 실체를 정확히 모른 채 풍문이 확산되고 있었고, 이가환과 정약용 등에 대한 방향을 잃은 공격 또한 이어지고 있었다. 다산은 이가환에게 보낸 편지에서 이들을 '버러지같이 천한 것들[螻蟻賤品]'이라고 썼다.

두 사람을 향한 안팎의 공격은 12월에 접어들어서도 여전히 멈추지 않았다. 이에 앞선 10월 12일에 정조는 숙종 때 역적으로 사사되었던 허적의 관작을 회복하는 조처를 내렸다. 허적의 5대손 허복이 연로輦路에서 상언해 5대조 허적의 복관을 청하자 정조가 이를 재가한 것이다. 사실 허적의 일은 남인에게는 아픈 상처였다. 경신대출척庚申大黜陟과 기사환국己巳換局으로 이어진 남인과 노론 간의 100년 넘게 지속된 정쟁의 기억을 일깨우는 매우 예민한 사안이기도 했다. 남인들은 열렬히 환영했고, 노론은 격렬하게 반발했다.

다산은 편지에서 난보를 통해 허복 집안의 소식을 듣고 기뻐서 편지를 쓴다고 하면서, 앞뒤 분간 없이 조정의 일에 대해 떠들어대는 여론의 행태를 탄식했다. 이 편지를 받고 이가환은 허적의 복권에 대해 "곁에서 보며 감읍할 뿐 아니라, 거룩한 덕이 하늘과 같고, 거룩한 지감은 해와 같아서 실로 아름다운 천명의 일단을 길이 이어가게 하시니, 국가를 위해 기뻐 잠을 이룰 수가 없다"며 감격했다.

정조는 별일 아니라는 듯이 무심한 체 이 일을 지시했지만, 노론 벽파를 의식했다면 절대로 손댈 수 없는 문제였다. 이가환은 이 일로 임금의 속마음을 헤아리게 되어 기뻐 잠을 이룰 수가 없다고까지 했다. 100년 야당의 곤고한 세월을 견뎌온 남인들에게 일말의 서광이 다시 비치는 느낌이었던 것 같다. 이 느낌은 곧바로 자신과 다산에 대한 사면이 가까웠다는 신호이기도 했다.

당시 두 사람은 만인의 표적이 된 상태였고, 이들의 동태를 지켜보던 눈이 한둘이 아닌 터라 직접적인 편지 왕래는 그간 아예 단절된 상황이었다. 다산의 편지에 답장하면서 이가환은 이 일로 자신들의 한양 복귀가 얼마 남지 않았음을 직감했다.

당시 이가환은 충주목사로 있었고, 상언한 허복 또한 충주에 살고 있었다. 그렇다면 다산이 굳이 이가환에게 먼저 편지를 보낸 것은 혹 허복의 상언에 이가환이 일정 부분 간여했음을 은연중 드러내 보인 것이 아닐까? 아울러 자신들의 중앙 복귀가 임박했음을 느끼면서 피차간에 마음의 준비를 하자는 뜻이었을 수 있다. 이가환은 편지 끝에 "독락한 예봉이 반드시 장차 옮겨가 향하리니 그를 위해 깊이 염려한다"라는 말을 남겼다. 호사다마 격으로 이 일로 허복을 향한 공격이 새로 시작될 텐데, 좋게 해주려고 추진한 일로 도리어 그가 해를 입으면 어찌하나 하는 염려가 담긴 말이었다.

앞서 이가환은 편지에서 "산 밖이 시끌시끌하니 생각건대 반드시 참소하는 말이 더욱 기이하지 싶다"라고 했다. 그 참소란 것이, 이제 다산이 금정찰방으로 내려가서 얼마간 공을 세워 명분을 얻게 될 경우 그 즉시 불러올려 요직에 앉힐 것이라는 내용이었다. 금정에서의 숙제를 모두 마친 다산의 복귀가 머지않아 예상되자 이를 다시 막으려는 책동이 가동되고 있었던 정황을 알 수 있다.

다산의 일기장

059 허적의 관작 회복 소식에
다산은 왜 이렇게 기뻐했나?

다산은 난보를 통해 허복 집안의 일을 들어 알고 있었다. 다산은 이를 두고 '만만감행滿滿感幸'이라고 썼다. 다산은 허복을 1795년 봄 자신의 명례방 집에서 직접 만난 일이 있다.《다산시문집》권15에 수록된 〈매장오석충묘지명梅丈吳錫忠墓誌銘〉 서두에 당시 일이 언급되어 있다. 마재 인근 용진龍津에 살던, 이름을 밝히지 않은 '민수閔叟'라는 이가 명례방으로 다산을 찾아왔다.《남보》를 통해 볼 때 그는《정조실록》1800년 3월 22일자에 나오는, 민희閔熙(1614~1687)의 5대손으로 '양근楊根 사는 유학 민진헌閔眞獻'이었을 것으로 추정된다. 그런데 때마침 오석충이 허복을 데리고 다산을 불쑥 찾아왔던 것이다.

다산이 말했다. "이상합니다. 옛날 숙종 때 허적 공이 영상이 되고 민희 공이 좌상이 되고 오시수 공이 우상이 되었었는데, 지금 세 분의 자손이 자리를 함께하니 드물고 기이한 일입니다. 어찌 예로써 서로 인사하지 않겠습니까?" 이에 민진헌이 왼손으로 허복의 손을 잡고 오른손으로는 오석충의 손을 잡은 채 목놓아 크게 울며 감격했다. 다산은 "좌중에 비풍悲風이 쓸쓸하여 마치 연나라와 조나라 선비가 만난 것처럼 비분강개한 기색이 감돌았다"라고, 이날의 분위기를 증언했다.[363]

세 사람 중 허적과 오시수는 1680년 경신대출척 당시 사사되었고, 민희도 관직이 삭탈되었다가 유배되었다. 이후 100년이 넘는 세월 동안 남인들은 다시 재기하지 못했다. 오시수의 경우 1784년 오석충의 탄원이 받아들여져 극적으로 신원되었고, 1795년에 임금의 결단으로 허적마저 신원됨으로써 지난 100년 넘게 풀리지 않던 족쇄를 마침내 벗어던지게 된 것이었다. 이 일은 노론의 극렬한 반대가 불 보듯 뻔한 사안이었음에도 정조가 밀어붙였으므로, 남인들로서는 새로운 시대의 서막을 알리는 예고편으로 받아들이기에 충분했다.

정조는 〈충주 유학 허복의 상언에 대한 판부〔判忠州幼學許澓上言〕〉에서 "당화黨禍가 굳어져서 사람들은 스스로 수립한 정견定見이 없어 100여 년 지나는 사이에 일이 고상故相에 관계되면 반드시 제기해야 할 일은 아니라고 여기게 되었다"면서, "올해가 숙종 임금이 즉위하신 지 120년을 맞는 해라 당시의 원상院相을 꼭 이해에 죄명을 씻어주는 은전을 내리는 것이 선왕을 섬기는 일이 아닐 수 없다"라고 했다.[364]

이렇듯 허복은 이가환과 다산에게 아무 상관 없는 인물이 아니었다. 그런 그의 탄원을 정조가 받아들여, 5대조인 허적을 복관시켜주었으니, 남인 전체로 보더라도 해묵은 숙제 하나를 해결한 셈이었다. 하지만 노론의 맹렬한 반격이 불 보듯 뻔해, 일단 추이를 지켜보던 와중이었다. 10월 12일에 정조가 허적을 신원하고 관작을 회복하라는 명을 내리자 명을 거둬달라는 상소와 차자가 빗발쳤다. 임금은 그 뜻을 끝내 꺾지 않았다.

060 다산이 채제공에게 직접 편지를 보낸 속내는?

12월 중순 다산은 금정에 내려온 뒤 한 번도 연락하지 않았던 채제공에게도 처음으로 편지를 썼다. 그사이에 채제공이 보낸 사람들과 잦은 접촉이 있었지만, 혐의를 피하기 위해서라도 편지는 굳이 쓰지 않았었다. 그 편지를 이때 보낸 것으로 보아 다산의 상경은 이제 시간 문제였다. 후련하게 숙제를 마친 다산이 안부와 함께 근황 보고를 겸해 붓을 들었던 셈이다.

서두에서 다산은 그리운 마음이 지극했지만 편지를 앞에 두면 마음이 서글퍼져서 보내지 못했다고 말문을 열었다. '금정역 건너편 구봉산에는 어느새 눈이 많이 내려 쌓였다. 이곳에서 채제공이 어린 시절을 났겠구나 하는 생각을 하며 세모의 정을 부친다'고 썼다.

편지 중에 '유즙지정牖戢之政', 즉 '이끌어 그만두게 하는 정사'는 천주교 신자들을 바른길로 인도해서 신앙생활을 그만두도록 하는 감화의 정사를 가리킨다. 앞서 문답 [016]에서 이미 설명한 바 있다. 다산은 '진산 사건이 처음 발생한 시점과 견줘본다면 천주교 신앙 문제는 열에 여덟아홉이 제거되었고, 나머지 한둘은 끝내 붙잡지 못했는데, 더 이상 기찰해 붙잡는 방법을 쓰지 않고, 대신 붙잡아둔 자를 가볍게 석방하지 않아 남은 한둘과의 차단 고리를 강화하는' 것이 효과적임을 설명했다.

다산이 12월 들어, 천주교 신자 검거를 마친 뒤 서울로 돌아가기에 앞서 채제공에게 그간의 일을 보고하며 안부를 물은 내용이다. 은연중 이곳에서 해야 할 일을 모두 마쳤으니 이제 그만 올라가게 해달라는 뜻도 담겨 있다.

061 어느 따스한 겨울날의 기억은 왜 새로웠을까?

《다산시문집》 권2에 금정찰방에서 체직되기 직전에 쓴 시 한 수가 실려 있다. 제목부터가 '이날은 바람이 따스하고 날이 화창하여 늦게 한 손님과 더불어 말을 타고 금계를 건너가, 서남쪽 여러 봉우리가 눈 속에 말쑥한 것을 바라보며 서로를 돌아보면서 몹시 즐거워하였다. 어곡에 이르러 채일인을 방문한 뒤 돌아왔다'이다. 시 속의 채일인은 어자곡에 살던 채제공의 사촌 채준공을 가리킨다.

시에 겨울인데 봄 날씨가 계속되니, 땅속 숨은 새싹들이 봄이 온 줄 알겠다고 썼다. 그렇지만 땅속 그 많은 새싹의 움직임이 자신의 내면에서 움터나는 인仁의 단서만은 못할 것이라고 단언했다.

이날의 따뜻한 기억은 11월 27일 이승훈에게 보낸 〈만계 이승훈에게 보냄〉에도 언급되어 있다. 이승훈의 편지는 앞선 문답 [053]에서 이미 살핀 바 있다. 이 편지의 서두에서 다산은 "지난 16일에 눈빛과 달빛이 온통 희고 하늘이 너무도 맑기에, 밤중에 두 손님과 함께 앞 시내로 걸어나가 시를 읊조리며 산보하고, 돌을 던져 물결을 희롱하다가 닭이 울고 나서야 돌아왔다"라고 했다. 이 두 손님이 바로 다산을 찾아온 한 손님과 채일인 즉 채준공이었다. 그러니까 위 시는 실제로는 11월 16일에 지은 것이다.

사실 다산이 금정역에 도착한 것이 7월 29일이었고, 엿새 뒤인 8월 5일에 어자곡에서 채준공이 앞마을의 채홍선과 함께 찾아왔었다. 이 일로 다산은 자신이 금정찰방으로 내려온 것이 채제공의 각별한 배려였음을 실감할 수 있었다. 그리고 곧 체직 소식이 도착할 것을 확신하고 있던 11월 16일에는 반대로 자신이 어자곡으로 채준공을 방문함으로써 금정 생활의 처음과 끝이 이렇게 맞물려 마무리될 수 있도록 배려했던 것이다. 겨울 속에 갑자기 찾아든 봄날같이 따스했던 기억을 기쁘게 간직하고자 하는 다산의 마음이 문면에 환하게 드러난다.

062 이 시점에 다산은 왜 관찰사 유강에게 편지를 보냈을까?

《다산시문집》권18에 다산이 쓴 〈관찰사 유강에게 보냄〉이라는 편지가 실려 있다. 12월 16일을 전후해서 보낸 편지로 보인다. 이에 앞서 충청도관찰사 유강이 몹시 다급한 상황에서 긴급하게 다산의 도움을 청하는 편지를 보냈던 듯하다. 다산은 뜻밖에도 원문 88자의 아주 짧은 분량으로 시큰둥하게 답장했다. 유강에게 다산이 보낸 세 통의 편지 중 제3신에 해당한다. 앞서 문답 [040]에서 다산이 오국진과 권기의 증언을 바탕으로 공주 창곡의 폐단을 장편의 시로 지어 고발한 일을 살폈다. 그 후 다산의 고발시 때문이었는지 그 밖의 다른 이유가 있었는지 분명치 않지만, 12월 16일 이 문제가 한양에서 파견된 문비랑 정관휘에 의해 고발되면서 정식으로 공론화되었다.

앞서도 잠깐 언급했지만, 해당 언급은《정조실록》12월 16일자 기사에 보인다. 정관휘는 적간摘奸 보고서에서 비인과 남포에서 정리곡과 구호전을 나눠줄 때 자행되었던 각종 비리를 구체적으로 적시했고, 이에 대해 문의하자 충청도관찰사 유강은 자세한 조사 없이 어물쩍 핑계를 대며 관행으로 넘겨버릴 생각만 했다.

정관휘의 보고를 접한 정조가 내린 하교를 보면 전후 상황이 더욱 자세하다.

정리곡을 팔도에 나누어주도록 한 것이야말로 얼마나 백성들과 함께 경사를 나누려는 뜻에서 나온 것이었는가? 그런데 지난번에 묘당의 초기草記를 보니 '호서의 여러 고을에서 조정의 명령을 무시한 채 민간에 피해를 끼치고 있다' 하였기에 너무도 놀라워 초기에 따라 조사해보도록 하였는데, 도신이 아뢴 것을 보니 그런 일이 없다고 하였다. 하지만 묘당에서 어찌 불분명한 이야기를 가지고 내게 보고하였겠는가? 그래서 비랑備郞을 보내서 우선 몇 고을을 대상으로 조사한 뒤에 장계로 보고토록 하였던 것이다. 그런데 한두 고을이 이 모양이라면 다른 곳도 미루어 알 수가 있다. 이전에 사계査啓를 올릴 때 소홀히 처리한 죄를 면키 어려우니 당해 감사 유강에게 먼저 해조該曹가 함사緘辭를 띄워 진술을 받아내도록 하라. 그리하여 그로 하여금 먼저 죄상을 자백하게 하고 대면시켜 공술을 받은 다음에 품처稟處토록 하라.

감찰의 출발은 묘당의 초기가 도화선이었고, 그 근저에 다산의 고발시가 있었을 것을 짐작할 수 있다. 이와 관련된 내용은 12월 20일과 22일 등의 《승정원일기》 기사에도 나온다. 결국 이 일로 유강은 충청도관찰사에서 파직되었다. 《정조실록》 1795년 12월 20일자 기사에는 유강의 파직 사유가 다음과 같이 짤막하게 실려 있다.

충청도관찰사 유강을 파직시켰다. 정리곡을 수령들이 억지로 나누어

주었는데도 제대로 알아 살피지 못했기 때문이었다.

결국 유강은 관리 통솔의 책임을 물어 해직되었다. 일이 한창 다급하게 돌아가고 있을 즈음 유강은 다산에게 편지를 보내 그간의 곡절에 대해 들어서 알 것이라고 넘겨짚어 이 일의 배후가 다산인 듯한 심증을 내비쳤고, 다산은 스스로 '귀머거리 역승'이라 알지 못했다며 시치미를 뗐다. 이어 이 일이 어떻게 지금까지 문제가 되지 않을 수 있었느냐며, 한 걸음 더 나아가 즉각 장계로 보고하지 않은 의혹까지 제기하면서, 잘못을 인정하고 정면돌파할 것을 충고했다.

앞서 오국진과 권기의 증언에 의해 다산이 지은 시가 《정조실록》및 일기 내용과 종횡으로 만나 의미의 그물망으로 엮여가는 과정을 잘 보여준다. 무심코 이어지는 관련 없어 보이는 사건 하나하나가 서로 톱니바퀴처럼 맞물려서 전체의 의미를 조직해나가고 있음을 본다.

12월 20일

포폄제목褒貶題目[365]을 보았다.

二十日, 見褒貶題目.

충주목사 이가환에 대해서 이렇게 썼다.

"공경의 반열로 고을에 보임되어, 앉아 누름에 여유가 있다."

금정찰방에 대해서는 이렇게 말했다.

"우관郵官에 있으면서 더욱 삼가고 있다."

忠州曰:"卿列州補, 坐鎮有裕."金井曰:"在郵愈謹."

12월 21일

참판 오사五沙 이정운李鼎運³⁶⁶이 화답한 시를 부쳐왔다. 시는 이렇다.

廿一日, 得五沙李參判鼎運和寄詩. 詩曰:

옥 이슬 내린 금강 새벽 기러기 날아가고	玉露金河早雁翻
주인은 병이 많아 서원西園에 누웠구나.	主人多病臥西園
사우社友가 황량한 곳 떠났단 말 들었더니	忽聞社友投荒去
가을바람 비를 보내 어두워진 그때였지.	正値秋風送雨昏
고운 옥 뜬금없이 불길에 놀랐으리	琬琰無端驚火焰
간 곳마다 도야함은 천은天恩을 입음일세.	陶鎔隨處荷天恩
그대가 성년 이후 유술儒術 닦음 아노니	知君結髮爲儒術
멀리 정주程朱 소급하여 곁가지에 미치시게.	遠溯程朱恰剖藩

또 이렇다.

又曰:

오서산 아래쪽에 새벽 구름 걸렸기에	烏棲山下曙雲橫
서풍이 나그넷길 쫓아감을 생각했지.	臥念西風逐客程
경국傾國의 고운 눈썹 끝내 꺼림 당하고	傾國蛾眉終見忌
허공 서린 새 가는 길 괴롭기만 하구나.	盤空鳥道苦難平
깊은 누각 어두운 대 우수수 소리 내고	樓深暝竹翛翛響
너른 바다 찬 별은 반짝반짝 돋아나리.	海闊寒星的的生

오사吾社가 지금에 모두 은혜 입었으니	吾社卽今皆雨露
잘되거나 못되거나 함께 성인 백성일세.	榮枯均是聖人氓

063 포폄제목과 이정운의 시를 본 다산의 소회는?

12월 20일 인사고과 결과가 발표되었다. 포폄제목에서 이가환은 "공경의 반열로 고을에 보임되어, 앉아 누름에 여유가 있다"는 평가를 받았고, 다산 역시 "우관에 있으면서 더욱 삼가고 있다"는 긍정적인 평을 들었다. 12월 20일에 충청도관찰사 유강을 파직하는 명령이 내려가면서, 일괄해 도목정사都目政事가 시행되었던 듯하다.

이튿날인 21일에는 참판 이정운이 다산에게 보낸 화답시가 도착했다. 이정운은 전날 파직된 유강의 후임으로 충청도관찰사에 임명된 직후였다. 이정운의 화답시는 아마 전날 행해진 도목정사의 포폄제목 및 자신의 충청도관찰사 임명 소식과 함께 도착했을 것이다.

앞서 이정운의 아우 이익운도 8월 17일에 다산이 7월 27일 쓴 시에 차운해 위로시를 보내온 일이 있었다. 이정운의 이 시 또한 다산이 금정찰방으로 쫓겨내려오던 날인 7월 26일에 동작나루를 건너면서 지은 시에 차운해 답장 대신 보낸 시인 점이 흥미롭다. 이정운은 다산이 금정찰방으로 내려온 출발과 끝을 함께한 셈이다.

이정운은 다산에게 2수의 시를 보냈다. 이 두 수는 내용으로 보아 이때 새로 지은 시가 아니라 이전 다산의 시를 보고 바로 써두었던 것을 마땅한 인편이 없어 오래 묵혀두었다가 이때 해배 소식을 축하하면서 뒤늦게 보낸 것으로 보인다.

첫 수는 유배지의 다산을 위로하는 내용이니, 당시 다산의 시를 보고 바로 써두었던 것이다. 둘째 수에서도 "경국의 고운 눈썹 끝내 꺼림 당하고, 허공 서린 새 가는 길 괴롭기만 하구나"라 한 것으로 보아, 축하 소식과 함께 예전 글빚을 갚으면서 이야깃거리로 삼고자 했던 것임을 알 수 있다.

남인 내부의 시선에서 볼 때 허적의 관작 회복에 이은 이가환·정약용의 복귀는 여러 가지로 임금의 새로운 정국 운용 구상을 짐작게 하는 시금석이 될 터였다. 게다가 다산의 고발시가 계기가 되어 쫓겨난 유강의 후임으로 이정운이 내려오게 되었다. 이에 이정운은 파발 편에 다산에게 이 기쁜 소식을 하루라도 빨리 전했던 것이다. 다산은 아무 표현 없이 그저 사실을 적었을 뿐이지만, 행간에는 이제야 숙제를 끝냈다는 후련함과 마침내 금정역을 떠날 수 있게 되었다는 통쾌함이 묻어 있다.

12월 22일

내직으로 옮기라는 명이 있었음을 듣고 당일로 출발하였다.

廿二日, 聞有內移之命, 卽日發行.

[부록] 삼가 내직으로 옮기라는 명이 있었다는 말을 듣고, 늦게 출발하여 금정역을 떠나며〔伏聞內移有命, 晚發離金井驛〕

_ **12월 23일**

석양에 말 타고서 관가 문을 나서는데	夕陽騎馬出官門
관청 버들 하늘하늘 고향집과 비슷하다.	官柳依依似故園
들물을 따라가며 10리 길을 지나오자	野水相隨行十里
산골 구름 막 걷히고 외론 마을 보이누나.	峽雲初盡見孤村
궁한 거처 오래도록 세속 번잡 싫었는데	窮居久厭喧囂俗
부르심에 오히려 쫓긴 은혜 생각하네.	榮召猶懷放逐恩
황주黃州의 고각鼓角 소리 참으로 그립구나	鼓角黃州眞有戀
이 마음은 오직 다만 소자첨蘇子瞻만 알아주리.[367]	玆懷唯與子瞻論

삼가 들으니, 20일에 임금께서 친히 도목정사都目政事[368]에 임하셨는데, 이때 내직으로 옮기라는 명이 있으셨다고 한다. 감격하고 놀라 기뻐하며 감히 지체하지 못하였다. 임소를 정리하고 돌아가려다가 이순而順 채홍규蔡弘逵[369]와 계중季中 채홍선蔡弘選 형제, 한의협韓義協과 김승운金升運 등 여러 사람과 함께 술을 마시고 작별하였다. 오후 4시쯤 출발하여 30리를 가서 광시점光時店[370]에서 묵었다. 평집平執[371]이 함께했다.

伏聞二十日親臨都政, 時有內移之命. 感激驚喜, 不敢濡滯. 治任將
歸, 與蔡而順季中兄弟韓義協金升運諸人, 飮酒敍別. 晡發, 行三十里,
宿光時店. 平執偕之.

064 마침내 상경하게 된 다산의 감회는 어떠했나?

12월 22일에 정조는 마침내 용양위龍驤衛 부사직副司直이라는 임시
직으로 다산을 서울로 불러올렸다. 7월 26일 한양을 떠난 이래 147일
만의 상경이었다. 이때 다산의 심경은 일기에는 나오지 않고,《다산시
문집》권2에 수록된 〈삼가 내직으로 옮기라는 명이 있었다는 말을 듣
고, 늦게 출발하여 금정역을 떠나며〉라는 작품에 피력되어 있다.

이어지는 일기를 보면, 부름을 받은 당일 오후 4시에 그는 짐을 꾸
려 총총히 금정역을 떠났다. 임소 정리도 제대로 못한 상황에서 채홍
규, 채홍선, 한의협, 김승운 등의 전별주를 급하게 마시고 오후 4시에
출발했다. 이것만 보더라도 다산이 이곳에서의 시간을 얼마나 못 견
뎌 했는지가 단적으로 드러난다. 전날 도착한 이정운의 편지를 통해
행장은 미리 꾸려둔 상태였을 것이다.

관청의 하늘대는 버들가지가 고향집을 떠올리게 한다는 말에서 그
의 가벼운 마음이 묻어난다. 답답해 숨이 막히게 하던 구봉산은 눈에
안 들어오고 고향집의 느낌만 말하고 있는 것이 눈길을 끈다. 시내를

끼고 10리를 더 나와서야 골짜기를 벗어나 외로운 마을과 만났다. 금정역에서 하루 더 묵고 올라올 수도 있었는데, 다산은 일기에서 "감격하고 놀라 기뻐하며 감히 지체하지 못하였다"라고 썼다. 굳이 10리를 더 나와서 하룻밤을 묵어야 했던 사정이다.

다산은 조용히 마치 아무 일도 없었다는 듯이, 길 가는 나그네의 행색으로 광시점으로 찾아들어 하루를 묵었다. 이곳에서는 누군지 알수 없는 '평집'이라는 이가 다산과 함께했다. 끝에서는 소동파가 황주의 고각 소리를 듣다가 예전 지내던 곳을 그리워한 고사를 끌어와 일말의 이쉬움을 달래기도 했다.

이튿날인 12월 23일 예산에 도착해서 이번엔 예산현감 박종우의 접대를 받았다. 다시 이승훈의 배소를 찾아가 자신만 먼저 상경하게된 것을 미안해하며 작별했다. 이웃의 이삼환에게는 들르지 못한 채편지만 보냈고, 신례원을 지나 아산의 요로원에서 하루를 더 묵었다.

12월 24일에는 평택과 갈원을 거쳐 수원에 도착해서 하루를 더 묵어야 했다. 이후 12월 25일에 과천을 지나 남태령을 넘어 동작나루에서 배로 한강을 건너 저녁에 명례방 집에 안착할 수 있었다.

지난 5개월 동안 다산에게는 참 많은 일이 있었다. 1795년 7월26일에 다산은 금정찰방으로 좌천되어 내려가, 정확히 5개월이 지난12월 25일에 서울 명례방 본가로 돌아왔다.

12월 23일

요로원要路院 아산 땅이다[372]에서 묵었다.

廿三日, 宿要路院牙山地.

새벽에 출발했다. 40리를 가서 예산현에 이르렀다. 고을 사
또 박종우朴宗羽[373]를 만나보았다. 또 자리를 옮겨 이형(이승훈)
의 적소에 이르러 작별하였다. 목재와 작별하며 편지를 남겼다.
10리를 가 신례원新禮院에서 쉬고, 30리를 가 신창현新昌縣에서
쉬었다. 30리를 가 요로원에서 묵었다.

晨發. 行四十里, 到禮山縣, 見主倅朴宗羽. 又轉至李兄誧所叙別.
留書別木齋. 行十里, 歇新禮院. 行三十里, 歇新昌縣. 行三十里, 宿要
路院.

12월 24일

새벽에 출발해 30리를 가 평택현平澤縣에서 쉬었다. 20리를 가 갈원葛院진위 땅이다[374]에서 쉬고, 50리를 가 유천점柳川店수원 땅이다[375]에서 묵었다.

廿四日, 曉發. 行三十里, 歇平澤縣. 行二十里, 歇葛院振威地. 行五十里, 宿柳川店水原地.

12월 25일

새벽에 출발했다. 40리를 가 갈산점葛山店과천 땅이다[376]에서 쉬고, 30리를 가 동작나루를 건너고, 10리를 가서 명례방明禮坊으로 돌아왔다.

廿五日, 晨發. 行四十里, 歇葛山店果川地. 行三十里, 渡銅雀津. 行十里, 還明禮坊.

[부록] 목재 이삼환 선생께 올리는 글(上木齋書)[377]

가야산伽倻山[378]에서 눈 구경을 하자던 약속이 마침내 북쪽에서 온 종이 한 장으로 어긋나버렸습니다. 도중에 서쪽으로 여러 봉우리가 아스라이 구름안개 사이에 있기에, 가만히 혼자 아직 마치지 못한 사안이 그쪽에 있다고 생각했습니다. 사촌社村에 이르러 몇 줄의 글을 남겨 작별을 고했는데, 그사이 이미 받아보셨는지요? 기뻐하기만 하고 헤아려보지는 않은 죄[379]를 피할 곳이 없습니다.

伽倻賞雪之約, 遂爲北來一紙所誤. 在途中西指羣峰, 縹緲在烟雲間, 竊自以爲未了案在阿那邊也. 到社村, 留數行書告別, 間已經覽否? 說而不繹之罪, 無所逃也.

서울로 들어온 지 이미 며칠이 지났습니다. 졸렬함을 길러 거처를 단정히 하고, 바깥일을 가지고 마음이 휘둘리지 않기를 생각하면서, 다만 옛사람이 즐거워하던 바를 구하는 데만 힘쓴다면, 마침내 티끌세상 가운데서 크게 불편함이 있을 것입니다. 그렇다고 세파를 따라 소용돌이치면서 함께 흘러 같이 더러워지면서 구차하게 시일만 끌 경우, 스스로 돌아보고 스스로 생각할 때 애석하고 부끄러울 것입니다.

入都已數日. 念養拙端居, 不以物累嬰心, 而唯勉勉求古人所樂, 則終是埃中大有不便. 因而隨波洄澓, 同流合汚, 以苟延時日, 則自顧自念, 可惜可恥.

지금 생각으로는 실로 이곳 명례방의 집을 팔아 소내(苕川)로 가서 작은 정자를 세우고, 척박한 밭 한 구역을 사서 처자를 이끌고 가 이곳에 의지하여, 물과 딜 사이를 배회하고 경사經史를 곱씹어 음미하면서 이 남은 인생을 마치고 싶습니다. 하지만 또한 두려워 감히 갑작스레 결심하지 못하고 있습니다. 이 마음이 의심스럽다 보니 머뭇대는 사이에 다시 티끌세상의 그물에 떨어져서 마침내 머리가 잠기고 꼬리까지 묻힘을 면치 못하게 되어, 마침내 능히 이러한 처음 먹은 마음을 이룰 수 없게 될까 걱정입니다.

今意實欲賣此明禮坊屋子, 就苕川築小亭, 買薄田一區, 挈妻孥往依之, 徜徉水月, 咀嚼經史, 以畢此餘光, 而亦惶懼不敢遽決. 此心狐疑, 恐荏苒之頃, 復落塵網, 遂不免沒頭沒尾, 而終不克遂此初服耳.

서암에서의 강학 같은 것은 천고에 한 번 있는 일이라 다시 얻기가 쉽지 않습니다. 하지만 한차례 흩어진 뒤 문득 아득히 서로 잊고 만다면, 이제껏 기뻤던 모임 또한 한차례 어린아이들의 장난일 뿐입니다. 책을 외워 읽는 사이에 어떤 의문이나 모르는 것이 있거나, 생각하는 사이에 깨달은 내용이 있을 경우, 바로 편지로 서로 간에 묻고 논난하여 탁마하고 씻어내는 유익함을 구하거나, 아울러 천 리 길이라도 대면하도록 해야 할 것입니다. 이는 결코 소홀히 여길 수 없는 것이니, 만약 여러 벗을 만나면 모름지기 이것으로 권면하셔서, 어리석고 딴 데 정신 팔린 자들로 하여금 때때로 정신을 차려 일깨우는 공이 있게 하심이 어떠신지요?

如西巖講學, 千古一有, 未易更得. 而一散之後, 便漠然相忘, 則向來懂會, 亦一兒戲. 誦讀之間, 有些疑晦, 思想之際, 有或覺悟, 便以書牘互相問難, 以求磨濯之益, 兼令千里對面. 此是萬萬不可少者, 若逢諸益, 須以是勉旃, 得使鹵莽滾汨者, 時有提撕警發之功, 如何?

[부록] 오사 이정운께 답함(答五沙)[380]

_ 을묘년 겨울, 서울에 있으면서(乙卯冬, 在京)

엊저녁 계씨季氏 영공令公 이익운 공을 만나 삼가 연교筵教에서의 말씀을 들었는데, 오늘 또 보내주신 글을 받자오니, 우러러 성상의 뜻을 알게 되어 감격하여 눈물 흘리는 사사로움을 이기지 못하겠습니다. 장계狀啓의 초본草本을 어찌 우러러 도와드리지 않겠습니까? 다만 엎드려 생각건대, 사군자士君子의 몸가짐과 행동은 다만 예의 염치의 사유四維를 중히 여깁니다. 진실로 이에 있어 한 가지라도 방심하여 소홀함이 있게 되면 비록 주공周公의 재능과 미덕을 지녔다 해도 볼만한 것이 없을 것입니다.

昨夕逢季氏令公, 伏聞筵教, 今又承來教, 仰認聖意, 不勝感激涕泣之私. 狀啓草本, 豈不仰贊? 第伏念士君子立身行己, 唯四維是重. 苟於是一有放忽, 雖有周公之才之美, 殆無足觀矣.

옛사람 중 바람에 머리 빗고 빗물로 목욕하며, 화살과 돌에 맞기를 무릅쓰고 예측할 수 없는 땅에 들어가 요행이 없는 위험을 당하고서, 적장을 베고 깃발을 빼앗아 1천 리의 지경을 넓힘을 얻은 자가 돌아와서는 호젓하고 담박하여 뽐내거나 자랑하지 않고 일찍이 요만큼의 교만한 기색이 있지 않음이 있었습니다. 그 사람은 마음으로 이것이야말로 신하 된 자의 평상의 본분이니 공으로 여기기에 부족하다고 여겼을 뿐입니다.

古人有櫛沐風雨, 衝冒矢石, 入不測之地, 犯無幸之危, 得以斬將搴旗, 拓地千里者, 歸而蕭然泊然, 不伐不矜, 未嘗有幾微憍慢之色. 彼其心以爲此人臣之常分, 不足以爲功爾.

저 이존창이리는 지는 목숨을 도망한 한낱 백성에 지나지 않을 뿐입니다. 설령 이 백성으로 하여금 바람을 부르고 비를 부르며, 둔갑술로 몸을 감추게 해서 오영五營의 병졸을 풀어도 능히 붙잡을 수 없었던 것을, 약용이 꾀를 내고 계책을 펌에 힘입어 하루아침에 사로잡았더라도 오히려 스스로 공으로 삼기에 부족할 것입니다. 하물며 그는 이름을 바꾸고 자취를 숨겨서 이웃 지경에 숨어 지내던 자에 지나지 않음이겠습니까? 이미 그 거처를 알아내어, 문득 장교 하나와 병졸 하나로 묶어 오기를 마치 물동이 안에서 자라를 붙잡듯이 하였습니다. 더욱이 기찰하여 염탐하는 방법을 애초에 함께 듣지도 않았는데, 이제 이것을 장황하게 포장해서 한세상의 이목을 속이고 몸을 진출하는 거리로 삼는 것은 또한 잘못되고 군색한 것이 아니겠습니까? 차라리 구덩이 속에서 낙심한 채로 몸을 마칠지언정 이 일을 하는 것은 원하지 않습니다.

彼李存昌者, 卽不過逃命之一氓耳. 設令此氓, 呼風喚雨, 遁甲藏身, 發五營之卒而不能捕者, 賴鏞之出謀發策, 一朝禽獲, 尙不足自以爲功. 況彼不過變名匿跡, 躲處鄰境者乎? 旣知其處, 便以一校一卒綁致之, 如甕中捉鼈. 況其譏訶之方, 初不與聞, 今以是張皇鋪陳, 以欺一世之耳目, 爲進身之資者, 不亦謬且窘哉? 寧坎坷落魄以終身, 不願爲是矣.

성명聖明하신 임금께서 이 몸의 허물을 털어내주시려 한 것이 오래입니다. 털어내주시는 것에 다급하여, 이처럼 지극히 인자하고 지극히 절실한 은혜로운 말씀이 있었으니, 고요히 생각하며 골수에 새깁니다. 하지만 이 구구하고 미약한 생각으로 이처럼 은혜로운 뜻을 받잡지는 않으려 합니다. 죄가 만번 죽어 마땅한데 다시 무슨 말을 하겠습니까?

聖明之欲拂拭此身也久矣. 急於拂拭, 有此至仁至切之恩教, 靜言思之, 刻骨鏤髓. 然此區區微諒, 不欲承受此恩意. 罪合萬隕, 尚復何言?

진실로 집사執事께서 지극한 간절함을 생각지 않고 감영에 도착하여 바로 계啓를 올리시되, 한 구절 반 글자라도 공을 약용에게 돌림이 있다면 약용은 마땅히 즉각 상소를 올려 강하게 의론하여 집사께서 사사로움에 이끌려 임금을 속인 잘못을 들어 탄핵할 것입니다. 이 지경에 이른다면 장차 어떤 광경이 되겠는지요? 이미 이러한 뜻을 가지고 계씨 영공께 갖추어 말씀드렸습니다. 일간 연석筵席에 오르게 되면 반드시 명백하게 진술하여 전달할 것입니다.

苟執事不念至懇, 到營卽行啓聞, 一句半字, 有或歸功於鏞者, 鏞卽當陳疏盛論, 劾擧執事循私罔上之失. 到此將成何等光景耶? 已以此意, 備言於季氏令公. 日間登筵, 必陳達明白矣.

하늘이요 부모시라 어느 것 하나 들어주지 않음이 없으시니, 이를 살피시어 억지로 하지 않으셨으면 합니다. 만약 임금께서 성심聖心을 돌리지 아니하시고 억지로 이를 하게끔 하신다면 약용은 다만 산꼭대기와 바다를 기약할 뿐 감히 도적 잡은 공을 가지고 스스로를 종이 위에다 늘어세우지 않겠습니다. 모름지기 함께 헤아려주십시오. 위로 임금의 명령을 어기고 아래로 대감의 뜻을 외롭게 한지라 지극히 송구하고 두려움을 이기지 못하겠습니다.

上天父母, 無物不遂, 庶或鑒此而不之强. 如或聖心不回, 强令爲此, 鏞唯嶺海爲期, 不敢以捕賊之功, 自列於紙牋之上. 竝須諒察焉. 上違君命, 下孤台旨, 無任悚仄, 兢懼之至.

[부록] 계수 이익운에게 답함〔答李季受〕 381

지난번 손수 쓰신 편지를 받고 점획에 덜덜 떨린 데가 많은 것을 보고, 이 때문에 병환이 과연 가볍지 않음을 알았습니다. 놀라고 두려워 스스로 마음을 놓지 못하나, 또한 뜻밖에 이미 좋아지셨으리라 생각됩니다.

向奉手墨, 見點畫多顚動, 以是知愼節之果不輕也. 驚瞿不自釋, 然亦无妄, 想已佳勝也.

약용은 한 해가 저물어감에 깊이 거처하며 졸렬함을 지키면서 더욱 옛사람과 더불어 서책의 사이에서 서로 구하니, 점차 기쁘게 바깥을 사모함을 잊기에 충분합니다. 비록 대궐 지붕의 상서로운 눈과 조정의 은촛대가 이따금 생각 속에 들어오지만, 이는 그리며 사랑하는 정성 때문이지 혹 선망하고 사모하여 바삐 달려가려 해서 그러는 것은 아닙니다.

鏞歲華逎暮, 深居守拙, 益與古人相求方策之間, 漸足以欣然忘外慕. 雖觚稜瑞雪, 朝天銀燭, 時來入想, 此繇戀愛之忱, 非或奔鶩羨慕而然也.

전날 가르쳐주신 뜻을 다시 보여주심을 입었습니다. 오히려 졸렬함을 지킴을 좋은 뜻으로 여기지 않으시니 땀 흘리며 송구스럽기 짝이 없습니다. 자기의 생각을 견지함을 모르지 않으나, 또한 집사께서 제 마음이 너무 고집스러워서 잘될 수 있는 일조차 힘을 쓰려 들지 않는다고 하실까 봐 걱정입니다. 그렇다면 이는 약용이 쓸데없이 이 일로 헛된 이름을 낚은 것이니 또한 스스로 부끄러워할 만합니다. 고명한 이의 의혹을 깨려고 글을 보내 힘껏 청하였지만 답변은 과연 짐작했던 대로여서, 이제는 비록 소진蘇秦과 장의張儀가 다시 태어난다 해도 그리하게 할 수는 없을 것입니다.

前日指教之意, 再蒙覆示. 猶不以拙守爲可意, 深切汗悚. 非不知堅持己見, 而亦恐執事謂此心狷介, 事或可諧, 而不肯用力云爾. 則是鏞浪以此事, 釣得虛名, 亦自可愧. 爲破高明之惑, 移書力請, 其答果如所料, 今雖儀秦復生, 殆不能使之然也.

길을 잃어 지팡이로 더듬거리는 중에 나를 아끼는 사람이 있어 이끌어준다면 이치가 마땅히 따라 순종해야 합니다. 이 때문에 시험이라도 해보고 그만두어야 하겠으나, 스스로 돌아보매 부끄러워 저도 모르게 얼굴이 붉어집니다. 이 마음은 오직 지성으로 보답하고자 할 뿐, 실로 터럭만큼도 스스로를 드러내고 자신을 이롭게 하려는 뜻은 없습니다. 바라건대 제 진심을 살피시어 다급하게 건져 구제하려 하지 마십시오. 성인이 그 도에 오래 머물러야 천하가 감화됩니다. 성인도 그러한데 하물며 미치고 어리석은 사람이 짧은 기간에 공을 거두려 하겠습니까? 절대로 이 같은 이치는 없습니다.

迷塗摘埴之中, 有愛我者指導, 則理宜聽順, 故試可乃已, 而自顧愧負, 不覺面赧赧也. 此心唯欲以至誠對揚而已, 實無一毫自拔自利之意.

望諒悁悁, 毋欲急急拯濟也. 聖人久於其道, 而天下化之. 聖人尙然, 況以狂愚之人, 而欲收碁月之功哉? 萬萬無此理矣.

[부록] 만계 이승훈에게 보냄(與蔓溪) [382]

지나는 길에 작별을 고하려니 심란하기 짝이 없었습니다. 함께 와서 같이 돌아가지 못하고 쓸쓸히 홀로 지내는 것은, 비록 옛날의 달인達人이나 광사曠士라도 틀림없이 근심을 품지 않을 수 없을 겁니다. 하지만 가만히 살펴보니 헤어짐에 임하여 희미한 기색조차 밖으로 드러냄이 없더군요. 진실로 마음을 분발시키고 성품을 강인하게 하는 공부를 함양함이 속에 가득 차 있지 않고야 어찌 이리할 수 있겠습니까?

歷路辭別, 不禁悁營. 同來而不同歸, 歸然獨處, 雖古之達人曠士, 定不能不以嬰懷也. 然竊覩之, 臨分無幾微色顯于外. 苟非涵養動忍之工充積在裡, 何得有此?

"이 여자가 시집갈 적에 나를 데리고 가지 않았도다(之子歸, 不我與)"는 〈강유사江有汜〉[383]라는 시입니다. 시인의 지극히 충후忠厚함을 가지고도 오히려 얼마간 원망하는 뜻을 면치 못하였거늘, 오형께서는 능히 이같이 하시기에, 도중에 평집과 더불어 말했더니 어려운 일이라고 하지 않음이 없더군요.

'之子歸, 不我與', 江有汜之詩也. 以詩人忠厚之極, 而尙不免有些怨意, 吾兄乃能如是, 途中與平執語, 未嘗不以爲難矣哉也.

약용이 갑자기 도회지 안으로 들어와 여러 가지 바쁜 일에 골몰하며 견디다 보니, 이 마음이 덩달아 무너질까 염려되어 두려워 어쩔 줄을 모르겠습니다. 아울러 놀란 물결과 날리는 모래가 여태도 가라 앉지 않아, 여러 가지 마음을 어지럽히고 눈썹을 찌푸리게 하는 이 야기가 이따금 귀에 들어오곤 합니다. 이것은 하늘의 조화를 함양하는 데 큰 방해와 장애가 됩니다. 속담에 "듣는 것이 병이요, 듣지 않는 것이 약이다"라고 하였으니, 바야흐로 힘써 막아서 분잡스럽고 번잡한 이야기가 애초에 들리지 않게 하는 것이 혹 얼마간 보탬이 있겠습니다.

鏞遽投閬閬中, 消受諸般滾汩, 恐此心隨卽放倒, 惶懼不知所出. 兼之駭浪飛沙, 尙未妥帖, 種種亂心皺眉之說, 時來入耳, 此于涵養天和, 大有妨礙. 諺曰: "聞這是病, 弗聞是藥." 方用力拒塞, 令坌雜絮煩之說, 初不及聞, 或者有小補也.

065 다산의 금정 시절은
그에게 어떤 기억을 남겼을까?

다산은 5개월을 꽉 채워 금정찰방으로 있었다. 1796년 겨울에 금정 시절의 시를 정리해서 작은 책자로 만들어두었다가 1803년 강진 유배지에서 자신의 세 차례 유배를 떠올리며 《삼천첩三遷帖》으로 정리했다. 그 발문에서 다산은 "내가 금정에서의 유배를 생각해볼 때 당시에는 오히려 슬프게만 여겼다"라고 썼다. 왜 슬펐을까? 바로 상경하리라던 기대는 처음부터 어긋났고, 예상 밖의 많은 일로 분주했으며,

생각지 못한 비방과 비난에 지속적으로 시달렸다. 금정에서의 일거수일투족은 지속적으로 체크되어 중앙으로 보고되고 있었다. 앞서 문답 [037]에서 살핀 10월 9일 이기경에게 받은 편지가 그 증거다.

우선 다산은 그 지역 교회 지도자였던 김복성 등 다섯 사람을 붙잡아 배교시켰고, 해당 지역 천주교 신자들의 감화에도 앞장섰다. 천주교도였던 자신이 그토록 거부했던 제사를 지내게 했을 뿐 아니라 동정녀로 신앙생활을 하던 여성들을 혼인시키기까지 했다. 내친김에 '내포의 사도'로 불리던 그 지역 천주교 지도자 이존창까지 검거했다. 그는 당시 조선 교회의 중추적 인물이었다. 관찰사와 해당 고을 현감이 몇 년간 애를 써도 가당지 못했던 그를 다산은 불과 한 달 만에 장교 하나, 병졸 하나만 데리고 성주산까지 직접 가서 붙들어왔다.

이 일을 마무리 짓자마자 다산은 다시 성호의 종손從孫 이삼환을 좌장으로 모시고 남인 학자 10여 명과 《가례질서》 편집 정리 작업을 주도했다. 성호의 여러 저서 중에서도 유독 제사 문제를 포함한 《가례질서》에 손을 댄 것에서도 천주교 관련 혐의에서 어떻게든 벗어나려 한 그의 의도를 읽을 수 있다.

다산은 강학회 관련 제반 비용을 다 부담했고, 이삼환이 반대하자 이승훈을 통해 어떻게든 설득에 설득을 더해 결국 자신의 뜻대로 관철했다. 이도명과 윤기환 등 숱한 지역 사림의 격렬한 반대와 공개적인 비난 및 경고를 무시한 채 각개전투 격으로 한 사람 한 사람을 설득해 강학회를 성사시켰다. 하지만 이로 인해 강학회가 끝난 뒤뿐 아니라 상경 후까지도 한참 동안 반대파들에게 혹독한 비난과 비방을 들어야만 했다.

다산은 이존창 검거와 서암강학회를 마쳤음에도 상경 소식이 들려오지 않자, 다시 〈도산사숙록〉 집필에 착수해 마지막 반성문까지 제

다산의 일기장

출했다. 연말에 남인의 오랜 숙원이었던 허적의 관작 회복이 이루어지고, 도목정사에서 이가환과 다산이 높은 평가를 받았다. 임금은 여기에 다산의 이존창 검거 공로를 전면에 내세워 이들을 한양으로 불러올렸다.

이렇게 다산은 천주교 신앙을 완전히 버리지 않은 상태에서 이존창을 검거했고, 성호의 학문을 그다지 높게 평가하지 않았음에도 그의 저술 정리에 앞장섰다. 퇴계보다 율곡의 학설에 기울었으나 정작 반성문은 퇴계의 이름 아래 두었다. 겉보기엔 전향 선언과 반성문 작성으로 면모를 일신한 거듭나기의 모양새를 갖췄으나 실상은 그렇지 않았다. 다산의 갖은 노력에도 여론이 조금도 호전되지 않은 이유는 다산이 금정에서 보여준 일련의 행보가 상황 모면을 위한 고육책일 뿐이라고 믿는 시선이 집요하게 따라붙었고, 또 사실이 그러했기 때문이었다. 다산 자신도 누구보다 그 점을 잘 알았다.

그는 금정에서 마음에 없는 말을 하고, 평소의 신념과 배치되는 행동을 했다. 주변 사람을 끌어들여 진실을 맹세하며 들러리로 세웠다. 목적을 달성하려고 수단 방법을 가리지 않았다. 상대를 회유하다가 뜻 같지 않을 경우 편지를 써서 압박하고 으름장을 놓았으며, 눈속임으로 상황을 모면하려고 했다. 중앙과도 긴밀한 네트워크를 가동해서 상황을 선제적으로 장악했다. 필자 개인의 생각으로, 다산은 자신의 생애에서 금정 시절을 가장 부끄러워했을 것 같다.

066 다산은 왜 이존창 문제로
이익운 형제와 충돌했나?

앞서 문답 [062]에서 살펴보았듯이, 충청도관찰사 유강이 창곡 관리의 책임을 물어 체직되고, 당일 다산과 가까웠던 이정운이 충청도관찰사로 임명되었다. 《사암선생연보》에 따르면, 정조가 이정운을 충청도관찰사로 임명한 뒤 승지로 있던 그의 아우 이익운을 따로 불러 당부했다.

정약용이 계획을 세워 도적을 잡은 일은 그냥 덮어서는 안 된다. 그 마음의 자취를 마땅히 환히 드러내야 한다. 그대의 형이 충청도 경계에 도달하거든 즉각 장계를 갖추어서 올리는 것이 좋겠다. 내가 마땅히 이를 바탕으로 크게 칭찬하여 그를 등용하고자 한다. 장계는 모름지기 정약용과 서로 의논해서 초고를 잡아 그대의 형이 내려갈 때 가져가게끔 하라.[384]

정조는 상경한 다산과 이익운이 이존창 잡은 일의 전말을 자세히 적어 신임 충청도관찰사 이정운에게 주면, 이정운이 그것을 가지고 부임하자마자 그 내용을 장계로 보고하도록 했다. 그러면 신임 관찰사의 장계에 근거해서 다산을 다시 등용하려 했던 것이다.

하지만 천만뜻밖에도 다산은 이존창 체포의 공로를 복귀의 명분으로 삼는 것을 강력하게 거부했다. 《사암선생연보》에 실린, 이익운에게 건넨 대답은, '도적 체포한 일로 상을 받는 것이 더없이 큰 수치다. 만약 보고를 올린다면 당신뿐 아니라 당신 형님과도 절교할 것이니, 임금께도 이 같은 뜻을 분명하게 전해달라'는 강경한 내용이었다.[385]

답답해진 이익운이 이정운에게 다산의 반응을 즉각 보고했다. 이에 앞서 정조는 1795년 12월 24일 중희당重熙堂에서 신임 충청도관찰사 이정운을 따로 불러 만났다. 《일성록》에 실린 이날의 대화에서 정조는 "충청도에 사학이 근래 들어 자못 극성스럽다. 듣자니 정약용이 견책을 받아 보임된 뜻을 잘 알아, 사학의 우두머리를 감영의 옥에 가두었다고 알려왔다. 경이 감영에 도착한 뒤에 엄하게 조사하여 매섭게 징계함이 좋겠다"라고 말했다.

이번에는 이정운이 다산에게 직접 편지를 보내왔다. 다산이 다시 답장했다. 그 글 〈오사 이정운께 답함〉에서 다산은 "차라리 구덩이 속에서 낙심한 채로 몸을 마칠지언정 이 일을 하는 것은 원하지 않는다"면서, 한 구절 반 글자라도 공을 자신에게 돌린다면 즉각 상소를 올려, 사사로움에 이끌려 임금을 속인 잘못을 들어 이정운을 탄핵할 것이라고 으름장을 놓기까지 했다. 그토록 기다렸던 5개월 만의 상경이었다. 자존심을 굽혀가며 온갖 비방을 무릅쓰고 강학회를 추진해 성사시켰고, 천주교 지도자 검거와 교화에도 앞장섰다. 거기에 얹어 〈도산사숙록〉까지 이중삼중의 노력을 기울였다. 그 성과로 상경의 명이 있었고, 그 상경을 더욱 빛나게 하려고 임금까지 나서서 도와주려는 마당에, 정작 그토록 내직으로 옮길 것을 소망하던 다산 본인이 이 같은 왕의 노력에 재를 뿌리고 나선 것이다.

다산이 이어서 다시 말했다. "만약 임금께서 성심을 돌리지 아니하시고 억지로 이를 하게끔 하신다면 약용은 다만 산꼭대기와 바다를 기약할 뿐 감히 도적 잡은 공을 가지고 스스로를 종이 위에다 늘어세우지 않겠습니다." 그 기세가 대단해서 허투루 겸양하는 것과는 거리가 멀었다.

이익운은 12월 25일 밤 다산을 집까지 찾아가 임금의 의중을 한 번 더 전했다. 다산은 자신을 이토록 아껴주는 임금의 은혜에 감격해서 눈물을 흘렸다. 하지만 요지부동이었다. 이익운이 답답해 한 번 더 다산에게 편지를 보냈고, 다산 또한 즉각 답장했다. 〈계수 이익운에게 답함〉에서, 다산은 한 번 더 간곡한 거절의 뜻을 전하고, 자신이 이 일로 헛된 이름을 낚은 것이 너무도 부끄럽다고 했다.

도저히 어쩌해볼 수 없는 기세였다. 임금의 명을 받든 이정운·이익운 형제가 머쓱해졌고, 애써 다산을 곁에 두려 했던 정조는 다산의 태도가 몹시 언짢았다. 오래 준비해온 계획을 다산이 일거에 망가뜨렸기 때문이다.

없는 말을 하라고 한 것도 아닌데, 다산은 왜 이렇게 펄쩍 뛰며 거부했을까? 실제로 이존창의 검거는 검거라기보다 자수에 가까웠다. 당시 다산은 천주교 비선을 통해 이존창과 접촉해, 주문모 신부에게 쏠린 관심을 돌리기 위해서라도 희생양이 필요하다며 그의 자수를 설득했을 것이다. 이존창과 다산은 1784년 명례방 집회를 전후해 교계의 핵심으로 함께 활동했던 사이여서 서로를 너무도 잘 알았다. 그런 그를 다산이 제 손으로 검거해 감옥에 넣었다.

다산은 이존창 체포를 자신의 복귀와 맞바꾸는 것을 한사코 거부했다. 천주교 지도자를 검거한 공로로 중앙 정계에 복귀하는 것이 차마 부끄러웠기 때문이다. 누구보다 열심한 천주교 신자였던 자신이 천주교 와해에 앞장선 배신자로 낙인찍히는 것은 더더욱 싫었을 것이다. 이를 이용해 일신의 영달을 꾀했다는 비난을 감당할 자신이 없었다. 한마디로, 그는 양심의 가책을 느꼈다. 그의 마음속에 일말의 신앙이 완전히 사라진 것은 아니었기 때문이다.

또 하나, 다산이 끝내 이 일을 거부한 것은 무엇보다 상경 후 체감되는 분위기가 심상치 않았기 때문이다. 자신이 주문모의 피신을 도와준 사실도 언제 터질지 모르는 뇌관이었다. 어렵사리 온양 봉곡사에서 성호의 《가례질서》 편집을 주도한 일을 두고도 비난과 비방의 강도가 흉흉했다. 이런 와중에 임금의 특별한 배려를 입어 요직에 진출해봤자 자신을 표적으로 한 갖은 음해가 속출할 것이었고, 이조차 오래 버티기는 어렵다는 계산이 있었을 것이다. 당시는 한 템포 늦춰 갈 타이밍이라 판단했던 듯하다.

실제로 1년여 뒤인 1797년 6월 동부승지에 임명되자마자 〈변방소〉를 올려 자신을 변호했음에도 불구하고 안팎의 압박을 견디지 못해 곡산부사로 좌천되어 내려간 것을 보면, 당시 다산의 우려는 기우가 아니었다.

소식을 들은 정조는 크게 진노했다. 금정에 내려보낼 때부터 약속을 두었고, 그런 자신의 뜻을 모를 다산이 아니었다. 어렵사리 모양새를 갖춰 복귀시키려는 판에 정작 당사자가 정색을 하고 판을 걷어차 버렸다. 이 일로 결국 다산은 다시 정조의 눈 밖에 나고 말았다.

067 이승훈에게 보낸 연말 편지에는 다산의 어떤 마음이 담겼나?

《다산시문집》 권19에 다산이 금정에서 상경한 뒤 예산 유배지의 이승훈에게 보낸 편지 〈만계 이승훈에게 보냄〉이 실려 있다. 편지의 서두를 다산은 "지나는 길에 작별을 고하려니 심란하기 짝이 없었습니다"로 열었다. 내려올 때는 함께였는데, 이승훈만 남겨놓고 자신만 올라오게 되어 미안했던 심정을 담았다. 당시 이승훈은 애써 담담하게 다산과 작별했던 듯, 다산은 "가만히 살펴보니 헤어짐에 임하여 희미한 기색조차 밖으로 드러냄이 없더군요. 진실로 마음을 분발시키고 성품을 강인하게 하는 공부를 함양함이 속에 가득 차 있지 않고야 어찌 이리할 수 있겠습니까?"라고 썼다. 이것은 도리어 위로에 가깝다. 다산은 상경 시 동행했던 '평집'도 쉽지 않은 일이라고 하더란 말을 전하기까지 했다.

이어지는 글에서 "놀란 물결과 날리는 모래가 여태도 가라앉지 않아, 여러 가지 마음을 어지럽히고 눈썹을 찌푸리게 하는 이야기가 이따금 귀에 들어오곤 합니다"라고 하여, 상경 이후에도 다산 자신과 이승훈에 대한 구설과 비방이 여전히 가라앉지 않고 있음을 말했다.

연말 상경 직후 도착 인사를 겸해 보냈을 이 편지에서 다산은 이승훈이 함께 석방되지 못한 것에 대한 미안함을 거듭 표현하고, 오히려 그곳에서 분잡스럽고 번잡한 이야기를 아예 듣지 않고 지내는 것이 더 나을지도 모르겠다는 뜻으로 그의 다친 마음을 달래주었다. 정조의 입장에서 좌천 당시 현직에 있었던 이가환과 다산 두 사람의 경우와 이승훈의 경우를 일괄해서 처리하기는 불편한 점이 있었을 것이다. 이승훈의 석방 명령은 석 달 뒤인 1796년 3월 21일에 이뤄졌다.

이승훈 형제와 다산은 앞서 문답 [054]에서도 살폈듯 많은 갈등이 있었고, 마지막에는 국문장에서 서로를 극렬히 비방할 만큼 틀어졌지만, 이때까지만 하더라도 다산의 이승훈에 대한 마음만큼은 진심이었다.

竹欄日記

죽란일기

068 〈죽란일기〉의 주요 내용과 당시 다산의 상황은?

〈죽란일기竹欄日記〉는 〈금정일록〉의 부록으로, 1796년 1월 17일부터 3월 30일까지의 기록이다. 먼저 일기의 날짜별 주요 내용을 정리하면 다음과 같다.

날짜	내용
1796년 1월 17일	규개일을 맞아 오태증이 부부 합방을 권하는 글을 초계문신들에게 보냄.
3월 7일	임금이 친히 대보단에서 제사를 지내고 어제시를 지음.
3월 12일	이때까지 꽃이 피지 않아 민심이 소란스러워짐. 허목의 〈우화정기〉와 《국조보감》을 인용해 길상과 재변의 조짐에 대해 말함.
3월 15일	사도세자의 세자 책봉 60주년을 맞아 임금이 친히 제사 지내고 옛 재상의 집에 제사 지내줄 것을 명함.
3월 16일	좌의정 김종수가 돌연 금강산 유람을 떠남.
3월 19일	좌랑 김상우가 2수의 시를 다산에게 부쳐옴.
3월 28일	훈련대장 이주국의 경군 창설 건의를 임금이 받아들이자, 판서 윤숙이 반대 상소를 올림.
3월 30일	낡은 상자에서 메모를 찾아 기록함. 1794년 여름, 강세정이 이가환에게 편지를 보낸 일과 3월 21일 이승훈의 석방 소식.

날짜	내용
	시 〈일찍 일어나 감회를 읊다(早起感懷)〉를 인용하며 일기를 마무리 지음.

　〈죽란일기〉는 금정찰방으로 있으면서 온갖 비방과 비난을 한 몸에 받으며 이존창 검거와 서암강학회까지 성사시켜 마침내 한양으로 복귀한 다산이 바라본 당시 조정 풍경에 대한 스케치다. 이 시기의 길지 않은 기록들 가운데 자신의 신상에 관한 이야기는 거의 보이지 않는다. 뜬금없고 맥락이 잘 잡히지 않는 외부의 사건이나 사실을 아무 평가 없이 기록해놓았다.

　이 시기 다산은 이존창 사건의 뒤처리 문제로 빚어진 정조와의 갈등 때문에 관직 복귀가 한정 없이 늦어지고 있었다. 한편, 정조와 노론 벽파 사이에 왕권과 군권軍權 장악을 위한 힘겨루기 또한 고조되어 각종 갈등이 야기되던 시점이었다. 일기 속에 바깥 정국을 바라보는 다산의 시선이 드문드문 노출된다. 얼핏 보아 각각의 기사 사이에 별다른 연관이 없는 듯이 보이지만, 그 속에는 또한 미묘한 행간이 숨어 있다. 차례로 하나하나 살펴보겠다.

1796년 1월 17일

이날은 정월 초순의 갑자일로 규개일奎開日[1]이어서, 임신하여 아들을 낳으면 반드시 똑똑하다고 하였다. 이날이 되자 한림翰林 오태증吳泰曾[2]이 여러 초계문신抄啓文臣에게 글을 보내 각자 침실에 들게 하였다. 군문軍門의 백관에 이르기까지 모두 이 같은 영이 있었으므로 거의 집집이 합방하였다고 한다.

丙辰正月十七日. 是日爲正元甲子奎開日, 受孕生子必文明. 至是, 翰林吳泰曾移書于諸抄啓文臣, 令各入寢. 以至軍門百司, 皆有是令, 殆家家好合云.

[부록] 이서彝叙 윤규범尹奎範에게 줌〔與尹彝敍〕[3]
_ 병진년(1796) 1월〔丙辰正月〕

전달에는 밤을 틈타 화성을 지났는데, 바라고 기다렸을 것을 생각하니, 서글피 무언가 잃은 듯하였습니다. 아울러 기질의 병통을 그가 여태 못 고쳤구나 하고 여기셨을 테니 부끄러움을 말로 할 수가 없습니다.

前月乘夜度華城, 想企俟之餘, 悵然若失. 兼以爲氣質之病, 渠猶未改也, 愧怍不可言.

도성에 이르러 무구无咎 윤지눌尹持訥[4]과 만나, 그대가 일찍이 채시랑蔡侍郞(채홍원)의 잔치 자리에 있을 때 이야기를 들었지요. 바야흐로 밤중에 풍악 소리가 번갈아 일어나고 안주와 여러 음식이 나오는데, 등촉 뒤의 검은 그림자 속에서 얼핏 어린 종 석이石伊를 보고는 갑자기 죽란竹欄에서의 옛 모임이 떠올라 마음이 서글퍼져 즐겁지가 않은지라, 술잔을 멈추고 젓가락을 내려놓고는 자리를 마치도록 말없이 있다가 파했다고 하더군요. 아, 정말로 그랬습니까? 약용 또한 이 말을 듣고부터 지금까지 즐겁지가 않아서 목구멍 사이에 물건이 걸려 있는 것만 같습니다.

至都逢无咎, 聞南皐曾在蔡侍郎讌席. 方夜歌笙迭作, 殽羞雜薦, 燭後黑影裏, 驀見小奴石伊, 忽憶竹欄舊會, 心懷惻愴不樂, 停杯投筋, 終席默然而罷云. 嗟乎, 信有是耶? 鏞亦自聆玆語, 至今不樂, 如有物在喉嚨間.

아! 우리 두 사람은 연燕나라와 조趙나라의 비장한 노래를 부르는 선비가 아닌데도 그 기미와 운치의 그윽하고 격렬함이 어쩌면 이처럼 심하단 말입니까? 이는 대개 평소에 그저 사부詞賦를 짓는 자리 사이에서 질탕하게 놀면서 본원과 실지를 함양하는 데로 나아가지 않았기 때문입니다. 이 때문에 매번 답답하고 근심스러운 지경과 만나면 타고난 화기를 손상시킴을 면치 못하고, 기상을 점차 처량하여 불평스럽게 만들고 마니, 이는 심히 경계로 삼아야 할 만한 것입니다.

嗟乎! 吾兩人者, 非燕趙悲歌之士, 而其氣味風韻之幽眇激烈, 何若是之甚耶? 玆蓋平日但從詞場賦席間趺宕, 不就本源實地上涵養. 故每遇牢騷憂戚之境, 未免斲傷其天和, 漸令氣象凄楚不平, 此甚可戒者.

하물며 그대 같은 사람은 험난하고 영락하여 낭패를 보아 떠도니, 만나는 바가 모두 남들이 견딜 수 있는 바가 아닙니다. 이에 있어 한 번이라도 혹 순순히 받아들이는 방법을 소홀히 한다면 어찌 자제들에게 가르침이 되기에 족하리이까? 모름지기 한층 더 노력해서 옛

다산의 일기장

사람을 저버리지 말기를 바랍니다.

況如南皐者, 嶔崎歷落, 狼狽飄零, 所値皆非人所堪. 于此而一或放忽
於順受之方, 則豈足以爲訓於子弟耶? 更須勉旃, 毋負古人也.

[부록] 중화척中和尺[5]을 내사內賜하시면서 아울러 보내주신 어
시御詩의 운자에 화답하다[賡和內賜中和尺兼簡御詩韻]

어제御製[6]

중화절에 맞추어 자를 내리니	頒尺中和節
진흙 봉해[7] 궁궐에서 내려보낸다.	紅泥下九重
북극성에 기대어 뭇별 향하고[8]	拱星依紫極
기장 포개 황종 길이 맞추는도다.[9]	縶黍叶黃鐘
한제漢帝가 석 자 검을 손에 잡던 날[10]	漢帝提三日
진등陳登이 백척루百尺樓에 누운 그 모습.[11]	陳君臥百容
오색실 마름질해 가져와서는	裁來五色線
산룡山龍 무늬 채움을 허락하노라.[12]	許爾補山龍

갱화시賡和詩 병진년 2월 6일

좋은 때 중화절을 맞이하여서	令節中和節
붉은 아첨牙籤 비단보가 묵직도 하다.	紅牙錦帕重
별무늬 옥판 위에 늘어서 있고	星文羅玉版
어제시엔 큰 종소리 울려퍼지네.	奎韻發洪鍾
터럭만큼 보답도 하지 못한 채	未有纖毫報
큰 도량 포용하심 크게 입었지.	偏蒙大度容
봉지鳳池에서 뒤따라 붓을 적시니	鳳池隨染翰
졸렬해 뭇용께 부끄러워라.	蕪拙愧群龍

[부록] 채 상국이 매번 화성에 가면 시를 지어 책 한 권을 채웠다. 임금께서 그 시권을 찾으시고는 그 네 편의 시에 화답하셨다. 그 가운데 '어가御駕가 홍범산을 순행하고 밤중에 행궁으로 돌아오다'란 시를 신 약용으로 하여금 화답하여 올리라 명하시므로 신이 삼가 화답하여 올렸다(蔡相國每至華城, 輒賦詩盈卷. 上徵其卷, 和其四詩. 其中駕巡洪範山夜還行宮詩, 令臣鏞賡進, 臣恭和以進)

어버이 정을 그려 기대지 못할 듯이	孺慕宸情若靡依
가마 행차 서성이며 돌아가려 않으시네.	徊徨步輦欲無歸
맑은 기운 산 머금어 선장仙仗에 남아 있고	山含淑氣留仙仗
숲은 남은 비를 털어 임금 옷을 적시누나.	林拂餘霏濕御衣
구령의 신선 노닒 세월 많이 흘렀는데	緱嶺眞游多歲月
역양의 새 고을이 경기와 가깝구나.	櫟陽新聚近郊畿
유대乳臺의 날 빛은 뉘엿뉘엿 건너가서	乳臺日色遲遲度
곧장 황혼 되어서야 임금 수레 경계하네.	直到黃昏戒六飛

069 다산은 왜 오태증의 규개일 기사를 불쑥 실었을까?

임금의 뜻을 거스르며 이존창 검거를 자신의 공으로 내세우기를 거부하면서 다산의 복귀는 한정 없이 미뤄졌다. 1796년의 새해가 그렇게 밝았다. 상경하기만 하면 신선의 날개를 달고 날아오를 것이라던, 이가환에게 쓴 편지에서의 농담과 달리 어떤 상황 변화의 조짐도 없었다. 정조는 정조대로 다산이 자기 뜻을 거슬러 오랜 계획에 차질을 빚은 일로 다산에게 단단히 화가 나 있었다. 당시 다산은 1월 내내 서울 집에 머물며 바깥출입을 거의 하지 않았다.

〈죽란일기〉는 1월 17일에 한림 오태증이 여러 초계문신에게 글을 보내 각자 침실로 들게 했다는 희한한 기사로 시작된다. 초계문신뿐 아니라 군문의 백관들에게도 같은 명이 내려서 집집이 부부가 합방했다는 기사다. 이날은 규개일로, 문운文運을 상징하는 규성奎星이 길한 방위에 해당하는 개문방開門方에 겹쳐 놓이는 날이었다. 이날 부부가 합방해 임신하면 성현과 학자를 낳는다는 풍문이 있었다.

일기의 서두를 새해 첫날도 아닌 1월 17일에 쓰면서, 새해의 다짐이나 현안에 대한 언급은 한 마디 없이 왜 규개일 기사로 시작했을까? 한림 오태증이 갑자기 초계문신들에게 글로 부부의 합방을 권하는 진풍경은, 군문의 백관들에게까지 같은 영이 내린 것을 보면, 오태증 개인의 판단일 수 없고 임금의 뜻을 전한 것이었다. 병진년 새해에 문운이 크게 융성해 화성 건설 이후 무르익은 문화의 분위기를 길게 이어나가기를 축원하는 마음이었을 것이다.

실제 관련 내용이 《정조실록》 1796년 1월 16일자에 나온다. 이날 정조는 명정문明政門에 나아가 초계문신의 친시親試와 도기유생到記儒生의 제술製述을 행했다. 하지만 이들이 임금 앞에 예를 갖추지 않고 어지럽게 행동하자 화가 난 정조는 정거停擧를 명하고 시장試場을 철폐해버렸다.

뒤이어 전강殿講의 시관에게 명해 전강 유생을 거느리고 예를 행하게 하고는 〈정월갑자규개부正月甲子奎開賦〉를 초계문신 친시의 시제試題로 내걸었다. 60갑자의 첫 자리에 해당하는 정월 갑자일에 규개일이 딱 겹치자 이것을 전강의 시제목으로 내건 것이다. 이해의 정월 갑자일은 바로 1월 17일이었다. 그러니까 《정조실록》의 이 기사는 규개일을 하루 앞두고 발생한 일이었다.

1월 17일, 오태증의 글을 받은 이날의 합방으로 다산은 실제 막내아들 삼동三童을 얻었다. 다산은 〈유자삼동예명幼子三童瘞銘〉에서 서두를 이렇게 열었다.

을묘년(1795) 가을 내가 금정으로 귀양 갔다가 돌아오니 세모였다. 이듬해 규개일을 맞아 부인이 임신하여 11월 5일에 사내아이를 낳았다. 새로 돌아와 임신하였고 또 문명文明이 한데 모인 데다 막내가 나온 것이었다. 이렇듯 세 가지 기쁨이 있었으므로 삼동三童이라 하였다.[13]

이날 얻은 막내아들이 세 가지 기쁨을 가져다주어 '삼동'이라는 이름을 붙였는데, 그 세 가지 중 하나가 문명이 한데 모였다는 사실이었다. 1796년 용의 해에 맞이한 규개일은 임금 정조에게나 다산에게나 국가에 문운이 왕성해 새로운 시대가 열리는 조짐으로 보기에 충분했을 것이다.

이때 얻은 아들 삼동은 이듬해인 1797년 가을 곡산부사로 부임할 때 함께 갔고, 그다음 해인 1798년 8월에 천연두를 앓다가 세상을 떴다. 강진 유배 시절에 정리되었을 이 4종 일기에서, 다산에게 이날의 기억은 이태 뒤에 죽은 어린 아들의 모습과 맞물려 있었을 것이다.

070 윤규범에 대한 다산의 애틋함의 실체는?

1월 초에 다산은 수원 화성으로 윤규범에게 편지를 보냈다. 이 편지는 행간에 여운이 꽤 길게 남는다. 편지는 "전달에는 밤을 틈타 화성을 지났는데, 바라고 기다렸을 것을 생각하니, 서글피 무언가 잃은 듯하였습니다. 아울러 기질의 병통을 그가 여태 못 고쳤구나 하고 여기셨을 테니 부끄러움을 말로 할 수가 없습니다"로 시작된다.

수원의 읍치를 팔달산 기슭으로 옮기면서 정조는 관아 및 교육기관의 설립과 도로, 교량 등 도시 제반 인프라 구축에 애정과 관심을 쏟았다. 또한 외지인의 화성 이주를 권장해, 해남에 거주하던 고산 윤선도의 후손들이 수원 이주를 결심하자, 이들을 위해 따로 집까지 마련해주었다. 그 집에 다산의 벗 윤규범이 1795년 겨울에 이사 와서 이제 막 정착한 시점이었다.

다산은 금정에서 올라오는 길에 자신을 기다렸을 윤규범을 일부러 따로 찾지 않았다. 굳이 불필요한 구설을 꺼려서 한 행동이었겠지만, 윤규범에게 미안하다고 사과했다. 이때의 상황은 훗날 1821년 윤규범이 세상을 떴을 때 다산이 그를 위해 쓴 〈남고윤참의묘지명南皐尹參議墓誌銘〉에 자세하게 나온다.

다산의 사과는 상경 후 윤지눌에게 들은 이야기 때문이었다. 다산이 금정에 있을 때 한번은 채홍원의 집에서 잔치가 열렸다. 그 자리에 참석했던 윤규범은 잔치 자리에서 다산의 명례방 집 죽란竹欄에서 벗들과 모여 놀 때 심부름하던 다산 집안의 어린 종 석이를 발견하고,

옛일이 문득 떠올라 자리가 끝날 때까지 술잔을 멈추고 젓가락도 내려놓고 아무 말도 하지 않다가 돌아갔다. 윤규범의 이 같은 행동은 다산을 금정찰방으로 쫓아내고도 아무렇지 않게 잔치하며 즐기던, 채홍원을 비롯한 남인 벗들에 대한 분노와 항의의 표시였다. 다산은 이 말을 듣고 목구멍 사이에 물건이 걸려 있는 것만 같았다고 했다.

열 살 때 윤규범은 이미 도성에 이름이 알려져 채제공과 판서 이지억이 머리를 쓰다듬으며 "이 아이는 문학과 행실이 모두 나아갔으니 참으로 상서로운 물건이다"라고 칭찬했다. 25세 때인 1777년에 증광동당시增廣東堂試에 장원으로 급제하고 잇달아 회시에 합격했으나, 윤선도의 후손인 이유로 쓰이지 못했고, 1791년 이후에는 진산 사건 때문에 더더욱 임용되지 못했다. 그러다가 정조의 화성 신도시 이주 정책의 혜택을 입어 이때 막 화성에 정착한 상태였다.

다산은 이 같은 상황을 전해듣고는 윤규범에게 이때 편지를 보내, 잔치 자리에서의 일에 고마운 뜻을 전하는 동시에 그 같은 돌출 행동이 다른 불이익의 원인이 될 수 있다며 몸가짐을 더욱 신중히 할 것을 애정 어린 말투로 충고했다. 다산의 편지가 있고 며칠 뒤 화성에 거둥한 정조가 윤규범을 입시케 하여 그의 오랜 불우를 안타까워하며 등용할 뜻을 비쳤다. 이주에 대한 일종의 보상이었다. 채홍원과 채제공이 곁에서 말을 거들어 그는 마침내 사헌부지평에 임명되었고, 백의로 어가御駕를 호종하는 영예를 입었다.

하지만 2월 2일에 다산이 지은 〈윤이서가 특지로 정언이 되었으나, 서울에 도착하자 체직되어 명례방으로 내게 들렀기에 장난삼아 한 편을 짓다(尹彝敍以特旨爲正言, 旣至京遞職過余于明禮坊, 戲爲一篇)〉라는 시를 보면, 이 같은 노력에도 불구하고 윤규범은 다산의 편지를 받은 직후 지평에서 다시 정언에 임명되어 상경했다가 바로 체직되는 좌절을 겪어야 했다. 이 시는 《다산시문집》 권2에 수록되어 있다.

젊은 날의 가까운 벗이요, 외가 쪽으로 육촌의 친족이었으며, 문행文行 또한 차발랐던 그가 단지 남인이고, 윤선도의 6세손이며, 윤지충과 돌림자가 같은 한집안이란 이유로, 진작 과거에 급제해놓고도 몇십 년을 벼슬 없이 겉돌며 살았다. 오죽 답답했으면 아예 근거를 해남에서 화성으로 옮길 생각까지 했을까? 임금의 뜻에 부응했다고는 해도 초라하고 궁상스럽기까지 했다. 하지만 그럼에도 폭력적인 주홍 글씨는 떼기가 어려웠고, 지켜보는 마음이 짠했다. 윤규범, 그는 젊은 시절 다산의 영혼의 단짝이었다.

071 정조가 다산에게 중화척을 내린 뜻은?

다산의 복귀는 자꾸 미뤄졌다. 정조는 다산이 자기 뜻을 거스른 일로 단단히 화가 나 있었다. 하지만 시일이 지날수록 다산의 빈자리가 아쉬웠다. 1796년 2월 1일, 정조는 중화절中和節을 맞아 다산에게 중화척을 하사했다.

중화절은 2월 1일로, 중국의 풍습이었다. 중화척은 중국 조정에서 중화절에 천자가 신하들에게 하사하던 자(尺)를 가리킨다. 이날 민간에서는 토지신에게 제사를 올리며 한 해의 풍년을 기원했다. 봄옷을 새로 지어 잔치했고, 임금은 자와 옷을 하사했다. 《경도잡지京都雜志》에 따르면, 이 자는 반죽班竹과 붉게 물들인 나무(紅染木)로 만들었다

정조가 신하들에게
하사한 중화척. 국립
중앙박물관 소장.

고 한다. 우리나라에서 임금이 중화절에 신하들에게 중화척을 나눠준 것은 이때가 처음이었다.

정조는 〈중춘 초하룻날 공경과 근신에게 자를 하사하여 중화절의 고사를 다시 행하고, 시를 붙여 은총을 내리다〉라는 시를 중화척과 함께 조정 백관에게 하사한 뒤 시로 화답케 했다. 임금은 시의 끝 두 구절을 "오색실 마름질해 가져와서는, 산룡 무늬 채움을 허락하노라"로 맺었다. 산과 용은 임금의 곤룡포를 장식하는 무늬여서, 자신을 잘 보필해 문명한 나라를 만드는 데 앞장서달라는 주문이었다. 시에는 일부러 자와 관련 있는 고사를 여럿 끌어 썼다. 뭇별이 북두성의 둘레를 선회하고, 기장으로 황종黃鍾 율려의 길이를 맞추듯이, 이 중화척을 가지고 바른 척도로 세상을 가늠하고 분별하고 다스려서 국가의 질서를 바로잡아주기를 바랐다.

정조에게 중화척을 하사받고 어제시에 화답한 신하들은 다산을 포함해 무려 214명이나 됐다. 정조의 중화척 하사는 화성 신도시의 완공을 축하하고 조정의 대단합과 국가의 새 비전에 함께하자는 의미를 담은 상징적 퍼포먼스였다.

해가 바뀌고도 임금의 노여움이 풀리지 않아 울울하게 지내던 다산은 임금에게 중화척을 하사받고 그 답시를 썼다. 은혜에 보답할 기회를 얻지 못해 답답했는데, 큰 도량으로 포용해주심을 입었으니 이제 봉지에서 쟁쟁한 신하들과 나란히 화답시를 올린다는 뜻이다. 이 일로 다산은 임금과의 관계에 비로소 숨통이 트이는 것을 직감했다.

〈자찬묘지명〉에는 당시 금정찰방 김이영金履永이 금정에서 돌아와

다산의 일기장

다산의 치적을 칭찬하고, 뒤이어 심환지가 다시 거두어 쓸 것을 주청하자, 정조가 이를 윤허하고 형조의 녹계錄啓로 인해 다음과 같이 하유下諭했다는 내용이 나온다.

근래에 연신筵臣의 말을 들으니 내포內浦 일대에 외보되었던 찰방이 성심으로 교화시키고 거두어주어 괄목할 만한 효험이 있었다 하니, 특별히 중화척을 내리노라.[14]

그러니까 원래는 다산이 중화척을 받을 대상이 아니었는데, 심환지가 다시 그를 거두어 쓰라고 주청하므로 그 공을 살펴 특별히 중화척을 하사한다고 명시한 것이다. 또 이존창 이야기를 뺀 채 내포에서 금정찰방으로 세운 공이 적지 않아 중화척을 내리노라 했다.

이와 함께 정조는 어시御詩를 함께 보내 갱진賡進케 했다. 이제는 마음을 풀겠다는 신호였다. 다산이 2월 1일에 하사된 중화척에 2월 6일 화답시를 낸 것은 처음부터 내려온 것이 아니라 추가로 보내왔을 가능성을 생각하게 한다. 하지만 김이영이 금정찰방에 임명된 것은 그해 연말인 1796년 11월 9일인 것으로 확인되니 〈자찬묘지명〉의 위 기록에 약간의 혼동이 있는 듯하다.

또 정조가 다산을 불러 쓸 수 있는 분위기 조성을 위해 채제공이나 다른 남인 측 인사가 아닌 노론 벽파 심환지의 주청을 받아들이는 형식을 취한 것이 흥미롭다. 이것은 심환지의 자발적 주청이기보다는 정조와 미리 합을 맞춘 일이었을 가능성이 훨씬 높다. 정조의 밀찰密札 통치는 심환지에게 보낸 무려 297통에 달하는 비밀 편지가 공개되면서 분명히 드러났다. 정조는 자신이 원하는 것을 미리 신하에게 귀띔해 그가 발의한 것처럼 모양새를 갖춰서 자신의 뜻을 관철하곤 했다. 예민한 정치 현안일수록 이같이 막후 정치가 수완을 발휘했다.

3~4일 뒤인 2월 9일 즈음 정조는 다시 다산에게 창화의 명을 내렸다. 채제공이 당시 화성에 갈 때마다 여러 편의 시를 지어 화성 관련 시만 시집 한 권을 이뤘다. 어느 날 임금은 그 시집을 가져오라고 해 보고 나서 그중 네 편의 시에 화답하고, 이를 다산에게 보내 화운해서 올릴 것을 명했다. 다산은 이때 지지대遲遲臺 고개에서 지은 임금의 시에도 화답해야 했다.

하지만 어쩐 일인지 다산은 〈죽란일기〉에서 1월 17일 규개일 기사 외에 중화척과 임금의 갱진하라는 명 등에 대해서는 한 줄도 기록하지 않았다. 뭔가 불편한 심기가 감지된다. 그것이 결과적으로 직후의 정국 변수로 인해 성과 없이 유야무야되었기 때문이었을 것이다.

다산의 일기장

3월 7일[15]

임금께서 친히 대보단大報壇[16]에 제사를 지내셨다. 어제시御
製詩[17]는 다음과 같다.

三月初七日, 上親享于大報壇, 御製詩曰:

천자 수레 동순東巡하심 황홀히 친히 본 듯　玉輅東巡怳見親
흩날리는 단목壇木에다 왕의 봄[18]을 부친다네.

　　　　　　　　　　　　　　　　依依壇木寄王春

산하의 북쪽 끝에 중국은 망했으니　　　　　山河極北淪諸夏
우리 동국 희생 술로 잔뜩 차려 제사하네.　　牲醴吾東享肆陳
수십 권의 《춘추》는 세월에 묻혔는데　　　　數十麟經淹日月
삼천리 이 땅에서 관冠과 두건 보전했지.　　三千鰈域葆冠巾
옷차림 엄숙하게 정화수를 감독하며　　　　　齊衣肅穆監明水
만절필동萬折必東[19] 남은 정성 뜻과 일로 준행하리.

　　　　　　　　　　　　　　　　萬折餘誠志事遵

[부록] 대보단에 몸소 제향을 드리며 지으신 시운에 삼가 화답하다
〔奉和聖製親享大報壇韻〕[20]
엄숙한 황제 영령 가까이 계시는 듯　　　　　穆穆皇靈若可親
대궐 안에 땅을 갈라 정월임을 내걸었지.　　禁中除地揭王春
오랑캐 다스리던 전쟁 여태 기억하여　　　　干戈尙憶蠻夷靖
예악으로 악사樂師 관원 진설함을 외려 보네.　禮樂猶看瞽史陳
하국下國 홀로 은나라의 해와 달이 걸렸으니　下國獨懸殷日月

중원 땅 그 누구가 한漢의 의관衣冠 보전했나.	中原誰保漢衣冠
200년 이래로 풍천風泉의 감회[21] 있어	風泉二百年來感
찬란한 임금 문장 그 뜻과 일 준행하리.	宸藻煒煌志事遵

072 왜 중간을 건너뛴 채 대보단 제사 문제로 넘어갔을까?

1796년의 일기는 1월 17일 규개일 기사 이후 근 50일을 건너뛰어 3월 7일 임금이 대보단에 제사를 지내고 어제시를 지은 기사로 이어진다. 중간의 여러 큰 사건에 대해서는 한 마디도 쓰지 않았다. 왜 그랬을까? 복귀의 서광이 그사이의 돌발변수로 인해 무산되었기 때문이다.

그에 앞서 1월 14일 영릉령英陵令 이주명李柱溟과 영릉별검寧陵別檢 이주석李周奭이 능침을 수호하는 직무를 태만히 한 채, 능내에서 소를 잡고 마을 여인을 재소齋所에 잡아 가두며, 비구니를 불러 낭자하게 놀기까지 하다가 적발되어 끌려와 형벌을 받고 각각 신지도와 거제도로 귀양 간 일이 있었다.

두 사람 모두 남인으로, 이주명은 채제공의 이종형인 이수일李秀逸의 아들이었다. 이주석은 다산과 죽란시사를 함께한 동인 명단에도 이름을 올린 가까운 벗이었다.[22] 입이 열 개라도 할 말이 없는 잘못이어서 남인은 큰 곤경에 처했고 심각한 위기를 느꼈다. 당초 이 사건은 정월 초에 여주목사 유숙柳瓌이 이주명과 싸운 일에서 비롯되어, 그 앙갚음으로 노론이 기획해 일이 커졌다. 이 와중에 헌납 유하원柳河源이 이주석의 편을 들다가 임금의 노여움을 사서 흑산도로 유배 갔고, 좌의정 채제공이 다시 유하원을 두둔하다가 노론의 집중 성토로 2월 12일 파직되기에 이르렀다.

이에 따라 화성 행차 이후 좋게 이어가던 정국 분위기가 급격히 냉각되었다. 2월 18일에 임금은 채제공을 다시 우의정에 복귀시켰는데, 여론이 가라앉지 않자 채제공은 2월 24일에 견책을 청하는 상소를 올렸다. 이 때문에 임금의 시에 연이어 갱화시를 지으며 복귀의 각을 재고 있던 다산의 문제도 수면 아래로 쑥 들어가고 말았다. 다산의 복직은 다시 한정 없이 미뤄졌다.

정조가 3월 초 대보단에 친히 제사를 지내고 어제시를 발표하자, 다산도 그 시에 차운하는 시를 지었다. 대보단은 임진왜란 당시 원군을 보낸 명나라 신종의 은혜를 기리기 위해서 숙종 30년(1704)에 세운 제단祭壇이다. 청나라에 대한 불복의 뜻을 담아 창덕궁 금원禁苑 옆에 제단 형태로 만들었다. 영조 때부터는 매년 2월에 명나라 태조와 마지막 임금인 의종까지 함께 제사 지냈다.

정조는 이때 지은 어제시에서 천자의 수레가 동순함을 황홀히 친히 본 것 같다며, 중국이 망한 터에 동국의 희생 술로 상을 차려 제사를 지내는 의미를 밝혔다. 정조는 재위 24년 동안 한 번도 대보단 친행을 거르지 않았다. 스스로 선왕의 사업을 계승하고 존명의리를 지켜 후왕들에게 경계를 남기겠다는 뜻에서였다. 정조는 퇴색한 존명의리를 환기해 삼대의 질서를 현실에서 재현하고자 하는 이상을 꿈꿨다.[23]

다산은 1월 17일 이후 근 50일을 건너뛰어 대보단 친제 기사를 이었다. 그 중간에 발생한, 남인 측에 일어난 여러 가지 불편한 사안에 대해서는 단 한 줄도 눈길을 주지 않았다. 일반적 일기였다면 당연히 임금이 자신에게 중화척을 하사하고 시를 갱화하게 한 일이 빠질 수가 없었다. 하지만 곧이어 이주석 등의 일로 자신의 후견이었던 채제공마저 일시 축출되는 사태가 벌어지자, 아예 이 시기의 기록을 일기에서 전부 들어내버린 것이다. 이 점으로도 다산의 일기에 상당한 정치적 의도가 개입되어 있음이 다시 한번 확인된다.

3월 12일

이때까지 꽃이 없었다. 정월 초열흘 사이의 사흘간 지극히 추웠는데, 거의 앞서 있지 않던 바였다. 지난겨울에 따뜻하기가 이상할 정도로 심해 꽃송이가 일찍 싹텄다가 이에 이르러 얼어 죽어서 남은 것이 없었다. 꽃술에는 다만 검은 점 하나뿐이었다. 복숭아와 오얏, 배와 살구, 개나리와 진달래 등속이 하나도 꽃봉오리를 터뜨리지 않으니, 민심이 소란스러웠다.

十二日, 時無花. 正月旬間, 三日極寒, 殆前所未有. 而前冬暄暖異甚, 花心早萌, 至是凍死無餘. 花心唯有黑點一刹, 桃李梨杏連翹杜鵑之屬, 一不綻蕚, 民心騷動.

그러나 미수眉叟 허목許穆의 《기언記言》 중 〈우화정기羽化亭記〉에도, "봄추위에 초목이 모두 죽어 3월에도 꽃이 피지 않았다"라고 하였는데,[24] 그해는 바로 효종 8년 정유년(1657)이었다. 《국조보감國朝寶鑑》에는 "이해에 복색服色을 개정하는 의론을 기록하였고, 동궁이 읍례揖禮를 행하였다. 겨울이 되자 만수전萬壽殿에서 잔치를 베풀고 부로父老에게 쌀을 하사하였다"라고 기록하였다.[25] 이때 풍년이 들어 백성들이 즐거워하였음을 볼 수 있다. 길상吉祥과 재변의 조짐은 진실로 징험하기에 부족한 것이다.[26]

然眉叟記言羽化亭記云: "春寒, 草木皆死, 三月無花." 其年卽孝宗八年丁酉. 而寶鑒記: "是年改議服色, 東宮行揖禮. 至冬, 進宴于萬壽殿, 賜米父老." 可見是時年豐民樂. 灾祥, 固不足驗也.

3월 15일

임금께서 사도세자가 세자에 책봉된 지 만 60년을 맞아 비궁闢宮에 친히 제사를 지내셨다.[27] 또 세상을 뜬 영의정 이종성李宗城[28]의 집안에 제사할 것을 명하고 말씀하셨다.[29]

"옛 재상의 집을 각별하게 살피는 것은 무인년(1758)과 계유년(1753)에 공을 세움을 가지고서이다.[30] 그리고 예전 이때에 돌아가신 영의정 부자가 희정당熙政堂에 입시히였을 때의 온례恩禮가 기주記注에 소상하게 실려 있으니 어찌 차마 이날을 헛되이 보내겠는가?"[31]

十五日, 上親享于閟宮, 以冊封回甲也. 又命致祭于故相李宗城家, 曰: "故相之家, 視之自別, 以其有戊寅癸酉樹立. 而昔年此時, 故相父子熙政堂入侍時, 恩禮昭載記注, 豈忍空度此日?"

073 꽃 없는 봄 이야기와
책봉 회갑례 기사의 의미는?

3월 12일의 일기는 내용이 조금 묘한 느낌이다. 정초에 사흘간 혹독한 추위가 있었다. 지난겨울 이상 난동으로 일찍 핀 꽃이 이때 모두 얼어죽었다. 3월이 다 가도록 복숭아와 자두(桃李)를 포함해 살구와

개나리, 진달래까지도 꽃 한 송이 달리지 않자 이게 무슨 조짐이냐며 민심이 흉흉했다. 자칫하면 당시 임금이 진행하고 있던 여러 가지 개혁을 두고 부정적인 여론이 확산될 소지까지 있었다. 여기에 여론전에 능한 노론의 책략까지 얹히면 가뜩이나 심란한 정국이 점점 더 꼬여갈 전망이었다.

다산은 허목의 〈우화정기〉에 1657년에도 봄추위에 3월에도 꽃이 피지 않았다는 기사가 있음을 적시하며, 《국조보감》을 인용해 이해 겨울 만수전에서 부로를 청해 잔치하고 쌀을 하사한 내용을 소개했다. 당초의 우려와 달리 이해에 큰 풍년이 들었다고 첨부했다.

이날 일기의 결론은 "길상과 재변의 조짐은 진실로 징험하기에 부족한 것"이라고 써서, 당시 이 같은 기상이변을 장차 있을 재변의 조짐으로 보는 우려를 불식시키려 했다. 정작 다산에게 이 시기는 매서운 추위에 꽁꽁 얼어 꽃조차 피우지 못하는 시기였다. 그럼에도 이 한 단락 일기로 임금 정조를 향한 굳은 신뢰를 보였다.

이틀 뒤인 3월 14일에 정조는 사도세자의 위패를 모신 경모궁景慕宮에 가서 재숙齋宿했고, 3월 15일에는 사도세자가 세자에 책봉된 지 만 60년을 기념해 존호를 올리고 망제望祭를 행했다. 세상을 뜬 이종성의 집안에 제사 지낼 것을 명하기까지 했다. 이종성은 1753년 영조가 사도세자에게 선위한다는 명이 있었을 당시 홍역을 앓고 있던 세자의 건강을 염려해 선위의 명을 거둬달라고 청했다가 중도부처中途付處의 처분을 받았던 인물이다.

이 같은 국왕의 일련의 움직임은 노론의 입장에서 몹시 불편하고 불안했다. 지난해 연말 허적을 복권시키고, 다산과 이가환을 불러올렸으며, 화성 행차를 다녀왔다. 곳곳에 남인에게 기우는 기운이 감지되었다. 조정 신료들에게 중화척을 내려 화합의 분위기를 띄웠고, 자신의 시에 화답을 요청하는 한편, 채제공의 시에 화답시를 쓰기도 했다.

답답했던 노론은 이주석과 이주명의 일로 반격을 가해 채제공까지 일시 낙마시키는 데 성공했다. 하지만 엿새 만에 채제공은 원위치로 복귀했다. 임금은 대보단의 친제로 신권臣權에 대한 왕권의 권위를 보였고, 내친김에 사도세자 책봉 60주년을 기념하는 친향親享까지 의미를 부여하며 압박의 강도를 높여오고 있었다.

3월 16일

좌의정 김종수金鍾秀[32]가 장차 금강산을 유람하려고 입시한 뒤에 임금께서 내린 시에 다음 구절이 있었다.

十六日, 金相鍾秀將游金剛, 入侍後, 御賜詩有曰:

진인眞人 찾아 금강 향해 떠나기를 원하니　尋眞願向金剛去
풍속 살핌 옥절玉節이 순행巡行함보다 낫네.　觀俗猶勝玉節巡

074 김종수는 왜 갑자기 금강산 유람을 떠났을까?

봉조하奉朝賀 김종수는 사도세자 책봉 60주년을 기념하는 친향이 있은 다음 날인 3월 16일에 갑자기 입시해 금강산 유람을 떠나겠다고 아뢰었다. 도무지 일기에 쓸 만한 내용은 아니다. 임금은 김종수에게 "진인 찾아 금강 향해 떠나기를 원하니, 풍속 살핌 옥절이 순행함보다 낫네"라는 구절이 담긴 시를 건넸다. 금강산으로 진인을 찾아가 만나 보고, 왕명을 받든 공식적 사절은 아니라도 '관속觀俗' 즉 여론의 동향을 살펴보고 오라는 뜻이었다.

이 같은 김종수의 돌연한 관동행은 바로 전날 경모궁 망제와 존호를 올린 일에 대한 항의의 뜻을 담은 모종의 정치적 행동이었던 셈이다. 《정조실록》1796년 4월 1일 기사에는 김종수가 관동 유람을 떠난다는 소식을 듣고 정조가 말과 양식을 지급하게 하고, 지방관으로 하여금 안부를 묻게 했다는 내용이 나온다. 또《정조실록》과《일성록》의 1796년 4월 17일자 기사에도 금강산으로 간 봉조하 김종수에게 하유下諭한 내용이 있다.

당시 김종수는 대관령을 넘고 경포대에 들렀다가 오죽헌을 거쳐 송담서원松潭書院을 방문하고 양양으로 가는 일정이었다. 김종수는 6월 10일에 관동 여행을 마치고 복귀했다. 정조는 돌아온 그를 불러 보고 "나는 경이 금강산 여행을 하는 것에 대하여 망령된 거동(妄擧)으로 여겼는데, 지금 경이 정신을 쓰는 것을 보니 전보다 매우 나아졌으므로, 참으로 경을 위하여 기뻐한다"고 덕담을 했다.

이때 김종수의 금강산행은 정조와 미리 짠 각본에 따라 행해진 행동일 가능성이 있다. 심환지에게서도 비슷한 사례가 보이기 때문이다. 《정조실록》에 따르면, 심환지는 1798년 7월 14일 예조판서에 임명되고, 8월 28일에 우의정에 임명되는데, 8월 10일 정조가 그에게 밀찰을 보낸 이후 금강산 유람 이야기가 갑자기 나오기 시작한다.

정조는 심환지의 우의정 임명을 앞두고 숨을 고르고 모양새를 만들기 위해 심환지에게 난데없이 금강산 여행을 권유했고, 그 밀찰 중에는 강원도 흡곡歙谷의 시중대侍中臺 고사를 인용했다. 황희가 강원도를 유람하며 시를 짓다가 이곳에서 정승에 임명한다는 교지를 받았던 일화다. 정조가 이를 인용한 것은, 심환지가 금강산 유람을 떠나 있으면 그 도중에 임명 교지를 보내 정승으로 발탁하겠다고 귀띔한 맥락이었다.

8월 15일에 심환지는 돌연 휴가를 신청했고, 임금은 바로 허락해서, 8월 28일에 금강산 유람 중이던 심환지를 우의정에 임명하고 상경을 독촉하는 돈유문敦諭文을 보냈다. 이후 두 사람은 심지어 우의정 사직소를 내는 문제로도 4차에 걸친, 사직소 제출 시기와 내용을 두고 여러 차례 밀찰을 주고받으며 조율한 기록이 남아 있다.[33] 이렇게 볼 때 당시 김종수의 돌연한 금강산행 또한 정조와 미리 합의된 내용에 따라 일종의 정치적 쇼를 한 것으로 볼 가능성이 없지 않다.

하지만 앞서 정조가 돌아온 김종수에게 '망령된 거동' 운운한 표현에서, 당시 김종수의 출행이 일종의 정치적 퍼포먼스였고, 정조의 입장에서 상당히 유쾌하지 못한 일이었음을 짐작할 수 있다. 결국 김종수의 관동행은 심환지의 경우와는 달리 임금 정조의 사도세자 추존과 정국 운영 방식에 관한 시위성 외유였던 것으로 보인다.

봉조하 김종수와 채제공의 대립은 내내 계속되었다. 다산은《혼돈록》에 김종수가 1796년 1월 4일에 올린 상주문上奏文을 실었다. 당시 그는 "좌상 채제공은 참으로 우상 윤시동보다 신임할 만합니다. 좌상은 최상의 의리에 있어서는 저와 다르지 않다고 하는데, 신 또한 좌상과 다름이 없습니다"라는 뜻밖의 발언을 했다. 이어 한 발 더 나아가 "서학이 진실로 이단이기는 하지만, 근일의 습속이 위험하게도 이것을 명목으로 삼아서 다른 편의 벼슬길을 막고자 한다고 합니다. 성상께서는 명철함으로 깊이 살피셔서 밝게 분별하셔야 할 것입니다"라고까지 했다.[34] 느닷없이 채제공과 손을 잡겠다는 제스처를 취한 셈이었다.

그랬던 그가 이때에는 임금에게 강력한 항의의 뜻을 담아 돌연 금강산행을 결행했다. 여기에는 삭탈관직했던 좌의정 채제공을 복귀시킨 것에 대한 항의의 뜻도 포함되어 있었다. 다산은 일기에 굳이 이 일을 한 줄 추가해서 전후 맥락 속에 슬며시 끼워넣어두었다.

3월 19일

좌랑 김상우金商雨[35]가 두 편의 시를 부쳐왔다. 다음과 같다.
十九日, 金佐郎商雨寄二詩, 曰:

뜬 인생 만남 작별 지금에 여섯 해라	浮生逢別六年今
나를 보면 푸른 눈빛 기색 아주 깊으리.	見我靑眸氣色深
난초 계화 무젖어서 방에 향기 남아 있고	蘭桂沉淹薰在室
고운 옥 빼곡하여 쌓인 것이 숲 같구나.	琨瑤森列積爲林
더딘 물시계 재촉하니 종소리 성근 밤중이요	遲遲漏促鍾疎夜
가물대는 등불 앞엔 술 마신 뒤 마음일세.	落落燈前酒後心
단양 산골 신선 수레 봄에 약속 두었으니	丹峽仙驂春有約
능히 서로 예성蘂城 북쪽 찾아볼 수 있으리.	可能相訪蘂城陰

또 말했다.
又曰:

흰머리로 벗에 기댐 마음으로 기약터니	白首心期仗友生
자봉산紫峯山 남쪽 둔덕 만나서 맞이했네.	紫峰南畔有逢迎
시서詩書도 드넓어라 함께 도道로 돌아가고	詩書汗漫同歸道
종려鍾呂는 웅장하다 절로 소리 퍼져가네.	鍾呂春容自放聲
금정金井의 찬 안개에 괜스레 참언讖言 펴도	金井寒烟空發讖
옥 술병의 가을 물로 다시금 정 논했지.	玉壺秋水更論情
총명이 솟는 구멍 그대여 막지 마소	請君莫塞聰明竅
단지 뭇 시샘이야 성대한 이름 때문일세.	只是羣猜坐盛名

075 김상우가 보내온 시 2수의 의미는?

이날 3월 19일 좌랑 김상우가 다산에게 시를 부쳐왔다. 그는 다산의 선영이 있던 충주에 살았다. 다산과는 따뜻한 마음을 나누며 지낸 자별한 사이였다.

두 수의 시 중 첫 수에서는 지난 6년간 떨어져 만나보지 못한 아쉬움을 말하고, 봄날 단양 산골로 유람을 떠나자던 묵은 약속과 예성 즉 충주 북쪽에서 서로 만났으면 하는 바람을 적었다.

둘째 수 2구의 '자봉산'은 경기도 광주 검단산黔丹山의 남쪽 봉우리 이름이다. 다산의 본가가 있던 두릉의 맞은편으로, 허목이 일찍이 그 아래에서 독서했다. 5구에서 '금정의 찬 안개'를 말해 다산의 금정찰방 시절 참소하는 말로 인해 시달림을 겪었음을 위로하고, 7~8구에서는 뭇 소인배의 시샘쯤은 성대한 이름을 미워해 그런 것이니, 총명의 구멍을 꽉 닫아 세상과 단절하지는 말라고 했다.

이때 김상우가 다산에게 시 두 수를 부쳐온 것은, 다산이 금정에서 상경한 뒤에도 정치적 상황으로 인해 벼슬길에 복귀하지 못하고 있는 것을 위로하기 위해서였다.

또 《다산시문집》 권3에는 〈김좌현을 생각하며 2수를 써서 부치다〔憶金佐賢簡寄二首〕〉가 실려 있다. 시를 보면 김상우에 대한 다산의 깊은 정이 드러난다. 이는 1796년 늦가을에 썼으니 3월에 김상우가 보내준 위 시 2수에 대한 답시의 느낌이 있다.

제철 국화 기이한 절개 있으니	時菊有奇節
마음으로 감상함 뉘 함께하리.	賞心誰與同
찬 강물 흘러감 평온치 않아	寒江流不穩
긴 골짝 뚫어 통함 어렵구나.	長峽鑿難通
도서 속에 파묻혀 세월 보내고	日月圖書裏
의관은 헐뜯음과 기림 가운데.	衣冠毀譽中
기약 만약 느긋이 잡았다가는	幽期若相謾
덧없이 가을바람 지나가겠네.	荏苒度秋風

아득히 멀리 있는 석서자 그대	迢迢石棲子
세모에 더더욱 그리움구려.	歲暮益懷哉
역마는 아무런 소식이 없고	驛馬無消息
강 배는 저 혼자 가고 오누나.	江船自去來
머뭇댐은 본디 성품 속이는 거라	遲回欺素性
드러누워 높은 재주 보여주누나.	偃臥見高才
매일 밤 매화 가지 달빛 걸리면	每夜梅梢月
읊조리며 술잔을 기울인다오.	沈吟有酒杯

김상우를 향한 그리움의 속내가 자못 뭉클하다. 다산이 훗날 강진
에서 해배된 뒤 1820년 3월에 그가 죽자 다산은 〈시강원 필선 김공
제문(祭侍講院弼善金公文)〉을 지어 아들 정학연을 통해 영전에 고하게
했다. 제문에서는 생전 그와의 애틋한 사연들을 적었다.

076 흰 무지개가 해를 꿰는 재변에 대한
정조의 반응은?

일기에서는 누락시켰지만 3월 25일에 흰 무지개가 해를 꿰는 재변이 있었다. 앞서 금정 시절 1795년 10월 2일과 10월 17일에 뇌이雷異의 변고로 구언求言했던 상황보다 더 조짐이 안 좋았다. 흰 무지개는 병란兵亂을 나타내고 해는 임금을 상징하므로, 흰 무지개가 해를 꿰뚫는 이른바 백홍관일白虹貫日은 군주에게 위해가 가해질 조짐으로 여겨졌기 때문이다. 정조는 즉각 감선減膳, 즉 반찬의 수를 줄여 근신하며 전교했다.

덕이 없는 내가 자리에 있은 지 20년 이래에 재변과 요기를 초래하지 않은 것이 없었으나 무지개가 해를 꿴 재이災異는 처음 있는 일이다. 몸 둘 바를 모르면서 자신을 반성하는 모든 방도에 대하여 어찌 감히 예사롭게 허식으로 할 수 있겠는가?[36]

뭔가 해보려고 하면 없던 일이 터졌다. 기상의 변고가 일어나 꽃이 피지 않거나 흰 무지개가 해를 꿰는 일까지 생겼다. 이 때문에 뒷말이 더 무성해졌다. 지난해 10월 겨울 우레가 치는 변고 때 정조는 관례대로 구언했다가 신하들의 반대파를 겨냥한 잇단 상소에 홍역을 치러야 했다.

특별히 흰 무지개가 해를 꿰는 일은 명종 11년(1556) 2월 20일 기사에도 보인다. 근심하는 임금에게 당시 정원政院에서는 "재변의 응험應驗에 대해서는 알 수 없으나, 인사人事로 본다면 기근이 계속되어 민생이 곤췌하고 창고가 모두 비어 예산이 넉넉하지 못하며, 군액軍額이 충실하지 못하여 나라의 형세가 위태로워졌습니다. 그리하여 장차 지탱하지 못하고 토붕 와해의 환이 있을까 두려우니, 상께서는 마땅히 공구수성恐懼修省하셔야 합니다"라고 해,[37] 재변이 가져올 재액으로 계속되는 기근과 민생의 곤핍, 불충실한 군액을 꼽고, 그 원인을 바로 대간들의 공론을 임금이 거절해 인정을 따르지 않아서 생긴 일이라고 덧붙인 일이 있었다.

하지만 정조는 이때 어쩐 일인지 우승지 이익운을 불러 자신의 잘못이라는 뜻만 표하고 구언하지 않겠다는 뜻을 밝혔다. 이익운이 안 된다고 하자 정조는 구언해봤자 풍파만 일어나고 핑곗김에 남을 해치려는 기회로 삼으려 드니, 영의정 채제공의 뜻과 내 뜻이 같다고 했다.[38] 하지만 이익운의 설득으로 임금은 두 차례에 걸쳐 구언을 요청해야 했다.

3월 26일에 임금이 말했다.

이번 무지개가 해를 꿴 변고는 바로 내가 등극한 이후에 처음 보기 때문에 배나 두려운데, 전殿에 임하여 묻는 것이 도리어 허식에 관계된다 하여 폐지할 수는 없으므로, 아침을 기다려 옷을 찾아 입고 훌륭한 말을 들어보려고 생각하였다. 올봄에 기후가 어긋나서 겨울철 추위와 다름이 없었고, 또 꽃이란 천기天機를 발산하는 것인데 봄내 꽃이 없어 매우 상도에 어긋났었다. 경들은 각기 소멸시킬 방도를 진달하라.[39]

이날 조정 대신들의 상언이 길게 꼬리를 물고 이어졌다. 다산은 이 기사를 일기에서 건너뛰고 언급조차 하지 않았다. 하지만《혼돈록》에서는 짧게 이 일을 기록했다.

3월 28일[40]

훈련대장〔訓將〕 이주국李柱國[41]이 소를 올려 금위영禁衛營과 어영청御營廳 두 군영의 상번上番[42] 제도를 그만두고, 신포身布를 거두어 경군京軍을 창설할 것을 청하였다. 임금께서 두터운 비답〔優批〕을 내려 받아들이셨는데, 판서 윤숙尹塾[43]이 소를 올려 그 계책을 기용할 수 없음을 논하였다.[44]

廿八日, 訓將李柱國疏請禁御兩營軍, 罷其上番之制, 收其身布, 以抐京軍. 上優批嘉納, 尹判書塾疏論其計之不可用.

---

077 군영 상번 문제를 둘러싼 이주국과 윤숙의 공방 내막은?

3월 28일 일기에서 다산은 3월 22일 훈련대장 이주국이 올린 상소에 대해 짧게 말했다. 이주국은 이날 상소를 올려 금위영과 어영청 두 군영의 상번 제도를 폐지하고, 신포를 거둬 경군을 별도로 창설할 것을 주창했다. 이에 대해 3월 27일 판서 윤숙이 반발해 그 계책을 기용하면 안 된다고 반박했다. 다산은 아무 평가 없이 두 이야기를 나란히 실어두었다.

이주국은 정조가 총애하던 노장으로, 당시 이미 75세의 고령이었다. 그는 다산이 태어나기 8년 전에 이미 충청도병마절도사를 지냈고, 1795년 나이를 무시하고 훈련대장에 복직해 있던 상태였다. 정조는 그를 앞세워 뭔가 추진하려던 계획이 있었던 것이다. 그만큼 정조의 속마음을 잘 알았고, 당시 정조가 구상하던 국방 기획에 견인차가 되어줄 수 있는 인물이었다. 정조가 1793년 국왕 호위를 전담하는 장용영을 설치한 후 왕권 강화책의 일환으로 군사 조직을 전반적으로 손보던 시점에서, 75세 노신老臣의 경륜에서 나온 건의는 대단히 구체적이고 실천적인 문제의식을 담고 있었다. 이주국의 상소는 정조와의 협의 아래 비밀스러운 사전 조율을 거쳐 나왔을 가능성이 크다.

《정조실록》 1796년 3월 22일자 기사에 '훈련대장 이주국이 속오군 편제의 장단점에 대해 아뢰다'라는 제목 아래 이주국의 상소문이 실려 있다. 이주국은 도성을 지키는 군사가 1만 명이 못 되는데, 그나마 몇 해 전 장용영을 설치해 사전 대비를 강화한 것이 다행이라 했다. 이어서 금위영과 어영청 두 영의 상번 제도가 과도한 비용 지출의 원인이 되고, 지방 군사가 번을 들기 위해 상경하는 동안 농사와 생업에도 지장이 생기는 문제가 있다고 진단했다.

그러면서 구체적인 비용을 산출해, 두 영을 합쳐서 20만 냥에 가까운 지출이 발생하니, 상번 규정을 아예 없애 신포身布와 보미保米를 거둬 올리게 하고, 약 2천 명을 충원해 항상 도성에 머물게 할 것을 제안했다. 그 밖에 수군과 육군의 관할 구역 정리와 궁궐 순찰을 지금보다 더 엄격하게 관리할 것을 아울러 주청했다.

이에 정조는 즉각 "경이 아뢴 한두 조항은 바로 내가 일찍이 바로잡아 경륜을 넓혀서 쉽게 행할 방법을 찾고 시행할 수 있는 시기를 기다리며 밤낮 일념으로 자나깨나 마음에 맺혀 있어 언젠가 한번 시행하고야 말겠다고 생각하던 것"이라면서, 이 계획이 실행에 옮겨질 경우 균역법均役法 시행의 의미가 살아나, 삼군과 만백성이 나라의 혜택을 받게 될 것이라고 칭찬하며 적극적인 찬성의 뜻을 비쳤다.

노론 측의 반격은 닷새 후인 3월 27일에 판중추부사 윤숙의 상소문으로 나왔다. 그의 글은 구체적 논거를 끌어온 반박이라기보다는 훈련대장 이주국에 대한 비방에 가까웠다. '초야에 있던 노인을 기껏 불러냈더니, 겉으로만 박식한 체 숫자로 내밀었다. 하지만 속에 든 포부가 없다 보니 감히 임금에게 올리는 글에 도산倒産이라는 용어까지 쓰는 무식과 무례를 범했다. 이것만으로도 그 사람을 알 수가 있겠다'고 했다. 나아가 잡술 운운하면서, 그에 대해 훈련도 받지 않은 병졸을 가리키는 '백도白徒'라는 표현까지 쓰면서 비난했다. 하지만 기존 상번 제도의 합리성을 설파하는 주장은 고작해서 상번하는 군사들이 서울 음식을 맛보고 서울을 구경할 기회를 박탈하는 것이라 원망을 부를 뿐이라고 하는 데 그쳐서 맥이 빠졌다.

그러자 다시 정조는 노신의 나라 걱정하는 정성을 칭찬하고, 시골 사람이 글에 익숙하지 못해서 범한 실수라 두둔하면서, 상번 제도 혁파 문제는 시일을 두고 살필 문제라 당장 시행할 일이 아니니 걱정하지 말라는 뜻으로 다독이고 말았다.

이주국과 윤숙의 경군 창설과 상번 제도 혁파를 둘러싼 공방은 당시 왕권 강화를 위해 군권을 확실히 장악하고자 했던 정조의 뜻에 호응한 이주국의 상언과, 이 같은 왕권 강화의 움직임을 명분과 관례로 막으려 한 노론 당국자들의 힘겨루기 성격이 강했다. 다산은 아무 뜻이 없는 것처럼 슬쩍 이 기사를 끼워넣었지만, 직전의 기상 재변이나 앞서 화성 준공과 사도세자 추숭 움직임 등으로 긴장 관계에 놓여 있던 당시 정국의 가늠자가 되기에 충분한 사안이었다.

3월 30일

우연히 낡은 상자를 살펴보다가 기록할 만한 것이 있어 적어둔다.

三十日, 偶閱舊篋, 有可錄者, 錄之.

갑인년(1794) 여름, 강세정姜世靖[45]이 이가환에게 편지를 보내, 홍낙안洪樂安[46]이 기회를 틈타 다른 사람을 모함한 죄를 강하게 논하였지만, 이공은 답장하지 않았다. 이튿날 강세정이 다시 편지를 써서 홍낙안과 끊은 이유를 고하였다. 그 편지는 이렇다.

甲寅夏, 姜世靖抵書于少陵, 盛論洪樂安乘機陷人之罪, 李公不答. 其翌, 姜再書告絶洪之由. 其書曰:

"어제 편지를 올렸는데 아직 답장을 받지 못했으니, 영감께서 그 준엄하지 못함을 의심하시는가 염려됩니다. 이단을 물리침은 비록 우리 도리의 정론이지만, 만약 남에게 사주했다는 지목을 받는다면 이는 진짜로 사학을 공격한 것은 아닐 것입니다. 처음에는 홍낙안 또한 다른 심보가 없는 줄 알았는데, 정鄭의 상소[47]가 나온 뒤에야 비로소 그 마음의 자취를 의심하게 되었습니다. 그래서 집의 아이에게 편지로 나무라는 일이 있었습니다. 마음을 끊음은 여기에서 비롯되었습니다.

"昨拜書, 未承復, 恐台疑其不峻邪. 闢異端, 雖吾道之正論, 若受人指嗾, 則是非眞個攻邪也. 始則知洪樂安亦無他腸, 及夫鄭疏出後, 始疑其心跡. 故家兒有書責之擧. 心絶始於此.

또 그 글 가운데 '총명하고 재주와 지혜가 있다는 자들 중 열에 여덟아홉'이니, '황건적과 백련교도'니 하는 등의 말[48]은 그저 사학邪學을 공격한 것이 아니라, 어지러이 함께하는 벗들에게까지 미쳐서 두드리고 뒤흔드는 계교를 부리려 하는 것입니다. 이 같은 사람을 이 아우가 어찌 조금이라도 돌아봄이 있어, 이를 영원히 끊어버리지 않겠습니까? 이미 작년 3~4월부터 서로 왕래하지 않았음은 동네 사람들이 아는 바입니다. 이미 사주를 받았다고 한다면, 그 가운데 무한한 죄목을 포괄하고 있으니, 영감께서 그 삿됨을 얻었음을 헤아리지 않았겠습니까? 가만히 탄식합니다. 자식의 병이 대단히 위중해서 마음과 넋이 날아가 없어진지라, 이만 줄입니다."

又於其書中, 聰明才智之十居八九, 黃巾白蓮等語, 非徒攻邪也, 乃漫及儕友, 欲爲敲撼之計也. 如此之人, 弟豈有一毫顧藉, 不之永絶乎? 已自昨年三四月, 不爲過從, 洞人之所知. 旣曰受嗾, 則其中包括無限罪目, 台其不諒得邪? 竊爲慨然. 子病萬分危重, 心魂飛喪, 畧此不宣."

이미 절교한 뒤 또 장서長書로 절교를 고하였으니, 일에 의리가 없기에 이르렀다. 그래서 이 한 통을 베껴써서 그 사람을 던져 보여줄 뿐이다.

旣絶之後, 又爲長書告絶, 事涉無義. 故謄此一通, 投示其人耳.

이달 즉 3월 21일, 이형(이승훈)이 풀려남을 입었다.[49] 감사監司와 금부禁府에서 나란히 잉질仍秩[50]하여두었다. 임금께서 특별히 교시하셨다.

"이미 그 죄를 죄주었으니 그 사람을 사람으로 만들어야 마땅하다.[51] 석방하라."

是月廿一日, 李兄蒙放. 監司及禁府竝置仍秩, 上特教曰: "旣罪其罪, 宜人其人. 放."

일찍 일어나 감회를 읊다(早起感懷)[52]

_ 금정에서 돌아온 뒤(金井歸後)

한가함 속 겨우 보니 사물마다 바쁜데	閒裏纔看物物忙
이 가운데 가는 세월 머물릴 방법 없네.	就中無計駐年光
반평생 가시밭길 낭패만 당하느라	半生狼狽荊棘路
일곱 자 몸 싸움판에 이리저리 시달렸지.	七尺支離矢石場
일만 번 움직임이 한 번 고요함만 못하거니	萬動不如還一靜
뭇 향기가 외론 향기 지킴만 같겠는가.	衆香爭似守孤芳
도산陶山과 퇴계退溪는 어드메에 있는가	陶山退水知何處
아스라이 높은 기풍 길이 흠모하노라.	緬邈高風起慕長

[부록] 삼천첩에 발함(跋三遷帖)[53]

이 《삼천첩三遷帖》 한 권은 내가 귀양살이하던 중에 지은 것이다. 병진년(1796) 겨울, 내가 규영부 교서로 있을 때, 공무의 여가에 금정 시절의 짧은 시 몇 편을 찾아서 기록하고, 아울러 정학년丁鶴年이 지은 〈오죽헌梧竹軒〉 시 한 수[54]를 적어두었으나, 마침내 다시 바쁘다 보니 글씨를 쓸 겨를이 없었다. 그 뒤 8년이 지난 계해년(1803)에 내가 강진의 유배지에 있을 때, 집의 아이가 첩자帖子를 가져와 뒤쪽에 빈 종이 네 장이 있으니 나더러 글씨를 써서 채워달라고 하였다.

右三遷帖一, 余謫中作也. 丙辰冬, 余在奎瀛府校書, 公暇追記金井時

小詩數篇, 竝錄丁鶴年梧竹軒詩一首. 遂復恩恩, 無臨池暇. 後八年癸
亥, 余在康津謫中, 兒子以帖子來, 謂下方有空紙四葉, 要余寫滿.

내가 금정에서의 유배를 생각해볼 때 당시에는 오히려 슬프게만
여겼다. 이제 떠돌아 옮겨다니며 귀양 살면서 일정한 거처가 없고
보니, 옛날을 생각하면 이 때문에 서글퍼지곤 하였다. 마침내 장
기長鬐 시절 이후에 지은 자질구레해서 작품을 이루지 못한 것을 기
록해 돌려주면서 제목을 '삼천첩'이라고 하였다. 첩帖의 양 끝에는
초충도草蟲圖 2폭이 그려져 있는데, 화공畫工 이명기李命基가 그린
것이다. 이명기는 일찍이 정조의 어진을 그렸고, 관직은 찰방察訪에
이르렀다. 1803년 9월 4일

余惟金井之謫, 當時尙以爲悲. 今流離遷謫, 不定厥居, 感念疇昔, 爲
之恨然. 遂記長鬐以來零瑣不成篇者以還之, 題之曰三遷帖. 帖之兩耑,
寫有草蟲圖二首, 卽畫工李命基所作. 曾寫健陵御眞, 官至察訪者也. 癸
亥九月四日

078 이승훈의 석방 소식을 다산은 왜
뒤늦게 짤막하게 실었을까?

3월 21일에 이승훈의 석방 명령이 떨어졌다. 다산은 3월 30일 일기
에서 먼저 강세정의 편지를 인용한 뒤, 이를 이어 이승훈의 석방 소식

을 적었다. 인용의 순서가 재미있다. 낡은 상자에서 발견한 강세정의 편지를 인용해놓고, 깜빡 생각난 것처럼 이승훈의 일을 거론했다.

뒤에 볼 강세정의 편지를 통해 다산이 하고자 했던 말은 자신과 이승훈, 이가환을 공격했던 강세정 부자가 형세에 따라 이리 붙었다 저리 붙었다 하는 간교한 자들이라는 것이었다. 그리고 그 기사 끝에 이승훈의 기사를 잇대, 이들의 지속적인 공격에도 불구하고, 이승훈이 마침내 유배에서 풀려났다는 맥락이 되도록 구성했다.

이때 이승훈의 석방을 명하며 정조가 내린 하교가 재미있다. "이미 그 죄를 죄주었으니 그 사람을 사람으로 만들어야 마땅하다. 석방하라." '죄기죄罪其罪, 인기인人其人', '이왕에 잘못한 것에 대해서는 죗값을 이미 치렀다. 그러니 이제는 그 사람을 사람으로 만드는 것이 맞다'는 말이다. 본문 중에 감사와 금부에서 '잉질'했다고 한 것은, 죄를 지은 벼슬아치가 이전의 품계를 그대로 유지할 수 있도록 했다는 뜻이니, 사전에 일종의 사면 복권 조치를 해두었다는 의미이기도 하다.

정조는 함께 유배 보낸 세 사람 중 이가환과 정약용은 도목정사의 높은 평가를 핑계 삼아 서울로 불러올렸고, 벼슬 없던 이승훈은 한 템포 늦춰서, 죗값을 이미 치렀으니 개전의 기회를 줘야 한다는 말로 석방을 명령했다. 이전 품계의 유지까지 허락함으로써 언제든 복귀시킬 수 있는 명분도 축적했다. 바로 앞에 놓인 강세정의 기사는, 너희가 아무리 그렇게 수단을 부려도 우리는 끄떡없고 임금의 신뢰는 여전하다는 의미를 강화시킨다. 묘한 배치가 아닐 수 없다. 이 기사로 마무리되어야만 금정 시절이 명실상부하게 종결되기 때문이었다.

079 느닷없이 강세정의 편지를 인용한 의도는?

이날 3월 30일자 일기는 "우연히 낡은 상자를 살펴보다가 기록할 만한 것이 있어 적어둔다"는 말로 시작된다. 그러면서 맥락 없이 강세정이 2년 전인 1794년 여름 이가환에게 보낸 편지를 거론했다. 명백하게 의도적으로 끼워넣은 기사다. 이때 왜 다산은 갑자기 묵은 상자 속에 담겨 있던 강세정의 사적인 편지까지 공개하면서 그를 공격했을까?

편지에서 강세정은 대표적인 공서파였던 홍낙안이 기회를 틈타 다른 사람을 모함한 죄에 대해 논했다. 이는 평소 그의 행동과 전혀 다른 행보였기에 편지를 받은 이가환은 의아하게 여겨 답장하지 않았다. 그러자 마음이 초조해진 강세정이 다시 편지를 보냈다. 처음에는 홍낙안이 이단을 물리치려고 사학을 공격한 줄 알았는데, 나중에 알고 보니 같은 남인을 두드리고 뒤흔들어서 권세가에 빌붙어 사적인 이익을 취하려는 다른 심보가 있음을 알게 되었고, 이에 아들 또한 이미 그에게 편지를 보내 끊었으니 통촉해달라는 내용이었다.

강세정의 아들은 강준흠姜浚欽으로 홍낙안, 이기경과 함께 공서파를 대표하는 삼인방이었다. 강세정은 《송담유록》을 남겨 당시 신서파 남인들의 여러 행태를 신랄하게 고발하기도 했다. 다산은 강세정의 비굴한 편지를 인용한 뒤, 이들 부자가 이미 홍낙안과 절교해놓고 또 긴 편지를 써서 절교를 고했다면서, 이것으로도 그의 인간성을 알 만하다는 취지의 글을 남겼다.

다산은 〈정헌묘지명貞軒墓誌銘〉에서도 이때 일을 거론한 바 있다.

갑인년(1794) 여름 강세정이 공에게 글을 올려 홍낙안의 죄를 논하며 말했다. "두드려서 흔드는 데 뜻을 두고서 일망타진의 계책을 내었으니, 마음으로 끊을 뿐 아니라 또한 얼굴로도 끊을 것입니다." 인하여 공에게 자기 아들 강준흠을 거두어주기를 빌었다. 하지만 시세가 한차례 변하자 두 번 뒤집고 세 번 번복하여, 또다시 이를 갈면서 달려드니, 세상의 의론이 정해짐이 있겠는가?[55]

평소 다산이 강세정 부자의 행태에 대해 얼마나 이를 갈고 있었는 지 잘 보여준다. 실제 강세정은 《송담유록》에서 "이가환과 우리 집안은 여러 대에 걸쳐 혼인으로 우호를 맺어 해묵은 우의가 몹시 도타웠고 정분도 가볍지 않았다. 그가 후사로 세운 아들 이재적李載績은 우리집 아이에게는 이종형이 된다"고 쓴 바 있다.[56] 이들 부자가 처음부터 공서파의 입장에서 이가환과 정약용, 이승훈을 끝없이 공격해왔는데, 이때 상황이 갑자기 불리하게 돌아가면서 화해의 손짓을 한 뒤, 후에 상황이 바뀌자 다시 이가환과 다산 등에 대해 적대적인 태도로 돌아섰기 때문에 한 말이었다.

다산은 〈죽란일기〉를 마치기 직전 왜 갑자기 맥락도 없이 1794년 여름에 강세정이 이가환에게 보낸 편지를 인용하며 언급했을까? 말은 낡은 상자를 뒤지다가 우연히 흥미로운 메모를 발견해 기록으로 남겨둔다고 했지만, 분명한 의도가 느껴진다. 강세정은 《송담유록》에서 1789년 이승훈이 평택현감 도임 직후에 공자의 위패에 배알을 거부해서 벌어진 소동을 낱낱이 고발하고, 그 밖에 이승훈과 이치훈 형제의 간교한 행태도 집요하게 비난한 바 있다.

굳이 이승훈의 석방 소식 앞에 의도적으로 강세정의 비굴한 편지를 삽입한 것은 아마도 자신들의 본격적인 복귀에 앞서 공서파의 준동과 이들에 의한 비방이 실제로는 아무 효과가 없었음을 경고하고, 향후로도 이들의 공격을 사전에 무력화시키겠다는 의지를 표현한 것으로 읽힌다.

---

080 〈죽란일기〉 끝에 인용된 시는 왜 제목과 창작 시기를 바꿔놓았나?

다산은 〈죽란일기〉 끝에 시 〈일찍 일어나 감회를 읊다〉를 적으며 마무리 지었다. '금정에서 돌아온 뒤'라는 부제가 달려 있다. 일기의 순서에 따르면 1796년 3월 21일이나 그 이후에 쓴 시로 보이는데, 부제에는 1795년 연말 금정에서 돌아온 직후에 쓴 것처럼 되어 있다.

정작 이 시는 《다산시문집》 권2에 '도산 퇴계 선생의 유서를 읽다가(讀退陶遺書)'라는 다른 제목으로 버젓이 실려 있다. 시문집의 편차 구성으로는 1795년 11월 말경에 지은 작품이 분명하다. 그런데 다산은 여기서 제목을 바꾸고, 창작 시기도 금정에서 서울로 올라온 뒤에 쓴 작품인 것처럼 바꿔놓았다. 이렇게 시의 제목과 창작 시점을 바꿔 대미를 장식함으로써 〈금정일록〉과 〈죽란일기〉 전체를 퇴계에 대한 존모로 마무리 짓는 효과를 가져왔다. 이를 통해서도 〈금정일록〉을 기록으로 남긴 다산의 의중이 한 번 더 드러난다.

내용을 구체적으로 보자면 이렇다. '정신없이 살다가 겨우 한가로움을 얻어 고요히 자신을 돌아보니 아무것도 남은 것이 없다. 세상은 저마다 눈코 뜰 새 없이 바쁘다. 어디로 가는지도 모른 채 우왕좌왕

이리저리 몰려다닌다. 형진로荊蓁路와 시석장矢石場에서 갖은 고생을 다 겪었다. 돌아보니 이제까지의 인생은 낭패와 가시밭길의 연속이었다. 한 번도 화살과 돌멩이가 어지러이 날아드는 전쟁터 아닌 적이 없었다. 무엇을 이뤄보겠다고 온통 난리를 치며 부산하게 살아왔지만, 만동萬動이 일정一靜을 결코 못 이긴다. 그러니 일만 번의 움직임을 내려놓고 한 번의 고요로 나를 정화시켜보자. 중향衆香을 기웃거리지 않고 고방孤芳을 지키겠다. 더 이상 현란한 바깥 향기에 취해 기웃대다가 내가 지닌 본연의 향기를 잃는 과오를 범하지 않겠다. 무엇을 가지고 그리할까? 바로 퇴계의 학문이다.'

일기를 이렇게 마무리 지은 것은 조금 뜬금없게 여겨진다. 이 시가 설령 당시 다산의 진솔한 심경이었다 하더라도, 서울로 돌아온 지 석 달이 지난 시점에 넉 달 전에 지은 시를 제목까지 바꿔가며 새로 쓴 시인 것처럼 일기 끝에 배치한 이유가 석연치 않다. 이 같은 작위적 배치는 다산이 이 일기를 끊임없이 외부 독자의 눈길을 의식하면서 작성했다는 또 다른 방증으로 읽을 수 있다. 이에 따라 일기의 매 단락은 의도적 배치에 따른 의미를 지속적으로 외부로 향해 발신하게 되고, 독자 또한 그 의미의 추이에 집중하게 만든다.

081 왜 〈죽란일기〉는 3월 말에 멈췄나?

다산의 〈죽란일기〉는 3월 30일에 끝난다. 이어지는 〈규영일기〉가

11월 16일에 시작되니 그사이 7개월 보름가량의 공백이 있다. 애초에 〈죽란일기〉가 〈금정일록〉의 부록 격으로 첨부되어 있어, 3월 말 이승훈의 해배와 함께 금정 시절의 전후 맥락이 모두 종결되었기 때문일 수 있다. 또 한 가지는 자신의 복귀가 애초의 기대와 달리 한정 없이 늦어지자 실망한 나머지 기록의 의욕을 잃었던 것일 수도 있다. 여기서는 〈규영일기〉와 〈함주일록〉으로 넘어가기에 앞서 4월부터 11월까지 다산의 동선과 당시 정황에 대해 간략히 정리해두려고 한다.

4월 6일 다산은 고향집인 초천으로 내려가, 9일 아버지의 제사에 참석했다. 이후 4월 14일 하담荷潭 선영으로 이동해 성묘했다. 16일 하담을 출발해 정범조의 집에 들러 묵은 뒤, 20일에 서울로 돌아왔다. 근 보름간의 나들이였다. 뜻대로 되지 않는 벼슬길에 마음 졸이지 않고, 훌훌 털고 마음을 정리하기 위해서였을 것이다.

5월에는 문집을 통해 볼 때 벗들과 시와 편지를 주고받으며 소일했다. 5월 20일에 채제공의 집에서 잔치가 열렸다. 다산도 초대받았으나 〈채 상공의 북원 잔치 자리에 받들어 보내다(奉簡蔡相公北垣宴席)〉 시 한 수를 지어 보내고 그 자리에 참석하지는 않았다. 그 시의 5~6구는 이렇다.

날 부르려 사람 자주 번거롭게 왔지만　　　　　　　延召每煩人屢至
성글고 게을러서 세상과 어긋났네.　　　　　　　　疎慵眞與世相違

채제공이 여러 번 사람을 보내 다산을 청했고, 다산은 자신이 '소용疎慵' 즉 아무짝에 쓸모없고 게을러 의욕까지 없어서 못 간다고 쓰고는 가지 않았다. 많이 다친 마음이 저도 모르는 사이에 말끝을 모나게 만들었다.

이때의 불참은, 자신과 자신의 동료들이 지금 발이 꽁꽁 묶여 할 수 있는 일이 없는데 왜 이렇게 방치하는가, 지금이 잔치할 때인가, 이런 마음이었을 것이다. 임금이 무얼 좀 해보려 해도 노론의 여론전에 밀려 힘을 얻지 못하고 있는데, 왜 가만히 앉아서 손발을 다 내려놓고 당하고만 있느냐는 일종의 항의 표시도 있었던 것으로 본다.

사실 다산이 정치적 이유로 채제공 집안의 잔치에 참석하지 않은 것은 이번이 처음은 아니었다. 1794년 9월 5일 이익운이 흑산도로 귀양 가게 된 일이 있었는데, 다산은 비가 주룩주룩 내리는 가운데 동작 나루로 니가 멀리 떠나는 그를 배웅했다. 열흘 뒤인 9월 15일에 채제공의 집에서 큰 잔치가 열렸을 때도 이번처럼 시 한 수를 지어 보내면서 불참의 무례에 대해 용서를 구한 적이 있다.[57]

다시 얼마 뒤인 5월 말쯤에 남인 소장 그룹의 시 모임인 죽란시사의 시회가 다산의 집에서 열렸다. 이 또한 남인 소장 그룹이 앞서 채제공 집에서 열린 잔치를 의식해 벌인 일종의 시위성 항의 집회에 가까웠다. 이때 다산은 따로 정범조, 윤필병, 채홍리, 이정운, 이익운 등 남인 중진들에게 각각 시 한 수씩을 지어 하소연하듯 편지처럼 부쳤다. 이들은 앞선 채제공의 잔치에 참석했던 이들이고, 이익운에게 부친 시에서 "문자음文字飲 다시 연다 허락을 하신다면, 저는 나귀 진창 지남 겁내지 않으리다〔若許重開文字飲, 未應褰衛怯衝泥〕"라고 한 것을 보면, 앞서 잔치에 불참한 것에 대한 사죄의 의미와 함께, 자신을 살펴달라는 일종의 구조 신호를 보낸 것이라고 볼 수 있다.

하지만 아무런 변화의 조짐 없이 6월의 무더위가 지나고, 7월 16일에는 또 죽란시사의 멤버들과 용산의 정자에 모여 놀다가 배를 타고 한강에서 노닐기까지 했다. 7월 말에 지은 것으로 보이는 시 〈죽란시사의 작은 모임에서 '장맛비가 갓 개어'란 시를 지어 번암 대로께 받들어 보이다〔竹欄小集, 賦得積雨新晴, 奉示樊巖大老〕〉의 7~8구에서는 "들판에 벼와 기장 풍년임을 기쁘게 듣고, 조용히 지내면서 성상 은혜 생각하네〔欣聞野外饒禾黍, 爲是端居念聖明〕"라고 해 한 번 더 이제 그만 자신을 불러달라는 뜻을 우회적으로 전달하기도 했다.

8월에 쓴 시 〈이주신의 집에서 '조정에서 물러나와 꽃 아래서 헤어지다'를 지어 번암 대로께 보이다〔周臣宅賦得退朝花底散奉示樊巖大老〕〉도 채제공에게 보내는 일종의 구애와 화해의 제스처였다. 하지만 여전히 들리는 소식은 없었다.

다산은 이렇게 이해 10월까지 벼슬에 복귀하지 못했다. 집에서 묵은 글 상자를 정리하고 이따금 비슷한 처지의 벗들과 왕래하거나 편지를 주고받으며 지냈다. 가끔 모여 술자리에서 정보를 교환하기도 했다. 벼슬에 임명받지 못한 채 겉돌며 지낸 시간이 뜻밖에 길어졌다.

이존창을 붙잡은 공으로 벼슬을 하기 싫다고 했지, 벼슬에 나가 역량을 펼칠 생각마저 없었던 것은 아니었다. 다만 명분을 세워 당당하게 나가려 했는데, 여기에 삐딱한 시선으로 숟가락 하나 얹어주지 않고 있던 채제공에게 다산은 상당히 서운했던 듯하다. 채제공은 채제공대로 다산의 연속적인 돌출 행동이 못마땅한 상태였다. 하지만 그마저도 다산과 죽란시사 그룹의 은근한 압박에 이러지도 저러지도 못하고 있었다.

奎瀛日記

규영일기

082 〈규영일기〉와 1796년 11월 16일 규영부 교서로 들어가게 된 전후 사정은?

〈규영일기奎瀛日記〉는 다산의 4종 일기 중 가장 짧다. 날짜도 1796년 11월 16일과 다음 날인 11월 17일 양일간의 짧은 기록이다. 다산은 어째서 이틀의 짧은 기록을 굳이 별도로 묶어두었을까? 1795년 12월 25일에 명례방으로 돌아온 다산은 근 1년이 지난 1796년 11월 16일에야 규장각 교서관으로 임금의 부름을 받았다. 다산은 이때의 감격을 일기에 "내가 금정에서 돌아온 뒤로 문을 닫아걸고 허물을 자책하며 그럭저럭 해를 보내려 했다. 이렇게 옛 신하를 기억하는 은혜를 입고는 감격하고 황공하여 어쩔 줄을 몰랐다"라고 썼다.

금정에서 복귀한 직후 이루어질 줄 알았던 부름이 이토록 늦어진 것은 이존창 문제로 임금의 노여움을 산 결과였지만, 이 밖에도 채제공의 거취를 둘러싼 정국의 여러 복잡한 변수가 작용했다. 당시 《사기》와 《한서》 중 정수를 가려뽑아 《사기영선史記英選》 간행 작업이 막바지에 이르고 있었다. 앞서 8월에 간행한 《어정규장전운御定奎章全韻》의 음과 풀이 및 범례 문제, 《사기영선》에서 쟁점이 된 등장 인명의 독음 등 해결해야 할 문제가 여럿 있었는데, 정조는 이 일을 이가환과 정약용의 해박함을 통해 해결할 생각이었다.

10월 말에 임금은 유득공을 시켜 이가환에게 질문 목록을 보내면서 다산과 함께 상의할 것을 명했다. 다산이 이가환의 집으로 건너가 함께 상의해 임금의 질문에 하나하나 대답을 올렸다. 며칠 뒤에 다시 몇 가지 질문이 더 내려왔다. 이때 승지 이익운이 임금의 말을 전해주었다. "근래 옥편의 일로 물은 일이 있었는데, 정아무개가 마땅히 여러 날의 답답함을 깨뜨려주었다." 다산은 역시 녹슬지 않은 솜씨로 임금이 골치 아파하던 의문을 말끔히 해소해주었던 것이다.

그런 일이 있고 얼마 뒤인 11월 16일에 다산은 전격적인 소명召命을 받아 규영부奎瀛府 교서校書에 발탁되었다. 다산에게는 이익진, 박제가와 함께 마무리 단계의 책《사기영선》의 인쇄를 감독하는 역할이 주어졌다. 임금은 다산에게 즉각 좌의정 채제공의 집으로 가서《사기영선》에 〈월세가越世家〉를 포함할지 여부 등 쟁점 사항을 묻고 보고하라는 명을 내렸다. 굳이 다산을 시켜 묻게 한 것은 금정 이후 소원했던 채제공과 다산의 서먹한 관계를 회복시켜주려는 배려였을 것이다.

이튿날 다산은 감인소로 바로 출근해 교정 작업에 투입되었다. 전날 채제공과 상의한 문제는 바로 보고서를 올렸다. 하루 만에 깔끔하게 현안이 정리된 보고가 올라오자 임금은 흡족해서 대부분의 항목에 '아뢴 대로 하라'는 답을 내려주었다. 지지부진하던 막판 편집이 단 하루 만에 골격을 갖추게 된 것이다. 다산의 옷소매에서 상쾌한 바람이 일었다.

1796년 11월 16일

소명을 받들어 새 규영부에 교서로 들어갔다.

丙辰十一月十六日, 承召命入奎瀛新府校書.

이에 앞서 성상께서 이 판서[1]에게 검서관 유득공柳得恭을 보내 옥편玉篇의 음과 풀이의 상세하고 소략함에 대해 물으시고는 이렇게 전교하셨다.

"경이 혹시 눈이 어둡거든 마땅히 정약용과 함께 옳고 그름을 상의하시오."

내가 이장李丈[2]의 집으로 가서 함께 질문에 대한 대답을 갖추어서 보고하였다. 그 뒤 5~6일이 지나 다시금 유득공을 시켜 반절反切[3]의 타당성에 대해 되묻게 하셨다. 그리고 나서 상께서 승지 이익운에게 말씀하셨다.

"근래 옥편의 일로 물은 일이 있었는데, 정아무개가 마땅히 여러 날의 답답함을 깨뜨려주었다."

이것은 대개 11월 초의 일이었다. 이때에 이르러 갑작스레 내각으로부터 소명이 있었던 것이다.

先是, 聖上遣檢書官柳得恭于李判書, 詢玉篇音釋之詳畧. 教曰: "卿或眼暗, 宜與丁若鏞商議可否." 賤臣往李丈家, 共具條對以聞. 後五六日後, 復令柳得恭再詢反切當否. 旣而上謂承旨李益運曰: "近有詢玉篇事, 丁某當破數日寂寥矣." 玆蓋月初事也. 至是, 忽自內閣有召命.

내가 금정에서 돌아온 뒤로 문을 닫아걸고 허물을 자책하며 그럭저럭 해를 보내려 했다. 이렇게 옛 신하를 기억하는⁴ 은혜를 입고는 감격하고 황공하여 어쩔 줄을 몰랐다. 곧장 선인문宣仁門 밖으로 나아가 각신閣臣 이만수李晚秀⁵에게 말을 올렸다.

"죄에 얽매인 신분으로 감히 조의朝衣와 조관朝冠을 쓴 채 그대로 대궐 문에 들지는 못하겠습니다. 하교가 있을 경우 원하건대 바깥에서 받들어 듣고자 합니다."

이때 상께서 연이어 재촉하는 교서를 내리셨으므로 각신이 이렇게 대답하였다.

"하교가 이와 같으시니 순서를 뒤집어서라도 들어오지 않을 수가 없네."

내가 마침내 새 규영부로 들어가니, 각신이 하교를 전하여 말하였다.

"지난해 가려뽑은 《사기》와 《한서》를 이제 인쇄에 부치려 한다. 너는 전 승지 이익진李翼晉⁶과 검서관 박제가朴齊家와 함께 합동으로 인쇄를 감독⁷토록 하라."

때마침 날이 저물었으므로 명을 받들어 물러나왔다.

賤臣自金井還後, 杜門訟尤, 行且周歲. 乃蒙記簪之恩, 感激惶隕, 不知所出. 卽詣宣仁門外, 致語于閣臣李晚秀曰: "罪累之蹤, 不敢以朝衣朝冠, 遽入脩門. 如有下教, 願自外承聆." 時上連下促教, 閣臣答云: "下教如此, 不可不顚倒入來." 賤臣遂入奎瀛新府, 閣臣傳下教曰: "前季所選史記漢書, 今將剞劂, 爾與前承旨李翼晉檢書官朴齊家合同監印." 會日暮, 承命退出.

다산의 일기장

11월 17일

감인소監印所[8]로 가서 책을 교정 보다가 저녁에 돌아왔다.

十七日, 詣監印所校書, 夕還.

어제 상께서 또 다음과 같이 하교하셨다.

"정아무개는 모름지기 좌상의 집으로 가서 〈월세가〉 등을 빼는 것이 합당한지의 여부를 물어 보고하라."

내가 명대로 나아가 의논하고 이날 복명復命하였다. 상께서 붓과 종이를 주시고 대신이 말한 것을 조목조목 아뢰게 하셨다. 신이 곧바로 명대로 써서 올리니 상께서 그 아뢴 것에 대해 판단을 적어 내려보내셨다.[9]

昨日, 上又下敎曰: "丁某須往左相家, 詢越世家等刪當否以聞." 賤臣如命就議, 是日復命. 上給筆札, 令條奏大臣所言. 臣卽如命書進, 上判下其奏.

○ 〈월세가〉 중 범려范蠡의 일은 문장의 법도가 몹시 훌륭하므로 이를 수록하였습니다. 하지만 편명은 '월세가'인데 단지 범려의 일만 적었으므로 온당하지가 않습니다. 이를 빼버려도 무방합니다.

판하判下하셨다.

"아뢴 대로 하라."

越世家中范蠡事, 文法甚好, 故錄之. 然篇名則越世家, 而只錄范蠡事, 果未穩. 刪之無妨. 判曰: "依此爲之."

○〈두태후세가竇太后世家〉는 한나라 왕실의 후비열전后妃列傳이 하나도 채록할 만한 것이 없으나, 두태후가 가장 어질고 사적事跡 또한 기이하니 수록하는 것이 좋겠습니다.

판하하셨다.

"〈고조본기高祖本紀〉를 이미 뺐으니 〈두기竇紀〉 또한 빼는 것이 옳다."

竇太后世家, 漢室后妃傳無一可錄, 而竇太后最賢, 事蹟亦奇, 錄之似好. 判曰: "高祖本紀既拔, 竇紀亦拔, 可也."

○〈자공전子貢傳〉은 예전에 어쩌다 보니 읽지 못했는데, 가려뽑을 때 보니 아주 좋았습니다. 게다가 공자 문하 제자의 열전은 하나도 수록한 것이 없어 애석해할 만하므로 수록하였습니다. 하지만 빼도 무방합니다.

子貢傳, 舊偶未讀, 選取時見而悅之. 且孔門弟子傳無一錄者, 可恨, 故錄之. 然刪亦無妨.

○〈진진전陳軫傳〉은 빼는 것이 좋겠습니다.

陳軫傳, 拔之爲好.

○ 사군四君의 열전 가운데 〈춘신군전春申君傳〉은 빼도 아까울 것이 없지만, 〈평원군전平原君傳〉은 사적과 문법이 〈맹상군전孟嘗君傳〉과 〈신릉군전信陵君傳〉에 대해 손색이 없으니 수록해야 마땅합니다.

四君傳中, 春申君傳拔之無可惜, 而平原君傳事蹟文法無遜於孟嘗信陵傳, 錄之似當.

○〈이릉전李陵傳〉[10]은 이릉이 비록 절개를 잃었지만 본보기가 되기에 좋으니 수록하는 것이 마땅합니다.

李陵傳, 陵雖失節, 鑑戒亦好, 錄之似當.

○〈대완전大宛傳〉은 빼는 것이 좋겠습니다.

大宛傳, 拔之爲好.

○〈급암전汲黯傳〉과〈소무전蘇武傳〉은 한가漢家 400년간의 명절과 절의가 이 두 사람을 뛰어넘는 이가 없습니다. 두 사람은 한나라의 정수精髓요 영화英華이고, 문장 또한 읽을 만합니다. 수록하는 것이 마땅합니다.

汲黯傳蘇武傳, 漢家四百年名節節義, 無出此兩人. 兩人是漢家精英, 文亦可讀. 錄之似當.

○〈조황후전趙皇后傳〉은 반드시 빼야 합니다.

趙皇后傳, 拔之無疑.

○ 여러 사람의 전기를 합친 경우 한두 사람의 전기만 수록한다면 태사공太史公이 운운한 대목이 실제로 걸리는 곳이 적지 않겠으나, 사마천의 글은 깎아서 줄일 수는 없으니 전문을 수록하겠습니다. 하지만 대략 몇 구절의 말을 글로 써서 주를 달아, 이 글이 본래 아무개와 아무개를 묶어서 쓴 전기인 까닭에 이처럼 함께 논한 것임을 밝히는 것이 좋을 듯합니다. 가령〈자객전刺客傳〉 같은 경우 각각의 전 끝에 뒤에 아무개의 일이 있었다고 했는데, 아무개의 전이 비록 실리지 않았더라도 본문

에서 굳이 빼지는 않겠습니다.

판하하셨다.

"이상의 내용은 아뢴 대로 하라."

合傳者, 只錄一二傳, 則太史公云云, 果多掣礙處. 而司馬遷之文, 不可刪節, 以全文錄之. 而署以數句語措辭懸注, 以明其本與某某合傳, 故如是竝論, 似好. 如刺客傳等各傳之末, 稱後有某人之事者, 某人傳雖不錄, 本文不必刪. 判曰: "已上依此爲之."

○ 책 이름을 '반마문선班馬文選'이라 한다면, 반고가 사마천의 위에 있는 것이 마땅치 않고, 마반馬班이라고 칭하면 눈에 거슬립니다. 사한史漢이라 하는 것도 온당치가 않으니, 이 문제는 갑작스레 생각해서 얻을 수는 없습니다.

판하하셨다.

"책 이름은 다시 따져보기로 하자."

좌상의 말은 이렇습니다.

"마땅히 이름을 '곤륜정척昆侖正脊'으로 하는 것이 좋겠다."

상께서 말씀하셨다.

"무슨 말이냐?"

내가 말했다.

"태사공은 용문 사람인데, 산맥이 본래 곤륜산으로부터 나왔으므로 그렇게 말한 것입니다."

상께서 크게 웃으셨다.

書名稱班馬文選, 則班不宜居馬之上, 稱馬班則礙眼, 稱史漢亦未穩, 此則倉卒不能思得云. 判曰: "冊名更問." 左相其言曰: "宜名昆侖正脊." 上曰: "何謂也?" 臣曰: "太史公, 龍門人也. 山脉本自昆侖, 故云然也." 上大笑.

[부록] 규영부교서기奎瀛府校書記

사람이 이 나라에 살면서, 임금의 문에 들어가 환한 빛을 가까이함을 얻을 수만 있다면, 비록 그를 위해 물 뿌리고 비질하는 일을 맡더라도 오히려 영광스럽게 여길 것이다. 하물며 그로 하여금 내부內府에 비장된 책자를 뽑아보고, 군옥群玉의 보배로운 빗장을 열어, 필연筆硯의 사이에서 종사하는 것이겠는가? 이에 있어 힘 쏟음을 얻는다면 비록 이익과 봉록이 더함이 없다 하더라도 오히려 영광스럽게 여길 것이다. 하물며 그로 하여금 앞에는 여덟 가지 진미를 늘어놓고, 뒤에는 다섯 가지 안주를 갖추어서, 옥소반에 진귀한 음식을 날마다 실컷 내려주심에랴!

人之處是邦也, 使得入君門近耿光, 雖爲之執洒掃之役, 猶以爲榮. 況使之抽內府之祕籤, 發羣玉之寶扃, 而從事於筆硯之間哉? 得於是效力焉, 雖利祿無所增益, 猶以爲榮. 況使之羅八珍於前, 備五齊於後, 玉盤珍錯, 日沾賜予者哉!

병진년(1796, 정조 20) 겨울에 신 약용과 신 승지 이익진, 신 검서檢書 박제가가 부름을 받아 규영부에 들어가 《사기史記》를 교정하였다. 명하여, 내고內庫가 소장한 《사기》의 여러 판본을 모두 내오게 하여, 매번 같고 다름이 있을 경우, 여러 판본에서 가려서 그 좋은 점을 취하게 하셨다. 이에 본문을 통해 주석을 찾고, 주석으로 인해 백가百家의 서적을 찾아, 한 가지라도 고증할 만한 것이 있으면 문득 감히 내올 것을 청하였다. 이 때문에 내고에 비장된 책을 열에 하나둘은 들여다봄을 얻었다.

丙辰冬, 臣鏞臣翼晉李承旨臣齊家朴檢書, 承召入奎瀛府, 校史記. 命悉出內庫所藏史記諸本, 每有異同, 擇於諸本, 而取其所長. 於是因文索注, 因注索百家書, 一有可考, 輒敢請出. 以故內庫祕藏, 得窺其一二焉.

매일 저녁밥이 집에서 오면, 규장각의 감관監官이 들러 "오늘 저녁은 배불리 먹으면 안 된다"고 말하곤 했다. 그런 날 밤에는 반드시 궐에서 하사한 진귀한 음식이 있게 마련이어서 배불리 먹은 뒤에야 그치곤 했으니, 그 영광스러움이 특별하지 않겠는가? 아!《사기》를 교정함은 책을 위한 것이 아니었다. 내고의 여러 판본이 절로 있는데, 어찌 교정한단 말인가?《사기》를 교정하는 것은 나라를 위한 것도 아니었다. 자획字劃과 편방偏旁에 혹 잘못된 것이 있다 한들 나라에는 해로움이 없으니, 어찌 교정한단 말인가?《사기》를 교정한 것은 신 등을 위한 것이었다.

每晚飯自家至, 閣監過之曰: "今夕不宜飽." 其夜必有內賜珍饌, 飫而後已. 其爲榮不已殊乎? 嗟乎! 校史記非爲書也. 內庫諸本自有, 何用校之? 校史記非爲國也. 字畫偏旁之或有訛舛, 於國無害, 何用校之? 校史記爲臣等也.

[부록] 겨울날 왕명을 받들어 규영부에 입직하여 책을 교정했다. 직학直學 이만수, 승지 이익진과 함께 내찬內饌을 하사받고 삼가 은혜로운 대접에 대해 적다〔冬日奉旨, 直奎瀛府校書. 同李晚秀直學, 李翼晉承旨, 蒙賜內饌, 恭述恩例〕

아홉 대문 꽉 잠기고 물시계 소리 낮은데	九門下鑰漏聲低
창밖 눈발 흩날려서 밤중 추위 깨닫네.	窗雪交交覺夜淒
추녀 끝의 금작金爵[11]엔 푸른 노송 깊은데	金爵舸稜深碧檜

다산의 일기장

규장각의 도서에다 청려장靑藜杖을 비추누나.[12]   木天圖籍照靑藜

손에 닿은 옻칠 소반 하늘에서 내려왔나   漆盤到手驚天降

기름 휘장 가운데는 임금 글씨 붙어 있네.   油帕當心著御題

산해진미 향기로워 기뻐할 만하거니   水錯山珍芬可悅

웃고 떠듦 뒤섞다가 새벽닭이 울었다네.   諧謔雜錯抵晨雞

[부록] 중희당重熙堂에서 임금과 문답하며 《사기》와 《한서》를 논하고서 물러나 옥음을 적어 영사시詠史詩 다섯 수를 짓다(重熙堂賜對, 論史記漢書, 退述玉音, 爲詠史詩五首)

진평陳平[13]은 기이한 꾀가 많아서   陳平多奇計

기민하게 침착한 꾀 끌어내었지.   機警出深沈

비록 능히 제업帝業을 보좌했지만   雖能贊帝業

인심이 무너짐을 염려했다네.   終恐壞人心

지위 높자 지혜도 어두워져서   位隆智亦昏

만년엔 생각 잠겨 고심하였지.   晚節費沈吟

육생陸生이 일어나지 않았더라면   令無陸生起

간사한 자 무슨 수로 제압했으리.[14]   何由制群陰

유후留侯와 이름이 나란한 것은   留侯乃齊名

선학仙鶴이 천한 새와 혼동됨 같네.   仙鶴混塵禽

무제武帝는 특별히 규모가 커서   武帝特宏廓

품 안에 뭇 영웅 다 품었다네.   範圍包群英

매고枚皐[15]와 동방삭東方朔[16]은 광대로 길렀고   皐朔畜俳優

공손홍公孫弘[17]과 장탕張湯[18]은 애들 다루듯.   弘湯弄孩嬰

헌헌한 대장부 급장유汲長孺[19]만은   軒軒汲長孺

강직해 대궐에서 다투곤 했지.	伉厲業廷爭
얽어매도 잡아맬 방법이 없어	羈絡不能縻
오만함에 임금 뜻을 거슬렀었지.	傲骨梗主情
대궐 그려 회양淮陽 땅 사절하고서	戀闕辭淮陽
아첨하며 깊은 정성 보여주었네.[20]	嫵媚見衷誠
죽도록 돌아오라 소환 않으니	終老不召還
박절쿠나 은덕이 너무 가볍다.	薄哉恩德輕

죽음으로 결백 지킴 수도 없지만	殉潔古紛紛
소무蘇武[21] 홀로 절개를 일컫는다네.	蘇武獨稱節
모진 형벌 버티기가 혹시 쉽지만	刑虐或易抗
이익으로 유혹함은 참기 어렵네.	利誘誠難截
갑작스레 죽는 건 할 수 있어도	溘逝有能辦
오래 버팀 어이 맵지 아니하리오.	耐久豈不烈
참으로 길었던 19년 동안	悠悠十九年
봄바람이 가을 겨울 바뀌었었지.	春風遞秋雪
양을 보며 움집에 누워 지냄은	看羊與臥窖
대강만 말한 것에 지나지 않네.	不過大綱說
옛사람 말수가 워낙 적어서	古人寡言詞
고생한 것 좔달며 생략하였지.	險艱略瑣屑
가만히 당했던 일 생각해보면	靜言思所值
간담이 철석같음 알 수가 있네.	乃知肝如鐵

사마천은 사당私黨에 가린 바 되어	史遷蔽黨私
유세로 이릉李陵을 구해주었지.[22]	游說救李陵

한漢 왕실에 보답함은 훗날 일이요	報漢異日事
오랑캐에 항복한 일 가증스럽네.	降胡便可憎
큰 바탕이 이미 모두 이지러지니	大質已虧缺
본뜻을 어이해 믿을 수 있나?	本意豈有憑
머리를 조아림이 용맹 아니나	叩頭元非勇
팔 건은 풍부馮婦와 진실로 같네.[23]	良同攘臂馮
왕전王翦은 초楚 정벌함 마다했으니[24]	王翦辭伐楚
상대를 아는 것이 능력이라네.	知彼斯爲能

곽광霍光[25]은 학술이 아예 없어서	霍光無學術
일 처리에 잘못됨이 자주 있었네.	於事屢顚錯
상관안上官安은 사위라 친하였지만[26]	上官親舅甥
간악함은 알아보지 못하였었지.	乃不辨奸惡
재앙에도 평상심을 지켜가면서	禍發守常分
끌려가선 삶아지길 기다렸었지.	引入待鼎鑊
황제가 지혜롭지 않았더라면	令無帝夙慧
몸은 죽고 난리가 일어났으리.[27]	身殞亂遂作
창읍왕昌邑王[28]은 평소에 미치광이라	昌邑素狂縱
계책 정함 너무도 우습게 봤네.	定策何諾諾
증손曾孫[29]이 어질다는 칭찬 있어도	曾孫負令譽
찾아봄을 어찌 널리 하지 않았나?	採訪胡不博
맞고 보냄 너무도 어지러워서	迎送太紛紛
엎어지면 기댈 곳이 하나 없었지.	跋躓靡所泊
음흉한 아내가 너무 못돼서	陰妻猶薄物
멸문당함 그 이치 당연하다네.[30]	湛族理本確

한실漢室 복은 신령 덕을 힘입어서니	漢祚賴靈長
주공 그림 좋은 부탁 아니었다네.[31]	周圖非善託
쓸데없이 원훈이란 이름을 받고	浪受元勳名
맨 먼저 기린각麒麟閣을 차지했다네.[32]	首據麒麟閣

083 《사기영선》 편찬과 제명 과정에 얽힌 이야기는?

남은 큰 문제는 책의 제목이었다. 《사기》와 《한서》의 명문만 골라 발췌한 책이라 사마천과 반고의 이름을 따서 '반마문선班馬文選'이 고려되었다. '반마班馬'라 하자니 반고와 사마천의 순서가 뒤집어져서 난감했고, 순서대로인 '마반馬班'은 어감이 영 이상했다. 채제공은 '곤륜정척崑崙正脊'을 제시했다. 정조가 웬 제목이냐고 묻자, 다산이 "태사공이 용문 사람이고, 산맥이 곤륜산에서 나왔으니 그리 말한 듯합니다"라고 대답하자 임금이 큰 소리로 웃었다.

일기에서는 쓰지 않았지만,《사암선생연보》에 이후의 이야기가 나온다. 11월 16일에 임금의 부름을 받고 규영부로 들어가자 임금은 '오래 헤어졌노라'라는 각별한 뜻을 내렸다. 임금이 책 제목 문제에 대한 다산의 뜻을 물었을 때, 다산이 대답했다. "세상에서는 '사한史漢'이라 일컫지만 또한 온당치 않습니다." 그러자 임금이 말했다. "그렇긴 하다. 한서漢書 또한 사기史記 즉 역사의 기록이니 그대로 '사기영선'이라 하자." 다산이 그 자리에서 딱 좋다고 대답해서 책 이름이 이것으로 결정되었다.[33] 《승정원일기》 1796년 11월 19일 기사에는 최종적으로 '사기영선 한서부漢書附'란 토를 달아 제목을 확정했다.

그 밖에도 사소한, 그렇지만 그저 지나칠 수 없는 문제가 적지 않았다. 인명의 경우 조말曹沫과 조매曹沫, 범저范雎와 범수范雎 중 어느 것이 맞는지 판단하는 일이나, 조착鼂錯의 경우 '조착'과 '조조' 중 어느 쪽이 맞는지도 정해야 했다. 역대의 주석서 또한 저마다 견해가 달라 확정하기가 어려웠다. 그때마다 다산은 선명하고 합리적인 근거를 제시해 결정을 내릴 수 있게 만들었다.

예를 들어 저雎는 '차且'를 붙인 것이지 '목目'이 아니고, 두보가 자신의 시에서 범저를 어魚 자 운에 단 것만 보더라도 증명이 된다는 식의 논증이었다. 조착의 '착錯'도 반악潘岳이 〈서정부西征賦〉에서 '박운博韻과 협운叶韻한다'고 했으니, '조'로 읽어서는 안 된다며 확실한 근거를 댔다. 여러 운서를 단순 비교하는 데 그치지 않고, 시문에서의 희귀한 용례까지 찾아내 논증하니 반박의 여지가 없었다. 이 같은 다산의 꼼꼼한 논증은 1798년 봄 곡산부사 시절에 임금께 올린 《사기선찬주》를 올리는 글(進史記選纂注啓)〉에 더 많은 풍부한 용례가 나온다. 이 글은 《다산시문집》 권10에 수록되었다.

이렇듯 무슨 일을 하든지 다산과 정조는 늘 합이 잘 맞았다. 정조의 가려운 곳을 다산은 늘 쏙쏙 긁어주었다. 학문 군주였던 정조가 고심해도 해결이 되지 않던 문제도 다산에게만 넘어가면 바로바로 답이 나왔다.

084 다산은 이 시절을 어떻게 기억했나?

다산의 당시 심정은 《다산시문집》 권14에서 수록된 〈규영부교서기〉와 권16의 〈자찬묘지명〉에 잘 드러난다. 다음은 〈자찬묘지명〉의 서두 부분이다.

> 겨울이 되자 용을 불러 규영부에 들게 하여 이만수·이재학·이익진·박제가 등과 함께 《사기영선》을 교정하도록 하고 자주 사대賜對하고 서명書名을 의정議定하였다. 날마다 진기한 음식을 내려 배불리 먹여주고 또 쌀·시탄柴炭·꿩·젓갈·감·귤 등속 및 기향진물奇香珍物을 자주 하사하였다.

게다가 정조는 내고內庫에 소장된 서책들을 마음껏 열람할 수 있도록 허락했다. 집에서 저녁밥이 도착하면 각감閣監이 와서 '저녁을 양껏 먹지 말라'고 귀띔을 했고, 그런 날 밤에는 어김없이 궁중에서 왕명으로 귀한 음식을 가득 차려 내왔다. 그뿐 아니라 그때그때 구체적인 내용을 두고 왕과 토론하는 기쁨도 컸다. 다산은 〈규영부교서기〉에서, 《사기》를 교정하는 일이 나라나 책을 위해서가 아니라 작업에 참여한 신하들 자신을 위한 것이었다고 말했을 정도다.

임금이 내린 음식을 받고 감격해서 시 〈겨울날 왕명을 받들어 규영부에 입직하여 책을 교정했다. 직학 이만수, 승지 이익진과 함께 내찬을 하사받고 삼가 은혜로운 대접에 대해 적다〉를 쓰기도 했다.

또 한번은 중희당에 납신 정조를 모시고 《사기》와 《한서》를 화제로 토론한 뒤, 임금의 말씀을 그대로 옮겨 5수의 영사시를 짓기도 했으니, 당시 군신 간에 학문의 대화로 화락하던 광경을 그려보기에 충분하다.

며칠 뒤 정조는 다산을 다시 정3품 병조참지兵曹參知로 낙점했고, 전부터 군직軍職에 다산을 앉히려던 정조와 한사코 군직을 마다한 다산과의 힘겨루기가 다시 시작되었다. 11월 30일 다산은 병을 핑계로 사직을 청했고, 정조는 한 번 더 임명을 강행했다. 그러자 다산이 다시 사직을 청했다. 임금은 못 이기는 척 12월 2일에 다산을 좌부승지로 올렸다가 9일 뒤에 다시 부호군副護軍에 재임명했다. 정조가 어째서 지속적으로 다산을 무관직에 앉히려 했는지는 선명하게 드러난 이유가 없다. 어쨌거나 해배 후 근 1년 만에 찾아온 기회 앞에서 임금과 신하는 여전히 힘겨루기를 하고 있었다.

1797년 해가 바뀐 뒤에 정조는 다산을 불러 《춘추》의 교정을 맡겼고, 또 하루는 비궁閟宮에 따로 불러 특별한 음식을 차려놓고 "오랫동안 내가 베풀어주는 음식을 맛보지 못했을 터라 특별히 부른 것이다"라는 말로 다산을 감격시켰다. 임금은 밥상을 기둥 안으로 들여와 임금 가까운 곳에서 먹게 하기까지 했다.

왕이 불쑥 물었다.

"토란의 별명이 있는가?"

"준치蹲鴟입니다."

"속명은?"

"토련土蓮입니다."

"두시杜詩에 보면 '동산에서 우율芋栗 주워 가난하지만은 않네(園收芋栗未全貧)'라 했는데, 어째서 우芋와 율栗을 한데 말했을까?"

"우율이 아니라 서율芧栗입니다. 도토리와 밤이란 뜻입니다.《장자》에 용례가 있습니다."

무엇을 물어도 이렇게 준비된 대답이 즉각 튀어나왔다. 해가 바뀌고도 다산은 이문원摛文院과 교서관校書館에 소속되어 두시와《춘추좌씨전》의 교정을 보며 시간을 죽이고 있었다. 다산에게 이 시기는 이따금 임금을 곁에서 뵙고 학문을 논하는 기쁨과, 뜻 같지 않은 벼슬길에 대한 답답함이 교차하는 시간이었다.

含珠日錄

함주일록

085 〈함주일록〉을 따로 묶은 이유와
'함주'의 의미는?

　다산의 네 번째 일기는 제목이 '함주일록含珠日錄'이다. 1797년 6월 20일 동부승지를 제수받은 날부터 시작해서 곡산부사로 떠나기 직전인 윤6월 초 6일까지에 걸쳐 쓴 근 보름간의 기록이다. 제목에 쓴 '함주含珠'라는 말이 눈길을 끄는데, '구슬을 입에 머금고 있다'는 표현은 어떤 의미로 쓴 것일까 궁금하다.

　함주는 일반적으로 조개가 진주를 머금듯이 뛰어난 재주를 품었다는 뜻으로 많이 쓰지만, 여기에는 해당하지 않는다. 함주에는 이 밖에도 여러 가지 의미가 있다. 먼저, 함주는 망자의 입에 물리는 구슬로, 고대 장례의 풍속 중 하나다. 저승길의 양식으로 망자의 입속에 넣는다 하여 반함飯含이라고도 한다. 입속에 구슬을 머금었다는 표현에 주목하면, 함주는 죽은 듯 입을 닫고 있던 시절에 쓴 일기라는 뜻으로 읽을 수 있다.

　한편,《회남자淮南子》〈남명훈覽冥訓〉에 나오는 '수후의 구슬隋侯之珠'과 관련된 해석도 가능하다. 고유高誘가 낸 주석에 "수후가 큰 뱀이 잘려서 상처 입은 것을 보고 약을 발라주었다. 뒤에 뱀이 강 가운데서 큰 구슬을 물고 와 보답하였다〔隋侯見大蛇傷斷, 以藥傅之. 後蛇於江中銜大珠以報之〕"라고 했다. 이를 다산의 경우에 적용하면, 자신이 궁지에 몰려 어려울 때 도와준 은혜를 잊지 않고 보답하겠다는 의미로 읽힌다. 실제 〈함주일록〉의 내용은 대부분 자신이 임금께 동부승지를 사직하며 올린 상소문에 대한 임금과 여러 대신의 칭찬과 격려를 모은 것이다.

민사평閔思平(1295~1359)은 〈어사대 장방에게 부치다〔寄呈臺長房〕〉라는 시에서, 자신의 오랜 벗인 오좨주吳祭酒가 사람이 신중해 허물이 없는데도 교묘한 탄핵에 억울하게 걸려들어 득의로워야 할 시절에 낮은 벼슬로 좌천되어 내려가는 것을 안타까워한 내용을 소개한 뒤, 끝에 가서 "남의 급함 건져줌이 바로 음덕이라, 훗날 뱀이 구슬 물고 보답함을 보게 되리〔濟人之急是陰德, 它日必見蛇含珠〕"라 했다.[1] 따라서 다산이 일기에서 내세운 '함주'의 의미는 여기에 한층 더 가깝다고 생각한다. 내가 상처 입어 힘들 때 나를 지지해준 사람들에게 감사의 뜻을 표하면서, 구슬을 물어 보답하겠다는 의미로 붙인 제목인 셈이다. 그럼에도 단순한 보답의 의미보다는 너희가 앞에서 이렇게까지 칭찬해놓고 뒤에서 나를 음해해 결국 곡산부사로 내쳐지게 만든 것을 증언으로 남기겠다는 의도와 맞물린, 미묘한 뉘앙스를 지닌 이중적 표현이었다.

〈함주일록〉의 기사 내용을 날짜별로 정리하면 다음과 같다.

날짜	내용
1797년 6월 20일	동부승지 제수, 좌승지 홍인호와의 인혐姻嫌으로 명을 어기고 홍시보의 집에 머묾.
6월 21일	〈변방소〉 제출과 정조의 비답. 우승지 이익운과 좌승지 홍인호의 사례 권유와 입궐 후 숙직의 명이 떨어진 일. 이후 도승지 조진관, 좌승지 홍인호와 우승지 이익운, 좌부승지 이면긍, 우부승지 이익진의 상소문 칭찬 및 임금과의 대화 내용 전달.

날짜	내용
6월 22일	숙직 후 혐의를 피해 승정원을 나오며, 내병조에 들러 참의 목만중과 만나 상소문에 대한 칭찬을 듣고, 집에 와서 홍인호의 편지를 받음. 채홍원이 방문해 있을 때 홍인호가 방문하자 채홍원이 자리를 피함. 이후 홍인호가 정조와의 대화 전달.
6월 23일	의망擬望을 금지했던 처분의 해제 전교가 내려옴.
6월 24일	주자소에 공복을 입고 입궐. 직제학 이만수의 전언과 함께 《사기영선》을 받음. 상소문에 대한 이만수의 칭찬.
6월 25일	《두율》 교정의 노고를 치하해 빈랑투서와 우황청심환, 제중단 등을 하사함. 심상규와 서유구, 오태증, 한만유, 성대중의 상소문에 대한 칭찬 릴레이.
6월 26일	어용겸이 고의로 명단을 누락해 군직을 받지 못하게 한 일. 이익운이 서매수와 나눈 어용겸의 일 처리에 대한 논의.
6월 27일	동부승지 의망 낙점과 체직 허락. 홍낙안·이기경의 서용을 둘러싼 조진관과 이익운, 오태증, 홍인호의 대화.
6월 28일	서매수가 군직을 부여한 일, 차대次對에서 우의정 이병모의 발언과 임금의 차가운 반응.
6월 29일	경연에서 심환지가 한 다산에 대한 두둔과 임금의 반응.
윤6월 1일	《사기영선》 주석 작업 관련 내용.
윤6월 2일	곡산부사 이지영의 전최 평과 낙점 교체 후 다산을 수의首擬로 낙점함.
윤6월 3일	새벽 입궐 후 임금과 만난 자리에서 들은 정조의 말, 곡산부사 이지영의 포폄제목과 외직 보임에 대한 대화. 영돈녕부사 김이소, 예조판서 민종현의 칭찬과 질문. 그 밖에 어영대장 이한풍, 금위대장 서유대, 이조참의 어용겸과 만난 일.
윤6월 4일	병조판서 이조원, 전 호조판서 이시수, 호조판서 김화진, 훈련대장 이경무 등과의 대화.
윤6월 5일	우의정 이병모와 만나 나눈 이야기와 규장각제학 심환지의 집으로 찾아가 나눈 긴 대화.
윤6월 6일	입궐해 조정과 작별하고 홍시보, 한용탁 등과 인사 나눈 후 곡산으로 떠남.

〈함주일록〉 6월 20일의 첫 기사는 임금의 은혜로 동부승지에 제수된 사실 확인으로 시작된다. 일기는 자신의 〈변방소辨謗疏〉를 두고 오간 조정 대신들과의 대화가 끝도 없이 이어진다. 과장스럽게 느껴질 만큼 칭찬 일색이라 읽기가 낯간지러울 정도다. 일기에 따르면, 이익운과 홍인호뿐 아니라 원수였던 목만중조차 "상소문이 과연 훌륭하오. 그대의 심사가 광명하여 구차하지가 않아 상소의 뜻이 이와 같구려"라며 칭찬했다. 이 밖에도 심상규, 오태증, 한만유를 비롯해 모든 조정 대신이 한 입으로 천고의 명소名疏라고 입을 모았다고 썼다. 병조판시 이조원은 입에 침이 마르게 감탄한 뒤 서자와 어린 손자를 불러 따로 다산에게 인사를 시키고는 "훗날 마땅히 이 아이들에게 영공의 상소를 읽히겠소"라고 말했을 정도였다. 과연 그랬을까? 막상 행간을 찬찬히 살펴보면 반발도 그에 못지않았다.

1797년 6월 20일

은혜롭게 동부승지同副承旨를 제수하셨다. 당시 홍인호洪仁
浩²가 좌승지로 승정원에 있었으므로, 내가 인척임을 혐의[姻
嫌]하여 부르시는 명을 어기고, 관상현觀象峴에 있는 홍시보洪時
溥³의 집에서 묵으니, 밤 이경이었다.

二十日. 恩除同副承旨. 時洪仁浩方以左承旨坐院, 余以姻嫌違牌.
宿觀象峴洪時溥宅, 夜二更.

6월 21일

이날 성상께서 경모궁景慕宮을 참배하셨다. 승정원에서 차비 인원을 청하였으나 비답이 없었다. 환궁하고 나서 명하여 다시 패초牌招하였다. 내가 대루원待漏院⁴금호문金虎門⁵ 밖에 나아가 상소하여 뜻을 펴 보였다.⁶ 그 대개는 이러하다.

"은혜 입음이 하늘같이 망극하오나 죄과를 스스로 용납지 못하나이다. 감히 흐느껴우는 간절한 뜻을 아뢰오니, 물리치사 내쫓는 은혜를 입게 하소서."

이 일로 들어가 아뢰니 성상께서 이렇게 비답하셨다.

"상소를 보고 잘 알았다. 착한 단서의 싹이 왕성하여 마치 봄바람에 만물이 움트는 것과 같다. 종이 가득 직접 나열한 말이 듣는 이를 감동시키기에 충분하다. 너는 사양치 말고 직분을 살피도록 하라."

이익운이 이때 우승지가 되었다. 홍인호와 더불어 각각 편지를 보내 경하하고, 작은 혐의에 구애되지 말고 은혜로운 명에 한차례 사례하기를 권하였다. 마침내 입궐하여 숙배하고는 바로 다시 나오려 하였더니, 성상께서 사알司謁⁷에게 다음과 같이 하교하셨다.

"동부승지는 오늘 숙직하도록 하라."

원래 숙직하기로 된 한 사람을 내보내고 내가 마침내 승정원에서 숙직하였다. 상소가 승정원으로 들어가자, 도승지 조진관趙鎭寬⁸이 이렇게 말했다.

"상소가 과연 훌륭하다. 오늘날의 이단異端을 요堯임금과

탕湯임금 시절의 홍수와 가뭄에 견주었으니, 최헌중崔獻重[9]의
상소와는 그 뜻이 크게 다르다."

廿一日. 是日聖上展拜景慕宮, 政院請備員, 無批. 旣還宮, 命更牌
招. 臣詣待漏院金虎門外上疏陳情. 大槩曰: "恩造與天罔極, 罪累無地自
容. 敢陳涕泣之懇, 冀蒙斥黜之恩." 事入啓, 聖批曰: "省疏具悉. 善端
之萌藹然, 如春嘘物苗. 滿紙自列, 言足感聽. 爾其勿辭察職." 李益運時
爲右承旨. 與洪仁浩各致書慶賀, 勸勿拘小嫌, 一謝恩命. 遂入闕肅拜,
擬卽還出, 上以司謁下敎曰: "同副承旨, 今日直宿." 坐直一員出去, 余
遂宿院. 疏入院, 都承旨趙鎭寬曰: "疏果善矣. 以今日異端, 比之堯湯水
旱, 其與崔獻重之疏, 意大異矣."

좌승지 홍인호가 상소를 보고는 뛸 듯이 기뻐하며 몹시 감
탄하였다. 우승지 이익운이 말했다.

"소동파는 문장과 충절이 천고에 우뚝한데, 이제 이 상소에
서 그를 양주와 묵적에다 견주었으니 감탄할 만하다."

좌부승지 이면긍李勉兢[10]이 내게 말해주었다.

"지난번 임금을 뵌 자리에서 '동부승지의 상소가 어떻더냐?'
고 물으시기에 내가 이렇게 대답했네. '신이 그 상소문을 읽고
실로 상쾌하였습니다. 옛날의 대현大賢이 오히려 만년에 노老·
불佛로 달아난 자가 있었는데, 이제부터 아무개는 허물이 없겠
습니다.' 그러자 임금께서 '그렇다, 잘할 것이다' 하시고는 '동
부승지가 체직코자 하는가?'라고 물으시므로, 내가 '이렇게 은
혜로운 비답을 받았는데, 어찌 감히 체직되기를 구하리이까?
인척의 혐의를 가지고 장차 나가고자 하는 것입니다'라고 했다
네. 그러자 상께서 '좌승지도 참으로 답답하구려. 어찌 그만두

고 떠나지 않겠는가?'라고 말씀하셨다네."

우부승지 이익진이 말했다.

"영공令公이 상소에서 한 말은 그다지 새롭거나 기이하지 않으니 모두 지난해 겨울 감인소에 있을 때 주고받은 이야기였소. 하지만 한마디 한마디가 정성스러워 누군들 감격지 않을 수 있겠소?"

左承旨洪仁浩覽疏欣躍, 亟加嗟歎. 右承旨李益運曰:"蘇東坡文章忠節, 度越千古. 今疏比之楊墨, 是可歎也."左副承旨李勉兢謂余曰:"'俄筵詢同副疏, 何如?'勉兢曰:'臣讀其疏, 誠爽快矣. 古之大賢, 猶有晩逃佛老者, 從今以往, 某也無累矣.'上曰:'然. 善爲之矣.'上曰:'同副欲遞乎?'勉兢曰:'承此恩批, 豈敢求遞? 而以姻嫌, 將欲出去矣.'上曰:'左承旨良亦支離, 何不遞去云云?"右副承旨李翼晉曰:"令公疏辭, 太不新奇, 都是昨季冬監印所所酬酢說話也. 言言悃愊, 孰不感激也?"

---

086 다산은 왜 이 시점에 〈변방소〉를 올렸을까?

다산의 〈변방소〉는 앞서 지적했듯이 이때 새로 쓴 것이 아니었다. 이미 2년 전 금정찰방으로 내려갈 당시 발표를 할까 말까 망설이던 글이었다. 이때의 정황은 이재기의 《눌암기략》에 나온다. 그 글은 이렇다.

병진년(1796)에 박장설의 상소가 나온 뒤에 정약용이 상소를 올려, 지난날 잘못한 죄를 통렬하게 말하며 스스로 새로워지겠다고 청하였다. 이승훈의 무리가 힘껏 다투면서 말했다.

"그랬다가는 우리가 삿된 무리라고 자처하는 것일세. 다른 날 홍낙안과 목만중이 비록 우리를 죽인다 하더라도 우리가 할 말이 없게 된단 말일세."

정약용이 듣지 않자, 이 일로 남매 사이가 거의 불목不睦하게 되었다고 한다.[11]

글에서 병진년은 을묘년의 잘못이다. 박장설의 상소가 나온 것은 을묘년, 즉 1795년의 일이었다. 다산의 〈변방소〉 초고 또한 이해에 준비되었음을 알 수 있다. 당시 다산은 이승훈 형제의 극렬한 반대로 인해 글을 발표하지 못했다.

물론 1797년 발표 당시에 상황에 맞춘 가감이 있었겠지만 글의 골격은 이미 초를 잡아둔 것이었다. 문장의 짜임새만 보더라도 절대 하루 만에 쓸 수 없는, 작심하고 쓴 회심의 승부수였다. 이 글에서 다산은 자신이 동부승지의 자리에 나아가지 못하는 이유를, 오로지 천주교 문제에 초점을 맞춰 장황하다 싶을 만큼 자세하고 솔직하게 썼다.

〈함주일록〉 6월 21일자 기사에서 우부승지 이익진은 다산이 "상소에서 한 말은 그다지 새롭거나 기이하지 않으니 모두 지난해 겨울 감인소에 있을 때 주고받은 이야기였다"고 했다. 다산의 상소문 내용을 이미 익히 알고 있었던 것이다. 뿐만 아니라 윤6월 5일자 일기에서 우의정 이병모에게 다산은 "소인이 올린 상소가 갑작스럽게 지은 것이 아닌 줄은 살펴보고 아셨을 것입니다. 상소문의 초고를 완성한 것이 이미 오래고 보니, 서로 아끼는 친한 벗 중에 읽어본 사람이 절로 많습니다"라고 해, 자신이 〈변방소〉를 이미 오래전에 지었고, 여러 사람과 돌려읽어왔음도 밝혔다.

또 6월 22일자 기사에 사촌 처남 좌승지 홍인호가 다산이 올린 〈변방소〉를 읽고 4년 만에 다산의 집에 들러서 정조와 나눈 대화를 전한다. 사촌 처남과의 관계가 서먹해진 것은 남인이 채당蔡黨과 홍당洪黨으로 갈리면서 다산이 홍당을 저격하는 선봉에 섰기 때문이었다. 글에서 "안으로부터 들은 것이 있다"라고 한 것은 홍인호가 사촌 누이인 다산의 부인 홍씨에게 전해들었다는 의미다.

여기에 문답 [056] 중 이삼환이 1795년 12월 1일 다산에게 보낸 편지에서 굳이 비방을 멈추게 하는 방법에 대해 거론한 것까지 거슬러올라가면, 적어도 이때 발표한 〈변방소〉의 초고를 다산이 금정찰방으로 내려오기 전에 이미 작성해서 가지고 있었을 것으로 필자는 판단한다.

〈변방소〉에서 다산은 자신이 상소문을 올리게 된 경위를 이렇게 설명했다.

마땅히 즉시 상소를 올려 스스로를 끌어당겼어야 했는데, 교서校書와 관시菅試로 미처 주선하지 못하다가, 얼마 못 가 체직되는 바람에 단지 혼자서 부끄럽고 두려웠습니다. 뜻하지 않게 오늘 또 제수하는 교지를 받게 되매, 구구한 천한 신하의 정성을 비로소 모두 밝힐 수 있게 되었습니다.

앞에서 자신은 서학으로 인해 지은 죄 때문에 보통 사람처럼 될 수가 없는데, 임금이 매번 덮어 가려주신 은덕으로 탄로 나지 않았을 뿐이라고 한 뒤, 진작에 올렸어야 할 상소를 1796년에는 교서관의 일과 관시로 인해 기회를 놓쳤다고 썼다. 그마저도 곧바로 체직되는 통에 소명의 기회를 잡지 못해 답답해하다가 다시 동부승지에 제수한다는 교지를 받고서야 비로소 떳떳하게 자신의 잘못을 고백할 수 있게 되었다고 한 것이다.

이 글은 동부승지를 맡을 수 없다고 사양하는 내용이니, 사실 어째서 자신이 이 직임에 나아갈 수 없는가를 밝히면 될 일이었다. 그리고 다산은 앞선 글에서 승정원 좌승지 홍인호와 인척간이어서 승정원에서 동시에 근무할 수 없다는 이유를 내세웠지만, 상소문 어디에도 이에 관한 내용이 단 한 줄도 없다. 오직 자신이 서학의 원죄 때문에 나갈 수 없고, 나아갈 경우 곧 임금에게 누가 될 것이라고만 되풀이해 강조했다.

서학 전력 때문에 못 나간다면서 '변방辨謗', 즉 자신을 둘러싼 비방에 대해 변명한다는 말 또한 모순이다. 잘못 때문에 못 나간다고 하면 그뿐인데, 왜 자신을 향한 비방이 부당하므로 이에 대해 변명 또는 해명하겠다는 식의 제목을 단 걸까? 막상 따져보기로 들면 다산의 이 상소문은 이렇게 겹겹의 모순 상태에 놓이고 만다. 결국 앞서 이삼환의 충고를 따라 변명하지 않았으면 가장 좋았을 것이었다.

사실 〈변방소〉는 번번이 자신을 천주교의 틀에 가둬 옥죄는 이 사슬을 원천적으로 끊어달라는 탄원에 가까웠다. 다산이 당초 이 글을 쓸 때는 한 편의 글로 회심의 일격을 날려 자신을 둘러싼 모든 오해와 비방을 한 방에 마무리 짓겠다는 의욕이 있었다. 글은 처음부터 끝까지 천주교와 관련된 자신의 입장 해명뿐이다. 다산으로서는 천주교 문제를 공개적이고 과감하게 정면돌파함으로써 더 이상 이 꼬리표를 달고 벼슬길에 오르지는 않겠다는 승부수를 던진 것이었다.

한편 다산은 6월 21일에 이익운과 홍인호가 편지를 보내, 작은 혐의에 구애되지 말고 은혜로운 명에 한차례 사례해야 한다고 하자, 그 길로 입궐해 숙배했다. 다산은 〈변방소〉 발표로 오해가 걷히고 비방이 풀리면 떳떳하게 벼슬에 나아갈 생각이었다.

087 다산의 〈변방소〉에 대한 정조와 대신들의 반응은?

〈변방소〉가 올라가자 조정 전체가 들썩일 정도로 반응이 뜨거웠다. 정조가 먼저 "상소를 보고 잘 알았다. 착한 단서의 싹이 왕성하여 마치 봄바람에 만물이 움트는 것과 같다. 종이 가득 직접 나열한 말이 듣는 이를 감동시키기에 충분하다. 너는 사양치 말고 직분을 살피도록 하라"라며 극찬의 뜻을 담은 비답을 내렸다. 뿐만 아니라 조정 대신들 앞에서 "이후로 정아무개는 허물이 없는 사람이 될 것이다"라고 말하기까지 했다. 면죄부를 주겠다는 뜻이었다.

이후 다산의 〈변방소〉는 단연 화제의 중심에 놓이게 되었다. 당상관의 직분에 있는 관리가 자신과 천주교에 얽힌 인연을 이처럼 솔직하게 밝힌 전례가 없었다. 이제는 천주교와 완전히 결별했으니 더 이상 이 문제로 자신을 엮는 일이 없으면 좋겠다고, 공개적으로 변명 아닌 변명을 했다. 인혐은 핑계고 천주교 문제에 대한 정면돌파 없이는 평생 그 굴레에서 벗어날 수 없음을 다산 자신이 누구보다 잘 알고 있었다.

그런데 이기경이 쓴 《벽위편》에는, 그 이튿날 아침 정조가 막 출근한 승지와 사관을 모아놓고 어제 정약용의 상소에 대해 각자의 소감을 말해보라고 했다는 묘한 기사가 실려 있다. 이때 검열 오태증이 뜻밖의 말을 했다. "신의 소견에 이 사람은 아직도 천주학을 버리지 못했습니다." 〈함주일록〉 6월 25일 기사에서 오태증은 서유구와 함께 있다가 '문장이 사람을 감동시키기에 충분하다'고 칭찬한 장본인이다. 오태증의 말을 듣고 정조는 큰 소리로 웃고 "네 말이 과연 옳다"고 맞장구를 치기까지 했다.[12] 정조의 〈변방소〉에 대한 평가가 불과 하루만에 달라진 셈이다. 《벽위편》은 다시 이렇게 부연했다.

> 약용이 만약 자수하려 했다면, 상소문의 말이 반드시 질박하고 솔직해서 화려함 없이 조각조각 붉은 마음이 흘러나온 뒤라야 그가 곧은 마음으로 회개하였음을 볼 수 있을 것이다. 그런데 지금은 천언만어로 오로지 수식에만 힘을 쏟았다. 그가 스스로 회개했다고 말한 곳은 고작해야 '벼슬길에 나간 뒤로는 더더욱 어찌 능히 방외에 마음을 노닐 수 있었겠습니까?'뿐이다. 단 한 글자도 아프고 절실한 마음이 없다.[13]

실로 싸늘하고 매몰찬 평가다. 이어지는 글에서는 당시 항간에서 떠돌던 이야기를 다음과 같이 소개했다.

> 정약용이 능히 진심으로 회개했다면 마땅히 사학의 부류와 서로 끊고, 바른 선비들과는 유감을 풀었어야 맞다. 그렇지 않다면 그 상소는 믿을 수가 없다. 이후의 종적을 살펴보더라도 이가환·이승훈·홍낙민·황사영 등과는 친밀함이 예전과 다름이 없고, 홍낙안·이기경 등과는 원수로 지내는 것이 전날과 같다. 그래서 사람들이 약용 보기를 또한 전날의 약용과 같다고 했던 것이다. 나는 잘 모르겠다. 이 서학이 과연 어떤 점이

좋기에 앞뒤로 30년 동안 끝내 단 한 사람도 머리를 돌리고 마음을 고쳐먹은 자가 없더란 말인가![14]

이는 당시 다산의 〈변방소〉에 대해 상반된 평가가 함께 존재했다는 뜻이고, 극찬을 아끼지 않았던 임금조차 속으로는 다른 생각을 품고 있었다는 의미이기도 하다.

다산 자신도 일기 중 윤6월 5일 우의정 이병모와의 대화에서, 자신이 오래전에 써둔 초고를 여러 벗이 읽었는데, 그들이 모두 쓴소리를 하며 만류해, "지금 같은 경박한 풍속으로 이치럼 지성스러운 상소를 올리면 이를 본 사람들이 설령 마음속으로는 기뻐 따르면서도 겉으로는 틀림없이 자구를 트집 잡아 헤아리지 못할 근심 속으로 내몰 것이니, 절대로 글을 올려서 위기를 밟는 일이 없도록 하게"라고 했다고 말한 바 있다. 다산은 벗들의 잇단 충고에도 불구하고 이때 상소를 불쑥 강행했고, 그 결과 '인혐' 운운했던 당초의 말은 핑계가 되고, 공연히 없던 풍파를 만들어내면서 '긁어 부스럼'의 형국이 되고 말았다. 결과적으로 다산은 이 글을 발표하지 말았어야 했다.

〈함주일록〉에서 다산의 〈변방소〉에 대해 어떤 사람이 언급을 남겼나 살펴보자. 6월 21일 정조의 비답이 있고 나서, 당시 승정원에 함께 있던 도승지 조진관이 훌륭한 상소라며 첫 번째 반응을 내놓았다. 좌승지 홍인호와 우승지 이익운이 곁에서 한 마디씩 거들었다. 여기에 좌부승지 이면긍과 우부승지 이익진까지 나서서 칭찬 일색이었다. 이익진은 "영공이 상소에서 한 말은 그다지 새롭거나 기이하지 않으니 모두 지난해 겨울 감인소에 있을 때 주고받은 이야기였소. 하지만 한 마디 한 마디가 정성스러워 누군들 감격지 않을 수 있겠소?"라고 했다. 〈변방소〉가 다산이 오래전부터 그 내용을 공유하며 상의해오던 글이었다는 뜻이기도 하다.

숙직에서 돌아온 이튿날인 6월 22일에는 참의 목만중과 홍인호의 칭찬이 있었다. 6월 23일에는 예전 1795년 봄 융복을 입지 않은 일로 견책을 받아 대망臺望에 다산의 이름을 올리지 못하게 한 처분을 해제한다는 임금의 분부가 떨어졌다.

6월 24일 이후 임금의 비답과 이어진 처분이 조정 대신들에게 공유되면서 〈변방소〉에 대한 칭찬 릴레이가 쏟아져나오기 시작했다. 직제학 이만수의 반응과 이익운의 전언이 실렸고, 6월 25일에는 규장각 제학 심상규, 서유구, 오태증, 한만유, 성대중의 칭찬이 이어졌다. 6월 26일에는 이조참의 어용겸과 관련된 논란을 수록했다. 이후 이 같은 분위기 조성의 결과 6월 27일에 다산의 동부승지 의망擬望이 낙점되었고, 이 상황에서 다산이 뜻밖에 체직을 요청하면서 다시 논란이 일었다. 여기에서도 일기의 기록에는 밀고 당기는 미묘한 긴장과 갈등의 파장이 섬세하게 그려진다.

6월 28일, 다산은 이조참판 서매수에게 군직을 받은 일과, 우의정 이병모가 다산의 파직을 요청한 기사를 엇갈리게 실어 반대파의 존재를 기록으로 남겼다. 6월 29일에는 같은 노론 내부에서 심환지가 이번엔 다산의 상소를 칭찬하고 등용을 청하는 상언을 올렸다는 기사를 실어 전날 이병모의 건의와는 다른 결을 보여주었다. 며칠 뒤인 윤6월 3일 새벽 입궐한 다산에게 임금의 하교가 있은 뒤, 영돈녕부사 김이소, 예조판서 민종현이 다시 〈변방소〉를 높이 칭찬했다. 윤6월 4일에는 병조판서 이조원, 전 호조판서 이시수, 호조판서 김화진, 훈련대장 이경무의 칭찬을 실었고, 윤6월 5일에는 우의정 이병모, 심환지와의 긴 대화가 실렸다. 이때부터 분위기가 사뭇 달라지는 느낌인데, 사실 윤6월 2일에 다산의 곡산부사행이 결정되었기 때문이다.

일기에는 당시 조정의 노론 실세들의 이름이 총망라되어 있다. 다산은 그들과 주고받은 대화의 앞뒤를 비교적 소상하게 적었다. 그 결과 다산이 동부승지에 임명된 이후 〈변방소〉 제출까지의 경과, 정조의 비답과 조정 대신들의 결이 다른 각종 반응에 이르기까지, 근 보름간 조정에서 벌어진, 다산을 둘러싼 출렁거림의 전말이 세심하게 포착되었다. 다산으로서는 일종의 증언을 겸해 당시 그들의 언행을 하나하나 기억의 회로에서 끄집어내 기록으로 되살려내고자 했다.

아침에 혐의를 피하여 승정원을 나서자 여러 신료가 말했다.

"잠깐 앉게나. 마땅히 여러 승지가 입시할 터이니, 자리에 올라 조아려 사례하고 나가도 괜찮을걸세."

내가 말했다.

"어찌 영광스럽고 기쁜 일이 아니겠습니까만, 공적인 격식이니 엄하게 하지 않으면 안 됩니다."

마침내 나와서 집으로 돌아가다가 내병조內兵曹에 들렀다. 마침 참의 목만중睦萬中[15]이 입직하여 상소문을 찾고 있었다. 상소문의 초고가 마침 옷소매 속에 있었으므로 꺼내서 보여주었다. 다 보고 나더니 이렇게 말했다.

"상소문이 과연 훌륭하오. 그대의 심사가 광명하여 구차하지가 않아 상소의 뜻이 이와 같구려. 내가 진실로 헤아려보매, 근래 8~9년의 오랜 기간 그대가 지은 글을 보지 못했더니, 이제 이 상소를 보매 문장 또한 크게 진보했구려. 기쁨을 말로 다 할 수가 없네."

廿二日朝, 引嫌出院, 諸僚曰:"少坐, 當有諸承旨入侍, 登筵叩謝而出, 無妨也." 余曰:"豈非榮欣, 而公格不可不嚴." 遂出還家, 歷入內兵曹. 時參議睦萬中入直索疏, 草疏適在袖, 出而示之. 覽訖, 曰:"疏果善矣. 君之心事, 光明不苟, 疏意之若是. 吾固料之, 近八九年久不見君述作, 今見此疏, 文章亦大進矣. 欣喜, 不可言也."

집에 도착하자 홍인호가 편지를 보내 이렇게 말했다.

"성대한 문장과 은혜로운 비답에 보고 듣는 이들이 모두 감동하였으니 기쁘고 다행스럽기 그지없네. 지난번 임금을 뵌 자리에서 동부승지를 입시케 하라고 명하시기에, 내가 '나갔습니다'라고 하니, 임금께서 '동부승지가 체직하려는 것인가?' 하시기에, 내가 '은혜로운 비답이 내렸으니 어찌 감히 체직하겠습니까? 인척의 혐의 때문에 나간 것입니다'라고 하였다네. 그러자 임금께서 '한 차례 체직시킨 뒤에 다시 맡기는 것이 좋겠네'라고 하시더니, 바로 좌우 동부승지에게 명하여 함께 체직을 허락하셨다네."

채홍원이 집으로 찾아와 이야기를 나누고 있을 때 홍인호가 갑자기 초헌을 타고 찾아오자, 채홍원은 바로 일어나 가버렸다.

旣到家, 洪仁浩致書曰: "盛章恩批, 瞻聆俱聳, 不勝欣幸. 俄筵上命同副承旨入侍, 洪曰: '出去矣.' 上曰: '同副欲遞乎?' 洪曰: '恩批之下, 豈敢求遞? 而以姻嫌出矣.' 上曰: '一番遞去後, 更爲之似好矣.' 仍命左右同副承旨竝許遞." 蔡弘遠來訪方話時, 洪仁浩忽乘軺來訪, 蔡卽起去.

홍인호가 말했다.

"영공의 상소를 보니 하례함이 없을 수 없겠더군. 내가 문 앞을 지나면서도 들르지 않은 것이 이제 이미 네 해째인데 오늘에야 처음으로 왔다네. 지난번 경연에서 말씀하시더군. '경은 정아무개와 이제껏 사단이 있었는데, 지금은 어떠한가?' 그래서 내가 말했다네. '그때 괴상한 이야기가 있었으나, 그 뒤로 서로 만나 이야기해서 풀었습니다. 작년 그믐날 밤에 정약용이 와서 신의 아비를 보기까지 했으니 지금은 서먹서먹하게 지내려 하지 않습니다.' 임금께서 말씀하셨네. '그렇다면 피차간에

모두 다행이구려.' 내가 '신이 양학洋學에 대해 터무니없이 남
의 비방을 받았습니다. 하지만 정약용이 지극히 원통함은 신이
잘 아는 바입니다. 정약용이 틀림없이 머지않아 상소를 올릴
것입니다.' 그러자 상께서 '어찌 아는가?' 하시므로, 내가 '안으
로부터 들은 것이 그렇습니다'[16]라고 하였다네."

洪云: "見令公疏, 不可無賀. 吾過門不入, 今已四年, 今日始來矣.
頃筵上曰: '卿與丁某向來有事端, 今則何如?' 仁浩曰: '伊時有怪怪說
話, 其後相對說破. 昨年除夕也, 丁來見臣父, 今則不欲撕捱矣.' 上曰:
'然則彼此俱幸矣.' 仁浩曰: '臣於洋學, 浪受人謗. 然丁之至冤, 臣所洞
悉. 丁必不久陳疏矣.' 上曰: '何以知之?' 仁浩曰: '自中所聞如此矣.'"

088 목만중의 칭찬과
홍인호의 갑작스러운 방문은 어떤 의미였나?

이날 6월 22일 다산이 승정원에서의 첫 숙직을 마치고 퇴근하며
내병조에 잠깐 들렀을 때 참의 목만중이 출근하자마자 다산의 상소문
을 찾고 있었다. 다산이 소매 속에 간직해둔 상소문의 초고를 꺼내 보
여주었다.

목만중이 누군가? 다산은 〈정헌묘지명〉에서 목만중의 이름 앞에 '악
인'이라는 수식어를 붙였다. 그는 같은 남인이면서도 채제공을 배신해
해쳤고, 〈금정일록〉의 첫 면 7월 26일 일기에 등장하는 박장설의 상소

도 목만중이 뜬말로 선동해 사주한 일이었다. 그는 오석충, 권철신, 이기양, 이가환을 비롯해 자신의 묘지명에도 예외 없이 악역으로 등장한다. 그런 목만중이 다산 앞에서 기쁨을 말로 다 할 수가 없다며 칭찬했다. 남인 내부의 오랜 반목과 투쟁이 이제 화해 무드로 바뀌는 것일까?

뿐만 아니라 전날인 21일 일기에 보면, 다산의 사촌 처남 홍인호가 다산의 〈변방소〉를 보고 감탄하며 편지를 보내 경하한 사연이 나온다. 일기에는 당시 좌승지였던 홍인호가 상소를 읽고는 뛸 듯이 기뻐하며 몹시 감탄했다고 쓰여 있다.

다시 22일 일기에는 홍인호가 다산에게 보낸 편지를 실었다. 자신이 정조와 다산의 일로 주고받은 문답을 전달한 내용이다. 다산은 사촌 처남 홍인호가 좌승지에 있는지라 인척의 혐의를 피해 동부승지에서 체직을 원했고, 이에 정조는 한 차례 체직의 모양새를 갖춘 뒤에 다시 임명하겠다는 뜻을 홍인호에게 비쳤다. 홍인호가 이 같은 사실을 다산에게 편지로 알려온 것이었다.

이날 저녁 다산의 집에 마침 채제공의 아들 채홍원이 찾아와 얘기를 나누고 있었다. 이때 홍인호가 예고 없이 초헌을 타고 들이닥쳤다. 채홍원은 그 자리에서 벌떡 일어나 나가버렸다. 1785년 당시 홍인호의 부친 홍수보가 채홍원의 부친 채제공을 탄핵하는 데 앞장서면서 이른바 채당과 홍당으로 나뉘어 싸운 오랜 악연이 있었다. 뿐만 아니라 공서파의 핵심 인물인 홍낙안이 채제공과 이가환·정약용 등을 서학 문제로 극렬하게 공격할 때도 홍인호가 임금에게 전달하는 역할을 맡는 등 뿌리 깊은 불신과 악감정이 켜켜이 쌓여 있었다.

사실 다산과 홍인호 사이의 잘못을 굳이 가리자면 다산 쪽의 잘못이 더 많았다. 이재기의 《눌암기략》에, 1793년 홍인한의 문제가 첨예하게 불거졌을 때 다산이 채제공을 위해 홍인한을 타격하는 통문의 초를 잡을 당시의 이야기가 실려 있다.

계축년(1793) 겨울에 일곱 명의 경재卿宰가 서면으로 심문하여 성정
진에게 공사供辭를 진술하도록 하였다. 또 한광보韓光傅에게 증인을 서
게 해서 그 일을 확인해두었다. 그런 다음 윤신尹愼을 불러 그에게 통문
을 내서 성토하게 했다. 통문은 정약용의 손에서 나왔다. 초고를 구상하
던 날 홍수보 상서가 마침 정약용을 그의 집으로 찾아갔다. 손님이 사랑
방에 가득했는데, 정약용이 몇 마디를 주고받고는 내실에 들도록 안내
하여 여러 객이 탈고하게끔 하였다. 홍수보는 이런 일이 있는 줄은 까마
득히 몰랐다. 정약용의 처는 홍수보의 조카딸이었기 때문에 내실로 데
려간 것이라 한다.[17]

다산이 홍인한과 처삼촌과 사촌 처남인 홍수보 부자에게 타격을
가하는 통문의 초고를 쓸 때 홍수보가 다산을 찾아왔고, 현장을 들켜
당황한 다산이 그를 안채로 들여보냄으로써 상황을 겨우 모면했다는
이야기다.
또 강세정의 《송담유록》에도 이런 글이 나온다.

이가환과 정약용이, 홍인호 대감이 엄한 하교를 받고 홍낙안이 쓴 글
을 바쳤다는 소식을 듣고는, 이때를 틈타서 얽어넣을 수 있겠다고 여겼
다. 모여 의논하여 홍인호를 함께 엮어서 해치고자, 홍낙안을 공격하는
통문을 지으면서 홍인호 부자도 엮어서 날조하였다. 종이 가득 늘어놓
아 온갖 방법으로 꾸짖고 욕하니, 아는 이들은 곱절이나 두려워 겁을 내
고, 심지어 가까운 인척이나 친척조차도 감히 찾아가지 못하였다.[18]

가까운 처족이었던 홍인호와 다산 사이에는 이 같은 악연이 점철되어 있었다. 하지만 이날은 홍인호가 먼저 편지를 보내 다산에게 우호적인 소식을 전했을 뿐 아니라, 저녁에 직접 다산의 집으로 찾아오기까지 했던 것이다. 1793년 이후 4년 만에 내민 화해의 손짓이었다.

〈함주일록〉 6월 22일자 기록에서 홍인호는 다산에게 하례하면서, 그사이에 자신이 문 앞을 지나면서도 들르지 않은 것이 네 해째라면서, 임금이 자신에게 정약용과 오해를 풀었느냐고 물으시기에 한때 말이 있었으나 지금은 풀었고, 1796년 그믐날 밤에는 다산이 홍수보를 찾아온 사실까지 말씀드렸노라고 애기하며 다산의 손을 다시 잡아주었다.

다산이 〈함주일록〉에서 극단적 대척점에 서 있던 목만중과 홍인호의 호의적 반응을 특별히 기록으로 남긴 것 또한 정치적 고려가 포함된 것이다. 다산은 자신의 상소문으로 인해 일단 남인 내부에서도 화해의 분위기가 비로소 싹텄음을 알리고 싶었던 듯하다.

다산의 일기장

6월 23일

다음과 같이 전교하셨다.

"처분을 받은 여러 신하는 지난번 경사스러운 생신[19] 때 모두 말끔히 씻어주라는 교지가 있었다. 하지만 대망臺望에 의망擬望하지 못하게 한 박기정朴基正[20]과 관직에 의망하지 못하게 한 정약용은 처분의 특별한 교시 때문에 예외로 하여 그 가운데 들지 못했다고 한다. 이제부터는 의망하는 일에 구애받지 말라고 전조銓曹에 분부토록 하라."

대개 을묘년(1795) 봄에 내가 병조에 입직했을 때 융복戎服을 마련하지 못한 일로 엄한 전교가 있어 관직에 의망하지 못하게 하였는데,[21] 막바로 금정으로 가게 되었으므로 이제껏 이것이 풀리지 않고 있었던 것이다. 이에 이르러 비로소 이 같은 은혜가 있게 되어 감격하고 황공함을 표현할 수가 없었다.

廿三日, 傳曰: "處分諸臣, 向於慶辰有蕩滌之教. 而勿擬臺望之朴基正, 勿擬官職之丁若鏞, 以處分之特教, 拔例不入其中云. 自今勿拘擬擬事, 分付銓曹." 蓋於乙卯春, 以余兵曹入直時, 戎服不備事, 有嚴教, 令勿擬官. 繼有金井之行, 至今未解. 至是始有此恩, 感惶不可狀也.

6월 24일

부르시는 명을 받고 주자소鑄字所선인문 안에 있는데 감인소라고도 부른다로 들어갔다. 당시에는 직무의 권한이 없었으므로 공복公服을 입고서 입궐하였다. 직제학 이만수가 말했다.

"임금께서 영공과 이익진에게《사기영선史記英選》을 가져가서《사기평림史記評林》의 여러 주석을 위주로 하되, 그 밖에 다른 주장을 채록하여 상세하고 자세함을 아우를 수 있도록 하기에 힘쓸 것을 명하셨소."

내가 명을 받들어《사기영선》을 받았다. 또《주자어류》에 현토懸吐한 사람의 성명을 책면에다 쓸 것을 명하셨다. 대개 임금께서 세자로 계실 적에, 계방桂坊²²의 신료였던 한용화韓用和·이술원李述源·안정복安鼎福 등 여러 사람이 실로 영을 받들어 토를 달았으므로 이에 이르러 그 성명을 쓸 것을 명하셨던 것이다.

廿四日, 承召命入鑄字所在宣仁門內, 亦稱監印所. 時, 未有職權. 且公服入闕. 直提學李晚秀曰:"上命令公與李翼晉取史記英選, 以評林諸注爲主, 旁採他說, 務詳約兼至."臣承命受史記. 又命書朱子語類懸吐人姓名于冊面. 蓋上在春邸時, 桂坊臣僚韓用和李述源安鼎福諸人, 實奉令懸吐, 至是命書其姓名.

이만수가 말했다.

"영공의 상소문을 어제 원중院中에서 보았소. 말마다 참으로 간절하여 진실로 사람을 감동시키기에 충분하였소. 문장도 살

다산의 일기장

아 움직여 또한 근래에 보지 못한 바였으니 참으로 관각의 큰
솜씨라 하겠소."

　　대개 이익운 대감의 말을 들으니 이만수가 그날 원에 들어
와 조복을 벗기도 전에 먼저 나의 상소문을 찾아 몇 줄을 읽더
니 큰 소리로 낭송하고 무릎을 치며 탄복하고는, 천고의 명소
라 하였다 한다.

　　李晚秀曰: "令公疏昨於院中見之. 言言眞切, 固足感人. 而文章之動
盪, 亦近來之所未見, 眞是館閣大手也." 蓋聞李台益運之言, 李晚秀其日
入院, 朝袍未脫, 先索余疏, 讀數行, 高聲朗誦, 擊節歎賞, 以爲千古名
疏云.

6월 25일

임금께서 천신賤臣을 부르셔서 주자소로 갔더니, 상으로 빈 랑투서檳榔套署[23]를 내리시고, 우황청심환牛黃淸心丸 5환과 제 중단濟衆丹 15정을 함께 내리셨다. 대개 내가 일찍이 명을 받아 《두율杜律》[24]을 교정하는 데 작은 노고가 있었기 때문이다.

심상규沈象奎[25]가 내게 말했다.

"영공의 상소는 과연 훌륭한 작품이오. 내가 《일성록》에다 한 글자도 빼지 않고 그대로 베껴 썼소."

廿五日, 上召賤臣至鑄字所, 賞賜檳榔套署, 副牛黃淸心丸五丸, 濟 衆丹十五錠. 蓋臣曾受命校杜律, 有微勞也. 沈象奎謂余曰:"令公之疏, 果然善作. 吾於日省錄中, 不刪一字而全謄之矣."

서유구徐有榘[26]가 말했다.

"영공의 상소가 너무나 훌륭해서, 여러 사람이 모두 칭찬한 다고 합디다."

오태증이 말했다.

"문장 또한 사람을 감동시키기에 충분하오."

한만유韓晚裕[27]가 말했다.

"상소의 글이 사람으로 하여금 감탄케 한다."

성대중成大中[28]이 말했다.

"비록 이 상소가 아니더라도 영공은 죄를 분명하게 벗어난 것이 이미 오래요. 하물며 상소가 나온 뒤로는 중론이 모두 수 그러들었소."

가는 길에 박제가에게 들러《북학의北學議》를 보았다.

徐有榘曰: "令公之疏甚善, 故物論皆譽之云." 吳泰曾曰: "文章亦足
動人." 韓晩裕曰: "疏詞令人感歎." 成大中曰: "雖非此疏, 令公則昭脫已
久. 況疏出之後, 物論翕然矣." 歷訪朴齊家, 觀北學議.

어제 정사政事에서[29] 이조참의 어용겸魚用謙[30]이 내 이름을
송서送西[31]하지 않아 군직軍職을 받지 못했다. 대개 내가 환난
을 만난 이래로 심환지沈煥之[32]와 이병정李秉鼎[33] 등 여러 재상
이 모두 후보자 명단을 심사할 적에 군함軍衡에 대해서는 막은
적이 없었는데, 이때에 이르러 처음 이 같은 일이 있었다. 물
정物情이 일정치 않음이 이와 같았다. 이익운이 원중에서 서매
수徐邁修[34]를 만나 이렇게 말했다.

"어용겸 참의의 일은 내가 알지를 못하겠구려. 앞서 갈피를
잡을 수 없을 때에는 심환지, 이병정 등 여러 대감이 오히려 의
심하지 않더니, 이제 환히 밝혀진 뒤에 갑자기 이처럼 막아 누
르니, 어 참의의 일이 또한 이상하지 않은가?"

서매수가 말했다.

"어용겸의 일 처리가 대단히 마땅치 않았소."

廿六日, 昨日政, 吏曹參議魚用謙不以余名送西, 不付軍職. 蓋自余
遭罹以來, 沈煥之李秉鼎諸宰, 皆於政望未嘗見阻於軍衡, 至是初有此
事. 物情之不齊, 有如是矣. 李益運於院中見徐邁修謂曰: "魚參議之事,
吾所未曉. 前在黵昧之時, 沈李諸台尚不持疑, 今於昭暴之後, 忽如是
抑塞, 魚事不亦異乎?" 徐曰: "魚令大段不善爲矣."

089 23일의 해제 조처와
26일 어용겸의 송서 사건 맥락은?

6월 23일 일기에는 임금의 전교 내용이 적혀 있다. 정조는 이전에 징계 처분을 받은 신하 중 모친인 혜경궁 홍씨의 회갑이었던 1795년 사면에서 예외로 했던 박기정·정약용·오한원 세 사람을 용서해주고, 향후 의망에 구애받지 말라는 명을 내렸다.

《일성록》 정조 19년(1795) 3월 2일자 기사에 처음 징계 처분을 철회하지 말 것을 명하는 내용이 나온다. 이때 임금은 의금부의 시수時囚 정약용 등을 감방勘放하고 이어 정약용을 다시는 관직의 망통望筒에 살펴 의망하지 말 것을 명했는데, 2년 만에 이를 사면 해제한 것이다. 당시 임금의 전교가 이랬다.

> 요즘 사람은 자급資級이 조금만 올라도 바라던 것이 채워져 두려움도 없고 돌아보는 것도 없어서 마치 지위가 높고 후한 녹봉을 받는 사람의 존재를 모르는 것처럼 행동하는데, 정약용이 곧 그런 사람 중의 하나이다. 이마에 옥관자玉貫子를 붙이고 비단옷을 입는 것은 어느 누가 그리하지 않겠는가? 그런데 정약용은 너무 방자하다. 줄곧 이렇게 행동하는데도 벼슬을 절차대로 밀어올려주면 어떤 모양이 되겠으며 어떤 죄악을 범하겠는가?[35]

1795년 봄 다산이 병조에 입직했을 당시 융복을 마련하지 못해 시위侍衛가 지체된 일로 관직 추천을 금지시켰고, 이후 바로 금정찰방으로 내려가는 바람에 당시의 조치가 해제되지 않은 채 그대로 남아 있었다.

이후 이틀 내내 다산의 〈변방소〉를 두고 천고의 명소名疏라 하면서 '모두 칭찬한다', '감동시키기에 충분하다', '감탄케 한다' 등의 칭찬이 이어졌다. 그런데 이어서 6월 26일에는 이조참의 어용겸이 다산의 이름을 송서送西하지 않아 다산이 군직軍職을 받지 못하는 상황이 발생했다. 송서는 실직에서 물러난 정3품 이상의 당상관에게 중추부의 군직을 부여하는 조처를 가리킨다. 당시 다산이 동부승지에서 체직되었지만 교서관의 일을 보고 있었으므로 군직을 부여해주어야 급여를 받을 수 있었는데, 어용겸이 이를 원천적으로 막아버렸던 것이다.

당시 어용겸은 6월 17일에 막 이조참의에 임명된 상황이었다. 앞서 이보다 더 급박한 형국에서도 군직까지 막은 적은 없었는데, 처음 당하는 경우여서 다산으로서는 몹시 당혹스러웠다. 칭찬 릴레이 속에서도 속으로 다산의 언행을 미워하는 움직임 또한 만만치 않았음을 보여준다.

이튿날인 6월 27일 동부승지 의망이 낙점되었으나, 다산은 전날 어용겸이 군직을 주지 않은 일을 서면 보고하면서, 이 일을 통해 공론을 가늠할 수 있으니 명패를 받지 못하겠노라고 버텼다. 결국 다산은 한 번 더 동부승지 직임에서 체직되고 말았다. 임금이 징계의 해제를 명했음에도 이조참의는 임금의 명령을 무시한 채 다산의 군직조차 불허해서 다산의 발목을 걸어 넘어뜨렸다.

이 일로 정조는 대단히 불쾌하고 불편한 상태가 되었다. 이날 정조는 밤중에 비밀 편지를 써서 심환지의 집으로 보냈다. 친필로 남은 정조의 비밀 편지는 내용이 이러했다.

다산의 일기장

삼전三銓 즉 이조참의의 정사政事는 오히려 너무 편파적이라 말하겠다. 아울러 실속 없는 말단의 직책을 더불어 소론과 남인에게 의망하는 것을 거론조차 하지 않았으니 어찌 말이 되겠는가? 정약용을 송서하지 않은 것은 크게 선을 권면하는 뜻이 아니다. 한 가지 일, 두 가지 일로 반평생의 원망과 유감이 나날이 심해지니, 이 같은 지점을 어째서 유의하지 않겠는가? 이조참판이 마땅히 들어올 것인데, 이번 정사에는 그로 하여금 송서하게 함이 어떻겠는가? 이것은 이조참의의 사직 상소이니 모름지기 바로 베껴서 보는 것이 어떻겠는가? 참으로 볼만한 것이 있다네. 이만 줄이네.[36]

당시 내의원 제조로 있던 심환지는 삼청동 자기 집으로 6월 27일 식전에 배달된 임금의 밀찰을 받았다. 어용겸의 일 처리는 아무것도 아닌 말석의 벼슬이라도 소론과 남인에게는 줄 수 없다는 노론의 결기를 대변하고 있었다. 정조는 정약용의 일을 콕 짚어 조정의 일 처리가 원한과 유감만 키워가는 형국으로 변해가는데, 어째서 이를 그저 지켜보고만 있느냐고 심환지를 나무랐다. 이조참판이 당장 들어와 이 일을 바로잡게 할 것을 명했다.

정조는 이조참의 어용겸의 사직 상소를 함께 동봉했던 모양으로, 베껴두고 읽어보라고 했다. 정조가 이 일이 있은 직후 어용겸에게 책임을 물었고, 어용겸이 이에 사직 상소를 올렸음을 보여준다. 이로써 어용겸은 6월 17일에 임명되어 9일 만인 6월 26일에 이조참의에서 물러나야 했다. 당시 정조의 분노가 상당했었다는 뜻이다.

실제로 《정조실록》 1797년 6월 26일자 기사를 보면, 정조는 당일에 즉각 서매수를 이조참판에 앉히고, 이조참의는 김조순으로 교체해 버리는 전광석화와 같은 인사를 단행했다. 심환지의 귀띔을 받은 서매수는 6월 27일 첫 출근을 하자마자 다산에게 군직을 주는 인사 단행으로 자신의 직임을 개시했다. 다산은 당일 바로 밀린 봉급을 수령할 수 있었다.

뿐만 아니라 6월 29일자 일기에서 심환지는 다산의 상소가 정성스럽고 진심이 담긴 명문이라고 칭찬하며, 예전 융복 때문에 처분받은 일로 의망하지 못하니, 오래도록 막힌 채로 버려두지 말고 불러다 쓸 것을 청하는 말을 아뢰기까지 했다. 정조는 6월 23일에 이어 이때 한 번 더 다산을 의망함에 구애받지 말라는 교서를 내렸다.

정조는 불과 사흘 뒤인 6월 29일에 이용겸을 다시 이조참의에 복직시켰다. 26일의 깜짝 인사는 다산을 송서하지 않은 일에 대한 일시적 문책의 성격이 강했던 것이다. 일종의 선을 넘지 말라는 경고였던 셈이다. 실제 윤6월 3일 일기에서 다산은 다시 이조참의로 복귀한 어용겸과 만났지만 서로 상관없는 이야기만 주고받았을 뿐 상소나 군직에 관한 일은 화제에 올리지 않았다고 썼다. 껄끄러운 일을 피차 없던 것으로 하고 넘어간 것이다.

정조가 심환지와 수원유수 조심태 등에게 비밀 편지를 보내 막후 정치를 이어간 것은 이미 알려져 있는데, 다산의 일기를 통해서도 이같은 막후 조정의 생생한 현장을 접하게 되는 것은 대단히 흥미롭다. 다른 한편으로, 기록이 참 무섭다는 생각도 든다. 역사는 이런 작은 퍼즐들이 맞춰져서 큰 서사를 향해 나아간다.

다산의 일기장

앞서의 동부승지 의망이 낙점되었다. 내가 군직의 일로 승정원에 서면으로 알려 말했다.

"일전에 은혜로운 비답이 있은 뒤이니 어찌 감히 다시 형편을 말하겠습니까? 하지만 군직의 일로 또한 공적인 의론을 볼 수가 있었습니다. 이에 어쩔 수 없이 명패命牌를 받지 못하겠습니다."

얼마 뒤 다시 명패가 나왔으나 또 나아가지 않자 체직을 허락하였다.

廿七日, 同副承旨前望落點, 余以軍職事書報院中曰: "日前恩批之後, 豈敢更言情勢? 而軍職事亦可見公議. 玆不得不違牌矣." 俄而出再牌, 又不進. 許遞.

상소가 들어간 날 조진관이 말했다.

"이 상소가 이미 나왔으니 홍낙안과 이기경 같은 무리 또한 장려하여 쓰는 것이 합당할 것입니다."

이익운이 말했다.

"내가 평소에 영공은 그래도 공정한 마음이 있다고 말하곤 했는데, 이게 무슨 말이오? 대저 한때 치우친 책을 본 것이 어찌 큰 죄입니까? 벗 사이라면 서로 경계하여 바로잡는 것이 옳을 것이오. 공연히 한쪽의 사람을 들어다가 온통 더러운 이름을 뒤집어씌워 일망타진의 계책을 이루고자 하는 자를 또한 장려하여 쓸 수 있단 말입니까? 그가 일망타진하려는 바는 가까

운 인척이 아니면 모두 친한 벗들이니, 이 같은 사람은 결단코
남인이 마땅히 알아야 할 바가 아니오. 진실로 장려하여 쓰고
자 한다면, 영공의 무리가 마땅히 이를 임명하여, 비록 그들로
하여금 부제학이나 이조참의가 되게 한다 하더라도 남인은 알
바가 아니오."

오태증이 말했다.

"남인의 쭉정이를 서인이 어찌 즐겨 데려가겠소?"

이때 홍인호가 자리에 있었으므로 이익운이 홍인호를 가리
키며 말했다.

"좌승지가 여기 계시니, 어찌 생각하시오? 나는 공을 위해서
하는 말이오."

이때 홍인호는 아무 말이 없었다.

疏入之日, 趙鎭寬曰:"此疏旣出, 如洪樂安李基慶輩, 亦合獎用也."
李益運曰:"吾平日謂令公猶有公心, 此何言也? 夫一時看僻書, 胡大罪
也? 朋友之間, 交相規戒可也. 公然擧一邊之人, 而盡冒之陋名, 欲成
網打之計者, 亦可獎用乎? 其所網打, 非其切姻至戚, 皆其親朋執友,
如此之人, 決非南人所宜知. 苟欲獎用, 令公輩宜任之, 雖使之爲副提
學吏曹參議, 南人則非所知也."吳泰曾曰:"南人之粃糠, 西人豈肯率
去?"時洪仁浩在坐, 李指洪曰:"左承旨在此, 以爲如何? 而吾則爲公言
矣."時洪默然.

090 조진관의 홍낙안·이기경을 품자는 말에 이익운은 왜 발끈했을까?

이날 6월 27일 일기에 도승지 조진관의 기사가 실려 있다. 상소가 들어간 날인 6월 21일에 있었던 대화인데, 정작 엿새 뒤인 6월 27일에 수록되었다. 조진관이 다산의 〈변방소〉를 읽고는 불쑥 "이 상소가 이미 나왔으니 홍낙안과 이기경 같은 무리 또한 장려하여 쓰는 것이 합당할 것입니다"라고 말했다.

조진관의 의도는, 홍낙안과 이기경 등이 그토록 저격했던 정약용이 자신이 서학에 빠졌던 사실을 공개적으로 언급했으니, 그 상대편인 홍낙안과 이기경의 잘못도 포용해 그야말로 남인들이 대화합의 국면으로 나아가는 계기로 삼는 것이 어떻겠느냐고 말한 것이다.

이 말을 듣자마자 우승지 이익운이 발끈했다. 그의 뜻은 이러했다. '다산의 〈변방소〉와 홍낙안·이기경의 복권을 맞바꿀 수는 없다. 저 두 사람은 온통 더러운 이름을 뒤집어씌워 동류를 일망타진하려 한 자들이다. 더욱이 그들이 표적 삼은 이들은 모두 가까운 인척이거나 친한 벗들이니 어찌 남인의 이름 안에 두겠는가? 쓰고 싶거든 노론의 이름으로 하면 모를까, 남인과 관련 짓지 마라.' 다산의 복권에다 슬며시 그 반대편 두 사람을 끼워넣어 싸움판을 키워보겠다는 속뜻을 짐작해 확실하게 선을 긋는 말투였다.

홍낙안 등은 노론과 결탁해 채제공의 사람들을 서학의 이름으로 쳐내는 데 앞장섰고, 그 사람됨 또한 너그럽고 온화한 것과는 정반대였다. 《눌암기략》은 여러 곳에서 홍낙안의 행태를 신랄하게 고발하면서, "애석하다! 척사는 당당한 정론인데도 이 사람 때문에 무너지고 말았으니, 몹시 한탄스럽다"라고 썼고,[37] 《송담유록》은 "사학 하는 무리들은 원한이 골수에 들어 반드시 그를 죽이고자 하였다. 또 한쪽에서 그들을 비호하여 사학을 공격하던 사람들을 엿보았다가 당시 권력을 잡고 있던 노론에게 붙어서 도리어 채제공을 공격하려 하였다"라고 기록하기까지 했다.[38]

이익운의 반응이 격렬하자, 곁에 있던 검열 오태증이 "남인의 쭉정이를 서인이 어찌 즐겨 데려가겠느냐?"고 한마디 던졌고, 이에 이익운은 함께 있던 좌승지 홍인호를 보며 의견을 물었다. 홍인호는 입을 꾹 다물었다. 이 역시 《눌암기략》에 보이는 "홍낙안과 이기경이 오갈 데 없이 곤궁해지자, 계축년(1793) 이후 홍인호에게로 돌아갔다"라는 언급과 관련이 있다.[39] 두 사람은 한때 홍인호의 그늘 아래 들어간 적이 있었기 때문이다.

조진관은 정약용이 천주교 문제를 인정하고 복귀했으니, 홍낙안과 이기경도 복귀시켜야 마땅하지 않느냐고 물었고, 이익운은 노론이 그들을 포용해 임명한다면 모를까 남인이 추천하는 일은 절대로 없을 것이라고 말허리를 잘랐다. 이것이 홍인호가 꿀 먹은 벙어리가 되고 만 까닭이다. 다산의 상소문에 목만중과 홍인호가 화해의 몸짓을 보여온 것은 이용해도, 그렇다고 다산 쪽에서 먼저 홍낙안·이기경 등의 척사파에게 손길을 내밀 뜻은 조금도 없었다. 이것이 앞서 문답 [087]에서 항간의 소문으로 떠돌던, 다산이 천주학을 버린 것이 아니라고 본 이유 중 하나였다.

6월 28일

어제 정사에서 이조참판 서매수가 인사를 행하여 내게 군직을 주었다. 이날 봉록을 받았다. 들으니 일전 차대次對[40]에서 우상 이병모李秉模[41]가 이렇게 아뢰었다고 한다.

"정아무개가 상소에서 한 말은 진실로 절실한 데다 정리 또한 딱합니다. 하지만 하단에서 '맹자의 양주와 묵적, 주자의 소식과 육구연'이라고 일컬었습니다. 대저 맹자가 양주와 묵적을 배척하여 이단으로 여긴 것은 그 말류의 폐단을 가지고 말했던 것입니다. 양주와 묵적은 어진 이가 아님이 없으니 이제 사학邪學에다 견주는 것은 진실로 망발입니다. 청컨대 잘하기를 바라는 뜻으로 파직하소서."

임금께서 말씀하셨다.

"이것이 무슨 말인가? 막 자라는 것은 꺾지 않는 법, 그만두시오."

그렇게 해서 일이 마무리되었다.

廿八日, 昨日政吏曹參判徐邁修爲政付余軍職. 是日得受祿. 聞日前次對, 右相李秉模奏曰: "丁某疏言固切實, 情亦矜悶. 而下段稱孟子之楊墨, 朱子之蘇陸. 夫孟子斥楊墨爲異端者, 以其流弊而言之也. 楊墨未嘗非賢人, 今以比邪學, 誠妄發也. 請以責備之義罷職." 上曰: "是何言也? 方長不折, 休矣休矣." 事得已.

091 〈변방소〉에서 가장 뜨거운 논란이 있었던 대목은?

〈변방소〉에서 유독 여러 논란을 낳은 대목이 있다. 6월 21일 도승지 조진관은 "상소가 과연 훌륭하다. 오늘날의 이단을 요임금과 탕임금 시절의 홍수와 가뭄에 견주었으니, 최헌중의 상소와는 그 뜻이 크게 다르다"라는 평가를 남겼고, 우승지 이익운은 "소동파는 문장과 충절이 천고에 우뚝한데, 이제 이 상소에서 그를 양주와 묵적에다 견주었으니 감탄할 만하다"라고 칭찬했다. 두 사람의 칭찬은 다산의 〈변방소〉 가운데 다음 대목을 두고 한 말이었다.

신이 가만히 생각해보니, 성현이 일어남이 있으면 재해와 이단이 반드시 나란히 일어나 그로 하여금 환난을 구하고 재액에서 건지게 하여 그 공덕을 크게 쓰게끔 합니다. 요임금의 홍수와 탕임금의 가뭄, 맹자의 양주와 묵적, 주자의 소식과 육구연 등이 모두 그러한 증험입니다.

요임금 때에도 홍수가 있었고, 탕임금 때에는 10년의 가뭄이 있었다. 맹자는 양주와 묵적의 도를 이단으로 지목했고, 주자는 소식과 육구연의 논리와 맞서 싸웠다. 다산의 뜻은 이랬다. 요임금과 탕임금 같은 성군에게도 홍수와 가뭄의 시련이 있었고, 맹자와 주자도 정학을 지키기 위해 이단의 유파와 끊임없이 싸워야 했다. 성현이 성현이 되는 까닭은 이 같은 시련을 극복하고 이단을 꺾어 정학의 표준을 내세울 수 있었기 때문이다. 그러니 오늘날 서학의 폐해를 바로잡는 일이야말로 정조가 성군임을 증험하는 것이 아닐 수 없다는 뜻이었다.

또 조진관이 '최헌중의 상소' 운운한 대목은 1795년 7월 25일 수찬 최헌중이 사학을 배척하는 상소를 올리면서 서학 처벌에 미온적인 정조를 극렬하게 비난해 큰 물의를 일으켰던 일을 말한다. 당시 대사헌 이의필도 8월 1일에 이가환의 처벌을 요구하는 상소를 올리면서, 최헌중의 상소가 척사를 핑계 대고 임금을 기롱하고 풍자했다며 그를 정형正刑에 처할 것을 요청했다. 하지만 정조는 뜻밖에 이의필을 단천부에 유배 보내고, 임금을 비난한 최헌중을 대사간에 임명하는 동시에 이승훈을 예산으로 유배 보내는 파격적인 대응을 내놓아 조야를 놀라게 했다. 당시 정조는 극도의 불쾌함을 짐짓 누른 채 일종의 포용의 제스처를 보였던 것이다.

다산은 〈정헌묘지명〉에서 "당시의 물론物論이 더욱 험악하여 공을 영원히 매장하여 조정에 발을 붙이지 못하게 하려 하므로 상은 냉각기를 두어 시끄러움을 가라앉히고자 하였다"라고 적었다. 이는 다산 자신에게도 해당되는 이야기였다.

그러자 6월 28일에는 우의정 이병모가 차대에서 같은 대목을 두고 지적했다. 맹자는 양주와 묵적을 직접 배척해 이단에 지목했던 것이 아니라, 그들을 이었다는 말류들의 폐단을 이단으로 비판한 것인데, 어떻게 양주와 묵적을 사학과 나란히 견줄 수 있느냐는 것이었다. 다산의 말꼬리를 잡아 망발로 몰아서 파직해야 한다고까지 내몰았다. 이 말을 들은 정조가 이번에는 화를 벌컥 냈다. "이것이 무슨 말인가? 막 자라는 것은 꺾지 않는 법, 그만두시오."

이 일은 당시 조정에 이야깃거리가 되어 윤6월 4일의 일기에도 병조판서 이조원, 전 호조판서 이시수 등과 대화하면서 이병모의 '망발' 운운한 대목이 화제에 올랐다. 1785년 을사추조적발 당시 형조판서로 명례방 천주교 집회를 검거한 당사자였던 호조판서 김화진도 다산과 만난 자리에서, "지난번 우의정이 아뢴 것은 내가 자세히 살펴 들었는데, 진실로 이치를 벗어난 것이었소. 양주와 묵적을 말했던 것은 양주·묵적의 도리를 말한 것이지, 양주와 묵적 두 사람을 특정한 것은 아니었소"라고 말했을 정도였다.

다산의 긴 상소문 가운데 어째서 유독 이 대목에 대해 칭찬과 비난이 집중되었을까? 이것은 다산의 말 그대로 '자구를 트집 잡아 헤아리지 못할 근심 속으로 내모는' 것이었다. 이병모는 다산이 은근슬쩍 서학을 양주·묵적과 같은 반열에 놓으려 한다며, 양주·묵적은 이단이 아니니 이 비유가 전혀 가당치 않다고 비판했던 것이다.

어쨌거나 〈변방소〉 가운데 '양주·묵적' 운운한 대목 때문에 벌어진 논란은 이단이라는 표현에 부쩍 예민했던 당시의 풍경이 빚은 말꼬리 잡기의 해프닝이었다. 그 결과는 상승하는 여론의 압박으로 이어져 결국 다산을 곡산부사로 내보내는 결정을 불러온 도화선이 되었다. 다산이 〈함주일록〉에서 이 일을 집요하고 장황하게 적은 것도 이 때문이었다.

6월 29일

들으니 일전 경연經筵 중에 규장각제학 심환지가 이렇게 아뢰었다고 한다.

"정아무개의 상소는 말마다 정성스럽고 글자마다 진심을 담았는데, 글 또한 대가의 솜씨입니다. 신은 근래의 상소문 중에 드물게 보는 바라 말하렵니다. 이후 오래도록 막힌 채 버려두는 것은 마땅치가 않습니다. 연전에 융복의 일로 처분받은 적이 있기 때문에 전조에서 감히 의망하지 못한다고 합니다."

상께서 말씀하셨다.

"그런가?"

마침내 후보자를 추천할 때 구애받지 말라는 교서를 내리셨다.

廿九日, 聞頃日筵中, 奎章閣提學沈煥之奏曰: "丁某疏, 言言悃愊, 字字衷曲, 文亦大手筆. 臣則曰近日疏章之所罕見也, 玆後不宜許久枳塞. 以有年前戎服事處分, 故銓曹不敢擬望云矣." 上曰: "然乎?" 遂下勿拘撿擬之教.

092 심환지는 왜 다산을 두둔했나?

이날 6월 29일 일기에는 규장각제학 심환지가 경연에서 다산을 두 둔한 이야기를 실었다. 심환지가 했다는 말의 뜻은 이랬다. '다산의 글 은 보기 드물게 훌륭한 상소문이다. 이런 인재를 오랫동안 길을 막아 내버려두는 것은 옳지 않다. 그런데 융복의 일로 받은 처분 때문에 의 망에 오르지도 못하고 있으니 이 문제를 해결해달라'고 주청한 것이다.

어째서 남인 측 채제공이나 이익운이 아닌 노론 벽파의 심환지가 이 말을 꺼냈을까? 이 말에 임금은 기다렸다는 듯이 즉각 향후 추천자 물망에서 다산을 배제하지 말라는 전교로 화답했다.

심환지가 다산을 칭찬한 것은 이번 한 번만이 아니었다. 금정찰방 으로 쫓겨가기 전인 1795년 2월에 다산은 병조에서 숙직을 서고 있 다가 군호軍號 정하는 문제로 정조에게 야단을 맞고, 밤중에 새벽 대 궐 문이 열릴 때까지 칠언 배율 100운을 써서 '폐하께서는 만세의 수 를 누리고 신은 2천 석이 되었습니다'라는 제목으로 바치는 벌을 받 은 적이 있다. 이미 이경이 지난 시점에 명을 받았고, 제목만으로는 무 슨 말인지조차 가늠이 안 되는 상황이었다. 다산은 이때 이가환의 도 움을 받아 새벽까지 100운을 채워 제출했다. 이때 임금을 비롯해 조 정 대신들의 찬사가 쏟아졌는데, 당시에도 심환지는 다산의 시를 보 고 "문장이 활달하기는 구름이 펴지고 물이 흐르는 것과 같고, 짜임새 가 정교하기는 옥을 다듬고 비단을 짜놓은 것과 같으니, 이러한 사람 을 두고 이른바 문원의 기재라 하겠다"라고 칭찬했다.[42]

앞서도 문답 [071]의 중화척 관련 논의에서 잠깐 살펴보았지만, 금정찰방에서 돌아온 뒤에도 심환지는 "정아무개는 군복의 일로 인하여 특명으로 의망이 정지된 뒤 오늘에 이르기까지 풀리지 않았습니다. 그 사람을 이미 쓸 만한 때가 되었을뿐더러, 또한 금정에 있을 때 일깨워 교화시킨 바가 많으니, 청컨대 다시 거두어 쓰십시오"라고 한 적이 있다. 다산은 그에게 각별한 고마움을 품어 〈자찬묘지명〉에도 이 일을 특별하게 기록했다.

어쨌거나 심환지는 적어도 세 번에 걸쳐 위기에 처한 다산을 편드는 발언을 임금에게 올려서 전환점을 제공하는 계기를 만들어준 인물이다. 아마도 이는 대부분 정조가 보낸 비밀 편지를 통해 미리 합을 맞춘 내용이었을 것이다.

윤6월1일

《사기영선》에 주를 달았다. 승지 이익진이 경연에서 임금께서 내리신 가르침을 적어 보여주며, 경포黥布와 포장군蒲將軍이 한 사람인지 두 사람인지에 대해 물었다. 내가 주자의 문인門人 오인걸吳仁傑이 지은 글에 근거하여 이렇게 대답하였다.

"포장蒲將은 진무陳武인데, 혹 시무柴武라고도 하고, 시장군柴將軍이라고도 합니다. 경포와는 절로 두 사람입니다."[43]

初一日, 注史記英選. 李承旨翼晉錄示筵教, 問黥布蒲將軍爲一爲二. 臣據朱子門人吳仁傑所撰書中, 對曰: "蒲將是陳武, 或稱柴武, 或稱柴將軍. 與黥布自是兩人也."

[부록] 성중 이만수에게 줌〔與李成仲晩秀〕[44]

지난번 주신 글을 받고서 이렇듯 멀리 떨어진 생각에 위로가 되었습니다. 정재靜齋 박태보朴泰輔(1654~1689)의 시어詩語가 과연 정밀하고도 꼭 맞게 말했더군요. 처음 왔을 때는 산수山水가 기뻐할 만함을 깨달았는데, 근래 들어서는 어느새 등한한 사람이 되어 연하煙霞와 천석泉石이 빼어난 운치가 됨을 알지 못하니, 보여주신 글이 진실로 그러하고 진실로 꼭 맞습니다.

頃承書, 慰此遠念. 朴靜齋詩語, 果然道得精切. 始來覺山水可悅, 近已作閒人, 殊不知烟霞泉石之爲勝致, 來示誠然誠然.

《사기선史記選》을 찬주纂注하는 일을 근래에야 비로소 마쳤기에, 이에 삼가 봉하여 올립니다. 영공께서 모름지기 한차례 열람하셔서

마땅치 않은 곳이 있거든 바로 삭제하거나 윤색하셔서 임금께서 보
시도록 하는 것이 어떻겠습니까?

史記選纂注之役, 近始卒業, 謹玆封進. 令公須一閱覽, 有未安處, 卽
行刪潤, 以塵乙覽如何?

포장군이 시무인 것은 주자의 문인 오인걸이 지은 《양한간오보
유兩漢刊誤補遺》에 나옵니다. 이번에 〈공신연표功臣年表〉를 살펴보
니 믿을 만하고 증거도 있습니다. 시무는 바로 진무입니다.

蒲將軍之爲柴武, 出朱子門人吳仁傑所著兩漢刊誤補遺. 今考功臣年
表, 信而有徵. 柴武卽陳武也.

〈화식전貨殖傳〉의 '삼보三寶'는 예전에 주注에서 분명히 보았는데,
사가史家들은 위 구절에 나열한 농農·공工·우虞가 이것이라고 하였
습니다. 이번에 《사기평림》과 여러 좋은 판본을 살펴보았지만 어디에
도 이 같은 주장은 없었습니다. 감히 망령되이 직접 주석을 달지는 못
하겠기에 이것은 유감스러워할 만합니다. 널리 상고하셔서 주석을 첨
가해주시면 좋겠습니다. 〈항우본기項羽本記〉의 '성양成陽'과 '성양城
陽'의 구별은 근래 유자儒者가 지은 《사기고이史記攷異》에 매우 자세
하게 구분해놓았습니다. 예전에 상세히 점검하지 못해 마땅히 고쳐서
는 안 될 것을 잘못 고친 것은 이제 다시 살펴서 바로잡아야 합니다.

貨殖傳三寶, 往時明見注, 史家以上句所列農工虞當之. 今考評林本
及諸好本, 竝無此說. 不敢妄自注釋, 此爲可恨. 幸博攷而添注之. 項羽
本紀成陽城陽之別, 近儒所著史記攷異, 辨之極詳. 往時未及詳檢, 謬
改其不當改者, 今再考正.

윤6월 2일

곡산부사 이지영李祉永[45]의 전최殿最[46]에서 말하였다.

"부드러움으로 다스림이 무슨 문제가 있겠는가, 고을이 궁벽하여 일이 간소하다."[47]

특별히 중고中考로 낙점하여 교체토록 하교하셨다. 그 대신 이상황李相璜[48]·이보천李普天[49]·이상도李尙度[50]를 살펴 헤아려 수망首望으로 낙점히셨다. 얼미 뒤 특명으로 부표付標[51]를 고치게 하고는 천신賤臣을 수의首擬[52]로 낙점하셨으니, 대개 특별한 은혜였다.

初二日, 谷山府使李祉永殿最云:"柔克何妨, 邑僻事簡." 特教點中遞改, 其代李相璜李普天李尙度揀擬, 首望落點. 俄而特命改付標, 以賤臣首擬落點, 蓋特恩也.

윤6월 3일

새벽에 입궐하여 사은을 마치고, 임금의 명으로 머물며 기다렸다. 조금 있다가 성정각誠正閣에 입시하여, 신이 앞으로 나아가 엎드리니 상께서 말씀하셨다.

"지난번 상소는 절대 우연이 아니다. 말이 이미 절실하고 문장 또한 명쾌하니 절대 우연이 아니다. 그침이 없다면 혹 너무 지나치다고 말할 것이다. 하지만 젊어서 손무孫武와 오기吳起를 좋아하다가, 뒤늦게 불씨와 노자에게 달아났던 것은[53] 옛사람 또한 면치 못하였다. 무엇이 문제가 되고, 무슨 상관이 있겠는가? 이제 발탁하여 쓰는 데에 장애가 없게 하려고 오히려 두루 갖추도록 독책해야 한다는 의론이 없지 않으니, 더구나 무슨 문제가 있겠는가? 또 한 차례 쉬었으니 또 휴식을 더하는 것이 무슨 문제이겠는가? 어떠한가, 어떠한가? 곡산의 전임 관리는 '하下'로 떨어뜨렸는가?"

승지가 대답하였다.

"상등이어서 중등으로 낙점하였습니다."

初三日. 曉入闕謝恩訖, 上命留待. 少頃, 入侍于誠正閣, 臣進前俯伏, 上曰:"頃日上疏, 大不偶然. 言旣切實, 文亦明快, 大不偶然. 無已, 則或謂之太過. 然早悅孫吳, 晚逃佛老, 古人亦不免焉. 何傷乎, 何關乎? 今欲無礙調用矣, 猶不無責備之論, 且何傷乎? 且休一番, 且加休息, 何傷乎? 何如何如? 谷山前官貶下乎?"承旨對曰:"以上等點中矣."

임금께서 말씀하셨다.

"포폄제목이 좋지 않다 하여 마침내 교체된 것인데 어찌 말이 되겠는가?"

임금께서 말씀하셨다.

"곡산의 전관前官은 외직에 보임하였는가?"

승지가 대답하였다.

"그렇습니다."

임금께서 말씀하셨다.

"외직에 보임하는 것이 모두 이와 같다면 어찌 말이 되겠는가? 네가 띠남이 어찌 이와 같겠는가? 하지만 모름지기 질하도록 해라."

신이 부복하였다가 몸을 일으켜 물러나니 임금께서 말씀하셨다.

"무슨 문제가 있겠느냐? 잘되었다, 잘되었다."

신이 명을 받들어 물러나와 조정을 두루 다니며 인사를 드렸다.

上曰: "題目不好, 故竟致遞改, 豈成說乎?" 上曰: "谷山前官補外乎?" 承旨對曰: "然矣." 上曰: "補外皆若此, 豈成說乎? 爾去豈如是哉? 然須善爲之." 臣俯伏起身退, 上曰: "何傷乎? 好做好做." 臣承命退出, 歷辭朝廷.

영돈녕부사領敦寧府事 김이소金履素[54]를 만났더니, 그가 말했다.

"영공의 지난번 상소는 글도 훌륭하려니와 임금의 은혜가 호탕하여 사람으로 하여금 감축게 하는군요."

예조판서 민종현閔鍾顯[55]을 만나보자, 그가 말했다.

"영공의 상소 중에 '일종의 풍기'니, '천문天文 역상曆象'이니 운운한 것은 가리키는 사람이라도 있는 건가요?"

내가 말했다.

"풍기라는 것은 휩쓸려 이끌리는 것이니, 말씀하시는 뜻을 모르겠습니다. 어찌 지목하는 바가 있겠습니까?"

민종현이 말했다.

"그렇군요."

인하여 이런저런 이야기가 많았다. 어영대장 이한풍李漢 豊[56]과 금위대장 서유대徐有大[57]를 만났지만 별다른 말은 없었 다. 이조참의 어용겸과 만나서는 상관없는 이야기만 하고, 상소 의 일이나 군직에 관한 일은 말하지 않았다.

見領敦寧金履素, 金曰: "令公向來疏, 疏旣善矣, 天恩浩蕩, 令人感 祝矣." 見禮曹判書閔鍾顯, 閔曰: "令疏中一種風氣, 天文曆象云云, 是 有所指之人乎?" 余曰: "風氣者, 靡然曳然, 莫之敎令之意也, 安有所指 乎?" 閔曰: "然." 仍有許多閒話. 見禦營大將李漢豊禁衛大將徐有大, 無 所言. 見吏曹參議魚用謙, 惟閒話, 不言疏事軍職事.

093 곡산부사 이지영 전최 평가 수정의 행간 의미는?

다산은 〈변방소〉로 승부수를 던졌으나, 오히려 더 큰 구설과 역풍을 불러왔다. 다산은 앞서 '변명하지 말라'던 이삼환의 충고를 따랐어야 했다. 달이 바뀌어도 소란은 가라앉지 않고 커져만 갔다. 윤6월 2일 때마침 각 지역 관장에 대한 전최 보고가 올라왔다. 전최란 관찰사가 각 단위 고을 수령의 치적을 살펴 여덟 자로 요약해서 성적을 매겨 고과를 보고하는 것으로 상上을 최最, 하下를 전殿이라 하여 매년 6월 15일과 12월 15일 두 차례에 걸쳐 시행하던 제도다.

당시 곡산부사 이지영의 전최는 "부드러움으로 다스림이 무슨 문제가 있겠는가, 고을이 궁벽하여 일이 간소하다"로 상등의 평가를 받았다. 무리하지 않고 원만하게 백성들을 잘 다스려 일을 벌이지 않고도 궁벽한 고을을 안정시켰다는 평이었다.

전최 보고를 받아든 정조가 뜻밖의 명을 내렸다. 이지영의 평가를 상에서 중으로 한 등급 낮추더니 이를 문책해 교체 명령을 내려버린 것이다. 그 자리에 이상황과 이보천, 이상도 등 세 사람을 후보로 올려 수망을 받은 자에게 낙점케 했다. 그래놓고는 며칠 뒤에 다시 이미 결재한 서류를 고치게 해서 애초에 물망에 오르지도 않았던 다산을 수망으로 전격 교체해 낙점해버렸다.

정조의 이 같은 전격적인 조처는 사실 이지영의 고과를 상에서 중으로 깎아내릴 때부터 의중에 둔 것이었다. 먼저 이지영의 점수를 깎아내리고, 세 사람을 물망에 올려 일껏 논의케 한 뒤, 돌연 다산으로 최종 낙점을 교체함으로써 반대 여론이 일어날 틈을 주지 않고 전격적으로 처리해버린 모양새여서, 다산은 이를 두고 '특별한 은혜' 즉 특은特恩이라 했다.

이튿날인 윤6월 3일 새벽 입궐해 사은謝恩하자, 정조는 다시 한번 다산의 〈변방소〉를 칭찬하고는 주자가 〈횡거선생유상찬橫渠先生遺像贊〉에서 "초년에는 손무와 오기를 좋아하고 늦게는 석씨와 노자로 피하였네. 용감하게 강론 자리를 거두니 한번 변화하여 도에 이르렀도다"라고 한 말을 끌어와, 다산이 송나라 때 장재가 그랬던 것처럼 젊어 한때 이단에 빠져들었더라도 나중에 정학으로 돌아왔다면 문제 될 것이 없다고 편들어주었다.

동시에 발탁하여 쓰는 데 아무 문제가 없지만 두루 갖추도록 독책해야 한다는 의론이 있고 보니, 금정찰방에 이어 곡산부사로 내려가 지방관의 경험을 한 번 더 쌓아두는 것도 나쁘지 않으리라고, 말을 묘하게 돌려서 했다. 그러고는 곡산부사의 고과 점수를 '하'로 깎았느냐고 되물었다.

승지가 난감해하며 원래 상등이어서 중등으로 낙점했다고 대답하자, 그래서야 교체의 명분이 서겠느냐고 걱정하고, 동시에 그를 다른 직임으로 돌렸는지를 확인했다. 이지영은 이때 다산으로 교체하기 위해 잘못한 것도 없이 그 자리를 물러나야 했기에, 그에게 다른 직임을 보장해주어야 한다는 뜻이었다. 정조는 다산을 다시 외직으로 내모는 것이 미안했고, 그래서 아무 문제가 없고 오히려 잘된 일이라며 이렇게 말이 길어졌던 것이다.

이날 정조는 다산을 성정각으로 따로 불러서 한 번 더 말했다.

지난번 상소는 글이 훌륭하고 마음자리가 밝으니 진실로 쉬운 일이 아니다. 이제 막 한차례 불러 쓰려고 했는데 의론이 괴롭게 많구나. 왜들 저러는지 모르겠다. 슬퍼하지 마라. 또 한두 해 늦어진다 해도 나쁠 것이 없다. 가면 또 부를 것이니라. 슬퍼하지 마라.[58]

한 말씀 한 말씀이 아프고 다정했다. 다산은 감격하고 또 상심해서 눈물을 흘리며 대궐을 나와 곡산으로 떠났다. 《사암선생연보》에서는 당시 일을 '윤6월 초 2일에 마침 곡산에 빈자리가 있어서 어필로 첨

서낙점添書落點하였다'고 조금 다르게 썼다.[59]

094 민종현은 다산에게 무엇을 물었나?

이날 윤6월 3일 다산이 입궐해 사은한 뒤 조정을 다니면서 하직 인사를 할 때였다. 영돈녕부사 김이소는 지난번 상소가 글이 훌륭했고 임금의 은혜 또한 특별해서 감축한다고 덕담을 얹었다.

다시 예조판서 민종현을 만났을 때, 그가 불쑥 상소문 중에서 '일종의 풍기'니, '천문 역상'이니 운운한 것이 누구를 가리키는 말이냐고 물었다. 민종현은 다산의 상소문을 꼼꼼히 읽고, 다산의 아픈 부분을 콕 찔러 질문했다. 그는 다산이 젊은 날 서학에 빠져들게 된 과정을 설명한 대목의 내용을 짚고, 너를 서학으로 끌고 들어간 그 사람이 구체적으로 누구냐고 질문한 것이다.

다산은 민종현의 갑작스러운 질문에 살짝 당황했던 듯하다. "풍기라는 것은 휩쓸려 이끌리는 것이니, 말씀하시는 뜻을 모르겠습니다. 어찌 지목하는 바가 있겠습니까?" 그저 그 시대의 분위기에 휩쓸렸다는 뜻일 뿐 특정인을 지목해서 말한 것이 아니라고 대답했다. 민종현은 심드렁하게 그러냐 하고 넘어갔지만 묘하게 걸리는 데가 있는 질문이었다. 다산의 〈변방소〉 중 해당 대목을 다시 읽어보자.

신이 이 책을 얻어 본 것은 대개 20대 초반이었습니다. 이때에는 원래 일종의 풍기가 있어 천문과 역상의 학문과 농정農政과 수리水利의 기구, 측량과 추험推驗의 법칙에 대해 능히 말하는 자가 있을 경우, 세속에서 서로 전해 그를 지목하여 해박하다고 하였습니다. 신은 당시 어린지라 남몰래 홀로 이를 사모하였습니다. 하지만 그 성품과 힘이 조급하고 경솔하여 무릇 어렵고 깊으며 교묘하고 꼼꼼한 영역의 글을 본시 세심하게 연구할 수 없다 보니, 그 찌꺼기와 그림자나 메아리조차 마침내 얻은 바가 없었습니다. 하지만 도리어 사생死生의 주장에 얽혀들고, 쳐서 이겨내야 한다는 가르침에 솔깃했으며, 삐뚤어진 박학한 글에 미혹되어, 유문儒門의 별파別派로 간주하고 문단의 기이한 감상거리로 보아, 남들과 담론하면서 꺼리는 바가 없었고, 다른 사람이 헐뜯어 배척하는 것을 보면 과문하고 못나서 그렇다고 의심하였습니다. 그 본의를 따져보자면 대개 기이한 견문을 넓히고자 함이었습니다.

그러니까 위 글로 볼 때 민종현의 질문은 '네가 어릴 때 몰래 서학 공부를 위해 홀로 사모한 사람이 누구냐'고 물은 셈이었다. 글을 쓸 당시 다산의 머릿속에 분명 특정인이 있었겠지만, 예조판서가 이 대목을 구체적으로 물을 줄은 미처 생각지 못했던 듯하다.

다산은 위 글에서 20대 초반에 천문과 역상, 농정과 수리 기구, 측량과 추험의 법칙에 대해 공부하다가 성취가 없다 보니 어느새 사생의 주장과 쳐서 이겨내야 한다는 가르침에 솔깃해서 유학의 별파로 알고 서학에 빠져들게 되었노라고 고백했다. 서양 과학에 대한 관심이 어느 순간 천주학에 대한 관심으로 바뀌게 되었지만, 둘 다 목적은 기이한 견문을 넓히려는 당시의 풍기에 따른 것이었다고 해명했다.

그렇다면 당대 다산의 측근에서 서양 과학에 대해 능히 말할 수 있었던 사람은 누구였을까? 바로 떠오르는 사람이 이가환이다. 여기서 다시 천주학으로 넘어가는 경로에는 큰형수의 동생이었던 이벽이 있었다. 다산은 〈정헌묘지명〉에서 이가환에 대해 이렇게 썼다.

공은 평소에 역상서曆象書를 좋아하여 일월日月의 교식交蝕과 오성五星 복현伏見 시기와 황도黃道·적도赤道의 거리 및 차이의 도수에 대하여 모두 그 원리를 통하였으며 아울러 지구地球의 둘레와 지름에 대하여서도 별도로 도설圖說을 만들어 후생後生을 가르쳤으니, 공이 서교를 신봉한다는 지목을 받게 된 것도 실은 이 때문이었다. 일찍이 상국相國 이시수가 나에게 말하기를, "남인南人들은 고루하여 정조廷藻(이가환)기 전공專攻한 것이 역상법인데, 고루한 자들이 이를 서교로 잘못 알고 꾸짖고 괴이하게 여긴다" 했으니 과연 사리를 아는 말이다.[60]

천문과 역상에 뛰어났고, 서양 과학서에 탁월한 이해를 보였다고 했다. 뿐만 아니라 황사영黃嗣永은 〈백서帛書〉에서 "보지 않은 책이 없었고, 기억력이 귀신같이 뛰어났다. 또 천문학과 기하학에 정밀하여 한번은 탄식하며 이렇게 말했다. '이 늙은이가 죽으면 동국의 기하학은 씨가 끊어지겠구나.' 이기理氣의 학문을 덜 믿어, 매번 하늘을 우러러 가만히 탄식하며 말했다. '이렇게 큰 배치인데 어찌 주재자가 없다고 말하겠는가?'"라고 그를 기억했다.[61] 심지어 국왕 정조는 이가환에게 수리와 역상의 본원을 밝히는 책을 편찬케 하려고 연경에서 책을 구입하기 위해 어떤 책이 필요한지를 하문한 일까지 있었다.[62]

앞서 민종현의 질문은 그러니까 '네가 쓴 〈변방소〉에서 처음 서학을 배우게 된 것이 이가환을 통해서가 아니냐'며, 은근히 다산을 압박하려 했던 의도로 보인다. 나아가 그것이 '성호 이익으로부터 말미암은 남인의 전반적인 풍기에서 비롯되었음을 자백한 것이 아니냐'는 뜻도 담겨 있었다.

위 다산의 인용문에서 '쳐서 이겨내야 한다는 가르침'은 1614년 스페인 선교사 판토하Diego De Pantoja(중국명 방적아龐迪我)가 쓴 한문 서학서 《칠극七克》을 열심히 읽었다는 뜻으로 한 말이다.

병조판서 이조원李祖源[63]을 만나보았더니, 이조원이 흔쾌하게 웃으며 맞이하였다.

"영공이 어찌 이리 늦게야 들렀는가? 영공의 상소는 명상소라 할 만하더군. 문장이 어찌나 거침이 없던지 우리 동촌東村의 여러 재상이 감탄하지 않은 이가 없었소. 성중成仲이만수의 자이다 또한 크게 말하디이다. 지난번 차대에서 우상께서 몇 마디 말로 은근히 낮추어 영공을 깎아내리는 듯이 했는데, 내가 자세히 듣지 못해서 말을 우물쭈물하고 말았더랬소. 단지 듣기는 임금께서 몹시 큰 소리로 '막 자라는 것은 꺾지 않는 법이다(方長不折)'라고 하신 한 구절만 생각나는구려."

내가 말했다.

"들으니 양주와 묵적에 빗댄 것을 가지고 망발이라고 했다더군요."

인하여 이런저런 이야기를 실컷 나누었다. 그 서자와 어린 손자를 나오게 해 인사를 시키면서 말했다.

"훗날 마땅히 이 아이들에게 영공의 상소를 읽히겠소."

初四日, 見兵曹判書李祖源, 李欣然笑迎曰: "令公何相過之晚也? 令公疏可謂名疏. 文章何其霶霈, 我東村諸宰相, 莫不歎賞. 成仲李晚秀字亦大言之. 頃日次對, 右相低微數語, 似刮令公, 吾未諦聽, 而語涉吞棗. 只聞玉音甚高, 記得方長不折一句." 余曰: "聞以比之楊墨, 爲妄發云矣." 仍淋漓閒話. 出示其庶子幼孫曰: "異日當令兒輩讀令疏矣."

전 호조판서 이시수李時秀[64]를 만났더니, 그가 격식을 차리지 않고 맞이하며 말했다.

"영공에게 어이 굳이 공적인 예법을 쓰겠소?"

이어서 또 말했다.

"우리 집안이 대대로 관각館閣을 맡아온지라 무릇 임금께 아뢰는 문자는 거칠게나마 그 형식을 알고 있소. 영공의 상소 같은 것은 실로 드물게 보는 바였소. 내가 성중 이만수와 함께 무릎을 치며 여러 차례 읽어보고 훌륭하다고 칭찬해마지않았더랬소. 영공이 상소한 말을 살펴보니, 아이 적의 한차례 놀이에 지나지 않은 것이더군. 내 집안의 종제從弟인 이전수李田秀 또한 수학에 정통하여 서학 책을 많이 보았더랬소. 나야 마음이 거칠다 보니 곁에서 엿보긴 했어도 능히 이해할 수가 없더이다. 대저 책을 좋아하는 자라면 비록 기이한 책을 보았다 한들 어찌 큰 죄가 되겠는가? 지난번 우의정이 아뢰었던 바는, 내 생각에 그 연유를 알지 못하겠더이다."

인하여 이런저런 이야기를 많이 나누었다.

見前戶曹判書李時秀, 李岸巾相迎曰: "於令何必用公禮乎?" 仍曰: "吾家世掌館閣, 凡奏御文字, 粗知體段. 如令公之疏, 實所罕見. 吾與成仲擊節屢讀, 未嘗不稱善. 觀令疏語, 不過兒時一戲. 吾家從弟田秀, 亦精於數學, 多見西書. 吾則心麤, 從旁窺見, 莫能曉解. 大抵好書者, 雖見異書, 胡大罪也? 向日右相所奏, 吾意則莫知其然也." 仍多閒話.

호조판서 김화진金華鎭[65]을 만나보니, 그가 나를 위해 세의世誼에 대해 말하고는 인하여 이렇게 말했다.

"내가 을사년(1785)에 형조판서로 김범우金範禹의 옥사[66]를 담당하여 그 본말을 자세히 알고 있다네. 그때 유생 5인이 형조의 뜰로 들어와 김범우와 더불어 같은 죄를 받기를 원하기까지 했었지. 그 뒤 한 유생은 마침내 화를 입기에 이르렀으니,[67] 진실로 안타까워할 만하네. 그대 집안의 형제는 그때부터 배척함을 몹시 엄하게 하였는데, 내가 그 문자를 보았었지. 지금 몇 년 뒤까지 줄곧 헐뜯기를 그만두지 않는 것은 진실로 야박한 풍속이오.

見戶曹判書金華鎭, 金爲叙世誼, 仍曰: "吾於乙巳年, 以刑判當金範禹之獄, 細知其本末. 其時儒生五人, 至於入庭, 願與範禹同罪, 其後一儒竟至被禍, 良可歎也. 令家兄弟, 自其時排斥甚嚴, 吾見其文字. 到今幾年之後, 一味斷斷而不已者, 誠薄俗也.

지난번 우의정이 아뢴 것은 내가 자세히 살펴 들었는데, 진실로 이치를 벗어난 것이었소. 양주와 묵적을 말했던 것은 양주·묵적의 도리를 말한 것이지, 양주와 묵적 두 사람을 특정한 것은 아니었소. 그렇다면 근원과 말류의 폐단을 이미 분간할 수는 없다고 해도, 또 양주와 묵적을 곧장 어진 이로 말했다는 것은 우상이 아뢴 바가 온당한지 모르겠더이다. 양주와 묵적의 죄는 바로 아비도 없고 임금도 없는 것이니, 아비도 없고 임금도 없는 것은 바로 천하의 죄악 중에 가장 심한 것이라 다시 더 나아갈 곳조차 없는 것이오. 무릇 천하의 이단 사술邪術과 흉인과 역적의 부류를 두고 그 죄악을 논한다면, 또한 털끝만큼도 무부무군無父無君보다 더한 것은 없을 것일세. 이렇게 본다면 서학이 비록 지극히 흉악하고 몹시 패려하다 하여도 양주와 묵적에 견주는 것을 어찌 망발이라 할 수 있겠는가?

向來右相所奏, 吾則仔細諦聽, 而誠是理外. 楊墨云者, 卽楊墨之道也, 非特朱翟兩人而已. 則源頭與流弊, 旣無可分, 且以朱翟直謂之賢人者, 右相所奏, 未知穩當. 楊墨之罪, 卽無父無君, 無父無君者, 卽天下罪惡之極盡地頭, 更無進步處. 凡天下異端邪術, 兇人逆賊之類, 論其罪惡, 亦無以毫末有加於無父無君. 則洋學雖窮兇絶悖, 比之楊墨, 豈可曰妄發哉?

또 영공의 상소를 살펴보니 본뜻이 양주와 묵적을 가지고 양학洋學에 견준 것은 아니었더랬소. 대개 '성인의 시대에도 반드시 재해와 이단은 있다'고 하고, 그러므로 홍수와 가뭄, 양주와 묵적을 나란히 들어 묶어서 말했던 것이었소. 그렇다면 이 홍수와 가뭄 두 가지는 무정한 물건이니 그 좋고 나쁘고 삿되고 바름이야 본시 논할 만한 것이 없을 것이오. 또 어찌 양학과 더불어 꼭 맞아서 어긋나지 않겠는가? 어찌하여 우의정이 망발이라고 말하지 않았는지, 이 모두 알 수가 없소. 아! 우의정 또한 어찌 본인이 본 바였겠는가? 지금 사람의 시비와 가부可否가 능히 자기 견해를 보전할 수 없게 하는 경우가 많고 보니, 또한 어찌하겠는가?"

且觀令疏, 本意非以楊墨, 比之洋學. 蓋云聖人之世, 必有灾害異端也. 故以水旱楊墨竝擧而統言之. 則是水旱二者, 乃是無情之物. 其善惡邪正, 本無可論. 又豈與洋學襯合不差乎? 何右相之不謂妄發也, 斯皆未可知也. 噫! 右相亦豈當身之所見哉? 今之人是非可否, 多未能保其己見, 亦奈何哉?"

이어서 이렇게 말했다.

"내 아이 곧 승지 계락啓洛이다가 노둔하여 능히 일을 잘 알지 못하오. 영공이 이미 같은 조정에서 일하고 있으니 훗날 내 말을 잊지 말고 대대로 우호를 이어 닦아서 일이 있을 때 서로 도타이 대해주시구려."

마침내 이런저런 이야기를 실컷 나누고 헤어졌다.

仍曰:"吾兒卽承旨啓洛魯鈍, 不能了事. 令旣翶翔同朝, 他日勿忘吾言, 續修世好, 隨事相厚焉."遂淋漓閒話而別.

훈련대장 이경무李敬懋[68]를 만나 인사를 마치자, 그가 말했다.

"내가 영공에게 특별히 끌리는 바가 있는데, 영공은 이를 아시는가?"

내가 말했다.

"제가 대감과는 본시 평소의 친분이 없는데, 매양 무리와 함께 만나게 되면 대감께서 특별히 기뻐하며 은근한 정을 보이시니 제가 늘 그 까닭을 몰랐습니다."

이경무가 말했다.

"내가 사람을 두루 겪어보았지만 예전 선인문宣仁門 안에서 처음 영공을 보았을 때를 마음으로 잊을 수가 없었소. 그 뒤로 영공이 중간에 풍파를 만날 때마다, 내가 매번 자식들에게 이렇게 말하곤 했소. '많은 말 할 것 없다. 아무개 영공의 앞길은 헤아릴 수가 없느니라.' 일전의 상소는 비록 나 같은 무부武夫가 알 바가 아니지만, 대개 그 내용이 상쾌하여 사람의 흉금을 시원스럽게 해주었소. 어떤 이가 이에 대해 논하려 한다면 그 논한 바가 분수에 크게 넘치게 될 것이오.

見訓鍊大將李敬懋, 寒暄畢, 李曰:"吾於令公, 別有所嚮往者, 令公知之否?"余曰:"吾於大監, 本無雅分, 而每稠中相逢, 大監別樣欣勤, 吾每莫知其故矣."李曰:"吾閱人多矣. 始宣仁門內, 初見令公, 於心不能忘. 其後令公間遭風波, 吾每謂兒輩曰, '無多言, 某令前路, 不可量也.' 日前上疏, 雖非武夫之所知, 大槩爽快, 令人胷襟豁然. 或者欲論, 則所論太過分數.

대저 양학이란 온전히 배척할 물건은 아닌 것이오. 근일에 중국에서는 서양의 법을 많이 쓰는 까닭에 부국강병이 이보다 나은 것이 없소. 우리나라는 본시 남의 좋은 법을 취할 줄 몰라서, 나라는 가난하고 군대는 허약해서 천하의 가장 꼴찌를 차지하고 있소. 혹시 급한 일이 있더라도 손을 묶은 채 기다리면서 영공처럼 해박한 인사를 모두 서로 경계하고 두려워하면서 이러한 궁리에 대해 감히 마음을 쓰지 못하게 하니, 이 또한 큰 폐단이라 하겠소. 곡산은 평소에 한가한 고을이라 일컬어지나, 황해도의 군정軍丁은 본래 허명虛名이 많으니 모름지기 꼼꼼하게 조사하여 살피시구려."

大抵洋學, 非全然排斥之物. 近日中國多用西法, 故富國强兵, 莫過於此. 我國本不知取人美法, 故國貧兵弱, 最居天下之末. 脫有緩急, 束手以待. 而如令公該洽之士, 皆相戒相怵, 不敢留意於底般窮理, 此亦大弊也. 谷山素稱閒邑, 然西路軍丁本多虛名, 須查察釐整也."

095 판서들과의 대화에는 어떤 맥락이 담겨 있나?

이날 윤6월 4일 일기에는 병조판서 이조원, 전 호조판서 이시수, 호조판서 김화진과의 연쇄적 대화 내용을 실었다. 처음 만난 이조원은 다산의 문장이 거침이 없는 명문이었다고 칭찬하면서, 우의정 이병모가 다산을 깎아내리는 말을 하더라며, 다산을 응원한다는 뜻을 밝혔고, 이에 대한 임금의 대답도 함께 전해주었다. 확실히 분위기가 바뀌어 있었다. 이미 좌천이 결정된 터라 위로 모드로 어조가 바뀐 것이다.

이조원은 서자와 어린 손자까지 불러서 다산에게 인사를 시키는 후의를 보였고, 훗날 자손들에게 다산의 상소문을 읽히겠노라고 약속했다. 서자와 손자까지 만난 것을 보면, 다산은 이조원을 병조에서 만난 것이 아니라 그의 집으로 찾아갔음을 알 수 있다. 이때 다산은 곡산부사 부임에 앞서 조정 대신들의 사가를 돌며 하직 인사를 나누고 있었던 것이다.

두 번째로 만난 전 호조판서 이시수의 칭찬도 대단했다. 격식을 갖추지 않고 허물없이 맞아 친근감을 보인 뒤, 앞서의 상소문이 참으로 드물게 보는 명문이었고, 이만수와 함께 여러 차례 읽으면서 감탄해 마지않았다는 이야기를 전했다. 젊은 날 서학에 경도되었던 것을 '아이 적 한차례 놀이'로 치부했고, 수학서 같은 것은 자신의 종제도 많이 보았다며, 그게 무슨 큰 죄겠느냐고 다산을 두둔했다. 끝에 이병모의 다산 비난에 동의하지 않는다는 뜻을 명확하게 밝혔다.

세 번째로 찾아간 사람은 호조판서 김화진이었다. 그는 1785년 명례방 천주교 집회를 검거할 당시 형조판서였던 인물이다. 당시 다산 삼형제는 김화진의 온건한 일 처리로 겨우 위기를 넘길 수 있었다.

집으로 찾아온 다산을 만난 김화진은 대뜸 1785년 추조적발 사건에 대해 이야기하면서, 이후 다산 형제가 서학을 엄하게 배척해왔음을 자기가 잘 아는데 세상의 비난이 그치지 않는 것은 참 야박한 풍속이라며 말문을 열었다. 김화진은 우의정 이병모가 다산의 상소문에 대해 비난한 정황을 아주 자세하게 설명하면서, 전혀 온당치 않은 논의였고, 망발한 것은 다산이 아닌 우의정이었다며 다산의 편을 들어주었다.

다산은 예외적으로 김화진의 말을 아주 길고 자세하게 인용했는데, 이는 앞서 6월 28일 이병모가 임금 앞에서 다산이 양주·묵적을 사학에 견준 것이 망발이니 파직해야 한다고 한 일을 자신의 입이 아닌 김화진의 말을 빌려서 조목조목 반박하는 효과를 노린 것이다. 당시 그 자리에 입회했던 호조판서조차도 이렇게 생각했을 만큼 우의정 이병모의 발언이 편파적이고 악의적이었음을 피력한 셈이다.

김화진은 말끝에 "아! 우의정 또한 어찌 본인이 본 바였겠는가? 지금 사람의 시비와 가부가 능히 자기 견해를 보전할 수 없게 하는 경우가 많고 보니, 또한 어찌하겠는가?"라고 해, 이 말마저 이병모의 머릿속에서 나온 것이 아니라 생각 없이 남의 시비가부를 왈가왈부하는 습속에서 나온 것이라고까지 말해버렸다. 당시 아들 김계락金啓洛이 승지로 있었으므로 김화진은 다산에게 이후 자신의 아들을 잘 이끌어달라고 당부하는 말로 대화를 마무리했다.

이렇듯 병조판서, 전 호조판서, 호조판서와의 연쇄적 만남을 통해 다산은 조정 대신들의 일반적 여론 또한 자신의 〈변방소〉에 대해 지극히 우호적이었음에도 우의정 이병모 등의 악의적 폄훼와 음해로 인해 결국 자신의 곡산부사행이 결정되었음을 대내외에 공식적으로 천명하는 효과를 노렸다.

---

096 훈련대장 이경무의 서학에 대한 언급은 어떤 의미인가?

이날 다산이 네 번째로 찾아간 사람은 훈련대장 이경무였다. 그는 정조 치세 내내 무관으로 각종 요직을 두루 거친 경륜가였다. 당일 병조판서 이조원, 전 호조판사 이시수, 호조판서 김화진을 만난 뒤 다산은 이경무와 만났다.

이경무는 먼저 자신이 다산에게 특별히 끌리는 점이 있다며 호감을 표시했고, 다산 또한 만날 때마다 특별히 반가워하며 은근한 정을 보여주어서 의아하게 생각했노라고 대답했다. 그러자 이경무는 다산을 선인문 안에서 처음 만났을 때부터 인상 깊었다고 말했다. '선인문 안에서 다산을 처음 만났을 때'란 금정에서 돌아오고 나서 근 11개월 만인 1796년 11월 16일을 말한다. 규장각교서로 부름을 받고, 선인문 밖으로 나아가 각신 이만수를 만나, 조의와 조관을 쓴 채로는 대궐 문에 들어갈 수 없다며 바깥에서 명을 받들겠다고 하던 당시 다산의 강단 있고 고집스러운 모습이 인상적이었다는 뜻이었다.

이후 다산이 풍파를 겪을 때마다 자식들에게 다산이 보통 사람이 아니며 그 앞날을 헤아릴 수 없다고 말했다면서, 다산 상소문의 내용이 너무도 상쾌해 사람의 흉금을 시원스럽게 해줬다고 칭찬했다. 이어 이경무는 양학 즉 서학에 대한 자신의 평소 견해를 피력했는데, 이 말이 또한 인상적이다. '중국에서도 근래 서양의 법을 채택해 부국강병의 기초를 이뤘다. 하지만 우리나라는 남의 좋은 법을 취할 줄 몰라 나라가 가난하고 군대가 이토록 허약하다. 사정이 다급해도 다산처럼 해박한 인사를 경계하고 두려워하면서 손을 묶은 채 기다리며 핍박하려고만 드니, 이것이 큰 폐단이 아니냐'고 했다.

다산은 윤6월 4일에 세 대신과 나눈 대화의 끝에 훈련대장 이경무의 서학에 대한 개방적 입장을 담아 이날의 일기를 마무리했다. 앞서 김화진의 입을 빌려 이병모의 입장을 논파한 뒤에 다시 서학에 대해서도 다른 이해의 기류가 있었음을 슬며시 끼워넣어 자신에게 우호적인 태도를 보인 이들의 언행을 녹취하듯이 기록으로 남긴 것이다.

윤6월5일

우의정 이병모를 만나 인사를 마치자, 그가 말했다.

"지난번 영공의 상소는 말이 진실로 절실하고 담긴 뜻 또한 간절해서 대체로 정말 훌륭했소. 하지만 글을 쓰는 사이에 혹 자세히 살피지 못한 곳이 있더군. 그래서 내가 지난번 임금을 모신 자리에서 더 잘하라는 뜻으로 지적하여 경계하기를 청했었소. 임금께서 히교히시기를 '막 자라나는 것은 꺾지 않는다' 고 하셨으므로 나 또한 더는 말하지 아니하였더랬소."

初五日, 見右議政李秉模敍禮畢, 李曰: "向來令公之疏, 言固切實, 情亦惻怛, 大體固好. 而下語之間, 或有未及詳審處. 故吾於頃日筵中, 以責備之意, 請其提警矣. 上教曰: '方長不折', 吾亦無復言矣."

내가 말했다.

"지난번 자리에서 대감께서 아뢴 것이 있다는 것은 소인 또한 대략 풍문으로 전해들었습니다. 하지만 자세한 내용은 알지 못해 상세히 살피지 못했습니다. 과연 어떤 점을 지적하셨는지요?"

이병모가 말했다.

"맹자가 양주와 묵적을 무부무군이라 여긴 것은 그 말류의 폐단을 가지고 말한 것이었소. 양주와 묵적에 이르러서는 비록 어진 이라 하여도 안 될 것이 없소. 이제 서학을 가지고 양주와 묵적에다 견주고 보니 혹 그 짝이 아닌 것에 견준 혐의가 없지 않았소. 그래서 내가 과연 지적하여 아뢰었던 것이오. 이는 실로 한 조정에서 서로 아끼려는 뜻에서 나온 것이지, 터럭만큼

도 탈을 잡으려는 마음이 있었던 것은 아니오. 영공 또한 조금
도 마음에 두지 마시구려."

余曰: "頃筵, 大監之有所陳白, 小人亦略聞風傳. 而未得其詳, 未及
詳審處. 果指何處耶?" 李曰: "孟子之以楊墨爲無父無君者, 以其流獘
而言之也. 至於楊朱墨翟, 則雖謂之賢人, 未爲不可. 今以西學比之於
楊墨, 或不無擬非其倫之嫌, 故吾果提奏. 此實出於同朝相愛之意, 非
有一毫抉摘之心, 令亦少勿介懷也."

내가 말했다.

"대감께서 평소 점검하여 감별함이 분명한 것으로 조정에서
유명하시니, 소인이 올린 상소가 갑작스럽게 지은 것이 아닌
줄은 살펴보고 아셨을 것입니다. 상소문의 초고를 완성한 것이
이미 오래고 보니, 서로 아끼는 친한 벗 중에 읽어본 사람이 절
로 많습니다. 보는 사람마다 쓴소리를 하며 힘써 만류하여, '지
금 같은 경박한 풍속으로 이처럼 지성스러운 상소를 올리면 이
를 본 사람들이 설령 마음속으로는 기뻐 따르면서도 겉으로는
틀림없이 자구를 트집 잡아 헤아리지 못할 근심 속으로 내몰
것이니, 절대로 글을 올려서 위기를 밟는 일이 없도록 하게'라
고 하였었지요.

余曰: "大監素以試鑑明白, 有名於朝廷, 小人上疏之非倉卒所搆,
可以俯諒. 疏艸之成旣久, 知舊之相愛者, 自多見者. 見者莫不苦口力
挽, 曰: '以今薄俗, 爲此悃愊之疏, 人之見者, 設或中心悅服, 外面則
必有抉摘字句, 驅諸罔測之患, 切勿書呈, 以蹈危機云云.'

그래서 제가 웃으며 이렇게 대답했습니다. '나는 내 마음을

믿네. 내가 상소문을 올린 뒤에 남들이 나에 대해 이러쿵저러쿵하는 것은 내가 묻고 싶지 않다네. 이를 보고서 포용하는 것은 인仁이요, 보고서 받아들이지 않는 것은 의義일세. 오늘날의 풍속이 비록 각박하다고 해도 어찌 속마음으로 기뻐 따르면서 겉으로 트집 잡는 이치가 있겠는가?' 그래서 마침내 결단하여 글을 올렸지요. 상소를 올린 뒤에 물의物議를 살펴 들으니 비록 신진의 후배라 해도 과연 조금의 불만스러워하는 말이 없었습니다. 하물며 대감처럼 맑은 덕과 넓은 도량을 가지신 분이 어찌 트집을 잡으려는 본의가 있겠습니까? 이것은 갈게 하고 연마케 하여 사람을 덕으로써 아끼시는 뜻에 지나지 않습니다. 제가 비록 부족하지만 어찌 대감의 본뜻을 모르겠습니까?"

故小人笑而答曰:'我信吾心, 我呈吾疏之後, 人之處我, 吾不欲問. 其見而恕之, 仁也. 其見而不恕之, 義也. 今俗雖薄, 寧有中心悅服, 外面抉摘之理也?' 遂斷而書呈. 呈疏之後, 探聽物議, 則雖新進後輩, 果無一毫不滿之語. 況以大監之淑德洪量, 寧有抉摘之本意乎? 此不過磋之磨之, 愛人以德之意. 小人雖不敏, 豈不知大監之本意哉?"

이병모가 깜짝 놀라며 말했다.

"누가 영공에게 쓴소리로 힘써 만류하였더란 말이오? 내게 그 사람을 알려주시오. 그 사람이야말로 참으로 경박하고 속되구려. 그 상소를 어찌 만류할 수 있으며, 그 상소를 어찌 트집잡을 수 있겠는가? 근래 경박한 무리들이 매양 서학을 한쪽으로만 내몰아서 옥석조차 구분치 않으니 내가 몹시 애통하게 여기오. 하물며 영공 같은 이는 마음의 자취가 이미 분명하고 글이 곧고도 반듯하니, 다시 그 누가 영공에게 터럭 하나라도 끼어들 구석이 있겠소?"

李愕然曰: "誰爲令苦口力挽? 爲我傳其人. 其人眞薄俗也. 其疏豈可挽乎, 其疏豈可抉摘乎? 近來浮浪之人, 每欲以西學驅勒一邊, 不分玉石, 吾切痛之. 況如令公者, 心跡旣明, 文辭直截, 復誰有一毫介滯於令哉?"

내가 말했다.

"대감께서 지난번 이경명李景溟[69]에게 제 상소를 두고 '문장의 예봉과 글의 기세가 외가外家의 글에서 많이 나왔고, 도리어 경전經傳에 있어서는 힘을 얻음이 적은 듯하다'고 말씀하셨다던데, 과연 그렇습니까?"

이병모가 말했다.

"뭐라고? 이게 무슨 말인가? 내가 일전에 이 승지와 마주하여 이야기할 때 남인이 평소에 반고와 사마천만 읽고 자못 사서四書를 싫어하는지라 정 영공의 글 또한 반고와 사마천의 기미가 있고 사서의 주해와는 같지가 않으니, 이 또한 남인의 본색이라고 했었네. 어찌 경전에서 힘을 얻음이 적다고 말했겠는가?"

余曰: "大監向李景溟言小人上疏, 詞鋒文氣多出於外家書, 而却於經傳上得力似少云, 果有是否?" 李曰: "惡, 是何言也? 吾日前對李承旨言, 南人素讀班馬, 頗厭四書, 故丁令之文, 亦有班馬氣味, 與四書註解不同, 此亦南人本色. 何嘗曰經傳上得力少乎?"

내가 말했다.

"선배인 대관이 후진을 일깨우시는 말씀을 감히 새겨듣지 않겠습니까? 하지만 제 생각은 또한 그렇지 않은 점이 있습니다. 문장에는 저마다 체재體裁가 있어, 소장疏章에는 소장의 체재가 있고, 주해에는 주해의 체재가 있으며,《사기》에는《사기》의 체재가 있는 법이지요. 제가 쓴 상소를 어찌 감히 스스로 문장가의 체재에 견주겠습니까만, 그 문자의 명목만큼은 그저 소장일 뿐이니, 사서와 반고, 사마천은 모두 감히 견주어 논하지 못하리이다."

이병모가 말했다.

"영공의 상소 중에는 새롭고 기이한 표현이 많았네. 이 또한 쉽게 읽히는 문장의 기미와는 손색이 있는 것이니, 영공은 힘쓰시게나!"

余曰:"先輩大官訓誨後進之言, 敢不銘珮? 而小人之見, 亦有不然者. 文章各有體裁, 疏章有疏章之體, 註解有註解之體, 史記有史記之體. 小人之疏, 豈敢自擬於文章家體段, 而若其文字之名目, 則乃疏章也. 四書班馬都不敢比論矣."李曰:"令疏中多新奇句語. 是亦有遜於菽粟氣味, 令其勉之!"

내가 말했다.

"도끼 훔쳐간 것을 의심하거나[70] 발 씻음을 취하는 것[71]은 옛날에도 면치 못하였습니다. 제가 쓴 상소문이 설령 새롭고 기이하다 하더라도, 다른 사람일 경우 칭찬할 만하고 저에게 있어서는 권면할 만한 것이라면, 이것도 저 스스로 취한 셈입니다."

마침내 그와 함께 이런저런 이야기를 나누었다. 혹 수리數理를 논하고 혹 금정찰방으로 있을 때의 일을 말하니, 이병모 또한 웃는 말로 끄덕끄덕했다. 많아서 다 적지는 않는다.

余曰: "竊鐵之疑, 濯足之取, 古來不免. 小人之疏, 設令新奇, 在他
人則可譽, 在小人則可勉, 是其自取也." 遂與之閒話, 或論數理, 或言
金井時事, 李亦笑語款款. 多不盡錄.

규장각제학 심환지를 만나보았다. 심환지의 집은 삼청동 안
에 있었는데, 뜨락이 깨끗하고 뜰 가운데에는 석류 화분 수십
개가 있었다. 나를 보고는 기뻐하였다. 인사를 마치고 나서 내
가 말했다.

"경술년(1790) 가을에 형님이 과거에 급제하자 대감께서 몸
소 방문해주셨지요. 임자년(1792) 여름 선군께서 세상을 버리
셨을 때도 대감께서 직접 와 조문해주셨습니다. 복服을 마친 뒤
에 어찌 곧바로 찾아와서 절을 올리고 싶지 않았겠습니까마는,
대감께서 혹 전임銓任의 직임을 맡고 계시거나 성균관대사성으
로 계셨고, 근래에 또 내각에 들어가셨습니다. 각신의 대문은
사람이 오기가 어려운 곳이다 보니 마음만 항상 애가 탔습니
다. 이제 멀리 떠나게 되어, 비록 공적인 격식은 아니지만 특별
히 와서 작별을 고합니다."

見奎章提學沈煥之. 沈家在三淸洞裏, 庭宇蕭洒, 庭中有石榴數十
盆. 見余欣然. 寒暄畢, 余曰: "庚戌秋, 家兄登第, 大監躬來問之. 壬子
夏, 先君棄背, 大監躬來弔之. 闋服之後, 豈不欲卽時來拜, 而大監或居
銓任, 或帶泮長, 近又入閣. 閣臣之門, 人所難到, 心常耿耿. 今當遠離,
雖非公格, 特來告別."

심환지가 말했다.
"시험장에서 수십 일 동안 함께 고생한 뒤로 나 또한 마음으

로 아껴 잊을 수가 없었소. 이제 이렇게 와서 만나보니 몹시 기쁘구려."

이어서 계속 말했다.

"지난번 영공의 상소는 진실로 잘 지었더군. 또 은혜로운 비답까지 얻었으니 사람으로 하여금 감축게 하는구려."

내가 말했다.

"은혜로 기르심이 이와 같으니 감읍함을 다시 무슨 말로 비유하리까?"

마침내 이런저런 이야기를 나누었다.

내가 심환지가 앞뒤로 임금께 말씀을 올리면서 나를 위해 이치를 편 것이 많았음을 알았기에 덕을 베푼 기색이 있으려니 생각하여, 한참을 지체하며 기다렸지만 끝내 아무 말이 없었다. 내가 말이 가까운 곳에 미치게 하여 그 말을 끄집어내려고 여러모로 유인했지만, 끝내 아무 말이 없었다.

沈曰: "試院同苦數十日之後, 吾亦心乎愛之, 不能相忘. 今來相見, 甚可喜也." 仍曰: "頃日令疏, 誠善爲之. 又承恩批, 令人感祝." 余曰: "恩造如此, 感泣之復何言喩?" 遂發閒話. 余知沈前後奏達, 多爲余伸理, 意其有德色. 移時遲待, 竟無所言. 余爲語及近處, 欲挑出其語, 多方誘引, 竟無所言.

내가 일어서면서 말했다.

"대감께서는 저와 선대先代의 우호가 있거나 혼인으로 맺은 우의가 있는 것도 아닙니다. 우리나라는 색목色目이 나뉘고 보면 소식도 아득해집니다. 제가 마음에 품은 자취의 본말을 대감께서는 밝게 알지 못하시고, 대감께 제 이름을 말하는 자들은 모두 헐뜯고 나무라고 이간질하고 비방하는 자들입니다. 대감께서 서로 떨어진 처지에 마음을 허락하시고, 뭇사람이 헐뜯는 가운데서 귀를 막으시어, 여러 번 제 일을 가지고 임금께 말씀해주셨으니 과연 어찌 된 연유입니까? 대저 외물外物과 통하고 막힘에서 삶과 죽음이 또한 크지만 오히려 여기에도 경중輕重이 있습니다. 마음을 세움이 삿되고 바르거나 학술을 택함이 선하고 악함 같은 것은 우리가 살았을 때나 죽은 뒤에나 한 건의 큰일이라 하겠습니다. 그러니 대감께서 저에게 혹 이 일에 대해 이치를 펴주셨으니 비록 은덕이 있다고 하더라도 괜찮을 것입니다. 그 말씀을 좀 들려주십시오."

余作而曰: "大監與我, 非有先世之好, 姻戚之誼. 而我國色目既分, 聲聞漠然. 吾之本末心跡, 大監既無以明知. 人之以吾名說道於大監者, 皆毀之短之, 慁間之誹謗之者也. 大監許心於隔絶之地, 塞耳於衆毀之中, 屢以吾事陳達於尺五之天者, 果何故也? 夫通塞外物也, 死生亦大矣, 猶之有輕重. 至如立心之邪正, 擇術之善惡, 此乃吾人生前死後頭一件大事. 而大監於吾, 乃或伸理於此事, 雖謂之有德, 可也. 請聞其說."

심환지가 한참 있다가 말했다.

"어찌 다른 까닭이 있었겠나? 때마침 소견이 이와 같았을 뿐이라네."

그러고는 다시 아무 말이 없다가 또 말했다.

"우리 쪽 젊은이들의 논의는 여전히 들쑥날쑥 일정치 않다네. 참의 어용겸이 군직을 주지 않은 것 또한 젊은 축들의 논의였네. 참판 서매수를 관례에 따라 무반으로 보낸 것에 이르러서는 대개 성상께서 묵묵히 가늠하신 바가 있었던 것일세.

나라의 은혜가 아님이 없거니와, 신하 된 자가 무슨 덕을 베풂
이 있겠는가?"

마침내 이런저런 이야기를 한참 나누었는데, 많아서 다 적
지는 않는다.

영부사 홍낙성洪樂性을 보았는데 아무 말도 없었다.

沈良久曰:"豈有他故? 適所見如此耳." 更無所言, 又曰:"吾邊少輩
之論, 猶或有參差不齊. 魚參議之不付軍職, 亦少輩之論也. 至於徐參
判之循例送西, 蓋聖上有所黙運也. 莫非國恩, 在下者何德之有?"遂淋
漓閒話, 多不盡錄. 見領府事洪樂性, 無所言.

---

097 이병모는 왜 임금 앞에서 다산을 비난한 뒤 다산 앞에서는 변명했을까?

〈변방소〉에 대한 칭찬 행렬이 이어지던 중 유독 눈에 띄는 것이 우
의정 이병모의 반응이었다. 6월 28일 일기는 이조참판 서매수가 출근
첫날 인사에서 어용겸에 의해 어그러진 송서, 즉 군직을 내리는 기사
로 시작해서, 우의정 이병모가 차대에서 했다는 말로 이어진다. 그의
말은 앞서 문답 [091]에서 살핀 바 있다.

다산은 일기에서 이병모의 말을 짤막하게 인용했지만,《정조실록》
1797년 6월 24일자 기사에는 그 내용이 한층 자세하다.

정약용이 스스로 변명한 상소에 인용한 비유가 이치에 맞지 않는 것이 많으니, 맹자가 양주와 묵적을 배격하고 주자가 소동파와 육상산을 배격했다고 말한 것과 같은 것은, 그것이 비록 문장을 잘라다 뜻을 취한 데서 나왔다 하더라도, 사학邪學은 본래 이단異端으로만 논할 수는 없습니다. 이는 단지 우서虞書에서 이른바 '구적寇賊과 간구奸宄의 부류는 사사士師가 베어없애 남김이 없도록 해야 한다'는 것입니다. 어찌 양주와 묵적에 비교하여 그들과 같게 할 수 있겠습니까? 문자를 이유로 사람을 죄주는 것은 후덕한 풍습은 아니라 하더라도 이것은 규경規警에 속하는 사안인 만큼 착한 데로 옮겨가게 하는 데 하나의 도움이 되기에 충분하니, 파직하는 법을 시행하시기 바랍니다.[72]

말은 온건했지만 날이 서 있었다. 일기에서 다산은 정조가 이 말을 듣고 "이것이 무슨 말인가? 막 자라는 것은 꺾지 않는 법, 그만두시오"라고 제지했다고 했으나, 실록의 기록은 그 정도가 아니었다.

그는 바야흐로 움츠려 있던 벌레가 우렛소리를 듣고 절명한 듯하다가 다시 소생한 것과 같으니, 그 한창 자라는 가지를 꺾어버리지 않는다는 뜻에 있어서 하필이면 이와 같이 해야 하겠는가? 사학의 폐단은 일찍이 좌상左相을 대했을 때 이미 말하고 바로잡도록 하였다. 그러나 나는 형법刑法으로 그것을 다스리는 것은 불가하다고 여긴다. 태양이 떠오르면 반딧불과 횃불은 저절로 빛을 잃게 되며 원기元氣가 충실하면 외기外氣는 침범하지 못하니, 만약 내수內修와 외양外攘을 잘하여 먼저 근본을 다스려 시례가문詩禮家門의 사람으로 하여금 모두 고가故家의 유풍遺風을 지키고 예교禮敎의 모범을 잃지 않게 한다면 저들 역시 앞으로 없어지기를 기약하지 않더라도 저절로 없어질 것이다.[73]

다만 실록의 기사가 6월 24일인 것으로 보아, 이병모의 위 지적은 6월 28일이 아닌 6월 24일의 일이었다. 또 윤6월 4일 일기에서 다산을 만난 병조판서 이조원이 "지난번 차대에서 우상께서 몇 마디 말로 은근히 낮추어 영공을 깎아내리는 듯이 했다"고 전했고, 이에 다산은 "들으니 양주와 묵적에 빗댄 것을 가지고 망발이라고 했다더군요"라고 대답해 상황을 익히 알아 추이를 예의 주시하고 있음을 말했다. 호조판서 김화진이 이병모의 비난에 대해 다산을 두둔한 것 또한 앞서 [091]에서 살폈다.

그러고 나서 윤6월 5일에 다산은 마침내 우의정 이병모를 직접 만나 인사를 나눴다. 제 발이 저렸던 이병모가 다산에게 "지난번 영공의 상소는 말이 진실로 절실하고 담긴 뜻 또한 간절해서 대체로 정말 훌륭했소. 하지만 글을 쓰는 사이에 혹 자세히 살피지 못한 점이 있더군"이라고 운을 떼며 자신이 임금에게 한 말과 임금의 반응을 먼저 전했다. 이후 이어지는 이례적인 긴 서술은 집요하게 파고들며 따지는 다산과 진땀을 빼며 허둥대는 이병모의 대화를 현장감 있게 포착해내고 있다.

다산이 이병모의 해명 아닌 변명에 구체적인 지적 내용을 물었고, 이병모는 맹자가 양주와 묵적을 무부무군으로 본 것은 그 말류의 폐단을 가지고 말한 것인데, 서학을 여기에 견준 것은 서로 짝이 맞지 않는 혐의가 있는지라 이 점을 지적했던 것이며, 아끼는 뜻에서 한 말이지, 탈 잡으려는 마음은 없었으니 오해하지 말라고 한발 물러섰다. 목적을 이미 달성했으니 말이 너그러워진 것이다.

다산의 대답은 웃음 속에 칼날을 숨겼다. 앞서 살핀 대로 자신의 상소가 오래전부터 준비해온 신중한 것이었으며, 읽은 벗들이 "마음속으로는 기뻐 따르면서도 겉으로는 틀림없이 자구를 트집 잡아 헤아

다산의 일기장

리지 못할 근심 속으로 내몰 것이니 절대로 글을 올려 위기를 밟지 말라"고 충고를 했다면서 대답을 이어나갔다. 다산은 아예 정색을 하고 따져들고 있었다. '오래 준비한 글이고 비난받을 각오를 하고 쓴 글이다. 평소 점검과 감별로 유명한 분이 그걸 모르시겠는가? 그러니 트집의 의도가 없는 줄은 내가 잘 안다.' 말은 순하게 했지만 비꼬아 말하는 기미가 역력하다. 이병모는 졸지에 '속으로 기뻐 따르면서 겉으로 트집 잡는 사람'이 되었고, 상소문에 대해 모든 사람이 조금의 불만이 없는데, 그만 해치려는 뜻을 품은 소인배가 될 판이었다.

뜨끔해진 이병모가 당황해서 변명했지만 말이 목표를 잃고 허둥댔다. 당황한 나머지 말이 헛놀고 있었다. 트집 잡지 않았다면서, 마음의 자취가 분명하고 글이 곧고도 반듯해 끼어들 구석이 없다며 제 입으로 다산을 칭찬하게 만들었다. 다산은 수긍하지 않고 한 번 더 찔러들어갔다. 이병모가 이경명에게 했다는 '문장이 외가外家에서 나왔고 경전에서 얻은 힘이 부족하다'는 말의 진의를 캐물은 것이다. 한층 더 당황한 이병모가 얼떨결에, 상소문 중에 새롭고 기이한 표현이 많아서 그리 말한 것이고, 쉽게 읽히는 글로 쓰는 것만 못하다는 뜻이라며 더 노력하라는 말로 대답을 얼버무렸다.

다산은 물러서지 않고 다시 반박했다. '말씀을 새겨듣겠지만, 동의할 수는 없다. 문장에는 저마다 체재가 있다. 상소문에는 상소문의 체재가 있어 그리 된 것이다. 어떻게 상소문에 사서 주해의 체재를 쓸 수 있겠는가?' 그러고 나서는 다시 《열자》와 《맹자》의 비유를 끌어와 사람이 색안경을 끼고 보면 다 그렇게 보이는 법이라고 하면서, 자신의 상소문이 설령 새롭고 기이하다 해도 다른 사람일 경우 칭찬하면서, 자기에게만 권면할 만한 것이 된다면 결국 이 또한 자신의 탓이 아니겠느냐며 삐딱하게 한마디를 더 찔러넣었다.

다산은 이병모와의 대화에서 한 마디도 지지 않고 또박또박 따지고 들었다. 말은 공손하게 했지만 이병모로서는 그 맹랑한 태도에 진땀을 빼지 않을 수 없었다. 이후 두 사람은 화제를 바꿔 수리에 대해 이야기하다가 금정찰방 시절에 고생한 일까지 화제에 올리며 한동안 더 대화를 이어갔다. 이병모는 웃는 말로 고개만 끄덕끄덕했다고 다산은 적었다. 다산의 완승이었다. 하지만 이겨도 진 것이나 다름없는 허탈한 승리였다.

젊은 다산은 늘 그랬다. 자신이 옳다고 믿거나 부당한 일에 대해 한 걸음도 물러서지 않았다. 더욱이 이때는 곡산부사로 떠나기 전 인사를 하러 다니던 상황이었고, 〈변방소〉를 의미 없게 만든 이병모의 비난에 대해 앙금이 없을 수 없었다. '당신이 그렇게 내 상소문에 대해 험담을 해서 결과적으로 내가 곡산부사로 나가게 되었다. 하지만 나가는 마당에 따질 것은 따져야겠다'는 태도였다. 다산은 이렇게 해서 이병모를 꺾어눌렀지만, 이런 각진 태도는 꼭 뒷날에 다시 화를 부르곤 했다.

098 어째서 심환지는 다산 앞에서 공치사를 하지 않고 딴청을 부렸나?

〈함주일록〉의 내용 중 또 한 가지 눈길을 끄는 대목이 있다. 그것은 앞서 이병모와의 대화에 이은, 규장각제학 심환지와 나눈 대화다. 노론 벽파의 핵심 인물이었던 심환지는 앞서도 보았듯, 고비마다 정조에게 다산을 편드는 우호적인 언급을 지속적으로 남겼다. 이날 윤6월 5일 이병모와의, 겉으로는 평온했지만 긴장을 늦출 수 없던 대화를 마친 뒤, 다산은 작별 인사를 겸해 삼청동 집까지 심환지를 찾아갔다.

다산은 자신을 반갑게 맞아주는 심환지에게 1790년 정약전의 급제 때 심환지가 직접 방문해 축하해준 일과, 1792년 아버지 정재원의 장례 때 문상해준 일에 대해 감사의 뜻을 새삼 전하면서, 이제 멀리 떠나게 되어 비공식적으로라도 작별의 인사를 하지 않을 수 없어서 찾아왔노라고 했다. 심환지는 노론 벽파의 영수여서 다산을 편들어줄 까닭이 없는 인물인데, 일이 있을 때마다 다산의 편을 들어 답답하던 상황에 활로를 열어주곤 했으므로 다산으로서는 각별한 감사의 인사가 없을 수 없었을 것이다.

이에 심환지는 예전 과거시험장에서 수십 일간 함께 고생했던 일을 말하고, 다산의 상소문에 대한 칭찬을 이어갔다. 다산으로서는 심환지가 그간 큰 후의를 연속적으로 베풀어주었기에 뭔가 생색을 내는 표현을 할 줄 알았는데, 심환지는 의례적인 칭찬과 인사 외에는 끝내 아무 말도 하지 않았다. 다산은 여러모로 유인까지 했다고 일기에 썼다. 그래도 심환지는 미동도 하지 않았다.

심환지는 왜 이에 대한 언급을 회피했을까? 또 다산은 어째서 굳이 심환지가 생색내는 말을 들어 기록으로 남기고 싶어 했을까? 다산이 이를 굳이 기록으로 남긴 속내는, 당시 심환지의 두둔이 자신의 뜻이 아니라 임금이 시켜서 한 일이었던 것으로 여겼기 때문인 듯하다. 이를 그의 입으로 굳이 확인하고 싶었는데, 심환지는 그 의도를 꿰뚫어보고 외면한 상황이었다.

하지만 다산은 집요하게 물고 늘어져, 자신이 심환지와 선대의 우호가 있지도 않고 혼인으로 맺은 우의도 없으며, 게다가 색목마저 갈려서 모든 사람이 한결같이 자신을 헐뜯고 이간질해 비방하는 와중에 심환지만이 귀를 막고 여러 번 자신을 두둔하는 큰 은덕을 내려준 것이 어떤 연유에서인지를, 말을 돌리지 않고 재차 질문했다.

심환지는 입장이 더 난처해져서 한동안 입을 다물고 있다가, 다른 까닭은 없고 당시 자기 생각이 그랬을 뿐이라며 대충 말을 얼버무리고 말았다. 신하 된 자가 무슨 덕을 베푸느냐고 되묻는 말끝에는 인정할 수도 인정하지 않을 수도 없는 곤혹스러움이 얼마간 묻어난다. 자기 입으로 확인해주기는 싫었을 테니, 표정 관리가 잘 안 되었던 느낌이다.

다산은 짓궂게도 이날의 이 같은 문답을 하나하나 되새김질하듯이 기록해 겉 다르고 속 다른 노론 측 대신들의 언행을 하나하나 포착해두었다. 다산으로서는 회심의 〈변방소〉 제출에도 불구하고 억울하게 곡산부사로 쫓겨나가는 심경을 이렇게라도 기록으로 남기고 싶었던 것이다. 끝에 영부사 홍낙성에게도 찾아갔지만 정작 그는 아무 말도 하지 않더라는 증언도 기록해두었다.

윤6월6일

대궐에 나가 조정을 작별하고 박여 홍시보에게 들렀다가 돌아왔다. 응교應敎 한용탁韓用鐸[74]이 찾아와서 작별하였다.

初六日, 詣闕辭朝, 歷訪洪博汝而還. 韓應敎用鐸來別.

[부록] 장차 곡산으로 가면서 궁궐을 떠나던 날, 서글퍼서 짓다〔將赴谷山辭殿日, 悵然有作〕

푸른 신발 머뭇대며 대궐 계단 내려설 때	青靴颯杳下螭頭
살뜰하신 님의 말씀 눈물이 절로 난다.	天語諄諄涕自流
등생滕生처럼 절군浙郡 나감 구한 것이 아니요[75]	不是滕生求浙郡
소송蘇頌이 창주滄州에 부임함과 똑같다네.[76]	還如蘇頌赴滄州
규장각의 비단 책갑 행장을 따라오고	奎垣縹帙隨行李
내의국의 금빛 환약 이별 근심 달래준다.	內局金丸慰別愁
청석관 서쪽 나서 300리를 더 가면	西出石關三百里
가으내 서리 달에 님 계신 곳 꿈꾸리.	一秋霜月夢瓊樓

099 곡산으로 떠나는 다산의 심경은 어땠나?

다산은 결국 중앙에서 발을 붙이지 못한 채 다시 곡산부사의 직임을 받아 황해도 깊은 산골로 떠나야 했다. 1797년 윤6월 6일의 일이었다. 금정에서 이존창을 검거하고, 서암강학회를 주도했으며, 〈도산시숙록〉을 집필하고도 천주교의 혐의를 벗기에는 역부족이었다. 〈변방소〉라는 회심의 카드를 내밀었지만 임금과 대신들은 입으로만 칭찬하고 속마음은 그렇지 않았다. 이삼환의 충고대로 '변명하지 말라'는 가르침을 따랐던 것만 못한 결과를 낳았다.

정조는 앞서 살핀 〈자찬묘지명〉에서 다산을 곡산부사로 내려보내며 '지난번 상소가 훌륭해 한차례 쓰려 했으나 의론이 괴롭게 많아 외직에 잠시 보내는 것이니, 한두 해 늦더라도 서운하게 여기지 말라'고 위로했다. 어떻게 해도 꼬이고 만 행보였다. 애를 쓸수록 도리어 역효과가 났다. 앞에서 하는 말과 뒤에서 떠드는 얘기가 같지 않았다. 다산은 증거로 남겨두기라도 하겠다는 듯이 한 사람 한 사람이 자신에게 직접 건넨 말을 마치 녹취하듯 일기 속에 붙들어두었다. '그들이 내 글에 대해 분명히 이렇게 말했다. 그런데 이 결과는 도대체 뭔가?'

다산은 위의 글을 쓰고 나서 "이때 당시 귀신貴臣들로서 참소하고 미워하는 자가 많으니, 주상의 의사는 약용으로 하여금 외직에 수년간 있게 함으로써 냉각기를 두려 한 것이다"라고 썼다. 다산은 이 말을 쓰면서 가슴이 아렸을 것이다. 《사암선생연보》에도 이때 일이 그대로 나온다.

다산은 한 번 더 분루를 삼키며 도성을 떠나야 했다. 이날 어전을 물러나며 쓴 시 한 수에 이때 다산의 심경이 오롯이 담겨 있다. 제목은 '장차 곡산으로 가면서 궁궐을 떠나던 날, 서글퍼서 짓다'이다. 송나라 때 등원발과 소송의 이야기를 3~4구에 인용했다. 등원발은 강직한 신하였다. 왕안석의 신법新法에 반대해 늙었음을 이유로 회남을 맡아 나가게 해달라고 청해 굳이 절군태수가 되어 떠났다. 소송이 정적의 모함을 받아 창주지사로 떠나자 황제가 소송에게 말했다. "경을 발탁하여 쓰려고만 하면 꼭 무슨 일이 생겨 쓰지 못하게 되니 그도 아마 운명인가 보다. 앞으로 세월이 가면 경이 곧다는 것이 자연 밝혀질 것일세." 정조가 다산에게 한 말과 취지가 꼭 같다.

다산의 뜻은 이렇다. 곡산부사가 되어 떠나는 것은 등원발처럼 자원한 것이 아니라, 소송의 경우에 해당한다며 분하고 억울한 마음을 굳이 감추지 않았다. 정조는 떠나는 다산의 행낭 속에 교정 중이던 《사기영선》의 가제본 책자를 넣어 임지에서 이 작업을 마무리하라고 당부했다. 다산의 행장 속에는 며칠 전 《두율》 교정의 공로로 받은 청심환도 들어 있었다. 이것을 책상맡에 놓아두고 가을 내내 서리 달을 보면서 임금 계신 곳을 꿈꾸겠다고 한 마지막 구절은 안타깝고 애절하다.

100 다산에게 일기는 어떤 의미였을까?

길게 다산의 일기를 따라 읽었다. 일기는 객관적 동선을 설명하고 있으나, 그에 선행하는 의도가 있다. 천주교 문제는 숙명처럼 다산의 발목을 붙잡았다. 임금 정조는 다산을 그토록 아꼈어도 이 문제에 관한 한 드러내놓고 편들 수가 없었다. 시기적으로는 1795년 주문모 신부 실포 사건에서 1797년 곡산부사 취임 직전까지를 다뤘고, 이 기간 다산은 천주교와 표면상 적대적인 자리에 서 있었지만, 실상은 그렇지도 못했다.

다산에게 천주교는 이른바 양날의 검이었다. 다산이 천주교에 등을 돌려 전향했다고 공개적으로 선언하고, 천주교 지도자 검거에 앞장섰어도 아무도 그의 진신성을 믿어주지 않았다. 비방은 점점 커지기만 했고, 그는 끊임없이 자신의 결백을 입증해 보이지 않으면 안 되었다. 이러지도 못하고 저럴 수도 없는 처지에 그는 놓였고, 이 때문에 그때그때 자신의 결백을 입증할 알리바이를 마련해두지 않을 수가 없었다.

그의 일기는 이 같은 안간힘의 결과라는 점에서 모순의 덩어리이기도 하다. 적어도 이 시기의 다산은 천주와 군주 사이에서 군주의 길을 따르기로 결심한 것이 분명하다. 그래도 신앙의 불씨가 재처럼 식어버린 것은 아니어서, 끊임없이 그의 내면 깊은 곳에서 지속적으로 갈등을 일으켰다. 그가 사랑했던 사람들이 형장의 이슬로 사라진 뒤, 복귀의 꿈마저 완전히 무너진 만년에 그는 다시 천주교로 돌아와 종부성사를 받고서 세상을 떴다.

하지만 이들 일기는 자신의 삶에서 천주교의 흔적을 어떻게든 지워내려고 애쓰던 시절의 기록이어서, 그의 전 생애를 놓고 보면 스스로에게 얼마간 부끄러운 기록일 수 있다. 있었던 사실을 부정하고, 속마음으로 따른 일에 고개를 저으면서, 자신이 혐오하고 경멸하던 자들에게 자신의 진정을 믿어달라고 쓴 기록인 까닭이다.

이삼환에게 변명하지 말라는 충고를 듣고 나서도 그는 굳이 〈변방소〉를 써서 자신을 변명했다. 그 변명은 현하의 열변에다 가락까지 착착 입에 붙는 명문이었지만 군데군데 옹색하고 구차스러웠다. 확신에 찬 목소리였음에도 정작 자기 자신은 물론 정조조차 온전히 납득시킬 수 없었다.

〈서암강학기〉와 〈도산사숙록〉 또한 다산에게 있어서는 그다지 자랑스러운 훈장일 수는 없었다. 자신이 일체의 비용을 전담하고, 이삼환과 그 일대 남인들을 개별적으로 찾아다니며 인맥을 동원해 애원하다시피 참여를 독려해서 어렵게 모임을 성사시켰어도, 막상 성과의 실상은 상징적 의미를 얻는 데 그쳤고, 동시에 지역뿐 아니라 서울에까지 다산의 행동을 비난하는 성토가 잇달았다. 막상 강학의 내용은 자신과 이삼환의 문답을 빼고 나면 나머지는 그다지 취할 만한 내용이 있지 않았다. 당시 다산에게 절실하고 절박했던 것은, 자신이 사학을 버리고 정학으로 돌아왔으며, 그것이 지역 사람들에게 받아들여졌다는 사실을 대내외적으로 공인받는 것뿐이었다. 성호학은 천주학의 굴레로 덮씌워진 자신의 혐의를 벗기 위한 방편이었다. 다산은 성호의 학문을 실제로는 그다지 높이 평가하지도 않았다.

천주교 지도자 검거와 성호학의 정리 주도로도 자신의 상황은 종결되지 않았다. 움직이기만 하면 비방과 비난이 따라왔다. 천주학을 버렸다고 하면 거짓말이라고 했고, 정학으로 돌아왔다고 해도 술수를 부리는 짓으로 받아들여졌다. 이에 다산은 아버지의 친구인 이인섭의 조언에 따라 퇴계를 사숙하는 포즈를 한 번 더 취했고, 이 작업이 끝나자 해가 바뀌기 직전 겨우 금정을 떠날 수 있었다.

금정은 다산이 머물고 싶었던 곳이 아니었다. 갈등만 분출하고 뒷말이 무성했던 그곳에서의 기억이 좋았을 리도 없었다. 상경 명령이 전달되자 다산은 뒤도 돌아보지 않고 당일로 그곳을 떠났다. 금정 시절은 유배기와 같았다. 숙제를 바쳐 검사를 마친 학생처럼 조금의 미련도 두지 않았다.

하지만 금정에서 복귀한 뒤 이존창 체포를 다산의 공으로 키워서 복귀의 명분으로 삼고자 한 임금의 뜻을 거역한 일로 다시 노여움을 샀고, 오랜 침체 후에 복귀한 상황에서 〈변방소〉 제출이라는 강수에도 불구하고 곡산부사가 되어 다시 중앙을 오래 떠나 있어야 했다. 다산을 둘러싼 소문과 비난 여론은 끊임없이 원죄처럼 그의 주변을 맴돌며 괴롭혔다.

내가 이렇게 다산 일기의 속살을 읽은 것은 다산을 위선자로 몰고 가거나, 신앙에 대한 정체성 문제를 양단간에 갈라보려는 의도와는 전혀 무관하다는 점을 한 번 더 밝혀둔다. 다산의 일기를 통해 드러나는 일부 부정합과 첨예한 갈등 속에는 다산과 그 시대가 맞닥뜨렸던 거대한 모순이 담겨 있다. 이를 두고 어느 한쪽의 잘잘못을 따져 편을 갈라 시비를 가리고야 말겠다는 태도는 오히려 사실과 진실을 호도할 수 있다는 점을 꼭 말해두고 싶다. 다산의 엇갈리는 갈지자 행보는 그의 우유부단함에 대한 징표가 아니라, 서학이라는 거대한 체계와 대면한 18세기 조선의 어정쩡한 스탠스를 보여준다. 이것은 개인의 도덕적 가치판단을 넘어선다는 생각이다.

다산의 일기장

부록

비방에 대해 변명하며 동부승지를
사직하는 상소문〔辨謗辭同副承旨疏〕[1]

삼가 신이 나라의 두터운 은혜를 받은 것이 하늘과 더불어 끝이 없으니 신이 어찌 능히 모두 말씀드리겠습니까? 마치 엄한 스승처럼 가르쳐 일깨워주셔서 그 기질을 변화시키시고, 자애로운 아비와 같이 품어 길러주셔서 그 성명性命을 보전하게 하셨습니다. 어떤 것은 전하께서 묵묵히 운용하신 바를 신이 알지 못하였고, 어떤 것은 전하께서 이미 잊으신 것을 신만 홀로 마음에 맺어두기도 하였습니다. 고요히 생각하매 뼈와 골수에 새겨져 말하려 하면 목이 메어 소리를 낼 수가 없고, 글로 쓰려고 해도 답답해서 쓸 수가 없습니다.

伏以臣受國厚恩, 與天無極, 臣豈能盡述哉? 敎誨若嚴師, 而變化其氣質, 鞠育若慈父, 而保全其性命. 或殿下之所默運, 而臣尙不知, 或殿下之所已忘, 而臣獨如結. 靜言思之, 刻骨鏤髓, 欲言則於邑而不能聲, 欲書則掩抑而不能文.

신이 돌아보건대, 어떤 사람이 이처럼 은혜를 받았겠습니까? 신은 본시 초야의 고단하고 한미한 자로 부형의 음덕이나 사우師友의 힘이 있지 않았습니다. 다만 우리 전하께서 이루어주시고 감화하여 길러주신 공에 힘입어서, 어린 데서 장성하기에 이르고, 천하다가 귀해지기에 이르렀습니다. 성균관의 시험으로 6년을 보냈고, 내각의 과시課試로 3년을 보내고서, 외람되이 학사學士로 선발되어 대부의 품계에 올랐습니다. 무릇 문장과 식견에 조금의 진보가 있고, 작록에 더하여 미침이 있었던 것이 어느 것 하나 우리 전하의 지극한 교화가 빚어낸 바와 지극한 뜻으로 이끌어주심에서 나오지 않음이 없었습니다. 신이 비록 목석木石이라 한들 차마 어찌 이 큰 은혜를 저버리리이까?

臣顧何人受恩如此? 臣本草野孤寒, 非有父兄之蔭, 師友之力. 而獨賴我殿下作成化育之功, 幼而至壯, 賤而至貴. 六年於泮宮之試, 三年於內閣之課, 玷學士之選, 躐大夫之資. 凡其文識之有寸進, 爵祿之有沾及, 無一不出於我殿下至敎之所陶鎔, 至意之所彌綸. 臣雖木石, 忍負是恩洪?

생각건대 우리 전하께서는 수사洙泗와 낙민洛閩의 학문을 몸소 닦으시어 요순堯舜과 우탕禹湯의 지위를 얻으셨습니다. 일천 성인을 이어받아 집대성하셨고, 백가를 내몰아 대일통大一統을 이루셔서, 여러 사물을 안연顏淵의 거문고와 증점曾點의 비파 사이에 놓이게 하사, 이것으로 성인의 세상이 되게 하셨습니다.

惟我殿下躬洙泗洛閩之學, 得堯舜禹湯之位. 承千聖而集大成, 黜百家而大一統, 囿群物於淵琴點瑟之間, 斯其爲聖人之世也.

신은 다행히도 성인의 세상에 태어났고, 또한 다행스럽게도 성인의 문하에서 노닐었습니다. 비록 능히 대궐 담장 안으로 한 걸음 들어가 종묘와 백관의 성대함을 엿볼 수는 없었지만, 훈도에 젖어듦은 또한 깊다 하겠습니다. 그러니 그 행실을 바로 하고 걸음을 반듯하게 함을 솔개가 하늘을 날고 물고기가 연못에서 뛰듯이 하여,[2] 아름다운 소문과 이름을 얻어 비구름과 조화의 하늘을 저버리지 않아야 함이 마땅할 것입니다. 하지만 단지 신이 부족하여 제멋대로임을 인하여 10여 년 이래로 얻은바 비방은, 음란하고 삿되며 괴탄하고 불경스러운 주장으로 아교칠한 동이 속에 빠져서 부엌 도마 위에서 뒹굴며 전하께서 곡진히 이루어주시려는 뜻을 저버리고, 전하께서 탐탁지 않아하시는 가르침을 수고롭게 한 것에 있었습니다. 그 실정이 어떠한지 굳이 논하지 않더라도 그 죄가 이미 벌을 받아 죽임당함을 벗어날 수가 없습니다.

臣旣幸而生於聖人之世, 其亦幸而游於聖人之門. 雖不能入宮墻一步, 窺宗廟百官之盛, 若其薰炙涵沐, 亦旣深矣. 宜其規行榘步, 天飛淵躍, 庶得令聞令名, 以不負雲雨造化之天. 而只緣臣不肖無狀, 十餘年來, 所得梁楚, 乃在於淫邪怪誕不經之說, 汨沒乎膠漆之盆, 宛轉乎刀俎之上, 負殿下曲遂之意, 勞殿下不屑之誨. 卽毋論其情實之如何, 而其罪已不勝誅殛矣.

염구冉求는 공자께서 총애했던 제자입니다. 하지만 한 번 잘못이 있게 되자, 공자께서 이렇게 말씀하셨습니다.

"우리의 무리가 아니다. 제자들아, 북을 울려 성토하거라."

대개 성인의 문하에서는 도술의 취향 사이를 가장 엄하게 여기는지라 사사로운 애정으로 이를 용서할 수 없었기 때문입니다. 이제 신의 죄과는 다만 염구 정도가 아닌데도 우리 전하께서 이미 한 차례 용서해주시고, 또 한 차례 일깨워주셔서 차마 끝내 버리지 아니하시고 또 무겁게 거두어주셨습니다. 오랑캐가 된 줄을 아시고 화하華夏가 되게 할 것을 생각하셨고, 금수禽獸가 된 것을 아시고는 사람이 되게 할 것을 생각하셨으며, 죽게 된 것을 아시고 살리실 것을 생각하셨습니다. 돌아보아 건져 구해주시고 거듭 소리와 힘을 쏟아 덮어 가려 용인해주셔서 고쳐서 뉘우치기를 바라셨으니, 내 부모가 아니고서야 누가 장차 이와 같이 하겠습니까? 신은 마땅히 간을 갈라 피를 내어 그 자리에서 죽어, 이것으로 온 세상에 이 은혜를 밝히고, 만세에 이 마음을 드러내어야 마땅할 것입니다. 그런데도 불결함을 뒤집어쓴 채 지저분하게 살기만을 꾀하면서 높은 하늘 아래 움츠리고 두터운 땅 위에서 비척대고 있으니, 다시 무슨 말을 하겠습니까?

冉求, 孔子之寵徒也. 然一有罪過, 孔子曰: "非吾徒也. 小子, 鳴鼓而攻之." 蓋以聖人之門, 最嚴於道術趣向之際, 而不能以私愛恕之也. 今臣罪過, 非特冉求, 而乃我殿下旣 ·赦之, 又一誨之, 不忍終棄, 又重收之. 知其夷矣, 思所以夏之, 知其獸矣, 思所以人之, 知其死矣, 思所以生之. 眷顧拯救, 積費聲力, 庇覆容忍, 以冀改悔, 非我父母, 孰將如是? 臣宜剚肝出血, 卽地溘然, 以之明此恩於一世, 暴此心於萬世. 而蒙冒不潔, 澒泅偸生, 踽高蹐厚, 尙復何言?

신은 이른바 서양의 사설邪說에 있어 일찍이 그 책을 보았습니다. 하지만 책을 보았다 하여 어찌 바로 죄가 되겠습니까? 말을 박절하게 하지 못해 책을 보았다고 말은 했으나, 진실로 다만 책을 보는 데 그쳤다면 어찌 곧장 죄가 되겠습니까? 대개 일찍이 마음으로 기꺼워하여 기뻐 사모하였고, 일찍이 들어서 남들에게 자랑하기까지 하였습니다. 그 본원과 심술에 있어서 대개 기름에 담그고 물에 젖어들며, 뿌리에 바탕을 두고 가지가 뒤엉키면서도 스스로 깨닫지 못하였습니다. 대저 이미 한 차례 이와 같이 되고 보니, 이는 바로 맹자 문하의 묵자墨子요, 정자程子 문하의 선파禪派여서, 큰 바탕이 이지러지고 본령을 그르치고 말아, 그 미혹됨의 얕고 깊음과 고쳐 옮김의 더디고 빠름은 족히 논할 것이 못 됩니다. 비록 그러나 증자가 "내가 바름을 얻고서 죽는다면 그뿐이다"라고 하였으니, 신 또한 바름을 얻고서 죽고자 할 뿐이라, 한마디로 스스로에 대해 폭로하지 않을 수 있겠습니까?

臣於所謂西洋邪說, 嘗觀其書矣. 然觀書豈遽罪哉? 辭不迫切, 謂之觀書, 苟唯觀書而止, 則豈遽罪哉? 蓋嘗心欣然悅慕矣, 蓋嘗擧而夸諸人矣. 其於本源心術之地, 蓋嘗如膏漬水染, 根據枝縈而不自覺矣. 夫旣一番如是, 此卽孟門之墨者也, 程門之禪派也. 大質虧矣, 本領誤矣. 其沈惑之淺深, 遷改之遲速, 有不足論. 雖然, 曾子曰: "吾得正而斃焉, 斯已矣." 臣亦欲得正而斃矣, 可不一言以自暴乎?

신이 이 책을 얻어 본 것은 대개 20대 초반이었습니다. 이때에는 원래 일종의 풍기가 있어 천문과 역상曆象의 학문과 농정農政과 수리水利의 기구, 측량과 추험推驗의 법칙에 대해 능히 말하는 자가 있을 경우, 세속에서 서로 전해 그를 지목하여 해박하다고 하였습니다. 신은 당시 어린지라 남몰래 홀로 이를 사모하였습니다. 하지만 그 성품과 힘이 조급하고 경솔하여 무릇 어렵고 깊으며 교묘하고 꼼꼼한 영역의 글을 본시 세심하게 연구할 수 없다 보니, 그 찌꺼기와 그림자나 메아리조차 마침내 얻은 바가 없었습니다. 하지만 도리어 사생死生의 주장에 얽혀들고, 쳐서 이겨내야 한다는 가르침[3]에 솔깃했으며, 삐뚤어진 박학한 글에 미혹되어, 유문儒門의 별파別派로 간주하고 문단의 기이한 감상거리로 보아, 남들과 담론하면서 꺼리는 바가 없었고, 다른 사람이 헐뜯어 배척하는 것을 보면 과문하고 못나서 그렇다고 의심하였습니다. 그 본의를 따져보자면 대개 기이한 견문을 넓히고자 함이었습니다.

臣之得見是書, 蓋在弱冠之初. 而此時原有一種風氣, 有能說天文曆象之家, 農政水利之器, 測量推驗之法者, 流俗相傳, 指爲該洽. 臣方幼眇, 竊獨慕此. 然其性力躁率, 凡屬艱深巧密之文, 本不能細心究索, 故其糟粕影響, 卒無所得. 而乃反繳繞於死生之說, 傾嚮於克伐之誠, 惶惑於離奇辯博之文, 認作儒門別派, 看作文垣奇賞, 與人譚論, 無所忌諱, 見人詆排, 疑其寡陋. 原其本意, 蓋欲以博異聞也.

하지만 신은 이제껏 뜻과 사업이 다만 영달함에 있었기에 성균관에 오른 뒤로 정력을 쏟고 뜻을 한결같이 한 것은 바로 공령功令의 학문이었습니다. 월과月課와 순시旬試에 나아감이 마치 매처럼 맹렬함이 있었으니, 이는 진실로 이러한 기미는 아니었습니다. 하물며 벼슬길에 나건 뒤로는 디디욱 이찌 능히 방외에 마음을 노닐 수 있었겠습니까? 세월이 오래고 나이가 듦에 따라 마침내 마음으로 다시는 왕래하지 않아, 마치 지난 일이나 그림자처럼 아마득해졌습니다. 어찌 그 한번 세웠음을 표방하여 경위涇渭조차 구별함 없이 지금껏 단단히 벗어나지 못하였겠습니까?

然臣自來志業, 只在榮達, 自登上庠, 所專精壹意者, 卽功令之學. 而其赴月課旬試, 有如鷙發, 此固非這般氣味. 況自釋褐以後, 尤何能游心方外哉? 歲久年深, 遂不復往來心頭, 而漠然若前塵影事. 奈其標榜一立, 涇渭無別, 斷斷至今掉脫不得?

빈 이름을 사모하다 실제의 화를 받는다 함은 신을 두고 하는 말입니다. 그 책 속에 담긴 윤리를 상하게 하고 이치에 어긋난 주장은 진실로 다시 제가 손꼽을 수가 없고, 또한 감히 전하의 귀를 더럽히지도 못하겠습니다. 하지만 제사를 폐지하는 주장에 이르러서는 신이 예전 보았던 책에서도 또한 본 적이 없습니다. 갈백葛伯이 다시 태어나매 시달犲獺 또한 놀라는 격이라 하겠습니다.[4] 진실로 조금이라도 사람의 도리가 다해 없어지지 않았다면, 어찌 마음이 무너지고 뼈가 떨려

어지러운 싹을 배척하여 끊어버리지 않고서 홍수가 언덕을 넘고 매서운 불이 들판을 태우게 한단 말입니까?

慕虛名而受實禍, 臣之謂矣. 其書中傷倫悖理之說, 固不可更僕數之, 亦不敢汚穢天聽. 而至於廢祭之說, 臣之舊所見書, 亦所未見. 葛伯復生, 豺獺亦驚. 苟有一分人理之未及漸滅者, 豈不崩心顫骨, 斥絶亂萌, 而洪流襄陵, 烈火燎原?

불행히도 신해년(1791)의 변고[5]가 근래에 일어났습니다. 신은 이 일이 있고부터 분하여 성을 내면서 상심하고 애통해하며 마음으로 맹서하고 뜻으로 다짐하여 이를 미워하기를 사사로운 원수처럼 하였고, 이를 성토함을 흉악한 역적 대하듯 하였습니다. 양심이 회복되자 이치를 살핌이 절로 분명하여져서, 전날에 일찍이 기뻐 사모한 것을 돌이켜 생각해보니 어느 것 하나 허황하고 괴이하며 망령되지 않은 것이 없었습니다. 그들이 말한 사생의 주장은 불씨佛氏가 두려움을 주려고 만든 명령이었고, 이른바 쳐서 이겨야 한다는 훈계는 도가道家에서 욕망의 불을 가라앉히라는 것이며, 삐뚤어진 박학한 글은 패가稗家 소품小品의 곁가지나 남은 자락에 지나지 않았습니다. 이 밖에는 하늘을 거스르고 신神을 업신여김이니, 죄가 죽임으로도 용납하지 못할 것입니다.

辛亥之變, 不幸近出. 臣自玆以來, 憤恚傷痛, 誓心盟志, 疾之如私仇, 討之如兇逆. 而良心旣復, 見理自明, 前日之所嘗欣慕者, 反而思之, 無一非荒虛怪妄. 其所謂死生之說, 佛氏之設怖令也, 其所謂克伐之誠, 道家之伏慾火也, 其離奇辯博之文, 卽不過稗家小品之支流餘裔也. 外此則逆天慢神, 罪不容誅.

이 때문에 중국의 문인文人 중 전겸익錢謙益·담원춘譚元春·고염무顧炎武·장정옥張廷玉의 무리가 진작부터 그 허위를 밝히고 그 두뇌를 갈라 쪼갰건만, 어리석어 알지 못해 그릇되이 미혹됨을 받았으니, 어린 나이라 고루하고 과문한 까닭이 아님이 없었습니다. 몸을 어루만지며 부끄러워 성을 내본들 어찌 탄식이 미치겠습니까? 이 마음은 명백하여서 신명神明에게조차 질정할 수가 있으니, 신이 어찌 감히 털끝만큼이라도 속여서 감추겠습니까?

故中國文人如錢謙益譚元春顧炎武張廷玉之徒, 早已燭其虛僞, 劈其頭腦, 而蒙然不知, 枉受迷惑, 莫非幼年孤陋寡聞之致. 撫躬慚忿, 何嗟及矣? 此心明白, 可質神明, 臣豈敢一毫欺隱哉?

신이 마땅히 형벌을 받아야 할 일은 실제로 8~9년 전에 있었으나, 다행히 전하께서 비호해주심을 입어 유사有司의 형법을 면하였습니다. 죄가 있었지만 따져묻지 않았기에 마치 등에 짐을 진 것만 같았건만, 재작년(1795) 7월에야 특별히 성지聖旨를 입어 나가서 충청도의 역우驛郵 즉 금정찰방에 보임되었으니, 오히려 늦었다 할 터인데 어찌 이다지도 가벼웠는지요? 신이 은혜로운 말씀을 손수 받들고서 눈물을 흘리며 성을 나오매, 걸음마다 생각해봐도 한 글자 한 글자가 사랑으로 덮어주신 것이었습니다. 이 인생과 이 세상에서 무엇으로 보답한단 말입니까?

臣之宜被威罰, 實在於八九年前, 而幸荷殿下之庇廕, 得逭有司之刑章. 有罪未勘, 如任在背, 乃於再昨年七月, 特蒙聖旨, 出補湖郵, 尙云晩矣, 何其輕也? 臣手捧恩言, 揮涕出城, 步步思念, 字字慈覆. 此生此世, 云何報答?

신이 비방을 입음이 바야흐로 험악한 지경이 임박했건만 임금께서는 문득 문장에 대해 논하셨고, 신이 죄를 지음은 시공緦功[6] 즉 가까운 친족마저 꾸짖고 비난하는데도 임금께서는 글씨체에 미치기에 이르렀으니, 무엇 때문에 신을 아끼시어 은혜로운 생각이 여기에 이르셨는지요? 신의 형이 잘못 다른 사람의 말을 입기에 이른 것은 실로 대책 때문인데, 앞서 이미 열 줄의 윤음으로 밝게 풀어 시원하게 벽파하셨고, 또 신을 나무라는 교서에서는 특별히 '죄 없는 그의 형'이라고 말씀해주셨습니다.[7] 이는 전하의 한 말씀으로 신의 형제를 살리신 것입니다. 이에 신과 신의 형은 손을 꼭 잡고 소리 내어 울면서 보답할 방법을 알지 못하였나이다.

臣之得謗, 方迫坑塹, 而聖旨却論文章, 臣之負罪, 難責縋功, 而聖旨至及筆畫, 何惜於臣而恩念至此? 至於臣兄之橫被人言, 寔緣對策, 而前旣以十行絲綸, 昭釋洞劈, 又於責臣之敎, 特云無罪渠兄. 是殿下一言而活臣之兄弟也. 臣與臣兄, 握手號泣, 不知所以圖報也.

신은 금정역에 이르러 매일 새벽부터 밤까지 맑고 밝게 하여, 반드시 몸과 마음을 점검하였습니다. 고쳐 바꾼 것이 비록 이미 오래되었지만, 그래도 남은 찌꺼기가 깨끗해지지 않았을까 두려워하였고, 뉘우쳐 깨달은 것이 비록 이미 참되었어도 오히려 돌피(稊稗)가 이미 익었을까 근심하였습니다. 선한 단서를 기르기에 힘써, 우리 전하께서 훈도하여 생성시키시는 지극한 어짊과 큰 은덕에 부응하기를 바랐습니다. 하물며 부임했던 곳은 바로 사설에 연루된 고장으로, 어리석은 백성으로 미혹되어 돌아올 줄 모르는 자의 무리가 실로 많았습니다.

臣到湖郵, 每蚤夜淸明, 必點檢身心. 改革雖已久矣, 而猶懼渣滓之未淨, 悔悟雖已眞矣, 而猶懼稊稗之已熟. 務養善端, 冀副我殿下陶鑄生成之至仁大德. 而況其所莅地方, 卽邪說詿誤之鄕, 愚氓之迷不知反者, 寔繁其徒.

이 때문에 신은 관찰사에게 나아가 의논하여, 뒤져서 잡아낼 방법을 강구해서 그들이 숨어 있는 곳을 적발하였고, 화복禍福의 의리로 일깨워 그들이 의심하고 겁내는 것을 깨우쳐주었습니다. 사학邪學을 배척하는 계제禊祭 즉 푸닥거리를 베풀고, 그들에게 제사 지내기를 권면하였으며, 사학의 가르침을 지키는 여자를 붙잡아서 혼인을 시켰습니다. 다시금 한 고장의 착한 선비를 구하여 서로 질의하고 논란하여 성현의 글을 강론하게 하였습니다. 그러고 나서 생각해보니, 신이 행한 것이 또한 진전이 있는지라 스스로 다행스럽고 스스로 기뻐하니, 이것이 누가 내려준 것입니까?

故臣就議按道之臣, 講搜捕之方, 而發其隱匿, 諭禍福之義, 而曉其疑怯. 設斥邪之禊, 而勸其祭祀, 執守邪之女, 而成其婚嫁. 復求一鄕之善士, 而相與質疑送難, 以講聖賢之書. 旣以思之, 臣之所爲, 殆亦有進, 自幸自欣, 伊誰之賜?

신은 혼자서 평생의 큰 은혜가 금정으로 갔던 한 차례 행차보다 더한 것이 없다고 말하곤 하였습니다. 그러나 일찍이 해가 바뀌기도 전에 이미 은혜로 용서해주심을 받아, 살아서 한강을 건너와 성안에서 편안히 지내며, 사는 데 남은 소원이 없고 죽어도 여한이 없습니다. 신은 구렁에 처박혀서 다시는 하늘 해를 보지 못하리라 여겼더니, 뜻하지 않게 지난겨울 갑자기 은혜로 불러주심을 입었습니다. 모자를 쓰고 띠를 두른 채 다시금 궐문으로 들어가, 은밀하고 가까운 곳에서 지내면서 고증하고 교열하는 작업에 참여케 하시니, 황금꽃과 같은 등불은 황홀하기가 꿈결만 같고, 대궐 주방의 진귀한 음식은 그 광휘가 찬란하였습니다. 마침내 더러운 몸으로 맑고 엄숙한 자리에 나아가 마주하였으니, 위엄 있는 얼굴이 환하게 갰고, 옥 같은 말씀이 따뜻하고 정성스러워서, 멀리 떠나 있던 나머지의 깊은 속마음이 조목조목 감동되어 눈물이 비와 같고 아뢸 바를 알지 못하였습니다.

臣自謂生平大恩, 無踰於金井一行. 而曾未改歲, 已蒙恩宥, 生踰江漢, 穩處城闉, 穀無餘願, 死無餘恨. 臣意塡溝壑, 不復見天日, 不意前冬, 忽蒙恩召. 戴帽束帶, 重入脩門, 得處密邇之地, 俾與考校之役, 金華燈燭, 恍如夢寐, 內廚珍錯, 爛其輝光. 遂得以滓穢之身, 進對於淸嚴之席, 威顔開霽, 玉音溫諄, 逖違之餘, 衷情倏感, 有淚如雨, 不知所云.

기조騎曹(병조)에 특별히 제수하시고 은대銀臺(승정원)에 다시 들어가게 됨에 이르러서는, 이것이 비록 우리 전하의 지극한 은혜와 크신 은덕에서 나왔다고는 하나, 신 자신에게는 실로 좋은 소식이 아님을 염려하나이다. 전하께서 곡진히 보호하시려는 생각을 가지고서 어찌하여 이 일이 있는 것입니까? 정분으로 헤아리더라도 마땅히 감히 드러내놓고 나가 숙배肅拜하지 못하겠고, 신이 스스로를 돌아보아 생각해봐도 또한 어찌 감히 남들이 하는 바를 하겠습니까? 벼슬을 제수하여 바로 응하는 것은 스스로 보통 사람과 같게 되는 것이나, 그 실정을 살펴본다면 곧 스스로 보통 사람과 같을 수가 없기 때문입니다. 사람들은 혹 신에게 '남의 말에 걸려들지 않았으니, 무릇 벼슬을 제수하는 명이 있으면 마땅히 머뭇거리지 말라'고 말합니다. 신이 가만히 생각해보매 어찌 사람들의 말이 없었겠습니까? 다만 전하께서 덮어 가려주셨을 뿐입니다.

至於騎曹之特除, 銀臺之復入, 此雖出於我殿下至恩洪造, 在臣身實恐非好消息也. 以殿下曲保之念, 何爲而有此也? 揆以分義, 宜不敢揚揚出肅, 而臣顧自念, 亦安敢爲人所爲乎? 有除輒膺, 自同平人, 而夷考其情, 乃所以不自同平人也. 人或謂臣不罹人言, 凡有除命, 宜莫逡巡. 臣竊思之, 豈無人言? 特殿下庇覆之耳.

있음을 분명히 알면서 그것이 탄로 나지 않음을 요행으로 여기는 것을 신은 실로 부끄러워하나이다. 마땅히 즉시 상소를 올려 스스로를 끌어당겼어야 했는데, 교서校書와 관시管試로 미처 주선하지 못하다가, 얼마 못 가 체직되는 바람에 단지 혼자서 부끄럽고 두려웠습니다. 뜻하지 않게 오늘 또 제수하는 교지를 받게 되매, 구구한 천한 신하의 정성을 비로소 모두 밝힐 수 있게 되었습니다. 신은 삼가 생각건대, 천도天道는 가득 찬 것을 꺼리고, 인정人情은 굽히는 것을 애석하게 여깁니다.

明知其有, 而幸其不露, 臣實恥之. 宜卽陳疏, 以自控引, 而校書管試, 未及周旋, 旋已遞職, 只自愧懼. 不意今日, 又奉除旨, 區區賤忱, 始可悉暴. 臣伏念天道忌盈, 人情惜屈.

이제 신이 오래 침체되어 막히면 사람들은 이렇게 말할 것입니다.

"아무개는 실제로 일찍이 사학을 하지 않았는데, 막혀 폐하여짐이 이에 이르렀으니, 또한 가엽다 할 만하다."

이것이 신에게 있어서는 복이요 경사며, 사는 길입니다.

이제 신이 전처럼 벼슬이 오른다면 사람들은 틀림없이 이렇게 말할 것입니다.

"아무개는 예전에 일찍이 사학을 했는데도 저처럼 경력을 펴다니, 또한 가증스럽다."

이것은 신에게 화禍이고 재앙이며, 죽음의 꾀입니다.

지금 신이 한번 조정 반열의 사이에서 얼굴을 들면, 공경대부들이 서로 손가락질로 지목하며 이렇게 말할 것입니다.

"저기 오는 자는 누구란 말인가? 저 사람은 진실로 일찍이 사학에 빠졌던 자가 아닌가?"

다산의 일기장

모습을 한번 볼 때마다 마음속에 생각이 문득 떠오를 것이니, 신이 장차 어찌 낯을 드러낼 수 있겠습니까?

今臣沈塞積久, 則人將曰: "某也, 實未嘗爲邪, 而枳廢至此, 亦可憫也." 此在臣福也慶也, 生之塗也. 今臣騰鶩依舊, 則人必曰: "某也, 舊嘗爲邪, 而揚歷如彼, 亦可惡也." 此在臣禍也殃也, 死之術也. 今臣一擧顔於朝行之間, 而公卿大夫相與指點曰: "彼來者爲誰? 彼固嘗溺於邪者耶?" 容儀一接, 心想驀起, 臣將何面之可顯乎?

이는 산속 바위 사이에 그림자를 감추고 자취를 숨겨 세상 사람으로 하여금 날마다 서로 잊어 알지 못하게 하는 것만 못합니다. 그런 까닭에 높은 벼슬과 아름다운 작록은 신이 바라는 바가 아니요, 풍성한 재물과 두터운 녹은 신이 부러워하는 바가 아닙니다. 다만 이 하나의 실낱같은 목숨이 끊어지기 전에 이 천하에 없는 악한 이름과 추악한 명목을 씻는 것이 신의 지극한 소원이요, 지극히 간절한 마음입니다.

斯其不若匿影遁跡於山巖之間, 使世之人日相忘而不知也. 故高官美爵, 非臣所望, 豐貲厚祿, 非臣所羨. 唯此一縷未絶之前, 得洗此天下所無之惡名醜目, 是臣之至願至懇也.

대개 이 사학은 바로 몇천만 리 밖 이역의 풍속이 다른 법입니다. 그런 까닭에 그 터럭 하나 머리카락 하나도 죄역罪逆 아님이 없습니다. 해괴하고 놀랍고 두렵기가 완전히 조수鳥獸가 사람의 무리 속에 있는 것과 같아서, 단 하루도 구차하게 함께 거처할 수가 없어, 결단코 관적官籍에 올라 벼슬길에 종사하는 집안과, 풍속을 따르며 교유하는 사람이 능히 병행하면서 거스르지는 못하는 것입니다. 이 때문에 비천하고 한미한 부류는 혹 이를 행하여도 무사하겠지만, 만약 사대부의 족속과 관계되어 두드러져 일컬을 만한 사람이라면 그 재앙이 즉시 이르게 되니, 어찌 능히 열흘의 목숨을 지탱하겠습니까? 하지만 그 행사에 드러난 것이 비록 법에 저촉되거나 윤기倫紀를 범하는 데 이르지는 않았다 해도, 그 근본 되는 심술의 병통 같은 것은 끝내 능히 석연하게 없앨 수가 없습니다. 그럴진대 비록 유사有司에게서 한때의 형벌을 구차하게 면하더라도, 진실로 사문斯文의 저울질을 주장하는 자가 있다면 장차 이를 배척하여 이단과 난적亂賊이라고 할 것이니, 끝내 천하 만세의 주벌誅罰을 면할 수 없을 것입니다.

蓋此邪學, 卽幾千萬里外異域殊俗之法也. 故其 毛 髮, 無非罪逆, 而駭怪驚怖, 截然若鳥獸之在人群, 不能一日而苟焉相處, 斷非通籍從宦之家, 循俗交游之人, 所能竝行而弗悖者也. 故卑微之流, 或行之無事, 而若係衿紳之族, 表表可稱者, 其禍立至, 豈能支旬日之命哉? 然其見於行事者, 雖不至觸憲干紀, 若其本源心術之病, 終不能釋然開豁, 則雖得苟免於有司一時之刑, 誠有主斯文之權者, 將斥之爲異端亂賊, 而不可終逭於天下萬世之誅也.

육구연陸九淵과 진헌장陳獻章은 진실로 일찍이 손가락을 사르거나 정수리를 태우지 않았지만, 선학禪學을 했다는 지목을 사양할 수 있었습니까?[8] 신 같은 사람은 당초에 물든 자취는 아이들의 장난과 같았고, 지식이 점차 늘자 문득 원수로 여겼으며, 앎이 분명해지고 나서는 이를 배척함을 더욱 엄하게 하였고, 뒤늦게 깨닫고는 이를 미워함이 더욱 심하게 하였습니다. 칠규七竅의 심장을 가른대도 실로 남은 숨긴 것이 없고, 구곡九曲의 내장을 다 뒤져도 실로 남은 찌꺼기가 없습니다. 그런데도 위로는 임금과 아비에게 의심을 받았고, 아래로는 당세에 귀양을 가게 되었으니, 입신立身을 한번 잘못하여 만사가 부서지고 말았습니다. 살아 또한 무엇 하며, 죽은들 장차 어디로 돌아가겠습니까?

다산의 일기장

陸九淵陳獻章, 固未嘗燒指焚頂, 而禪學之目, 其可辭乎? 若臣者, 當初染跡, 有同兒戲, 而知識稍長, 便爲敵讎, 知之旣明, 斥之愈嚴, 悟之旣晚, 嫉之愈甚. 剔心七竅, 實無餘翳, 搜腸九曲, 實無遺藩. 而上而受疑於君父, 下而遭謫於當世, 立身一敗, 萬事瓦裂. 生亦何爲, 死將安歸?

게다가 신은 군부君父에게서 은혜를 받음이 또한 이미 큽니다. 스스로 그물과 덫에 몸을 던져놓고 부르짖어 외치며 구슬피 울면 손을 당겨 건져내어 자리에 놓아주셨고, 질병을 겪고 오래되어 점차 소생할 것 같으면 또 한 차례 변괴가 일어나 마치 바위가 죽순을 누르듯 하였으니, 이는 자못 신의 운명이 기구하고 분복이 박한 탓으로, 비록 운명을 결정하는 우리 전하의 위권으로도 또한 어찌할 수 없는 것입니다. 이제 전하께서 신을 불쌍히 여기시어 버리지 않으시고 이에 다시 거두어 쓰셨습니다. 하지만 매번 한 가지 사단이 날 때마다 문득 한 차례 허물을 추궁한다면, 꿈속 생각에서조차 미치지 않았는데도 더럽혀짐이 먼저 이르러, 지쳐 기운이 다해 앉은 채로 조롱을 받게 될 것입니다. 앞서도 이미 증험이 있었으니, 나중인들 어찌 다르리이까? 진실로 이와 같을진대, 신은 차라리 한결같이 가로막혀 폐하여질망정, 때에 따라 꺾이고 때에 따라 신임을 받아 부질없이 은혜로운 대접을 너무 욕되게 하고 죄를 짊어짐이 더욱 무거워지게 하지는 않으려 합니다.

且臣受恩君父, 亦已甚矣. 自投罘罬, 號呼悲泣, 則援手拯拔, 置之衽席, 如經疾疫, 久漸蘇醒, 則又一變怪, 如石壓笋, 此殆臣命途崎險, 福分凉薄, 而雖以我殿下造命之權, 亦無如之何也. 今殿下憐臣而不棄, 復此甄收. 而每一事端, 輒一追咎, 則夢想不及, 汚衊先至, 纍然漸頓, 坐受唆哄. 前旣有驗, 後豈或殊? 審如是也, 臣寧一直錮廢, 無使時詘時信, 徒令恩數太瀆, 而罪負益重也.

신이 가만히 생각해보니, 성현이 일어남이 있으면 재해와 이단이 반드시 나란히 일어나 그로 하여금 환난을 구하고 재액에서 건지게 하여 그 공덕功德을 크게 쓰게끔 합니다. 요임금의 홍수와 탕임금의 가뭄, 맹자의 양주와 묵적, 주자의 소식과 육구연 등이 모두 그러한 증험입니다. 이제 우리 전하께서 도학의 본원을 천명하시고 교화의 근본을 숭상하여 바른길을 열어 보이신다면, 구궤九軌에 임하여 육비六轡를 어거하여, 퇴락한 풍조를 크게 변화시킬 것입니다. 그리하면 맹단盟壇에 올라 주맹主盟이 되실 것이니, 저들이 사설邪說을 만들어내더라도 장차 전하께서 물리쳐 넓히시는 공이 드러나게 될 것입니다.

臣竊伏念, 聖賢有作, 則災害異端, 必與竝起, 使之救患拯厄, 用茂厥功德, 堯之水, 湯之旱, 孟子之楊墨, 朱子之蘇陸, 皆其驗也. 今我殿下闡道學之原, 崇敎化之本, 開示正路, 則臨九軌而御六轡, 丕變頹風. 則登盟壇而執牛耳, 彼其邪說之有作, 殆將以彰殿下闢廓之功耳.

태양이 중천에 있는지라 도깨비와 무지개는 진실로 국가의 근심이 되지 못합니다. 하지만 신의 한 몸에 있어서는 이것보다 큰일이 없으니, 신이 어찌 입술을 태우고 발을 구르며, 때에 맞춰 박멸해서 이 세상에서 종자를 퍼뜨림이 없기를 바라지 않을 수 있겠습니까? 비록 그러나 주자가 노덕장路德章을 경계하여, 급히 하늘을 원망치 않고 사람을 탓하지 않기에 힘써, 그 속에서 탁마琢磨하여 만절晩節을 구하도록 하라고 하였으니,[9] 신이 비록 불민하오나 청컨대 이 말을 받들겠나이다.

太陽中天, 魑魅蝃蝀, 固無足爲國家之憂. 而其於臣之一身, 事無大於是者, 臣安得不焦唇頓足, 以冀其及時撲滅, 無俾易種于斯世乎? 雖然, 朱子之戒路德章, 亟勉其不怨天不尤人, 而向裏消磨, 救得晚節, 臣雖不敏, 請事斯語.

지금을 위한 꾀로는 오직 경전에 잠심하여 만년의 보답을 도모하고, 영예로운 길에서 자취를 멀리하여 스스로를 다스리는 의리를 본받음이 있을 뿐입니다. 정색을 하고 머리를 쳐들고서 대성臺省에 출입하여 거듭 맑은 조정의 염치를 손상시키고, 더욱 일세一世의 공의公議를 불러들임과 같은 것은 신이 감히 하지 못하겠습니다. 이에 감히 초패招牌에 따라 대궐에 나아와 피를 걸러 글을 올려 우러러 숭엄하온 들음을 더럽히나이다. 엎드려 빌건대 거룩한 사랑으로 신의 사정을 헤아리시고 신의 간절한 충정을 살피시어, 급히 신의 직명職名을 체직하사 배척하여 쫓아냄을 내리십시오. 신으로 하여금 그 죄와 허물을 속죄하여 그 성품을 이루게 하사, 천지를 생성하는 은택을 마치게 하는 것이 더없이 큰 소원입니다. 신은 삼가 하늘을 우러르고 성상을 바라보며, 지극히 절박하고 간절한 기원을 이기지 못하나이다. 6월일

爲今之計, 唯有潛心經傳, 以圖桑楡之報, 遠跡榮途, 以效自靖之義. 而至若抗顏擡頭, 出入臺省, 重傷淸朝之廉恥, 益招一世之公議, 臣不敢出也. 玆敢隨牌詣闕, 瀝血陳章, 仰瀆崇嚴之聽. 伏乞聖慈諒臣情地, 察臣衷懇, 亟遞臣職名, 仍賜斥黜. 俾得贖其罪愆, 遂其性分, 以卒天地生成之澤, 不勝大願. 臣無任瞻天望聖, 激切祈懇之至. 六月日

비답批答하였다.

"상소를 보고 잘 알았다. 착한 단서의 싹이 왕성하여 마치 봄바람에 만물이 움트는 것과 같다. 종이 가득 직접 나열한 말이 듣는 이를 감동시키기에 충분하다. 너는 사양치 말고 직분을 살피도록 하라."

答曰: "省疏具悉. 善端之萌藹然, 如春噓物苗. 滿紙自列, 言足感聽. 爾其勿辭察職."

도산사숙록陶山私淑錄

을묘년(1795) 겨울, 내가 금정에 있을 때, 마침 이웃 사람을 통해《퇴계집》절반을 얻었다. 매일 새벽에 일어나 세수를 마치면 바로 선생이 다른 사람에게 준 편지 한 편을 읽은 뒤에야 아전들의 아침 인사를 받았다. 낮 동안에 이르러 뜻을 부연한 한 조목을 수록하여 스스로를 경계하고 살폈다. 돌아와서 이를 이름하여 '도산사숙록'이라고 하였다.

乙卯冬, 余在金井, 適因鄰人, 得退溪集半部. 每日晨起, 盥濯訖, 卽讀其與人書一篇, 然後受掾屬參謁. 至午間隨錄演義一條, 以自警省. 歸而名之曰陶山私淑錄.

[1] 〈상국 이준경에게 답함〔答李相國浚慶〕〉**10**에서 말했다.
"재상이 한 시대의 인물에 대해 한 글자를 허락함은 화려한 곤룡포보다 영예롭고, 한 마디를 배척함은 도끼보다 엄합니다."

答李相國浚慶書曰: "宰相於一時人物, 一字之許, 榮於華袞, 一言之斥, 嚴於斧鉞."

이는 선생께서 겸손으로 물러나시는 말씀이다. 이제 부분만 잘라서 뜻을 취해오면, 대개 윗사람 된 사람은 마땅히 이에 있어 신중해야만 한다. 사람들은 매양 스스로를 가볍게 보아 자신을 업신여긴다. 이 때문에 입에서 나오는 대로 헐뜯거나 칭찬하고, 손길 따라 누르거나 높여서, 그 사람의 영욕과 이해가 이처럼 서로 아득한 줄은 헤아리지 않는다. 허락해서는 안 되는데 허락한 것은 잘못이 오히려 나에게 있지만, 배척해서는 안 되는데 배척한 것은 해로움이 장차 남에게까지 미치게 되니 삼가지 않을 수 있겠는가? 하물며 은혜와 원망이 흔히 한마디 말에서 비롯되고, 재앙과 복이 간혹 한 글자에서 일어나므로, 명철한 선비는 마땅히 독실하게 마음에 새겨두어야 할 것이다. 11월 21일

此先生謙退之辭也. 今斷章取義, 蓋爲人上者, 當於此而致愼焉. 人每自輕而自侮也. 故隨口訾譽, 順手抑揚, 不料其人之榮辱利害, 若是之相遼也. 其不可許而許之者, 失猶在我, 其不可斥而斥之者, 害將及人, 可不愼歟? 況恩怨多由片言, 禍福或起隻字, 明哲之士, 所宜慥慥乎銘念也. 十一月卄一日

[2] 〈상국 퇴지 홍섬에게 답함(答洪相國退之)〉[11]에서 말했다.

"최여지崔與之를 예부상서로 부르니 열세 번이나 사직소를 올리고 이르지 않았습니다. 두범杜範은 돌아가려 했으나 임금이 성문을 닫으라고 명하여 나가는 것을 허락하지 않았는데, 그래도 틈을 엿보아 돌아갔습니다." 차례로 12명을 인용했다.[12]

答洪相國退之書曰: "崔與之以禮部尙書召, 辭十三疏而不至. 杜範欲歸, 君命閉城門不許出, 猶伺隙而歸." 歷引十二人.

선생의 이 편지는 옛사람의 득실과 출처出處를 두루 서술하고 종합하여 엮어 문장을 이루었으니, 대개 또한 문장가의 한 가지 법식이다. 선생은 일생토록 거두어 물러남을 위주로 하였으므로, 무릇 앞 사람이 벼슬에서 물러난 예를 모두 뒤져 찾아서 쓸 때를 기다렸으니, 그 고심과 확고한 절조를 보기에 충분한 것이 있다. 세상에서 헛된 이름을 함부로 무릅써서 탐욕스레 나아감을 그만두지 않는 자들이 어찌 백이伯夷의 풍도에 청렴해지지 않겠는가?[13]

先生此書, 歷敍古人得失出處, 錯綜成文, 蓋亦文章家一法也. 先生一生以
斂退爲主, 故凡前人引退之例, 皆搜羅待用, 其苦心確操, 有足見者. 世之叨冒
虛名, 貪進不已者, 盍廉於伯夷之風?

아! 은총에 얽매이고 이록利祿을 연모하여, 머뭇거리며 결정하지
못하다가 마침내 함정에 빠져버린 자가 고금에 어찌 한정이 있겠는
가? 선생의 덕망은 온 조야朝野가 한결같았다. 조정에 계실 적에는 마
땅히 반석의 편안함 같았는데도 오히려 물러남이 이와 같았다. 하물
며 언행이 남에게 믿음을 주지 못하는 사람이, 헐뜯어 비방함이 세상
에서 날로 일어나 무더기의 화살촉과 보이지 않는 쇠뇌가 사면을 둘
러싸고 있는데도 머뭇대며 떠나려 하지 않는 것임에랴. 아!

嗟乎! 眷係恩寵, 戀慕利祿, 遲徊不決, 竟陷機辟者, 古今何限? 先生之德
望, 殆朝野翕然. 其在朝廷, 宜若盤石之安, 而猶引去若是. 矧言行不孚於人,
毀謗日騰於世, 叢鏑暗弩, 四面圍匝, 而欲遲徊不去耶. 噫!

[3] 〈퇴지 홍섬에게 답함[答洪退之]〉[14]에서 말했다.
"이름을 도둑질하고 지위를 훔쳐서 가선대부嘉善大夫에 올랐고, 사
흘간 벼슬하다 마음에 흡족하지 않으면 물러났습니다. 다시금 거짓으
로 꾸며서 이름을 자랑하여, 도둑질하는 계단으로 삼아 자헌대부資憲
大夫에 올랐습니다."

答洪退之書曰: "盜名竊位, 以陞嘉善, 仕三日而不足於心則退. 更飾僞以衒
名, 爲盜竊之階, 陞資憲."

선생의 이 편지는 지극하고 괴로운 정성 가운데 슬쩍 우아한 해학
의 뜻을 띠고 있다. 하지만 군자는 근심을 염려함이 주도면밀하니, 당

다산의 일기장

시에도 또한 경박하고 비루하며 패려스러운 무리들이 혹 소인의 뱃속으로 성현을 헤아리는 일이 없었을 줄 어찌 알겠는가? 그러므로 외밭과 오얏나무의 혐의[15]를 큰사람이 또한 멀리하는 것이다.

先生此書, 至誠苦懇中, 微帶雅謔底意. 然君子慮患周密, 當時亦安知無淸薄鄙悖之徒, 或以小人之腹度聖賢哉? 故瓜李之嫌, 大人亦遠之.

근세에는 조정에서 '출처出處'라는 두 글자에 대해 강론하는 사람이 없다. 대신大臣 아래로 나아가고 물러나며 사양하고 받아들임에 있어 어느 누구도 여기에 의거함이 없고 보니, 앞에서 자빠지고 뒤에서 엎어져서 면목이 붉어짐이 있어, 사대부의 풍조와 절조가 땅을 쓴 듯 다하고 말았다. 염치는 길을 잃고 예의도 따라서 무너졌으니, 장차 이르지 못할 곳이 어디겠는가? 지금 사람에게 갑작스레 옛 도리를 요구할 수는 없겠지만, 진실로 밝은 임금께서 배양하는 데 뜻을 두어서 꺾어 누르거나 속박하지 않는다면 몇 해 뒤에는 절의가 온전한 선비가 마땅히 조금씩 보일 것이다.

近世朝廷上, 無講出處二字者. 大臣以下進退辭受, 無一依據, 跋前疐後, 有靦面目, 士大夫風節掃地盡矣. 廉恥道喪, 禮義隨壞, 將何所不至也? 今人不可猝責古道, 苟聖明留意培養, 不挫抑絆束, 幾年之後, 完節之士, 當稍稍見也.

[4] 〈판서 민기에게 답함〔答閔判書箕〕〉[16]에서 말했다.

"나아갈 만해서 나아가되, 나아감을 공손함으로 삼고, 나아가지 않을 만해서 나아가지 않더라도 나아가지 않음을 공손함으로 삼습니다. '할 만함〔可〕'이 있는 곳이 바로 공손함이 있는 곳입니다."

答閔判書箕書曰: "可進而進, 以進爲恭, 可不進而不進, 以不進爲恭. 可之所在, 卽恭之所在."

이는 맹자가 "나만큼 왕을 공경함이 없다"라고 말한 것과 같다. "'할 만함'이 있는 곳이 바로 공손함이 있는 곳"이라는 한 마디,[17] 이것은 바로 "군자는 때에 맞게 한다〔君子時中〕"는 뜻이다. 무게를 저울질함이 지극히 정밀하여 옮겨 바꾸지 못하니, 일생토록 마땅히 생각하고 생각해서 잊지 않아야 할 것이다. 사군자士君子가 몸을 내어 임금을 섬김에 이 한 마디 말을 가지고 죽을 때까지 지니고 다니는 부적으로 삼지 않는다면, 바로 뜻으로 아첨하고 악과 마주하게 되어 이르지 못할 곳이 어디겠는가? 윗사람이 된 사람은 아랫사람을 대하거나 무리를 거느릴 때, 또한 그것이 할 만한지 힐 수 없는지를 천천히 살펴야 한다. 그리고 나서 먼저 공손하고 순종하는 것과 거만하고 멋대로 구는 것이 좋아할 만한지 미워할 만한지를 가지고 공손하고 오만함을 급히 결정하지 말아야, 그 공평함을 얻을 수 있을 것이다.

此如孟子所云'莫如我敬王'也. '可之所在, 卽恭之所在'一語, 此正君子時中之義. 秤量至精, 移易不得, 一生當念念不忘者也. 士君子出身事君, 不以此一語爲終身佩服之符, 卽阿意逢惡, 何所不至? 爲人上者, 臨下御衆, 亦徐觀其可與不可. 而勿先以遜順慢蹇之可好可惡, 亟決其恭傲, 則庶乎其得平矣.

[5]〈판결사 임호신에게 줌〔與任判決虎臣〕〉[18]에서 말했다.

"선정先正이신 정여창鄭汝昌 공은 어느 고을 사람인지요? 어느 해에 과거에 급제했고, 벼슬은 어떤 관직에 이르렀는지요? 그가 안음현감安陰縣監이 되었는데, 어떤 연유로 이렇듯 외직에 보임되었답니까? 그가 죄를 얻은 것은 점필재佔畢齋 김종직金宗直의 문도였기 때문이라더군요. 또한 자세하게 무슨 일 때문인지 모르겠습니다. 그가 관북으로 귀양을 갔으니, 구체적으로 어느 곳입니까? 죄를 입은 해는 몇 년도인가요? 어느 곳에 묻혔습니까? 아울러 일러주시기 바랍니다."

與任判決虎臣書曰: "先正鄭公諱汝昌, 是何郡人? 何年出身? 仕至何官? 其爲安陰縣監, 是因何有此外補? 其得罪以佔畢門徒云. 其詳亦不知爲何事. 其謫關北, 的是何地? 被罪之年, 是何年? 葬之何地? 竝望諭及."

선생 당시에도 오히려 일두—蠹 정여창의 행적을 알지 못함이 이와 같았다. 대개 선생 이전에 사화士禍를 여러 번 겪다 보니 무릇 전현前賢의 언행言行이 모두 흩어져서 남은 것이 없었다. 이 때문에 연대가 그다지 멀지 않은데도 그 아마득함이 이와 같았으니, 어찌 한탄하지 않겠는가?

先生當時猶不知一蠹行蹟如此. 蓋先生以前, 屢經儒禍, 凡前賢言行, 皆蕩佚無存. 故年代不甚相遠, 而其茫邈如此, 寧不惋歎?

[6] 〈태수 송기수에게 답함〔答宋台叟〕〉[19]에서 말했다.

"지난번 정丁 정승[20]이 저를 책망한 뜻은, 또한 돌아와 숙배한 뒤에 제가 하고 싶은 대로 하라는 말이었습니다. 제 생각에 정 정승은 병이 없기 때문에 병든 이의 고민을 알지 못합니다. 또 내가 전후로 물러나기를 빌었으나 이루지 못한 까닭을 알지 못해 이 말을 했던 것입니다. 서로를 잘 알지 못하는 듯해서 앞선 편지에서 말했던 것이지요. 이번에 영공의 뜻이 정 정승이 책망한 것과 거리가 그다지 멀지가 않군요."

答宋台叟書曰: "向日丁相責某之意, 亦謂還肅拜後唯吾所欲. 某意丁相無病, 故不知病悶. 又不諒我前後乞退未遂之故而爲此言. 似不相悉, 故前書云云. 今審令意, 與丁相所責, 不甚相遠."

정상丁相은 곧 우리 이상貳相[21]을 지내신 충정공忠靖公 선조를 말한다. 당시에 선생의 출처를 가지고 나무라는 말이 있었기 때문에 선생이 그렇게 말한 듯하다.

丁相卽我貳相忠靖公先祖之謂也. 當時似以先生出處有責難語, 故先生云然也.

[7] 〈참판 박순에게 답함(答朴參判淳)〉[22]에서 말했다.

"어찌 바둑 두는 사람을 보지 못했단 말입니까? 한 수만 잘못 두면 한 판 전체를 지게 되지요. 기묘년의 영수가 되었던 사람[23]은 도를 배워 아직 이루어지지 않았는데 갑작스레 큰 이름을 얻고는 서둘러 경국제세經國濟世로 자임하였습니다."

答朴參判淳書曰: "獨不見博者乎? 一手虛著, 全局致敗. 己卯領袖人, 學道未成, 而暴得大名, 遽以經濟自任."

이 한 단락은 바로 선생 평생 출처가 말미암아 나온 바이다. 당시 군자가 수레를 얻어 추앙을 받자,[24] 여러 선한 이가 띠풀이 뽑히듯 함께 들어오니, 마치 기러기 깃털이 순풍을 만난 듯하여 거침이 없었다.[25] 국조에 어진 이를 등용함의 성대함이 마침내 실패함이 없기로는 이때만 함이 없었다. 그런데도 선생은 불안해하며 두려워 삼가이 이처럼 깊어, 앞선 실패를 거울삼아 언제나 경계하였으니, 군자가 명철보신함은 이와 같음이 있었다.

此一段, 是正先生平生出處之所由然也. 當時君子得興, 衆善拔茅, 若鴻毛之遇順風, 莫之夭閼. 國朝彙征之盛, 而竟無敗衄, 莫此時若也. 而先生之瞿瞿畏愼若是之深, 前鑑覆轍, 常以爲戒, 君子之明哲保身, 有如是矣.

선생은 정암 조광조의 사실을 기록한 글을 지으면서 세상일을 맡다가 실패를 취함을 탄식하고 애석해하기를 세 번이나 되풀이하였다.

다산의 일기장

아! 선생은 바야흐로 정암을 가지고 경계로 삼았던 것이다. 비록 성상
께서 옆자리를 비워두고 기다리고, 공경公卿들이 홀笏을 들고서 바라
며, 도성 백성이 이마에 손을 얹고 맞이하였지만, 선생께서 기꺼이 계
속 머물면서 임금의 뜻이 혹 싫증을 내거나 소인이 그 틈을 타게끔 해
서 완전히 패망함에 이르렀겠는가? 선생은 성인의 덕을 깊이 감추고
뽑히지 않을 만큼 확고하셨으니, 다만 자신을 편안하게 건져내는 데
그치지 않고, 실로 당시 조정에 있던 착한 부류들을 널리 건지려 했던
것이다. 하지만 제공은 소견이 여기에 미치지 못한지라 불러오라는
요청을 날마다 임금 앞에 아뢰고, 책망하고 권면하는 편지가 먼 시골
로 잇달아 날아들었으니, 선생이 기꺼이 생각을 바꾸었겠는가?

先生撰靜菴記實之文, 而以擔世取敗, 嗟咄歎惜, 三致意焉. 噫! 先生方且
以靜菴爲戒矣. 雖聖上側席而俟之, 公卿擧笏而望之, 都民加額而迎之, 先生肯
留連濡滯, 使聖志或厭, 而小人得乘其間, 至於一敗而塗地哉? 卽先生龍德深
潛, 確乎弗拔, 非直康濟自家而止, 實欲弘濟乎當時在朝之善類. 而諸公見不及
此, 招徠之請, 日陳絓纚, 責勉之書, 交飛澗壑, 先生其肯幡然哉?

아! 예로부터 나아감을 욕심내어 싫증냄이 없는 무리는, 그 임금이
바야흐로 증오하는데도 오히려 아첨으로 기쁘게 하여 용납됨을 취하
려 들고, 조정에서 참소하여 얽으려 하건만 오히려 따져 반박하면서
걸음을 내디디려 하며, 백성들이 원망하고 저주하는데도 오히려 속이
고 가려서 지위를 단단히 하고자 한다. 그러다가 마침내 권세가 떠나
고 운이 다하면 허물과 재앙이 일제히 일어나 우두머리가 한번 무너
지면 따르던 무리가 사방으로 흩어지고 만다. 명목조차 없는 죄안은
아홉 번 죽더라도 밝히기가 어렵고, 뜻하지 않은 변고는 천 리에서 몰
려들어, 마침내 일곱 자의 몸뚱이를 능히 보존할 수 없는 자가 끝도

없이 잇달으니 두렵지 않을 수 있겠는가?

嗟乎! 古來貪進無厭之徒, 其君上方且憎惡, 猶欲媚悅而取容, 朝廷方且讒構, 猶欲辨駁而進步, 黎民方且怨詛, 猶欲欺蔽而固位. 畢竟勢去運訖, 釁孽竝起, 領袖一纇, 部曲四散. 無名之案, 九死難明, 不意之變, 千里合湊, 終之不能保七尺之軀者, 滔滔相望, 可不懼哉?

진실로 한 구역의 임천林泉을 얻어서 소요하고 배회하다가, 조정에 있으면서는 무리지어 나아가고 무리지어 물러나며 일체의 현우賢愚와 득실, 시비와 영욕을 담담하게 사물마다 그 사물에 맡겨두고 마음에 두지 않아 내 본연의 천성을 온전히 한다면 퇴옹退翁의 죄인이 되지는 않을 것이다.

誠得一區林泉, 倘佯逍遙, 而其于朝廷, 旅進旅退, 一切賢愚得失是非榮辱, 澹澹然物各付物, 而不以嬰心, 以全吾本然之天, 則庶乎不爲退翁之罪人也.

[8] 〈건중 조식에게 답함[答曹楗仲]〉²⁶에서 말했다.

"학자가 이름을 훔치고 세상을 속인다는 의론²⁷은 단지 그대만 근심하는 것이 아닙니다."

答曹楗仲書曰: "學者盜名欺世之論, 此非獨高明憂之."

대저 명예를 좋아한다는 이름을 피하려 한다면 천하의 일은 할 만한 것이 없다. 세상을 속이고 이름을 훔치는 자는 진실로 미워할 만하다. 하지만 경솔하게 이를 논할 경우 이는 천하를 이끌어 악으로 몰고 가는 것이다. 반드시 주정하고 욕하고 음탕하고 함부로 굴어 말 기운을 패악스럽게 하고 재화의 뇌물을 욕심내며 몰염치해진 뒤라야 바야흐로 이러한 이름을 잘 면할 수가 있다. 그렇지 않은 자는 모두 긴가

민가하는 사이에 있게 될 터이니 어찌 옳겠는가? 그 논의가 예리한 것과 둔중한 것 등 여러 가지 병통은 선생께서 평일에 많은 사람을 교육하시면서 모두 하나하나 경험한 것이다. 다 감싸안고 나란히 포용하여 훈도薰陶하고 단련시켜 함께 큰 도리에 이르렀으니, 아, 얼마나 성대한가!

大抵欲避好名之名, 則天下事無可爲者. 欺世盜名者, 固可惡. 然輕爲是論, 則是率天下而驅之惡也. 必也, 酗詈淫媟, 悖辭氣, 貪貨賂, 無恥沒廉而後, 方可以優免此名. 不然者, 皆在疑似之間也, 惡乎可哉? 其論銳者鈍者等, 諸般病痛, 是先生平日敎育多人, 皆一一經驗者也. 咸圍而竝容之, 薰陶鼓鑄, 偕至大道, 嗟乎, 何其盛哉!

그중에 처음에는 간절하다가 나중에 소홀한 자와, 바로 그만두었다가 자주 되풀이하는 자들은 또 사장師長이 쉬 버리는 바이다. 하지만 선생의 마음은 참 위대하다! 진실로 학문으로 자처하면 기쁘게 즐거이 받아들이지 않음이 없어, 모두 함양하고 육성함에 두었다. 이와 같은데도 사람들이 오히려 기꺼이 교화를 따르지 않는 자가 있겠는가?

其中始懇而終忽者, 旋廢而頻復者, 是又師長之所易棄也. 而大哉, 先生之心! 苟以學問自命, 則罔不欣然樂受, 皆在涵育. 如是而人猶有不樂從化者乎?

이 편지를 세 차례 되풀이해서 읽고는 기뻐 뛰며 무릎을 치다가 감격하여 눈물을 뿌리며, 성대하게 솔개가 날아 하늘에 이르고, 물고기가 못에서 뛰는 뜻이 있었다.

三復此書, 不覺踊躍擊節, 感激揮涕, 藹然有鳶飛戾天, 魚躍于淵之意.

[9] 〈과회 노수신에게 줌(與盧寡悔)〉**28**에서 말했다.

"〈숙흥야매잠夙興夜寐箴〉을 풀이한 말[29] 중 몇 군데는 제 생각에 의심이 없지 않습니다."

與盧寡悔書曰: "夙興夜寐箴訓語數處, 不無有疑於淺見."

우리가 날마다 하는 일은 정한 기한이 있음을 귀하게 여긴다. 다만 정한 기한이 없기 때문에 잠깐 떨쳤다가 금세 허물어져서 기왓장이 깨지고 흙이 무너지듯 하니, 이것이 진남당陳南塘이 〈숙흥야매잠〉을 지은 까닭이다. 천하에 가르쳐서는 안 되는 두 글자의 못된 말이 있다. '소일消日'이 그것이다. 이, 일을 하는 사람의 입장에서 말하자면, 1년 360일, 1일 96각을 이어대기에도 부족할 것이다. 농부는 새벽부터 밤까지 부지런히 애쓴다. 만일 해를 달아맬 수만 있다면 반드시 끈으로 묶어 당기려 들 것이다. 저 사람은 대체 어떤 사람이기에 날을 없애버리지 못해 근심 걱정을 하며 장기, 바둑과 공차기 등 꾀하지 않는 바가 없단 말인가? 남당의 〈숙흥야매잠〉은 때를 안배하여 차례를 늘어세워, 지극히 정한 기한이 있으니, 참으로 배우는 자의 보배로운 비결이다.

吾人日用事, 爲貴有程限. 唯其無程限, 故乍振旋壞, 瓦解土崩, 此陳南塘夙夜箴之所以作也. 天下有二字惡言之不可訓者, 卽消日是也. 嗟乎, 自其有所爲者而言之, 一年三百六十日, 一日九十六刻, 殆乎不足以自繼. 農夫蚤夜孶孶, 如可繫日, 必挽繩矣. 彼何人斯, 乃不能消滅此日, 是憂是悶, 博奕蹴踘, 靡所不謀也? 南塘此箴, 按時排次, 極有程限, 誠學子之寶訣.

노수신이 선생 및 하서河西 김인후金麟厚와 더불어 이 주해를 가지고 편지를 주고받으며 따지고 살피느라 해를 넘기는 사이에 글이 이어지고 편지가 쌓였으나 지루하다 여기지 않았던 것은 진실로 이유가 있었다. 혹 자기를 버리고 남을 따르면서 고치는 것을 꺼리지 않았고, 혹 입언立言으로 뜻을 보여 구차하게 뇌동雷同하지 않기에 이르렀으니, 이는 모두 옛날 현철賢哲들의 풍류롭고 운치 있는 일이라, 후생들이 능히 미칠 수 있는 것이 절대로 아니었다.

伊齋與先生及河西, 以此註解, 往復辯訂, 經年閱歲, 聯篇累牘, 而不以爲支離, 良有由也. 至其或舍己從人, 不憚鐫改, 或立言見志, 不苟雷同, 此皆古昔賢哲風流韻事, 萬萬非後生所能及也.

대저 정자와 주자의 어질고 지혜로움으로도 자신이 지은 저술에 대해 문인門人과 지구知舊들로 하여금 마음대로 잘못을 지적하게 하여 되풀이해서 갈고 다듬었는데, 하물며 초학初學이나 말류末流에 있어서이겠는가? 어쩌다 적어둔 것이 있을 경우 편벽되게 고집을 부려 옮겨 바꾸려 들지 않고, 단정하게 베껴써서 보물처럼 간직한다. 남을 만나면 과시하여 칭찬과 기림을 취하려 들고, 간혹 따끔한 지적을 만나면 얼굴이 벌게져서 기뻐하지 않으며 어거지로 잘못을 꾸며댄다. 속으로는 부끄러우면서도 겉으로는 잘못을 인정하는 데 인색하여 대충대충 구차하게 미봉彌縫하는 것은 천하에 공정했던 옛 선철先哲들의 마음으로 볼 때 어떠하겠는가?

夫以程朱之賢且智, 而於其所著述, 許使門人知舊, 任摘瑕纇, 隨復磨瑩, 則況在初學末流? 偶有箚記者, 偏執固滯, 不欲移易, 精寫寶藏. 遇人夸示, 要取贊譽, 或遭鍼砭, 艴然不樂, 强言飾非. 內惡外吝, 漫漶苟縫者, 其視古先哲公天下之心, 爲何如哉?

[10] 〈이재 노수신에게 답함(答盧伊齋)〉 두 번째 편지[30]에서 말했다. "'살아 있지 않으면 정체된다(不活則滯)'는 말은 제가 전날에 보았던

것이 대단히 잘못되었습니다.³¹ 이제 깨우쳐주신 바에 따르렵니다."

答盧伊齋再書曰: "'不活則滯', 某前日看得甚誤, 今從所喩."

이는 비록 미세하나 실로 선생의 큰 본원을 펴 보인 곳이니, 천하
의 큰 용맹함이 아니고는 능히 이를 할 수가 없다. 인욕人慾이 깨끗해
지고 천리天理가 유행함이 아니고는 능히 이를 할 수가 없다.

此雖微細, 實先生大本源發見處, 非天下之大勇, 不能爲此. 非人慾淨盡天
理流行, 不能爲此.

세상의 문인文人과 학자가 혹 한 글자나 한 구절이라도 남의 지적
을 만나게 되면, 속으로 그 잘못을 알면서도 잘못되고 틀린 것을 글로
꾸며가며 굽히려 들지 않는다. 심지어는 발끈해서 정색을 하고 사나
운 기운을 속에 품고는 마침내 해치고 보복하는 자가 있기까지 한다.
어찌 이에 있어 살펴보아 느끼지 않겠는가? 어찌 문자만 그렇겠는가?
무릇 말과 의론을 베풀어 펴는 사이에 특히 이 같은 근심이 있으니,
마땅히 생각하고 생각해서 보존하여 살펴서 이 같은 병통을 제거하기
에 힘써야 한다. 진실로 이를 깨달았거든 마땅히 즉시 고쳐서 새롭게
선을 좇아야만 바탕 없는 소인이 되지 않을 것이다. 12월 1일

世之文人學子, 或於一字一句, 遭人指摘, 內悟其謬, 而文誤飾非, 不肯降
屈. 甚至艴然作色, 悍然中銜, 終或殘害報復者有之, 盍於是觀感焉? 豈唯文字
爲然? 凡屬言議施措之間, 尤有此患, 所當念念存察, 務去此病. 苟其悟之, 宜
立地幡改, 渙然從善, 庶乎不爲無狀小人也. 十二月初一日

[11] 〈중구 이담에게 답함〔答李仲久〕〉³²에서 말했다.
"전날 손수 제법除法 즉 나눗셈을 보여주셔서 스스로 이미 요령을

얻었노라고 했는데, 직접 산대(籌)를 놓아보니 또 잊어버렸더군요. 어둡고 아둔하기가 이와 같습니다. 《태현경太玄經》[33]은 이제라도 손에 넣어 다행스럽게 생각합니다."

答李仲久湛書曰: "前日手示除法, 自謂已得要領, 及自布籌又忘之. 其昏鈍如此. 玄經今乃入手爲幸."

여기에서 선생의 주일무적主一無適, 즉 마음을 하나로 집중시켜 다른 데로 옮겨가지 않는 공부를 볼 수가 있다. 선생의 정밀한 생각과 꼼꼼한 관찰의 방법을 가지고, 진실로 상수학象數學[34]에 있어서도 잠깐만 연구를 한다면 어찌 능히 세밀한 데까지 분석하지 못하였겠는가? 대개는 한쪽으로 밀쳐두고서 힘써 끝까지 도달하려는 뜻이 없었을 뿐이다. 하지만 그 편지에서 이미 어둡고 둔하다고 자책하고 나서 또 늙어 노쇠하였다고 핑계 대며 조금도 능멸하거나 삐딱하게 보는 뜻이 없었다. 겸손한 군자가 자신을 지키면서 또 능히 남에게 자신을 낮춤이 이와 같았다.

此可見先生主一無適之工也. 以先生精思密察之法, 苟於象數之學, 暫費研究, 豈不能毫分縷析? 蓋且置一邊, 殊無用力到底之意耳. 然其書中, 旣以昏鈍自責, 又以昏耗自諉, 而無一點凌轢睥睨之意. 謙謙君子, 其守己而又能下於人如此.

《태현경》에 대해서도 이미 세상에 울렸다고 허락하고, 또 후세의 자운子雲[35]이 되지 못한다고 스스로를 판단하였다. 우리가 이단의 잡서에 대해 진실로 능히 외면하고 멀리하여, 기쁘게 애쓰며 쏠리는 뜻이 없기가 이와 같다면, 어찌 물들어 미혹됨을 근심하겠는가? 대개 이일에서 의리의 참맛을 이미 얻은지라, 그 마음속에 지닌 것이 차고 넘처 무젖어들어 천하만물 중에 이것과 바꿀 수 있는 것이 없음을 안 까닭에 능히 이처럼 주일무적할 수 있었던 것이다.

至於玄經, 旣許其鳴世, 又以不爲後世子雲自判. 吾人於異端雜書, 苟能外之遠之, 無欣勤傾嚮之意如此, 則何患乎浸淫迷罔哉? 蓋於此事, 已得窮參眞味, 其存諸中者, 充溢浹洽, 知天下萬物, 無可以易此者, 故其能主一無適如此.

[12] 〈중구 이담에게 답함(答李仲久)〉³⁶에서 말했다.

"나이가 60이나 되었는데도 오히려 반쯤 밝고 반쯤은 어둡고, 보존한 것도 같고 잃은 것도 같음을 면치 못하였습니다."

答李仲久書曰: "年至六十, 猶未免半明半暗, 若存若亡."

선생이 '반쯤 밝고 보존한 듯하다'고 한 것은 진짜인지 진짜가 아닌지 알지 못하겠다. 대현大賢의 지위에 이르고도 오히려 이 같은 광경이 있는 것인가? 거의 겸손으로 하신 말씀일 것이다. 공자께서 "내게 몇 해만 준다면 마침내 《주역》을 배워 큰 허물이 없을 것이다"라고 하셨는데, 공자께서 어찌 《주역》 배우기를 마치지 못했을 것이며, 또한 일찍이 큰 허물이 있었겠는가? 성현의 이 같은 말씀은 대개 후학으로 하여금 거의 도달하였는데도 꾀하지 않아서 마치 하늘을 딛고서 올라갈 수 없는 것처럼 여기는 데 이르지 않게 하려 한 것이다. 무릇 고묘高妙하고 황홀하며 귀신처럼 변하고 신령스럽게 통하는 것이 모두 이편의 기미는 아니지만, 학술을 선택하는 자라면 알아두지 않아서는 안 된다.

先生半明若存之說, 不知是眞是不眞. 到大賢地位, 猶有如是光景否? 殆謙挹之辭也. 孔子曰: "假我數年, 卒以學易, 庶無大過矣." 孔子豈學易未卒, 而亦嘗有大過耶? 聖賢此等言語, 蓋欲使後學幾及而不畫, 不至如天之不可階而升也. 凡高妙恍忽神變靈通者, 都非此邊氣味, 擇術者不可不知.

[13] 〈중구 이담에게 답함[答李仲久]〉[37]에서 말했다.

"다만 볼 때는 맛이 있는지라, 맹자가 말한 고기 맛 같다는 말[38]이 참으로 나를 속이지 않았음을 깨닫습니다. 이 뜻으로 한 해를 지나니 깊기가 1년 같아, 이 때문에 능히 갑작스레 폐하지 못할 뿐입니다."

答李仲久書曰: "但於看時有味, 覺得孟氏芻豢之言, 眞不我欺. 此意一年深似一年, 以此不能頓廢耳."

정자와 주자 같은 여러 선생이 제자의 질문에 대답하거나 경전의 뜻을 풀이할 때 흔히 마음을 가라앉혀 음미하여 마땅히 스스로 얻어야 한다고 말했는데, 마침내 그 맛이 어떠한지에 대해서는 말하지 않았다. 전에는 몹시 의혹스러웠지만 능히 풀지 못하다가, 근래 들어 점차 생각해보니, 대개 맛이란 이 맛을 함께 본 사람과는 말할 수가 있지만, 아직 맛보지 못한 사람일 경우, 비록 말한다고 해도 똑같이 알지는 못한다. 후세 사람은 안자顏子가 즐거워한 바가 어떤 일인지 알지 못한다. 사람이 안자의 위치에 이르지 못하고서는 틀림없이 안자가 누렸던 즐거움을 누리지 못할 터이니, 어떻게 알 수가 있겠는가? 비유하자면 꿀을 먹은 사람이 일찍이 꿀을 먹어보지 못한 사람에게 꿀의 맛을 말하고자 하여도 마침내 형용할 수 없는 것과 같다.

程朱諸先生, 其答弟子之問, 或釋經傳之旨, 多稱潛心玩味, 當自得之, 竟不言其味之如何. 曩時滋惑而不能釋, 近漸思之, 蓋味者, 可與嘗是味者言, 乃若未嘗嘗者, 雖言之, 均之爲不知也. 後人不知顏子所樂何事. 人不到顏子地位, 必未享顏子所享之樂, 如何知得? 譬如啖蜜者, 于不曾啖蜜者, 欲言蜜味, 竟形容不得.

이제 선생께서 맛이 있다고 하신 말씀은 거기에 어떤 훌륭한 맛이 있음을 분명히 알겠는데, 거칠고 부족한 사람은 또한 상상해보더라도 얻을 수가 없다. 아! 사람이 세상을 살아가면서, 능히 정자와 주자, 퇴옹退翁이 맛보았던 그 맛을 보거나, 안자가 누렸던 즐거움을 누리지 못한다면, 비록 날마다 오제五齊와 팔진八珍의 맛[39]을 실컷 먹고 공후公侯의 즐거움을 누린다 해도, 오히려 굶주리고 또 곤궁한 것이다.

今先生有味之說, 明知其有何等美味, 而粗鹵者亦想像不得. 嗟乎! 人生世間, 不能嘗程朱退翁所嘗之味, 而享顏子所享之樂, 雖日飫五齊八珍之味, 享公侯之樂, 猶之餒且窮也.

[14] 그 편지[40]에 또 말했다.

"내가 지은 기문記文과 시가 공의 책상 사이에까지 알려졌다니 깊이 진땀이 나고 송구스럽습니다. 장난으로 낸 말이라 꼭 이치에 맞지가 않습니다. 가볍고 얄팍한 허물은 배꼽을 물어뜯은들 미치지 못합니다."

其書又曰: "拙記與詩, 聞徹几間, 深爲汗悚. 戲出之言, 未必中理. 輕淺之咎, 噬臍莫及."

내가 평생에 큰 병통이 있다. 무릇 생각하는 바가 있을 경우 글로 쓰지 않을 수 없고, 글로 쓰면 남에게 보여주지 않을 수가 없다. 바야흐로 뜻이 이르면 붓을 당겨 종이를 펴서 잠시의 시각도 머뭇거리지 않는다. 쓰고 나서는 스스로 아끼고 기뻐하여, 조금이라도 문자를 아는 사람과 만나면 내 주장이 온전한지 치우쳐 있는지, 그 사람이 친한지 소원한지를 따져볼 겨를도 없이, 급하게 전해 보이려 한다. 이 때문에 다른 사람과 한바탕 말하고 나면 내 배 속과 책상자 속에 한 물건도 남아 있는 것이 없음을 느끼게 된다. 이로 인해 정신과 기혈이 모두 마치 다 흩어지고 새나간 듯해서 온축되어 길러지는 뜻이 전혀 없다. 이렇게 해서야 어찌 능히 성령을 함양하고 몸과 이름을 보전할 수 있겠는가? 근래 들어 차츰 점검해보니, 모두 '가볍고 얕다(輕淺)'는 두 글자가 빌미가 된 것이었다. 이는 덕을 감추고 목숨을 기르는 공부에 크게 해가 있을 뿐 아니라, 비록 언론과 문채文彩가 모두 대단히 성대하더라도 점점 천하고 비루해져서 남에게 존중받기에 부족하게 되고 만다. 이제 선생의 말씀을 보니 더욱 느낌이 있다.

余平生有大病. 凡有所思想, 不能無述作, 有述作, 不能不示人. 方其意之所到, 援筆展紙, 未或暫留晷刻. 旣而自愛自悅, 卽遇稍解文字之人, 未暇商量吾說之完偏與其人之親疎, 急欲傳宣. 故與人語一場, 覺吾肚皮間與箱篋中, 都無一物留守者. 因之精神氣血, 皆若消散發洩, 全無蘊蓄亨毒底意. 如此而安能涵養性靈, 保嗇身名乎? 近漸點檢, 都是輕淺二字爲之祟也. 此不但於韜晦壽養之工, 大有害也. 雖其言論文采, 皆狼藉離披, 漸漸賤陋, 不足取重於人也. 今觀先生之言, 益有感焉.

[15] 〈중구 이담에게 답함(答李仲久)〉[41]에서 말했다.

"부탁하신 재명齋銘[42]은 그대가 정靜을 많이 끌어다 붙이는 것을 법으로 삼아 기질의 병을 건지고자 하였으니, 그 뜻이 매우 좋습니다. 하지만 '정존靜存'이라는 두 글자는 끝내 한쪽의 도리일 뿐입니다. 그래서 잠箴의 중간 끝부분에 동動의 부분에 대해 말이 미치지 않을 수 없었습니다. 또 경敬도 나란히 말하였습니다."

答李仲久書曰: "俯索齋銘, 盛意欲以多著靜爲法, 以捄氣質之病, 此意甚善. 然而靜存二字, 終是一邊道理. 故箴之中末, 不得不說及動處, 又以敬竝言之."

정존靜存 즉 고요히 보존하는 것과, 동찰動察 곧 움직여 살피는 것은 서로 보완하여 이루어진다. 능히 정존하지 못하면 동찰할 수가 없다. 정존하는 공부는 마땅히 어떻게 힘을 쏟아야 할까? 주경主敬을 본체로 삼고 궁리를 말단으로 삼는다. 이때 궁리란 깊고 오묘한 이치를 탐색하여 온갖 변화를 장악한다는 말이 아니다. 일상의 윤리 중에 마땅히 행해야 할 것을 헤아리고 가늠하여 가만히 속으로 살피는 것을 말한다. 예를 들어, 어버이께서 어떤 명을 내리시면 내가 마땅히 어떻게 순종해야 할까, 임금께서 어떤 일을 시키시면 내가 마땅히 어떻게 이를 받들까를 헤아리는 것이다. 또 전쟁이 나거나 오랑캐나 도적 등의 일을 당했을 때 내가 마땅히 어떻게 대응해야 할까 생각해보는 것이다. 일일이 마음으로 가늠을 정해두어야 능히 일에 닥쳤을 때 베풀어 써서 뒤죽박죽 엉망이 되는 병폐를 면하게 된다. 이것이 정존으로 동찰하게 되는 까닭이다. 하지만 이러한 헤아림을 너무 지나치게 해서 멋대로 따지고 망령되이 생각하는 지경으로 흘러가면 함양하는 공부에 크게 방해가 된다. 모름지기 언제나 정신을 바짝 차리고 바탕을 다져 '경敬'이라는 한 글자를 마음에 깃들여야 정존의 참된 경지인 것이다. 이것이 선생이 고요하게 작위함이 없는 것을 가지고 정존의 완전한 공부로 만들지 않고, 반드시 동찰 쪽을 아울러 말씀하신 까닭이다.

靜存動察, 相須而成, 蓋不能靜存, 無以動察. 然靜存之工, 當如何著力? 主敬爲本爲體, 而窮理爲用爲末. 所謂窮理, 非謂探玄索奧, 汎濫萬變也. 凡吾日用彝倫之所當行者, 皆商度料理, 默然內辦. 如商度親有某命, 我當如何順之, 君有某使, 我當如何承之, 又如商度有干戈搶攘虎狼盜賊等事, 我當如何應之. 一一有定計在中, 然後能臨事需用, 免有顚錯慌亂之病, 此靜存之所以爲動察也. 雖然, 此個商度, 煞過分數, 犯了胡思妄想界裏去, 便於涵養之工, 大有妨害. 須常常提醒, 團築一敬字在腔內, 方是靜存眞境. 此先生之不欲以湛寂無爲作靜存完工, 而必以動察邊兼言之者也.

[16] 〈중구 이담에게 답함[答李仲久]〉[43]에서 말했다.

"《회암서절요晦庵書節要》[44]에서 문제 있는 곳을 일러주셨습니다. 보내온 편지에 '혹 긴요하지 않은데 수록된 곳도 있다'고 하셨는데, 이는 진실로 그러합니다. 하지만 우리 유가의 학문이 이단과 같지 않음은 바로 이러한 지점에 있습니다. 오직 공자 문하의 여러 제자가 이 뜻을 알았었지요. 그래서 《논어》에 기록한 것에는 정밀하고 깊은 곳이 있고, 거칠고 얕은 곳도 있으며, 수작이 긴요한 곳도 있고, 수작이 한만閑漫한 곳도 있습니다."

答李仲久書曰: "晦菴書節要, 蒙示病處. 來喩云或有不緊而見收, 此固然矣. 然吾儒之學, 與異端不同, 正在此處. 惟孔門諸子, 識得此意. 故論語所記, 有精深處, 有粗淺處, 有緊酬酢處, 有閒酬酢處."

선생의 이 편지는 전편이 대단히 좋다. 예를 들어 청선聽蟬과 정초庭草의 비유[45] 같은 것은 옛사람의 풍모와 신채神采의 참됨을 깊이 얻었다. 대개 의리에 나아가 마음과 몸으로 항상 강론하여 확고히 함을 더하는 것이 진실로 절실하다. 그러나 성령性靈을 편안히 기르고 정신을 펴서 혈맥이 활발히 돌고 손발이 뛰며 춤추게 하는 것은 반드시 산에 오르거나 물가에 임하고, 꽃을 찾고 버들을 따르는 사이에 있다. 이것이 증점曾點이 기수沂水에서 목욕하겠다고 한 대답만이 홀로 부자에게 허가함을 받은 까닭이다. 선생은 홀로 도의 근원에 이르러 탁월한 조예가 오묘하였으니, 진실로 제공들이 능히 깨달을 수 있는 바가 아니었다.

先生此書, 全篇甚好. 如聽蟬庭草之喩, 深得古人風範神采之眞. 大槩就義理, 心身上常加講確, 固爲切實. 然其休養性靈, 發舒精神, 使血脉動盪, 手足蹈舞者, 必在乎登山臨水訪花隨柳之際. 此曾點浴沂之對, 獨見許於夫子者也. 先生獨到道源, 超詣奧妙, 固非諸公所能領會者也.

[17] 〈중구 이담의 문목에 답함[答李仲久問目]〉[46]에서 말했다.

"선생이 일찍이 제거절동상평다염공사提擧浙東常平茶鹽公事였는데, 실제로는 감사監司가 출척黜陟하는 일을 맡았습니다. 그래서 '천거하고 내침을 외람되이 무릅쓴다'고 겸손하게 말한 것입니다. '거擧'는 발탁하는 것을 말하고, 척刺은 내침을 말합니다. 님을 천거힘을 거식擧削이라고 하는 것 또한 자세히 알지 못합니다."

答李仲久問目曰:"先生嘗提擧浙東常平茶鹽公事, 實監司黜陟之任. 故謙言叨冒擧刺. 擧言陟, 刺言黜也. 薦人謂之擧削, 亦所未詳."

선생께서 주자서 중 의심나는 뜻에 대해 대답한 것이 무릇 80여 조목인데, 모두 정확하면서도 명백하여 해묵은 의심이 환하게 풀리게끔 하였다. 방언이나 속어 및 사물의 이름 중에 알기 쉬운 것, 글자의 뜻 가운데 근거가 있는 것은 선생에게 오히려 하기 쉬운 것이다. 주자의 출처出處와 교유 관계, 연월의 앞뒤나 사적事蹟의 근원 중 연보에 보이지 않고 다른 책에 뒤섞여 나온 것에 이르러서도 모두 조목별로 꿰고 분류하여 연결 지어 마치 눈앞의 일처럼 명료하게 하였다. 진실로 순수한 마음과 지극한 정성, 독실한 애정과 한없는 사모함으로 언제나 그 길과 무늬의 세밀함을 찾지 않았다면 어찌 이 같음을 얻었겠는가? 바라건대 주자를 배우려는 사람은 마땅히 여기에서 방법을 취해야만 할 것이다.

先生答朱子書疑義, 凡八十餘條, 皆精確明白, 使宿疑洞釋. 其方言俗語,及名物之易知者, 及字義之有據者, 在先生猶之易爲也. 至於朱子出處交際年月先後事蹟源委, 不見於年譜, 雜出於他書者, 皆條貫類連, 瞭然如眼前事. 苟非純心至誠, 篤愛曠慕, 常常尋覓其蹊逕紋理之細, 則何得如此? 願學朱子者, 當於是乎取法也.

옛날에 사람을 천거할 때 나무판을 깎아서 그 이름을 썼기 때문에 '염독剡牘'이라 하였다면, '거삭' 또한 아마도 '천염薦剡' 즉 추천하는 것을 말하는 듯하다. 그러나 또한 감히 자신 있게 말하지는 못하겠다.

古者薦人, 削板而書其名, 故曰剡牘也, 則擧削似亦薦剡之謂. 然亦未敢質言也.

[18] 〈중구 이담에게 답함[答李仲久]〉[47]에서 말했다.

"사람들은 언제나 다들 세상이 나를 알아주지 않는다고 말하곤 합니다. 저 또한 이러한 탄식이 있습니다. 하지만 사람들은 포부를 알아주지 않는 것을 탄식하지만, 저는 텅 비고 성근 것을 알아보지 못하는 것을 한탄합니다."

答李仲久書曰: "人有恒言, 皆曰世不我知. 某亦有此歎. 然人則歎不知其抱負, 某則恨不知其空疎也."

이는 선생께 있어서는 실로 겸손으로 눌러서 하신 말씀이다. 하지만 세상에는 또한 실제로 이러한 근심을 지닌 사람이 있다. 대개 헛된 이름이라는 것은 비방이 말미암아 일어나는 곳이고 재앙이 말미암아 이루어지는 곳이다. 나는 평생 총명이 부족한데도, 알지 못하는 자들은 간혹 기억력이 뛰어나다고 여긴다. 매번 이 말을 들을 때마다 나도 몰래 진땀이 나고 송구스럽다. 아무렇지도 않게 버티고 있으면서 남

들이 속는 것을 즐기다가, 하루아침에 난쟁이에게 천근의 짐을 얹어
주면서 그것을 들어서 뗄 것을 요구하면, 검려黔驢의 재주[48]가 다 드
러나고 말아, 달아나기가 군색하고 꽉 막혀서 몸 둘 곳이 없게 되니,
이야말로 대단히 두려워할 만한 것이다.

此在先生實謙挹之辭也. 然世亦有實有此患者. 蓋虛名者, 謗之所由起而禍
之所由成也. 余平生聰明短澁, 不知者或以爲强記. 每聞此, 不覺汗悚. 恬然據
有之, 樂人之見欺也, 一朝以千斤加於僬僥, 而責其扛夯, 則黔驢技窮, 窘遁抑
塞, 置身無地, 此甚可懼者.

아! 선생은 경천위지經天緯地의 탁월한 학문과, 지나간 것을 잇고
앞으로 올 것을 여는 사업으로 당시 조정에 있던 제공이 오히려 대문
과 담장 밖에 있었으니, 그 종묘 백관의 성대함이 마땅히 능히 그 한
둘조차 엿볼 수가 없었다.[49] 하지만 선생은 오히려 비고 성글다고 자
처하면서, 그 포부를 알아주지 않음을 한탄하지 않았으니, 겸손하고
겸손한 군자이시다. 선생이 아니라면 내가 누구에게 돌아가겠는가?

嗟夫! 先生以經天緯地之學, 繼往開來之業, 當時在朝諸公, 猶夫在門墻之
外, 其宗廟百官之盛, 宜不能窺其一二. 而先生猶以空疎自處, 而不恨其不知抱
負, 謙謙君子. 微先生, 吾誰與歸?

[19] 〈사수 임형수에게 줌[與林士遂]〉[50]에서 말했다.

"보내오신 행록行錄 뒤의 제시題詩는 그대의 재주가 호방하고 붓이
경쾌해도, 험한 운자를 얻어 영특한 기운을 부리고, 어려움을 인하여
교묘함을 보여, 아득히 제멋대로 내닫는 것이 마치 바람 만난 돛과 풀
어놓은 말과 같아서, 한번 손을 놓으면 그칠 곳을 알지 못하는 것에
지나지 않습니다."

與林士遂書曰：“惠來行錄後題詩, 不過足下才豪筆快, 得窄韻, 逞英氣, 因難以見巧, 汪洋橫鶩, 如風檣陳馬, 一放手而不知止.”

이 말은 시인이나 부객賦客이 서로 품평하여 좋은 풍격과 아름다운 제목으로 삼는 것에 있다. 《퇴계집》 안으로 나아가 살펴보면 도리어 사람으로 하여금 부끄러운 기색이 얼굴을 덮고 식은땀이 등을 적시게 만드니, 이것은 무슨 까닭인가? 어찌 도덕과 인의仁義 가운데서 재인才人과 묵객墨客의 이러한 기미氣味를 던져버려서, 마치 광대와 천한 사람이 공자와 안자의 자리 위에 이르러 그 풍신風神이 삭막해짐을 느끼는 것과 같음이 아니겠는가?

此語在詩人賦客, 所相評品, 爲好風格美題目. 就退溪集中看來, 却令人赧血被面, 惶汗浹背, 此何以哉? 豈非道德仁義中, 投却才人墨客這般氣味, 如倡優下賤到孔顏席上, 覺其風神索然?

아! 이와 같은데도 아득히 깨닫지 못하고서 반평생 빠져들어 기양技癢[51]이 부리는 바가 되어 음풍농월하며 꽃에다 펴고 새를 꾸짖고, 뽐내며 혼자 기뻐하고 위세를 떨며 혼자 편안해하면서 1만 사람의 가운데에서 내달리고자 한다. 하지만 식자들이 비루하게 여김이 저자 아이들이 사랑하는 것과는 다름을 알지 못한다. 어찌 다만 천하고 비루한 것만 가증스러워할 만한 것이겠는가? 뭇사람의 시기와 무리의 분노 또한 이로 말미암아 일어나니, 마침내는 혹 재앙이 그 몸에 미침을 면치 못하게 될 것이다. 두려워하지 않을 수 있겠는가? 선생의 말뜻을 살펴보니 찬미하는 가운데 또한 기롱하고 풍자하는 기운을 띠고 있다.

噫! 其如是也, 茫然不悟, 半生沈淪, 爲伎癢所使, 吟風弄月, 捵花罵鳥, 沾

沽自喜, 稜稜自逸, 欲以馳騁乎萬人之中. 而不知識者之鄙異乎市童之憐也. 豈
唯賤陋之爲可惡? 羣猜衆怒, 亦由此起, 畢竟或不免於裁及其身. 可不懼哉?
觀先生語意, 贊美中, 亦帶得譏諷.

[20] 〈인보 노경린에게 답함(答盧仁甫慶麟)〉[52]에서 말했다.

"문열공文烈公 이조년李兆年의 화상에 손에 몇 알의 염주를 잡고 있
는데, 이것은 한때의 습속입니다. 하지만 지금 학교 곁에 두는 것은 후
학에게 보일 것이 못 됩니다."

答盧仁甫慶麟書曰:"文烈公畫像, 手執數珠, 此乃 時習尙. 然今置之學傍,
非所以示後學."

선생께서 선배 되는 유현儒賢에 대해서는 지극히 존경함을 더하여
일찍이 터럭만큼도 침범하는 곳이 있지 않았다. 이제 문열공 화상의
몇 개 염주의 일에 대해서는 입언立言이 자못 엄격하고 준절하였으니,
평소에 바른 학문을 숭상하고 이단을 배척한 것을 이에 있어 일부나
마 볼 수가 있다. 겸손과 공손한 듯한 덕으로 이렇듯 정직하고 준절한
말씀이 있었으니, 배우는 자가 이에 있어 두려워할 바를 알 수 있을
것이다.

先生於先輩儒賢, 極加尊敬, 未嘗有絲毫侵過處. 今於文烈公畫像數珠事,
立言頗嚴截, 平日之崇正學闢異端, 於此可見一斑. 以若謙恭之德, 有此正直峻
巖之辭, 學者於此, 可以知所畏矣.

[21] 〈자발 이문건에게 답함(答李子發)〉[53]에서 말했다.

"한훤당寒暄堂 김굉필金宏弼이 도학에 있어 만약 과연 자사, 맹자,
정자, 주자와 같다면 세대의 설에 구애되지 않는 것이 몹시 마땅하겠

지요. 돌아보건대 선생의 덕행이 비록 높긴 하나 논저論著에는 미치지 못해 후세가 좇아서 살펴볼 수가 없습니다."

答李子發書曰: "寒暄之於道學, 若果如思孟程朱, 則不拘世代之說甚當. 顧先生德行雖尊, 而未及論著, 後世無從考述."

선생께서 한훤당 김굉필의 학문에 대해 높여 사모함을 지극히 하였으나, 도문학道問學의 방면에서 미진한 바가 있었으므로 늘 비평하는 말이 있었다. 문열공 이조년에 이르러서는, 이미 그를 세상에 드문 충성으로 허락하면서도 사론士論이 격렬하게 배척함을 아름다운 뜻으로 돌리고 어찌할 수 없는 것에다 부치었으니, 이단을 물리침에 엄격한 것을 여기에서 또한 볼 수가 있다.

先生於寒暄之學, 極其尊慕, 然以其道問學邊有所未盡, 故常有責備之語. 至於文烈, 則旣許其罕世之忠, 而士論之激斥, 歸之美意, 付之於莫之如何, 其嚴於闢異, 於亦可見矣.

[22] 〈조정암의 행장에 대해 논하여 인중 유희춘에게 답함〔答柳仁仲論趙靜菴行狀〕〉[54]에서 말했다.

"오늘날을 통해 그 남은 실마리를 찾고자 하나, 거의 단적으로 근거를 삼을 만한 사실이 없습니다. 예로부터 성현이 능히 후세의 모범이 될 수 있었던 까닭은 오로지 입언立言하여 후세에 남긴 데 힘입은 것입니다."

答柳仁仲論趙靜菴行狀曰: "由今日欲尋其緒餘, 殆未有端的可據之實. 自古聖賢所以能爲後世之模範者, 專賴立言垂後."

정암 조광조가 젊은 나이에 신임을 받아 등용되니, 학문이 막 진전

되는 상황에서 뜻을 이미 폈고, 이름이 바야흐로 성대해지자 재앙이 어느새 이르렀으니, 비록 책을 저술하여 입언하여 후학에게 혜택을 베풀고자 한들 할 수가 있었겠는가? 비록 도학 전체에 있어 얼마간 한 쪽이 부족한 듯하더라도 마땅히 포용할 만하건만, 선생께서 정암에 대해 논함이 오히려 이와 같았다.

靜菴英年柄用, 學方進而志已展, 名方盛而禍已至, 雖欲著書立言, 嘉惠後學, 得乎? 雖於道學全體, 似若缺了一邊, 宜在可恕, 而先生之論靜菴, 猶尙如此.

하물며 밭두둑 사이에 궁하게 사는 선비로, 나아가 세상에 능히 쓰이지 못하고 물러나 능히 사우師友나 제자와 더불어 선왕의 도리를 강론하여 밝힐 수가 없을 경우, 설사 후세가 살펴 서술할 바가 있다 하더라도, 그 고루함을 편안히 여기고, 그 오만함을 장점으로 알아, 남과 더불어 서로 접하는 것을 두려워하여 거짓 겸손으로 이를 꾸미며, 길게 읍하고 바르게 무릎을 꿇고, 방자하게 존덕성尊德性으로 자처하는 자는 주자나 퇴계의 가법家法과는 다름이 있을까 걱정스럽다. 장저長沮와 걸익桀溺이야 그렇다손 치더라도 육상산陸象山과 더불어 같은 곳으로 돌아가지 않겠는가? 이는 모두 학술에서 호리毫釐의 차이가 천 리의 거리를 만들어내는 지점이다. 이 일에 마음을 둔 사람은 알아두지 않으면 안 된다.

矧乎窮居壟畝之士, 進不能需用於世, 退不能與師友弟子講明先王之道, 使後世有所考述, 而安其孤陋, 長其傲慢, 怕與人相接, 而飾之以僞謙, 長揖危跪, 肆然以尊德性自命者, 恐與朱子退翁家法有異也. 長沮桀溺尙矣, 得不與陸象山同歸? 此皆學術之差毫謬千處也. 存心此事者, 不可不知.

[23] 〈택지 박운에게 줌[與朴澤之]〉[55]에서 말했다.

"사서四書 외에 기록된 공자의 언행은 대부분 전국시대의 간사한 인간들이 거리낌 없이 가탁한 것에서 나왔습니다."

與朴澤之書曰:"四書之外, 所記孔子之言行, 多出於戰國姦人無忌憚之假托."

내가 평생 고루하고 아는 것이 적지만, 고문古文만은 독실히 좋아하였다. 무릇 선진先秦과 서한西漢의 문장은 옛날과 가까웠기 때문에 시를 말하고 예를 설명한 것이 혹 경전의 뜻에서 증명할 수 있는 것이 없지 않아, 이 때문에 늘 살펴보며 후세에 문사로 꾸민 글보다 낫다고 하였다. 이제 선생의 말씀은 크게 바르고 지극히 엄정하여, 비록《공자가어孔子家語》나《설원說苑》의 종류까지도 또한 잡서로 돌려 깊이 배척하였으니, 미세함을 방비하고 점차 일어나려 함을 막는 뜻이 이와 같음이 있었다. 하물며 잠깐이라도 패관소품 등의 음란하고 삿된 불경스러운 책에 눈길을 줄 수 있겠는가? 근세의 재주 있는 선비와 빼어난 유자들이 대부분《수호전水滸傳》과《서상기西廂記》등의 책에서 자취를 뽑음을 면치 못하였다. 이 때문에 그 문장이 모두 화려하고 처량하며 뼈를 찌르고 살을 녹이는 듯하였다. 다만 도의道義와 이취理趣는 한 가지도 볼만한 것이 없을 뿐 아니라, 심지어 번화한 부귀가富貴家의 말투 또한 말할 수 없이 나오니, 복록福祿에 몹시 방해가 된다. 이것이 모두 잡서를 즐겨 보는 해로움이다.

余平生孤陋寡識, 顧篤好古文. 凡先秦西漢之文, 以其近古之故, 談詩說禮者, 或不無可以證明於經義者, 以是常常覽觀, 謂勝於後世詞藻之文. 今先生之言, 大正至嚴, 雖家語說苑之類, 亦歸之雜書而深斥之, 防微杜漸之意, 有如是矣. 況可以霎時注眼於稗官小品等淫邪不經之書乎? 近世才士秀儒, 率未免拔跡於水滸傳西廂記等書, 故其文皆靡曼淒酸, 刺骨銷肌. 不惟道義理趣一無可觀, 甚至繁華富貴家口氣, 亦說不得出來, 甚妨福祿. 此皆喜觀雜書之害也.

[24] 그 편지[56]에 또 말했다.

"사람의 한 몸에는 이理와 기氣를 아울러 갖추었는데, 이는 귀하나 기는 천합니다. 하지만 이는 작위함이 없고 기에는 사욕이 있지요. 이 때문에 이를 실천하는 데에 주력하는 사람은 기를 기름이 그 가운데 있으니, 성현이 바로 그렇습니다. 기를 기르는 데 치우친 사람은 반드시 성품을 해치는 데 이르고 마는데, 노장老莊이 이에 해당합니다. 삶을 지키는 도리를 진실로 그 극치까지 채우고자 한다면, 게을리할 수 없거나 제 몸을 돌보지 못하는 직분은 모두 마땅히 즉시 그만두어 버려야만 합니다."

其書又曰: "人之一身, 理氣兼備, 理貴氣賤. 然理無爲而氣有欲. 故主於踐理者, 養氣在其中, 聖賢是也. 偏於養氣者, 必至於賊性, 老莊是. 衛生之道, 苟欲充其極致, 則匪懈匪躬之職, 皆當頓廢."

이는 맹자의 대체大體와 소체小體의 주장[57]과 더불어 의리가 하나로 꿰어진다. 사람의 한 몸뚱이는 이理와 기氣 두 가지가 합해져 이루어진 것이다. 그러나 이는 기에 깃드니 사람이 집에 있는 것과 같다. 사람이 그 집에 거처하면서는 기둥과 들보나 서까래가 혹 썩어서 기운 것이 있을 경우 어쩔 수 없이 수리하고 이엉을 덮지 않을 수가 없다. 하지만 이것에만 힘을 쏟아 그 밖의 것을 알지 못하면, 이것은 그 상자를 아름답게 여겨 그 안에 든 구슬을 잊어버리는 격이다. 이 때문에 송나라 때의 여러 선생이 있은 이래로, 혹 도가道家의 책에서 한두 가지를 취해왔던 것은 마음을 맑게 하고 욕심을 적게 하여 정기精氣를 펴는 것이 혹 본원을 함양하는 공부에 보탬이 되기 때문이었다.

此與孟子大體小體之說, 一貫義理也. 人之一身, 合理氣二者而成者. 然理寓於氣, 如人在於室. 人處其室, 其棟梁橑桷之或有頹敗者, 不得不修而葺之.

然一於此而不知其他, 則此猶美其櫝而忘其珠也. 故有宋諸先生以來, 或於道家書取其一二者, 以其淸心寡欲, 發精舒氣, 或有補於涵養本源之工也.

그러나 옛날 선왕이 백성을 기름은, 그 기운을 기르는 방법이 예악禮樂이라는 두 글자를 벗어나지 않았다. 예禮라는 것은 근골을 붙들어 묶어 방종하여 안일에 빠져 병이 생기는 것을 금하려는 것이다. 악樂이라는 것은 혈맥을 뒤흔들어 그 막혀서 병든 것을 틔워주는 것이다. 한 차례 늦추고 한 차례 긴장하고, 혹은 붙잡고 혹은 놓아주며, 나란히 가도 어그러지지 않고, 아울러 나아가도 치우치지 않는 것이니, 이가 능히 기를 부리고, 기가 능히 이를 기르게 한다. 그래서 옛사람은 모두 오래 살고 건강하고 평안하여 편히 길러 생식시키며, 풍속이 순박하고 조화로워 태평한 영역에 들고도 스스로 깨닫지 못했던 것이다.

然古者先王之養民也, 其養氣之法, 不出於禮樂二字. 禮者, 所以拘束筋骸, 禁其縱逸而生疾也. 樂者, 所以動盪血脉, 疏其壅遏而致病也. 一弛一張, 或操或縱, 竝行而不悖, 兼進而不偏, 使理能馭氣, 而氣能養理. 故古之人皆壽考康寧, 休養生息, 風淳俗和, 入於熙皡之域而不自覺也.

후세에 예악禮樂이 무너지자 정욕情慾이 절로 방종하여졌다. 혹 안일과 쾌락으로 재앙을 불러오고, 혹은 근심과 괴로움으로 화기를 해쳐, 병들어 일찍 죽는 자가 잇따르고, 기상은 처량하고 참담하게 되었다. 이에 있어 양기陽氣를 불고 기운을 들이마시는 술법과 곰이 나무에 오르고 새가 몸을 펴는 방법58이 그사이에 횡행하고, 음란 사특하고 괴이한 주장이 그 양심을 무너뜨려 빠지게 만들며, 금석을 구워 만든 약제로 그 타고난 조화를 해쳐서 수명의 근원에 아무 보탬이 없고,

한갓 사람으로 하여금 미혹되어 돌아옴을 알지 못하게 하니, 슬픈 일
이다!《참동계參同契》에 주석을 단 것은 대개 또한 세상에 대해 상심
하여 풍자를 깃들이려는 뜻일 뿐이었으니, 어찌 참으로 여기에서 취
함이 있어서였겠는가?

後世禮樂旣壞, 情慾自縱. 或逸樂而招災, 或愁苦而傷和, 夭札相續, 氣像
凄慘. 則於是乎噓陽吸氣之術, 熊經鳥申之方, 馳騖於其間, 淫邪幽怪之說, 陷
溺其良心, 金石煩燥之劑, 戕賊其天和, 無補於壽命之原, 而徒使人迷惑而不知
反, 哀哉! 參同之註, 蓋亦傷世寓諷之意耳, 豈眞有取於是也?

[25]〈영천군수 안상에게 주려고 씀[擬與榮川守]〉**59**에서 말했다.
"김중문金仲文이 비록 두 번 허물이 있었더라도 능히 고친다면 오
히려 허물이 없는 사람이 될 것입니다."

擬與榮川守書曰:"仲文雖有再過, 能改則猶爲無過人矣."

예로부터 성현은 모두 허물을 고치는 것을 귀하여 여겨, 혹 애초에
허물이 없는 것보다 더 낫게 여기기까지 했으니, 이는 어째서인가? 대
개 사람의 정리가 잘못된 곳에 대해서는 부끄러움이 변하여 노여움이
된다. 처음에는 그럴싸하게 꾸미려다가 종내는 어그러져 과격하게 되
고 마니, 이것이 허물을 고치는 것이 허물 없기보다 어려운 까닭이다.

自古聖賢, 皆以改過爲貴, 或至以爲却勝於初無過者, 此何以哉? 蓋人情每
於過差處, 羞變成怒. 始欲文飾, 終成乖激, 此所以改過之難於無過也.

우리는 허물이 있는 자이니, 마땅히 힘써야 할 급무는 오직 '허물을
고친다[改過]'는 두 글자뿐이다. 세상을 오만히 보고 사물을 능멸하는
것이 한 가지 허물이고, 기예를 자랑하고 능력을 뽐내는 것이 한 가지

허물이다. 영화를 탐내고 이익을 사모하는 것이 한 가지 허물이고, 은혜를 품고 원한을 생각하는 것이 한 가지 허물이다. 같으면 무리 짓고 다르면 공격하는 것이 한 가지 허물이고, 잡서雜書 보기를 좋아하는 것이 한 가지 허물이며, 새로운 견해 내기에 힘쓰는 것이 한 가지 허물이다. 갖가지 병통이 이루 셀 수조차 없어도 마땅한 약제가 하나 있으니 '개改'라는 글자가 이것일 뿐이다. 진실로 이를 고친다면 우리 퇴계 옹께서 또한 장차 "아무개는 허물이 없는 사람이다"라고 하실 것이다. 아! 어찌해야 이를 얻겠는가?

吾輩有過者也. 當務之急, 惟改過二字也. 傲世凌物一過也, 矜技衒能一過也, 貪榮慕利一過也, 懷恩念怨一過也, 黨同伐異一過也, 喜觀雜書一過也, 務出新見一過也. 種種毛病, 不可勝數, 有一當劑, 曰惟改字是已. 苟其改之, 我退翁亦將曰: "某也無過人矣." 嗚呼! 何以得此?

[26] 〈풍기군수 김경언에게 주려고 씀(擬與豐基郡守)〉**60**에서 말했다.

"아! 저 남의 어버이를 욕하는 자는, 입을 벗어난 나쁜 말이 막 남의 어버이에 더해지자마자 귀에 들어오는 추한 말이 이미 자신의 어버이에게 미칩니다. 입으로 말해서는 안 되고, 귀로는 차마 듣지 못하니, 몸이 떨리고 마음이 아프며, 하늘이 놀라고 귀신이 의론하기 때문입니다."

擬與豐基郡守書曰: "噫! 彼辱人之親者, 脫口之惡, 甫加人親, 入耳之醜, 已及吾親. 口不可道, 耳不忍聞, 體慄心痛, 天驚鬼議."

아! 이 같은 습속이 옛날에도 또한 있었던가? 그 윤리를 손상시키고 이치에 어긋나며, 어짊을 상하게 하고 의로움을 해치는 죄는 선생의 말씀 속에 자세하다. 유생이 벗을 모아 학업을 닦을 때, 멋대로 농지거리나 하며 하루를 마치면 마침내 과정을 잃게 된다. 혹 집안이 부족한 자가 있어 그 실제를 범할 경우 농담으로 한 것이 진담이 되어 마침내 원수가 되어 틈이 생긴다. 조정의 선비가 동료가 되어 원院에 앉아서 무리 지어 장난치며 웃느라 문득 직무를 폐하곤 하니, 아전이나 액예掖隷가 보는 바라 체모가 손상되고 만다. 혹 권세 있는 간신이나 총애를 받는 신하가 멋대로 추한 욕을 더하면 몸을 굽혀 삼가 받아, 받들어 영광으로 삼는다. 그가 패망한 뒤에는 문득 탄핵하는 글에 올라 사내종의 낯짝과 계집종의 무릎이란 지목을 스스로 면할 길이 없다. 이것이 모두 경계할 만한 것이다. 말을 낼 때는 삼가지 않아서는 안 된다.

噫! 此俗, 古亦有之耶? 其傷倫悖理賊仁害義之罪, 先生之說備矣. 儒生聚友攻業, 譃浪終日, 遂失課程. 或地閥有不足者, 犯其實際, 弄假成眞, 竟成仇隟. 朝士作僚坐院, 嬉笑成羣, 頓廢職務, 吏隷所瞻, 體貌壞損. 或權奸倖臣, 任加醜辱, 鞠躬祗受, 奉爲榮光. 敗亡之後, 輒登彈章, 奴顔婢膝之目, 無計自免, 此皆可戒者也. 出辭氣, 不可不愼.

[27] 〈호원 성혼에게 답함[答成浩原]〉[61]에서 말했다.

"선공先公의 묘갈명墓碣銘[62]에서 '기미를 보아 명철하였다[見幾明哲]' 등의 말은 공과 숙헌 이이가 힘껏 나누어 밝힘을 더하였으니, 내 생각에 화를 피한 것을 그르다고 여기거나, 곽임종郭林宗[63]이 숭상하기에 부족하다고 여겨 그렇게 말한 것입니까? 기묘년 사이의 일 같은 것도 망령되이 선공이 처신한 바가 바르다고 하였으니, 무슨 문제가 있어서 반드시 말하지 못하게 하려는 것입니까?"

答成浩原書曰: "先公墓碣銘見幾明哲等語, 公及叔獻, 力加分疏, 意以避禍爲非, 郭林宗爲不足尙而云云耶? 如己卯間事, 妄謂如先公所處乃正也, 何病之有, 而必欲勿言耶?"

《맹자》에 나오는 곰발바닥과 물고기의 비유[64]는 대개 '살신성인殺身成仁'과 '견위수명見危授命'을 가지고 군자가 때로 사양하지 않음이 있다는 것이니, 또한 군자의 불행인 셈이다. 만약 표방함을 잘 세워서 함정과 매설된 것을 살피지 않거나, 끼리끼리 패거리 지어 다른 것을 공격해서 뭇 소인의 증오를 쌓다가는 마침내 그 몸에 재앙이 미침을 면치 못하게 된다. 그 남은 풍도와 운치가 사물을 윤택하게 하고 사람을 이롭게 하기에 부족한 자는 또한 헛되이 죽는 것일 뿐이다. 명철보신은 반드시 부모가 내려주신 천성을 온전히 하고자 함인데, 혹 삿된 그물에 잘못 걸려들어서 위엄과 무력으로 이를 굽히려는 자가 있더라도, 군자는 또한 편안함을 훔쳐서 구차하게 보전하려 들지 않는다.

孟子熊魚之喩, 蓋以殺身成仁見危授命, 君子有時乎不辭, 亦君子之不幸也. 若夫好立標榜, 不顧阱擭, 黨同伐異, 積爲羣小人所憎惡, 卒之不免於災及其身. 而其遺風餘韻, 不足以澤物利人者, 亦浪死而已. 明哲保身, 必欲全其父母之天, 而或橫罹枉罥, 有以威武屈之者, 君子亦不欲偸安而苟全.

기묘년의 일에 이르러서는 선생은 붓만 들면 탄식하며 애석해함을 잊지 않았다. 비록 정암의 어짊을 가지고서도 선생은 오히려 유감이 없을 수 없었으니, 하물며 그만 못한 사람이겠는가? 우계 성혼과 율곡 이이의 견해가 반드시 선생과 서로 맞지 않는 점이 있었기 때문에 편지를 주고받음이 이와 같았던 것이다.

至於己卯之事, 先生擧筆, 不忘嗟惜. 雖以靜菴之賢, 而先生猶不能無憾, 矧其下者哉? 牛溪栗谷之見, 必與先生有不相入, 故其往復如是也.

[28] 〈시보 남언경에게 답함[答南時甫]〉<note>65</note>에서 말했다.

"심기心氣의 근심은 바로 이치를 살피는 것이 투철하지 못한데도 허공을 뚫어 억지로 찾고, 마음을 붙드는 방법에 어두우면서 싹을 뽑아당겨 자라는 것을 돕겠다며 마음을 수고롭게 하고 힘을 쏟아 여기에 이르기 때문입니다."

答南時甫書曰: "心氣之患, 正緣察理未透, 而鑿空以强探, 操心昧方, 而揠苗以助長, 不覺勞心極力以至此."

일찍이 신현의 문자를 보니 스스로 마음의 병이 있다고 일컬은 것이 많았다. 처음엔 자못 의혹스러웠으나 근래 와서 점차 생각해보았다. 대개 뭇사람은 어지러움에 빠진지라 일찍이 점검하여 찾아 살피지 않는다. 이 때문에 비록 천 가지 병과 백 가지 통증이 있더라도, 본다 한들 모두 잡아낼 수가 없다. 비유하자면 미친 사람의 마음속에 아무 근심이 뒤얽힌 것이 없는 것과 같으니, 이는 바로 그 비추어 살피는 공이 지극하지 못해서이다. 우리가 진실로 마음을 다스리는 학문에 뜻을 둔다면 문득 마음속에 허다한 병통이 있음을 문득 깨닫게 되니, 주자가 "이와 같이 하여 병이 됨을 안다면, 문득 이와 같이 하지 않으면 약이 됨을 알게 되니, 바야흐로 맹렬하게 공부할 수 있다"고 말한 것이다. 학자가 마음에 병이 있는 지경에 이르지 못하고서 어찌하여 이치가 순조롭고 기운이 화평한 광경을 얻겠는가? 마땅히 독실하게 살펴 관찰해야 할 것이다.

嘗見先賢文字, 多自稱有心疾. 始頗致惑, 近漸思之. 蓋衆人汨亂, 不曾點檢探察. 故雖有千病百痛, 看來都無可捉. 比如狂人心內, 都無憂患纏繞, 卽其照察之功未至也. 吾人苟留意治心之學, 便覺心內有許多病痛, 朱子所云知如是病, 便知不如是爲藥, 方得猛下工夫. 學者未到有心疾地界, 如何得理順氣和的光景? 當愲愲乎探察也.

[29] 또 그 편지[66]에서 말했다.

"무릇 일용日用의 사이에 수작酬酢을 적게 하고 기욕嗜慾을 절제하며, 텅 비워 한가하고 편안하게 즐거워합니다. 도서와 화초를 감상하고 시내와 산에서 물고기와 새를 즐거워함 같은 것에 이르러서도, 진실로 뜻을 즐겁게 하고 정을 기쁘게 할 수 있는 것이라면 늘 접하는 것을 억제하지 않습니다. 심기가 언제나 순순한 경계 가운데 있게 하여, 어긋나고 어지러워 근심과 분노가 일어남이 없도록 해야 하니, 이것이 요긴한 방법입니다. 책을 보는 것은 마음을 지치게 할 정도에 이르지 말아야 하니, 많이 보는 것을 절대로 꺼립니다."

又其書曰: "凡日用之間, 少酬酢, 節嗜慾, 虛閒恬愉. 至如圖書花草之玩, 溪山魚鳥之樂, 苟可以娛意適情者, 不厭其常接. 使心氣常在順境中, 無咈亂以生嗔恚, 是爲要法. 看書勿至勞心, 切忌多看."

선생의 이 말은 즐겁게 노닐며 무젖어 헤엄치는 방법으로 지극히 신묘하다. 하지만 만약 방탕하거나 안일에 빠져 있을 때에도 이 방법을 쓰면 전혀 검속하여 수렴하는 실익이 없으니, 도리어 각고刻苦로 공부하여 쳐서 이겨 모아 비축하는 뜻이 있게끔 해야 한다. 오직 마음의 기운이 번잡하고 어지러우며, 정신의 생각이 초조하여 혈기와 근맥이 모두 쇠하여 긴급한 뜻이 있음을 느낄 때 이 방법을 쓰면, 이완과 긴장, 펴고 움츠림이 서로 간에 바쁘게 건져줘서 마치 음양이나 추위와 더위를 어느 한쪽만 폐할 수 없는 것과 같게 될 것이다.

先生此語, 其于優游涵泳之方, 極是神妙. 然若於放蕩宴佚之時, 亦用此法, 則全無檢束收斂之益, 却宜做刻苦工夫, 令有剋伐團蓄之意. 唯心氣煩亂, 神思

焦燥, 覺榮衛筋脈都有蕭索緊急底意思時, 方用此法, 庶乎弛張舒蹙, 互相奔
揉, 如陰陽寒暑之不可偏廢也.

[30] 〈숙헌 이이에게 답함[答李叔獻]〉⁶⁷에서 말했다.

"그대는 허물을 고치는 데 용감하고 도道를 향함을 다급하게 합니
다. 성인聖人은 아득하고 말은 없어졌으며 이단이 진리를 어지럽히니,
처음부터 끝까지 미혹에 빠진 자는 굳이 말할 것도 없거니와, 또한 처
음엔 바르다가 끝에 가서 삿되게 된 자가 있고, 가운데 서서 양쪽을
옳나 하는 자가 있으며, 겉으로 밀쳐내면서 속으로 편드는 지도 있습
니다. 그 들어감에 비록 깊고 얕음이 있지만, 하늘을 속이고 성인을 기
망하여 인의仁義를 막아버린 죄는 한가지입니다. …… 전에 어떤 사람
의 말을 들으니, 그대가 석씨釋氏의 글을 읽고 자못 그 독에 맞았다 하
기에 마음으로 애석하게 여긴 것이 오래입니다. 일전 내게 와서 보았
을 때 사실을 감추지 않고 그 잘못을 능히 말하였고, 이제 두 통 편지
의 뜻을 보니 또한 이와 같으므로, 내가 그대가 더불어 도에 나아갈
수 있을 만함을 알겠습니다. 걱정되는 것은 새로 좋아하게 된 것이 입
에 달지 않을 경우 익숙하던 곳을 잊기가 어렵고, 오곡의 알곡이 익기
전에 가라지의 가을이 급히 올까 하는 것입니다."

答李叔獻書曰: "足下勇於改過, 急於向道矣. 聖遠言湮, 異端亂眞, 始終迷
溺者, 固不足論, 亦有始正而終邪者, 有中立而兩是者, 有陽排而陰右者. 其入
雖有淺深, 而其誣天罔聖充塞仁義之罪一也. …… 往聞人言, 足下讀釋氏書而
頗中其毒, 心惜之久矣. 日者之來見也, 不諱其實而能言其非, 今見兩書之旨又
如此, 吾知足下之可與適道也. 所懼者, 新嗜靡甘, 熟處難忘, 五穀之實未成,
而稊稗之秋遽及也."

이 편지는 전편의 한 글자 한 구절이 모두 그저 지나칠 수가 없겠기에 이제 대략 그 대강을 기록하였다. 다음 단락의 몸과 마음으로 체험한다는 주장은 특히나 정확하니, 마땅히 늘 주목해서 보존하여 관찰해야 한다.

此書全篇, 一字一句, 都不可放過, 今略錄其槩. 下段身心體驗之說, 尤精確, 當常目存察也.

[31] 〈숙헌 이이에게 답한 별지〔答李叔獻別紙〕〉[68]에서 말했다.

"궁리窮理에는 단서가 많습니다. 궁구하는 바의 일이 간혹 뒤엉켜 단단히 뭉친 지점과 만나 힘으로 찾아 통하게 할 수 있는 것이 아니거나, 혹 내 성품이 어쩌다 이것에 어두워서 억지로 밝혀내기가 어려울 경우는 장차 이 한 가지 일을 마땅히 놓아두고 달리 다른 일로 나아가 궁구해야 합니다. 이처럼 궁구해나가다 보면 쌓이고 포개져서 깊이 알게 되니, 절로 마음이 점차 밝아져서 의리의 알맹이가 점차 눈앞에 드러나게 됩니다. 이때 다시 앞서 궁구하다가 얻지 못했던 것을 가져다, 세밀한 뜻으로 궁구하여, 이미 궁구함을 얻었던 도리와 더불어 참작 징험하여 비춰 살핀다면, 알지 못하는 사이에 이전에 궁구하지 못했던 것까지 함께 일시에 서로 깨닫게 될 것이니, 이것이 궁리의 활법活法이지요."

答李叔獻別紙曰: "窮理多端. 所窮之事, 或値盤錯肯綮, 非力索可通, 或吾性偶暗於此, 難强以燭破, 且當置此一事, 別就他事上窮得. 如是窮來窮去, 積累深熟, 自然心地漸明, 義理之實, 漸著目前. 時復拈起向之窮不得底, 細意紬繹, 與已窮得底道理, 參驗照勘, 不知不覺地, 竝前未窮底, 一時相發悟解, 是乃窮理之活法."

나는 품성이 조급해서 궁리를 함에 있어 본래 오래 견딜 수가 없다. 혹 한 가지 일이나 이치에 대해 궁리하다가 때로 꽉 막혀서 통하지 않을 때는 문득 심사가 번다하고 다급해지고 정신이 거칠어져 미혹됨을 느껴서, 절반쯤 하다가 그만둠을 면치 못하였다. 독서에서 특히 이러한 병통이 있었다. 이제 선생께서 논하신 바를 살펴보니, 그러한 병통을 건져내는 약이 절실하면서 타당해 모두 참으로 알아 실천하는 가운데서 나온 것이었다. 이 같은 묘결을 얻어서 궁리한다면 틀림없이 뚫어 통하지 못하거나 녹여 변화시키지 못할 근심이 없을 것이다. 감히 늘 주목하여 힘쓰지 않겠는가?

余稟性躁急, 於窮理上, 本不能耐久. 或窮得一箇事理, 有時窒礙不通, 則便覺心思煩急, 精神荒惑, 未免半塗而廢. 讀書尤有此病. 今觀先生所論, 其捄病之藥, 切實停當, 皆從眞知實踐中出來. 得此妙訣, 以之窮理, 則必無穿不透, 銷不化之患. 敢不常目而勉勉哉?

[32] 〈숙헌 이이에게 답함〔答李叔獻〕〉[69]에서 말했다.

"숙헌이 전후로 논변한 것을 보니, 매번 선유先儒의 학술을 가져다가 반드시 먼저 그 옳지 않은 곳을 찾아서 힘써 깎아 배척함을 더하더군요."

答李叔獻書曰: "見叔獻前後論辨, 每把先儒說, 必先尋其不是處, 務加貶斥."

초학자가 경전에 대해 나아가며 선생이나 장자長者와 왕복하며 질문하고 논난하려면, 반드시 그 학설 중에서 착오가 있는 지점을 얻어 짚어낸 뒤에야 비로소 의문을 일으켜 질정할 수가 있다. 율곡이 당시 선생에게 왕복함이 있으려 하면, 묻는 것이 이와 같지 않을 수가 없었던 것이다.

다산의 일기장

初學欲就經傳上, 與先生長者往復問難, 則必拈其說得有錯誤處, 然後始可以起疑取質. 栗谷當時, 欲有往復於先生, 則其所問不得不如是.

대저 터럭을 불어가며 흠집을 찾아 새로운 견해 내기에 힘쓰는 것은 진실로 큰 병통이 된다. 지혜를 버리고 뜻을 끊어 예전의 주장을 온전히 답습하는 것 또한 실제로 얻는 것이 없다. 학자는 선유의 학설에 대해 진실로 의심나거나 뜻이 어두운 부분이 있을 경우 다급하게 다른 의견을 내지 말고, 또한 급히 이미 지난 일로 치지도 말아야 한다. 모름지기 환히 알 때까지 연구하여 말한 사람의 본뜻을 얻기에 힘쓰고, 반복해서 참구하여 징험한다면 혹 마땅히 환하게 얼음 녹듯 해서 묵묵히 혼자 한번 웃게 될 것이다. 혹 그 잘못된 지점을 더 찾아내더라도 또한 마땅히 공평한 마음으로 헤아려서 순리로 풀이하여, "모씨某氏는 그렇게 보았기 때문에 주장이 이와 같았다. 이제 이렇게 볼 경우 주장은 마땅히 이와 같아야 한다"고 말해야 한다. 어찌 반드시 아주 작은 부분을 보자마자 마치 기이한 재화라도 얻은 것처럼 가만히 기뻐 뛰면서 옛것을 배척하고 자기를 내세움에 아무 거리낌 없기를 모기령毛奇齡[70]처럼 한단 말인가?

大抵吹毛覓疵, 務出新見者, 固爲大病. 棄智絶意, 全襲舊傳者, 亦無實得. 學者於先儒之說, 苟有疑晦處, 勿遽生別見, 亦勿遽屬過境. 須融會研究, 務得說者本旨, 反復參驗, 則或當渙然氷釋, 默自一笑. 或益見其紕繆處, 亦當平恕而順解之, 曰: "某氏看得恁地, 故說得如是. 今看得這樣, 則說得當若是也." 何必纔見一斑, 如得奇貨, 竊竊然跳躍, 紬古肆己, 無所忌憚, 如毛奇齡之爲哉?

[33] 〈태휘 허엽에게 답함(答許太輝)〉[71]에서 말했다.

"보여주신 연방蓮坊 이구李球의 편지에서 이른바 '선배에 대해 경솔하게 논하는 병통'이라는 말은 틀림없이 까닭이 있어서 나온 것입니다. 저 같은 사람도 혹 이러한 병통이 있을까 염려하여, 이를 두려워하며 마땅히 고칠 것을 생각합니다. 다만 주자께서 비록 이를 경계함이 있었어도,[72] 도학을 논변함에 있어 잘못된 곳에 대해서는 터럭만큼도 그저 지나가지 않았고, 선배라고 하여 덮어 가려주는 바가 있지 않았습니다."

答許太輝曄書曰: "示及蓮坊書, 其所謂輕論先輩之病, 此必有爲而發. 如某者, 恐或有此病, 爲之悚惕, 當思改轍. 但朱先生雖有此戒, 及其論辨道學差誤處, 纖毫不放過, 不以前輩而有所掩覆."

선생이 목은 이색과 포은 정몽주, 한훤당 김굉필, 정암 조광조 등여러 군자에 대해 모두 논한 바가 있는데, 그 얼마간 부족한 곳도 간혹 숨기지 않았다. 이는 진실로 크게 공정하고 지극히 바른 마음에서나온 것으로, 감히 사사로이 좋아한다 하여 덮어 가려주는 바가 있지않았다. 하지만 선생의 시대에는 말하는 자는 공정하게 말하고, 듣는자는 공정하게 들었다. 근세에는 당파의 습속이 고질이 되어, 사사로이 좋아하는 바를 높일 경우 아는 것이 적은 말학末學이 받들어 종사宗師로 삼고, 사사로이 미워하는 바를 배척하면 큰 학자와 대단한선비가 이를 내쳐서 삐뚤어진 선비로 여긴다. 말을 함에 공정하기가쉽지 않고, 듣는 것 또한 공정하기가 어렵다. 침묵을 머금고 펴지 않아, 춘추春秋로 하여금 겉과 속에 현혹되지 않게 되기를 바람만 같지못하다. 망령되이 스스로 포폄하여 재앙과 실패를 취해서는 안 된다. 심지어 경전의 뜻과 예법의 주장에 이르러서도 또한 각자 들은 바를높이려 하여 서로 기대어 도움받지 아니하니, 이는 몹시 나쁜 습관이다. 공정하게 듣고 나란히 살펴보아 지극히 마땅한 데로 돌아가기에 힘써야 하지 않겠는가? 내가 우리나라 유학자들이 논한바 경전과 예법에 대한 여러 주장을 가져다가 갈래로 나누고 종류로 구별하여 한 권의 책을 이루고자 하나, 또한 이를 의론하는 자가 있을 것을 염려한다.

先生於牧隱圃隱寒暄靜菴諸君子, 俱有所論, 而其差欠處, 間亦不諱. 此固出於大公至正之心, 不敢以私好而有所掩覆也. 然先生之時, 言之者以公言, 聽之者以公聽. 近世黨習痼, 尊其所私好, 則謏聞末學, 奉爲宗師, 斥其所私惡, 則碩德醇儒, 擯之爲曲士. 言之未易公, 聽之亦難公, 不如含默不發, 庶使春秋不眩於皮裏而已, 不可妄自褒貶以取禍敗. 甚至經義禮說, 亦欲各尊所聞, 不相資賴, 此則甚是謬習. 可不公聽竝觀, 務歸至當而已乎? 余欲取東儒所論經禮諸說, 彙分類別, 以成一書, 然亦恐有議之者也.

서문

1 박석무, 〈금정도 찰방 시절의 다산 정약용〉,《청양 금정역의 역사와 활용 방안 모색》(청양군·충청남도역사문화연구원, 2021. 9)이 있으나, 이 책의 관점과는 출발 점과 문제의식이 전혀 다르다.

백문백답을 열며

1 이재기, 정민 역,《역주 눌암기략》(김영사, 2022), 55-57면. "癸丑冬, 七宰以書發 問, 使鼎鎭納供. 又使韓光溥立證, 以實其事. 然後募出尹愼, 發文討之. 通文出於丁 若鏞手. 構草日, 洪尙書適訪若鏞于家, 賓客滿堂. 丁接數語, 引入內室, 而使諸客脫 屨, 洪茫然不知有事. 丁妻洪之姪女也. 故引去內室云."

2 강세정, 정민 역,《역주 송담유록》(김영사, 2022), 79-80면. "家煥若鏞聞洪台之受 嚴敎, 仁伯之納手蹟, 謂以此時, 可乘綢繆, 聚議欲竝與洪元伯仁浩字而戕害, 構出攻 洪之通, 構捏洪元伯父子, 滿紙臚列, 萬端詬辱, 知舊一倍畏惻, 甚至切姻親戚, 不敢 尋訪. 又從以擯斥, 京外遠近, 風鶴羣起, 薰天之謗, 無地之誣, 無所不至. 正論之人, 益窮蹙不容於世, 殆近十年矣."

3 이재기, 앞의 책, 118-120면. "乙卯冬, 樊翁告病謝客, 獨處孤室, 非家人不得見. 翁作小箚, 請罪李家煥諸人. 草成, 攝置座褥下. 獨蔡潤銓在傍, 知其狀, 然其措語緊 緩, 未之詳也. 翌曉頤叔問寢訖, 告曰: '昨夜美容來言, 大監欲殺我三人, 三人死, 則 君獨能晏然乎? 君獨不聞, 濟人於水, 人必援手而入者乎? 美容此言, 甚可畏也. 若上 箚則禍必至矣.' 翁瞑目不答. 朝飯, 至用匙箸倒竪, 床頭錚錚有聲. 仍終日不語, 若有 忿怒者. 日暮燭至, 乃取箚草焚之. 潤銓爲余, 道之如此."

4 강세정, 앞의 책, 368-369면. "近來輦轂之下, 士庶之流, 似無學邪之人, 而右邪之 風, 有甚於辛酉以前. 家鏞逞毒之日, 必欲角勝正論, 戕害善類, 興訛造訕, 無所不至. 是何心腸, 抑何意義? 可謂愚且惑矣."

5 이익운,《백일록百一錄》. "己未夏, 入侍于迎春軒, 上曰: '丁若鏞多以卿短處, 使之

聞之於予. 而或謂之其人不足信, 或謂之權威十倍蔡相, 或謂之無益於午方. 李晳亦於卿事, 多抉摘, 甚於西人, 未知何故? 卿之見忤於此輩, 有何所由而然否?' 臣對曰: '若鏞則臣之居銓也, 爲其兄若鉉, 屢求初仕, 而臣一不照望, 果大卿之. 自今年歲後, 一未相訪.'"

금정일록

1 정약용, 〈자찬묘지명〉(집중본), 《다산시문집》, 권16. "夏四月, 蘇州人周文謨變服潛出, 匿于北山之下, 廣揚西敎. 進士韓永益知之, 告于李晳, 鏞亦聞之. 晳告于蔡相公, 公密告于上, 命捕將趙奎鎭掩捕之."

2 윤민구 역주, 〈북경의 고베아 주교가 사천 대리감목 디디에 주교에게 보낸 1797년 8월 15일자 편지〉, 《한국초기교회에 대한 교황청 자료 모음집》(가톨릭출판사, 2000), 138면.

3 이기경, 이만채 엮음, 《벽위편》 하편, 열화당, 1971, 268면. "又自華人失捕後, 上以若鏞必知其蹤跡, 使之捉納, 而華人之購出, 本是渠輩所爲, 故終不直告. 戊己治獄, 盖亦爲捕華人而然也."

4 이재기, 정민 역, 《역주 눌암기략》(김영사, 2022), 32-33면 참조.

5 정약용, 〈자찬묘지명〉, 《다산시문집》 권16. "冬有庶孽趙華鎭者上變, 言李家煥丁鏞等陰主西敎, 謀爲不軌, 韓永益爲其腹心. 上察其誣, 以變書宣示家煥等, 且曰: '韓永益告北山事, 安得爲腹心?' 閣臣沈煥之忠淸觀察使李泰永, 咸以爲誣, 事得已."

6 정약용, 앞의 글. "趙華鎭嘗求婚於韓, 韓不聽, 以其妹嫁鏞之庶弟鎭, 以此謀殺永益, 以及鏞也."

7 지엄한 교지를 …… 제수되었다: 《정조실록》 1795년 7월 25일 기사에 "이가환을 특별히 충주목사에 보임하였다. 가환이 정리소整理所 의궤 당상으로서 여러 번 소명召命을 어겼기 때문에 이렇게 명한 것이었다. 이때 호서湖西 지방 대부분이 점점 사학邪學에 물들어가고 있었는데 충주가 가장 심했으므로 특별히 가환을 그곳의 수령으로 삼고, 또 정약용을 금정찰방으로 삼은 뒤 각각 속죄하는 실효를 거두도록 한 것이었다"라고 하였다.

8 채제공(1720~1799): 본관은 평강平康, 호는 번암樊巖, 자가 백규伯規다. 서울

미장동美墻洞에 살아서 '미동대감'으로 불렸다. 남인의 영수로 벼슬이 영의정에 올랐다. 다산이 유배 간 금정역 인근 어자곡漁子谷에서 나고 자랐다. 다산의 후원자였고, 천주교 신앙 문제로 애증이 얽혔다. 채제공의 서자 채홍근蔡弘謹과 정재원丁載遠의 서녀가 결혼해 두 집안은 사돈을 맺기까지 했다. 채제공은 다산을 배려해 자신의 고향 홍주 금정의 찰방으로 내려보냈다.

9 이가환(1742~1801): 본관은 여흥驪興, 자는 정조廷藻, 호는 정헌貞軒이다. 성호星湖 이익李瀷(1681~1763)의 종손從孫으로, 조부가 이익의 형인 이침李沉이요, 부친은 이용휴李用休다. 이승훈李承薰의 외숙이다. 1771년 진사가 되었고, 1777년 증광 문과에 급제했다. 1784년 이승훈이 북경에서 돌아온 뒤, 천주교 문제로 이벽과 논쟁을 벌이다가 설득되어 천주교에 입문했다. 이벽으로부터 서학 입문서와 《성년광익聖年廣益》 등을 빌려 탐독했고, 1791년 신해박해 때는 광주부윤으로 천주교를 탄압했다. 그 뒤 대사성·개성유수·형조판서를 지냈고, 1795년 주문모 신부 실포 사건에 연루되어 충주목사로 좌천되었다. 그곳에서도 천주교인을 탄압했다. 1801년 정약전·권철신 등과 함께 옥사로 순교했다. 당대에 천재로 유명했고, 정조가 그를 '정학사貞學士'로 불렀다. 대대로 정릉골에 살아 정릉이씨貞陵李氏로 불렸고, 별칭으로 정곡貞谷 또는 소릉少陵이라고 했다. 서재에 서학서를 가득 쌓아두고 공부했다. 특히 천문학과 수학에 정통해, 스스로 "내가 죽으면 이 나라에 수학의 맥이 끊어지겠다"라고 했을 정도였다.

10 승방점: 동작나루에서 남태령 사이에 있던 객점으로 승방천僧房川 인근, 지금의 사당동쯤에 있었다.

11 박장설이 상소를 올려: 1795년 7월 7일, 행부사직 박장설(1729~?)이 그해 5월 11일 저녁 최인길, 윤유일, 지황 세 사람이 붙들려와서 12시간 만인 이튿날 새벽 고문 끝에 죽은 일에 대한 진상조사를 요청한 상소문을 말한다. 이에 앞서 7월 4일 대사헌 권유權裕가 상소해, 정확한 진상 파악 없이 대신의 지시에 따라 사건을 서둘러 마무리했다고 비난하자, 해당 대신으로 지목된 채제공이 차자를 올려 해명하면서, "거짓으로 중국 사람이 와서 가르친다고 일컬으며, 어리석은 백성을 현혹한 것[假稱華人來敎, 以惑愚民者]"이라고 해명했다《승정

원일기》1795년 7월 4일, 8일 참조). 사흘 뒤에 이를 받아 박장설이 상소를 올렸다. 박장설은 본관이 밀양, 자는 치교稚教, 호가 분서汾西다. 경기도 통진通津에서 살았다. 1774년 증광 문과에 급제했고, 장령과 집의를 거쳐 부사직을 지냈다. 1799년 대사간에 임명되었고, 1801년 부호군이 되었다. 노론 벽파 김종수 계열의 인물로, 사학邪學을 공격하는 데 앞장선 공으로 참판에 승진했다. 상소문에서 박장설은 천주교의 폐해를 극렬하게 상소하면서 특별히 이가환을 집중 공격했다. 조카 이승훈에게 사서를 구입하도록 했다거나, 이가환이 낸 책문策問에서 서양 사람의 설에 입각해 오행을 바꿔서 사행으로 하고 자신의 도제인 정약전을 1등으로 뽑았다는 등의 내용으로 공격했다. 박장설의 이 상소문에 대해 다산은 〈자찬묘지명〉에서, 목만중이 근거 없는 말로 선동해서 선한 부류를 모두 함정에 빠뜨리려고 박장설을 사주해 글을 올리게 했다고 썼다. 이 일로 박장설은 조적朝籍에서 삭제되고 변방으로 쫓겨났다.

12 금태: 이가환을 가리킨다. 그의 호가 금대錦帶이고, 태는 대감의 의미로, 당시 이가환이 공조판서였기에 이렇게 부른 것이지만, 그가 뒤에 대역부도로 죽었기에 그의 이름을 직접 말하지 않기 위한 호칭이다.

13 정약전(1758~1816): 본관은 나주羅州, 자는 천전天全, 호는 손암巽庵이다. 연경재研經齋와 매심재每心齋로도 썼다. 조부는 정지해丁志諧이고, 아버지는 진주목사 정재원丁載遠이다. 어머니는 해남윤씨로 윤덕열尹德烈의 딸이다. 정약용의 형이다. 어려서부터 성호 이익의 학문에 심취했고, 권철신의 문하에 나아가 공부했다. 1783년 사마시에 합격해 진사가 되었고, 1790년 증광 문과에 급제했다. 벼슬은 전적, 병조좌랑을 지냈다. 큰형 정약현의 처남인 이벽, 매부 이승훈 등과 가깝게 지내며 천주교에 입교했다. 1801년 신유사옥 때 아우 정약용과 함께 귀양 갔다. 처음 신지도新智島를 거쳐 흑산도黑山島에 유배되었다. 그곳에서 복성재復性齋를 열어 생도를 가르치다가 16년 만에 그곳에서 세상을 떴다. 저서로《현산어보玆山魚譜》와《논어난論語難》,《송정사의松政私議》등이 있다.

14 오행을 가지고 …… 논하였다: 이 일에 대해서는 정약용의 〈정헌이가환묘지명〉과 〈선중씨묘지명〉에 상세한 설명이 나온다. 박장설은 이 글에서, 정약전

이 대책문 가운데서 서양 사람의 주장을 받아들여 오행을 사행으로 만들었는데, 이가환이 고관考官으로 그를 장원에 뽑았으니 그 죄를 밝혀 바로잡아달라고 요청했다. 〈선중씨묘지명〉에는 정조가 정약전의 답안지를 보고 나서 "오행을 사행으로 만들었다는 대책의 시권을 한번 사정査正하지 않을 수 없어 오늘 《임헌공령》에 실려 있는 것을 가져다가 상하의 글귀를 몇 차례에 걸쳐 자세히 보니, 애당초 공격하는 자의 말과 비슷한 곳조차 없었다. 처음에 오행을 말하고 다음에 금목金木 이행을 말하였으며 또 다음에 수화토水火土 삼행을 말하고, 또 다음에 토土가 사행에 기왕奇旺하는 것을 말하고, 끝으로 오행을 거듭 말하여 결론을 지었다. 오행을 이행과 삼행으로 갈라서 말하였으니, 망발妄發이라 한다면 가하다. 그러나 이 대책의 내용을 사학邪學이고 서학西學이라 한다면, 서양과 교통하기 전에 800년마다 하루의 착오錯誤가 생기는 대연력大衍曆의 잘못을 바로잡은 당나라 일행一行도 사학이며, 일행의 역법曆法도 서학이란 말인가? 이는 매우 허무맹랑한 말이니, 지식 있는 선비라면 스스로 판단할 것이다"라고 말한 내용이 실려 있다.

15 《임헌공령》: 1776년(정조 즉위년)부터 1874년(고종 11)까지 임금이 직접 주관한 응제應製를 비롯해 예조와 성균관 및 각 도의 도회都會에서 지어진 과문科文 중 우수한 것을 연대순으로 엮은 책자를 가리킨다. 처음에는 예조에서 편찬을 맡았으나 뒤에는 규장각에서 담당했다. 현재 74책의 필사본이 《임헌제총臨軒題叢》과 합본되어 규장각에 소장되어 있다(청구기호: 奎11437). 국립중앙도서관에도 4책본이 별도로 소장되어 있다(청구기호: 古貴3647-5-1-4). 각 응제문應製文의 말미에 해당 문장이 작성된 연도와 시명試名, 장소, 작자의 인적 사항과 점수가 두 줄로 적혀 있다.

16 하교하심이 …… 정성스러웠다: 정조가 박장설의 상소를 보고 내린 비답은 이렇다. "나라의 기강이 비록 떨치지 못한다고는 하나 저가 어찌 감히 이처럼 패악스러울 수 있는가? 저 역시 나라 안에서 이름 있는 사대부의 집안으로서 유구琉球나 일본서 어제오늘 귀화한 무리가 아닐진대, 기려란 말을 어찌 감히 마음에 두고 입에 올린단 말인가. 공조판서 이가환에 대한 논박은 역시 기회를 노려 남을 해치려는 행위에서 나온 것이다. 홍낙안洪樂安도 오히려 부정扶

正하였다는 칭찬을 받지 못한 것은 내가 그 마음을 미워하기 때문인데, 지금 저 박장설의 말이 홍낙안의 말과 무엇이 다르단 말인가. 공조판서가, 이단異端을 전공專攻하면 해로울 뿐이라는 훈계에 깊이 징계하는 것을 근일 경연經筵에서 목도目睹하였으니, 남들이 하는 말이 중신重臣에게 무슨 상관이 있겠는가?" 정조의 이 비답은 《정조실록》 1795년 7월 7일, 박장설의 상소문에 바로 이어 실려 있다. 위 인용은 다산이 간추려 적은 부분이고, 실제의 비답은 이보다 훨씬 길고 자세하다. 박장설은 글에서 스스로 '기려羈旅의 신하'라 했는데, 이 표현 때문에 정조는 박장설을 먼저 두만강으로 보내고, 이어 동래로 보냈다가 다시 제주로 보내고, 막바로 압록강으로 보내서 사방을 두루 돌게 하여 '기려의 신하'라는 말에 걸맞은 대접을 해주라고 명했다. 일기에 '열 줄의 글'이라 한 것은, 붉은 종이에 쓴 임금의 윤음을 한 장에 10행씩 쓰므로 한 말이지, 실제 정조의 글이 열 줄이라는 뜻은 아니다.

17 그 후에 …… 아님이 없었다: 박장설의 상소에 대해 크게 나무란 뒤에 이가환을 충주목사로, 정약용을 금정찰방에 좌천시켜서 경계하는 뜻을 보여 논의의 균형을 맞췄다는 의미다.

18 이형: 정약용의 자형 이승훈李承薰(1756~1801)을 가리킨다. 그가 뒤에 대역부도로 죽었으므로, 다산은 자신의 모든 글에서 이승훈을 지칭할 때 이름을 적지 않고 '이형'이라고만 했다. 이승훈은 본관이 평창平昌이고, 자는 자술子述, 호가 만천蔓川이다. 아버지는 참판 이동욱李東郁이며, 어머니는 이가환의 누이다. 한국천주교회 창설자의 한 사람으로, 조선 최초의 영세자다. 서울 반석동盤石洞에서 태어났으며, 정재원의 딸에게 장가들어 정약용 형제와 처남매부 사이가 되었다. 1780년 진사시에 합격했다. 1783년 동지사 서장관으로 떠나는 아버지를 따라 북경에 들어가 약 40일간 머물면서 선교사들로부터 필담으로 교리를 배워, 그라몽Gramont 신부에게 세례를 받았다. 세례명은 베드로다. 1784년 수십 종의 교리 서적과 십자고상十字苦像·묵주默珠·상본像本 등을 가지고 귀국해 이벽·이가환·정약용 형제 등에게 세례를 주었다. 1785년 김범우의 집에서 집회 도중 형조의 관헌에게 적발되어 을사추조적발 사건이 일어나자 한때 배교했다. 하지만 곧 교회로 돌아와 신자들에게 세례와 견진성사堅

振聖事를 집전하는 등 가성직假聖職 제도를 주도했다. 1787년에는 정약용과 반촌伴村에서 천주교 교리를 강술하는 등 교회 활동을 선도했다. 그러나 가성직 제도가 교회법에 어긋난 행위임을 알고는 조직을 해산하고 성직자 영입 운동을 추진했다. 1789년에는 평택현감이 되었으나 공자 사당에 배례하지 않은 일로 물의를 빚었다. 때마침 1790년 북경에 밀파되었던 윤유일이 돌아와 가성직 제도와 조상 제사를 금지한 북경 주교의 명을 전하자, 다시금 교회를 떠났다. 1791년 진산 사건이 일어나자 권일신과 함께 체포되어, 향교에 배례하지 않았던 사실과 1787년의 반회伴會 사건이 문제 되어 투옥되었다가, 삭탈관직 후 방면되었다. 1795년 주문모 신부 실포 사건 이후 성직자 영입 운동에 관계했던 혐의로 체포되어 충청남도 예산에 유배되었다가 풀려났다. 순조가 즉위한 1801년 신유박해로 이가환·정약종·홍낙민 등과 함께 체포되어 4월 8일 서대문 밖 형장에서 대역죄로 참수되었다. 1868년(고종 5)에 아들 신규身逵와 손자 재의在誼가 순교하고, 1871년에 증손인 연구蓮龜와 균구筠龜가 제물포에서 순교했다. 이승훈은 1856년 아들 신규의 탄원으로 대역죄 부분만 신원되었다.

19 그가 만약 …… 올랐겠는가: 정약용이 구설의 빌미를 주었기 때문에 아무 죄 없는 그의 형 정약전까지 박장설의 상소문에 이름이 오르내리게 되었다는 뜻이다.

20 그가 글자를 …… 고치지 않았다: 다산이 서학과 연루된 점을 일절 언급하지 않고, 오히려 그의 독서와 문장에서 정학을 추구하지 않아 형까지 구설에 오르게 된 것을 말하고, 또 갑자기 글씨체로 화제를 돌려 나무란 것은, 정약용의 공식적인 좌천 이유가 서학과는 무관함을 분명히 하려는 의도임을 돌려말한 것이다.

21 아직 결정되지 않은 …… 찾도록 하라: 정조의 이 전교는 전문이 《승정원일기》 1795년 7월 26일 기사에 그대로 나온다. 《다산시문집》 권17의 집중본 〈자찬묘지명〉과 1799년 6월 22일에 쓴 〈사형조참의소辭刑曹參議疏〉에도 이에 관한 비교적 상세한 언급이 보인다. 정조는 계속 다산을 다그치는 어조로 말하고 있지만, 실제로는 반대였다. 천주교와 관련된 문제에 대해서는 확실하게

선을 그었고, 그 밖의 글씨체나 구설을 불러일으킨 잘못 등으로 좌천의 이유를 삼은 것이다.

22 금마문의 대조: 한漢 무제武帝가 대완大宛의 말을 얻고 그 기념으로 동상을 만들어 노반문魯班門 밖에 세우고 금마문이라 불렀다. 대조는 황제의 조명詔命을 대기한다는 뜻으로, 당시 황제의 총애를 받던 동방삭東方朔·주보언主父偃·엄안嚴安·서락徐樂 등이 모두 금마문에서 조명을 대기했다는 데서 나온 말이다. 여기서는 조정에서 승지의 벼슬을 지냈다는 뜻이다.

23 회양으로 나감과 비슷하다: 급암汲黯이 한 무제 때 바른말을 하므로 그의 벼슬을 거둬 내쫓았다가, 회양 지방의 백성들이 돈을 비밀리에 주조하고 관리와 백성들 사이에 알력이 있자 그를 다시 불러 회양태수로 삼아 내려보냈다. 그는 정사를 잘해 치적을 이루고 7년 뒤 그곳에서 죽었다. 다산 자신이 금정찰방으로 내려가는 것을 급암이 회양태수로 내려간 일에 견줘 말한 것이다.

24 정규영, 《사암선생연보》. "某某等數人, 方將大用. 朴疏以後, 口舌甚多, 作成之方, 不可不商量. 一番薄譴, 使各立跡昭志, 以塞人言, 不可已也."

25 정약용, 〈박여 홍시보에게 답함〉, 《다산시문집》권18. "郵丞恩補, 與之聯翩, 良亦奇矣, 卽蒙罷還, 想感泣無地也."

26 진위현: 지금의 경기도 평택시다.

27 조심태(1740~1799): 1768년 무과에 급제해 여러 무관직을 두루 거쳐 1785년 충청도 병마절도사가 되었다. 1789년 수원부사로 임명되었다. 조심태는 포도대장과 어영대장을 지냈고, 정조의 최측근 심복이었다. 1794년 2월 수원유수에 임명되어 1797년까지 화성 성역城役 사업을 감독했고, 만석거萬石渠와 대유둔大有屯 등 기반 시설 조성을 주관했다. 다산은 화성의 설계를 맡았고 각종 기구를 발명하는 등 조심태와 긴밀한 관련이 있었다. 최근 수원화성박물관과 숙명여대박물관에 소장된, 정조가 조심태에게 보낸 어찰 34통이 공개돼, 정조와 조심태의 밀접했던 관계를 잘 보여주었다. 관련 내용은 《정조대왕이 수원유수 조심태에게 보낸 편지》(수원화성박물관, 2022)에 자세하다. 조심태가 다산에게 건넨 이 같은 조언은 당시 정조가 다산에게 기대한 지점이 무엇인지를 넌지시 짚어준 것이었다.

28 《대의각미록》: 1728년 증정曾靜이 반역을 모의한 사건이 터지자, 옹정제는 이 사건을 조사하는 중에 만주인과 한인을 구분하는 여유량呂留良의 사상이 불온하다고 여겨, 직접 《대의각미록》을 저술했다. 그 대의大意는 대개 '증정이 나의 성덕聖德을 모르고 단지 여유량의 의리에 관한 말만 듣고 그 말에 속아 지내다가 경사京師에 온 뒤에 친히 대의로써 깨우치매 비로소 분명히 어리석고 망령된 죄를 깨달았다. 그런데 이제 이미 스스로 뉘우쳤으니 반드시 정법正法할 것이 없어 특명으로 용서한다'는 내용이었다. 이에 대해 여러 신하가 반론을 제기했으나 따르지 않았다. 옹정제는 이를 통해 자신과 청조의 정당성을 알리고, 신하들에게 반포해 강해講解하도록 했다. 건륭제乾隆帝가 즉위한 뒤에는 분위기기 급변해 《대의각미록》을 모두 회수하기에 이르렀다. 여기서는 백성을 가르침을 통해 감화시켜야지 형벌로 억압해서는 안 된다는 뜻으로 썼다.

29 홍산과 성주산 …… 많다고 합디다: 홍산은 지금의 충청남도 부여군 홍산면 일대를 가리킨다. 예전에는 홍산현이 따로 있었다. 성주산은 충청남도 보령시 미산면과 성주면에 겹쳐 있는 산이다. 홍산과 성주산, 청양 일대는 다산의 부임지인 금정역을 둘러싼 삼각 꼭지점에 해당한다. 당시 이 지역에 천주교도들이 숨어 살며 신앙촌을 이룬 경우가 많았다. 인근 청양 다락골 줄무덤성지 등이 포진해 있고, 천주교 지도자 김복성이 살던 곳이다. 성주산에서는 이존창이 다산에게 체포되었다. 김대건 신부에 이어 두 번째 신부였던 최양업 신부의 생가도 인근에 있다. 이 때문에 금정찰방이 되어 부임하는 정약용에게 이 지역을 특별히 관심을 두어 살피라고 당부한 것이다.

30 《정조대왕이 수원유수 조심태에게 보낸 편지》(수원화성박물관, 2022) 참조.

31 곡교: 충청도 아산시를 관통해 흐르는 하천에 놓였던 다리다. 충청수영로라는 교통로가 있었고, 아산시 염치읍 곡교리와 신창면 수장리 사이에 나무로 만든 섶다리 형태의 굽은 다리가 놓여 있었다. 현지에서는 '고분다리'라 불렀고, 한자로는 곡교로 표기했다.

32 신례원: 충청도 예산현에 딸린 역원驛院으로, 예산현 북쪽 15리 지점에 있었다. 사객使客의 출발 장소로, 충청도 내포 각 지역과 서울을 연결하는 교통 요

지였다.

33 광시역: 충청도 대흥현에 속한 역원으로, 금정도金井道의 속역이었다. 대흥현 남쪽 19리에 위치해 있었다.

34 우관: 관역館驛에 딸린 객사를 말한다. 다산이 이때 금정역 찰방으로 부임했기 때문에 여기서는 금정역의 객관을 가리킨다.

35 정윤태(?~?): 무관으로 초관哨官을 거쳐 1795년 당시 금정찰방으로 있었다. 이후 1799~1804년 양산군수를 지냈다.

36 찰방은 7품직이다: 실제로는 종6품이다.

37 오서산: 충청남도 보령시 청소면 성연리, 홍성군 광천읍 담산리, 청양군 등에 걸쳐 있는 산이다. 해발 790미터.

38 금정은 …… 우물이다: 금정역은 원래 청양현치靑陽縣治에 있었던 것을 뒤에 홍주洪州 용곡역龍谷驛으로 옮기고, 이름은 금정역을 끌어다 썼다. 금정金井이란 이름은, 예전 이곳에 용금천湧金川이라는 샘이 있었는데, 물이 맑고 시원해 백제 때 임금께 바치는 어공御供이었으므로 이곳에 우관郵館을 둔 것에서 비롯되었다. 원래 금정의 위치는 청양에서 남쪽으로 내려와 부여 별천鱉川의 오른편 별산鱉山 아래에 있었다고 한다. 금정역이 용곡역의 자리로 옮긴 것은 1614년의 일이다. 관련 내용이 1871년에 편찬된《호서읍지湖西邑誌》제10책 247면에 자세하다.

39 백월루: 금정역 오죽헌 옆에 있던 역참의 누각이다.

40 순임금과 통하리라: 순임금이 오동나무로 오현금五絃琴을 만들었으므로, 임금의 쓰임을 받을 때까지 시련을 참고 견디겠다는 뜻으로 한 말이다.

41 조병로, 〈조선시대 금정역의 연혁과 운영 실태〉,《청양 금정역의 역사와 활용 방안 모색》에 자세한 내용이 나온다.

42 유강(1706~?): 본관은 전주全州, 자가 사정士精이다. 1766년 정시에 병과丙科로 급제했다. 1782년 사간원대사간에 임명되었고, 1791년 3월부터 1792년 6월까지 동래부사를 역임했다. 이후 사간원대사간으로 이임했다. 1795년 5월에 충청도관찰사가 되었으나 같은 해 12월 파직되었다. 1797년에 동지부사同知府事로 연경에 다녀왔다. 1797~1798년 경주부윤을 역임하고 체직했는데,

이때의 잘못으로 같은 해 황해도 봉산군鳳山郡에 유배되었다.

43 백성을 감화시키는 방법: 원문 '즙민지방戢民之方'이란 이 지역의 천주교도들을 붙잡아들여 감화시키는 방법을 뜻한다.

44 〈관찰사 유강에게 보냄〉: 1795년 가을 다산이 금정에서 충청도관찰사 유강에게 보낸 편지다. 《다산시문집》 권18에 실려 있다. 유강에게 보낸 세 통 중 제1신이다.

45 그 답장: 다산이 보낸 앞 편지를 받고 유강이 답장한 것이다.

46 은대의 옛 신선을 …… 삼으시니: '은대'는 승정원의 별칭이다. '옛 신선'은 승정원의 승지를 뜻한다. '백루'는 금정역에 있는 백월루를 가리킨다. '영승'은 고을 현령과 현승縣丞의 합칭이니, 여기서는 승정원의 승지로 있던 정약용이 좌천되어 시골의 금정찰방으로 내려온 것을 가리켜 한 말이다.

47 유의(1734~?): 본관은 전주, 자는 의지誼之다. 유태명柳泰明의 증손으로, 할아버지는 유유柳愈, 아버지는 대사간 유선양柳善養이다. 1769년(영조 45) 별시 문과에 병과로 급제해, 1778년(정조 2) 정언·지평 등을 거쳐 홍문관에 들어갔다. 1780년과 이듬해에 강원·관서의 암행어사로 나갔고, 1781년 실록청도청낭청實錄廳都廳郎廳이 되어 《경종개수실록》 편찬에 참여했다. 이듬해에 병조참의, 1786년 대사간, 1789년 병조참판에서 2년 뒤 다시 대사간으로 전임되었다. 1797년 대사헌으로 치사했다. 유의는 1783년 4월에 홍주목사로 간 일이 있는데, 1795년 3월 22일에 한 번 더 홍주목사로 부임했다. 그는 늘 지조가 청렴하고 다스리는 데 부지런하다는 평가를 받았다. 1797년 7월 11일에 강계부사로 옮기며 홍주를 떠났다. 조정에서는 신중한 언행으로 구임久任했고, 목민관으로 나아가서는 검소함과 위의威儀로써 간활奸猾을 그치게 했다.

48 〈홍주목사 유의께 드림〉: 다산이 관찰사 유강에게 편지를 보낸 날 홍주목사 유의에게 따로 보낸 편지다. 《다산시문집》 권18에 수록되어 있다. 다산은 유의에게 천주교도 검거에 성과를 내지 못한 것을 은근히 나무라는 뜻을 담아 편지를 보냈다. 하지만 유의는 다산이 비밀스레 보낸 이 편지를 아예 뜯어보지조차 않았다. 이 일은 다산이 《목민심서》 '율기律己' 〈병객屛客〉 조에서 언급한 바 있다. 그 글의 내용은 이렇다. "참판 유의가 홍주목사로 있을 때, 내가

다산의 일기장

금정역에 있었다. 편지로 공사公事에 대해 상의하였는데 답장하지 않았다. 뒤에 홍주목에 들어가 서로 만나보고 말했다. '어째서 편지에 답장하지 않았습니까?' 유공이 말했다. '내가 벼슬자리에 있으면서 평소 편지를 열어보지 않는다네.' 마침내 심부름하는 아이를 시켜 편지 상자를 쏟아붓게 했는데, 온 상자의 편지가 모두 봉함도 뜯지 않은 상태였고, 모두 조정의 귀한 이의 편지였다. 내가 말했다. '저것은 진실로 그렇다 칩시다. 제가 말한 것은 공사였는데 어찌하여 또한 뜯지 않으셨는지요?' 유공이 말했다. '만약 공사와 관련되었다면 어째서 공문으로 보내지 않았는가?' 내가 말했다. '바로 비밀스러운 일이어서 그랬습니다.' 유공이 말했다. '만약 비밀스러운 일과 관계되었다면 어째서 비밀 공문으로 보내지 않았나?' 내가 대답할 수가 없었다. 그가 사사로운 부탁을 끊어 거절한 것이 이와 같았다(柳參判誼牧洪州時, 余在金井驛, 書議公事不答. 後入州相見曰: '何不答書?' 柳公曰: '我在官, 素不發書.' 遂令侍童, 瀉下書籠, 一籠之書, 都不開坼, 皆朝貴書也. 余曰: '彼固然矣. 我所言者公事, 胡亦不發?' 柳公曰: '若係公事, 胡不公移?' 余曰: '適是秘事.' 柳公曰: '若係秘事, 胡不秘移?' 余無以應. 其絶去私囑如此)." 《목민심서》속의 이 대화는 뒤 8월 24일에 두 사람이 만났을 때 나눈 이야기다. 당시 금정역은 관할이 현재의 청양군이 아닌 홍주목에 속해 있었다. 다산은 《목민심서》에서 무려 8개 항목에 걸쳐 목민관 유의의 인상적인 치적에 대해 구체적인 사례를 들어 달리 다른 예를 찾을 수 없을 정도로 존경의 뜻을 표했다.

49 소신신과 두시: 소신신은 전한 구강九江 수춘壽春 사람으로, 자가 옹경翁卿이다. 명경갑과明經甲科로 급제해 선제宣帝 때 남양태수南陽太守가 되었다. 그곳에서 주민들에게 농상農桑을 권장해 농지 3만 경頃을 개간하고, 관개시설과 교량 및 축대 수십 군데를 설치하는 등 선정을 베풀어 소보召父로 일컬어졌다. 원제元帝 경녕竟寧 중에 불려 소부少府가 되어 구경九卿의 반열에 올랐다가 재직 중에 죽었다. 후한 때 두시는 남양태수가 되어 나가, 청평淸平한 정사로 이름이 높아, 당시 사람들이 그를 소신신에 비유해 "예전에는 소보가 있고 지금은 두시가 있다"고 했다.

50 어자곡: 어곡漁谷이라고도 한다. 홍주에 속한 지명으로, 금정역에서 그다지 멀

지 않은 지금의 청양군 화성면 구재리九在里 인근 채씨 집성촌이 있던 마을이다. 1871년 홍주 지도에는 어재동漁在洞으로 나오고 현 행정지명은 어재울이다.《다산시문집》권2에 1795년 12월 18일에 쓴 시 한 수가 실려 있다. 〈이날은 바람이 따스하고 날이 화창하여 늦게 한 손님과 더불어 말을 타고 금계를 건너가, 서남쪽 여러 봉우리가 눈 속에 말쑥한 것을 바라보며 서로를 돌아보면서 몹시 즐거워하였다. 어곡에 이르러 채일인蔡逸人을 방문한 뒤 돌아왔다(是日風日暄暢, 晚與一客, 騎馬度錦溪, 望西南諸峯雪中森秀, 相顧甚樂也. 至漁谷, 訪蔡逸人而還)〉의 채일인은 채준공을 가리킨다. 다산이 금정 도착 후 채제공의 아들 채홍원에게 보낸 편지 〈이숙 채홍원에게 답함〉에도 관련 언급이 보인다.

51 채준공(1762~?): 본관은 평강, 자가 백심伯深이다. 부친은 채응팔蔡應八(1726~?)이고, 조부는 한성부판윤을 지낸 채성윤蔡成胤이다. 채제공과는 사촌간으로, 한마을에서 나고 자랐다.

52 앞마을: 금정역 인근의 채씨 집성촌인 청양군 화성면 농암리農岩里 일대였던 것으로 보인다. 채홍선의 부친인 채지공蔡趾恭(1748~1827)의 묘소가 농암리에 있다.

53 채홍선: 자가 계중季中이다. 채제공의 칠촌 조카로, 채지공의 둘째 아들이다. 첫째인 채홍규蔡弘逵와 함께 형제가 다산과 왕래했고, 다산이 금정을 떠나던 날의 전별 자리에도 형제가 함께 참석했다. 그 밖의 인적 사항은 알려진 것이 없다.

54 〈이숙 채홍원에게 답함〉:《다산시문집》권18에 수록된, 채홍원에게 보낸 네 통 중 제2신이다. 채홍원(1762~?)은 채제공의 양자로 본관은 평강, 자가 이숙이다. 1792년 식년 문과에 급제해 이조참의, 승지 등을 지냈다. 정약용·이유수李儒修·한치응韓致應·윤지눌尹持訥·신성모申星模 등과 죽란시사竹蘭詩社를 결성해 교유했고, 채제공과 신서파 남인 그룹을 연결하는 역할을 했다. 정조의 명을 받아《영남인물고》를 엮었다. 1801년 대왕대비 정순왕후 김씨가 시파時派를 탄압할 때 파직되어 이듬해 온성으로 유배 갔다. 1805년 귀양에서 풀려나 부호군에 임명되었으나, 이후의 행적은 분명치 않다. 구봉산은 금정역 바로 앞산으로, 오서산에서 뻗어나간 북서쪽 줄기의 연봉이다. 다산은 이 산에

대해 따로 시를 남겼다. 이 편지를 통해 채준공이 어자곡에 살았고, 채제공도 이 마을에서 태어났으며, 그 아들 채홍원 또한 어린 시절 어자곡에서 성장했음을 확인할 수 있다.

55 구봉이라는 …… 아니더군요: 송나라 때 주자의 문인 채침蔡沈(1167~1230)의 호가 구봉이어서 '구봉 선생'으로 불렸는데, 우연히 채씨 집성촌 뒷산이 구봉인 것을 보고 채씨와 구봉의 인연이 오랜 것임을 알았다고 하는 뜻이다.

56 소동파가 …… 한가지입니다: 〈연강첩장도〉는 왕선王詵이 그린 작품으로, 소식蘇軾이 이 그림에 시를 지었다.《소동파시집》권30에 수록된 〈왕정국이 소장한 연강첩장도에 쓰다(書王定國所藏烟江疊嶂圖)〉에 풍광이 묘사되어 있다.

57 이삼환(1729~1813): 자는 자목子木, 호가 목재 또는 소미少眉이고, 본관은 여흥이다. 아버지는 이광휴李廣休이고, 어머니는 해주정씨 정덕녕鄭德寧의 딸이다. 부인은 안동권씨 권영權穎의 딸이다. 종조부가 성호 이익이고, 후일 이병휴李秉休(1710~1776)에게 출계했다. 1729년 경기도 안산의 첨성리에서 출생했다. 어려서 안산에 거주하며 이익에게 배웠다. 1763년 이병휴의 양자로 입적되면서 거주지를 충청도 예산 장천으로 옮겨 성호 학통을 계승했다. 예산 이주 후 양부 이병휴가 주도한 성호문집 간행을 도왔다. 이병휴 사후인 1780년대 이후에는 사실상 성호학파를 주도하는 과정에서 1786년 〈양학변〉을 저술했다. 〈양학변〉은 천주교에 대해 비판적인 내용을 담은 논설로, 당시 성호학파 일부와 자신이 거주하는 지역에 천주교가 확산되자 이를 경계하면서 현실에서 있을지도 모를 조정의 박해를 미연에 방지하기 위한 것이었다. 이삼환은 또한 후학 양성을 통해 성호 학통을 이어가려 했다. 1795년 충청도 온양의 서암西巖 봉곡사鳳谷寺에서 금정찰방으로 부임해온 정약용 등과 함께 강학 모임을 개최했다. 1799년에는 이익의 영정을 봉안한 영당影堂 건립을 시도했다. 생전에 그려진 초상화가 현재 경기도 안산시 성호기념관에 소장되어 있다. 초상화에는 본인이 쓴 자찬自贊과 이기양·이가환의 화상찬 畫像讚이 기록되었다. 1813년에 사망했고, 사후 충청도 예산 장천리에 안장되었다. 저술로《소미산방장少眉山房藏》을 비롯해《소미산방급고경少眉山房汲古經》,《목재영언木齋諵言》,《금삼품金三品》,《백가의百家衣》등이 있다.

58 〈목재 이삼환 선생께 올리는 글〉:《다산시문집》권19에 다산이 이삼환에게
보낸 편지 여섯 통이 실려 있다. 이 편지가 제1신이다. 성호의 유저를 정리하
는 작업에 자신과 이승훈이 힘을 보탤 터이니 작업을 시작해보라고 권유한
내용이다. 다산은 7월 29일 금정역에 도착해 행장을 정리한 뒤 8월 초에 바로
이삼환에게 이 편지를 보냈던 듯하고, 이삼환의 답장이 8월 5일에 도착했다.
다산은 정학을 바로 세우는 데 힘을 보태 사학의 혐의를 벗으라는 정조의 분
부를 의식해서 당시 이삼환에게 성호 유저의 정리 작업을 요청했다.

59 장횡거의 …… 이르렀고: 1795년 7월 26일, 전날 나온 최헌중崔獻重의 상소로
인해, 정조가 이가환과 정약용, 이승훈에 대한 처분 전교에서 "사람이 누군들
허물이 없겠는가? 고치는 것이 귀하다. 설령 봐주기 힘든 한두 가지 잘못이
있더라도 다만 기이함을 힘쓰는 데서 나온 것이고, 하물며 깨달아 고쳐서 힘
써 배척하였다면 장횡거의 무리라고 말할 만하다(人誰無過? 改之爲貴. 設有
一二鹹之不涉眼者, 特緣於務寄, 況改悟而力斥, 則可謂橫渠之徒也)"라 한 말에서
끌어온 것이다. 송대의 장횡거가 젊어 한때 불학에 마음을 두었다가 뒤에 큰
학자가 되었음을 두고 이가환 등의 잘못을 감싼 것이다. 위 대목은《다산시문
집》권15에 실린 〈정헌이가환묘지명〉에 나온다.《벽위편》에는 최헌중의 상소
문과 정조의 이 같은 전교를 차례로 소개한 뒤 "이가환·정약용·이승훈 등을
이튿날 함께 정배하되, 충주·금정·예산은 본래 사학의 소굴이라 일컬으므로
이 세 사람을 나누어 정배하니, 대개 그 스스로 회개하여 백성들을 일깨워주
고자 함이었다"라고 썼다(김시준 역,《벽위편》, 명문당, 1985, 210면). 당시 세 사람
을 충주와 금정, 예산으로 각각 유배 보낸 것이, 특별히 사학이 치성한 지역이
어서 정조가 이들을 굳이 이곳으로 보내 스스로 새로워지려는 뜻을 보이게
하려 함이라고 본 것이다.

60 지난 무술년 …… 힘이었습니까: 다산은 〈선중씨묘지명〉에서 이 모임에 대해
"이때에 이승훈 또한 담금질해 연마하여 스스로 굳세어져서, 서교西郊에 나아
가 향사례鄕射禮를 행하였다. 심유를 빈賓으로 삼으니 모인 사람이 100여 명
이었다. 모두들 이렇게 말하였다. '삼대의 의문儀文이 찬란하게 다시 밝아졌
다.' 그리고 소문을 듣고 의리로 향한 자가 성대하게 많았다(李承薰亦淬礪自强,

就西郊行鄕射禮. 沈溆爲賓, 會者百餘人. 咸曰: '三代儀文, 粲然復明.' 而聞風嚮義者,
蔚然以衆〕"라고 쓴 바 있다. 1778년 연말쯤 해서 성호학파의 학인 100여 명이
서교에 모여 향사례를 연 일을 두고 한 말이다.

61 심유(1748~1808): 본관은 청송, 자가 사윤이다. 부친은 심창석沈昌錫이고, 척사
의 입장에 섰다. 소남 윤동규의 문하에서 공부했으며, 안정복·황덕일·정약용
과도 교유가 있었다. 처부는 이세효李世孝고, 처외조가 이광보李光溥다. 아들
심동량沈東亮이 이승훈의 딸과 결혼했다. 심동량의 딸은 정학유의 아들인 정
대무의 딸과 결혼했다. 1778년 연말경에 심유를 빈으로 모시고 남인 100여
명이 향사례를 열었다. 또 1784년 초 겨울에 안정복은 심유의 요청에 따라
〈천학설문天學設問〉을 지은 바 있다.《다산시문집》권18에 다산이 심유에게
보낸 편지 〈답심사윤答沈士潤〉 한 통이 실려 있다. 이 글에서 다산은 심유와
황덕길을 지금 세상에서 주자서를 익숙하게 읽은 사람이라고 높이면서, 주자
서를 구입해오라고 한 정조의 전교傳敎를 베껴써서 보낸다고 했다.

62 황덕길(1750~1827): 본관은 창원, 자가 이수 또는 이길耳吉, 호는 하려下廬 또
는 두호斗湖다. 황이곤黃以坤의 아들로 안정복의 제자다. 형 황덕일黃德壹
(1748~1800)과 함께 명성이 높았다. 저서에《방언放言》,《일용집요日用輯要》,
《동현학칙東賢學則》,《도학원류찬언道學源流纂言》과《속찬언續纂言》,《삼자실
기三子實記》,《사례요의四禮要儀》,《가례익家禮翼》,《동유예설東儒禮說》,《경훈
사교록經訓四教錄》,《사서집록四書輯錄》,《수사연원록洙泗淵源錄》,《도동연원
록道東淵源錄》,《증보성현군보록增補聖賢群輔錄》,《척견록摭見錄》,《어류찬語類
纂》,《초학편初學編》,《소대연편昭代衍編》,《고사상고古史詳攷》등이 있다.

63 이재위(1757~?): 자가 우성, 본관은 여흥이다. 이익의 종손이자 이삼환의 친형
이철환李嚞煥(1722~1779)의 아들이다. 이삼환과 같이 예산 장천에 살았다. 조
부는 이광휴이다. 이재위는 홍문관제학을 지낸 이하진李夏鎭(1628~1682)의 장
현손長玄孫이었다.《송담유록》에 이재위의 부친 이철환이 서학에 남다른 식견
과 깊은 조예가 있었다고 쓰여 있다. 다산은 〈목재 이삼환 선생께 올리는 글〉
1신과 2신에서 이재위의 식견이 높아 필적할 만한 사람이 없으니, 그를 강학
모임에 꼭 참석하게 해달라고 요청한 바 있다. 이재위는 부친과 함께 1770년

경부터 《물보物譜》를 엮기 시작해 1802년(순조 2)에 완성했다.

64 이삼환의 답서: 다산이 보낸 앞의 편지를 받고서 쓴 이삼환의 답장이다.

65 彬□□中: 원본에 두 글자가 누락되었는데, 문맥상 '彬彬于中'으로 보아 해석했다.

66 예전 율곡 …… 아니겠습니까:《율곡전서栗谷全書》잡저1〈쇄언瑣言〉에 관련 내용이 자세하다. "퇴계가 병으로 고향에 돌아와 예안현 산골짜기 사이에 집을 짓고 장차 몸을 마치려 하였다. 무오년(1558) 봄에 이이가 성산星山으로부터 임영臨瀛으로 가다가 예안에 들러서 찾아뵙고 율시 한 수를 올렸다"라 하고, 위 시와 퇴계의 답시를 소개했다.

67 〈복암 이기양 공에게 드림〉:《다산시문집》권18에 수록된 편지다. 금정에 내려간 직후에 쓴 편지인데, 처음부터 다산이 산사에 함께 모여서 성호의《가례질서》를 편집할 생각은 아니었음을 보여준다. 애초에는 각자 역할을 분담해 개별 작업을 진행한 뒤 서면질의 방식으로 답을 들어 편집 정리하려는 계획이었다. 이후 이삼환·이승훈과 이 문제를 상의하는 과정에서 작업의 효율성 제고를 위해 산사에서의 집체작업으로 계획을 변경한 것으로 보인다. 수신자 이기양(1744~1802)은 본관이 광주廣州, 자는 사흥士興, 호가 복암이다. 이덕형李德馨의 7대손으로, 아버지는 이종한李宗漢이다. 어머니는 동래 정현서鄭玄瑞의 딸인데, 그녀는 을사추조적발 당시 그 자리에 있었던 정섭의 고모다. 1774년 진사시에 수석 합격했고, 1795년 정시 문과에 급제해 부수찬과 승지를 거쳐 1798년 의주부윤이 되었다. 이후 1801년 대사간, 예조참판, 좌승지를 역임했다. 이가환, 권철신, 홍낙민과는 사돈간이며 교우가 두터웠다. 1784년 이벽과 서학西學의 교리를 토론하고서 천주교 교리의 합리성을 인정하고 은밀히 천주교를 신봉했다. 1800년 진하부사進賀副使로 청나라에 가서 천주교 교리를 직접 접하고 귀국했다. 아들 이총억李寵億과 이방억李龐億이 신자였던 관계로 반대파가 그를 사학邪學의 교주라고 비난했는데, 친국소親鞫所에서 무답으로 응해 단천端川에 유배되었고, 그곳에서 죽었다. 죽은 후 1809년(순조 9) 영의정 김재찬金載瓚의 요청으로 신원伸寃, 복관되었다.

68 금정역 …… 자란 곳이었다: 채제공의 생가터는 충청남도 청양군 화성면 구재

리 어재울길 94-3에 있다. 현재 생가터 우물이 복원되어 있다.

69 박종악, 신익철·장유승 외 역, 《수기》(한국학중앙연구원 출판부, 2016), 102면, 1792년 1월 3일. "덕산 이삼환은 장사천에 살고 있는데, 80여 호가 있는 큰 마을이 일가를 이루고 있습니다. 본동의 백성 중에 만약 사학에 대해 언급하는 자가 있으면 엄한 말로 준엄하게 배척하고 일절 금지하므로 100호 가까이 되는 큰 마을에 한 사람도 물든 자가 없습니다. 홍지영이 사는 별라산은 본동과 3리쯤밖에 떨어지지 않았는데, 근처의 여러 사람 중에 미혹된 자가 많습니다."

70 이인섭(1734~?): 자가 사빈士賓, 본관은 연안延安이다. 1759년(영조 35) 식년시에서 생원과 진사에 합격했다. 성호 이익의 제자로 《동사강목》 편찬 당시 안정복을 도왔다. 1792년 6월 9일 음직으로 나주목사에 부임해서 1793년 4월 28일 조시순과 교체되었다. 이후 능주목사, 충주목사, 호좌랑 등을 역임했다. 따라서 1795년 8월 당시에는 나주목사가 아니었다. 전임지의 명칭을 관례대로 부른 것이니, 이 편지는 나주에서 보내온 것이 아니다. 다산은 《경세유표經世遺表》 권7 〈전제田制〉 8에서 이인섭이 진주목사였던 부친 정재원 및 충주목사 이지광李趾光과 함께 서로 가깝게 지낸 벗이었다고 적은 바 있다.

71 옥성玉成: 송나라 장재張載의 〈서명西銘〉에 "빈궁과 걱정 속에 처하게 함은, 그대를 옥으로 이루어주려 함이로다(貧賤憂戚, 庸玉汝於成也)"라는 말이 있다. 크게 쓰임을 받는 인물이 된다는 뜻이다.

72 퇴계 선생은 …… 옳을 것이다: 당시 정조가 다산이 천주교에서 손을 뗐다는 전제 아래 스스로 새로워지라는 뜻으로 이곳에 보낸 것이었으므로, 부친의 친구인 이인섭이 특별히 다산을 위해 서학을 버리고 퇴계의 정학을 존숭하는 공부에 전념하라고 충고한 내용이다. 다산이 이 시기에 특별히 〈도산사숙록〉을 지은 것은 바로 이인섭의 이 같은 충고를 받아들여 이루어진 작업임이 분명하다.

73 순숙과 진식을 논한 대목: 후한의 명현名賢 순숙과 진식을 가리킨다. 순숙은 박학다식하고 인격이 고결하여 이고李固, 이응李膺 등이 스승으로 섬겼다. 순숙에게는 아들이 여덟 있었는데, 모두 총명했으므로 사람들이 팔룡八龍이라고 불렀다. 특별히 총명한 여섯째 아들 순상荀爽을 두고 자명무쌍慈明無雙이

라고 했다. '자명'은 순상의 자다. 진식은 순숙의 이웃에 살았다. 그도 두 아들을 두었는데, 형 진기陳紀는 자가 원방元方이고 동생 진심陳諶은 자가 계방季方으로, 모두 문장에 뛰어나 사람들이 '난형난제難兄難弟'라고 칭했다. 어느 날 진식이 아들들을 데리고 순숙을 찾아갔는데, 그날 태사太史가 천문을 살피더니 덕성德星이 한곳에 모였다고 황제에게 보고했다. 이는 진식과 순숙 부자가 한자리에 모인 때문이라고 했다.

74 근자에는 …… 얽힌지라: 다산의 서모庶母 김씨가 낳은 3녀 1남 중 둘째 딸이 이인섭의 서자 이중식李重植과 결혼해서 서로 사돈을 맺었다.

75 〈나주 이인섭에게 답함〉:《다산시문집》권19에 수록된 편지로, 이인섭의 위 편지를 받고 다산이 답장한 것이다.

76 과강: 임금의 임명을 받은 시험관이 강독講讀 시험을 실시하는 일이다.

77 대궐 담장 …… 성대함: '대궐 담장'은 사문師門을 비유하는 말이다.《논어》〈자장子張〉에 자공子貢이 "궁장에 비유하면 나의 담장은 어깨에 미치니 집의 아름다움을 엿볼 수 있지만, 부자夫子의 담장은 몇 길이나 되는지라 문을 찾아 들어가지 않으면 종묘의 아름다움과 백관의 성대함을 볼 수 없다"라고 한 데서 따왔다.

78 예를 들어 …… 때문입니다: 모기령의《시경》해석 중 잘못된 부분을 지적해 논한 대목이다. 모기령이《시경》〈육소蓼蕭〉2연의 "이미 군자君子를 보니, 용龍이 되고 광光이 된다(旣見君子, 爲龍爲光)"고 한 대목의 주에서 "용龍은 총寵의 뜻이다"라고 한 것에 근거해 '용광'을 '용광'의 의미로 해석한 것이,《좌전》〈소공昭公〉12년 조의 관련 기록을 제대로 살피지 않아 오독한 것이고, 〈백주〉의 해석에서《공총자孔叢子》〈기의편記義篇〉을 근거로 〈백주〉가 필부匹婦의 뜻을 바꾸지 못한다는 의미의 시로 해석하나,《공총자》에서 말한 〈백주〉는《시경》의 〈백주〉가 아닌 다른 작품을 가리키는 것인데, 이 둘을 혼동하는 바람에 주나라 강숙康叔의 일을 위나라 선부인宣夫人과 혼동해 여자를 남자로 뒤바꿨음을 지적한 부분을《공자가어》를 근거로 재비판한 것이다. 후자는 모기령의《시전시설박의詩傳詩說駁義》권2, 〈백주〉조에 나온다.

79 〈만수전〉과 〈연상사〉 등의 작품: 모기령이 지은 연애소설류의 작품이다. 다산

은《다산시문집》권14에 〈만수전에 발함(跋曼殊傳)〉이라는 글을 따로 남겼다. 그 글에서 "모기령이 경經과 예禮를 담론하여 스스로 유자儒者라고 자부하면서 〈만수전〉을 지었는데, 풍정風情의 묘妙를 지극히 하고, 섬농孅濃한 자태를 두루 갖추어서, 넋을 잃고 간장이 녹게 하여 감히 똑바로 볼 수가 없다. 또 〈연상사〉를 지었는데, 그 체體는《서상기西廂記》를 닮았고, 글은《금병매金瓶梅》의 종류이다. 어찌 유자로서 이러한 것을 지을 수 있단 말인가? 망령되이 주자를 공격한 것은 왕개미가 큰 나무를 흔듦이 됨을 면치 못하였다(毛奇齡談經說禮, 自命以儒者, 而作曼殊傳. 窮極風情之妙, 備盡孅濃之態, 消魂斷腸, 不堪正視. 又作連廂詞, 其體則西廂記也. 其文則金瓶梅者流耳. 安有儒者而爲此作者? 妄攻朱子, 不免爲蚍蜉之撼樹)"라고 하였다.

80 왕개미가 …… 비웃게 되었습니다:《다산시문집》권2의 〈고시이십사수古詩二十四首〉중 제21수에서도 모기령의 학술을 비판하면서 "천하의 망령된 남자 중에서, 내가 모기령을 이미 보았네. 장벽과 보루를 우뚝이 쌓아, 주자 향해 화살을 당기는구나. 샅샅이 찾아서 흠 하나 찾아, 원숭이가 날뛰듯 마구 뛴다네. 가라앉혀 그 말이 공손해서는, 홀로 능히 경전 얘기 할 수 없지만, 왕개미가 큰 나무 흔들어본들, 잎사귀 하나라도 떨어지겠나(天下妄男子, 我見毛奇齡. 突兀起壁壘, 關弓對考亭. 窮搜摘一疵, 踊躍如猴挺. 平心遜其詞, 獨不能談經. 蚍蜉撼大樹, 一葉何曾零)"라고 노래해서, 편지 속의 표현을 그대로 썼다.

81 〈광주목사 성정진에게 줌〉:《다산시문집》권18에 수록된 편지다. 수신자는 당시 광주목사로 있던 성정진(1738~1815)이다. 그의 본관은 창녕, 자는 중주重周, 호는 사귀와思歸窩다. 1774년 문과에 급제했다. 1777년 한익모와 김상복의 석방 명령을 정지할 것을 청했으나 윤허받지 못했다. 1792년 정조의 지시로 홍문관응교에 제수되었고, 1797년 승지에 임용되었으며, 사간원대사간을 지냈다. 1794년부터 1796년 7월 17일 승지에 제수되어 상경하기까지 광주목사로 재직했다. 편지 속의 '원발'은 그의 장남 성영우다. 다산이 광주목사로 있던 성정진에게 보낸 이 편지는, 당시 광주 쪽에서 천주교와 관련된 유언비어와 선동이 크게 일어났고, 그 중심에 성정진의 아들 성영우가 있다고 보아, 이 같은 선동이 더 이상 확대되지 않도록 조처해줄 것을 강력히 요청하며 경고

한 내용이다. 당시 광주 일원에서 있었던 선동의 내용은 다산이 조익현에게
보낸 다음 편지에 나온다.

82 성영우(1761~1825): 본관은 창녕, 자가 원발이다. 성정진의 장남이다. 영릉참
봉, 금부도사, 평시서직장平市署直長, 돈녕부주부, 사헌부감찰, 형조좌랑, 청양
현감 등을 역임했다. 서학을 극렬하게 배척하는 공서의 입장에 섰던 인물로,
이재기의 《눌암기략》에 당시 서학 배격에 앞장섰던 사흉팔적四凶八賊 중 한
사람으로 나온다. 또 강세정의 《송담유록》에는 "사학쟁이라는 모종의 무리들
이 불행히도 우리 무리 가운데서 나와, 대가와 명족 또한 대부분 서서히 물들
었습니다. 훗날 틀림없이 한쪽 편 사람들에게 내몰릴 테니, 우리도 사학에 빠
졌다는 죄과를 면치 못할 것입니다. 우리가 먼저 통문을 보내 정사正邪를 구
분 짓지 않아서는 안 됩니다"라고 해 사학 배척 통문을 남인 내부에서 먼저 낼
것을 주장한 인물로 나온다.

83 〈진사 조익현에게 줌〉: 《다산시문집》 권19에 수록된 편지다. 조익현(1737~1800)
의 자는 태서台瑞, 호는 만계蔓溪, 본관은 창녕昌寧이다. 정약용은 15세 때인
1777년 화순현감으로 부임한 부친 정재원을 따라 화순和順에 머물 때 조익현
을 만나 25세의 나이 차이에도 불구하고 함께 시문을 주고받으며 교분을 나
눴다. 무등산 등반도 함께 해서 남긴 시문이 여러 편이다. 이 편지는 당시 광
주에서 이가환과 정약용 등 신서파 인물들을 두고 그들의 천주교 신앙의 정
도를 평해 탄핵을 청하는 통문이 성균관으로 올라왔고, 이를 홍주 유생을 통
해 전해들은 다산이 분개해 조익현에게 보낸 것이다. 앞서 성정진에게 보낸
편지에서 이 편지에 요긴한 문자가 담겨 있으니 함께 보라고 한 내용이 바로
이 부분이다. 당시 다산은 천주교와 관련된 구설이 여기저기서 확산되고 있어
궁지에 몰린 처지였으므로, 이렇듯 공격적인 어조로 편지를 보내 악성 여론의
확산을 차단하려 했던 사정을 알 수 있다.

84 광주에서 …… 않는다더군요: 이 통문은 《동린록》에 실린 〈호남유생저도내통
문〉을 가리킨다. 통문에는 이가환, 권일신, 이승훈, 홍낙민, 이기양, 이윤하, 정
약전, 정약용 등의 실명을 거론하며 신랄하게 비난했고 끝에 가서는 이가환을
충주목사로 보내고, 다산을 금정찰방으로 내보낸 것이 겉으로는 엄한 견책인

듯하나, '비죄이영非罪伊榮' 즉 죄를 준 것이 아니라 그들을 영예롭게 한 것이라고까지 극언했다. 통문의 작성자는 이름이 나오지 않으나, 다산 편지의 문맥으로 보아 성영우 등이 주도했던 것으로 보인다.

85   월나라 …… 당기는 것: 자기와는 아무 상관 없는 일이란 의미로 쓴다.《맹자》〈고자告子〉하下에 "월나라 사람이 활을 당겨 어떤 사람을 쏘아 죽이려 할 때 웃으면서 그러지 말라고 타이르는 것은 월나라 사람을 소원疏遠하게 여기기 때문이고, 자기 형이 활을 당겨 어떤 사람을 쏘아 죽이려 할 때 눈물을 흘리며 그러지 말라고 타이르는 것은 자기 형을 친하게 여기기 때문이다"라고 한 데서 따왔다.

86   아호에서 강학하면서: 송宋 효종孝宗 순희淳熙 2년(1175)에 동래東萊 여조겸呂祖謙이 복재復齋 육구령陸九齡과 그의 동생 상산象山 육구연을 광신현廣信縣에 있는 아호사鵝湖寺로 초청해 주자와 학문의 이동異同을 강론하게 했던 일을 말한다.

87   〈호남유생저도내통문〉,《동린록》제24책, 689면(이리화 편,《조선당쟁관계자료집》제14책). "巨魁家煥, 尙保首領, 邪術之不息, 固其勢也. 是以日身行敎於上游, 忠州士族靡然皆從, 樂民基讓行敎於內浦, 湖右士族, 向風服習. 至如存昌, 自是樂民基讓之門徒也. 諱村名而改之, 聚姻族而敎之. 粤自辛亥刑訊之後, 移寓他邑, 所居成村, 設敎聚徒, 一如前日. 旁近諸郡, 便成禽獸世界. 牧守嚴刑, 而抵賴不服, 鄕隣痛斥, 而疾之如仇, 言必稱李判書洪正言李文義, 累出於縣邑之庭招. 其尊奉悅服, 推此可知也. 苟究其本, 一則家煥, 二則家煥, 而尙今假息者, 是豈國有法乎? 今玆家煥之斥補, 若鏞之外出, 雖是嚴譴, 而惟役村里愚賤輩, 見其佩尺組, 坐大衙, 晏然臨民, 自同平人, 必將曰: '非罪伊榮.' 則其所懲畏, 理之必無, 而暗自傳襲, 有甚於前, 可不痛哉, 可不愼哉?"

88   강세정, 앞의 책, 41면. "홍낙민은 또 이기양과 혼인을 맺어서 몰래 서로 치밀하게 준비하여 호우의 천안 야소동邪蘇洞에서 서교를 전파하였다." 관련 논의는 정민,《서학, 조선을 관통하다》(김영사, 2022), 281-287면의 〈여사울은 예수골이었다〉를 참조할 것.

89   신종수(1734~?): 본관은 고령, 자는 여로汝魯이며, 충남 보령에 살았다. 부친은

신지申濅다. 1771년 식년시에 생원 3등 36위로 급제했다. 시에 능해 다산과
함께 일대를 유람하면서 여러 편의 시를 남겼다.

90 유심원(1760~1815): 본관은 문화文化, 충청도 진천 출신이다. 다산이 금정찰방
으로 있을 당시 수군절도사로 이곳에서 근무했다.

91 영보정: 충청남도 보령시 오천면 소성리에 있는 '보령保寧 충청수영성忠淸水營
城'에 딸린 정자다. 보령 충청수영성은 충청도 수군절도사영이 있던 수영의
성으로, 1510년(중종 5)에 축조했다. 성안에는 영보정·관덕정觀德亭·대변루待
變樓·능허각凌虛閣·고소대姑蘇臺와 옹성甕城 5개, 문 4개, 연못 1개가 있었다
고 한다.

92 해미로 귀양 갔을 때: 1790년 2월 말 다산이 청요지인 예문관검열에 단수 추
천되자 노론 대신들이 격식 문제를 들어 임명 취소를 요청했다. 이에 다산은
관례에 따라 사직소를 내고 대궐을 나와버렸다. 여러 차례 불러도 다산이 응
하지 않자 정조가 대로해 해미 유배를 명했다. 다산은 3월 10일에 도성 문을
나서, 3월 13일 해미에 도착했고, 열흘 뒤인 3월 22일에 해배되어 돌아왔다.
당시의 유배는 왕과 대신 사이에 벌어진 일종의 힘겨루기의 결과였다.

93 고마: 웅진熊津의 다른 이름이다. 웅熊은 '곰'인데, 백제어로는 '고마'라고 했다.

94 이함: 조선 중종 때의 문신으로, 본관은 덕수德水, 자는 자실子實이다. 아버지
는 돈녕부참봉을 지낸 풍성군 이의번李宜蕃이며, 할아버지는 이추李抽다. 황주
목사를 지냈고, 1529년 성절사로 명나라에 다녀왔다. 중종반정에 참여해 정
국공신靖國功臣에 책록되었고 해풍군海豊君에 봉해졌다. 당시 영보정 인근에
그가 살던 옛집이 있었던 듯하다.

95 박은의 멋진 시구: 초간본《읍취헌집挹翠軒集》에는 누락되었고, 중간본에 실
린 박은의 대표작〈영보정〉을 말하는데, 첫 두 구는 "땅은 푸득 날개 치며 장
차 날아오르는 듯, 누각은 흔들흔들 매지 않은 배와 같네[地如拍拍將飛翼, 樓似
搖搖不繫篷]"라 했다. 당시 다산이 정범조에게 보낸 편지〈상해좌서上海左書〉
에 이 시를 언급한 내용이 보인다.

96 수조가: 사패詞牌의 이름으로, 수隋 양제煬帝가 변거汴渠를 개통한 뒤에 직접
지어 불렀다는 노래다. 여기서는 1076년 소동파가 지은〈수조가두水調歌頭〉

를 염두에 두고 한 말로, 당시 항주와 밀주에 있던 소동파가 떠나온 도성으로 복귀하고자 하는 바람과 함께 정치적 상황이 여의치 않은 데 대한 아쉬움을 담은 내용이다.

97 왕찬의 …… 못 지었는데: 왕찬은 삼국시대 위魏나라 산양山陽 사람으로, 자는 중선仲宣이다. 문장이 뛰어나 건안칠재자建安七才子의 한 사람으로 꼽힌다. 한漢 헌제獻帝 때 난리를 피해 형주荊州의 유표劉表에게 15년 동안 의탁해 있다가 조조曹操 밑으로 들어가 시중侍中 벼슬까지 지냈다. 형주에 있을 때 성루城樓에 올라 시사를 한탄하고 고향을 그리는 뜻을 담아 〈등루부〉를 지었다. 다산이 자신을 왕찬에 비겼다.

98 맹가: 진晉나라 강하江夏 사람으로, 자는 만년萬年이다. 태위 유량이 강주江州를 다스릴 때 그의 종사관이 되었고, 나중에는 정서대장군 환온의 참군이 되어 풍류와 문장으로 그의 아낌을 받았다. 《진서晉書》 권98 〈맹가전〉에 나온다. 여기서는 신종수를 그에게 견줬다.

99 지은 시 …… 가득 채우리: 절동은 중국 절강성 동부 지역을 가리킨다. 소식이 절강 가흥현嘉興縣에 있는 보본선원報本禪院에 들러 그 절의 중 문文 장로長老를 만나 지은 "내년에는 약을 캐러 천태산에 가리니, 다시금 시를 지어 절동 가득 퍼뜨리리(明年採藥天台去, 更欲題詩滿浙東)"의 구절을 차용했다. 자신도 이곳의 풍물을 시로 지어 이 지방에 널리 퍼뜨리고 싶다는 뜻을 피력했다.

100 조곡: 금정역에서 40리 떨어진 화성면 조곡리를 말한다.

101 탄신일 전문: 임금의 생일에 조정 내외직 신하들이 하례를 위해 올리는 글을 말한다. 정조의 탄신일은 9월 22일이다. 충청도관찰사가 올리는 글을 다산에게 짓게끔 맡긴 것이다. 글은 사륙변려문으로 지었다. 이때 다산이 대작한 글은 '1795년 9월 21일 대전의 탄신일에 축하를 올리는 전문(乙卯九月卄一日大殿誕日陳賀箋文)'이라는 제목으로 《열수문황洌水文簧》 하권에 수록되어 있다. 제목 옆에 "금정에 있을 때 충청감사를 대신해서 지었다(在金井時代忠淸監司作)"는 부기가 적혀 있다.

102 보장: 어떤 사실을 상관에게 공식적으로 보고하던 일 또는 문서를 가리킨다.

103 김복성: 박종악朴宗岳(1735~1795)의 《수기》 중 1792년 1월 3일 정조에게 보낸

보고서에 김복성의 이름이 처음 보인다. 여기에는 그가 홍주 흥구향면 월내동의 산지기라고 했다. 이 글에서 김복성은 천주교회의 지도자 중 한 사람이었던 홍낙민이 지역 교회를 순방할 때 하룻밤 재워준 인물로 나온다. 또 1791년 12월 11일의 보고에는 홍주의 이태선·김봉안·김시돌·김복성·김복수 등이 서학서를 거둬 모아 불태웠다는 내용과, 관청에서 적발 후 다짐을 받고 석방한 내용이 있다. 김복성은 당시 금정역 인근 천주교도 중 지도자급에 속한 인물이었음이 분명하다. 7월 29일 금정에 도착한 다산이 18일 만에 천주교 지도자 김복성을 바로 체포해들인 것은 이미 그 지역의 천주교 조직에 대해 파악하고 있었기에 가능한 일이었다.

104 이익운(1748~1817): 본관은 연안, 자가 계수季受다. 아버지는 이조판서 이징대李徵大다. 채제공의 문인이다. 1774년 식년 문과에 급제해서 정언이 되었다. 1782년 채제공의 원통함을 변론하다가 파직당했고, 이후 승지로 임명되었다. 1801년 경기도관찰사 때 주문모 신부와 관련된 천주교 신자 18인을 잡아 심문한 뒤 그중 3인을 참형斬刑에 처했다. 뒤에 채제공의 관작이 추탈될 때 이윤행李允行·박명섭朴命燮의 모함을 받아 파직되었다가, 1805년 직첩職牒을 돌려받고 판서에 임명되었으나 사양했다. 1815년 대사헌 재직 당시 성균관 유생들에 의해 당시 사학邪學을 비호한다는 탄핵을 받았고, 이듬해에도 유생 양규梁珪·심의영沈宜永의 척사소斥邪疏에 걸려 문제가 되기도 했다. 벼슬은 예조판서에 이르렀다. 1835년(헌종 2) 정숙靖肅의 시호를 받았다. 경기도관찰사로 있을 당시 천주교 신자였던 아들 이명호가 배교를 거부하자 독약을 마시게 해 죽게 만든 일로 논의가 끊이지 않았다. 《다산시문집》에 그에게 보낸 편지 12통이 실려 있는 것을 보면 다산과는 각별한 사이였음을 알 수 있다. 그와 주고받은 편지는 대부분 짤막한데, 긴박한 상황 속에서 그때그때 벌어진 일에 대한 확인이나 충고의 내용이 많다.

105 시는 이렇다: 이익운이 보낸 이 시는 앞서 7월 27일 일기에 부록으로 수록한 다산의 〈화성에 도착해서 삼가 봄날 임금을 모시고 왔던 일을 떠올리며 구슬퍼서 짓다〉의 운자와 같다. 다산은 시를 지어 이익운에게 보냈고, 이때 차운하여 답장한 작품이 도착한 것이다.

106 자모삼천 가르침과 …… 한가지요: 정조가 다산을 금정으로 내려보낸 일을 '자모삼천', 즉 맹모삼천孟母三遷의 가르침에 견줘서 말한 것이다.

107 정규영, 앞의 책. "公旣居金井, 驛屬多習爲西敎. 公因上意, 招其豪甲, 諭朝廷禁令, 勸其祭祀. 士林聞之, 謂有改觀之效."

108 박종악, 앞의 책, 90면.

109 박종악, 앞의 책, 99면.

110 《호서읍지》'홍주군' 조 참조. 신촌리는 다락골성지의 안내문에는 최양업 신부의 조부인 최인주가 다락골에서 장성한 뒤 다락골에서 오른쪽으로 약 700미터 떨어진 골짜기로 이주했고, 이곳에 신자들이 모여들며 새로 교우촌을 이뤄 '새터[新垈]'라는 이름을 얻었다고 설명하고 있으나 꼭 그런 것은 아니다. 새터는 신기新基 또는 신촌新村으로 불리는 흔한 지명이고, 고지도에도 올라 있다. 이곳 신촌리에 오늘날 새터성지가 조성되었다.

111 샤를 달레, 안응렬·최석우 역주, 《한국천주교회사》(한국교회사연구소, 1979) 17면.

112 《경향잡지》 1949년 4월호(제43권 제1009호), 57면.

113 오기선, 《순교자들의 얼을 찾아서》(한국천주교성지연구원, 1988), 상책 180면.

114 박종악, 앞의 책, 99면.

115 이재기, 앞의 책, 133-134면. "自辛亥以後, 治邪獄者, 以革面革心, 納供, 則皆許放送. 如權日身父子, 及崔必恭輩, 是已. 此輩心口異用, 圖免目前之禍, 何其異於渠所云欺心欺天之說也? 聞渠輩今日詬罵耶蘇, 明日洗頂誦經, 如佛氏之懺悔, 則亦得超升天堂云."

116 안정복, 〈천학문답〉, 《순암집》 권17, 잡저雜著(한국문집총간 230책 143면). "耶蘇救世, 專在後世, 以天堂地獄爲勸懲. 聖人行道, 專在現世, 以明德新民爲敎化. 其公私之別, 自不同矣. 假使信有堂獄, 如彼之說, 人在現世, 爲善去惡, 行全德備, 則必歸天堂. 去善爲惡, 行虧德蔑, 則必歸地獄. 人當於現世之內, 孶孶爲善, 毋負我降衷之天性而已, 有何一毫邀福於後世之念?"

117 관련 내용은 정민, 《서학, 조선을 관통하다》(앞의 책), 378-384면의 〈동정녀 신드롬〉에서 상세히 살핀 바 있다.

118 다산은 이 표현이 …… 했다: 《다산시문집》 권14에 〈삼천첩에 발함[跋三遷帖]〉

이라는 글이 실려 있고, 전후 사정이 나온다.

119 한강동: 예산현의 방산리方山里 인근에 있던 지명이다.

120 이수정(1735~1794): 본관은 한산韓山, 자는 국서國瑞다. 부친은 이홍李竑이다.《일성록》 1786년 2월 26일 기사에 '보령의 유학幼學'으로 소개된 인물이다. 이하 한산이씨와 관련된 내용은 모두《한산이씨양경공파세보韓山李氏良景公派世譜》 제5권에 실려 있다.

121 이정명(1767~1815): 이수정의 셋째 아들로, 자가 군실君實이다. 이수정은 원명元溟(1754~1793)과 현명顯溟(1760~1790), 정명 세 아들을 두었는데, 당시 두 형은 이미 세상을 뜬 상태여서 다산이 이정명에게 조문한 것이다.《남보南譜》 에는 '3남이 창명昌溟, 4남이 효명孝溟'으로 나오기도 한다.

122 천방산: 충청남도 예산군 대술면 방산리와 공주시 유구읍 탑곡리에 걸쳐 있는 산인데, 다산이 찾은 곳은 방산리 쪽이다. '천방사'라는 절이 있어 천방산이라 했다.

123 이도명(1740~1818): 본관은 한산, 호는 방산方山, 방산산인方山散人이라고도 했다. 자가 위도偉度 또는 위도偉圖다. 부친은 이수걸李秀傑로, 이광교의 조부인 이수일李秀逸의 아우이자 이수발의 형이다. 예산 방산리에 살던 학자로, 다산은 〈자찬묘지명〉에서 금정찰방 당시 방문한 사람 가운데 한 명으로 그를 꼽으며 '뜻있는 선비'라고 말한 바 있다. 이삼환에게 보낸 친필 시고 7언절구 8수가 안산 성호기념관에 소장되어 있다.

124 이수발(1725~1816): 본관은 한산, 자는 계화季和다. 부친은 통덕랑을 지낸 이성李成이다. 1756년 식년시에 생원 3등으로 급제했고 동지중추부사를 지냈다. 이광교의 종조부다. 형 이수일은 문과에 급제해서 승지를 지냈고, 이도명의 부친 이수걸의 아우다.

125 이광교(1756~1828): 본관은 한산, 자는 문달文達이다. 승지 이수일의 손자다. 부친은 진사 이우명李宇溟(1727~1767)이다. 다산의 〈서암강학기〉에 이광교의 이름이 실려 있다.

126 벗 이광교를 방문하였다: 이광교의 부친은 이우명인데, 이우명의 사위가 놀랍게도 주문모 신부를 고발한 진사 한영익韓永益(1767~1800)이다. 그는 본관이

청주淸州이고, 자는 시중時重이다. 1795년 식년시에 진사로 급제했다. 부친은 한석규韓錫圭(1742~1772)다. 한영익의 서매庶妹는 독실한 천주교인이었고, 몇 해 뒤 다산의 서제 정약횡丁若鎤(1785~1829)과 혼인해 사돈이 되었다. 이우명 집안과 다산 집안의 인연은 여기서 그치지 않는다. 이우명의 아우 이경명의 사위가 정약련丁若鍊(1764~1828)으로, 그는 다산의 숙부 정재운丁載運 (1739~1816)의 장남이다. 다산이 당시 방산의 한산이씨 일문을 찾은 데는 이 같은 집안 사이의 인연이 작용했다.

127 대나무갓끈: 아주 가는 댓가지를 마디마디 잘라서 실에 꿰고 그 사이에 구슬로 격자格子를 쳐서 만든 소박한 갓끈을 말한다.

128 도문학:《중용中庸》27장에 "군자는 덕성德性을 높이며 문학問學을 말미암는다(君子尊德性而道問學)"라고 했다. 존덕성尊德性은 나에게 내재해 있는 천부天賦의 덕성을 지켜가는 것으로 성의정심誠意正心이 이에 해당되고, 도문학道問學은 외재해 있는 온갖 사물의 이치를 궁구하고 터득해가는 것으로 격물치지格物致知가 이에 해당된다. 정주학파程朱學派에서는 도문학을 중시하는 한편 존덕성도 강조했으며, 육왕학파陸王學派는 존덕성에 치중했다.

129 당시 사람 …… 천거하리: 산속에 사는 명사 이도명을 알아주는 사람이 없다는 것이다. 서치는 동한東漢 남창南昌 사람으로, 가난하여 농사를 짓고 살면서 조정에서 여러 번 불러도 응하지 않았는데, 진번陳蕃이 그곳의 태수가 되어 여타 손님은 접대하지 않았으나 서치가 찾아오면 항상 특별히 자리 하나를 놓아주고 그가 떠나면 도로 걸어두었다고 한다. 동생은 당나라 동소남董召南이다. 안풍安豐에 은거해 주경야독하면서 부모를 받들고 처자를 거느리며 살았다. 한유韓愈가 〈동생행董生行〉에서 그를 찬미했다. 아무도 이도명을 추천하지 않았지만 그는 동소남처럼 은자로서 자족하는 삶을 살았다는 뜻이다.

130 소보 허유: 고대의 은자다.《장자》〈소요유逍遙遊〉에, 요堯가 허유에게 천하를 양보하려 하자 허유가 더러운 소리를 들었다고 시냇물로 귀를 씻었는데, 소에게 물을 먹이던 소보가 이 말을 듣고 딴 곳으로 가서 물을 먹였다는 고사가 있다.

131 〈문달 이광교가 …… 오다〉:《다산시문집》권2에 실려 있다. 8월 23일에 지은 시가 아니고, 이후 이광교가 답방 형태로 다산이 있던 금정역으로 찾아와 환

담한 뒤 작별했다가 도중에 비를 만나 되돌아오자 반가운 뜻을 담아 지은 시다. 이광교는 뒤에 서암강학회 모임에도 참석해, 오촌 당숙인 이도명과는 입장이 엇갈렸다. 강학회에 참여한 일로 그는 이도명을 비롯한 지역 사림에게 곤란한 입장에 놓이기도 했다.

132 장천: 지금의 충청남도 예산군 고덕면 상장리다. 이삼환이 양부 이병휴를 모시고 이주해 살던 곳이다. 근처에 홍유한과 홍낙민이 살았고, 이존창의 출생지인 여사울성지가 있다.

133 목재 이삼환 선생을 찾아뵈었다: 이때 다산은 앞서 8월 5일에 이삼환의 어정쩡한 답장을 받고, 강학회 추진을 다짐받기 위해 찾아간 걸음이었다.

134 용봉사: 충청남도 홍성군 홍북읍 용봉산에 있는 사찰로, 수덕사의 말사다. 조선 후기까지는 수덕사에 버금가는 큰 절이었으나, 1906년 평양조씨 집안에서 절을 부수고 절터에 공조참판을 지낸 조희순趙羲純의 묘를 썼다. 당시 마을 주민들이 현재의 위치로 절을 옮겼다고 한다. 아미타삼존불과 후불탱화, 마애불 2위와 괘불, 부도, 석조 등의 유물이 전한다. 용봉사에 들른 것은 강학회 장소로 마땅한지 살피기 위해서였는데, "노승은 황폐하다 사절하면서, 이를 재워 접대함은 할 수 없다고"라 한 데서 알 수 있듯이, 다산은 이곳의 사용을 거절당했다.

135 직하: 전국시대 제齊나라 도성 임치臨菑의 직문稷門에 있던 땅 이름이다. 제 선왕宣王이 학사와 유세하는 선비를 좋아해 직문에 학관學館을 지어놓고 추연騶衍·순우곤淳于髡·전병田騈·접자接子·신도愼到·환연環淵 등 76인을 초빙해 집을 주고 상대부上大夫로 삼아 직무는 없이 토론만 하게 했다. 맹자 또한 제 선왕을 찾아가 왕도정치를 권한 적이 있다.

136 짙은 구름 …… 외롭다네: 정도가 사도에 밀려 기를 펴지 못함을 비유한 것이다. 장경은 저녁 무렵에 보이는 태백성太白星의 별칭인데, 태백성은 살벌殺伐을 맡은 별이라 하여 불길한 것을 뜻한다. 지주는 하남河南 삼문협三門峽에서 동북쪽으로 황하黃河 중앙에 있는 산 이름인데, 황하의 물이 그 지점에 이르러 갈라져서 산을 싸고 지나간다. 흔히 역경 속에서 잘 견뎌내는 것을 비유할 때 인용한다.

137 순씨의 …… 했었다네: 이삼환의 가문에 명사가 많고 그가 또한 학자로서 중년에는 농사를 짓고 있다는 것이다. 순씨는 동한東漢 때 영천潁川의 영음潁陰 땅에서 순열荀悅·순욱荀彧·순숙荀淑·순상荀爽 등 당대의 명사를 많이 배출한 순씨 집안을 말한다. 관녕은 삼국시대 위나라 북해北海 주허朱虛 사람으로 자는 유안幼安인데, 한말漢末에 난리를 피해 요동遼東에 살면서 제자를 모아 글을 가르치다가 37년이 지난 뒤에 고향으로 돌아와 문제文帝가 태중대부太中大夫를, 명제明帝가 광록훈光祿勳을 내렸으나 다 거절했다.

138 남고자: 윤규범尹奎範(1752~1821)이다. 원래는 지범持範이었는데, 윤지충이 진산 사건으로 사형에 처해진 후, 집안의 돌림자를 '규奎'로 바꿔 개명했다. 본관은 해남海南, 자는 이서彝敍, 호가 남고南皐다. 윤선도尹善道의 6세손으로, 윤두서尹斗緒의 증손이며, 아버지는 윤위尹愇다. 1777년 증광 문과에 급제해 첨지중추부사·병조참의·오위장 등을 지냈다. 정약용이 결성한 죽란시사에 참여했다. 그가 세상을 뜨자 다산은 장문의 〈남고윤참의묘지명南皐尹參議墓誌銘〉을 지어 그와의 평생 교분을 회억했다.

139 화산: 삼각산 곧 북한산을 말한다. 백운대, 만경대萬景臺, 인수봉仁壽峯의 세 봉우리로 이루어져 있다. 1794년(정조 18) 9월 18일에 다산은 정약전·윤규범·윤지눌·이중련과 함께 북한산을 유람하며 북한산성을 따라가 산영루를 거쳐 중흥사에서 묵고, 다음 날 삼각산의 중봉인 백운대에 오른 일이 있다.

140 백운대: 삼각산의 최고봉이다. 험한 화강암 암벽으로 이루어져 있으며, 북한성北漢城 북쪽에 있다.

141 정약용, '율기' 제4조 〈병객〉,《목민심서》."柳參判誼牧洪州時, 余在金井驛, 書議公事不答. 後入州相見曰:'何不答書?'柳公曰:'我在官, 素不發書.'遂令侍童, 瀉下書籠, 一籠之書, 都不開坼, 皆朝貴書也. 余曰:'彼固然矣. 我所言者公事, 胡亦不發?'柳公曰:'若係公事, 胡不公移?'余曰:'適是秘事.'柳公曰:'若係秘事, 胡不秘移?'余無以應. 其絶去私囑如此."

142 정약용, '부임赴任' 제2조 〈치장治裝〉,《목민심서》."柳參判誼, 牧洪州時, 破笠鼺袍, 橫醬色之帶, 乘款段之馬, 弊衾襤褸, 不褥不枕. 以此威立, 蒲鞭不用, 而奸猾屛息, 余所睹也."

143 정약용, '이전吏典' 제1조 〈속리束吏〉,《목민심서》. "柳參判誼牧洪州. 洪州吏習之 奸猾, 甲於湖右. 而公淸儉自持, 至誠愛民, 吏屬咸悅, 薄鞭不用, 而毫髮不犯, 余以此 知律己, 爲束吏之本."

144 정약용, '율기' 제4조 〈병객〉,《목민심서》. "昔柳參判誼牧洪州時, 凡存問之託, 一 不施行. 余言其太拘, 柳公曰: '主上旣以洪州之民, 全付我牧臣, 使之存恤, 使之庇護, 朝貴之託雖重, 何以踰是. 若我偏執一人, 偏問而偏護之, 則是違君之命, 以奉私令, 余何敢焉?' 余深服其言, 不能復難."

145 실로 이것으로 …… 있습니다:《퇴계집》권15 〈대성 이문량에게 답함(答李大 成文樑)〉에 나오는 "기쁘게 마음으로 만나는 맛은 그 즐거움이 무궁하여 실로 이것으로 끝마치려는 바람이 있습니다(欣然會心之味, 其樂無窮, 實有以是終焉 之願)"의 표현을 자기 말처럼 끌어다 썼다.

146 뜻과 생각이 …… 무너져서: 역시《퇴계집》권10 〈건중 조식에게 주다(與曹楗 仲植)〉에서 "뜻과 생각이 노쇠한 데다 정신은 무너져서(志慮衰晩, 精神頹敝)"의 표현을 그대로 가져왔다.

147 이 같은 거동이 있는 것입니까: 대단히 격앙되어 '너나 잘하라'는 의미로 다산 의 태도를 나무란 내용이다.

148 〈방산 이도명에게 답함〉: 이 편지는《다산시문집》권19에 실려 있다. 8월 28일 이도명의 편지를 받고 쓴 답장이다. 앞서 받은 이도명의 편지는 앞뒤를 잘라내고 가운데 일부만 수록했다.

149 명적: 맹인盲人이 지팡이로 땅을 짚으면서 길을 찾는 것을 말하는데, 사람이 도리를 알지 못하고 억측臆測으로 생각해 행동하는 것의 비유로 쓴다. 양웅揚 雄의《법언法言》〈수신편修身篇〉에 "맹인이 지팡이로 땅을 짚으면서 길을 찾아 다니는 것과 같을 뿐이다(素擿埴索塗, 冥行而已)"라고 한 데서 나왔다.

150 과왜와 불제: 과왜는 스리랑카 지역을 말하고, 불제는 남만南蠻의 별종으로 점성占城 남쪽에 있던 나라다. 여기서는 불교의 기미로 연관 짓는다는 의미로 썼다.

151 총령의 기미: 총령은 중국과 인도의 국경 근처에 있는 파미르고원 일대를 말 한다. 이곳이 불교가 인도에서 중국으로 들어온 길목이므로, '총령의 기미'란

불교적 색채를 뜻하는 표현이다.

152 알겠네 …… 나은 줄을: 소 염통을 구워먹는다는 것은 진晉나라 왕희지王羲之
가 어릴 적에 말을 더듬어 사람들이 기특하게 여기지 않았으나 상서좌복야尙
書左僕射 주의周顗가 제대로 알아보고 여러 손님이 있는 자리에서 소 염통을
구워 가장 먼저 그를 먹였다는 데서 나온 말이다. 곧 벼슬살이를 하여 귀한 손
님에게 고기를 대접하는 것이 근근이 농사를 지어 그렇게 하지 못하는 것보
다는 낫다는 뜻이다. 《진서》〈왕희지전〉에 나온다.

153 '목재안하木齋案下'라는 제목으로 한 장의 백지에 이도명이 친필로 쓴 시 8수
인데, 끝에는 '방산산인근고方山散人謹稿'라는 서명이 있고, 중간에 성호 선생
의 영당影堂 건립 문제로 상의한 내용이 나온다.

154 이수곤(1730~?):《일성록》 1796년 10월 24일 기사에, 정조의 온양 행궁 행차
에 배종한 사람의 명단에 금정 역리驛吏 신분으로 등장하는 인물이다. 당시
67세라고 했다. 김복성이 데려온 4인 중 한 사람이다. 원정은 원통한 일, 억울
한 일 또는 딱한 사정을 국왕 또는 관부에 호소하는 문서를 말하니, 이수곤이
당시 자신은 천주교 신자가 아니라고 주장했다는 뜻이다. 그의 원정이 받아들
여져, 1795년 당시 천주교도라는 혐의로 처벌받지 않았음을 알 수 있다.

155 〈차운하여 목재에게 부치다〉: 이삼환의《소미산방장少眉山房藏》권2〈석문의
사백 여노 신종수의 시에 화답하여 정미용의 시운을 써서 훌륭한 작품을 드
리다(和石門詞伯申汝魯宗洙, 用美庸韻寄惠瓊什)〉를 통해 결락을 보완했다.

156 신장: 진사 신종수를 말한다.

157 태백산 호승처럼 …… 알겠는가: 당나라 이백李白의〈태백산의 호승에게 주는
노래(太白贈胡僧歌)〉의 병서幷序에 태백산 중봉中峯에 풀옷을 입고《능가경》
을 품은 호승 이야기가 나온다. 하루는 동쪽 봉우리에서 호랑이 두 마리가 싸
우다 약한 놈이 죽으려 하자 호승이 지팡이로 갈라놓았고, 서쪽 못에 독룡毒龍
이 오래도록 싸우기에 걱정이 되어 그릇에 한 마리를 담아두는 등의 이적이
있었다. 이백은 시에서 "창가에서 석장으로 두 마리 호랑이를 갈라놓고, 침상
아래 바리때에 용 한 마리를 담았다네(窓邊錫杖解兩虎, 床下鉢盂盛一龍)"라고
읊었다.

158 연제의 지경: 춘추시대 때 산동에 있던 두 나라의 이름으로, 산동 지방을 가리킨다.

159 금강: 원문은 '금천錦川'이다. 부여와 공주를 흐르는 금강錦江을 가리킨다. 부여 쪽 강을 백마강白馬江 혹은 백강白江이라고 한다.

160 오월: 오월吳越과 같다. 오계五季 시대에 전유錢鏐가 세운 나라 이름으로, 5대를 전해 송宋에 멸망했다.

161 공자 뗏목 …… 까닭 있고:《논어》〈공야장公冶長〉에서, 공자가 세상에 도가 행해지지 않으니 뗏목을 바다에 띄우겠다고 한 말에서 끌어왔다. 바다를 건너 멀리 떠나고 싶다고 한 말을 우리나라로 건너오고 싶다고 말한 뜻으로 본 것이다.

162 문주왕: 백제 제22대 임금으로, 21대 개로왕蓋鹵王의 아들이다. 재위 기간은 475~477년이다. 475년 9월 즉위해 10월에 도읍을 웅진熊津으로 옮겼다.

163 연구: 주거니받거니 서로 이어 지은 시를 말한다. 시구 끝에 '석문石門'이라 쓴 부분은 석문에 사는 진사 신종수가 지은 것이고, '금정金井'이라 적은 구절은 금정찰방 다산이 지은 부분을 나타낸다.

164 예형: 동한東漢 평원平原 사람으로, 자가 정평正平이다. 젊었을 때 재주가 있고 언변이 좋아 명사로 이름났으나, 지나치게 강직해 세상 사람들과 어울리지 못하고 불우하게 살다가 강하태수江夏太守 황조黃祖에게 살해당했다. 여기서는 '뜻 높은 고사高士'의 의미로 진사 신종수에게 견준 것이다. 다산 자신은 삼국시대 위나라 사람으로 건안칠재자 중 하나인 왕찬에 견줬다.

165 완세함은 장저 걸닉 부끄러워도: 장저와 걸닉은 춘추시대의 은사로, 공자가 지나다가 밭갈이하는 그들에게 나루를 물었다 타박을 들은 일이 있다. '완세'는 세상을 희롱하는 듯한 태도다.

166 길 막히자 완적 상심 떠올린다네: 원문의 보병步兵은 삼국시대 위나라 때 죽림칠현竹林七賢의 한 사람인 완적을 가리킨다. 그는 보병교위步兵校尉를 지낸 적이 있다. 위나라와 진나라 교체기에 살면서 세상일에 관심을 끊고 술을 즐기며 노장老莊의 설과 청담에 심취해 자신의 안전을 도모했다. 산수를 유람하러 나갔다가 길이 막히면 언제나 통곡을 하고 돌아왔다고 한다.

167 전횡: 전국시대 제齊나라의 재상으로, 한신韓信의 공격 때문에 나라가 망하자 자기를 따르는 500명을 거느리고 섬에 들어가 살았다는 인물이다. 나중에 유방劉邦의 부름에 응해 낙양으로 가던 중 20리 남겨둔 지점에서 한漢나라의 신하가 되는 것이 수치스럽다 하여 자살했다.

168 용연향: 용연은 고급 향료의 재료로, 수컷 향유고래가 위액胃液에서 토해낸 토사물의 결석이다.

169 개미굴의 영화: '남가일몽南柯一夢'의 다른 표현이다. 순우분淳于棼이 꿈속에서 괴안국槐安國에 가 공주에게 장가들어 남가태수南柯太守를 지내는 등 온갖 부귀영화를 누리고 깨어나 주위를 둘러보니, 마당가 회화나무 밑동의 개미굴이 꿈속에서 찾아간 괴안국이었다는 것이다. 당나라 이공좌李公佐가 지은《남가기南柯記》에 나온다.

170 천하를 오히려 …… 알겠네: 공자가 노魯나라 동쪽에 있는 동산東山 꼭대기에 올라가 노나라가 작은 것을 느꼈고, 태산太山의 꼭대기에 올라가서는 또 천하가 작다고 느꼈다는 데서 나온 말이다.

171 희화 수레: 희화는 요임금 시대에 해 뜨는 것을 맡아보던 사람이다. 희어羲馭는 희화가 해를 몬다(馭)는 뜻으로, 태양의 별칭이다.

172 금마: 금강과 백마강을 이른다.

173 등주 내주: 중국 산동성에 있던 지명.

174 급고원: 급고독원給孤獨園의 줄임말로, 절집을 일컫는 표현이다. 두보杜甫의 〈도솔사를 바라보며(望兜率寺)〉에 "때맞춰 맑게 세수 마치고 나서, 급고원을 두루 둘러보노라(時應淸盥罷, 隨喜給孤園)"라고 했다.

175 도회: 해마다 시詩와 부賦로 지방의 인재를 뽑는 모임을 가리킨다.

176 내용을 …… 안타깝구려: 목재의 이 편지는 다음에 실은 다산의 편지를 받고 쓴 답장이다. 8월 24일에 직접 이삼환과 만나 강학회 추진을 건의했지만 이삼환은 망설이며 결정하지 못했다. 이에 다산은 다시 편지를 올려 그의 결심을 재촉했다. 신종수와 함께 용봉사와 천정암을 답사한 이야기를 하고, 내원의 절집이 강학 장소로 좋겠다는 뜻을 밝히면서, 강학회를 위해 소요되는 일체의 비용을 자신이 맡겠으니 비용 걱정은 하지 말라는 뜻까지 비쳤다. 이삼환이

답장에서 무슨 말인지 잘 모르겠다고 한 말은, 다산이 자신의 동의도 구하지 않은 채 장소를 섭외하고 방식을 결정하며 비용까지 전담하겠다는 말에 대해 분명한 거부 의사를 나타낸 것으로 보인다.

177 〈목재 이삼환 선생께 올리는 글〉:《다산시문집》권19에 수록된 두 번째 편지다. 앞서 편지를 주고받은 뒤, 8월 24일에 다산이 직접 이삼환을 찾아뵙고 결심을 미루고 있는 이삼환에게 강학회 모임을 압박하면서 장소와 비용 문제를 말했다.

178 예산 편: 당시 예산에 유배 중이던 이승훈을 가리킨다. 작업의 원활한 진행을 위해 다산과 이승훈이 지속적으로 긴밀하게 연락을 주고받고 있었음이 확인된다.

179 가을 경치를 …… 아니었습니다: 이때 다산이 용봉사와 천정암 등지에 들른 것은 유람 목적이 아니라 성호가 남긴 저서를 교정하는 작업을 할 만한 공간을 답사하기 위해서였다는 뜻으로 한 말이다.

180 《가례질서》: 성호 이익이 주자의 《가례家禮》에 대한 선유들의 의견을 검토하고, 여기에 자신의 견해를 덧붙여 우리나라의 실정에 맞게 엮어 정리한 책으로, 필사본 3권 3책이다. '질서疾書'는 글을 보다가 의문이 나거나 참고할 만한 내용이 있을 때 그 즉시 메모해두는 것을 말한다. 성호는 여러 경전에 대해 질서 연작을 남겼다.

181 종이와 먹 …… 준비하겠습니다: 다산은 이때 이삼환을 좌장으로 모시고 인근의 선비들을 모아 성호의 《가례질서》를 교정하는 작업을 자형인 이승훈과 함께 진행할 작정으로 여러 차례 이삼환을 재촉했다. 이 대목을 보면, 교정 작업을 위해 합숙할 때 드는 일체의 경비를 다산이 부담하려 했음을 알 수 있다. 그만큼 이 작업을 다산이 자신의 이미지를 세탁하기 위해 이곳에서 수행해야 할 일로 중요하게 꼽고 있었음을 알 수 있다. 말하자면 서학에 깊이 물들었다는 세간의 의혹을 유학의 정맥인 성호의 저술을 교정하는 작업으로 불식시키려 한 것이다.

182 계전점: 청양현에서 남쪽으로 30리 지점에 있던 주막이다.《다산시문집》권2의 〈계전 촌가에서 쉬며(歇鷄田村舍)〉라는 시에 위치에 대한 정보가 실려 있다.

183 한백원(1763~?): 본관은 청주淸州, 자가 원례元禮다. 무신년(1788)에 후릉厚陵 (정종) 참봉을 지냈으며, 진산현감과 부여현감을 지내고 뒤에 목사에 이르렀다. 정약용이 결성한 죽란시사의 일원이었다. 당시 부여현감으로 내려와 있었다.

184 북계: 다산이 9월 13일 부여현 객사에서 묵고, 이튿날 아침 윤취협의 집을 찾아갔다가 돌아오는 길에 평백제탑에 들렀다고 했으니, 몽도면 쪽인 듯하나 분명치 않다.

185 윤취협(1727~?): 본관은 파평坡平, 자가 화중和仲이다. 부여에 살았으며, 1774년 식년시에 생원이 되었다. 부친은 윤성조尹聖肇, 아들이 동첨東瞻, 손자가 기환箕煥이다. 다산은 윤취협을 '진사'로 불렀는데, 생원 기록만 있다.《다산시문집》권19에 그에게 보낸 편지 한 통과 그에게 준 시 한 수가 따로 남아 있다.

186 대당평백제탑: 부여 정림사지 5층석탑의 별칭. '평백제탑'이라고도 한다. 1층 탑신에 당나라 장수 소정방蘇定方의 글이 새겨져 있다. 부소산 인근 부여읍 동남리에 있다.

187 정씨 형제: 누구인지 알 수 없다.《다산시문집》권2에 〈정씨의 정자에 들러〉가 수록되어 있다.

188 고란사: 충청남도 부여군 부여읍 부소산 북쪽 백마강변에 있는 절. 백제 말기에 창건되었다고 추정되나 자세한 것은 알려지지 않았다.《다산시문집》권2에 〈고란사를 찾아(訪臯蘭寺)〉가 실려 있다.

189 자온대: 바위 이름으로, 부여 백마강가에 있었다. 전설에 의하면, 백제 왕이 이 바위에서 놀면 바위가 저절로 따뜻해졌기 때문에 붙여진 이름이라 한다.

190 〈북계로 진사 윤취협을 방문하다〉:《다산시문집》권2에 실려 있다. 1795년 9월 14일에 부여의 북계로 윤취협의 집을 방문했을 때 쓴 시다.

191 회소라면 …… 획이 굵다네: 회소(725~785)의 자는 장진藏眞, 속성俗姓은 전씨錢氏로 당나라의 서예가다. '당나라 때 명필 회소와 이름이 같지만 이 비문의 글씨를 쓴 사람은 권회소權懷素여서 필획이 살집이 많아 두툼하다'는 의미다.

192 글은 …… 전수받았고: 동한東漢 개봉開封 사람으로,《춘추》·《주역》·《시경》에 정통했고 대사농大司農을 지낸 정중鄭衆을 가리킨다. 정자 주인의 성씨가

정씨여서 이렇게 끌어썼다.

193 농사는 …… 따르려 했지: 한 성제成帝 때 운양雲陽의 산골에 숨어 농사를 짓고 산 정곡鄭谷을 말한다. 그를 곡구자진谷口子眞으로 불렀다. 정자 주인의 성씨를 빗대 그가 은거해서 농사지으며 사는 모습을 높여 말한 것이다.

194 미인들 물에 지자: 원문의 청아靑蛾는 먹으로 그린 푸른 눈썹으로, 미인을 뜻한다. 나당 연합군에 의해 백제가 망할 때 백제의 많은 궁녀가 부소산 서쪽 끝의 절벽에서 백마강에 몸을 던져 빠져 죽은 일을 가리킨다.

195 백마가 못 잠기매: 당나라 장수 소정방이 13만 대군을 거느리고 백제를 침공해 백마강에 이르렀을 때, 백제를 수호하는 용에 의해 비바람이 일고 파도가 거세 건널 수 없자 백마를 미끼로 삼아 용을 낚아 처단했다는 전설에서 나온 말이다.

196 최북(1712~1760): 영조 때 화가로, 본관은 무주茂朱, 자는 성기聖器·유용有用, 호는 성재星齋·기암箕庵·거기재居其齋·삼기재三奇齋·호생관毫生館이다. 이름자인 북北을 파자破字해 '최칠칠崔七七'로도 불렸다. 다산은 그가 그린 〈조룡대도〉를 보았던 듯하다.

197 상자 아이 …… 황당하다: 원문의 호해壺孩는 '상자에서 나온 아이'라는 뜻으로, 신라 김알지와 석탈해, 가락국의 김수로왕 등이 모두 상자 속에서 태어났다고 하는 것을 말한다. 마란馬卵은 '말이 낳은 알'이라는 의미니, 박혁거세의 탄생 설화를 가리킨다. 고허촌장高墟村長 소벌공蘇伐公이 양산楊山 기슭의 나정蘿井 옆 숲속에서 말이 울고 있기에 가서 보니 커다란 알이 있었고 그 속에서 어린아이가 나왔다고 한다.

198 만약에 …… 비웃어주었으리: 적벽은 삼국시대 위나라 조조와 오나라 주유가 교전했던 장소로, 훗날 소식이 벗들과 이곳에서 뱃놀이하며 전후로 〈적벽부〉를 지었다. 자온대가 만약 적벽에 있었더라면 자신이 소동파가 부끄러워할 만한 글을 지었으리라는 뜻이다. 자온대의 풍광이 적벽 못지않다는 의미로 썼다.

199 심유(?~?): 본관은 청송, 부친은 심문석沈文錫이다. 서암강학 모임에 참석했던 심로沈潞와는 십촌간이며, 부인은 윤화중尹和中의 딸이다. 그 밖의 사실은 알려진 바 없다.

200 오국진(1763~?): 본관은 동복同福이며, 자가 맹화孟華다. 우의정 오시수吳始壽(1632~1681)의 현손이다.

201 권기(1765~?): 본관은 안동이며, 자가 요신堯臣이다. 대제학 권유權愈(1633~1704)의 현손으로, 부친은 권묵權黙, 조부는 권전權琠이다.

202 이이환(?~?): 이가환의 재종으로, 자가 여정汝鼎이다.

203 공북루: 충청남도 공주시 공산성公山城의 북문 누각이다. 원래 이 자리에 있던 망북루望北樓를 1603년(선조 36)에 중수해 공북루라 이름한 것으로, 금강을 향해 서 있다. 높은 기둥을 세워 2층의 누각을 만들었는데, 위층에는 누마루를 깔고 아래층은 통행로로 삼았다.

204 이괄(1587~1624): 본관은 고성固城, 자는 백규白圭다. 1623년 인조반정에 가담해 반정을 성공시켰다. 1624년 아들 이전李旃이 공신들의 횡포를 개탄한 것이 과장되어 반역의 무고를 받아 영변군영에 금부도사가 이르자 난을 일으켰다. 반군이 서울로 진격하자 인조가 공주로 피난했는데, 이괄은 서울을 점령한 후 흥안군興安君을 왕으로 추대했다. 하지만 이틀 뒤 관군에 참패해 이천으로 도망했다가 부하 기익헌奇益獻 등에게 목이 잘려 죽었다.

205 하계의 …… 신선인데: 권기의 선조인 하계 권유가 뛰어난 문장으로 홍문관에서 높은 지위에 올랐던 것을 두고 한 말이다.

206 용미석이 …… 잃었구려: 용미석은 용미산에서 나는 질 좋은 검은색 돌로, 이 돌에 옥새를 새겼다. 봉모鳳毛는 봉황새의 깃털로, 후손이 선대와 비슷한 재능을 지녔다는 의미로 쓴다. 여기서는 권기가 집안이 퇴락하여 품은 재주에도 불구하고 선대의 가업을 지키지 못하고 있다는 의미로 썼다.

207 산중에 …… 아예 없네: 한나라 때 양웅이 조정에서 벼슬을 살았지만 고향인 성도成都의 비현郫縣에 그의 선조 양계가 남겨놓은 밭 한 뙈기와 집 한 채가 있었다는 고사를 끌어왔다. 또 동주東周 낙양洛陽 사람으로 여섯 나라의 상인相印을 찼던 소진蘇秦이 "나에게 만약 낙양의 성곽 근처에 밭 두 뙈기만이라도 있었다면 어찌 여섯 나라의 재상인을 찰 수 있었겠느냐"라고 말한 일이 있다. 영락하여 가난한 권기의 형편을 드러낸 표현이다.

208 채윤전(1748~1801): 본관은 평강, 자는 문약文若, 초명은 일영一永이다. 1789년

식년시에 진사로 급제했다. 당시 거주지가 진산이었다. 채제공의 추천으로 현
륭원 천장 때 지사地師에 뽑혔다. 이후 사재감주부, 의금부도사, 감찰, 서부도
사, 의영고주부, 정산현감, 곤양군수 등을 역임하고 오위장五衛將에 올랐다. 조
부는 채덕공蔡德恭, 부친은 채홍익蔡弘翼이다. 채제공의 〈채윤전 문약이 찾아
온 것을 기뻐하며(喜蔡潤銓文若至)〉《번암집》 권17)에 채제공 부인의 묫자리를
채윤전이 구했다는 내용이 있어 풍수지리에 일가견이 있었던 인물로 보인다.
채제공은 또 양근에 마련한 채윤전의 집에 상량문을 지어주기도 했다.《눌암
기략》에 따르면, 채제공이 이가환과 정약용을 내치기 위해 차자를 올리려 할
때 곁에서 그 정황을 알아 전후 이야기를 전해준 인물이기도 하다.

209 목재의 답시: 8월 24일자 일기에 부록으로 실은 다산의 〈목재 이삼환 선생께
받들어 보이다〉에 대한 답시다. 태도가 한결 누그러진 것이 느껴진다.

210 하도: 황하에서 용마가 등에 지고 나왔다는 그림이라 원문에서 마도馬圖라고
했다.

211 샤를 달레, 앞의 책, 상권 454면 참조.

212 이유수(1758~1822): 본관은 함평咸平, 자가 주신이고, 호는 금리錦里다. 장령
벼슬을 지냈다. 명례방 시절 죽란시사의 일원으로 함께 활동하는 등 다산의
가까운 벗이었다.《다산시문집》에는 그와 주고받은 시문이 많다. 당시 이유수
는 사헌부장령의 직임에 있었으니, 그가 금정으로 내려온 것은 공적인 일 때
문이었다.

213 이일운(1736~?): 본관은 함평, 자는 유회幼會다. 서산瑞山에 거주했다. 1762년
식년시에서 생원 3등 42위로 합격했다. 1778년 성균관 유생으로 있으면서 제
술과 강경 시험을 치르고, 제술에서 수석으로 합격해 직부전시直赴殿試의 기
회를 얻었다. 1780년 식년시에서 병과 8위로 문과 급제했다. 이후 1796년 중
시에 재차 응시해 병과 3위로 문과 급제했다. 관직은 사헌부지평·보령현감·
사헌부장령 등을 역임했다. 실제《일성록》을 보면, 1795년 7월 28일 당시 이
일운은 장령이 아닌 정언이었으며, 서산에 머물고 있었던 것으로 나온다. 8월
4일《승정원일기》에는 부사과副司果로 나오는데, 9월에 장령으로 옮긴 사실
은 기록에 보이지 않는다.

214 죄인을 …… 기다리고 있습니다: 교주 이존창의 체포를 말한 것이다. 굳이 이렇게 이름을 밝히지 않은 것을 보면, 당시 이존창의 체포 작전이 매우 극비리에 진행되었고, 다산이 중간에 사람을 놓아 이 문제를 협의하고 있었음을 알 수 있다.

215 죄인을 …… 발송하였습니다: 이 편지는 앞서 9월 19일에 성주산에서 천주교도를 검거하는 일로 올린 다산의 보고서에 대한 관찰사의 답장이다. 약속한 날짜가 지나도 다산에게서 아무 연락이 없자 체포를 재촉하고, 서로 간에 오간 모종의 약속을 한 번 더 확인하는 내용이다.

216 채윤공(1765~1814): 자가 백총, 호는 현애玄厓다. 초명은 예공叡恭이다. 채팽윤蔡彭胤(1669~1731)의 손자로, 1804년에 진사가 되었다. 시집을 남겼다.

217 죄수가 공초 바친 것: 이 기록으로 이존창 체포가 9월 25일 직후 전격적으로 이루어졌음을 확인할 수 있다. 다산은 이존창의 공초 내용을 궁금하게 여겨, 9월 15일 일기에서 공주 공북루에 함께 올랐던 동지 이이환에게 부탁해 그의 공초 기록을 받아본 것이다. 어쩌면 앞서 관찰사 유강이 사후 처리를 다산과 상의하겠다고 한 약속을 지킨 것으로 볼 수도 있다.

218 권엄(1729~1801): 본관은 안동, 자가 공저公著, 호는 섭서葉西다. 권용權顒의 증손으로, 할아버지는 권엽權枼이고, 아버지는 첨지중추부사 권밀權謐이다. 1765년 식년 문과에 급제했다. 헌납과 충청도관찰사, 대사간, 공조판서, 형조판서, 병조판서를 두루 거쳤다. 1801년 지중추부사로 있으면서 이가환, 이승훈, 정약용을 극형에 처할 것을 주장했다. 권엄이 이때 올린 상소 사실과 비답은 《일성록》 1801년 2월 18일자에 실려 있다.

219 이규진(1763~1822): 본관은 성산星山, 자는 이공而拱, 호가 농서農捿다. 1783년 식년시에 생원에 입격했고, 이후 1799년 알성시에 장원으로 급제했다. 사헌부장령을 지낸 외에 특별한 관력은 보이지 않는다.

220 소색: 성균관 유생들이 시위할 때, 진정서를 만들어 올리는 절차를 대의사大議事라고 한다. 위원장 격인 상소두上疏頭와 소색疏色, 제소製疏, 사소寫疏 별색장別色掌 등의 순서로 소임疏任을 선출한다.

221 관련 논의는 정민, 《서학, 조선을 관통하다》(앞의 책), 512면 참조.

222 정석종, 〈남고 윤지범과 다산 -《열수잡저》를 중심으로〉,《조선후기의 정치와 사상》(한길사, 1994) 356-398면 참조.《열수잡저》는 다산이 윤규범의 산문 35편을 옮겨적어 적바림해둔 것으로, 이 가운데 서학에 대한 자신의 견해를 밝힌 〈서인설西人說〉과 〈형기설形器說〉 등이 수록되어 있어 더 세심한 검토가 필요하다.

223 이기경(1756~1819): 본관은 전주, 자는 휴길休吉, 호가 척암瘠菴이다. 1777년 사마시에 합격했고, 1789년 식년시 문과에 급제했다. 승문원承文院을 거쳐 강제문신講製文臣에 뽑혔고, 감찰·예조정랑을 역임했다. 정치적으로는 남인이었으며 정약용과 막역한 사이였다. 한때 이승훈·이벽 등으로부터 천주교에 관한 책을 얻어 보고 정약용과 함께 천주교에 관심을 가졌으나 조상에 대한 제사를 우상 숭배라 하여 금지하자 천주교를 멀리하고 배척했다. 1791년 진산 사건 때 영의정 채제공을 천주교 탄압에 미온적이라 하여 공박했고, 이승훈이 천주교 서적을 간행했다는 상소를 올렸다. 이 때문에 무고죄로 정조의 노여움을 사서, 상중에 함경도 경원으로 귀양 가게 되었다. 이 과정에서 이승훈 형제의 비겁한 행동에 격분해, 정약용 등 신서파 인물들과 평생 원수가 되었다. 1794년 유배형에서 풀려나와 이듬해 지평에 복직되었고, 병조정랑·정언·이조좌랑을 지냈다. 1804년 정순왕후의 수렴청정에 반대하다가 단천端川에 귀양 갔고, 다시 이남규李南圭의 탄핵으로 운산雲山에 유배되었다가 1809년 풀려났다.《벽위편》을 지었고,《사학징의邪學懲義》 또한 그의 저술일 가능성이 높다.

224 아교칠을 한 동이: 이욕利慾이 아교와 칠처럼 끈적하게 엉긴 항아리라는 뜻으로, 여기서는 이욕을 다투는 서울의 벼슬길을 의미한다.

225 말의 검고 누런 빛깔: 원문의 여황驪黃은 검은 말과 누런 말이다. 당시 다산이 금정역 찰방으로 있으면서 마필을 관리하는 직임을 맡고 있었으므로, 은근히 비꼬아서 한 말이다.

226 근심 오자 …… 끌어안누나: '급하면 부처의 다리를 끌어안는다(急則抱佛脚)'는 왕안석王安石의 말이다.

227 저인: 고려시대와 조선시대에 각 지역별로 중앙에 머물며 중앙과 지방 관아의

다산의 일기장

연락 사무를 맡아보던 사람을 가리킨다. 경저리京邸吏라고도 불렀다.

228 순백 권영석과 계화 정탁의 무리: 젊은 시절 이기경, 정약용 등과 함께 어울렸던 벗들이다. 《다산시문집》 권1의 〈이기경의 용산 정자에서 김사길·권순백 영석·권치금 복·정계화 탁·은뢰 필동 등과 함께 모여(李基慶龍山亭子同金士吉權純百永錫權穉琴宓鄭季華濯殷賚弼東會)〉라는 작품에 그 이름이 보인다. 당시 이들이 밤중에 배를 타고 월파정月波亭까지 뱃놀이를 하면서 즐긴 내용을 노래한 시와 〈월파정야유기月波亭夜游記〉 등의 작품이 문집에 남아 있다.

229 〈이기경에게 답함〉: 다산은 위 편지에 이어 이기경에게 한 통의 편지를 더 보냈다. 편지에서 '호서의 우승' 운운한 것은 1795년 10월 금정찰방 당시에 주고받은 위 편지를 두고 한 말이다. 이 편지는 '산골 고을' 운운한 것으로 보아 1797년 윤6월 곡산부사로 부임하기 직전에 보낸 것으로 보인다. 이기경과 다산이 주고받은 편지 공방이 세상에 알려져서 구설을 낳았고, 이후 다산이 화해를 청했어도 이기경이 차갑게 거절했던 사정이 짐작된다. '이제 내가 다시 산골 마을로 부임해 눈앞에서 사라지게 되었으니, 그대야 시원스럽겠지만 나는 서운함이 있다'고 말한 내용이다.

230 정규영, 앞의 책, 1791년 조. "卽馳書于公, 言其所對, 有權衡, 欲與之求成. 公召李致薰語之曰: '泮中看書是實, 就理宜對以實, 欺君不可也.' 致薰曰: '密告旣自首, 獄詞雖違實, 非欺君也.' 公曰: '不然. 密告非正, 獄詞乃告君也.' …… 乃於承薰獄對, 言基慶誣人, 遂蒙白放. 於是李基慶, 以草土臣上疏, 詆大臣査事不公, 證泮中看書事益詳. 上怒投基慶于慶源, 傍觀者快之."

231 한치응(1760~1824): 본관은 청주, 자가 혜보, 호는 병산耳山이다. 1784년 정시문과에 장원으로 급제해 초계문신에 뽑혔고, 1792년 《홍문록弘文錄》과 《도당록都堂錄》에 이름을 올렸다. 지평을 거쳐 1795년 관동암행어사로 나갔다. 1797년 수찬과 교리를 거쳐, 1799년 사은사 서장관으로 중국에 다녀왔다. 1806년에 신유사옥 당시 관직을 추탈당한 채제공의 신원伸寃을 청한 승지 심규로沈奎魯에 동조, 윤필병尹弼秉 등과 함께 연명 상소한 일로 삭출되었다. 이후 비변사제조와 대사성, 대사간, 형조판서를 역임했고, 1817년 동지사로 북경을 다녀왔다. 1824년 함경도관찰사로 재직 중 임지에서 세상을 떠났다. 시

문詩文에 뛰어나 정약용 등과 함께 죽란시사에서 활동했다.

232 단문: 대궐의 정전正殿 앞에 있는 정문正門을 가리킨다. 여기서는 '대궐'의 의미로 썼다.

233 덕성이 남두에 모였다니: 덕성은 목성木星을 가리키니 상서로움을 나타내는 별로, 어진 이를 비유한다. 여기서는 '남쪽 지방에 어진 이가 귀양 가서 모여 있다'는 의미로 썼다.

234 남고: 윤규범의 호다.

235 〈목재 이삼환 선생께 올리는 글〉:《다산시문집》권19에 실린 여섯 통의 편지 중 제3신에 해당한다. 앞서 제2신의 답장을 받은 후 부임지의 사무가 번다하고 역사에 손님 수발하는 일이 번다해 바로 답장하지 못하다가 10월 중순경에 보낸 편지로 보인다.

236 성연의 이장: 누군지 알 수 없다. 성연은 서산군 오서산 인근의 성연리聖淵里로, 편지를 전달한 사람이 이곳에서 살고 있었던 듯하다.

237 예산의 감사에 …… 학문을 논하였다: 감사는 구덩이 속의 움막 같은 집이니, 당시 예산에 유배 와 있던 이승훈의 처소를 가리킨 것으로 보인다. 다산이 앞서 보낸 제3신에서 24~25일을 말한 것으로 보아, 위 편지에 대한 이삼환의 답장이 따로 있었고, 이에 24일 이승훈의 적소에서 같이 만나기로 약속한 것이다. 다산은 이튿날인 25일까지 이삼환, 이승훈 등과 머물면서 강학회 진행 문제와 성호 유저의 상태 등을 함께 점검했을 것으로 추정된다.

238 풍수의 난초와 원수의 백지: 난초와 백지는 모두 향초香草의 이름으로, 재덕才德이 출중한 사람을 비유한다.《초사楚辭》〈구가九歌〉'상부인湘夫人' 조에 "원수엔 백지가 있고 풍수엔 난초가 있음이여, 공자를 생각하면서 감히 말을 못하도다(沅有芷兮澧有蘭, 思公子兮未敢言)"라고 한 데서 따왔다.

239 장횡거 같은 …… 면치 못하였고: 장횡거가 젊어서 불학에 침잠했다가 유학으로 돌아왔다는 뜻으로 한 말이다(주 54 참조).

240 〈방산 이도명에게 답함〉: 이 편지는《다산시문집》권19에 수록되어 있다. 또 이를 이어 다산의 답장이 한 통 더 있다. 이도명의 위 편지를 받고 답장한 내용이다. 이 편지에서 다산은 이도명의 날카로운 힐난에 대해 정면 대응하지

않고 말머리를 조금 숙였다.

241 구양수의 취성당 고사: 송나라 구양수歐陽脩가 여음태수汝陰太守로 있을 당시 소설小雪에 취성당에 손님을 모아놓고, 눈을 표현할 때 흔히 쓰는 옥玉·염鹽·은銀·화花 등의 글자를 쓰지 못하게 하고 시를 지은 일이 있다.

242 〈겨울에 오국진과 …… 못하게 했다〉:《다산시문집》권2에 수록된 작품이다. 첫눈이 많이 내려서 숲과 언덕이 온통 하얗게 덮였다고 한 것으로 보아 10월 24일 봉곡사로 출발하기 직전에 쓴 작품인 듯하다. 두 사람이 다산과 함께 봉곡사로 이동하기 위해 방문했던 듯하다.

243 〈양보음〉: 제갈량이 은거할 때 즐겨 불렀다는 악부樂府의 곡명. 양보는 태산泰山 아래에 있는 작은 산이다. 이 노래는 이곳에 묻힌 사람들을 슬퍼하는 만가挽歌였는데, 후세에 와서는 불우한 처지를 읊은 처량한 시를 가리킨다.

244 백성 화목: 원문의 협옹協雍은《서경書經》〈요전堯典〉에 "만방을 화합해서 융화하게 하시니 백성들이 변하여 화목해졌다(協和萬邦, 黎民於變時雍)"고 한 데서 따왔다.

245 미려로 새어나가니: '미려'는 바닷물이 쉴 새 없이 빠져나가는 구멍이다. 탐욕이 끝없다는 비유로 쓴다.

246 관가 도량 …… 넘치게 받고: 정량庭量은 관아 뜰에서 세곡稅穀을 받을 때 양을 헤아리는 것을 말한다. 세곡을 징수할 때 쥐나 새 등에 의한 손실을 감안해 정량보다 1석石에 3승升씩 더 징수했는데, 곡상미斛上米라 불렀다. 여기서는 실제 정한 양보다 훨씬 많이 받아간다는 의미다.

247 진대: 흉년에 굶주린 백성들을 구제하기 위해 곡식을 대여하고 추수기에 회수하는 일을 말한다.

248 조와 용: 당대의 세제稅制는 전세田稅에 해당하는 조租, 신역身役에 해당하는 용庸, 공납貢納에 해당하는 조調로 이루어졌는데, 이 중 뒤의 두 가지를 함께 일컬은 것이다.

249 새고: 농부들이 춘사일春社日에 농신農神에게 풍년을 기원하는 굿을 할 때 울리는 북이다.

250 추유는 …… 쉽지 않으니:《시경》당풍唐風〈산유추山有樞〉편을 말한다. "산

에는 스무나무 진펄엔 느룹나무 …… 그대 만약 죽고 나면 딴 사람만 즐거우
리(山有樞, 隰有楡, …… 宛其死矣, 他人是愉)"라고 해, 너무 고생만 하지 말고 인
생을 즐기면서 살라는 뜻을 노래한 내용이다.

251 허리띠 …… 꿰매주리:《시경》위풍衛風〈갈구葛屨〉에서 "허리띠 달고 저고리
깃을 달아 좋은 사람 입으셨네(要之襋之, 好人服之)"에서 따왔다. 백성의 딱한
처지를 돌봐줄 사람이 없다는 의미다.

252 봉:《광운廣韻》에 평성 종鍾 운으로 읽으면 무청蕪菁을 뜻하고, 거성 용用 운
으로 읽으면 고菰, 즉 '교백茭白의 뿌리'라고 했다.

253 영천 도적: 영천은 전한 때 순리循吏인 황패黃霸가 8년간 선정을 베푼 곳으로,
순후하고 치안이 좋은 고을을 말한다. 순후한 이 고장에 도적이 늘어날 정도
로 생활이 어렵다는 뜻이다.

254 칠조개: 원문은 칠漆이다. 공자의 제자로,《상서尙書》를 전수받았다. 공자가 그
에게 벼슬을 권하자 칠조개가 "저는 아직 자신할 수가 없습니다(吾斯之未能
信)"라고 하였으므로 공자가 기뻐했다는 이야기가《논어》〈공야장〉에 나온다.

255 사관 붉은 붓대: 동관彤管은 붉은 대롱으로 장식한 붓인데, 예전 여사씨女史氏
가 이 붓으로 궁중의 정령政令과 후비后妃의 사적을 기록했으므로 이후 '사관
의 붓'을 뜻하는 말이 되었다.

256 정협(1041~1119): 송나라 복청福淸 사람으로, 신종神宗 때 사방을 떠돌며 고생
하는 백성들을 보고 화공을 시켜 유민도流民圖를 그려 신종에게 바쳤다. 신종
이 이를 보고 책궁조責躬詔를 내려 방전方田·보갑保甲·청묘靑苗 등의 신법新
法을 혁파했다.

257 주휘(10~89): 후한 명제明帝 때 남양南陽 원현宛縣 사람으로, 자는 문계文季다.
임회태수臨淮太守로 있으면서 정사를 잘해, 관리와 백성들이 존경하고 사랑한
나머지 노래를 지어 부르기를 "강직으로 자신 이룸, 남양 땅의 주계로다. 관리
위엄 두려워하고, 백성 은혜 기린다네(彊直自遂, 南陽朱季. 吏畏其威, 人懷其惠)"
라고 했다. 노래에서 '주계'라고 한 것은 그의 자가 문계이기 때문이다.

258 목재께서 …… 적지 않는다: 당시 강학에 참가한 사람은 다산과 이삼환을 포
함해 총 13인으로 나온다. 실제로는 이승훈도 참석했는데, 그가 대역부도로

죽었으므로 명단에서 삭제했다.

259 〈서암강학기〉:《다산시문집》권21에 수록된 글이다. 여기에는 앞쪽 서문과 참석자 명단까지만 수록한다.

260 박효긍(1757~?): 본관은 밀양, 자가 사옥 또는 집경執敬이다. 1801년 증광시에 진사로 급제했다. 부친은 박장온朴長溫이다. 당시 덕산에 거주하고 있었다.

261 강이인(1759~?): 본관은 진주, 자가 사빈이다. 참판 강세구의 현손이다.

262 이유석(1760~?): 본관은 함평, 자가 여앙汝昂 또는 여앙汝仰이다. 이때 서산에 거주하고 있었다. 1795년 식년시에 생원으로 급제했다. 부친은 사간원헌납과 사헌부장령을 지낸 이일운이다. 이일운은 〈금정일록〉 9월 24일자 기사에 이튿날 다산을 찾아왔다고 한 인물이다.

263 심로(1761~?): 본관은 청송, 자가 중심이다. 예산에 거주했다. 이조판서 심액의 현손이다. 1790년 증광시에 진사로 급제했다. 부친은 심은석沈殷錫이다.

264 강이중(1765~?): 본관은 진주, 자가 용민이다. 대제학 강유姜愈의 현손이다. 앞서 나온 강이인의 육촌 아우다.

265 강이오(1765~?): 본관은 진주, 자가 백휘다. 전 교리 강침의 종자다.

266 이명환(1773~?): 본관은 여흥, 자가 패겸 또는 학여鶴汝다. 1798년 생원시에 급제했다. 목재 이삼환의 동생이자 이병휴의 아들로, 예산 장천리에 살았다. 이병휴는 일찍이 원자元子 보호의 상소를 올렸다가 장살당한 중부 이잠李潛의 후사가 되어 관계로 나갈 수 없었으므로 성호 이익을 모시고 학문에 몰두했다. 이병휴는 자식이 없어 이삼환을 양자로 들였다가 만년에 이명환을 낳았다.

267 노선생: 목재 이삼환을 가리킨다.

268 〈봉곡교서기〉: 이삼환의 글로,《다산시문집》권21에 수록된 〈서암강학기〉의 일부다. 전체 글은 학술적인 문답 내용이 대부분이어서 소개하지 않고, 이 부분만 따로 수록한다.

269 〈봉곡사에서 뜻을 적은 시의 서문〉:《다산시문집》권13에 실려 있다. 서암강학회 당시 각자 자신의 다짐을 담은 술지시述志詩를 한 수씩 짓고, 그 시를 모아 한 권의 책자로 만든 뒤, 여기에 다산이 서문을 얹었다.

270 검루: 전국시대 제齊나라의 고사高士다. 노魯나라 공공恭公과 제왕齊王이 그의

어짊을 듣고 예를 갖춰 정승으로 삼으려 했으나 사양하고 나아가지 않았다. 매우 가난해 죽은 뒤에 베이불이 작아서 시체를 다 덮을 수 없었다고 한다.

271 정헐: 당나라 정계鄭棨(?~899)다. 자가 총무總武이며, 형양滎陽 사람이다. 소종昭宗 때 평장사平章事에 이르렀는데, 시에 해담諧談이 많았으므로 당시 그 시체詩體를 정헐후체鄭歇後體라 칭했다. 헐후歇後는 성어成語의 끝을 생략하고 윗부분만으로 전체의 뜻을 갖게 하는 일종의 은어다.《신당서新唐書》〈정계열전鄭棨列傳〉에 나온다. 지조를 지키되 해학의 여유도 잃지 말라는 뜻으로 썼다.

272 옷자락 …… 태도라: 옷자락을 걷어든다는 것은 자기의 옷자락을 걷어들고 어른의 뒤를 따라간다는 뜻으로, 스승을 모신다는 의미다. 여기서는 심로가 이삼환을 잘 모시고 진중하다는 뜻으로 썼다.

273 용문의 교유 : 후한 때의 명사 이응李膺이 평소에 함부로 교제를 하지 않아 혹시 그의 접대를 받은 자가 있을 때는 세상 사람들이 용문에 올라간 자라고 예찬했다는 데서 나온 말이다.

274 등림:《산해경山海經》〈해외북경海外北經〉에 나오는, 신선이 산다는 숲이다.

275 단혈:《산해경》〈남산경南山經〉에 나오는 산 이름이다. 금과 옥이 널려 있고 오색의 무늬를 가진 봉황새가 산다고 한다.

276 삼창: 한나라 초기에 당시 전해오는 자서字書인《창힐편倉頡篇》·《원력편爰歷篇》·《박학편博學篇》을 모아 만든 책을 이르는 말이다.

277 사고: 당나라 현종玄宗이 장안과 낙양에 각각 갑甲·을乙·병丙·정丁 네 창고를 두고 관부官府의 책을 경經·사史·자子·집集 4종으로 분류해 보관한 데서 나온 말이다. 여기서는 많은 서책을 뜻한다.

278 악전: 당요唐堯 때 중국 괴산槐山에서 약을 캐먹고 살았다는 신선의 이름이다. 그는 소나무 열매를 먹기 좋아했는데, 유향劉向은《열선전列仙傳》에서 온몸에 털이 났고, 눈동자는 네모지고 머릿결은 푸른빛이며, 몹시 빨라 달리는 말을 쫓아갈 수 있었다고 했다.

279 대릉의 네 원로: 대릉은 정릉貞陵을 가리킨다. 예전 이곳에 대릉과 소릉 두 골짜기가 있었다. 다산의 〈대릉삼로가大陵三老歌〉가 있는데, 이때 삼로는 참판 윤필병, 판서 채홍리, 판서 이정운을 가리킨다. 이 글에서 사로四老라 함은 이

세 사람과 이정운의 아우 이익운을 지칭한 것으로 추정한다.

280　우헌: 역참에서 찰방이 사무 보는 곳을 말한다.

281　벽인: '옥으로 된 사람'이라는 뜻으로, 아름다운 사람을 비유해서 하는 표현이다.

282　동작: 삼국시대 위나라 조조의 누대 이름. 여기서는 '우뚝이 높다'는 의미로 썼다.

283　삼군이라 …… 있겠는가:《논어》〈자한子罕〉에 "삼군 속에서 보호를 받는 장수는 빼앗아올 수 있을지라도, 한 개인의 마음속에 들어 있는 신념은 빼앗을 수가 없다(三軍可奪帥也, 匹夫不可奪志也)"라고 한 말에서 취해왔다.

284　터럭을 …… 석 자나 되고: 취모吹毛는 취모멱자吹毛覓疵의 줄임말로, 터럭을 불어가며 감춰진 흠집을 찾아낸다는 뜻이다. 수단 방법을 가리지 않고 남의 잘못을 찾아 드러냄을 비유하는 말이다. '입이 석 자'라는 말은 언변이 뛰어난 것을 뜻한다.《장자》〈서무귀徐无鬼〉의 "삼척의 입을 가지고 싶다(願有喙三尺)"라는 말에서 나왔다.

285　황금이 든 …… 허물하겠는가: 한나라 때 직불의가 낭관郎官으로 있던 어느 날, 같은 집에 있던 어느 낭관이 고향을 가면서 금이 들어 있는 다른 낭관의 짐을 자기의 것으로 착각하고 그만 가지고 갔다. 그 금을 잃은 낭관이 직불의를 의심하자 직불의는 금을 사다가 보상했는데, 뒤에 고향에 갔던 낭관이 금을 돌려주자, 금을 잃었던 낭관이 크게 부끄러워했다고 한다.《한서漢書》권46 〈직불의전直不疑傳〉 참조.

286　옥석을 …… 가두어둔 셈이다: 공자가 공야장을 평하기를 "사위로 삼을 만하다. 비록 포승줄에 묶여 있지만 그의 죄가 아니다"라고 하며, 딸을 그에게 시집보냈다.

287　〈계수 이익운에게 답함〉:《다산시문집》권18에 실린 편지. 이익운에게 보낸 12통의 편지 중 제5신이다. 1795년 11월 5일 봉곡사에서 돌아오고 며칠 뒤인 11월 10일경에 보낸 편지다. 독서로 날을 보내려 한다는 말 속에 〈도산사숙록〉을 쓸 준비를 하고 있었음을 알 수 있다.

288　주자가 일컬은바 태양증입니다: 주자가 여백공呂伯恭에게 답한 편지에, "남에게 조그만 실수가 있는 것을 보면 참고서 말하려고 하지 않다가, 부득이해서

말하면 입에서 나오자마자 반드시 일을 손상하고야 마니, 이 또한 태양증의 증거입니다"라고 한 데서 따왔다. 본래 오한惡寒·발열發熱·두통頭痛 등의 병증을 말하나 여기서는 성질이 괄괄하고 조급함을 비유한 것이다.

289 한 가지라도 …… 수치다: 한나라 양웅揚雄의《법언法言》중〈군자君子〉편에 나오는 말이다.

290〈문달 이굉교에게 답함〉:《다산시문집》권19에 수록된 편지다. 서암강학회가 끝난 뒤 위 편지를 받고 답장으로 쓴 것이다.

291〈도산사숙록〉: 다산이 금정찰방으로 있으면서 1795년 11월 19일부터 12월 말까지 약 1개월에 걸쳐《퇴계집》의 서신 중에서 한 대목씩 절록해 인용하고, 여기에 자신의 단상을 적어 퇴계의 학문과 인간을 흠모하는 뜻을 담은 기록이다. 모두 33개의 항목으로 이루어져 있다. 이는 앞선 8월 7일의 일기에서, 나주목사를 지낸 이인섭이 다산에게 보낸 편지에서 "사람이 퇴계와 같다면 충분하고, 공부도 퇴계와 같이 해야 옳을 것이다"라고 하며 퇴계에 대한 각별한 존숭을 부탁했던 일을 실행에 옮긴 것이다. 다산은〈도산사숙록〉서문에서 이렇게 썼다. "을묘년 겨울, 내가 금정에 있을 때, 마침 이웃 사람을 통해《퇴계집》절반을 얻었다. 매일 새벽에 일어나 세수를 마치면 바로 선생이 다른 사람에게 준 편지 한 편을 읽은 뒤에야 아전들의 아침 인사를 받았다. 낮 동안에 이르러 뜻을 부연한 한 조목을 수록하여 스스로를 경계하고 살폈다. 돌아와서 이를 이름하여 '도산사숙록'이라고 하였다."

292 번쾌: 한나라 패현沛縣 사람으로, 유방劉邦을 따라 의병을 일으켜 전공을 많이 세웠다. 홍문鴻門의 모임에서 항우項羽가 유방을 죽이려는 계략을 꾸몄을 때 문지기의 저지를 뚫고 들어가 항우를 맹렬히 꾸짖고 유방을 탈출시켰다.

293 원량: 벼슬을 버리고 전원에 살면서 시와 술로 낙을 삼았던 진晋나라 도잠陶潛의 자다.

294 한림은 …… 깎아내려 했던고: 군산은 중국 호남湖南 동정호洞庭湖 가운데 있는 산이다. 한림은 당 현종玄宗 때 공봉한림供奉翰林을 지낸 이백을 가리킨다. 이백의 시〈시랑 숙유를 모시고 동정호에 놀러 가서 취한 뒤에 짓다(陪侍郞叔游洞庭醉後)〉3수 중 3구와 4구에서 "군산을 깎아냄이 좋을 터이니, 상수가 평

평히 흘러가겠네〔劃却君山好, 平鋪湘水流〕"라 한 구절을 취해왔다. 앞서 다산이 구봉산이 역참 바로 앞에서 시선을 가로막아 깎아버리고 싶다는 말을 한 적이 있으므로, 자신의 말에 빗대어 쓴 표현이다.

295 반도: 동해 바다 섬 속의 신령스러운 큰 나무에서 난다는 선과仙果로, 3천 년에 한 알씩 열매가 달린다고 한다.

296 화조: 역시 선과로, 이것을 먹으면 능히 허공을 날아다닐 수 있게 된다고 한다.

297 〈문달 이광교에게 답함〉:《다산시문집》권19에 실려 있다. 앞서 11월 13일 이광교가 다산에게 편지를 보냈고, 다산이 여기에 답장을 보낸 뒤에, 12월 초쯤 이광교가 다시 편지를 보내오자, 여기에 대해 답한 글이다. 편지 뒷부분에 강학회에 대한 비난이 다산뿐 아니라 모임에 참여했던 이광교에게까지 미쳐서 후속 작업을 손대지 못할 정도였음을 암시하는 내용이 나온다.

298 〈북계 진사 윤취협에게 드림〉:《다산시문집》권19에 수록되어 있다. 1795년 9월 14일에 부여 그의 집을 방문해서 대화를 나눴던 다산이 이후 그에게 문안을 겸해 당시 자신을 격렬하게 비난하던 좌명左明이라는 사람에게 직접 만나 담판하겠다는 뜻을 전한 내용이다. 편지의 내용으로 보아 이 글은 다산이 11월 5일 봉곡사에서의 교정 작업을 마치고 금정역으로 돌아온 뒤에 쓴 것이다. 봉곡사에서《가례질서》를 함께 편집한 일을 두고, 다산의 의도에 대한 비난 여론이 인근에 퍼져나갔던 정황을 짐작할 수 있게 해주는 편지다.

299 목재 이공께서 …… 함께하였습니다: 온양 봉곡사에서 이삼환과 정약용 등 10여 명이 열흘간 성호의《가례질서》를 교정한 일을 가리킨다. 뒤이어 나오는 좌명 윤기환의 비난을 의식해서였는지, 다산은 윤취협에게 보낸 편지에서 자신의 주도로 이루어진 교정 작업을 마치 우연히 동참하게 된 것처럼 썼고, 참석 인원도 두세 사람이라고 줄여서 말했다.

300 매미 소리를 …… 그리워한다: 주자가 여백공에게 보낸 답서 중에 "수일 사이에 매미 소리가 더욱 맑으니 들을 적마다 고아한 풍조를 생각하지 않은 적이 없습니다〔數日來, 蟬聲益淸, 每聽之, 未嘗不懷高風也〕"라고 한 구절에서 따왔다. 이 대목은 다산의 〈도산사숙록〉에도 나온다.

301 좌명: 윤취협의 손자 윤기환(1763~?)을 가리킨다. 좌명은 그의 자다. 1789년

식년시에 장원으로 진사에 뽑혔다. 다산은 좌명이 윤기환의 손자인지 모르는 상태에서 그의 자만 듣고 윤취협에게 이 편지를 부친 것 같지는 않다. 윤기환이 술로 인해 크게 망발하여 사론士論의 배척을 받은 일의 전말은 다산이 강이원에게 준 편지 〈인백 강이원에게 보냄〉에 자세하다.

302 공고: 의정부의 삼정승과 좌우 찬성贊成과 참찬參贊을 아울러 일컫는 표현이다. 여기서는 계급장 떼고 토론해보자는 의미로 썼다.

303 〈인백 강이원에게 보냄〉:《다산시문집》권19에 실려 있다. 강이원은 본관이 진주, 자가 인백이다. 1786년 식년시로 급제했다. 1787년 이른바 정미반회 사건의 당사자다. 정약용 형제와도 가까워, 금정찰방 시절 그에게 보낸 편지가 문집에 실려 있고, 정약전 등과 함께 남산에서 노닌 이야기도 전한다.《일성록》1800년 3월 27일 기사에는 표表로 삼상三上을 맞은 진사 강이원과 부賦로 삼상을 맞은 진사 윤기환에게 곧장 회시 응시 자격을 주라고 한 내용이 나온다.

304 내 몸도 못 살핀다:《시경》패풍邶風 〈곡풍谷風〉에 "내 몸도 못 살피니, 떠난 뒤를 걱정하랴(我躬不閱, 遑恤我後)"라고 한 데서 나왔다. 이 시는 위衛나라의 풍속이 문란해 남편에게 버림을 당한 여인이 자신의 신세를 읊은 시다.

305 먹지 못하는 큰 과일:《주역》〈박괘剝卦〉에 나오는 말로, 모든 양효陽爻가 거의 다 없어지고 오직 상구上九 한 효만이 겨우 남아 있는 박괘의 상象이, 마치 과일나무 끝에 있는 한 개의 큰 과일을 사람들이 따가지 못해 겨우 달려 있는 것과 같다는 말에서 따왔다. 명맥만 간신히 남아 있다는 의미다.

306 〈만계 이승훈에게 보냄〉:《다산시문집》권19에 수록되어 있다. 이승훈에게 보낸 여섯 통의 편지 중 제1신이다.

307 마땅히 …… 할 것입니다:《손자孫子》〈군쟁軍爭〉에 "가까운 곳에서 온 군대로 멀리서 행군해오는 적을 기다리고, 편안한 군대로 피로해진 적을 기다리며, 배부른 군대로 굶주린 적을 기다리니, 이것이 병력을 다스리는 것이다(以近待遠, 以逸待勞, 以飽待饑, 此治力者也)"라고 한 데서 따왔다. 편히 쉬어 기운을 기르며 수세守勢를 취하다가 상대방이 피로해지기를 기다려 반격하자는 뜻이다.

308 이치훈(1759~1822): 이승훈의 동생이다. 자가 자화다.《눌암기략》과 《송담유

록》등에 실린 기록을 보면, 그는 당시 형 이승훈과 함께 수단 방법을 가리지 않고 공서파를 공격하고, 교활하고 음험한 행동을 밥 먹듯이 한 부정적인 인물로 그려져 있다.

309 김상홍, 〈다산의 퇴계학 사숙 고: 도산사숙록을 중심으로〉,《퇴계학연구》2, 단국대학교퇴계연구소, 1988. / 김언종, 〈도산사숙록 소고〉,《퇴계학보》87, 퇴계학연구원, 1995. / 정병련, 〈다산의 퇴계사숙과 연의 작성〉,《퇴계학보》86, 퇴계학연구원, 1995. / 백민정, 〈도산사숙록으로 본 다산의 퇴계 독법〉,《다산학》41, 다산학술문화재단, 2022.

310 정약용, 〈서암강학기〉,《다산시문집》권21. "國鎭問: '後世道問學, 却多弊端. 就尊德性上益用力何如?' 木齋曰: '退溪嘗云: 寒暄之學, 踐履雖篤, 其於道問學工夫恐未盡. 夫以寒暄之賢, 而退溪責備如是, 則亦豈可以踐履自命, 而放過於道問學一邊. 但才氣發越者, 托於道問學, 而肆其穿鑿之智, 識趣鹵莽者, 托於尊德性而安其混濁之病, 若能隨其所不足而各自勉勉, 則庶乎其彬彬也.'"

311 이재기, 앞의 책, 85면. "姜履元, 薄有能幹, 好言論. 諂附頤叔, 以致聲譽於一世, 氣勢堂堂. 而爲人陰鷙, 且使酒不可近. 時稱相門貴宅者, 搢紳則季受, 章甫則有履元, 極可笑也."

312 이재기, 앞의 책, 114-115면. "尹上舍箕煥, 湖右奇士也, 以文識名. 大責李仁行, 柳晦文于泮齋, 曰尒嶠南人, 行己又卑陋, 曰造相門何爲哉, 雖無蔡伯規, 吾儕不得爲南人耶. 於是姜履元, 招集徒黨, 欲發文討之, 尹聞之大恐, 免冠謝罪, 爲一時笑咄."

313 정약용, 김언종 역주,《혼돈록》(실학박물관, 2014), 318면. "謫居以來, 唯黃昏一刻最苦意."

314 강세정, 앞의 책, 77면. "辛亥以後, 樂敏致薰, 最爲巧惡. 故以挾雜禍心之目, 指斥斥邪之人. 而正論者寡, 邪學者多. 所謂知舊, 畏其氣焰, 訾謗朋興."

315 강세정, 앞의 책, 56면. "其弟致薰與樂敏, 其中最巧惡者也. 斥邪堂堂正論, 不可以斥邪攻擊, 故將欲以誣人之罪搆捏."

316 이재기, 앞의 책, 75-76면. "李致薰, 承薰弟也. 自兒時, 頗機警, 善觀人眉睫間氣. 以布衣附麗李晢, 訪納外間事. 受密旨, 赴其父寧越任所, 按治橫城獄. 及平澤儒疏出, 孺文在灣府, 承薰在平澤, 獨自斡旋於上下, 一日之間, 轉禍爲福. 自是驕橫一世, 遇

事無難, 見者無不側目. 時致薰晨出暮入, 靑驪新自灣府來者, 未數日而斃云."

317 이재기, 앞의 책, 150-151면. "丁若鏞李致薰, 雖有護邪之罪, 本不以邪賊治之. 丁入鞠廳, 詳陳諸賊行凶諸節, 或請辟人, 告以譏捕鉤覈之要. 語及兩兄, 必俯首垂泣, 委官爲之動色. 李語言閃忽, 欲自明其斥邪之事, 多暴乃兄隱處, 參鞠諸人, 視之若狗彘. 是以丁李之受刑, 輕重懸殊云."

318 왕통: 자는 중엄仲淹, 시호가 문중자다. 당나라 왕발王勃의 조부로, 어려서부터 준민俊敏하여 시·서·예·역에 통달했고, 스스로 유자儒者임을 자부해 강학에 힘을 쏟았다. 문하에서 당의 명신 위징魏徵·방현령房玄齡 등이 나왔다. 문제文帝에게 '태평10책太平十策'을 상주했으나 채택되지 않았고, 다음 양제煬帝로부터는 부름을 받았으나 응하지 않은 채《문중자文中子》(10권)를 세상에 남겼다.

319 '변명하지 말라'였다더군요: 어떤 이가 비방을 그치게 하는 방법을 물으니, 문중자가 "자신을 수양하는 것만 한 것이 없다"라고 하자, 그 사람이 다시 한마디를 청하니, "변명하지 않는 것이다"라고 했다는 이야기가《격몽요결》〈접인장〉에 실려 있다.

320 옛사람의 시: 송나라 때 왕안석이 "더없이 큰 재앙이 잠깐 참지 못한 것에서 일어난다. 말 한 마디, 행동 하나를 조금 참지 않으면 마침내 여러 해 동안 발디딜 곳이 안정되지 않을 것이다"라고 하고 경계 삼아 지었다는 시다.《오주연문장전산고五洲衍文長箋散稿》경사편 권1의 〈인자변증설忍字辨證說〉에 나온다.

321 풍성의 보검: 오吳나라 때 두우斗牛, 즉 북두성과 견우성 사이에 늘 보랏빛 기운이 감돌기에 장화張華가 예장豫章의 점성가 뇌환雷煥에게 묻자, 풍성에 있는 보검의 빛이라 하였다. 이에 뇌환을 풍성령豐城令으로 삼자, 뇌환이 부임해 오래된 감옥의 땅속에서 용천龍泉과 태아太阿 두 보검을 발견해 한 자루는 자기가 갖고 한 자루는 장화에게 주었다고 한 데서 나온 말이다.《진서晉書》권36 〈장화열전張華列傳〉에 나온다.

322 산음 땅 눈 속의 배: 진나라 때 왕헌지王獻之가 산음에 살 때 밤중에 눈이 개고 달이 밝아 혼자 술 마시며 좌사左思의 초은시招隱詩를 읊었는데, 문득 섬계剡溪에 있는 대안도戴安道가 그리워 작은 배를 저어 문 앞까지 갔다가 그냥 되돌아왔다. 사람들이 왜 만나보지 않았느냐고 묻자 대답하기를 "흥을 타고 왔다

가 흥이 다해 돌아가니, 어이 군이 안도를 만나보랴(乘興而來, 興盡而去, 何必見
安道)”했다고 한다.《초학기初學記》에 나온다. 여기서는 겨울에 불쑥 방문하겠
다고 한 약속을 가리킨다.

323 〈목재 이삼환 선생께 올리는 글〉:《다산시문집》권19에 수록된 제4신이다. 열
흘간의 서암강학 모임에서 돌아온 뒤 다산은 몸살을 앓았던 듯하고, 이후 정
신을 수습한 뒤인 11월 하순경 이 편지를 이삼환에게 보낸 듯하다. 위 이삼환
의 편지는 다산의 이 편지에 대한 답장이다.

324 그 유언비어를 …… 자입니다: 서암강학 모임 이후 인근 남인 사족 일각에서
유언비어를 꾸며 이삼환이 다산에게 놀아났다며 이삼환을 협박하는 일까지
있었던 듯하다.

325 윤필병(1730~1810): 본관은 파평坡平, 자는 이중彛仲, 호가 무호암無號庵이다.
사마시를 거쳐 1767년(영조 43) 정시 문과에 병과로 급제했다. 1786년(정조 10)
에는 친림춘당대 중시重試에 병과로 급제해 당상관이 되었다. 1806년(순조 6)
신유옥사 때 관직을 추탈당한 채제공의 신원을 청한 승지 심규로에 동조해 한
치응 등과 함께 연합해 상소했다가 삭출되었다. 다산은 1796년 윤필병에게
보낸 시 〈종려 윤필병 참판께 받들어올리다(奉簡棕廬尹參判弼秉)〉의 주석에서
“윤공尹公이 우리 선군先君과 동년 동월생이어서 윤공이 예전 용진에 계실 때
매번 생일이 되면 두 분께서 술을 싣고 서로 찾았었다(尹公與先君同年同月生,
尹公舊在龍津, 每値生日, 兩公載酒相過)”라고 쓴 일이 있다.

326 구양수가 …… 이르자: 구양수가 좌천되어 저주태수滁州太守로 있으면서 지은
글이 그곳에서 생산되는 십번지十番紙에 쓰여서 낙양에 전해지자 사람들이
다투어 읽었다는 뜻이다. 원문의 ‘구구歐九’는 구양수가 아홉째 항렬이어서 나
온 호칭이다.

327 당간의는 …… 못하였으니: 당나라 때 간의대부諫議大夫 유분劉蕡(?~848)이 환
관의 발호를 막을 것을 직언하다가 그들의 무고로 유주柳州 참군參軍으로 쫓
겨나 그곳에서 객사한 일을 두고 한 말이다.

328 정약용, 〈둘째 형님에게〉,《다산시문집》권20. “僅說以今所見, 使得任意刪拔, 恐
與武成相同. 十行廿字, 不過七八冊, 似何了當. 疾書亦必然矣. 向於箋易之時, 取見

周易疾書, 亦多不可不採錄者. 若採而錄之, 可得三四張. 他經必十倍於此, 但禮式不但失之太儉, 其違於今俗, 而無據於古禮者, 不可勝數. 此書若廣布, 入於識者之眼, 大段未安, 此將奈何?"

329 참의공: 다산의 5대조인 정시윤(1646~1713)을 가리킨다. 자는 자우子雨, 호는 두호斗湖로, 식년시 문과에 을과로 급제하고 필선弼善·병조참의를 지냈다.

330 참소하는 …… 기이하지 싶네: 원문의 처비萋斐는《시경》소아小雅〈항백巷伯〉편에 "알록달록 아름답게 조개무늬 비단이 짜였네. 저 남을 참해하는 자여, 너무 심하게 하였도다(萋兮斐兮, 成是貝錦. 彼譖人者, 亦已大甚)"라 한 데서 나왔으니, 간사한 말로 남을 참해한다는 뜻이다.

331 자웅 허복 집안의 일: 허복은 1795년 10월 12일 정조의 특명으로 복과된 경신대출척 당시 영의정을 지낸 허적許積의 5대손이다.《정조실록》과《일성록》1795년 10월 17일 기사에 허적과 김성탁金聖鐸의 복권에 대한 논의가 자세히 나온다. 허복은 당시 충주의 유생으로 연로輦路에서 상언上言해 5대조 허적의 복관을 청했다. 다산의 〈매장오석충묘지명〉의 첫 대목에 1795년 봄 허복이 명례방으로 자신을 찾아와 회면하고 목놓아 울었던 일을 적은 바 있다.

332 빙함: '청귀淸貴한 관직'을 뜻한다. 송나라 때 진팽년陳彭年(961~1017)이 한림원翰林院에 있으면서 10여 가지 청직淸職을 겸했는데, 겸임한 관직이 모두 문한文翰의 직임이었으므로, 당시 사람들이 그의 관직을 일러 '한 줄기의 얼음〔一條冰〕'이라고 칭한 데서 온 말이다. 한 줄기의 얼음이란 얼음처럼 깨끗하다는 뜻이다.

333 어찌 …… 않겠는가: 가까운 친구의 좋은 일에 대해 함께 기뻐하는 것을 말한다. 육기陸機의 〈탄서부歎逝賦〉에 "참으로 소나무가 무성하니 잣나무가 기뻐하고, 아 지초가 불에 타니 혜초가 탄식하네(信松茂而柏悅, 嗟芝焚而蕙歎)"라고 한 데서 유래했다.

334 〈소릉 이가환께 올림〉:《다산시문집》권18에 실려 있다.

335 겨울에 우레가 …… 하더군요: 겨울에 우레가 치면 신하들에게 구언求言함이 예전의 관례였다. 1795년 10월 2일과 17일《정조실록》기사에 정조의 뇌이구언雷異求言 기사가 나온다. 이에 각각 여러 명의 대신이 진면陳勉 또는 진계陳

戒의 상소를 올렸다. 10월 3일 대사간 한용구, 10월 6일 정언 이안묵과 장악
원정 조진정이 올린 상소에 사학邪學과 관련한 성토가 들어 있다. 다산이 편
지에서 언급한 것은 10월 6일 정언 이안묵의 상소다.

336 금정찰방이 …… 말한다고 합니다: 다산이 금정찰방으로 내려가서 공을 세워
입지를 다지기만 하면 금방 서울로 불러올려 높은 관직에 올리려 한다고들
말한다는 뜻이다.

337 제 자와 …… 못한 채: 제帝와 호虎의 초서草書 글자 모양이 서로 비슷하므로
이를 분간하지 못해 혼동할 정도로 무식하다는 의미다.

338 또한 안타깝지 않겠습니까: 누구를 지칭해서 한 말인지 분명치 않다. 당시 허
적의 복관 문제로 조정의 의론이 시끄러웠으므로 복관을 반대한 무리를 두고
한 말로 보인다.

339 허적(1610~1680): 본관은 양천陽川, 자는 여차汝車, 호가 묵재 또는 휴옹休翁이
다. 1633년(인조 11) 사마시를 거쳐, 1637년 문과에 급제한 후, 여러 조의 판서
와 우의정·좌의정을 거쳐 영의정에 올랐다. 1680년 숙종에게 궤장几杖을 하
사받고 기로소에 들어갔으나 조부 허잠許潛의 시호를 맞이하는 연회에서 궁
중의 장막을 허락 없이 사용한 사건과 아들 허견의 역모 사건에 연좌되어 관
직이 삭탈되고 사사되었다. 1689년 기사환국 때 숙종이 그의 관작을 추복追復
했다. 그 뒤 1694년에 갑술옥사로 인해 정국이 크게 바뀌면서 다시 관작을 추
탈당했고, 다시 1795년(정조 19) 10월 12일에 신원되어 관작이 회복되었다.

340 붉은 윤음: 원문의 단륜丹綸은 붉은 종이에 쓴 임금의 윤음이다. 보통 한 장에
열 줄씩 쓰는지라 '십행十行'이라고도 한다.

341 자주 조서: 원문의 '자고紫誥'는 비단주머니에 담아 자니紫泥로 입구를 봉한
뒤 인장印章을 찍어서 반포하는 임금의 조서를 가리킨다.

342 주공인 양 …… 보살피셨고: 원문의 원성元聖은 주나라 주공周公을 말하고 어
린 임금은 무왕武王의 아들이자 그의 조카인 성왕成王을 가리킨다. 어린 나이
에 왕이 된 성왕을 주공이 도와 섭정을 했던 것처럼 허적 또한 탁고대신托孤大
臣으로서 어린 왕인 숙종을 잘 보좌했다는 의미로 썼다.

343 이오처럼 …… 되었네: 이오는 춘추시대 제齊나라의 명상名相인 관중管仲의

이름이다. 환공桓公으로부터 숙부叔父의 칭호를 들으며 부국강병의 정치를 이룩해 제후를 규합하고 천하를 통일함으로써 환공으로 하여금 춘추시대 오패五霸의 으뜸이 되게 만들었다. 곧 허적도 관중처럼 뛰어난 정치 역량을 지니고 숙종의 존경을 받았다는 의미다.

344 수레 얻음 …… 것이니: 수레를 얻는다는 것은 《주역》 박괘剝卦의 "상구는 큰 과일은 먹지 않는 것이니 군자는 수레를 얻고 소인은 집을 헐릴 것이다[上九, 碩果不食, 君子得輿, 小人剝廬]"에서 나온 말로, 숙종 때 허적이 만백성이 우러러보는 영상이 된 것은 선왕 현종의 뜻에 의한 것이었다는 의미다.

345 왕돈에 가깝고 보니: 왕돈은 진나라 임기臨沂 사람인데, 그의 종형從兄 왕도王導와 함께 원제元帝를 적극 추대해 요동대장군 겸 도독육주제군사遼東大將軍兼都督六州諸軍事가 되었다가 강주자사江州刺史와 형주자사荊州刺史를 지냈다. 나중에 권력을 잡고서는 군사들을 휘하에 거느리고 왕을 조알朝謁하지 않음으로써 조정을 좌지우지할 계획을 갖고 있다가 결국 반란을 일으켜 조정에 들어가 스스로 승상이 되었다. 원제가 죽은 뒤에 물러나 있다가 또 반란을 일으켜 군사를 지휘하던 중 병으로 죽어 시신의 목이 잘려 저잣거리에 내걸렸다. 《진서》 〈왕돈전〉에 나온다. 허적이 사사된 일련의 일이 왕돈의 경우와 비슷하다는 오해를 받았다는 뜻이다.

346 석작 …… 어려웠었지: 석작은 춘추시대 때 위衛나라의 대부다. 그의 아들 후厚가 자기의 경계를 듣지 않고 공자 주우州吁와 밀접한 관계를 맺고서 환공을 죽이고 주우를 왕으로 추대할 계책을 꾸미자, 그들을 진陳나라로 유인해 죽인 뒤에 공자 진晉을 맞아들여 왕으로 세웠다. 허적의 아들 견堅이 궁중에 출입하며 인평대군麟坪大君의 세 아들인 복창군福昌君·복선군福善君·복평군福平君과 교분을 맺고 복선군을 왕으로 추대하려는 역모를 꾸민 일이 허적 자신과는 아무런 관계가 없어 석작의 경우처럼 결백했는데도 그 사실을 인정받지 못했다는 의미다.

347 증자 …… 없지 않지만: 증자가 비읍費邑에 있을 때 그와 성명이 같은 사람이 사람을 죽인 일이 있었는데, 어떤 자가 베를 짜고 있던 증자 어머니에게 "증삼曾參이 사람을 죽였답니다"라고 알리자, 내 자식이 그럴 리가 없다며 믿지

않고 계속 베틀에 앉아 있다가 세 번째 다른 사람이 또 와서 똑같은 말을 하니, 진짜로 믿고 겁이 나 도망간 일이 있었다. 허적이 자기 아들 허견의 소행에 대해 증자 어머니와 같은 애정이 있던지라, 처음에는 사실로 믿지 않았다는 의미다.

348 누가 송조 …… 칭찬하리오: 송조는 춘추시대 때 미남으로 이름난 송나라 공자 조朝인데, 위衛나라에 벼슬해 대부大夫를 지내면서 위나라 영공靈公의 부인인 남자南子와 간통했다. 곧 허견을 송조에게 견줘 허견의 행위가 옳지 않았음을 밝혔다.

349 단서: 공신첩을 말한다. 한나라 고조 유방이 제후를 분봉하면서 나눠주었던 증표에서 나왔다. 쇳조각에 붉은 글씨로 공적을 기록해 부절처럼 반을 떼어주었으므로 단서철권丹書鐵券이라고도 한다.

350 자기 팔을 끊는 방법: 연루됨을 피하려고 피해를 감수하고 제 팔뚝을 먼저 잘라내 상대를 손절했다는 뜻으로, 비웃음의 의미가 담겨 있다. 1679년 한성부좌윤 남구만이 허적의 서자 허견이 남을 폭행하고 부녀자를 강탈한 죄를 처벌하라는 상소를 올렸다가, 임금을 속인 죄로 유배되자, 판중추부사 허목이 영의정 허적의 전횡을 비판하며 "남구만은 귀양 가고 허견은 끝내 무사하였다"라고 지적해 양측의 사이가 벌어졌다. 이후 1680년 허적이 사사되었을 때도 허목은 허적을 끝내 두둔하지 않았다. 이를 두고 남구만이 '장사단완법壯士斷腕法'이라고 조롱한 말을 다산이 남인의 입장에서 비판한 것이다.

351 철안: 증거가 확실해 번복할 수 없는 사건이나 사안이라는 뜻으로, 허적이 생전에 쌓은 공적이며 올바른 행실 등을 말한다.

352 풍륜만 살펴보았지: 풍륜風輪은 천체天體 또는 세월의 뜻으로 썼다. 당나라 방간方干의 시 〈제야除夜〉에 "옥루는 모름지기 새벽까지 이르고, 사시는 불며 돌아 풍륜에 맡기누나(玉漏斯須即達晨, 四時吹轉任風輪)"라고 했다. 허적이 제대로 된 평가를 받을 날을 오래 기다려왔다는 의미로 썼다.

353 오아는 …… 빈곤하다네: 오아는 춘추시대 때 초나라의 명재상 손숙오孫叔敖의 아들을 말한다. 재상 손숙오가 죽은 뒤에 그의 아들이 가난해 떠돌아다니므로 배우 우맹優孟이 그를 흉내 내 초 장왕莊王의 마음을 움직여서 벼슬을 내

렸다. 명재상 손숙오의 아들이 한때 극히 궁했던 것처럼 영상을 지낸 허적의 자손이 나무꾼 신세처럼 빈한하게 살고 있다는 의미다.

354 애영: 생전과 사후 모두 영광스럽다는 말이다. 《논어》〈자장〉에 "살아서는 사람들이 모두 존경하고, 죽어서는 사람들이 모두 애통하게 여긴다(其生也榮, 其死也哀)"라고 한 데서 나왔다. 여기서는 허적을 복권시켜 세상이 그의 죽음을 애통하게 여기도록 했다는 뜻이다.

355 간지 겹쳐 …… 감격스럽다: 정조가 허적을 복권시킨 이해 1795년은 을묘년인데, 1675년(숙종 원년)도 을묘년이었기 때문에 이렇게 말한 것이다.

356 훗날의 …… 대할까: 1680년 경신년에 허견의 역모 사건으로 인해 남인 일파가 대거 실각하였으므로 하는 말이다.

357 〈번암 채제공 상공에 올리는 글〉: 《다산시문집》 권18에 수록되었다. 편지 중에 유즙지정膿戢之政, 즉 '이끌어서 그만두게 하는 정사'는 천주교 신자들을 바른길로 인도해서 신앙생활을 그만두게 하는 감화의 정사를 가리킨다. 이 편지는 다산이 12월 들어 천주교 신자 검거를 모두 마친 뒤, 서울로 돌아가기에 앞서 채제공에게 그간의 일을 보고하면서 안부를 물은 내용이다. 은연중 할 일을 마쳤으니 이제 그만 올라가게 해달라는 뜻이 담겨 있다.

358 채일인: 8월 5일자 일기에 나오는, 어자곡에 사는 채준공을 가리킨다.

359 〈만계 이승훈에게 보냄〉: 《다산시문집》 권19에 수록된 편지다. 여섯 통 중제3신이다.

360 〈관찰사 유강에게 보냄〉: 《다산시문집》 권18에 실려 있다. 세 통 중 제3신으로, 12월 16일을 전후해서 보낸 편지다.

361 〈계수 이익운에게 답함〉: 《다산시문집》 권18에 실려 있다. 12통 중 제6신이다.

362 이안묵 상소, 《정조실록》 1795년 10월 6일. "近聞都城之內, 其徒寔繁, 不獨一種士族輩爲然. 閭巷小民, 亦多誘入, 甚至挈眷往從, 空其家舍者, 在在有之. 臣又聞於南來之人, 則湖西南兩道之間, 其說尤盛, 或數百家大村, 靡然皆惑, 打成一片. 噫嘻! 此何景象, 此何變故? 近日章奏之間, 語及於此者, 非止一再, 而國家一味沁泄, 不思所以革治之道. 縱有一二人之外補, 或投界者, 而必置之於邪說盛行之地, 此誠所謂抱薪而抹火也. 彼蹈兵刃如樂事, 就桁楊如福地者, 其肯視此而懲畏耶."

363 정약용, 〈매장오석충묘지명〉, 《다산시문집》 권15 참조.

364 정조, 《홍재전서弘齋全書》 권47, 〈判忠州幼學許渡上言〉. "黨禍痼而人無自立之定見, 百有餘年之間, 事關故相, 置之不須提之科. 是豈義也理也哉! 苟使故相懷二心而有異跡, 則如故大司憲李翊相, 故大司諫金萬重, 何以將順於減律之際乎? 恐傷則哲之聖教, 亦有可以分明仰認者. 況今年何年! 卽我聖祖初元之再周甲也. 以伊時爲院相者, 若於此年, 得蒙需典, 此亦仰體中一事."

365 포폄제목: 관찰사가 지방관의 고과를 평정해 임금에게 올리는 포폄계본褒貶啓本에 상·중·하로 성적을 매김과 동시에 그 근거를 4자字 1구句 내지 2구로 요약해 기록한 것을 말한다.

366 이정운(1743~1800): 본관은 연안, 자는 공회公會, 호가 오사다. 신창 출신으로 1769년 정시 문과에 병과로 급제했다. 검열·정언·지평 등을 거쳐 1781년 충청도암행어사가 되고, 1784년 서장관으로서 사은사謝恩使 박명원朴明源 등과 함께 청나라에 다녀왔다. 그 뒤 승지 등을 지내다가 한때 안치되었고, 1796년 충청도관찰사, 이듬해 함경도관찰사, 1800년 형조판서가 되었다. 문명이 높았고 시호는 정민貞敏이다. 예조판서를 지낸 이익운의 형으로, 형제가 모두 다산과 가까웠다.

367 황주의 …… 알아주리: 황주는 중국 호북성湖北省의 지명이고 고각은 군중에서 사용하는 북과 나팔이다. 소동파가 무창산을 지나다가 쓴 시에서 "황주의 고각 소리 그 또한 다정하다. 남쪽 올 때 날 전송해 먼 길 마다 않았었지〔黃州鼓角亦多情. 送我南來不辭遠〕"라고 한 구절에서 따왔다. 한때 자리 잡고 살던 곳을 막상 떠나게 되어 못내 아쉽다는 뜻이다.

368 도목정사: 해마다 음력으로 6월과 섣달에 벼슬아치의 성적이 좋고 나쁨에 따라서 벼슬자리를 떼어버리거나 더 좋은 데로 올리거나 하던 일.

369 채홍규(1748~1797): 자가 이순이다. 시문에 능했고 글씨를 잘 썼다. 부친은 채지공, 조부는 채응겸蔡膺謙이다. 채제공과는 칠촌간이다. 채홍선이 그의 아우다.

370 광시점: 금정도金井道에 속한 11개의 관할 역 가운데 하나로, 대흥현大興縣 남쪽 19리 지점에 있었다.

371 평집: 누군지 알 수 없다. 다산이 이승훈에게 보낸 편지 〈만계 이승훈에게 보

냄〉에 다산이 금정찰방 직임을 마치고 상경할 당시 다산과 동행한 인물로 다시 나온다.

372 요로원: 충남 아산시 음봉면 신정리에 있던 원역이다. 예전 충청수영으로 가는 길인 어르목고개 넘어 있었다.

373 박종우(1745~?): 본관은 반남, 자가 의보儀甫다. 1792년 식년시에 생원으로 급제했다. 1795년 12월 2일 예산현감에 부임해 1798년 7월 20일까지 재직했다.

374 갈원: 삼남대로 평택 구간의 가장 대표적인 원院으로, 진위현 읍치에서 20리 거리에 위치했다. 지금의 평택시 칠원1동 주막거리에 있었다.

375 유천점: 수원시 상유천上柳川과 하유천下柳川 인근에 있던 원역이다. 이인상李麟祥이 그곳 풍경을 그린〈유천점봉로도柳川店逢爐圖〉가 남아 있다.

376 갈산점: 광주군 의곡면 손리에 속한 마을로 지금의 안양 평촌동에 있다. 조선시대에는 한양에서 과천-인덕원 길로 갈 경우, 수원을 가기 위해 반드시 거쳐야 하는 지점이었다.

377 〈목재 이삼환 선생께 올리는 글〉:《다산시문집》 권19에 실린, 이삼환에게 다산이 보낸 여섯 통의 편지 중 제6신으로, 다산이 금정에서 상경한 뒤 보낸 안부 편지다. 〈서암강학기〉를 보면 12월 28일에 이삼환이 다산에게 보낸 답장의 한 도막이 실려 있다. 이 답장은 다산이 제6신을 보내기 전에 보낸 제5신의 질문 문목에 대한 답변이다. 다산의 제6신에 대한 이삼환의 답장은 남아 있지 않다.

378 가야산: 충청남도 예산군 덕산면에 있는 산이다.

379 기뻐하기만 …… 않은 죄 :《논어》〈자한子罕〉에서 "바른 소리로 일러주는 말을 따르지 않을 수 있겠는가? 그러나 그 뒤에 잘못을 고치는 것이 귀중하다. 완곡하게 이끌어주는 말을 좋아하지 않을 수 있겠는가? 그러나 그 뒤에 그 말을 헤아려보는 것이 귀중하다. 좋아하기만 하고 헤아려보지 않거나 따르기만 하고 잘못을 고치지 않는다면 나도 그런 사람은 어떻게 할 도리가 없다(法語之言, 能無從乎? 改之爲貴. 巽與之言, 能無說乎? 繹之爲貴. 說而不繹, 從而不改, 吾末如之何也已矣)"라고 했다. 이삼환의 가르침에 기뻐하기만 하고, 그것을 헤아려 실천하지는 못했다는 뜻으로 한 말이다.

380 〈오사 이정운께 답함〉:《다산시문집》권18에 수록된 편지다. 1795년 금정에서 상경한 직후, 해가 바뀌기 전인 연말에 새로 충청도관찰사로 임명되어 임지로 떠나는 이정운에게 보낸 편지다. 내용을 보면, 당시 동생 이익운과 정조 사이에 오간 대화를 통해, 정조가 다산이 금정에서 이존창을 검거한 공로를 가지고 다산에게 면죄부를 주어 관직에 다시 올리려 한다는 이야기를 전해듣고, 이존창 검거를 자신의 공으로 돌리면 안 된다는 뜻을 강한 어조로 피력한 편지다. 다산이 이익운에게 먼저 거부의 강력한 뜻을 전했고, 새로 충청도관찰사로 내려가는 이정운에게 처음 임금께 올리는 계문啓聞에 이존창 검거와 관련한 공을 만에 하나 자신에게 씌울 경우, 상소를 올려 강력하게 거부할 테니, 이렇게 되면 서로 모양이 우습게 되지 않겠느냐고 만류한 내용이다. 정조와 이정운·이익운 형제가 함께 다산의 복귀 시나리오를 다 짜놓은 상황에서 정작 당사자인 다산 자신이 이토록 강력하게 반발할 줄은 누구도 생각지 못한 구도였다. 당시 다산은 이존창 검거에 자신이 직접적인 역할을 하지 않았음을 극력 피력했다. 편지만으로 보면 기찰포교가 이미 이존창이 숨어 있던 성주산의 거처를 확인한 뒤, 다산이 장교와 병졸 각 1인만 데리고 가서 그를 붙잡아온 것이어서, 애초에 검거 과정에 자신의 역할이 없었다고 말한 것이다. 하지만 이것은 사실이 아니다.

381 〈계수 이익운에게 답함〉:《다산시문집》권18에 실려 있다. 12통 중 제7신이다. 이익운이 한 번 더 다산에게 임금의 뜻을 받을 것을 종용하는 편지를 보내오자, 여기에 대해 확고한 자신의 뜻을 밝혀 전달한 내용이다. 편지 중에 '세모'라고 하였으니, 충청도관찰사로 부임해가는 이익운의 형 이정운이 장계의 초고를 작성해서 내려가라고 한 정조의 당부를 다산이 계속해서 거부하자 이익운이 다시 다산에게 설득하는 편지를 보냈고, 여기에 다시 거절의 뜻을 담아 답장한 내용이다.

382 〈만계 이승훈에게 보냄〉:《다산시문집》권19에 실려 있다. 이승훈에게 보낸 여섯 통 중 제4신에 해당한다. 금정을 떠나 상경하면서 예산의 이승훈에게 들러, 먼저 상경하게 된 인사를 건넨 이야기를 썼다. 편지는 상경 후에 위로와 안부를 묻는 내용이다. 이 편지에도 '평집'이라는 인물이 등장하는데, 누군지

확인되지 않는다.

383 〈강유사〉:《시경》소남召南에 실린 시다. "강에 작은 모래섬이 있거늘 이 여자가 시집갈 적에 나를 데리고 가지 않았도다. 나를 데리고 가지 않았으나 그 뒤에는 편안히 거처하도다[江有渚, 之子歸, 不我與. 不我與, 其後也處]"라고 했는데, 〈모서毛序〉에서는 "〈강유사〉는 잉첩媵妾을 찬미한 시이니, 수고롭되 원망하지 아니하여 적처嫡妻가 잘못을 뉘우치게 한 것이다"라는 풀이가 있다. 자기만 먼저 올라오게 되어 미안하다는 뜻으로 말한 내용이다.

384 정규영, 앞의 책, 67면. "上謂承旨李益運曰: '丁某之設計執賊事, 不可泯. 其心跡宜暴白. 卿兄到界後, 卽具由狀聞可也. 予當因加褒獎, 以圖甄用矣. 狀啓須與丁某相議搆草, 使卿兄持去也.'"

385 정규영, 앞의 책, 같은 부분. "恩念誠罔極. 然捕賊受賞, 天下大恥也. 不但吾無以起草, 若有狀聞, 吾與伯氏公, 當自此相絶矣."

죽란일기

1 규개일: 28수 중 15번째 별인 규성奎星은 문운文運을 의미하는데, 이 규성이 길한 방위인 개문방開門方과 겹치는 날이 규개일이다. 이날 아이를 잉태하면 현인이나 학자를 낳는다고 한다.

2 오태증: 본관은 해주, 대제학을 지낸 오도일吳道一의 후손으로, 부친은 오언사吳彦思다. 1793년 제술과에 급제했다. 벼슬은 한림과 검열을 지냈다.

3 〈이서 윤규범에게 줌〉:《다산시문집》권18에 수록된 편지다. 윤규범에게 준 다섯 통 중 제2신으로, 금정에서 올라온 직후인 1796년 1월에 쓴 편지다. 당시 다산의 심회가 잘 드러나 있다.

4 윤지눌(1762~1815): 본관은 해남, 자가 무구다. 1790년 알성시에 급제해 승정원주서 등을 역임했다. 같은 해 10월 3일 평안남도 상원군수에 임명되어, 1791년 6월까지 재임했다.

5 중화척: 음력으로 2월 초하루를 중화절이라고 한다. 삭일朔日이라고도 했다. 이날 중화척을 재집宰執과 시종신侍從臣에게 나눠주었다.《경도잡지京都雜志》에는 "주상께서 병진丙辰에 중화척을 재상과 시종에게 내려주었다. 이 자는

반죽班竹과 붉게 물들인 나무(紅染木)로 만드는데, 중화척을 내리는 제도는 중화절의 고사故事를 본받아 실행한 것이다"라고 했다. 우리나라에서는 1796년(정조 20)에 처음으로 중국의 풍습을 본떠 임금이 중화척을 나눠줌으로써 중화절이 비롯되었다. 중화척은 바느질할 때 사용하는 것보다 작은 자로, 얼룩점이 있는 대나무나 붉게 물들인 나무를 깎아서 만들었다. 백성들을 공평하게 다스려 하늘의 뜻에 어긋남이 없도록 하라는 의미를 담았다.

6   어제:《홍재전서》권7에 '중춘 초하룻날 공경과 근신에게 자를 하사하여 중화절의 고사를 다시 행하고, 시를 붙여 은총을 내리다(春仲朔日, 頒公卿近臣尺, 修中和節故事, 帶詩以寵之)'라는 제목으로 실려 있다.

7   진흙 봉해: 한나라 때 황제가 내리는 조서를 붉은 진흙으로 봉한 데서 나온 말. 일반적으로 임금이 내린 글이란 의미로 썼다.

8   북극성에 …… 뭇별 향하고: 작은 눈금들이 큰 눈금들을 기준으로 잘 놓여 있다는 뜻이다.

9   기장 포개 …… 맞추는도다: 누서黍의 누는 기장 낟알 10개의 길이이고, 서는 기장 낟알 1개의 길이이다. 황종은 12율律 가운데 하나로 소리가 가장 크고 웅장한 것인데, 기장을 포갠 길이로 기준을 정했으므로 한 말이다. 기장이 악률에 맞는다는 것은 눈금이 법도대로 잘 배치되어 있다는 말이다.

10 한제가 …… 잡던 날: 한 고조 유방이 포의의 신분으로 삼척검을 잡고 천하를 얻은 일을 가리킨다.《사기》〈고조본기〉에 나온다. 무력과 용기의 상징으로 쓰는 표현이다.

11 진등이 …… 그 모습: 삼국시대 위나라 진등의 고사. 허사許氾가 유비劉備와 함께 이야기를 나누던 중, 자기가 전에 진등을 찾아갔더니, 진등이 자신은 높은 와상에 올라가 눕고 손님인 자기를 아래쪽 와상에 눕게 하더라고 했다. 그러자 유비가 "나 같았으면 백척루 위로 올라가 눕고, 그대는 땅바닥에 눕게 했을 것이다"라고 했다는 고사에서 따왔다.《삼국지三國志》위서魏書〈진등전陳登傳〉에 나온다. 하지만 경련頸聯에서 한 고조와 삼척검, 진등과 백척루를 말한 것은, 그 내용보다는 '척尺'자가 들어간 일을 뽑은 것이다.

12 산룡 무늬 …… 허락하노라: 산룡의 무늬는 임금의 곤룡포에 수놓는 것이니,

하사하는 자로 비단을 마름질해 곤룡포에 아름다운 수를 놓아달라고 당부한
것이다. 자신을 잘 보좌해달라는 뜻을 이렇게 표현했다.

13 정약용, 〈유자삼동예명〉, 《다산시문집》 권17. "乙卯秋, 余謫金井, 歸而歲除. 越
明年卽嘉慶丙辰正月, 日維奎開, 夫人有身, 以十一月五日擧一男. 以新歸而娠, 又鍾文
明, 而將末出也. 有是三喜, 呼曰三童."

14 정약용, 〈자찬묘지명〉, 《다산시문집》 권16. "其後金履永, 又補金井察訪, 還白:
'鏞在金井, 誠心牖戢, 且居官廉謹.' 沈煥之奏曰: '丁鏞因軍服事, 特命停望, 至今未解.
其人旣可用, 且於金井多所牖戢, 請復收用.' 上允之. 丙辰春, 因刑曹錄啓, 下諭曰:
'近聞筵臣言, 內浦一帶, 爲外補察訪誠心敎戢, 有刮目之效, 特賜中和尺.' 仍降御詩
二首, 令鏞廣進." 《시암선생언보》에도 같은 내용이 실려 있다.

15 3월 7일: 실제로는 3월 2일의 오기로 보인다. 《정조실록》 권44 1796년 3월
2일자에 "마침내 숙묘와 영묘 양조의 〈지감志感〉 시의 운자를 삼가 차운하여
짓고, 배향한 제신 및 황조인 자손과 본조 충신의 자손에게 명하여 화답해 올
리게 했는데, 여러 배향한 제신이 156인이었다〔遂敬次肅廟英廟兩朝志感韻, 命
陪享諸臣及皇朝人子孫本朝忠臣子孫廣進, 凡陪享諸臣, 一百五十六人〕"라고 했다.
다산이 날짜를 착각한 것으로 보인다.

16 대보단: 임진왜란 때 원군援軍을 보낸 명나라 신종神宗의 은혜와 의리를 잊지
않기 위해 1704년 창덕궁 후원 서쪽 요금문曜金門 밖 옛날 별대영別隊營 터에
설치한 제단이다.

17 어제시: 《홍재전서》 권7에 실린 〈황단에서 친히 제사를 올리는 날, 삼가 두 조
정의 어제시운을 차운하여〔皇壇親享日, 敬次兩朝御製韻〕〉라는 시다. 《일성록》
1796년 3월 2일자 기사에도 실려 있다. 다산이 어제시에 차운한 시가 《다산
시문집》 권2에 '대보단에 몸소 제향을 드리며 지으신 시운에 삼가 화답하다
〔奉和聖製親享大報壇韻〕'라는 제목으로 수록되어 있다.

18 왕의 봄: '왕춘王春'은 공자가 《춘추春秋》를 엮을 때 주周나라 왕실을 높이고
대일통大一統의 사상을 표시하려고 노魯나라 은공隱公 원년을 '춘왕정월春王
正月'이라고 쓴 데서 나왔다. 임진왜란 때 조선에 원병을 보내 도와준 명나라
신종의 은혜에 보답하는 뜻으로 창덕궁 안에 대보단을 설치한 것이 춘추시대

당시 제후국이 주나라를 천자로 모셨던 경우와 같다는 의미로 썼다.

19 만절필동: 황하의 모든 물줄기가 반드시 동쪽으로 흘러간다는 뜻이다. 명나라
    에 대한 변함없는 의리를 나타내는 뜻으로 썼다.

20 〈대보단에 …… 화답하다〉: 이 시의 아래에 다산이 남을 대신해서 같은 운자
    로 지어준 시 한 수가 더 있으나 생략한다.

21 풍천의 감회: 풍천은 《시경》의 편명인 〈비풍匪風〉과 〈하천下泉〉을 줄여 말한
    것이다. 현인이 국가의 쇠망을 걱정하는 내용을 담았다.

22 이주석은 다산과 …… 벗이었다: 이주석은 다산과 채홍원이 주축이 되어 결성
    한 죽란시사의 구성원이었다. 죽란시사의 결성 시기를 1796년 7월을 전후한
    시점으로 보는 김상홍·김봉남의 견해가 있으나, 안대회는 〈다산 정약용의 죽
    란시사 결성과 활동 양상〉, 《대동문화연구》(성균관대학교 대동문화연구원, 2013.
    9)에서 1794년 7월로 추정했다. 이주석만 하더라도 1796년 당시 영릉별검으
    로 있다가 거제도로 귀양 갔고, 한백원은 1795년 당시 부여현감으로 내려가
    서 1797년까지 있었으니, 1796년에 죽란시사가 결성되었다고 보기는 어렵
    다. 필자는 안대회의 의견에 찬성한다. 한편, 이주명과 이주석의 사건에 얽힌
    배경과 경과에 관해 다산은 《혼돈록》(실학박물관, 2014, 264면)에서 따로 항목을
    두어 자세하게 논의한 바 있다.

23 정조는 이때 …… 이상을 꿈꿨다: 관련 논의는 계승범, 〈조선 후기 대보단 친
    행 현황과 그 정치·문화적 함의〉, 《역사와현실》 제75호(한국역사연구회, 2010.
    3), 177면 참조.

24 〈우화정기〉에도 …… 하였는데: 허목(1595~1682)의 《기언》 권13에 실린 〈유우
    화정서遊羽化亭序〉에 나오는 구절이다. 다산도 1794년 암행어사가 되어 우화정
    에 들렀는데, 허목에 대한 감회를 얹어 지은 〈우화정기〉를 따로 남긴 바 있다.

25 《국조보감》에는 …… 기록하였다: 《국조보감》 권38 효종조2 1657년조에
    "1월. …… 산릉 행행 때의 복장을 익선관에 곤룡포로 정하도록 했다. ……
    '산릉 배알 때 갓을 쓰고 가마를 타면 아무래도 불편하게 느껴졌다. 유신儒臣
    들로 하여금 충분히 검토하여 다시 정하게 하라.' …… 9월. 왕세자가 찬선贊善
    에게 읍할 것을 명하였다. …… 12월. 상이 만수전萬壽殿에 나아가 잔치를 베풀

고 국중의 나이 많은 이들에게도 쌀과 고기를 차등 있게 하사하였다. 남의 늙은이도 내 집 늙은이처럼 받든다는 뜻을 나타낸 것이었다"라는 기록이 있다.

26 길상과 …… 부족한 것이다: 이날의 기사는 3월 중순이 되도록 꽃이 피지 않아서 민심이 술렁이자 1657년에 있었던 비슷한 상황을 예로 들면서, 막상 그해 가을에는 풍년이 들었으니, 이 같은 이상현상에 동요될 필요가 없다는 뜻을 보인 내용이다.

27 임금께서 …… 지내셨다: 1736년 3월 15일 사도세자가 세자로 책봉되었는데, 정조가 책봉된 지 60주년이 된 것을 추념해 이해 3월 1일에 당시 궁함宮銜으로 책봉례 때 공적이 있었던 김재로金在魯와 조현명趙顯命의 손자인 김종순과 조노진을 모두 의망할 것을 명하고, 이날 친히 제사를 드린 것이다. 비궁은 사도세자를 가리키는 표현이다.

28 이종성(1692~1759): 본관은 경주, 자는 자고子固, 호가 오천梧川, 시호는 문충文忠이다. 경기 장단長湍 출생이다. 1711년(숙종 37) 사마시에 합격, 1727년(영조 3) 증광 문과에 병과로 급제한 후 전적·정언을 거쳐 1728년 경상도암행어사가 되어 민폐를 없앴다. 1733년 대사간·이조참의·대사성을 거쳐 이듬해 홍문관부제학이 되어 양역良役의 폐를 상소했다. 1736년 이조판서 때 영조의 탕평책을 반대해 파직되었다가 재기용되어 경기도관찰사·도승지·형조판서 등을 거쳐 1744년 재차 이조판서가 되었다. 이어 형조판서·대사헌·개성부유수開城府留守 등을 거쳐 1752년 영의정에 올랐으나 사직하고 영중추부사領中樞府事가 되었다. 성리학에 밝고 문장과 글씨에도 뛰어났다. 장조莊祖(사도세자)의 묘정에 배향되었다. 저서에《오천집梧川集》이 있다.

29 또 세상을 …… 말씀하셨다:《정조실록》1796년 3월 15일 기사에 나온다.

30 옛 재상의 집을 …… 가지고서이다: 옛 재상은 이종성의 부친 이태좌李台佐(1660~1739)를 가리킨다. 계유년(1753) 11월과 12월에 영조가 또 선위를 명하니 사도세자가 머리를 조아리고 청명請命했는데, 이때 이태좌의 아들인 영의정 이종성이 사도세자의 건강을 염려해 선위의 명을 거두기를 청했다가 중도부처된 일이 있다. 또 무인년(1758) 8월에는 사도세자가 강학의 보람이 없음에 대해 영조가 노여워하여 춘방春坊의 관원을 모두 영구히 서용하지 않는 형

률을 시행하라고 명했는데, 영중추부사 이종성이 영조를 요순堯舜에 비기면서 근래의 조치들이 정도正道에 지나쳤다고 아뢰었다가 파직당했다.《승정원일기》1753년 8월 29일, 30일 기사와《정조실록》1758년 10월 7일 기사에 나온다.

31 이때에 …… 보내겠는가: 1736년 3월 19일에 영조가 희정당에 나아가 기로소 당상들을 인견했을 때, 봉조하 민진원閔鎭遠과 판중추부사 이태좌, 그 아들인 부사직 이종성과 민형수閔亨洙 등이 함께 입시했던 일을 말한다. 영조는 이 자리에서 민진원과 이태좌를 화해시키기 위해 이들 부자에게 선온宣醞한 일이 있다.《승정원일기》1736년 3월 19일 기사에 나온다.

32 김종수(1728~1799): 본관은 청풍清風, 자는 정부定夫, 호가 진솔眞率 또는 몽오夢梧다. 서울 사람이다. 우의정 김구金構의 증손으로, 할아버지는 참판 김희로金希魯이고, 아버지는 시직侍稷 김치만金致萬이다. 1768년 식년 문과에 급제해 예조정랑, 부수찬을 지냈다. 1781년 대제학이 되고, 이후 이조판서·병조판서를 거쳐 1789년 우의정이 되었다. 남인의 영수 채제공과 지속적으로 대립했다. 정조는 윤시동, 채제공, 김종수 세 사람을 탕평의 기둥으로 지목했다.

33 김문식, 〈정조 어찰에 나타나는 당대 인물 및 정파에 대한 평가〉,《정조의 비밀어찰》, 푸른역사, 2011, 265~268면 참조.

34 정약용, 김언종 역주,《혼돈록》(앞의 책), 232면 참조.

35 김상우(1751~1820): 본관은 경주, 자가 좌현佐賢이며, 호는 석서장인石棲丈人이다. 충주에 거주했다. 1796년 8월 11일《규장전운奎章全韻》을 수령하는 명단에 그의 이름이 나온다.

36 《정조실록》1796년 3월 25일. "否德忝位二十年來, 無災不召, 無沴不致, 而虹貫之異, 卽所初有. 凡係側身責躬之方, 其敢循常應文爲乎哉?"

37 《명종실록》1556년 2월 20일. "白虹貫日, 日色黃薄. 左右傍有㦸氣, 色靑白. 傳于政院曰: '日變如此, 至爲驚愕. 不知有何事, 憂慮罔極.' 政院啓曰: '臣等見慶尙啓本, 極爲駭怪. 而今日又有白虹貫日之變, 共爲憂慮焉. 災變之應, 雖不可知, 以人事見之, 飢饉連仍, 民生困悴, 倉廩皆虛, 調度不給, 軍額不實, 國勢岌岌. 將不能支, 恐有土崩瓦解之患. 自上當恐懼修省. 近者臺諫論執之事, 以衆情公論啓之, 而自上牢拒. 自古

帝王, 須順人情, 始可致和. 豈宜違拂衆情, 牢拒公論也? 今日, 日變非常, 更加省念."

38 이때 일은 이익운의 필기인《백일록百一錄》에 실려 있다. "嘗有虹貫之變, 上教曰: '今番則欲只下罪己之諭, 不欲求言於中外. 卿意以爲如何?'臣對曰: '遇災求言, 人君之盛節. 上天示警, 必有所召. 廣求朝野之言, 恐是不可已之事也.'上曰: '從前求助, 無益於事, 而反生一場風波. 只令朝著不靖, 世道益非, 此是已試之驗, 何足爲應天以實之道, 而消弭災咎耶? 此予所以不欲求助, 而蔡領府之論, 與予意不謀而同. 故今番則欲已之矣.'"

39 《정조실록》1796년 3월 26일. "今此虹貫之變, 卽御極後初見, 故一倍澟惕. 不可以臨殿詢咨之反涉文具而廢之, 待朝求衣, 思聞昌言矣. 今春乖候, 無異冬沍. 且花者, 所以發宣天機, 而 一春無花, 甚乖常. 卿等各陳消弭之方."

40 3월 28일: 나흘 전인 1796년 3월 24일에 현릉원의 보토補土와 식목植木을 감독한 수령 이하에게 논상했다. 이때 다산은 왕명으로〈현릉원식목부顯隆園植木簿〉를 작성해 제출했다.

41 이주국(1721~1798): 본관은 전주, 자는 군언君言, 호가 오백梧栢, 시호는 무숙武肅이다. 1740년(영조 16) 무과에 급제한 후 선전관이 되었고 1754년 충청도병마절도사, 1755년 경상우도수군절도사, 1759년 함경도병마절도사, 1763년 평안도·황해도병마절도사, 1766년 삼도수군통제사를 지냈다. 1776년 영조의 사후 총융사겸여사대장摠戎使兼輿士大將으로 있을 때 여사군輿士軍이 소란을 피웠다는 죄로 탄핵을 받고 파직된 후 재차 총융사가 되었으나 군량미를 비축하지 못했다는 죄로 다시 파직되었다. 1778년(정조 2) 평안도병마절도사에 보직되고 1779년 좌포도대장·총융사를 거쳐 1780년 훈련대장·어영대장이 되었다. 우포도대장·금위대장 등을 거쳐, 1791년 총융사 때 군기가 문란하다 하여 백령도에 귀양 가고, 1792년 전리田里에 방치되었다. 1795년 훈련대장에 복직되고, 1796년 군기시제조軍器寺提調를 거쳐 병조판서에 재임되었다.

42 상번: 지방의 군인이 일정한 기간 동안 번番을 들기 위해 상경하는 것을 말한다.

43 윤숙(1734~1797): 1761년(영조 37) 정시 문과에 병과로 급제해 검열이 되었다. 이듬해에 동궁이 역모를 꾀한다는 나경언羅景彦의 상변上變으로 영조가 사도세자를 친국해 상황이 급박해지자, 임덕제任德濟 등과 함께 사도세자를 구명

하려고 필사적으로 노력하는 한편, 삼대신을 보고 힘껏 간쟁하지 않는다고 책망하다가 영조의 노여움을 사서 강진으로 유배되었다. 1776년 정조가 즉위하자 다시 등용되어 이듬해 병조정랑에 오르고, 이어 교리에 제수되었다. 이후 1783년 대사간을 거쳐 병조판서에 이르렀으나, 김종수의 시기를 받아 황해병사로 나갔다가 발병해 8년간 실명했다. 그 뒤 판중추부사에 올랐으며, 죽은 뒤 영의정에 추증되었다. 시호는 충숙忠肅이다.

44 판서 윤숙이 …… 논하였다: 훈련대장 이주국의 군제軍制에 대한 상소 내용을 반박한 판서 윤숙의 상소는 《정조실록》 1796년 3월 27일자 기사에 자세하다. 이에 대해 정조는 비답에서 "상소의 말이 살피지 못한 것이 있기는 하나, 이는 반드시 시골 사람이 장주章奏의 체례에 익숙하지 못함으로 말미암은 것이다"라고 하며 이주국의 편을 들어주었다. 이 또한 당시 정치 세력의 동향과 연관된 힘겨루기의 한 양상이었다.

45 강세정(1743~1818): 본관은 진주, 자가 명초明初, 호는 송담松潭이다. 진창군晉昌君 강인姜絪의 6대손이다. 아들은 대표적인 공서파 인물인 강준흠姜浚欽(1768~1833)이다.

46 홍낙안(1752~1812): 본관은 풍산, 자는 인백仁伯, 호가 노암魯庵이다. 나중에 이름을 희운羲運으로 바꿨다. 남인이면서도 같은 남인들이 신봉하는 천주교에 적대적이었던 공서파에 속했다. 1787년 이승훈과 정약용 등이 성균관 근처 반촌의 김석태 집에 모여 천주교 서적을 강습한다는 이야기를 이기경에게 전해듣고 이들을 고발해 정미반회 사건을 일으켰다. 1790년 증광 문과에서 크게 만연하게 될 사학邪學의 위험성을 경고하는 답안을 써서 병과로 급제, 가주서가 되었다. 이듬해 전라도 진산에서 정약용의 외사촌 윤지충이 천주교 의식에 따라 어머니 권씨의 상장喪葬에 예를 지키지 않았으며, 외제外弟 권상연과 함께 신주를 불태우고 제사를 폐지했다는 소문을 듣게 되었다. 이에 진산군수 신사원申史源에게 죄인의 체포와 가택수색을 요구했다. 그리고 당시 좌의정 채제공에게는 사학의 무리를 섬멸하라고 재촉해 신해진산辛亥珍山 사건을 일으켰다. 그러나 사건의 확산을 바라지 않았던 채제공은 윤지충과 권상연을 처형하는 것으로 사건을 마무리 짓기 위해, 단서가 없는데도 홍낙안이

모함할 마음에 사건을 과장했다고 정조에게 간했다. 물의를 일으킨 책임을 지고 가주서 자리에서 쫓겨난 뒤 그는 권일신·이승훈 등을 천주교 두목이라고 지적해 신문을 받게 했다. 권일신은 고문의 후유증으로 유배길에서 죽고, 이승훈은 그의 고발이 모함이라고 주장해 석방되었으나 평택현감의 관직이 박탈되었다.

47 정의 상소: 1794년 1월 29일에 정민시鄭民始가 김종수를 두둔하기 위해 올린 상소를 가리키는 듯하나 맥락이 분명치 않다. 정조의 경모궁 동가動駕를 만류한 김종수의 상소가 먼저 있었고, 이어 정민시의 상소가 나왔다.

48 그 글 가운데 …… 등의 말: 1791년 진산 사건이 일어났을 당시 홍낙안이 채제공에게 장서長書를 올려 "진신搢紳과 장보章甫 중에 총명하고 지혜롭다는 자들이 모두 서교에 빠졌으니, 장차 황건과 백련 같은 난이 있을 것입니다"라고 말한 일을 두고 한 말이다. 다산의 〈정헌묘지명〉에 관련 언급이 나온다. 남인 중 총명하고 지혜가 있다는 사람 중 열에 여덟아홉이 서학에 빠졌다고 말했다는 뜻이다. 이와 같은 표현은 당시 안정복을 비롯해 홍낙안의 글에서도 반복적으로 나온다. 또 서학을 백련교나 황건적, 오두미교에 견주는 것도 자주 보인다.

49 3월 21일 …… 입었다: 이승훈의 석방은 1795년 12월 22일에 상경한 다산보다 3개월이 더 늦었다.

50 잉질: 죄를 지은 벼슬아치가 이전의 품계品階를 그대로 갖는 것을 말한다. 다시 벼슬길에 오를 수 있도록 일종의 복권의 길을 열어두었다는 의미다.

51 그 사람을 …… 마땅하다: '인기인人其人'은 그 사람을 일반인으로 만든다는 뜻이다. 여기서 '그 사람'은 불교나 노장을 숭상하는 승려와 도사를 가리킨다. 당나라 한유韓愈가 〈원도原道〉의 마지막 대목에서 이단의 폐해를 지적하면서 말하기를 "이단을 막지 않으면 우리의 도가 유행하지 않으며 이단을 저지하지 않으면 우리의 도가 행해지지 않는다. 그 사람들을 일반인으로 만들고 그들의 책을 불태우고 그들이 거처하는 곳을 집으로 만들고서 선왕의 도를 밝혀 그것으로 그들을 인도하면 홀아비, 과부, 고아, 독신자, 병자들이 봉양을 받게 될 것이다. 이렇게 되면 또한 거의 괜찮아질 것이다"라고 한 데서 나왔다.

"그 사람을 사람으로 만들고 그 책은 불태운다"는 말은 정조가 천주교 문제를 다룰 때 늘 강조했던 원칙이다.

52 〈일찍 일어나 감회를 읊다〉: 이 시는 《다산시문집》 권2에 '도산 퇴계 선생의 유서를 읽다'라는 제목으로 실려 있는 작품이다. 내용이나 편차로 보면 1795년 11월 말경에 지은 작품이 분명한데, 여기서는 제목을 바꾸고, 창작 시기도 금정에서 서울로 올라온 뒤에 쓴 것처럼 바꿔놓았다.

53 〈삼천첩에 발함〉: 《다산시문집》 권14에 실려 있다. 강진 유배 시절인 1803년 9월 4일에 썼다. 《삼천첩》은 금정 시절을 회고하며 이곳에서 쓴 시문을 모아 엮고, 뒤쪽 공면 4장에 장기 유배 시절과 강진 유배 시절에 지은 시구를 채워 쓴 시첩이다. '삼천'의 의미는 이익운이 다산에게 보낸 시에서 말한 '자모삼천慈母三遷'에 담긴 정조의 사랑을 기억하면서, 이후 장기와 강진까지 이어진 세 차례의 유배지를 뜻하는 중의적 표현을 담은 것으로 보인다.

54 정학년이 …… 시 한 수: 정학년(1335~1424)은 원말명초元末明初의 시인으로, 원래는 서역 출신의 색목인色目人이었다. 무창현의 다루가치였던 부친의 이름에 '정丁' 자가 들어 있어 성씨를 '정'으로 썼다. 자가 영경永庚, 호는 우학산인友鶴山人이다. 배우기를 좋아하고 견문이 넓었으며 시율詩律에 정통했다. 저서로 《해소집海巢集》과 《학년시집鶴年詩集》이 있다. 그가 지은 시 〈오죽헌〉은 《학년시집》 권2에 실려 있다. 금정역 찰방의 집무처 이름이 오죽헌이었는데, 이로 보아 이 이름을 붙인 사람도 정약용 자신이었음을 알 수 있다. 다산은 정학년이 쓴 〈오죽헌〉을 보고, 마침 이곳에 오동나무와 주변에 참대 몇 그루가 있으니 건물 이름을 오죽헌으로 지었다. 정학년이 자신과 같은 성씨여서 은연 중 자신을 그에게 가탁했다.

55 정약용, 〈정헌묘지명〉, 《다산시문집》 권15. "甲寅之夏, 姜世靖上書于公, 論洪樂安之罪曰: '意在敲撼, 計出網打, 不唯心絶, 亦旣面絶.' 仍乞公收其子浚欽. 及其時勢一變, 則再翻三覆, 又復礪牙以相向, 世論其有定乎?"

56 강세정, 정민 역, 《역주 송담유록》(김영사, 2022), 57-58면. "家煥與吾家, 有累世秦晉之好, 舊誼甚篤, 情契不泛. 其所後子載績, 與家兒爲姨從兄也."

57 《다산시문집》 권2에 수록된 시 〈9월 15일 밤, 상국 댁의 잔치 모임에 초대를

받았는데 마침 손님이 와서 가지 못하고 시를 바쳐서 용서를 빌다(九月十五夜, 相國宅讌集見招, 適客至不赴, 獻詩乞赦))가 그것이다. 자세한 전후 사정은 정민, 《파란》 2책(천년의상상, 2019), 122-125면의 〈채제공과의 갈등과 다산의 안목〉에서 상세하게 살폈다.

규영일기

1   이 판서: 이가환을 가리킨다. 당시는 아니었으나 1796년 초에 이가환이 공조판서로 있었기 때문에 이렇게 부른 듯하다. 《사암선생연보》에는 '정헌貞軒'으로 되어 있다.

2   이장: 원본에는 '이태李台'라고 썼다가 '이장李丈'으로 고쳤다. 역시 이가환을 말한다. 그가 뒤에 죄인으로 죽었기 때문에 두 번 모두 이름을 밝히지 않았다.

3   반절: 한자 음音을 나타낼 때, 다른 두 글자의 음을 반씩 따서 합치는 방법.

4   옛 신하를 기억하는: 원문의 기잠記簪은 '미천한 옛 신하를 기억한다'는 의미다. 시잠蓍簪은 시초蓍草로 만든 비녀다. 어떤 부인이 시잠을 잃어버리고는 슬피 울었는데, 그 까닭을 물어보니 "비녀를 잃어서 가슴 아파하는 것이 아니다. 내가 슬퍼하는 이유는 대개 옛 추억을 잊지 못하기 때문이다(非傷亡簪也, 吾所以悲者, 蓋不忘故也)"라고 대답했다는 일화가 있다. 여기서 유래해 시잠이 구물舊物 혹은 고구故舊의 뜻으로 쓰이게 되었다.《한시외전韓詩外傳》권9, 고전번역원, 1750~1819 참조.

5   이만수(1752~1820): 본관은 연안, 자가 성중成仲, 호는 극옹屐翁 또는 극원屐園, 시호는 문헌文獻이다. 1783년 사마시에 합격, 음보蔭補로 부사과副司果를 지내고, 1789년 식년 문과에 병과로 급제, 여러 벼슬을 거쳐 1795년 대사성 겸 규장각제학이 되었다. 1800년 예조판서에 승진, 이어 공조판서·수원유수·홍문관대제학·호조판서를 거쳐 평안도관찰사가 되었다. 1811년 홍경래洪景來의 난이 일어나자 지방의 치안유지를 잘못했다는 죄로 이듬해 파직되고 경주에 유배되었다가 곧 수원유수로 나가 임지에서 죽었다. 문학에 뛰어났고 특히 변려문騈儷文에 특출했으며 글씨에도 능했다. 문집에《극옹집屐翁集》, 글씨에 〈양성기적비兩聖紀蹟碑〉(정주)·《서명선사제비徐命善賜祭碑》(장단) 등이 있다.

6 이익진(1747~1819): 1773년(영조 49) 사마시에 합격해 진사가 되었고, 1782년 (정조 6) 왕이 인정전에 친림해 실시한 경과문과별시慶科文科別試에 병과로 급 제해, 승문원에 보직되었다가 정언이 되었다. 이어 1784년 지평에 취임했는 데, 이때 여러 궁방宮房의 궁속들이 도서圖署로써 땔나무와 곡식을 널리 점령 해 강제로 거둬들이므로 그 폐단을 제거하도록 상주했다. 그러나 왕은 큰 문 제가 아니라고 해명했으며, 그 뒤에도 여러 번 직언을 감행하다가 무엄하다는 이유로 창성에 귀양 가기도 했다. 1800년 순조가 즉위하자 경연관을 겸하다 가, 내의약원부제조와 호조참의를 거쳐, 1813년 대사간에 올라 국왕에게 여 러 가지 충언을 계속해 국정을 바로잡으려 노력했다.

7 인쇄를 감독: 원문의 감인監印은 '인쇄물을 원고와 대조해 틀린 글자를 바로 잡음 또는 그 임무를 맡은 사람'을 뜻한다.

8 감인소: 조선에서 인쇄 업무를 담당하던 부서. 정조 때 이르러 규장각을 내각, 교서관을 외각으로 삼아 관찬서를 편찬하다가 1794년 창경궁 안 홍문관 자리에 교서관을 새로 설치해 감인소라 했고, 태종 때의 예에 따라 주자소로 개칭했다.

9 판단을 적어 내려보내셨다: 원문의 판하判下는 상주한 안건에 대해 임금이 내 린 판결 또는 그 내용을 뜻한다. 상주한 안건에 대해 임금이 허가한다는 의미 로도 쓴다.

10 〈이릉전〉: 이릉李陵은 한 무제 때 농서隴西 성기成紀 사람으로 자는 소경少卿 이다. 명장 광廣의 손자다. 천한天漢(무제의 연호) 2년(BC 99)에 보병 5천 명을 거느리고 선우單于의 기병 3만 명과 접전 끝에 패하여 쫓기다가 깃발과 기물 들을 땅에 묻고 항복했다. 그리하여 조정의 신하들이 그의 실책을 규탄했으며 노모와 처자 등 전 가족이 처형되었다.《한서》권54 〈이릉전〉.

11 금작: 지붕 위 추녀마루에 장식용으로 꾸민, 구리로 만든 봉황 장식을 말한다.

12 규장각의 …… 비추누나: 원문의 목천木天은 한림원翰林院의 이칭인데, 여기서 는 규장각을 말한다. 유향劉向이 천록각天祿閣에서 교서 작업에 몰두하고 있 었다. 밤에 웬 노인이 나타나 청려장을 꽂아두고 문을 두드리더니, 유향이 어 둠 속에서 혼자 앉아 글 외우는 것을 보고는 청려장 꽂아둔 데로 다시 가서 그 지팡이 끝을 입으로 불자 거기에서 환한 빛이 발하여 유향에게 비춰주었다고

한다. 《습유기拾遺記》에 나온다.

13 진평: 전한의 양무陽武 사람으로, 고조를 도와 한나라 왕실을 세우는 데 큰 공을 세웠고, 혜제惠帝 때는 우승상右丞相으로서 주발周勃과 함께 여씨呂氏의 난을 미연에 진압하고 한나라 왕실을 안정시켰다.

14 육생이 …… 제압했으리: 육생은 육가陸賈다. 진평이 육가의 충고로 음모를 꾸미던 여씨들을 제거할 수 있었다. 육가는 원래 초인楚人으로서 고조를 도와 천하가 대충 안정된 뒤에도 남월왕南越王을 달래 한나라로 귀순하게 만들고, 또 무력 통치를 좋아하는 고조를 위해, 진秦이 천하를 잃고 한나라가 천하를 얻게 된 이유와 고금의 치란治亂에 관한 것들을 12편으로 엮어 《신어新語》를 저술해 고조가 천하를 다스리는 데 참고가 되게 하는 등 많은 영향력을 행사했다. 고조가 죽고 혜제가 왕위에 오르자 여태후의 세력이 점점 커갔으므로 우승상 진평은 그를 걱정했으나 역부족임을 느끼고 재앙이 자기에게 미칠까 두려워 항상 깊이 들어앉아 생각만 하고 있었는데, 이때 육가가 나타나서 진평에게, 태위 주발과 깊이 결탁해 장상將相이 서로 한 덩어리가 되지 않으면 안 된다는 충고를 했다. 이에 진평은 그 충고를 받아들여 주발과 사이를 돈독히 해 결국 여씨 일가를 주륙하는 데 성공했다.

15 매고: 한 무제 때의 낭관郎官. 해학을 좋아하고 문사文思가 민첩해 동방삭과 함께 무제의 총애를 받았다.

16 동방삭: 한 무제 때 사람으로 벼슬이 시중侍中에까지 이르렀다. 해학을 잘했고, 그 속에 풍간諷諫을 담아 무제를 일깨웠다.

17 공손홍: 한 무제 때 사람으로, 뒤늦게 벼슬해 지위가 승상에까지 이르렀다. 성품이 겉은 너그러우면서도 속은 각박했고, 착한 체하면서 음흉했다.

18 장탕: 한 무제 때 태중대부太中大夫로 율령을 만드는 데 참여했다. 뒤에 어사대부御史大夫가 되어 법문을 너무 가혹하게 다뤘으므로, 주매신朱買臣 등의 무함을 받고 자살했다.

19 급장유: 한나라 때 급암汲黯이니, 장유는 그의 자다. 성품이 우직하고 기절氣節을 숭상해 바른말을 잘했다. 황제도 그를 꺼려 한자리에 오래 있지 못했다. 무제는 그를 사직지신社稷之臣이라고 말한 적이 있다.

20 대궐 그려 …… 보여주었네: 무제가 급암을 회양태수로 제수하자 급암은 그
인수를 받지 않고 울면서 아뢰기를 "신이 지금 병이 들어 군사郡事를 맡아 다
스릴 힘이 없습니다. 신은 그저 중랑中郎으로서 대궐을 드나들며 폐하의 잘못
이 있으면 그를 도와드리는 것이 소원이옵니다"라고 했으나, 무제는 "그대가
회양을 맡아야 내가 마음을 놓을 수 있다"고 해 기어이 보냈다. 급암은 그 후
10년을 회양에 있다가 거기서 세상을 떴다.

21 소무: 한 무제 때 중랑장中郎將으로서 절월節鉞을 갖고 흉노匈奴에게 사신 갔
다가 항복하라는 선우單于의 협박과 유혹을 물리치고 19년간 갖은 고초를 겪
었다. 그때마다 소무는 모직물의 털을 뜯어 눈과 함께 씹어먹거나 땅을 파 들
쥐를 잡아먹으며 버티다가 소제昭帝가 즉위해 흉노와 화친한 후 비로소 수염
과 머리가 다 흰 몸으로 돌아왔다.

22 사마천은 …… 구해주었지: 사마천이 흉노에 항복한 장군 이릉이 자기 고향
사람이어서 그를 위해 유세하다가 궁형을 당한 일을 말한다. 사마천은《사기》
〈이장군열전李將軍列傳〉에서 "그가 죽던 날 이 세상에서 그를 아는 이 모르는
이 할 것 없이 모두 너무 슬퍼하였다. 그의 충직하고 진실된 마음을 사대부들
이 좋게 보았기 때문이다"라고 했다.

23 팔 걷은 …… 같네: 일의 옳고 그름은 따지지 않고 인기에만 편승함을 말한다.
진晉의 풍부가 호랑이를 맨손으로 잘 잡았는데, 뒤에 선사善士가 되었다. 어느
날 들을 지나는데, 많은 사람이 호랑이를 쫓다가 풍부가 오는 것을 보고는 모
두 달려가서 반갑게 맞았다. 이에 풍부가 다시 팔을 걷고 수레에서 내리니 많
은 사람은 좋아했고 식견 있는 사람은 그 일을 비웃었다.《맹자》〈진심盡心〉
하에 나온다.

24 왕전은 …… 마다했으니: 왕전은 전국시대의 이름난 장수로, 진시황을 도와
조趙 · 연燕 등의 나라를 평정하고 초를 치기 위해 회의할 때, 이신李信은 병력
20만을 요청한 데 반해 왕전은 60만 병력이 아니면 정벌에 나갈 수 없다고 했
다. 처음에 이신이 가서 패하자, 다시 왕전을 기용해 초를 평정했다.

25 곽광: 한 무제의 두터운 신임을 받은 신하다. 무제의 유조遺詔를 받고 김일
제金日磾 등과 더불어 소제를 보필하면서 대사마 · 대장군이 되었고, 소제가 죽

자 창읍왕 하賀를 맞아들여 제위帝位에 있게 했다가 그가 음란하다 하여 폐위
시키고 다시 선제宣帝를 영입하는 등 전후 20년 동안 국정을 좌지우지했다.

26 상관안은 …… 친하였지만: 곽광의 맏딸이 상관걸上官桀의 아들 상관안에게
시집가서 곽광과 상관안은 장인과 사위 관계였다.

27 재앙에도 평상심을 …… 일어났으리: 상관안과 어사대부 상홍양桑弘羊 등이
소제의 형인 연왕燕王 단旦을 등에 업고, 음모를 조작해 마치 곽광이 두 마음
을 가지고 있는 것처럼 꾸며서 연왕으로 하여금 상서上書하게 했는데, 이 상
서를 받은 소제는 당시 14세 어린 나이였음에도 그것이 무고임을 금방 알아
차리고, 관을 벗고 머리를 조아리며 죄를 내리기만을 기다리는 곽광에게 관을
다시 쓰도록 명하고 상서한 자를 잡아들이라고 명한 일이 있다.

28 창읍왕: 창읍昌邑 애왕哀王의 아들이요 무제의 손자다.

29 증손: 한 무제의 증손으로 뒤에 선제宣帝가 되었다.

30 음흉한 아내가 …… 분명하다네: 곽광이 죽은 뒤 자기 아내로 인해 멸족지화
를 당했다. 곽광의 처 곽현霍顯은 음흉하고 사악했는데, 자기 딸을 귀인으로
만들기 위해 당시 아이를 가진 허후許后를 유의乳醫를 시켜 독살하게 하고, 허
후가 죽자 자기 딸을 대신 황후 자리에 앉혔다. 곽광이 죽고도 곽현은 계속 음
란한 짓을 일삼다가 급기야 허후를 시해한 일이 탄로 나 아들 종손 등 일문이
반역을 도모했다는 죄목으로 모두 주륙을 당했다.

31 주공 그림 …… 아니었다네: 무제가 연로한 후 후사가 마땅치 않자 조첩여趙婕
伃 소생을 의중에 두고서, 그 유주幼主를 부탁한다는 뜻으로 화공을 시켜 옛날
주공이 어린 성왕成王을 업고 제후들에게 조회를 받던 그림을 그리게 하고는
그것을 곽광에게 넘겨주었다. 임종 시에는 곽광에게 그 그림을 준 뜻을 이해
하느냐고 묻기까지 했다.

32 맨 먼저 …… 차지했다네: 선제는 나중에 곽광의 공로를 생각해 그의 화상을
기린각에 안치하게 했다.

33 정규영,《사암선생연보》, 71면. "冬召入奎瀛府賜對, 特喩久別之意, 仍議書名曰:
'世稱班馬, 則班居馬上未安, 馬班又生澁. 卿意何如?' 對曰; '世稱史漢, 亦未穩矣.'
上曰: '然. 漢書亦史記, 直謂之史記英選, 如何?' 公曰: '恰好.'"

함주일록

1   민사평, 〈어사대 장방에게 부치다〉, 《급암시집及菴詩集》 권1. "問榜先生吳祭酒,
文辭拔萃傾枚鄒. 結髮相從至白首, 爲人謹愼無怨訧. 無端枉被巧彈手, 數年攤翼唬
滄洲. 皇天雖高耳卽邇, 始爲洗湔无妄憂. 无私毫端起廢棄, 可謂君子得意秋. 如何告
身又蹇滯, 似欲快意它人仇. 昔日還同水中蟹, 今時已甚蹊田牛. 濟人之急是陰德, 它
日必見蛇含珠."

2   홍인호(1753~1799): 본관은 풍산豊山, 자는 원백元伯이다. 홍만기洪萬紀의 증손
으로, 할아버지는 홍중효洪重孝고, 아버지는 참판 홍수보다. 1777년 증광 문과
에 급제했다. 정조의 총애를 받아 중화부사·승지를 거쳐 대사헌에 올랐고,
1798년에는 강원감사로 부임했다. 정약용의 사촌 처남이다. 남인으로 채제공
을 반대하는 반채당反蔡黨에 속해, 채홍리와 가까웠고 홍당洪黨으로 불리기도
했다. 공서의 입장에 서서 정약용 등과도 갈등을 빚었다.

3   홍시보(1749~?): 본관은 남양南陽, 자는 박여博汝다. 치재耻齋 홍인우洪仁祐의
후손이다. 서울 관현觀峴에 살았다. 1775년 별시 문과에 급제했으나, 정조 즉
위 후 시파의 득세로 파방罷榜되었다. 1792년 지평에 제수되었고, 벼슬이 승
지에 이르렀다. 1803년 이기경 등과 함께 권유權裕를 탄핵하는 연명 소를 올
렸다가 경상도 하동부河東府에 찬배되었다. 아우가 홍시제洪時濟인데 또한 급
제했고, 아들 홍영관洪永觀도 급제했다. 홍시보는 1795년 금정찰방에 임명된
다산과 함께 경상도 황산찰방에 제수되었다가, 당일 바로 지평에 임명되었던
일이 있다. 《승정원일기》 1795년 8월 10일 기사에 나온다. 다산은 《다산시문
집》 권18에 수록된 〈박여 홍시보에게 답함〉에서 이때 일을 "찰방에 은혜롭게
보임되어 나란히 부임하게 됨이 진실로 또한 기이하였더니, 즉시 파직되어 돌
아옴을 입게 되어 감읍스럽기 짝이 없을 것으로 여겨집니다"라고 쓴 바 있다.

4   대루원: 조선시대에 이른 아침 대궐 안에 들어갈 사람이 대궐 문이 열리기를
기다리던 곳이다.

5   금호문: 창덕궁 돈화문 서쪽에 있는 작은 문이다.

6   상소하여 뜻을 펴 보였다: 《다산시문집》 권9에 수록된 〈비방에 대해 변론하며
동부승지를 사직하는 상소문(辨謗辭同副承旨疏)〉을 말한다. 이를 줄여 '변방소辨

誘疏'라 하거나, 자신에 대해 해명했다는 뜻으로 '자명소自明疏'라고 부른다.

7 사알: 조선시대 액정서掖庭署에 속해 임금의 명령을 전달하는 일을 맡아보았
   던 정6품 잡직이다.

8 조진관(1739~1808): 본관은 풍양豊壤, 자가 유숙裕叔, 호는 가정柯汀이다. 아버
   지는 대마도에서 고구마를 들여와 재배한 이조판서 조엄趙曮이다. 1762년 사
   마시에 합격하고, 1775년 홍문관제학을 거쳐 광주부윤이 되었다. 1794년 대
   사간에 올랐고, 전라도관찰사·병조판서·이조판서 등을 거쳐, 수원부유수를
   지내고 판돈녕부사에 올랐다. 문집《가정유고柯汀遺稿》가 있고, 역학서《역
   문易問》을 남겼다.

9 최헌중(1745~1809): 본관은 삭녕朔寧, 자는 치회稚晦다. 1775년 정시 문과에
   급제했다. 관직은 사헌부지평·홍문관수찬·함양군사정어사·부수찬·대사간
   을 역임했고, 품계는 통덕랑通德郞에 이르렀다. 뒤에 이름을 현중顯重으로 개
   명했다. 최헌중의 상소는《정조실록》1795년 7월 25일자와 8월 4일자 기사에
   보인다. 1801년 2월 4일의 상소에서도 천주교를 역률로 다스려야 한다고 주
   장했다.

10 이면긍(1753~1812): 본관은 전주, 자는 대림大臨이다. 1783년 증광 문과에 장원
   으로 급제했고, 이듬해 홍문관에 들어가 응교·교리 등을 역임했다. 1787년에
   동지사의 서장관으로 청나라에 다녀왔다. 이듬해 이조참의에 보직되었다가
   1789년 대사성으로 특진되었다. 그 뒤 1792년에 영천군수榮川郡守로 나갔고,
   동부승지를 지냈다. 1794년 경상도관찰사를 거쳐 우부승지에 올랐다. 1805년
   호조판서, 이듬해에 한성부판윤, 사헌부대사헌을 지냈다. 이후 육조의 판서를
   역임했다.

11 이재기, 정민 역,《역주 눌암기략》(김영사, 2022), 123-124면. "丙辰, 朴長卨疏出
   後, 丁若鏞上疏, 痛言前日詿誤之罪, 請爲自新之地. 李承薰輩, 力爭曰: '然則吾儕自
   處以邪類, 他日洪睦雖殺我, 我其無辭矣.' 丁不聽, 以是娚妹, 幾乎不睦云."

12 이에 대해서는 정민,《파란》2책(천년의상상, 2019), 259-267면에서 상세하게
   살폈다. 다만 이기경은 해당 글이《승정원일기》에 나온다고 했는데, 막상 해
   당 기사를 찾을 수 없는 것은 이상하다.

13 이기경, 이만채 엮음,《벽위편》하편, 열화당, 1971, 262면. "若鏞若欲自首, 則疏語必樸直無華, 流出片片赤心然後, 方見其直心改悔. 而今乃以千言萬語, 專事修飾, 其所自謂改悔處, 不過曰釋褐以後, 何能游心方外而已, 殊無一字痛切."

14 이기경, 앞의 책, 같은 부분. "若鏞能眞心改悔, 則當與邪類相絶矣, 當與正士釋憾矣. 不然則其疏不可信. 旣而察其蹤跡, 則與家煥承薰樂敏嗣永親密, 猶前日也. 與洪樂安李基慶諸人, 讐怨猶前日也. 故人之視若鏞, 亦猶前日之若鏞也. 未知此學, 果有何好, 而前後三十年間, 終無一人回頭革心者耶. 噫!"

15 목만중(1727~1810): 조선 후기의 문신. 본관은 사천泗川, 자는 유선幼選, 호는 여와餘窩다. 목천성睦天成의 증손으로, 할아버지는 목경연睦慶衍이고, 아버지는 목조우睦祖禹이며, 어머니는 한명익韓命翼의 딸이다. 1759년(영조 35) 별시 문과에 병과로 급제했다. 1786년(정조 10) 도사都事로 재직 중 문과 중시에 장원급제해 돈녕도정敦寧都正에 임명되었다. 1789년 태산현감泰山縣監으로 있으면서 불법을 자행하다가 체포되어 문초를 당했다. 1801년(순조 1) 신유사옥 때 대사간으로서 당시 영의정 심환지와 함께 남인시파南人時派 계열의 천주교도들에 대한 박해와 탄압을 주도했다. 뒤에 관직이 판서에 이르렀다. 저서로《여와집餘窩集》이 있다.

16 안으로부터 …… 그렇습니다: 다산이 홍인호의 사촌 처남이었으므로, 다산의 아내를 통해 들었다는 뜻으로 한 말이다.

17 이재기, 앞의 책, 55~57면. "癸丑冬, 七宰以書發問, 使鼎鎭納供. 又使韓光溥立證, 以實其事. 然後募出尹愼, 發文討之. 通文出於丁若鏞手. 構草日, 洪尙書適訪若鏞于家, 賓客滿堂. 丁接數語, 引入內室, 而使諸客脫藁, 洪茫然不知有事. 丁妻洪之姪女也. 故引去內室云."

18 강세정, 정민 역,《역주 송담유록》(김영사, 2022), 79면. "家煥若鏞聞洪台之受嚴敎, 仁伯之納手蹟, 謂以此時, 可乘綢繆. 聚議欲並與洪元伯仁浩字而戕害, 搆出攻洪之通, 搆捏洪元伯父子. 滿紙臚列, 萬端詬辱, 知舊一倍畏惕, 甚至切姻親戚, 不敢尋訪."

19 경사스러운 생신: 정조의 모친 혜경궁 홍씨의 생일인 6월 18일을 말한다.

20 박기정(1748~?): 본관은 순천, 자가 일여一如다. 사은부사로 청나라에 다녀왔다. 칙수미勅需米 관리를 소홀히 했다 하여 탄핵을 받았다. 이의준·이서구 등

과 함께《장릉지莊陵誌》교정에 참여했다. 글씨에 조예가 깊어 〈장릉영천비莊陵靈泉碑〉, 〈관풍헌중수기觀風軒重修記〉, 〈육신사기六臣祠記〉 등이 전한다.

21 을묘년 봄에 …… 못하게 하였는데:《일성록》1795년 3월 2일 기사에, 의금부의 시수時囚 정약용 등을 감방勘放하고 이어 정약용을 다시는 관직의 망통望筒에 살펴 의망하지 말라고 명했다. "전교하기를, '……숙위宿衛를 맡은 병조兵曹는 변고에 대비하는 중요한 곳인데 예합詣閤하라는 명이 내린 뒤에도 융장戎裝을 갖추어 대령하지 아니하여 시위侍衛가 지체되게 하였으니 이 일이 어찌 10여 일 가둔 뒤에 풀어줄 죄이겠는가? 그러나 서책을 편집하고 초출抄出하는 일이 중요하여 공죄로 감방하지 않을 수 없지만, 저렇게 방자한 무리를 반열에 버젓이 드나들게 하면 나라에 법과 기강이 있다고 말할 수 있겠는가? 그 재주는 재주이고 죄범罪犯은 죄범이다. 명색은 비록 공률公律이지만 실제로는 사죄私罪보다 더하니, 전조가 혹시라도 그를 관직의 후보에 올리면 해당 전관은 그 책임을 면하기 어려울 것이다. 이러한 내용으로 분부하라' 하였다."

22 계방: 동궁東宮의 거처로, 조선시대에는 세자익위사世子翊衛司의 별칭으로 썼다.

23 빈랑투서: 빈랑나무로 만든 도장을 가리킨다. 투서는 원래 도서圖署, 즉 도장을 말하는데, 중국 음을 혼동해 '투서套署'라고 한다.

24 《두율》: 원나라 때 우집虞集이 두보의 율시를 모아 주해註解한《우주두율虞注杜律》이다.

25 심상규(1766~1838): 본관은 청송, 초명은 상여象輿, 자가 가권可權 또는 치교穉敎, 호는 두실斗室 또는 이하彛下라 썼다. 이조판서 심성희沈聖希의 증손으로, 부친은 규장각직제학 심염조沈念祖다. 1789년 문과에 급제, 강제문신講製文臣에 선임되었다. 벼슬은 이조참판·호조참판·형조참판과 전라도관찰사를 거쳐 1809년 예조판서·홍문관직제학에 올랐다. 병조판서로 홍경래의 난을 수습했고, 대제학을 지냈다.《건릉지장속편健陵誌狀續編》을 편찬했고, 해박한 지식으로《만기요람萬機要覽》을 편찬, 국왕의 지침서가 되도록 했다. 저서에《두실존고斗室存稿》16권이 전한다. 시호는 문숙文肅이다.

26 서유구(1764~1845): 본관은 대구, 자가 준평準平, 호는 풍석楓石이다. 판서 서종

옥徐宗玉의 증손으로, 조부는 대제학 서명응徐命膺이고, 부친은 이조판서 서호
수徐浩修다. 1790년 증광 문과에 급제했고, 이후 대교·부제학·이조판서·우참
찬을 거쳐 대제학에 이르렀다. 농학에 깊은 조예가 있어《임원경제지林園經濟
志》를 저술했다. 기초적 연구로서 농업 기술과 농지 경영을 주로 다룬《행포
지杏浦志》와, 농업 경영과 유통 경제의 관련에 초점을 둔《금화경독기金華耕讀
記》, 농업 정책에 관한《경계책經界策》등을 저술했다. 이 밖에《난호어목지蘭湖
漁牧志》,《경솔지鷾蟀志》,《누판고鏤板考》등이 있다. 시호는 문간文簡이다.

27 한만유(1746~1812): 본관은 청주, 자는 여성汝成이다. 한배상韓配商의 증손으
로, 조부는 한사덕韓師德이고, 부친은 판의금부사 한광회韓光會다. 1773년 증
광시에 급제했고, 1794년 승지에 올라 이조참의를 거쳐 강화유수를 지냈다.
1802년 동지부사로 청나라에 다녀왔고, 1803년 형조판서·한성판윤·병조판
서, 1808년 이조판서 등을 지냈다.

28 성대중(1732~1812): 본관은 창녕, 자가 사집士執, 호는 청성靑城이다. 1756년
정시 문과에 급제했다. 서얼이었으나 서얼통청庶孽通淸으로 1765년 청직淸職
에 임명되었다. 1763년 조선통신사의 서기로 일본을 다녀왔고, 홍해군수를
지냈다. 노론 낙론계로 북학파 인물들과 가까웠다. 저서에《청성집靑城集》이
있다.

29 어제 정사에서:《일성록》1797년 6월 25일. "정사가 있었다. 이조참의 어용겸,
병조판서 이조원이 나왔다(有政. 吏曹參議魚用謙, 兵曹判書李祖源進). ○ 박재
순朴載淳을 응교로, 조의진趙義鎭을 장단부사長湍府使로, 윤광안尹光顔을 영월
부사寧越府使로, 임하철林夏喆을 양근군수楊根郡守로, 홍광일洪光一을 경성판
관鏡城判官으로, 안명원安命遠을 음죽현감陰竹縣監으로, 한만유韓晩裕를 부총
관으로 삼았다."

30 어용겸(?~?): 본관은 함종咸從, 자는 사익士益이다. 1784년 정시 문과에 급제
했다. 홍문관교리를 거쳐 이조참의를 지냈다.

31 송서: 중추부가 왕궁의 서쪽에 있는 데서 유래해 중추부 벼슬에 임명하는 일,
또는 문관을 서쪽 반열인 무반 즉 오위五衛의 군직으로 보내던 일을 뜻한다.
조선시대 실직實職에서 물러난 정1품 영의정에서 정3품 문무당상관까지를 우

대해 서반西班 소속의 중추부中樞府 관직을 제수하는 인사 관행의 하나였다.

32 심환지(1730~1802): 본관은 청송, 자는 휘원輝元, 호가 만포晩圃다. 1771년 정시 문과에 급제했다. 노론 벽파의 영수로 삼사의 직책을 두루 거쳤고, 이조·병조·형조판서를 지냈다. 김종수·윤시동과 함께 신임의리辛壬義理를 고수했다. 채제공·이가환·이승훈의 배척에 앞장서서, 서학을 역률로 다스릴 것을 주장했다. 1798년 우의정에 올랐고, 1800년 정순왕후 수렴청정기에 영의정이 되었다. 신유사옥을 주도했고, 정조가 세운 장용영을 혁파했다.

33 이병정(1742~1804): 본관은 전주, 자는 이중彝仲, 호가 이암彝菴이다. 1762년 생원시에 급제하고, 1766년 정시에 급제했다. 한성부판윤·홍문관제학·이조판서를 역임했다. 조선 후기 시서화에 뛰어났던 육교六橋 이조묵李祖黙이 아들이다. 문집으로《이암집彝菴集》3권이 있다.

34 서매수(1731~1818): 본관은 대구, 자가 덕이德而 호는 당헌戇軒이다. 서성徐渻의 후손으로 부친은 서명원徐命元이다. 1787년 당진현감 재직 중 56세의 나이로 정시 문과에 급제했다. 순조 초 시파와 벽파의 대립 속에 이조판서로서 시파에 치우친 인사를 행해 벽파로부터 큰 반발을 받았다. 1804년 우의정에 올라 영의정에 이르렀다. 저서에 황해감사 역임 당시 쓴《해영일기海營日記》가 있다. 시호는 익헌翼憲이다.

35 《일성록》1795년 3월 2일. "近來之人, 纔陞一資半級, 意望滿足, 不怕不顧, 有若不識高厚然, 丁若鏞卽其中一人也. 頂玉衣緋, 人孰不然, 而若鏞則太放恣, 若此不已, 而節次推躋, 則當作何許貌樣, 當犯何等罪惡乎."

36 성균관대학교 동아시아학술원 엮음,《정조어찰첩》(성균관대학교 출판부, 2009), 77면. "三銓之政, 猶言其太偏, 幷與虛開之殿末擬少午, 不爲擧論, 豈成說耶? 丁也之不爲送西, 大非勸善之意. 一事二事, 半世之怨憾日甚, 此等處, 何不留意耶? 亞銓當入來矣, 今政則使之送西如何? 此三銓辭疏, 須卽謄見如何? 儘有可觀耳. 姑此."

37 이재기, 앞의 책, 83면. "惜乎! 斥邪是堂堂正論, 而以此人壞了, 可歎可歎."

38 강세정, 앞의 책, 59~60면. "邪徒怨入骨髓, 必欲殺之. 又覘一邊之扶護渠輩, 做出攻邪者, 附合時人老論, 轉欲攻蔡."

39 이재기, 앞의 책, 61~62면. "洪李窮無所歸, 癸丑後歸於雲伯. 盖兩窮相合也."

다산의 일기장

40 차대: 다달이 여섯 차례 의정議政·옥당玉堂·대간臺諫들이 입시해 중요한 정무를 상주하는 일. 처음에는 세 차례 했는데, 숙종 때에 이르러 여섯 차례로 고치고, 세 차례는 원임대신들이 하도록 했다. 빈대賓對라고도 한다.

41 이병모(1742~1806): 본관은 덕수, 자는 이칙彝則, 호는 정수재靜修齋다. 이단하李端夏의 현손이다. 1773년 증광 문과에 급제했고, 우부승지·대사간·대사성·이조참판·예조판서·형조판서·호조판서·병조판서·함경도관찰사·평안도관찰사를 두루 거쳤다. 1794년 우의정이 되고 좌의정을 거쳐 1799년 영의정에 올랐다. 시호는 문익文翼이다.

42 정규영, 송재소 역주, 《다산의 한평생》, 창작과비평사, 2014, 68면 참조.

43 포장은 …… 두 사람입니다: 이에 대해서는 《다산시문집》 권18에 실린 〈관찰사 이의준에게 드림(與李觀察義駿)〉에도 나온다. 1797년 겨울, 곡산부사로 재직 중이던 다산에게 황해도관찰사 이의준이 편지를 보내, 《사기영선》에 대해 조목조목 문의했고, 다산은 포장군을 '극포후棘蒲侯 진무陳武'라고 한 기록을 증거로 들어 대답했다.

44 〈성중 이만수에게 줌〉: 《다산시문집》 권18에 수록된 글이다.

45 이지영(1730~?): 본관은 연안, 호는 임하林下다. 부친은 참판 이만회李萬恢다. 1775년 정시 문과에 급제한 뒤 삼사三司의 요직을 거쳤다. 1790년 동지사의 서장관으로 수행했다. 같은 해 유성한柳星漢의 죄를 탄핵한 상소문이 매우 조리에 맞고 내용 또한 명문이었으므로 《승정원일기》 등에 실렸다. 1810년 호군護軍으로 있으면서 《오례통편五禮通編》을 저술해 바쳤다.

46 전최: 관찰사가 각 고을 수령의 실적을 조사해 중앙에 보고하던 일. 성적을 고사考查할 때 상上을 최最, 하下를 전殿이라 하여, 매년 6월 15일과 12월 15일 두 차례에 걸쳐 시행했다. 여기서는 인사고과를 가리킨다.

47 곡산부사 …… 일이 간소하다: 《일성록》 1797년 윤6월 2일. "서흥부사瑞興府使 이서영李舒永은 포폄제목褒貶題目이 '일의 시종이 없는 것이 애석하며 어찌 아랫사람을 단속하는 데에 소홀하였는가(惜無終始, 何疏御下)'이니, 하下이고, 평산부사平山府使 유광천柳匡天은 '나라에 보답하려 하였으면서 어찌 아랫사람을 엄히 단속하지 않았는가(既欲圖報, 何不束濕)'이고, 문화현령文化縣令 조

진선趙鎭宣은 '정사는 실로 위세 있게 다스리지만, 조세를 재촉하는 데 따른 폐단이 많다(政固威猛, 弊多追呼)'이니, 모두 중中이다. 연안부사延安府使 조정현趙廷鉉은 '순후하고 신중한 것은 높이 살 만하지만, 쇄신하는 데에는 조금 부족하다(可貴醇謹, 稍欠振刷)'이고, 신천군수信川郡守 이유칭李惟稱은 '공사公私가 편하도록 잘 다스리지만 혹 유약한 것이 탈이다(俱便之政, 或失於柔)'이니, 모두 중中이어서 점을 찍어 내렸다. 곡산부사 이지영은 '고을이 궁벽하고 일이 간소하니, 부드러움으로 다스림이 무슨 문제가 있겠는가(邑僻事簡, 柔克何妨)'이고, 수안군수遂安郡守 김기승金箕昇은 '말이 많은 것이야 무슨 문제이겠는가, 강자를 억제한 소치다(多口何傷, 抑强之致)'이고, 신계현령新溪縣令 김건주金健柱는 '두루 편하게 다스리니 칭찬도 없고 비방도 없다(周便其治, 無譽無毀)'이고, 강령현감康翎縣監 정동관鄭東觀은 '떠도는 비방을 어찌 믿겠는가, 은혜로운 보임補任이 남다르다(流謗奚信, 恩補自別)'이니, 모두 상上이어서 점을 찍어 내렸다."

포폄계본褒貶啓本에서 어떤 평가 등급 부분에 상이 주비朱批로 점을 찍어 내리는 것으로, 그에 대해서는 한 등급씩 낮춰서 상고上考는 중고中考로, 중고中考는 하고下考로 시행하게 되어 있었다.《은대조례銀臺條例》〈이고吏攷〉 전최殿最.

48 이상황(1763~1841): 본관은 전주, 자는 주옥周玉, 호가 동어桐漁 또는 현포玄圃다. 효령대군孝寧大君의 14대손으로 부친은 승지 이득일李得一이다. 1786년 진사가 되었고, 이해 정시 문과에 급제해 검열이 되었다. 1795년 대사간, 1804년 황해도관찰사를 거쳐 한성부우윤·개성유수가 되었다. 이후 전라도관찰사·한성부판윤·형조판서·호조판서를 지냈다. 1833년 영의정에 올랐고, 1835년《순조실록》편찬을 주재했다. 헌종의 묘정에 배향되었고, 시호는 문익文翼이다. 저서로《동어집》,《해영일기海營日記》가 있다.

49 이보천(1737~?): 본관은 용인龍仁이다. 1771년 식년 문과에 급제해《홍문록》에 권점圈點되었다. 이후 검열·좌부승지·대사간·형조판서·한성부판윤·의정부좌참찬·지중추부사 등 여러 벼슬을 역임했다.

50 이상도(1738~?): 본관은 광주廣州다. 1773년 생원시에 급제했고, 1773년 증광시에 급제했다. 정언·수찬·대사간을 지냈고, 창원부사·경주부윤을 거쳤다.

51 부표: 원문의 개부표改付標는 예전에 임금의 재가를 받은 문서의 일부분을 고쳐야 할 때, 다시 재가를 받기 위해 고칠 자리에 붙이던 누런색의 종이쪽지를 이르던 말이다.

52 수의: '수망首望으로 의망되다'라는 뜻이다. 1인의 관원을 채용하는 데 3인의 후보자를 임금에게 추천한다. '수망'은 그 추천 안案의 맨 앞에 적힌 후보가 되었다는 말이다.

53 젊어서 손무와 …… 달아났던 것은: 주자의 〈횡거선생유상찬〉에 "초년에는 손무와 오기를 좋아하고 늦게는 불씨와 노자로 피하였네. 용감하게 강론 자리를 거두니 한번 변화하여 도에 이르렀도다. 정밀하게 생각하고 힘써 실천하여 오묘한 깨달음을 빠르게 기록했네. 완고함을 바로잡는 가르침은 우리에게 넓은 거처를 보여주었네(早悅孫吳, 晩逃佛老. 勇撤皐比, 一變至道. 精思力踐, 妙契疾書. 訂頑之訓, 示我廣居)"라고 했다.

54 김이소(1735~1798): 본관은 안동, 자가 백안伯安, 호는 용암庸庵이다. 1764년 정시 문과에 급제했다. 삼사의 여러 벼슬을 거쳐 한성부판윤, 대사헌, 이조·병조·호조판서, 경기도·강원도관찰사, 의금부판사 등을 역임했다. 1792년 우의정이 되었고, 1794년 정조사正朝使로 중국에 다녀왔다. 이어 좌의정·영돈녕부사에 이르렀다. 외교에 능해 청나라에 다섯 번이나 다녀왔다. 시호는 익헌翼憲이다.

55 민종현(1745~1798): 본관은 여흥, 자는 공기公紀, 호가 한계寒溪다. 우참찬 민진후閔鎭厚의 증손으로, 할아버지는 대사헌 민우수閔遇洙이고, 아버지는 민백겸閔百兼이다. 1766년 정시 문과에 급제했다. 대사성·대사헌·이조참판·예조판서·이조판서 등을 지냈고, 평안도관찰사를 거쳤다. 특별히 의례儀禮에 매우 밝았다. 시호는 문목文穆이다.

56 이한풍(1733~1803): 본관은 덕수, 자는 계흥季興이다. 음보로 오위사직五衛司直이 되었고, 1768년 좌부승지, 1772년 경상우도병마절도사가 되었다. 이후 함경남도병마절도사, 우포도대장, 어영대장을 역임했다. 궁술과 검법에 능했고, 글씨도 잘 썼다.

57 서유대(1732~1802): 본관은 달성, 자가 자겸子謙, 호는 만포晚圃다. 1759년 무과

에 급제했다. 여러 벼슬을 거쳐 우포도대장·금위대장·훈련대장·어영대장·주
사대장舟師大將 등을 역임했다. 오군영 지휘관 역임은 총융사 4회, 어영대장
7회, 훈련대장 3회, 금위대장 7회로, 정조 때 군권을 장악한 핵심 인물이었다.
체격이 크고 성품이 너그러워 군졸의 원성을 산 바가 없었다. 당시 사람들은
서유대를 복장福將이라 불렀다고 한다. 글씨에도 능해 대자大字를 잘 썼다고
전한다. 시호는 무익武翼이다.

58 정약용, 〈자찬묘지명〉, 《다산시문집》 권16. "上曰：'向來之疏, 文詞善而心事明,
    誠未易也. 正欲一番進用, 議論苦多. 不知何故. 且休惘悵. 且遲一二年, 無傷也. 行且
    召之. 無用惘悵然也.'"

59 정규영, 《사암선생연보》, 84면. "上以口舌曉曉, 不如退而靜俟. 會谷山有窠, 以御
    筆添書落點."

60 정약용, 〈정헌묘지명〉, 《다산시문집》 권15. "雅好曆象之書, 凡日月五星交食伏見
    之期, 及黃道赤道交距差互之度, 悉通其本理. 竝地球圜徑諸度, 另有圖說, 以示後生.
    其得指目, 凡以是也. 李相時秀嘗謂鏞曰：'南人固陋, 庭藻所治者, 必曆象之法, 而固
    陋者謬相嗔怪.' 亦知言也."

61 황사영, 〈백서〉. "李家煥自在幼少, 才智超群. 及長, 風度魁偉, 文章冠一國. 無書不
    覽, 强記如神. 又精天文幾何之學, 嘗歎曰：'老夫死則東國幾何種子絶矣.' 少信理氣
    之學, 每瞻天黙歎曰：'這樣大排布, 何謂無主宰者?'"

62 정약용, 〈정헌묘지명〉, 앞의 책. "上欲令公編書, 明數理曆象之原, 將購書于燕京,
    御筆下詢. 公對曰：'流俗貿貿, 不知數理爲何說, 敎法爲何術, 混同嗔喝. 今編是書,
    不唯臣謗益增, 抑將上累聖德.' 事遂已. 然上以爲不必然也."

63 이조원(1735~1806)：본관은 연안, 자는 현지玄之, 호는 판교板橋다. 이봉조李鳳朝
    의 증손으로, 할아버지는 이경신李敬臣이고, 아버지는 이진보李鎭輔다. 1768년
    정시 문과에 을과로 급제했다. 이조참의, 도승지, 형조판서, 병조판서, 한성부판
    윤을 지냈다. 순조 이후 노론의 시파로 활약하며 1805년 정순왕후와 함께 안동
    김씨 김좌근金左根에 맞서다 쫓겨났고 풀려나 이듬해 죽었다.

64 이시수(1745~1821)：본관은 연안, 자는 치가稚可, 호는 급건及健이다. 이정신李
    正臣의 증손으로, 할아버지는 이철보李喆輔다. 아버지는 좌의정 이복원李福源

이며, 어머니는 안수곤安壽坤의 딸이다. 1771년 진사시에 합격하고, 1773년 증광 문과에 병과로 급제, 병조·이조·호조의 판서를 역임하고, 순조 대에 우의정이 되었다가 다시 영의정에 올랐다. 1804년 정순왕후가 재차 수렴청정하려 할 때는 대의를 위해 이를 끝까지 반대했다. 영중추부사로 죽었다. 순조 묘에 배향되었다. 시호는 충정忠正이다.

65 김화진(1728~1803): 본관은 강릉, 자는 성재聖載, 시호는 익헌翼憲이다. 아버지는 참판 김상적金尙迪, 어머니는 이하범李夏範의 딸이다. 1755년 정시 문과에 급제해 검열이 된 이래, 정언·수찬·교리를 거쳐, 1770년 승지에 오르고 이듬해 대사간에 임명되었다. 1776년 대사헌이 되었고, 1781년 평안도관찰사를 거쳐, 1783년 채제공의 죄를 탄핵하다 일시 파직되었다. 1785년 형조판서에 임명되어 김범우의 집에 모인 천주교도를 체포했으나(명례방 추조적발 사건) 중인 김범우를 제외한 양반가 자제들을 훈방했다. 당색은 노론이나, 황윤석은 그의 당색을 소론이라고 썼다. 명례방 사건 당시 온건한 사건 처리로 문제가 크게 확대되는 것을 막았다.

66 김범우의 옥사: 김범우(1751~1786)는 중인 출신 역관으로, 본관은 경주慶州고, 아내는 천녕현씨川寧玄氏였다. 김의서金義瑞와 남양홍씨 사이에 맏아들로 태어났다. 1801년 순교복자 김이우金履禹 바르나바와 김현우金顯禹 마태오는 그의 이복동생이다. 1773년 역과에 합격했고, 1784년 겨울 이승훈에게 세례를 받고 입교한 초기 신자다. 1784년 말에서 1785년 초 사이, 자신의 명례방 집을 집회 장소로 제공했고, 1785년 3월 명례방 집회가 형조에 적발되어 체포되었다. 형조판서 김화진이 집주인이자 중인인 그만 체포해 형벌을 내렸다. 그는 배교를 거부한 채 충청도 단양으로 유배 가 이듬해 그곳에서 죽었다.

67 그 뒤 한 유생은 …… 이르렀으니: 1791년 진산 사건으로 인해 일어난 신해박해 당시 홍낙안 등의 고발로 체포되어 고문을 받고 귀양길에 올랐다가 세상을 뜬 권일신을 두고 한 말이다.

68 이경무(1728~1799): 본관은 전주, 자가 사직士直이다. 영조 때 무과에 급제해 1763년 전라좌수사로서 혹정했다는 사헌부의 탄핵으로 파직되었으나, 1766년 승지를 거쳐 황해병사에 임명되었다. 정조가 즉위한 뒤 여사대장舉士大將·경

기수사·금군별장·삼도수군통제사·어영대장·포도대장 등을 거쳤다. 1782년 금위대장 재임 시 금중禁中 소요로 동복현으로 유배당했으나 곧 풀려나 금위 대장·포도대장·어영대장·훈련대장 등을 역임했다. 1788년 정조의 황단皇壇 행차 때 북영北營에 주둔하라는 명을 병을 칭하고 이행하지 않았다 하여 사 판仕版(벼슬에 오른 자들의 명단)에서 이름이 지워졌다. 1791년 여주목사에 특보 되었고, 수원부사를 거쳐 1793년 형조판서에 임명되었다. 그 뒤 어영대장·훈 련대장·금위대장·한성부판윤·포도대장 등을 지냈다. 시호는 무숙武肅이다.

69 이경명(1733~1799): 본관은 한산韓山, 자는 치휘稚暉, 호가 연담蓮潭이다. 정언· 지평·사간의 벼슬을 거쳤다.《정조실록》1788년 8월 2일자 기사에, 정언 이경 명이 서학의 폐단을 두고 상소한 내용이 실려 있다. 앞서 〈금정일록〉에 나오는 이광교의 숙부로, 그의 사위가 다산의 숙부인 정재운의 장남 정약련이다.

70 도끼 …… 의심하거나:《열자列子》〈설부說符〉편에, 어떤 사람이 도끼를 도둑 맞고서 그 이웃집 아들이 진범이라는 생각이 들자, 그 걸음걸이를 보니 도둑 이 분명하고, 그 말을 들어도 도둑이 분명하고, 동작이나 태도가 어디로 보아 도 도둑이 아닌 것이 없었다. 얼마 뒤에 그 도끼를 찾아내고서 다시 그 이웃집 아들을 보니, 그 동작과 태도가 도둑질한 자와 같은 점이 하나도 없었다는 고 사를 취해왔다. 여기서는 색안경을 끼고 보면 다 그렇게 보일 수밖에 없다는 뜻으로 말한 것이다.

71 발 씻음을 취하는 것:《맹자》〈이루離婁〉상上에서 "공자께서 말씀하시기를, '애들아, 저 노래를 들어보아라. 맑으면 깨끗한 갓끈을 씻고 흐리면 더러운 발 을 씻는다 하니, 강물 스스로가 취한 것이다(孔子曰: '小子聽之. 淸斯濯纓, 濁斯 濯足矣, 自取之也']"라 한 데서 끌어왔다.

72 《정조실록》1797년 6월 24일. "丁若鏞自明之疏, 引喩多不當理, 如曰孟子之闢楊 墨, 朱子之闢蘇陸云者, 雖出於斷章取義, 而邪學本不可以異端論. 只是虞書所謂 '寇 賊奸宄之類, 士師所當劓殄而無遺'者也, 豈可與楊墨, 比而同之哉? 文字罪人, 雖非 厚風, 而此則事屬規警, 足爲遷善之一助, 請施罷職之典."

73 《정조실록》, 앞 같은 부분. "渠方如蟄蟲聞雷, 如絶復蘇, 其在方張不折之義, 何必 如是? 邪學之弊, 曾對左相, 亦有言此弊, 使之釐正. 而予則曰不可以刑法治之. 大明

升則螢爝自息, 元氣實則外氣不干, 若能內修外攘, 先治根本, 使詩禮家人, 皆守故家
之遺風, 不失禮敎之防範, 則彼亦將不期熄而自熄矣."

74 한용탁(1759~1817): 본관은 청주, 자는 여로汝魯로, 원주 출신이다. 조부는 한광
계韓光肇이고, 부친은 한중유韓重裕다. 1790년 문과에 급제하고, 1809년 한성부
판윤이 되었으며, 1812년 황해도관찰사를 거쳐, 이듬해 대사헌이 되어 동지사
로 청나라에 다녀왔다. 이어 예조판서·대사헌·이조판서 등을 차례로 역임하고,
1816년 함경도관찰사로 나가 이듬해 임지에서 졸했다. 시호는 정헌靖獻이다.

75 등생처럼 …… 아니요: 송나라 신종神宗 때 등원발滕元發이 강직한 성품과 명
쾌한 안목으로 많은 치적을 남겼는데, 뒤에 왕안석의 신법新法에 반대하여 늙
었다는 이유로 회남淮南을 맡아 나갈 것을 스스로 요구한 일이 있다.

76 소송이 …… 똑같다네: 반대파에 밀려 임금이 본의 아니게 외지로 보냈다는
의미다. 소송이 창주지사滄州知事로 부임하게 되어 하직차 황제를 배알하자,
황제가 이르기를 "짐이 경을 알고 지낸 지는 오래이나 경을 발탁하여 쓰려고
만 하면 꼭 무슨 일이 생겨 쓰지 못하게 되니 그도 아마 운명인가 보다. 앞으
로 세월이 가면 경이 곧다는 것이 자연 밝혀질 것일세" 했다고 한다. 이때 정
조도 다산에 대해 비슷한 말을 했다.

부록

1 〈비방에 대해 …… 상소문〉: 《다산시문집》 권9에 전문이 수록되어 있고, 《승
정원일기》 1797년(정조 21) 6월 21일자 기사에도 실려 있다. 일기에는 들어
있지 않으나 〈함주일록〉 속 이야기가 온통 이 상소문에 관한 내용이므로 전문
을 소개한다.

2 솔개가 …… 뛰듯이 하여: 《시경》 대아大雅 〈한록旱麓〉에 나온다. 《중용》에서
이 대목을 인용하여 자수自修한 군자君子의 덕이 위로 나는 새와 아래로 물고
기에까지 미친다는 의미로 풀이했다.

3 쳐서 이겨내야 한다는 가르침: 1614년 스페인 선교사 판토하(1571~1618, 중국
명 방적아)가 쓴 한문 서학서 《칠극》을 가리킨다. 인간이 쉬 빠지는 7죄종罪宗,
즉 일곱 가지 죄악으로 교만과 질투, 탐욕과 분노, 식탐과 음란, 나태를 꼽았

다. 이를 막으려면 이에 맞서는 일곱 가지 덕목으로 쳐서 이겨야 하는데, 그것이 바로 7추덕樞德이다. 교만에 맞서는 겸손, 질투를 이기는 인애, 탐욕을 없애는 관용, 분노를 가라앉히는 인내, 식탐을 누르는 절제, 음란의 불길을 식히는 정결, 나태를 깨우는 근면이 그것이다.

4 갈백이 다시 …… 하겠습니다: 매우 놀랄 일이라는 의미다. 갈백은 하夏나라 때 제후로, 성품이 포학하여 농부에게 점심 먹이는 자를 죽였고, 제사도 지내지 않았는데, 결국 탕湯에게 멸망당했다. 시달은 승냥이와 수달로, 미물이지만 보본報本을 할 줄 아는 동물로 고기를 잡아놓고 조상에게 제사를 지낸다는 말이 있다. 즉, 갈백처럼 제사도 지낼 줄 모르는 자들이 생겨났으니, 수달 같은 짐승까지도 놀랄 일이라는 뜻으로 썼다.

5 신해년의 변고: 1791년 윤지충과 권상연이 사당의 신주를 불태우고 제사를 거부한 일로 발생한 진산 사건을 가리킨다. 신해박해라고도 한다.

6 시공: 복服을 입어야 하는 가까운 친족을 말한다. '시緦'는 시마복緦麻服으로, 종증조從曾祖·삼종형제三從兄弟·증손·현손의 상사에 입는 석 달 복이다. '공功'은 대공大功·소공小功 두 가지가 있는데, 대공은 종형제從兄弟·자매姉妹·자부子婦·손자와 손녀·질부姪婦, 남편의 조부모·백숙부모伯叔父母·질부 등의 상사에 아홉 달 입고, 소공은 종조부모從祖父母·재종형제·종질從姪·종손從孫의 상사에 다섯 달 입는 복이다.

7 열 줄의 윤음으로 …… 말씀해주셨습니다: 〈금정일록〉 7월 26일자에 수록된 정조의 전교에 나오는 말로, 전문이 《승정원일기》 1795년 7월 26일자 기사에 그대로 나온다. 《다산시문집》 권16의 집중본 〈자찬묘지명〉과 1799년 6월 22일에 쓴 〈사형조참의소辭刑曹參議疏〉에도 전후 사정이 실려 있다.

8 육구연과 진헌장은 …… 있었습니까: 남송 때 학자 육구연(1139~1192)은 자가 자정子靜, 호는 존재存齋 또는 상산象山이다. 주희와 함께 당대에 명망이 나란했고, 학문적 견해가 달라 서신으로 수차례 논쟁을 벌였으며, 아호鵝湖에서 만나 변론을 벌인 일로 고금에 회자되었다. 진헌장(1428~1500)은 명나라 때 유학자로, 호는 석재石齋 또는 벽옥노인碧玉老人이며, 자는 공보公甫다. 왕수인王守仁과 함께 명나라를 대표하는 유학자로, 강문학파江門學派를 열었다. 육구연

의 학풍을 계승했으며, 정좌靜坐에 의해 마음을 깨끗이 하고, 천리天理를 체인體認할 것을 주장했다. 두 사람의 주장은 주자학에서는 불학의 기미가 강하다 하여 이단의 논의가 있었다.

9 주자가 노덕장을 …… 하였으니: 노덕장이 주자와 학문에 대해 논변했는데, 주자가 〈답노덕장答路德章〉에서 "의심이 나는데도 물어보지 못하다가 결국 울분을 터뜨린다면 투기하는 마음에 사로잡힌 나머지 자기는 물어보지 않았다고 청탁하면서 스스로 속이는 일이 되지 않겠는가(將未至乎有疑而不能問, 遂發其憤悶, 肆其忌克而託於不問以自欺也)"라고 말하며, 위의 말을 한 일이 있다. 《주자대전朱子大全》 권54에 나온다.

10 〈상국 이준경에게 답함〉: 《퇴계집》 권9에 실린 편지로, 퇴계가 1559년(명종 14)에 정승으로 있던 동고東皐 이준경李浚慶(1499~1572)에게 보낸 답서다. 58세 때 썼다. 〈도산사숙록〉에 수록한 편지 33통은 원문 그대로 싣지 않고, 원문의 내용을 상당 부분 압축해서 줄인 상태로 인용했다.

11 〈상국 퇴지 홍섬에게 답함〉: 《퇴계집》 권9에 수록된, 퇴계가 상국 홍섬洪暹 (1504~1585)에게 보낸 여섯 통의 편지 중 제4신에 해당한다.

12 차례로 12명을 인용했다: 《퇴계집》에는 전국시대 조괄趙括부터 원나라의 오징吳澄에 이르기까지 모두 12명의 사퇴 사례를 열거했는데, 이들의 이야기를 통해 자신이 벼슬에 나아갈 수 없는 연유를 밝히고 있다.

13 백이의 …… 않겠는가: 《맹자》〈만장萬章〉하에 "백이의 풍절風節을 들으면 무지한 지아비가 청렴한 지조를 갖게 되고, 나약한 지아비가 특립特立한 뜻을 갖게 된다"고 한 데서 끌어왔다.

14 〈퇴지 홍섬에게 답함〉: 《퇴계집》 권9에 수록된, 퇴계가 홍섬에게 보낸 여섯 통의 편지 중 제6신에 해당한다.

15 외밭과 오얏나무의 혐의: 위나라 조식曹植이 〈군자행君子行〉에서 "오이밭에서는 신을 고쳐신지 않고, 오얏나무 아래에서는 관을 고쳐쓰지 않는다(瓜田不納履, 李下不整冠)"라고 한 데서 나왔다. 남에게 의심받을 행동을 하지 않는다는 뜻이다.

16 〈판서 민기에게 답함〉: 《퇴계집》 권9에 수록된, 1566년에 판서였던 관물재觀

物齋 민기閔箕(1504~1568)에게 보낸 편지다. 퇴계가 65세 때 썼다.

17 할 만함이 …… 한 마디: 맹자가 사정이 있어 제齊나라 대부 경추씨景丑氏의
집에 유숙했는데, 경추씨가 맹자를 왕을 공경하지 않는다고 비판하자, 맹자가
"나는 요순의 도가 아니면 감히 왕 앞에서 말씀드리지 않는다. 그러므로 제나
라 사람들은 내가 왕을 공경하듯이 하는 이가 없는 것이다(我, 非堯舜之道, 不
敢以陳於王前. 故齊人, 莫如我敬王也)"라고 했다. 《맹자》 〈공손추〉 하에 나온다.

18 〈판결사 임호신에게 줌〉: 《퇴계집》 권9에 수록된, 판결사 임호신任虎臣(1506~
1556)에게 보낸 편지다. 일두 정여창(1450~1504)이 임호신의 장인이어서 그에
게 정여창의 생년과 출신지, 이력 등에 대해 물어본 것이다.

19 〈태수 송기수에게 답함〉: 《퇴계집》 권9에 실린, 1559년 퇴계가 58세 때 송기
수宋麒壽(1507~1581)에게 보낸 편지다. 열한 통 중 제10신이다. 송기수는 본관
은 은진恩津, 자가 태수台叟, 호는 추파楸坡다. 벼슬은 이조판서에 이르렀다.

20 정 정승: 정응두丁應斗(1508~1572)를 가리킨다. 자세한 내용은 알 수 없으나
《퇴계선생문집고증退溪先生文集攷證》 권4 〈답송태수答宋台叟〉에 "정 정승은 대
개 선생이 다시 서울로 들어와 사은하게 하려는 것입니다(丁相蓋欲先生更入京
謝恩也)"라 한 대목과 관련이 있다.

21 이상: 좌찬성과 우찬성을 달리 부른 표현이다. 삼정승에 다음가는 벼슬이라는
뜻이다. 충정공은 정응두이니, 자는 추경樞卿이고, 시호가 충정이다. 1534년
(중종 29) 식년 문과에 장원으로 급제해 좌찬성, 판중추부사 등을 역임했다.

22 〈참판 박순에게 답함〉: 《퇴계집》 권9에 수록된, 1566년 퇴계가 65세 때 당시 참
판이었던 박순朴淳에게 보낸 편지다. 편지 뒷부분에 추록한 내용 중에 나온다.

23 기묘년의 영수가 되었던 사람: 조광조趙光祖(1482~1519)를 가리킨다. 본관은
한양, 자는 효직孝直, 호가 정암靜庵, 시호는 문정文正이다. 1510년에 진사시,
1515년 증광 문과에 급제했다. 도학정치道學政治의 실현을 추구해, 중종에게
발탁되어 관계에 진출했으나 훈구파가 기묘사화를 일으키자 능주에 유배되
었다가 사사되었다.

24 군자가 …… 추앙을 받자: 《주역》 〈박괘剝卦〉에 "상구는 큰 과일은 먹지 않는
것이니 군자는 수레를 얻고 소인은 집을 헐릴 것이다(上九, 碩果不食, 君子得輿,

小人剝廬)"라고 한 데서 나왔다. 〈상전象傳〉에 "군자가 수레를 얻음은 백성이 떠받드는 바이며, 소인이 집을 허물어뜨림은 끝내 쓸 수 없는 것이다(君子得輿, 民所載也, 小人剝廬, 終不可用也)"라 했다. 뭇사람의 추앙을 받는다는 의미다.

25 기러기 깃털이 …… 없었다:《고문진보후집古文眞寶後集》〈성주득현신송聖主得賢臣頌〉에서 "(신하가 임금의 신임을 바탕으로 사업을 펼침이) 마치 큰 기러기가 순풍을 만난 듯 순조롭고 신속하며, 마치 큰 물고기를 큰 골짜기에 풀어놓은 듯 거침없을 것이다(翼乎如鴻毛遇順風, 沛乎若巨魚縱大壑)"라고 한 데서 따왔다.

26 〈건중 조식에게 답함〉:《퇴계집》권10에 수록된 편지로, 조식曺植(1501~1572) 에게 보낸 세 통 중 제3신이다. 1564년(명종 19) 퇴계가 63세 되던 때 썼다.

27 학자가 …… 속인다는 의론: 1564년 9월 18일 조식이 이황에게 보낸 편지에 "근래 학자들을 보니 쇄소응대灑掃應對의 예절도 모르면서 입으로는 천 리를 말해서, 명성을 도둑질하여 그것으로 남을 속이려 하다가 도리어 남에게 중상을 입어 폐해가 다른 사람에게까지 미칩니다. 이것은 선생이나 장로長老가 꾸 짖고 금지하지 않은 탓이 아니겠습니까? 저로 말하면 지닌 것이 황폐하여 찾아오는 자가 적으나, 선생 같은 경우는 윗자리에 계시어 진실로 우러러보고 앙모하는 이가 많으니, 십분 억제하고 경계하는 것이 어떻겠습니까?"라고 했다.《남명집南冥集》권4 보유補遺〈여퇴계서與退溪書〉에 나온다.

28 〈과회 노수신에게 줌〉: 이 편지는《퇴계집》권10에 실려 있다. 퇴계가 1554년에 노수신盧守愼(1515~1590)에게 보낸 편지다. 두 통이 실려 있는데, 별지別紙에서 모두〈숙흥야매잠夙興夜寐箴〉의 훈석訓釋에 대해 조목조목 질문하고 있다. 과회寡悔는 노수신의 자다. 호가 소재蘇齋 또는 이재伊齋다. 이연경李延慶의 문생이자 사위다. 1543년 식년 문과에 장원급제했고, 이조판서·대제학·우의정·좌의정·영의정 등을 역임했다. 저서에《소재집蘇齋集》이 있다.

29 〈숙흥야매잠〉을 풀이한 말: 노수신이 지은〈숙흥야매잠해夙興夜寐箴解〉를 가리킨다.〈숙흥야매잠〉은 송나라 때 남당南塘 진백陳柏이 지은 글로, 아침 일찍 일어나 밤늦게 자며 부지런히 학문을 닦고 신심을 수양하는 일에 관한 내용이다. 노수신이 여기에 해설을 붙였는데, 이황·김인후와 편지를 주고받으며 그 토론 내용을 반영해서 썼다. 노수신의《소재집》〈내집內集〉에 수록되어 있다.

30 〈이재 노수신에게 답함〉두 번째 편지:《퇴계집》권10에 수록된 글로, 퇴계가 1560년 노수신에게 보낸 답장이다. 59세 때 쓴 글이다.

31 살아 있지 …… 잘못되었습니다:〈숙흥야매잠해〉를 두고 한 말이다. 퇴계가 1544년에 노수신에게 보낸 편지에서 '불활즉체不活則滯'에 대해 '부재즉누不宰則累'로 고치는 것이 어떠냐고 의견을 제시했는데, 이 편지에서 자기 지적이 잘못되었음을 토로한 내용이다. 노수신의 글은《소재집》〈내집〉에 실려 있다.

32 〈중구 이담에게 답함〉:《퇴계집》권10에 수록된 글로, 퇴계가 1554년 이담李湛 (1510~1575)에게 보낸 답서다. 25통의 편지 중 제4신에 해당한다. 이담은 본관은 용인, 자가 중구仲久, 호가 정존靜存이다. 성리학자로서 의약·천문·산수·궁술에도 능했고 서화에서도 일가를 이뤘다. 저서에《정존재집靜存齋集》이 있다.

33 《태현경》: 서한西漢 사람 양웅揚雄이 찬술한 책이다.《주역》에 의거해 지은 이 책은 숫자를 헤아려 따지는 계산이 복잡한데, 본문의 제법은 바로 그 계산법을 말한다.

34 상수학:《주역》의 괘卦에 나타난 형상과 변화를 우주만물의 근본 요소와 연결시켜 그 변화를 상象과 수數로 설명하는 이론이다. 전한 말부터 후한과 삼국 시대에 걸쳐 전개되었다. 양웅의《태현경》이 대표적이다.

35 후세의 자운: 자운은 양웅의 자다. 양웅이《태현경》을 지어놓고, "후세의 자운을 기다린다"라고 했다. 여기서는 퇴계가 양자운을 이해하지 못한다는 뜻으로 말한 겸사다.

36 〈중구 이담에게 답함〉:《퇴계집》권10에 수록된, 퇴계가 1560년에 이담에게 보낸 답서다. 25통 중 제7신에 해당한다.

37 〈중구 이담에게 답함〉: 위 이담에게 보낸 답서 제7신이다.

38 맹자가 말한 고기 맛 같다는 말: 맛있는 음식을 즐기듯 의리나 독서에 심취한다는 말이다.《맹자》〈고자告子〉상에 "의리가 나의 마음을 즐겁게 함은 추환이 나의 입을 즐겁게 함과 같다[義理之悅我心, 猶芻豢之悅我口]"라고 했다. 추芻는 풀을 먹는 소·양, 환豢은 곡식을 먹는 개·돼지의 종류로, 흔히 맛있는 음식을 가리키는 표현이다.

39 오제와 팔진의 맛: 진귀하고 맛있는 술과 음식이다. 오제는 다섯 가지 술의 종

류로, 제齊는 술의 농담濃淡, 도수를 뜻한다. 첫째는 범제泛齊, 둘째는 예제醴齊, 셋째는 앙제盎齊, 넷째는 제제緹齊, 다섯째는 침제沈齊다. 팔진미는 여덟 가지 진귀한 요리로 순모淳母, 순오淳熬, 포장炮牂, 포돈炮豚, 도진擣珍, 오熬, 지漬, 간료肝膋라 하기도 하고, 용간龍肝, 봉수鳳髓, 토태兎胎, 이미鯉尾, 악적鶚炙, 웅장熊掌, 성순猩脣, 수락酥酪이라 하기도 한다.

40 그 편지: 위 이담에게 보낸 답서 제7신이다.

41 〈중구 이담에게 답함〉:《퇴계집》권10에 수록된, 1566년에 이담에게 보낸 답서다. 25통의 편지 중 제8신이다.

42 부탁하신 재명: 이담의 서재인 정존재靜存齋를 위해 써준 글이다.《퇴계집》권44에 실려 있는 〈정존재잠靜存齋箴〉이 그것이다.

43 〈중구 이담에게 답함〉: 위 이담에게 보낸 답서 제8신이다.

44 《회암서절요》: 퇴계가《주자대전》중 학문적으로 중요한 편지글만 따로 뽑아 20권 10책으로 엮은 책이다. 1561년(명종 16) 성주星州에서 처음 각인刻印하면서 '회암서절요'라고 명명했다가, 1572년(선조 5) 재인再印할 때에는 '주자서절요朱子書節要'로 명칭을 고쳤다.

45 청선과 정초의 비유: 퇴계가 주자의 편지를 뽑으면서, 주자가 여백공에게 보낸 답서 중 "수일 사이에 매미 소리가 더욱 맑으니 들을 적마다 고아한 풍조를 생각하지 않은 적이 없습니다(數日來, 蟬聲益淸, 每聽之, 未嘗不懷高風也)"라는 구절을 뽑아 넣었는데, 제자 남언경南彦經에게 이런 긴요치 않은 구절을 왜 뽑았느냐는 질문을 받았고, 또다시 이담에게도 그와 같은 질문을 받았다. 퇴계는《논어》의 사례를 들고 또 "……내가 평일에 이러한 곳을 매우 사랑하였습니다. 매양 여름철 푸른 나무가 우거지고 매미 소리가 귀에 가득히 들려오면 마음이 미상불 두 선생(주자와 여백공)의 풍도를 우러러 사모하게 되고, 또한 뜰의 풀은 하나의 한가로운 식물일 뿐이건만 볼 적마다 곧 주렴계周濂溪의 일반의사一般意思를 생각하곤 하는 것과 같았습니다"라 하여 이 구절을 뽑게 된 이유를 설명하고 있다(《퇴계집》권10). 염계濂溪 주돈이周敦頤가 창 앞의 풀을 깎지 않고 "자신의 의사와 일반이다(與自家意思一般)"라고 했다. 즉, 창 앞에 난 풀은 천지의 생생生生의 기운을 받은 것으로서 사람의 의사와 같음이 있다

하여 깎지 않았다 한다(《성리대전》 권39).

46 〈중구 이담의 문목에 답함〉:《퇴계집》 권11에 수록된, 1566년에 이담에게 보낸 답서다. 25통의 편지 중 제15신이다.

47 〈중구 이담에게 답함〉:《퇴계집》 권11에 수록된, 1566년에 이담에게 보낸 답서다. 25통의 편지 중 제20신이다.

48 검려의 재주: 당나라 유종원柳宗元의 〈삼계三戒〉에 나오는 이야기다. 검黔 땅에 나귀가 없었는데, 호사자好事者가 들여와서 산 아래에 놓았다. 범이 보니 아주 큰 물건이라 신물神物로 여기고 대단히 무서워했다. 뒤에 가까이 접근하여 부딪쳐보았더니, 나귀의 기능은 발길로 차는 데에 불과했다. 범은 나귀가 그 밖에 다른 기능이 없음을 알고 물어 죽였다. 대단한 줄 알았는데 실상은 별것이 없어 업신여김을 당한다는 뜻이다.

49 대문과 담장 …… 없었다: 퇴계의 학문과 덕행, 품은 포부를 당시 쟁쟁한 제공이 제대로 알지 못했다는 뜻이다.《논어》〈자장子張〉에서, "부자의 담은 몇 길이나 높아서 그 문 안에 들어가지 않으면 종묘의 아름다움과 백관의 성대함을 볼 수 없다"고 한 데서 따왔다.

50 〈사수 임형수에게 줌〉:《퇴계집》 권12에 수록된, 임형수林亨秀(1504~1547)에게 보낸 편지다.

51 기양: 가려움증처럼 표출하지 않고는 견딜 수 없는 표현 욕구를 가리킨다.

52 〈인보 노경린에게 답함〉:《퇴계집》 권12에 수록된, 1560년에 퇴계가 노경린盧慶麟(1516~1568)에게 보낸 답서로, 수록된 세 통 중 제1신이다. 노경린은 이이李珥의 장인이다. 문열공 이조년(1269~1343) 등의 사당, 곧 충현사忠賢司 건립에 관해 퇴계와 왕복한 편지가 있다.

53 〈자발 이문건에게 답함〉:《퇴계집》 권12에 수록된, 이문건李文楗(1494~1567)에게 보낸 답서다. 이문건은 본관이 성주星州, 자가 자발子發, 호는 묵재默齋 또는 휴수休叟다. 이조좌랑과 승문원판교를 지냈다. 조광조 문하에서 학업을 닦았고, 1546년 명종 즉위 후 을사사화에 연루되어 성주 유배 후 그곳에서 죽었다.

54 〈조정암의 …… 답함〉:《퇴계집》 권12에 수록된, 퇴계가 쓴 〈조정암행장趙靜庵行狀〉에 대해 논한 유희춘柳希春(1513~1577)의 별지에 대한 답장이다. 네 통 중

제4신에 별지로 3조에 걸쳐 대답했다. 유희춘은 자가 인중, 호는 미암眉巖이고, 시호가 문절文節이다. 저서에 《미암일기眉巖日記》, 《주자어류훈석朱子語類訓釋》 등이 있다.

55 〈택지 박운에게 줌〉: 《퇴계집》 권12에 수록된, 퇴계가 1557년경 박운朴雲에게 보낸 편지의 일부다. 모두 네 통이 실려 있는데, 제2신이다.

56 그 편지: 위 박운에게 보낸 편지 제2신이다.

57 대체와 소체의 주장: 《맹자》 〈고자告子〉 상에 "그 대체를 따르는 이는 대인大人이 되고 그 소체를 따르는 이는 소인이 된다"라고 했는데, 그 주에 "대체는 마음이고 소체는 이목耳目 따위다"라 했다.

58 양기를 불고 …… 펴는 방법: '양기를 불고 기운을 들이마시는 술법'은 묵은 것을 토해내고 새것을 들이마시는 토고납신吐古納新의 호흡법 수련을 말하고, '곰이 나무에 오르고 새가 몸을 펴는 방법'은 건강 체조의 일종인 도인법導引法의 단련을 뜻한다.

59 〈영천군수 안상에게 주려고 씀〉: 《퇴계집》 권12에 수록된, 퇴계가 1556년에 영천군수 안상安瑺에게 보내려고 초한 편지다. 소수서원紹修書院의 일에 대해 논했는데, 안상은 문성공 안향의 후손이다. 원제목은 '영천군수에게 소수서원의 일을 논하여 주려 함(擬與榮川守論紹修書院事)'이다. '의擬'는 보내는 것을 가정하고, 실제로 부치지는 않은 편지다.

60 〈풍기군수 김경언에게 주려고 씀〉: 《퇴계집》 권12에 수록된, 퇴계가 1557년 풍기군수 김경언金慶言에게 보내려고 초한 편지다. 서원에 관한 일을 논했다.

61 〈호원 성혼에게 답함〉: 《퇴계집》 권12에 수록된, 퇴계가 1570년 성혼成渾 (1535~1598)에게 보낸 답서다. 두 통 중 제1신에 해당한다.

62 선공의 묘갈명: 퇴계가 성혼의 아버지 청송聽松 성수침成守琛을 위해 지어준 묘갈명을 가리킨다. 《퇴계집》 권46에 실린 〈청송성선생묘갈명聽松成先生墓碣銘〉이다. 이 글에는 편지 속의 '견기명철見幾明哲' 등의 글귀가 삭제되고 없다.

63 곽임종: 후한 말엽의 고사高士 곽태郭太로, 임종은 그의 자다. 평소 위언격론危言激論을 하지 않았으므로 당고黨錮의 화를 면했다. 《후한서後漢書》 권98에 나온다.

64 곰발바닥과 물고기의 비유:《맹자》〈고자告子〉 상에 "생선도 내가 먹고 싶어 하는 바이며, 곰발바닥도 내가 먹고 싶어 하는 것이지만, 이 두 가지를 겸하여 얻을 수 없다면 곰발바닥을 취하겠다. 삶도 내가 원하는 바이며 의리도 내가 원하는 것이지만, 이 두 가지를 겸하여 얻을 수 없다면 삶을 버리고 의리를 취하겠다"라고 한 바 있다.

65 〈시보 남언경에게 답함〉:《퇴계집》 권14에 수록된, 퇴계가 1556년 남언경南彦經에게 보낸 답서다. 모두 아홉 통이 있는데, 제1신 별폭別幅의 내용이다.

66 그 편지 : 위 남언경에게 보낸 답서 제1신이다.

67 〈숙헌 이이에게 답함〉:《퇴계집》 권14에 수록된 편지다. 1558년에 퇴계가 율곡栗谷 이이李珥에게 보낸 답서다. 문집에 수록한 다섯 통 중 제1신에 해당한다. 율곡이 23세 때의 일로, 일시 불교에 귀의했다가 도로 유학으로 돌아온 직후에 그를 격려한 내용이다.

68 〈숙헌 이이에게 답한 별지〉:《퇴계집》 권14에 수록된, 율곡 이이에게 퇴계가 보낸 다섯 통의 편지 중 제1신의 별지다.

69 〈숙헌 이이에게 답함〉:《퇴계집》 권14에 수록된, 이이에게 보낸 다섯 통의 편지 중 제5신이다.

70 모기령: 청초淸初의 고증학자로, 자는 대가大可, 호는 서하西河다. 경설經說을 좋아해 고서古書를 변정辨正하고 이단을 배척해 경의經義를 개발한 공이 많았으나, 남을 이기기를 좋아해 다른 사람들의 말에 대해 반드시 반론을 제기했다. 특별히 주자의 학설을 공격한 것이 많아 후대에 많은 논란을 낳았다.

71 〈태휘 허엽에게 답함〉:《퇴계집》 권15에 수록된, 1568년 허엽許曄(1517~1580)에게 보낸 편지다. 허엽의 본관은 양천陽川, 자가 태휘太輝, 호는 초당草堂이다. 허봉許篈·허균許筠의 아버지다. 서경덕의 문인이며, 저서에《초당집》이 있다.

72 주자께서 …… 있었어도:《주자대전》〈답이경자여국수答李敬子余國秀〉에 "사람의 잘못과 악행을 어떻게 가볍게 논하겠습니까? 다만 말없이 살피고서 자기에게 돌이켜보고, 그러고도 간혹 분명치 못하면 조심스럽게 스승이나 벗들에게 자문을 구하면서 밖으로는 떠들지 않는 것이 좋을 것입니다(人之過惡, 豈可輕論? 但黙觀之而反諸己, 或有未明, 則密以資於師友而勿暴於外可也)"라고 했다.

| 참고문헌 |

저서

《남보》, 규장각본, 존경각본, 장서각본 외

《명종실록》

《승정원일기》

《일성록》

《임헌공령》

《정조실록》

《한산이씨양경공파세보》

《호서읍지》

강세정, 정민 역, 《역주 송담유록》, 김영사, 2022.

김문식 · 박철상 외, 《정조의 비밀어찰》, 푸른역사, 2011.

박종악, 신익철 · 장유승 외 역, 《수기》, 한국학중앙연구원 출판부, 2016.

샤를 달레, 안응렬 · 최석우 역주, 《한국천주교회사》, 한국교회사연구소, 1979.

성균관대학교 동아시아학술원 편, 《정조어찰첩》, 성균관대학교 출판부, 2009.

안대회, 《정조의 비밀편지》, 문학동네, 2010.

안정복, 《순암집》, 《한국문집총간》.

안정복 저, 이상하 역주, 《교감역주 순암집》, 순암 안정복선생 기념사업회, 2016.

오기선, 《순교자들의 얼을 찾아서》, 한국천주교성지연구원, 1988.

윤민구 역주, 《한국초기교회에 대한 교황청 자료 모음집》, 가톨릭출판사, 2000.

이기경, 김시준 역, 《벽위편》, 명문당, 1985.

이기경, 이만채 편, 《벽위편》, 열화당, 1971.

이리화 편, 《조선당쟁관계자료집》, 여강출판사, 1985.

이삼환, 《소미산방장》, 《근기실학연원제현집》 제6책, 성균관대학교 대동문화연구원, 2002.

이익운, 《백일록》, 필사본, 고려대 육당문고.

이재기, 정민 역,《역주 눌암기략》, 김영사, 2022.

이황,《퇴계집》,《한국문집총간》.

장유승 역,《정조대왕이 수원유수 조심태에게 보낸 편지》, 수원화성박물관, 2022.

정규영,《사암선생연보》.

정규영, 송재소 역주,《다산의 한평생》, 창작과비평사, 2014.

정민,《다산의 재발견》, 휴머니스트, 2011.

정민,《서학, 조선을 관통하다》, 김영사, 2022.

정민,《파란》, 천년의상상, 2019.

정석종,《조선후기의 정치와 사상》, 한길사, 1994.

정약용,《정본 여유당전서》, 다산학술문화재단, 2012.

정약용, 김언종 역주,《혼돈록》, 실학박물관, 2014.

정약용, 김영호 편,《여유당전서보유》, 경인문화사, 1974.

정조,《홍재전서》.

주희,《주자대전》.

판토하 저, 정민 역,《칠극》, 김영사, 2021.

논문

계승범,〈조선 후기 대보단 친행 현황과 그 정치·문화적 함의〉,《역사와현실》제 75호, 한국역사연구회, 2010. 3.

김상홍,〈다산의 퇴계학 사숙 고: 도산사숙록을 중심으로〉,《퇴계학연구》2, 단국대학교퇴계학연구소, 1988.

김언종,〈도산사숙록 소고〉,《퇴계학보》87, 퇴계학연구원, 1995.

박석무,〈금정도 찰방 시절의 다산 정약용〉,《청양 금정역의 역사와 활용 방안 모색》, 청양군·충청남도역사문화연구원, 2021. 9.

백민정,〈도산사숙록으로 본 다산의 퇴계 독법〉,《다산학》41, 다산학술문화재단, 2022. 12.

서근식,〈성호학파에서 다산 정약용 사단칠정론의 의미 연구〉,《유교사상문화연구》 제90집, 한국유교학회, 2022.

안대회, 〈다산 정약용의 죽란시사 결성과 활동 양상〉,《대동문화연구》, 성균관대학교
    대동문화연구원, 2013. 9.

유영근, 〈최도마 신부 전기(1)〉,《경향잡지》, 한국천주교중앙협의회, 1949. 4.

정민, 〈서학의 관점에서 본 다산 4종 일기〉,《다산학》 44, 다산학술문화재단, 2024. 6.

정병련, 〈다산의 퇴계사숙과 연의 작성〉,《퇴계학보》 86, 퇴계학연구원, 1995.

조병로, 〈조선시대 금정역의 연혁과 운영 실태〉,《청양 금정역의 역사와 활용 방안
    모색》, 청양군·충청남도역사문화연구원, 2021. 9.

다산의 일기장

이병휴 88, 219, 250, 251
이보천 480, 484
이보현 191, 195
이삼환(목재, 목옹) 33, 34, 50, 78, 79, 82,
　85, 88~90, 126, 134~136, 146~148,
　150, 161, 162, 167, 169, 170, 188,
　204, 211, 216, 218~221, 236~241,
　243, 248, 250~259, 261, 263, 268,
　272, 289, 290, 292, 301, 302, 305,
　307, 309~314, 346, 347, 349, 358,
　444, 445, 484, 516, 519
이상도 480, 484
이상황 480, 484
이석 29, 30, 36~38, 40, 302
이수곤 122, 150
이수발 130, 133
이수일 133, 240, 251, 382
이수정 130, 132, 133
이승훈(이형, 예산 편) 4, 22, 23, 25, 28, 34,
　44, 46, 49, 51, 58~60, 81, 82, 89, 90,
　102, 170, 195, 210, 217~220, 248,
　256~258, 278, 291, 292, 294, 295,
　301~304, 308, 325, 329, 336, 346,
　347, 356, 358, 363, 364, 367, 401,
　403, 404, 406, 409, 443, 447, 473
이시수 437, 449, 473, 488, 491, 496,
　498
이안묵 329, 330
이유석 239, 240, 246, 251, 252
이유수(주신) 34, 192~194, 411
이이(율곡) 84, 100, 286, 287, 311, 359,
　572, 573, 576~578
이이환 182, 197, 199, 200
이익(성호, 성옹) 47, 50, 80~83, 88~90,
　134, 135, 146, 149, 186, 208, 214,
　220, 235, 240, 241, 243, 244, 248~

251, 256, 257, 261, 265, 268, 292,
　294, 301, 309~311, 358, 359, 363,
　488, 519
이익운 29, 30, 33, 34, 114, 127, 128,
　197, 201, 202, 211, 261, 283, 286,
　295, 298, 326, 342, 351, 354, 360~
　362, 396, 410, 416, 417, 436~438,
　440, 441, 445, 448, 449, 459, 462,
　467~470, 472, 476
이익진 416, 418, 423, 424, 430, 436,
　442, 443, 448, 458, 478
이인섭 33, 91, 93, 99~101, 281, 282,
　285, 519
이일운 34, 192~194, 199, 240, 251~253
이재기 27, 295, 296, 302, 303, 442, 454
이재위 82, 168, 239, 240, 250, 251
이정명 130, 132, 133, 225
이정운 29, 34, 200, 201, 298, 341~343,
　345, 351, 360~362, 410
이조년 564, 565
이조원 437, 438, 449, 473, 490, 496,
　498, 510
이존창 34, 35, 39, 47, 50, 103~105, 123,
　126, 180, 186, 189~191, 193~196,
　199~201, 203, 298, 352, 358~360,
　362, 368, 372, 379, 411, 415, 516,
　520
이종성 386, 387
이주국 367, 397~399
이주명 382, 383, 388
이주석 382~384, 388
이준경 540
이지영 437, 480, 483~485
이철환 251
이치훈 60, 210, 278, 292, 301~304, 406
이하진 240, 251